TECNICAS DIGITALES

Dispositivos, circuitos, diseños y aplicaciones

2º edición

TECNICAS DIGITALES

Dispositivos, circuitos, diseños y aplicaciones

2° edición

Jorge Eduardo SINDERMAN

nueva librería

Sinderman, Jorge Eduardo
Técnicas digitales: dispositivos, circuitos, diseño y aplicaciones.
2da. Ed. – Buenos Aires – Nueva Librería , 2018
440 p.; 28 x 20 cm.

ISBN 978 – 987 – 1104 – 51 – 2

1. Ingeniería Electrónica. I. Título
CDD 621

Primera reimpresión, 2018

Nueva Librería SRL
Estados Unidos 301
(1101) Buenos Aires, Argentina
Tel.: 54 11 4362 9266

E-mail: libros @nuevalibreria.com.ar
Web: www.nuevalibreria.com.ar

ISBN 978 – 987 – 1104 – 51 – 2

Impreso en Argentina – Printed in Argentina

TABLA DE CONTENIDO

PREFACIO VII

AGRADECIMIENTOS Y DEDICATORIA IX

CAPÍTULO 0 INTRODUCCIÓN

0.1. Señales analógicas y digitales 0-1

0.2. Ventajas y desventajas del tratamiento digital de las señales 0-2

0.3. Señales binarias 0-2

0.4. Sistema de numeración binario 0-3

0.5. Sistema de numeración hexadecimal 0-5

0.6. Sistemas electrónicos digitales 0-6

Problemas 0-7

CAPÍTULO 1 CÓDIGOS BINARIOS

1.1. Introducción 1-1

1.2. Códigos de cambio único 1-2
1.2.1. Código Gray 1-4
1.2.2. Conversión entre binario y Gray, y viceversa 1-5

1.3. Codificación de los caracteres alfanuméricos 1-7
1.3.1. El código ASCII 1-7
1.3.2. Los códigos ASCII "extendidos" de 8 bits 1-9
1.3.3. Unicode y código UCS 1-9
1.3.4. Otros códigos alfanuméricos 1-9

1.4. Codificación de los números 1-10
1.4.1. Código para magnitudes binarias 1-10
1.4.2. Códigos para números binarios enteros 1-14
1.4.3. Códigos para números reales binarios 1-24
1.4.4. Códigos binarios para números decimales 1-27

1.5. Códigos detectores y correctores de errores 1-31
1.5.1. Códigos detectores de errores 1-31
1.5.2. Códigos de paridad 1-32
1.5.3. Códigos correctores de errores 1-35
1.5.4. Códigos de Hamming 1-37
1.5.5. Código de Hamming y cálculo matricial 1-40
1.5.6. Distancia mínima 4 1-40
1.5.7. Códigos detectores de errores para bloques de información 1-41
1.5.8. Dígito verificador en códigos decimales 1-45

Problemas 1-46

CAPÍTULO 2 ÁLGEBRA DE CONMUTACIÓN

2.1. Introducción 2-1

2.2. Introducción al Álgebra de Boole 2-3
2.2.1. Operaciones básicas entre proposiciones lógicas 2-3
2.2.2. La Conjunción 2-3
2.2.3. La Disyunción 2-3
2.2.4. La Negación 2-3
2.2.5. Aplicación a conjuntos 2-4

2.3. El Álgebra de conmutación aplicada a contactos 2-5
2.3.1. Contactos en serie: producto lógico 2-5
2.3.2. Contactos en paralelo: suma lógica, operación OR 2-9

2.3.3. La inversión 2-12
2.3.4. Precedencia de los operadores 2-15

2.4. Dualidad y el Principio de dualidad 2-15

2.5. Teoremas del álgebra de conmutación 2-16

2.6. Tablas de verdad de funciones lógicas 2-18

2.7. Dualidad y ley de Shannon 2-19

2.8. Expresiones canónicas 2-20
2.8.1. Productos canónicos o minitérminos 2-20
2.8.2. Teorema general de los minitérminos 2-21
2.8.3. Sumas canónicas o maxitérminos 2-23
2.8.4. Teorema general de los maxitérminos 2-24
2.8.5. Conjunto completo de operaciones 2-25
2.8.6. Diagrama de Venn, tabla de verdad y minitérminos 2-25

2.9. Introducción a la simplificación de funciones lógicas 2-27
2.9.1. Justificación de la necesidad de la simplificación de funciones 2-27
2.9.2. Fundamentos para la simplificación de funciones 2-27

2.10. El mapa de Karnaugh 2-29
2.10.1. El mapa de Karnaugh como tabla de verdad 2-29
2.10.2. Representación de funciones lógicas 2-31
2.10.3. Simplificación de funciones lógicas como Sumas de Productos 2-35
2.10.4. Simplificación como Producto de Sumas 2-39
2.10.5. Redundancias 2-40
2.10.6. El mapa de Karnaugh de 5 variables 2-42

2.11. Métodos computacionales de minimización 2-43

2.12. La operación O exclusiva 2-44

Problemas 2-46

CAPÍTULO 3 CIRCUITOS COMBINACIONALES CON COMPUERTAS

3.1. Introducción 3-1

3.2. Las compuertas 3-1
3.2.1. Las compuertas fundamentales 3-2
3.2.2. Las compuertas derivadas 3-3
3.2.3. La compuerta de transmisión 3-11
3.2.4. Simbología alternativa para las compuertas 3-11
3.2.5. Simbología IEEE 3-13

3.3. Análisis de circuitos lógicos combinacionales 3-13

3.4. Síntesis de circuitos lógicos combinacionales 3-14
3.4.1. Análisis del funcionamiento y obtención de las expresiones algebraicas 3-15
3.4.2. Implementación de las expresiones algebraicas con compuertas 3-19
3.4.3. Formas degeneradas 3-25

3.5. Lógica positiva y lógica negativa 3-26

3.6. Compuertas integradas 3-27
3.6.1. Conceptos básicos 3-27
3.6.2. Lógica estándar - Introducción a las familias lógicas integradas 3-29
3.6.3. Criterios para la selección de una familia lógica 3-31
3.6.4. Algunas consideraciones de uso 3-41
3.6.5. Hojas de datos 3-44
3.6.6. Información sobre los fabricantes 3-45

3.7. Compuertas con características especiales 3-46
3.7.1. Compuertas con características especiales a la entrada 3-46
3.7.2. Compuertas con características especiales a la salida 3-48

3.8. Riesgos 3-58

Problemas 3-65

CAPÍTULO 4 CIRCUITOS COMBINACIONALES CON INTEGRADOS MSI Y PLD

4.1. Introducción 4-1
4.1.1. Cuestiones de simbología 4-2
4.1.2. Variantes de la entrada de habilitación 4-3

4.2. Decodificadores y codificadores 4-5
4.2.1. Decodificadores 4-5
4.2.2. Expansión de decodificadores 4-10
4.2.3 Uso de decodificadores para la generación de funciones lógicas 4-13
4.2.4. Decodificadores decimales 4-15
4.2.5. Codificadores 4-18
4.2.6. Expansión de codificadores 4-23

4.3. Multiplexores y demultiplexores 4-25
4.3.1. Multiplexores 4-25
4.3.2. Expansión de multiplexores 4-31

4.3.3. Uso de multiplexores para la generación de funciones lógicas 4-34
4.3.4. Demultiplexores 4-36
4.3.5. Multiplexación y demultiplexación distribuidas 4-38

4.4. Árboles de paridad 4-40

4.5. Comparadores 4-41
4.5.1. Comparadores de igualdad 4-42
4.5.2. Comparadores de magnitudes 4-42
4.5.3. Comparadores de enteros 4-46

4.6. Sumadores y restadores 4-46
4.6.1. Sumadores binarios de 1 bit, 4 bits y *n* bits 4-46
4.6.2. Suma de enteros 4-53
4.6.3. Sumadores/restadores binarios 4-54
4.6.4 Suma decimal 4-57

4.7. Circuitos iterativos y recursivos 4-61
4.7.1. Circuitos iterativos 4-61
4.7.2. Circuitos recursivos – procesamiento paralelo y serie 4-62

4.8. Lógica combinacional con Dispositivos Lógicos Programables 4-62
4.8.1. Dispositivos PAL combinacionales 4-63
4.8.2. Memorias PROM 4-72

Problemas 4-77

CAPÍTULO 5 TECNOLOGÍA DE LAS FAMILIAS LÓGICAS Y LAS MEMORIAS PROM

5.1. Introducción 5-1

5.2. Familia DTL 5-1
5.2.1. Antecedentes de DTL – Lógica a diodos 5-1
5.2.2. Compuertas DTL 5-3

5.3. Familias TTL 5-10
5.3.1. Compuertas TTL 5-10
5.3.2. Características de las familias TTL 5-14

5.4. Familias CMOS 5-16
5.4.1. Antecedentes de CMOS – Compuertas NMOS 5-16
5.4.2. Compuertas CMOS 5-19
5.4.3. Características de las familias CMOS 5-23
5.4.4. Compatibilidad entre las familias CMOS 5-26
5.4.5. Compatibilidad con TTL 5-27

5.5. Familias con tecnología Bipolar-CMOS 5-28

5.6. Familias ECL 5-28

5.7. Tecnología de las memorias PROM 5-28
5.7.1. PROM bipolares 5-30
5.7.2. UV EPROM 5-31

5.7.3. OTP EPROM 5-33
5.7.4. EEPROM 5-33
5.7.5. FLASH EPROM 5-33

Problemas 5-35

CAPÍTULO 6 BIESTABLES, CIRCUITOS SECUENCIALES EN MODO FUNDAMENTAL Y MULTIVIBRADORES

6.1. Introducción 6-1

6.2. El biestable SR 6-1
6.2.1. Conceptos básicos 6-1
6.2.2. El biestable SR realizado con compuertas universales 6-4
6.2.3. Aplicaciones del biestable SR 6-6

6.3. El biestable D 6-7
6.3.1. Conceptos básicos 6-7
6.3.2. Realizaciones prácticas del biestable D 6-8
6.3.3. Biestables D integrados 6-9
6.3.4. Aplicaciones del biestable D 6-9

6.4. Circuitos secuenciales de modo fundamental 6-11
6.4.1. Conceptos básicos 6-11
6.4.2. Análisis de circuitos secuenciales de modo fundamental 6-13
6.4.3. Síntesis de circuitos secuenciales de modo fundamental 6-22

6.5. Multivibradores astable y monoestable 6-23
6.5.1. El multivibrador astable 6-23
6.5.2. El multivibrador monoestable 6-24
6.5.3. El temporizador 555 6-26

Problemas 6-33

CAPÍTULO 7 CIRCUITOS SECUENCIALES SINCRÓNICOS

7.1. Introducción 7-1

7.2. Flip-flops 7-1
7.2.1. El flip-flop D amo-esclavo 7-1
7.2.2. El flip-flop D disparado por flanco 7-5
7.2.3. Flip-flop D comerciales 7-5
7.2.4. Restricciones temporales y comportamiento temporal de los flip-flops 7-6
7.2.5. El flip-flop JK 7-6
7.2.6. El flip-flop T 7-9
7.2.7. El flip-flop SR 7-10

7.3. Circuitos secuenciales sincrónicos 7-10
7.3.1. Análisis de circuitos secuenciales sincrónicos 7-11
7.3.2. Análisis de las limitaciones temporales 7-14
7.3.3. Síntesis de circuitos secuenciales sincrónicos 7-15
7.3.4. El método de la tabla de implicancias 7-23

7.3.5. El caso de entradas asincrónicas 7-26

7.4. Dispositivos Lógicos Programables secuenciales 7-28
7.4.1. Dispositivos PAL secuenciales y versátiles; dispositivos GAL 7-28
7.4.2. Otros dispositivos programables de mayor complejidad 7-31

Problemas 7-32

CAPÍTULO 8 CONTADORES Y REGISTROS

8.1. Introducción a los contadores 8-1

8.2. Contadores binarios asincrónicos 8-2
8.2.1. Conceptos básicos 8-2
8.2.2. Contadores binarios asincrónicos integrados 8-4
8.2.3. Expansión de contadores asincrónicos 8-4
8.2.4. Contadores, decodificadores y biestables 8-5
8.2.5. Contadores asincrónicos de módulo arbitrario y módulo programable 8-7

8.3. Contadores asincrónicos decimales 8-9
8.3.1. Contadores biquinario y BCD natural 8-9
8.3.2. Expansión de los contadores asincrónicos decimales 8-12
8.3.3. Contadores decimales multidígito y exhibidores dinámicos 8-12

8.4. Contadores sincrónicos 8-13

8.5. Contadores binarios sincrónicos 8-14
8.5.1. Contadores binarios sincrónicos ascendentes 8-14
8.5.2. Contadores binarios sincrónicos bidireccionales 8-18
8.5.3. Contadores sincrónicos con puesta a cero y carga en paralelo 8-19
8.5.4. Contadores sincrónicos módulo arbitrario y módulo programable 8-21

8.6. Contadores sincrónicos decimales 8-24

8.7. Aplicaciones de los contadores 8-25
8.7.1. Generación de una secuencia cíclica de señales 8-25
8.7.2. Conversión paralelo a serie 8-27

8.8. Introducción a los registros 8-28

8.9. Registros de entrada en paralelo y salida en paralelo 8-28
8.9.1. Registros tipo latch y tipo sincrónico 8-28
8.9.2. Comunicación de registros vía buses 8-31
8.9.3. Bancos de registros 8-33
8.9.4. Introducción a las Memorias RAM 8-34

8.10. Registros de desplazamiento 8-36
8.10.1. Conceptos básicos 8-36
8.10.2. Aplicaciones de los registros de desplazamiento 8-38

Problemas 8-51

PREFACIO

La favorable acogida que ha tenido la primera edición de este libro, tanto por colegas como por los estudiantes, me ha motivado a ofrecer esta segunda edición del mismo, lá que se ha enriquecido con los cambios y adiciones debidos a las sugerencias de varios colegas, la propia experiencia, los comentarios de los alumnos, la corrección de algunos errores detectados, y la actualización ciertos contenidos después de transcurridos 5 años de la primera edición. Por eso, esta nueva edición, con respecto a la primera, ha sido corregida, ampliada y actualizada.

El contenido de este libro ha sido especialmente seleccionado para atender a los programas habituales en la primera asignatura en que se estudian las Técnicas Digitales en carreras de Ingeniería Electrónica, los que habitualmente cubren temas tales como Sistemas de Numeración, Códigos, Álgebra de Boole, Circuitos combinacionales SSI y MSI, Dispositivos Lógicos Programables (PAL, GAL, PROM, EPROM, EEPROM, FLASH, etc.), Tecnologías de los circuitos lógicos, Circuitos secuenciales, Introducción a las memorias, Contadores y Registros.

Estos cursos generalmente son complementados posteriormente con otros dedicados a los Sistemas Digitales, que cubren microprocesadores, microcontroladores, procesadores digitales de señales, sistemas de memoria y los dispositivos lógicos programables de gran tamaño y complejidad como los CPLD y las FPGA. Estos temas no son cubiertos por este libro.

El material acá contenido es utilizable en un curso cuatrimestral de 16 semanas de duración, con una carga horaria de 6 horas semanales, entre clases teóricas, de laboratorio, y evaluaciones. La carga total para estas actividades es, entonces, de 96 horas, cifra que no incluye el tiempo que dedica el alumno al estudio individual, a las tutorías y a la resolución de problemas que se le planteen.

El contenido de esta publicación se presenta en 8 capítulos principales, más un capítulo de introducción, mucho más breve y al que se ha numerado como Capítulo 0.

Cada capítulo principal concluye con una serie de problemas cuya resolución recomendamos vivamente al lector, por dos motivos. El primero, porque de la mera lectura del material acá presentado, no importa la claridad que el autor ha pretendido imponer en el texto y el éxito que hubiera conseguido en tal empresa, no puede alcanzarse la total comprensión de los temas expuestos por parte del lector, sin someterse él mismo a las actividades mentales que ponen a prueba y refuerzan la compresión de los nuevos conocimientos, y que clarifican las relaciones con otros temas conocidos, dándoles significación. Los problemas que contiene cada capítulo han sido pensados para inducir al lector en la realización de tales actividades mentales que, además de mejorar la comprensión, desarrollan habilidades. El segundo motivo, es porque es objetivo de esta publicación no sólo que el lector adquiera conocimiento y comprensión de los temas cubiertos, sino habilidades para el diseño y la resolución de situaciones problemáticas. Por esta razón se considera que el curso en que este texto se aplique debe incorporar actividad de laboratorio, de acuerdo a las posibilidades y conveniencias del establecimiento donde el curso se dicte. Aunque en los problemas no se lo pide expresamente, es también buena práctica (no sustitutiva de la experiencia de laboratorio pero complementaria en algunos aspectos de ésta) la simulación de los circuitos diseñados en computadora, utilizando como recurso didáctico los varios programas con que se cuenta para ello.

Ningún estudio serio de las técnicas digitales puede prescindir de la consulta en busca de información acerca de los productos comercialmente disponibles. De hecho, muchos problemas de los que cierran cada capítulo hacen referencia a circuitos integrados comerciales, por lo que el conocimiento de los mismos y de sus características resulta insoslayable. Por esta razón, el lector debería acompañar el estudio de este libro con algún manual de circuitos integrados digitales o, al menos, con las hojas de datos de aquellos dispositivos más importantes o citados en el texto o los problemas. Una fuente muy práctica de ese tipo de información es, actualmente, Internet, donde los fabricantes de circuitos integrados digitales suelen tener disponible en línea las hojas de datos de sus productos y aún manuales enteros. Listas de los fabricantes más importantes de estos circuitos, y sus correspondientes direcciones en Internet, se dan en los capítulos 3 y 5, por lo que no ha de reproducirse aquí.

En general, el estudio de este libro no exige al lector otros requisitos previos más que ciertos conocimientos básicos de electrotecnia y habilidades para la manipulación algebraica de ecuaciones. Sin embargo, el capítulo 5, que trata de las diferentes tecnologías empleadas en los circuitos lógicos, requiere de algún conocimiento de diodos y transistores, si bien el mismo está atemperado porque algún material introductorio está incluido en dicho capítulo. De todos modos, en aquellos cursos que empleen este libro, en los cuales no se cumpla que los alumnos tienen estos conocimientos previos y, más aún, no busquen profundizar el estudio de los detalles internos de los circuitos integrados digitales, pueden omitir completamente el Capítulo 5 sin que por ello se pierda continuidad ni compresión para el resto de los capítulos, porque los conceptos más generales de la tecnología que emplean los circuitos lógicos y los parámetros que caracterizan su desempaño, son presentados en un capítulo anterior.

Ing. Jorge Eduardo Sinderman
Febrero 21 de 2007

Agradecimientos y dedicatoria

Agradezco a aquellos colegas y ex alumnos que me han hecho llegar observaciones acerca de cómo mejorar la primera edición de este libro, detectando errores y ambigüedades, indicando puntos que merecían una aclaración o una ampliación, sugiriendo la cobertura de nuevos temas, etc.

Sean las expresiones de mi mayor gratitud para mi esposa Tamara, quien siempre me alentó a redactar este libro, a pesar de saber que dicha tarea absorbería un tiempo que acabaría restándose de aquél que debió haber estado reservado a la vida de familia. Por esta razón, sea para ella no sólo mi agradecimiento (y mi amor de siempre), sino también la dedicatoria de este libro.

CAPÍTULO 0

INTRODUCCIÓN

0.1. Señales analógicas y digitales

El siglo XX fue una era de revolución tecnológica, y la electrónica ha sido uno de sus principales motores. Los dispositivos electrónicos, prácticamente inexistentes a comienzo de ese siglo, están actualmente incorporados en sistemas de comunicaciones, sistemas de cómputo, equipos de entretenimiento, sistemas de medición, automatismos, etc. con un efecto sinérgico según el cual, el avance en esas aplicaciones por aplicación de la tecnología electrónica, impone nuevos desafíos y oportunidades para el avance de ésta.

Para comprender el papel que desempeñan las técnicas digitales dentro del campo de la tecnología electrónica, analizaremos uno de los campos de aplicación que hemos mencionado más arriba, el de los sistemas de medición.

En esos sistemas, típicamente se desea determinar el valor de alguna magnitud física que nos interesa conocer. Ejemplos de estas magnitudes son la fuerza, el desplazamiento, la temperatura, la deformación, el tiempo, la intensidad sonora o luminosa, el caudal o el nivel de un líquido, la exposición radiactiva, etc.

La mayoría de estas magnitudes tienen un posible rango de valores (limitado por un valor mínimo y otro máximo) dentro del cual puede tomar cualquiera de los infinitos valores intermedios. Los cambios de un valor a otro se realizan en forma continua, sin discontinuidades. Las magnitudes con estas características se denominan *continuas*, aunque también han recibido los nombres de *lineales* y *analógicas*.

Pero también existen magnitudes que sólo pueden tomar un número limitado de valores intermedios entre los extremos de su rango, haciendo que todo cambio sea discontinuo. Las magnitudes con estas características se denominan *discretas*, aunque también han recibido los nombres de *numéricas* y *digitales*, ya que puede asimilarse cada uno de los finitos valores que puede tomar la señal con un número (lo que justifica su denominación alternativa de numérica), número que en ocasiones se da en nuestro sistema de numeración decimal (lo que justifica la denominación de digitales), aunque en la práctica es aún más común trabajar en el sistema de numeración binario, como más adelante se comentará.

En los sistemas de medición electrónicos, estas variable físicas se representan mediante magnitudes eléctricas (que llamaremos *señal*) una de cuyas características lleva la información acerca del valor de la magnitud física en consideración. Muy a menudo esa característica es el valor instantáneo de una tensión eléctrica: por ejemplo, es típico el caso de la salida eléctrica de una termocupla, un dispositivo que genera una tensión dependiente de la temperatura que soporta. Pero la característica eléctrica de la señal que representa a la magnitud física puede no ser el valor de una tensión, ya que puede también tratarse, por ejemplo, de una corriente, una resistencia, o (para el caso de que la señal fuese una onda sinusoidal) una fase o una frecuencia. Las termocuplas son ejemplos de *sensores*, es decir, dispositivos que son capaces de transformar una magnitud física en una señal eléctrica.

La razón para transformar las magnitudes físicas en señales eléctricas, es por la facilidad con que estas señales pueden ser transmitidas a distancia, almacenadas y procesadas por métodos eléctricos.

Las propias señales pueden también ser continuas o discretas, e inclusive no tienen porqué ser del mismo tipo que la magnitud física a la que representan. Así, por ejemplo, el tiempo es una magnitud analógica, pero un reloj digital lo presenta como si fuese discreto. La presión sonora es también una variable continua, pero en los discos compactos musicales se la representa en forma digital. Un desplazamiento es una variable analógica, pero el sensor que mide el desplazamiento de un ratón de computadora es una rueda dentada de la que se cuentan el número de dientes que han pasado, como indicativo del desplazamiento realizado, y este número de dientes es, sin duda, una señal digital.

La electrónica, como tecnología para el procesamiento de señales, tiene entonces dos ramas fundamentales: las *técnicas analógicas* y las *técnicas digitales*, encargadas del procesamiento de las señales continuas y discretas, respectivamente. A estas últimas técnicas se refiere esta publicación.

0.2. Ventajas y desventajas del tratamiento digital de las señales

Dado que es posible el tratamiento de señales empleando tanto técnicas analógicas como digitales, corresponde hacer una mención acerca de algunas de las ventajas y desventajas de las técnicas digitales, por comparación con las analógicas.

Algunas ventajas

1) El tratamiento digital suele ser inmune a (o, al menos, ser menos afectado por) corrimientos, interferencias, ruidos y otras imperfecciones que afectan a las señales analógicas. Como consecuencia de esto el tratamiento digital suele ser más preciso (en el sentido de ser más reproducibles sus resultados) y tener mejor resolución (en el sentido de distinguir dos valores muy próximos) que sus similares analógicos (que aunque en teoría tienen una resolución perfecta, la misma se ve empañada por los efectos antes mencionados). Compárese por ejemplo un indicador de tablero analógico, del tipo con instrumento de aguja, con un indicador digital.
2) El avance producido en los circuitos integrados, en lo que significa un espectacular y constante aumento en la capacidad de procesar las señales acompañado de una reducción de costos, se ha hecho sentir más en los circuitos digitales que en los analógicos. Por lo que el procesamiento digital se ha hecho cada vez más poderoso y económico, lo que ha hecho que muchas aplicaciones que en épocas anteriores se encaraban con técnicas analógicas, hayan migrado a soluciones digitales. Ejemplo de esta migración lo constituyen los discos digitales de lectura óptica de audio y video (los CD y los DVD) que progresivamente reemplazan a los más antiguos grabadores de cinta magnética.

Algunas desventajas

1) Muchas veces las magnitudes a procesar son de tipo analógico, obligando al sistema digital a hacer una previa conversión de señal analógica a digital antes del procesamiento digital. Si también la salida debe ser de tipo analógico, se requiere el correspondiente convertidor de digital a analógico luego del procesamiento digital. Esto sólo se justifica si el procesamiento intermedio es razonablemente complejo, y resulta, por lo tanto, muy preferible el tratamiento digital frente a su similar analógico. Por ejemplo, si sólo se requiere el filtrado de una señal analógica para eliminarle componentes de frecuencias que están presentes pero que son indeseables, probablemente la solución más simple sea la de un filtro analógico.
2) La indicación de un instrumento analógico, para un operador humano, resulta más sinóptica que la de un instrumento digital. Inclusive, si la velocidad con que cambia una variable tiene buena información para un operador, un indicador analógico provee claramente esa información, mientras que en esas condiciones un instrumento digital tan sólo muestra valores sucesivos que cambian constantemente sin que surja claramente una línea de tendencia. Esta mayor "afinidad humana" de los instrumentos analógicos ha hecho que muchos sistemas de medición modernos que son, básicamente, digitales, presenten en última instancia sus resultados en forma analógica para mayor confort del operador. Tal es el caso, por ejemplo, de los relojes digitales de pulsera que presentan la hora en el tradicional cuadrante de los relojes analógicos.

0.3. Señales binarias

Un caso particular muy importante de las magnitudes y las señales digitales, lo constituyen aquellas que sólo pueden tomar los valores extremos de su rango, sin posibilidad de tomar ningún valor intermedio. Estas magnitudes y señales se denominan *binarias* (porque sólo pueden tomar los dos valores mencionados) y también *lógicas* (porque pueden asemejarse sus dos estados a la condición sí o no – o verdadera y falsa – de una característica). Así, una magnitud binaria puede referirse a "la impresora tiene o no tiene papel", "la temperatura del horno ha excedido o no el límite considerado seguro", "el conductor del vehículo se ha colocado o no el cinturón de seguridad", etc.

Una característica interesante de las señales lógicas es la forma simple y variada con que pueden implementarse en forma eléctrica y no eléctrica. Así la condición si-no puede representarse por una llave (que puede estar cerrada o no), una tensión eléctrica (que puede tomar uno u otro de dos niveles previamente definidos), la magnetización en una superficie magnética (que puede ser en uno u otro sentido), la perforación en una tarjeta o una cinta de papel (que puede estar o no hecha), etc.

Es por esta facilidad de implementación que las señales lógicas tienen un papel fundamental en las técnicas digitales y, dado que es frecuente que sus dos estados posibles se representen como estado 0 y estado 1, vuelven importante al sistema de numeración binario.

0.4. Sistema de numeración binario

En esta publicación supondremos al lector conocedor del sistema de numeración binario, por lo que bastará recordar acá algunas características del mismo, para refrescarlas en la mente del lector.

Sin duda el lector está aún más familiarizado con el sistema decimal, de base 10, y que por ello trabaja con 10 cifras llamadas *dígitos* (nuestros conocidos 0 al 9). Similarmente el sistema de numeración binario, por ser de base 2, sólo opera con 2 cifras, los llamados *dígitos binarios*: el 0 y el 1. La denominación inglesa correspondiente a dígito binario (**bi**nary digi**t**) ha dado origen a una nueva palabra (tanto en inglés como en castellano) que, abreviadamente, representa este concepto: *bit*.

En forma similar a como opera el sistema de numeración decimal con sus dígitos, los números binarios enteros se representan con una combinación de bits colocados en ciertas posiciones, desde aquella denominada del *bit menos significativo* (ubicada en el número binario en la posición extrema derecha y que en decimal corresponde con las unidades) hasta la correspondiente al *bit más significativo* (ubicada en la extrema izquierda). En ambos sistemas, cada una de las posiciones tiene un cierto "valor posicional" o *peso*, que es una potencia de la base, que comienza con la potencia 0 correspondiente al dígito menos significativo, y que crece progresivamente al desplazarse a la izquierda. Así, en el sistema binario el peso toma sucesivamente los valores 2^0, 2^1, 2^2, 2^3, 2^4, y así sucesivamente, correspondiendo a la posición del bit más significativo, si el número binario tiene *n* bits, el peso de 2^{n-1}.

Para comprender la utilidad del concepto de peso, analicemos la siguiente tabla preparada para el número binario 11010101 de 8 bits, que tomaremos como ejemplo.

Bits sucesivos de número binario	1	1	0	1	0	1	0	1
Peso de cada posición	2^7=128	2^6=64	2^5=32	2^4=16	2^3=8	2^2=4	2^1=2	2^0=1
Valor relativo de cada bit	128	64	0	16	0	4	0	1

En la tabla se muestra:

- cada uno de los bits del número binario, en el orden correspondiente
- el peso de su posición como la correspondiente potencia de 2 y el valor en decimal que tiene dicho peso
- el *valor relativo* de cada bit binario, definido por su *valor absoluto* (es decir, 0 ó 1, según el caso) multiplicado por el peso de su posición. Naturalmente que en aquellos casos en que el valor absoluto del bit es 0, también lo es su valor relativo, mientras que cuando el valor absoluto del bit es 1, el valor relativo coincide con el peso de la posición que ocupa.

El valor relativo de cada bit tiene su importancia porque la conversión de un número binario al correspondiente en decimal, se hace simplemente sumando los valores relativos de cada uno de sus bits (procedimiento conocido como *método de la suma*). Es decir que el equivalente decimal del número binario que estamos tomando como ejemplo, el 11010101 es calculable como:

$$2^7+2^6+2^4+2^2+2^0=128+64+16+4+1=213$$

También resulta necesario, en ocasiones, realizar la operación inversa a la recién explicada, es decir, convertir un número decimal entero dado, a su equivalente en binario. Para ello suele emplearse el procedimiento conocido como *método de la división*, que consiste en lo siguiente:

1) efectuar la división entera por 2 del número dado, es decir, sin sacar decimales y dando, además del resultado, un resto (que, tratándose de una división por 2, sólo puede ser 1 si el número es impar o 0 si es par). Repetir la operación con el correspondiente resultado, y así sucesivamente hasta que el resultado final sea nulo.
2) observar los restos que han dado sucesivamente estas divisiones enteras; el binario buscado es el que surge de colocar ordenadamente los restos, comenzando por el último obtenido y colocando sucesivamente a la derecha los anteriores.

Una forma práctica de efectuar esta conversión en forma manual es colocando en una columna el número dado y los sucesivos resultados (generalmente calculados mentalmente), adosando a dicha columna, otra con el resto previsto de la división por 2 (es decir, colocando un 1 si el número que va a ser dividido es impar y 0 si es par), y luego recuperar estos restos en orden inverso a su aparición. Es decir que, por ejemplo, para el número decimal 213 tendremos:

213	1 ↑
106	0
53	1
26	0
13	1
6	0
3	1
1	1
0	

Es decir, que el binario correspondiente es el 11010101, como ya sabíamos.

Aún cuando con estos métodos permiten convertir cualquier número natural decimal a binario y viceversa, los números pequeños aparecen con tal frecuencia en la práctica que es aconsejable retener la equivalencia de memoria, razón por la que se cita a continuación la correspondiente tabla de equivalencia para los números hasta el 15.

decimal	binario
0	0
1	1
2	10
3	11
4	100
5	101
6	110
7	111
8	1000
9	1001
10	1010
11	1011
12	1100
13	1101
14	1110
15	1111

Bytes, octetos y cuartetos

Es normal que para representar un número se necesite más de un bit, como se comprueba en los ejemplos anteriores. Se define como *byte* (pronúnciese bait) a un conjunto de bits que deben ser tratados, no separadamente, sino como una unidad. Esta definición no determina el número de bits que tiene un byte, pero la costumbre ha decretado que un byte tiene 8 bits. Sin embargo, el verdadero nombre del conjunto de ocho bits es el de *octeto* (en inglés, octet). También ha recibido nombre el conjunto de 4 bits, que se denomina cuarteto. En inglés, al conjunto de 4 bits se lo denomina *nibble*, cuya traducción literal al español de mordisco o bocadito no parece justificar el porqué se la ha adoptado, a menos que se comprenda que se trata de un juego de palabras, porque byte (más que un nibble) se pronuncia igual que la palabra inglesa bite que significa mordedura o bocado.

0.5. Sistema de numeración hexadecimal

Aún cuando el sistema de numeración binario es el más estrechamente vinculado a los circuitos digitales, resulta incómodo para el manejo humano por requerir su representación más dígitos que el decimal, lo que acarrea mayores dificultades para memorizarlos y para transcribirlos sin errores. Pruebe el lector memorizar tanto el número decimal 6713 como su equivalente binario 1101000111001 para comprobar esto. La presentación más compacta del sistema decimal se debe simplemente a que usa una base mayor. Puede construirse un sistema de numeración que sea a la vez compacto y muy relacionado con el binario, si se adopta como base una potencia de 2, por ejemplo, 16. Esto da origen al sistema de numeración hexadecimal.

En este sistema, los pesos de las sucesivas columnas son potencias de 16, y en cada columna puede haber 1 de 16 símbolos distintos, los llamados dígitos hexadecimales. La práctica ha impuesto que para los primeros dígitos hexadecimales se usen los conocidos 0 al 9 habitualmente empleados en decimal, y que para los dígitos del diez al quince, que requieren seis nuevos símbolos, se emplean A, B, C, D, E y F de acuerdo a la siguiente tabla de equivalencia con el sistema decimal. La tabla también muestra la equivalencia con el binario, pero en esta ocasión a los números binarios de menos de cuatro bits se le han agregado ceros a la izquierda hasta completar los cuatro bits, por las razones que más adelante vendrán claras.

decimal	hexadecimal	binario
0	0	0000
1	1	0001
2	2	0010
3	3	0011
4	4	0100
5	5	0101
6	6	0110
7	7	0111
8	8	1000
9	9	1001
10	A	1010
11	B	1011
12	C	1100
13	D	1101
14	E	1110
15	F	1111

La conversión de hexadecimal a decimal y viceversa se hace empleando los métodos de la suma y la división ya vistos al ver numeración binario, sólo que ahora los pesos son potencia de 16 y la división se hace por 16 (y, de realizarse en forma manual, usando el tradicional método del "lápiz y papel" y no el cálculo mental, por las dificultades de éste). Por ejemplo:

a) conversión del hexadecimal D5 a decimal por el método de la suma
   Tomando en cuenta que el equivalente decimal de D es el 13, la conversión da:
   $13\times16^1+5\times16^0=13\times16+5=208+5=213$.
b) conversión del decimal 213 a hexadecimal por el método de la división

```
213 |16
 53  13 |16
  5  13   0
```

   Tomando los restos en orden inverso y recordando la equivalencia entre 13 y D, queda D5.

Resulta particularmente interesante estudiar la conversión de hexadecimal a binario y viceversa, que es muy simple y útil. Si comparamos los resultados de la conversión del decimal 213 a hexadecimal (D5) y a binario (11010101), tendremos:

D 5
1101 0101

Se observa en este ejemplo que la conversión de hexadecimal a binario se realiza reemplazando cada dígito hexadecimal por el conjunto de 4 bits binarios que le son equivalentes según la tabla antes vista. Y a la inversa, para convertir de binario a hexadecimal se deben agrupar los bits de a 4 (comenzando por el bit de peso unitario y progresando hacia la izquierda y, si es necesario, agregando ceros no significativos a la izquierda para tener un número de bits divisible por 4) y reemplazar cada grupo por su hexadecimal correspondiente.

Esta característica de facilidad de conversión con el sistema binario en ambos sentidos, ha hecho que el sistema hexadecimal se use, no tanto como un sistema de numeración independiente, sino como una forma compacta de representar a los números binarios. Así, el binario 1101000111001 puede ser más fácilmente recordado o transcripto como 1A39 (compruebe el lector la equivalencia).

0.6. Sistemas electrónicos digitales

Antes de pasar al estudio de los sistemas digitales en los próximos capítulos, es oportuno definir con cierta precisión que es lo que entendemos por un sistema electrónico. Un *sistema electrónico* es el compuesto por un conjunto de señales de entrada, un conjunto de señales de salida, y un circuito interno que satisface las reglas que permiten generar las salidas a partir de las entradas. Un *sistema digital*, como caso particular, sólo trabaja con entradas y salidas digitales, y sus circuitos internos se denominan *circuitos lógicos* porque las reglas que deben satisfacer son del tipo de *inferencia lógica*, del estilo "si..., entonces...".

Los sistemas digitales suelen clasificarse en combinacionales o secuenciales:

- los sistemas *combinacionales* son aquellos que se caracterizan porque sus salidas dependen del valor particular de las señales de entrada que hay en cada momento (es decir, dependen de la combinación particular de los valores de las entradas, lo que justifica su denominación).
- los sistemas *secuenciales* son aquellos que se caracterizan porque sus salidas dependen del valor de las señales de entrada que hay en cada momento y también de los valores anteriores de dichas entradas (es decir, dependen de la secuencia particular de los valores de las entradas, lo que justifica su denominación). Se notará que los sistemas con esta característica deben poseer memoria de la historia pasada de sus entradas.

Desde otro punto de vista, los sistemas digitales también pueden clasificarse en:

- de lógica *cableada*; que son aquellos cuyas reglas lógicas están determinadas, tradicionalmente en forma inmutable, por los circuitos internos y sus interconexiones fijas.
- de lógica *programada*; que son aquellos cuyas reglas lógicas pueden serles modificadas (por un procedimiento denominado *programación*), haciendo que las mismas no resulten inmutables.

Los circuitos de lógica programada son los basados tanto en microprocesadores y microcontroladores, cuya programación consiste en una serie de instrucciones conteniendo las reglas lógicas a cumplir sucesivamente, y en los llamados Dispositivos Lógicos Programables (o PLD, por sus iniciales en inglés), en los que la programación consiste en reconfigurar sus circuitos internos, que tienen interconexiones modificables, de manera de que cumplan con las reglas lógicas deseadas. A esta última variante de lógica programada se la suele denominar, también lógica *reconfigurable*.

En este curso veremos tanto los circuitos lógicos combinacionales como los secuenciales realizados en lógica cableada y/o reconfigurable, aunque limitándonos en este último caso a las memorias PROM, los dispositivos PAL y los dispositivos GAL. Quedarán sin cobertura, entonces, los microprocesadores y los microcontroladores, así como los reconfigurables de gran complejidad, como los dispositivos CPLD y FPGA, de los que sólo haremos una breve mención.

Problemas

0-1) Ubíquese mentalmente ante el tablero de un automóvil (si Ud. es extremadamente rico, ubíquese *físicamente* ante el tablero de su jet privado) e indique ejemplos de información que proporciona dicho tablero:

a) en forma analógica
b) en forma binaria
c) en forma digital

0-2) Realizar las siguientes conversiones entre bases:

a) el binario 11011001 a decimal y a hexadecimal
b) el decimal 243 a binario y a hexadecimal
c) el hexadecimal 3C4 a binario y a decimal

0-3) Muchas calculadoras científicas permiten el pasaje de binario a decimal y viceversa muy fácilmente, pero una conversión de decimal a binario puede ser realizada simplemente aún con una muy elemental calculadora preparando a ésta para dividir sucesivamente por 2 (esto habitualmente se consigue fijando 0,5 como constante multiplicativa tecleando *0,5*× ×). Se ingresa entonces el número decimal a convertir y luego con sólo pulsar repetidamente la tecla = se van obteniendo los resultados de las sucesivas divisiones por 2. Nótese que las calculadoras no realizan la división en forma entera, sino que sacan decimales. Estos deben simplemente ser ignorados, y sólo tomar en cuenta la parte entera de los resultados para notar si es par o impar (recuérdese que también debe tomarse en consideración si el número original era par o impar). Usar este método para convertir a binario el decimal 14792.

0-4) Convertir a decimal el binario 1101,1001

0-5) Cada una de las siguientes operaciones es correcta en, al menos, un sistema de numeración. Determinar en cada caso la(s) base(s) para la cual la operación es correcta. (Sugerencia: evaluar cada uno de los miembros suponiendo como incógnita la base, y despejar la misma de la igualación de ambos miembros).

a) $3 \times 13 = 41$
b) $31 \times 13 = 1003$
c) $11 \times 11 = 121$

CAPÍTULO 1

CÓDIGOS BINARIOS

1.1. Introducción

Un *código* es una representación de ciertos elementos a través de la asignación a cada una de ellos de una combinación determinada de símbolos (combinación llamada *palabra* del código), elegidos dentro de un juego permitido de símbolos (juego denominado *alfabeto* del código).

Ejemplos de código son:

- el código Morse, empleado en telegrafía, que identifica un carácter de texto (una letra o un número) utilizando una combinación de puntos y rayas.
- El código GTIN-13 usado internacionalmente para la identificación de artículos en puestos de venta de supermercados, que consta de 13 dígitos decimales que forman su alfabeto. A su vez, cada uno de esos dígitos es codificado con un sistema de barras, para su lectura mediante escaneo óptico. El nombre de GTIN proviene de la sigla Global Trade Item Number. Como comentario adicional, vale señalar que este código, diseñado por el organismo internacional GS1, es una versión mejorada del código desarrollado originariamente en USA de 12 dígitos, denominado UPC o Universal Product Code.

La asociación entre cada elemento representado y la combinación de símbolos que el código le adjudica, se suele representar mediante una tabla, llamada *tabla de correspondencia*, que puede ser considerada el diccionario del código. Así, por ejemplo, el comienzo de la tabla de correspondencia del código Morse es como se muestra a continuación.

A ● ▬
B ▬ ● ● ●
etc.

En técnicas digitales los tipos de código que resultan de mayor interés son los códigos binarios de bloque y biunívocos. Veamos qué entendemos por estos conceptos:

- códigos *binarios* son aquellos en que el alfabeto del código lo integran los dígitos binarios, es decir, el 0 y el 1. Pero, por extensión, también aquellos cuyo alfabeto tiene sólo dos símbolos, como es el caso del código Morse.
- códigos *de bloque* son aquellos en que las distintas palabras tienen todas el mismo número de símbolos. No es el caso, por ejemplo, del código Morse, pero sí del GTIN-13.
- códigos *biunívocos* son aquellos para los que a cada elemento a representar le corresponde una única palabra de código (no hay sinónimos), y a cada palabra del código le corresponde un único elemento (no hay polisemia, es decir, múltiples significados).

Así, un código binario (de bloque y biunívoco) de 5 bits, dado que cada uno de esos bits puede ser uno cualquiera de los 2 dígitos binarios, permitirá representar a un conjunto de hasta 2^5=32 elementos. En general, un código binario de n bits permitirá representar a un conjunto de hasta 2^n elementos, ya que éste es el máximo número de palabras diferentes que se pueden formar.

Hay algunos conjuntos de elementos que suelen necesitarse codificar con cierta frecuencia en técnicas digitales, por lo que se han realizado estudios teóricos y esfuerzos de estandarización de códigos para estas aplicaciones. Caen en esta descripción los siguientes códigos:

- los códigos de cambio único
- los códigos para representar los caracteres alfanuméricos
- los códigos para representar los números
- los códigos detectores y correctores de errores.

En lo que sigue, describiremos en detalle estos códigos siguiendo el orden más arriba propuesto que, debe aclararse, no es un orden de importancia sino el más indicado para una presentación pedagógica.

1.2. Códigos de cambio único

Para entender la necesidad de estos códigos consideremos el siguiente caso. Deseamos conocer la posición angular del eje de un motor, para lo que hemos de acoplarle un disco, solidario con el movimiento del eje, y dividido en un número de sectores tanto mayor cuanto mejor sea la precisión con que deseemos conocer la posición angular. Para simplicidad de la presentación, supongamos que sólo necesitamos una indicación grosera de la posición angular del eje, por lo que bastará dividir el disco asociado en 4 cuadrantes. Para la representación de estos cuadrantes podemos utilizar un código binario de 2 bits (b_1 y b_0) que nos ofrece las 4 combinaciones que requerimos. Por ejemplo, podríamos utilizar la siguiente tabla de correspondencia que, aunque surge muy naturalmente, más adelante criticaremos:

cuadrante	b_1	b_0
1	0	0
2	0	1
3	1	0
4	1	1

Para implementar un instrumento que determine la posición del eje en cada momento según el código propuesto, trazaremos sobre el disco dos pistas concéntricas y lo dividiremos en cuatro sectores iguales, es decir en cuatro cuadrantes, como muestra la figura 1-1. En los dos segmentos de pista correspondientes a cada cuadrante colocaremos los dos bits que identifican a dicho cuadrante a razón de uno por pista, con el bit menos significativo (b_0) en la pista externa.

Una forma posible de realizar esto es hacer que el disco sea de material aislante, pero que los segmentos de pista que deban contener un 1 tengan una cobertura conductora conectada a un potencial eléctrico apropiado. Así se ha hecho en la figura mencionada donde los sectores de pista oscuros representan a un 1, mientras que los claros representan a un 0. Para poder reconocer la posición angular del eje se asocia al mismo un par de cepillos palpadores (uno por pista) alineados radialmente y colocados en forma fija, es decir, no solidarios con el movimiento del disco. Con esta disposición, la presencia o ausencia de potencial eléctrico en los palpadores permite determinar si los mismos se apoyan sobre una superficie electrificada (esto es, un 1) o aislante (es decir, un 0). Hay sistemas semejantes que usan otra forma de realización, basada en elementos optoelectrónicos, pero esta forma alternativa no ofrece diferencias conceptuales con la forma propuesta, sino sólo constructivas.

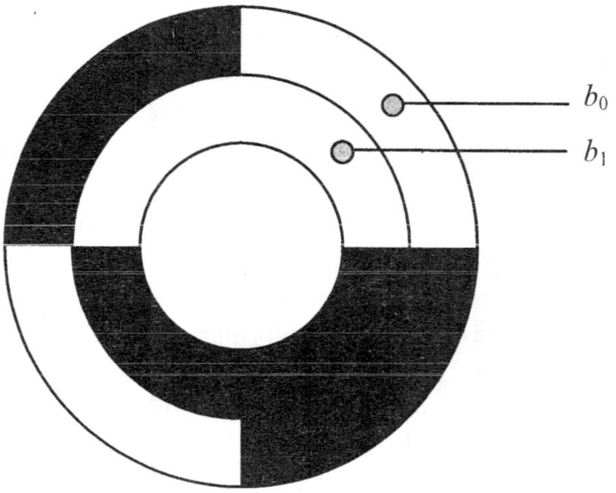

Figura 1-1 Disco codificado en binario

Este sistema de medición tiene un inconveniente asociado al hecho de que, por imperfecciones inevitables, los cepillos palpadores no están perfectamente alineados radialmente. Esto no produce ningún inconveniente cuando los palpadores se encuentran apartados de las zonas de frontera entre un sector y otro. Pero, cuando están justo sobre una de las fronteras, el error de alineamiento puede hacer que mientras uno de los palpadores repose en uno de los sectores, el otro lo haga en otro. Se dan aquí dos posibilidades:

- En la frontera entre los cuadrantes 1 y 2 donde sólo un bit cambia al atravesar la frontera, un ligero error de alineamiento del palpador asociado a la pista que no cambia (en este caso la correspondiente al bit más significativo) no tiene consecuencia ninguna pues se apoye en uno u otro sector su indicación será la misma. Por su parte, un error de alineamiento en el palpador correspondiente a la pista que cambia hace que, según sea la pista sobre la que finalmente reposa, el código leído sea 00 ó 01. Como estas combinaciones se corresponden a los cuadrantes 1 y 2 respectivamente, ambas son en realidad aceptables cuando los palpadores están justo sobre la frontera entre ambos cuadrantes, por lo que el error de alineamiento no tiene consecuencias indeseables. Algo similar puede decirse en la frontera entre los cuadrantes 3 y 4, donde también sólo cambia un bit al atravesar la frontera.
- Muy distinto es el caso cuando los palpadores se encuentran sobre la frontera entre los cuadrantes 2 y 3, en la que ambas pistas cambian de estado, donde un error de alineamiento puede producir que ambos palpadores detecten un 1, o ambos un cero, resultados estos absolutamente inaceptables ya que 11 es la combinación asignada al cuadrante 4, y 00 es la del cuadrante 1. Algo similar ocurre en la frontera entre los cuadrantes 4 y 1 por la posible aparición de las combinaciones erradas 01 y 10.

Se notará que, para evitar los inconvenientes mencionados, se deben representar los cuadrantes adyacentes asignándoles combinaciones que sólo difieran en un único bit, es decir, que al atravesar una frontera lo hagan siempre con un *cambio único*. En nuestro ejemplo, esto se logra adoptando la siguiente tabla de correspondencia:

cuadrante	b_1	b_0
1	0	0
2	0	1
3	1	1
4	1	0

En la figura 1-2 se aprecia el disco que implementa esta idea.

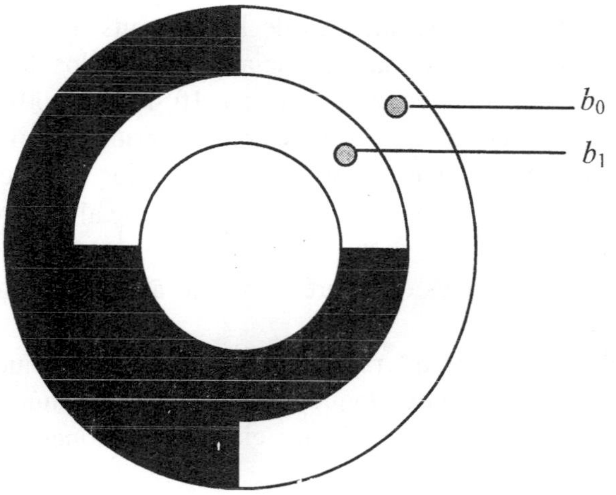

Figura 1-2 Disco codificado con código de cambio único

Los códigos para los que la combinación que representa a un elemento no difiere más que en un bit de la que representa al elemento anterior se denominan *códigos continuos*. Cuando en un código continuo se tiene que tampoco difieren en más de un bit las combinaciones correspondientes al primer elemento y al último, se dice que se trata de un *código cíclico*. Es evidente que para codificar un eje en la forma que hemos descripto se necesita un código cíclico, y que el código encontrado califica como tal.

Existe una forma sistemática para diseñar códigos continuos y cíclicos para distintos números de elementos. Al código resultante se lo conoce como código Gray, y a él dedicaremos el próximo apartado.

1.2.1. Código Gray

Para entender cómo es el código Gray, es conveniente recordar cómo se forman los sucesivos números binarios a partir del 0, y mostrar paralelamente la forma de generar las sucesivas palabras del código Gray, con el fin de destacar similitudes y diferencias. Veamos la tabla siguiente, donde se dan los primeros 16 números binarios y las primeras 16 palabras del código Gray.

Binario	Gray
0	0
1	1
10	11
11	10
100	110
101	111
110	101
111	100
1000	1100
1001	1101
1010	1111
1011	1110
1100	1010
1101	1011
1110	1001
1111	1000

Los primeros números binarios son el 0 y el 1; agotadas las posibilidades que tiene el bit menos significativo como único bit, se agrega un 1 a la izquierda y se repite la secuencia 0 y 1 en el bit menos significativo.

En el código Gray, al agotarse las 2 posibilidades del bit menos significativo, también se agrega un 1 a la izquierda, pero la secuencia 0 y 1 del bit menos significativo se repite en orden inverso (es decir, en el orden 1 y 0 como si se reflejasen en un espejo) y se evita así que haya más de un bit que cambie.

Similarmente, cuando se agotan las posibilidades de los dos bits menos significativos, se agrega un nuevo 1 a la izquierda: en el binario, repitiendo la secuencia anterior de los dos bits menos significativos en el mismo orden (00, 01, 10 y 11); en el Gray, en orden inverso (10, 11, 01 y 00).

Para continuar la tabla más allá (en la tabla se muestran las primeras 16 palabras), se debe repetir el procedimiento señalado cada vez que se agotan las posibilidades de los bits menos significativos: se coloca un 1 a su izquierda y (en el código Gray) se los refleja. Es por ello que al código Gray se lo conoce también como *código binario reflejado*.

De la tabla surgen algunas conclusiones de interés respecto al uso de este código Gray como código continuo o cíclico:

- cualquier secuencia de palabras del código Gray forman un código continuo. En este caso, y en los que siguen, por ser el código Gray un código de bloque, al tomar un cierto número de palabras consecutivas de este código puede encontrarse necesario rellenar ciertas posiciones de la izquierda con ceros no significativos.
- las primeras 2^n palabras del código Gray forman un código cíclico.
- dada una lista con las primeras 2^n palabras del código Gray, las palabras ubicadas simétricamente con relación al eje que divide la lista en dos sólo difieren en 1 bit. Por ejemplo, de la lista de las primeras 16 palabras, la cuarta palabra contada desde el principio (0010) difiere sólo en un bit de la cuarta palabra contada desde el final (1010). Como consecuencia de lo anterior, si de una lista de las primeras 2^n palabras del código se suprimen simétricamente las primeras m palabras y las últimas m, la lista resultante es un código cíclico de (2^n-$2m$) elementos. Por ejemplo, para obtener un código Gray apto para

codificar 10 elementos, a partir de una lista con las primeras 16 palabras del Gray, se suprimen 6 de ellas en forma simétrica, es decir, las 3 primeras y las 3 últimas. Este procedimiento permite obtener un código cíclico para un número par cualquiera de elementos. Se sugiere al lector que compruebe que similar resultado se logra suprimiendo simétricamente las $2m$ palabras ubicadas en el centro de la lista.

En resumen, el código Gray puede ser usado como código continuo para codificar un número *cualquiera* de elementos, y como código cíclico para codificar un número *par* cualquiera de elementos (con la metodología recién vista), no pudiendo hacerlo con un número impar de elementos porque esto es imposible para cualquier código binario de cambio único. Esta imposibilidad se puede demostrar a partir de notar que al pasar de una palabra a la siguiente con un cambio único, resulta que cambia el número de unos que tiene la palabra, que pasa de ser par a impar, o viceversa. Dos cambios sucesivos (o un número par de cambios sucesivos) restaura la paridad original (par o impar). Pero un número impar de cambios produce un cambio en la paridad de unos, y no se puede haber vuelto a la palabra inicial.

1.2.2. Conversión entre binario y Gray, y viceversa

1.2.2.1. Suma módulo 2

Para el estudio de las reglas que permiten la conversión entre binario y código Gray, es necesario previamente definir la operación matemática suma módulo 2, de particular interés porque no sólo nos facilitará esta conversión sino que será empleada más adelante en este mismo capítulo en otra aplicación.

En Matemática se dice que dos números son *congruentes* respecto a un cierto número llamado *módulo*, cuando divididos por este módulo dan idéntico resto. Utilizando para simbolizar la congruencia el signo igual, podemos escribir, por ejemplo:

15=375=735 (mod. 360)

En particular, en técnicas digitales interesa trabajar con módulo 2, con lo que resultan congruentes entre sí todos los números pares, y todos los impares.

Puede establecerse, asimismo, una aritmética llamada *residual*, apta para operar con números sin establecer diferencias entre aquellos que son congruentes entre sí.

Por ejemplo, se ha concebido una *suma módulo 2* en la que los operandos y el resultado posibles son, simplemente, los números pares y los impares considerados genéricamente. Una tabla donde se presentan las cuatro posibilidades que existen en cuanto a los operandos, y el resultado correspondiente a la suma módulo 2 de ellos (que el lector encontrará obvio), es la que se muestra a continuación.

A	*B*	*A*+*B* mód. 2
par	par	par
par	impar	impar
impar	par	impar
impar	impar	par

Esta tabla suele presentarse de una forma distinta, aprovechando que los números pares pueden ser representados por el 0, los impares por el 1, y que la suma módulo 2 suele simbolizarse mediante el signo especial ⊕. En esas condiciones, queda:

A	*B*	*A*⊕*B*
0	0	0
0	1	1
1	0	1
1	1	0

Se observará que la suma módulo 2 tiene reglas similares a las de la suma ordinaria, excepto que 1⊕1=0. De hecho, al igual que la suma ordinaria tiene las propiedades de ser conmutativa y asociativa.

También puede definirse la *resta en módulo 2*, cuya tabla, igualmente obvia, sería la siguiente:

A	*B*	*A-B* mód. 2
par	par	par
par	impar	impar
impar	par	impar
impar	impar	par

Pero el lector apreciará que esta tabla es la misma que la de la suma en módulo 2, por lo que en módulo 2 la suma y la resta son una misma operación.

1.2.2.2. Conversión entre binario y Gray

Existen reglas que permiten convertir los números binarios a la palabra correspondiente en el código Gray y viceversa. Estas reglas parten de la observación de la tabla comparativa de ambos, en la que se nota que todo bit binario que tiene a su izquierda un 0 coincide con el bit Gray que está en su mismo posición, mientras que aquél que tiene a su izquierda un 1 es diferente del bit Gray que está en su misma posición. De acuerdo a esta observación, la regla de conversión para pasar del binario a la palabra Gray es la siguiente:

Se calculan los diferentes bits de la palabra Gray (de los que habrá tantos como bits tenga el binario a convertir) con el siguiente procedimiento aplicado a cada uno de ellos:

El bit ubicado en una cierta posición de la palabra Gray:

- es igual al bit binario que está en su misma posición, si el bit que este último tiene a su izquierda está en 0.
- es igual al inverso del bit binario que está en su misma posición, si el bit que este último tiene a su izquierda está en 1.

Así, si llamamos B_i y G_i a un bit genérico en binario y en Gray, respectivamente, y B_{i+1} al binario que ocupa la posición inmediatamente a la izquierda de B_i, puede tabularse el valor que debe tomar G_i según los valores de B_i y B_{i+1} como sigue.

B_{i+1}	B_i	G_i
0	0	0
0	1	1
1	0	1
1	1	0

Esta tabla es idéntica a la de la operación suma módulo 2 entre B_{i+1} y B_i, por lo que puede escribirse:

$G_i = B_i \oplus B_{i+1}$

Como caso particular de esta regla el lector advertirá que la posición del bit en 1 ubicado más a la izquierda en el binario (que está explícita o implícitamente precedido por un 0), es la misma que ocupa el primer 1 de la izquierda en la palabra Gray.

Aunque la regla mencionada no establece ningún orden en particular para ejecutarse, buena práctica es proceder de izquierda a derecha, es decir, respetando el bit ubicado en la izquierda del binario (por lo visto en el párrafo anterior) como bit de la izquierda en Gray y calculando a partir de allí ordenadamente los bits que están progresivamente a la derecha.

Aplique el lector esta regla y verifique que el binario 10110010 se corresponde con la palabra Gray 11101011.

1.2.2.3. Conversión entre Gray y binario

De la fórmula vista en el apartado anterior puede obtenerse la fórmula del bit binario B_i si es que se conoce el bit Gray ubicado en su misma posición G_i y el bit binario inmediatamente a su izquierda B_{i+1} (lo que obliga, en este caso, a proceder rigurosamente de izquierda a derecha). Así, pasando de miembro B_{i+1}, que debería pasar restando pero, por lo que sabemos, pasa sumando porque no hay diferencia entre suma y resta módulo 2:

$B_i = G_i \oplus B_{i+1}$

Es decir que para pasar del Gray al binario se calculan sucesivamente (procediendo de izquierda a derecha) los bits del binario teniendo en cuenta que el bit binario ubicado en una cierta posición:

- es igual al bit Gray que está en su misma posición, si el bit que *el binario* tiene a su izquierda está en 0
- es igual al inverso del bit Gray que está en su misma posición, si el bit que *el binario* tiene a su izquierda está en 1

Nuevamente, como caso particular de esta regla, tenemos que la posición del bit en 1 ubicado más a la izquierda en la palabra Gray, es la misma que ocupa el primer 1 de la izquierda en el binario.

Aplique el lector esta regla y verifique que la palabra Gray 11001001 se corresponde con el binario 10001110.

1.3. Codificación de los caracteres alfanuméricos

1.3.1. El código ASCII

Un conjunto de elementos que es necesario codificar con mucha frecuencia es el de los *caracteres de texto*, frecuentemente denominados *caracteres alfanuméricos* por ser las letras del alfabeto y los diez dígitos decimales sus elementos principales. Sin embargo, los caracteres de texto incluyen también otros caracteres como los paréntesis, corchetes y llaves, los signos de puntuación, de interrogación y de admiración, algunos símbolos especiales (como $, %, +, =, >, @, etc.) e incluso órdenes, como luego veremos.

Si nos basamos en nuestro alfabeto de 27 letras, si se desea codificar tanto las mayúsculas como las minúsculas y se le agregan los 10 dígitos decimales, esto hace un total de 64 elementos que necesitan 6 bits para codificarse. Dado que en realidad se necesita codificar otros caracteres, como habíamos apuntado, se debe utilizar un código de 7 bits (o más) el que permite codificar 64 caracteres adicionales a los ya mencionados.

Un código de 7 bits, estándar en los EEUU desde 1968, ha emergido como norma internacionalmente aceptada para codificar los caracteres de texto. Del mismo han surgido, como luego veremos, otros códigos más modernos basados en él y que lo han desplazado. El código a que nos estamos refiriendo es el tradicionalmente conocido como ASCII (iniciales de American Standard Code for Information Interchange, la sigla se pronuncia habitualmente "aski"), y ha sido establecido por la norma ANSI X3.4 del Instituto Norteamericano de Normas (American National Standards Institute), el que ahora lo designa como USASCII. Su tabla de correspondencia, hecha a doble entrada, es la que sigue:

$b_6b_5b_4$ $b_3b_2b_1b_0$	000	001	010	011	100	101	110	111
0000	NUL	DLE	SP	0	@	P	`	p
0001	SOH	DC1	!	1	A	Q	a	q
0010	STX	DC2	"	2	B	R	b	r
0011	ETX	DC3	#	3	C	S	c	s
0100	EOT	DC4	$	4	D	T	d	t
0101	ENQ	NAK	%	5	E	U	e	u
0110	ACK	SYN	&	6	F	V	f	v
0111	BEL	ETB	'	7	G	W	g	w
1000	BS	CAN	(	8	H	X	h	x
1001	HT	EM	)	9	I	Y	i	y
1010	LF	SUB	*	:	J	Z	j	z
1011	VT	ESC	+	;	K	[	k	{
1100	FF	FS	,	<	L	\	l	|
1101	CR	GS	-	=	M	]	m	}
1110	SO	RS	.	>	N	^	n	~
1111	SI	US	/	?	O	_	o	DEL

Las últimas 6 columnas corresponden a caracteres de texto, entre ellos el espacio en blanco (SP o space) y el carácter borrado (DEL o delete) y el subrayado (_). Además, existen dos columnas con elementos que no son caracteres de texto, sino órdenes que:

- afectan a la impresión, como LF (line feed o avance de línea), CR (carriage return o retorno de carro) y BS (backspace o retroceso de un espacio).
- controlan el traspaso de la información cuando este código es usado para transferir información entre dos unidades separadas, como EOT (end of transmission o fin de transmisión), ACK (acknowledge o acuse de recibo de la transmisión sin error) y NAK (negative acknowledge o acuse de recibo de la transmisión con error).

Se notará que el código ASCII está bien preparado para el idioma inglés, pero carece de los símbolos empleados en otros idiomas, inclusive si nos limitamos a considerar los idiomas europeos occidentales. Así, carece de nuestra eñe, de las vocales acentuadas, de la u con diéresis y de la apertura de los signos de admiración e interrogación, pero también de otros símbolos corrientes en los lenguajes europeos occidentales tales como æ, ê, ç, etc. Por eso cuando fue adoptado por la Organización Internacional de Estándares (Norma ISO 646) se le previeron "variantes nacionales" según las cuales algunas combinaciones poco usadas del código ASCII original se podían asignar a otros caracteres distintos a los previstos por el ASCII, dependiendo del lenguaje a utilizar. Sin embargo, la práctica demostró los inconvenientes del así limitado carácter internacional del código y se encontró preferible posibilitar esas combinaciones adicionales agregando un nuevo bit al código, lo que dio lugar a los así llamados códigos ASCII extendidos de 8 bits.

1.3.2. Los códigos ASCII "extendidos" de 8 bits

Los conocidos vulgarmente como códigos ASCII extendidos son códigos de 8 bits, es decir uno más que el ASCII, que incorporan al código ASCII en el sentido de que sus primeras 128 combinaciones (las que tienen b_7, el bit más significativo, en 0) son idénticas a las de dicho código, pero agregan 128 combinaciones adicionales (las que tienen b_7 en 1) que permiten añadir muchos otros caracteres, entre ellos letras no inglesas, pero comunes en otros lenguajes europeo occidentales. Existen varios de estos códigos que difieren en cuál es el juego de caracteres adicionales que poseen con relación al ASCII. Entre ellos, podemos citar:

- Los códigos ISO 8859. De los varios códigos que tiene esta norma para distintos lenguajes (que incluye el chino, el hebreo, etc.) merece destacarse el ISO8859-1 denominado oficialmente Latin 1 (y vulgarmente como Europeo occidental).
- Los códigos utilizados por las computadoras personales, los que también tienen variantes que son denominadas por el sistema operativo DOS como *codepages*. Las más interesantes para mencionar acá son:
  - la 437, especialmente adaptada para el inglés americano e históricamente la única disponible en las primeras versiones de las computadoras personales
  - la 850 que soporta múltiples lenguajes europeos occidentales y prevé vocales acentuadas con acentos graves, agudos y circunflejos, u con diéresis, c con cedilla, nuestra ñ, etc.
  - la 858, relativamente reciente modificación de la 850 para incorporar el signo del euro, en sustitución de la poco usada letra ı (i sin punto)
- Las codepages utilizadas por el sistema operativo Windows en las computadoras personales. La más interesante para mencionar acá es la 1252, que es compatible con el código ISO8859-1 aunque asigna algunas combinaciones, que el código ISO tiene reservadas, a caracteres que el código ISO no prevé.

Un detalle de interés es que en las computadoras personales puede hacerse imprimir en pantalla uno de los caracteres que su código posee, presionando la tecla ALT y, sin liberarla, ingresando a continuación por medio del teclado numérico y en decimal el código del carácter que se desea imprimir (tras lo cual se debe liberar la tecla ALT). Por ejemplo ALT64 hace aparecer la arroba (@) ya que ése es el valor que le corresponde a la arroba en ASCII como puede comprobarse en la tabla respectiva. Sin embargo, ALT234 (que corresponde a uno de los caracteres adicionales) da lugar a letra griega Ω de tratarse de la codepage 437 y a la Û en el caso de la 850 o la 858. Es oportuno señalar que, si dentro del sistema Windows se utiliza el método de presionar la tecla ALT seguida del ingreso por teclado de un número decimal, aparece en pantalla el carácter correspondiente al número decimal ingresado, pero en la codepage del sistema DOS que posee la máquina y no en la del propio Windows. Para lograr esto último se debe preceder el tecleado del número decimal por un cero como sería, por ejemplo, ALT0234. El resultado sería la ê.

1.3.3. Unicode y código UCS

El Consorcio Unicode por un lado, y por el otro la Organización Internacional de Estándares (ISO) junto al Comité Electrotécnico Internacional (IEC), han estado trabajando (al principio separadamente, luego en conjunto) para establecer un código único (sin variantes nacionales o regionales) realmente multilenguaje y de aceptación universal. El resultado ha sido un código común para las tres instituciones involucradas, aunque lo denominan de manera diferente: el código es llamado Unicode por el mencionado Consorcio, y UCS (Universal Character Set) por la norma ISO/IEC 10646. Este código incluye (o prevé incluir en futuras ampliaciones) entre sus caracteres representados, las letras de todos los alfabetos usados, de manera de ser un completo código multilenguaje.

1.3.4. Otros códigos alfanuméricos

Otros códigos para codificar caracteres que tienen interés histórico son:

- el código Baudot, de 5 bits, utilizado en telex. El bajo número de bits que emplea se justifica porque no codifica tanto las letras mayúsculas como las minúsculas, sino sólo las primeras, y porque una palabra del código se utiliza para codificar dos elementos distintos, según sea la situación del contexto. Así, una palabra podrá ser interpretada como representando a una letra o a un número según se haya establecido con anterioridad (mediante una palabra apropiada del código cuya función es cambiar de contexto) que se habría de recibir uno u otro tipo de carácter.

- el código BCDIC (iniciales de Binary Coded Decimal Interchange Code), de 6 bits, utilizado por muchos sistemas de la firma IBM. No permite representar a las letras minúsculas, lo que explica que le basten 6 bits.
- el código Hollerith, de 12 bits, utilizado en las viejas tarjetas perforadas de 80 columnas y 12 filas
- el código EBCDIC (iniciales de Extended Binary Coded Decimal Interchange Code), de 8 bits, utilizado por muchos sistemas de la firma IBM. No hace uso de las 256 posibilidades que ofrece, ya que muchas de ellas no son utilizadas. En realidad fue concebido por dicha empresa de manera que sea muy fácil convertir una palabra del código Hollerith a EBCDIC y viceversa.

1.4. Codificación de los números

Recordemos que en Matemática los números se suelen clasificar en:

- números naturales
- números enteros
- números racionales
- números reales
- números complejos

En los sistemas digitales suele ser necesario codificar estos tipos de números, aunque con las siguientes variantes:

- los números naturales se usan frecuentemente junto con el cero, aunque éste no es en realidad un número natural. Por ello se suelen representar las llamadas *magnitudes*, que son el conjunto de los números naturales más el cero. Estos números suelen también ser llamados *enteros sin signo*.
- al codificar los números reales no se acostumbra establecer distingo en la forma de representación de los números racionales y los irracionales.
- dado que un número complejo no es sino un par ordenado de números reales, no es necesario adoptar una forma especial para representarlos.
- en muchos casos interesa representar números expresados en el sistema binario de numeración, pero en otros interesan los números decimales. Los códigos utilizados para representar a los números decimales se basan en representar separadamente a cada uno de los dígitos de un número decimal por medio de una combinación de dígitos binarios. Estos códigos se denominan códigos BCD (iniciales de Binary Coded Decimal), es decir, códigos para decimales codificados en binario.

Por lo dicho, se utilizan códigos para representar a:

- las magnitudes binarias
- los enteros binarios
- los números reales binarios
- los decimales codificados en binario

Estudiaremos cada uno de estos casos en los apartados que siguen.

1.4.1. Código para magnitudes binarias

La codificación de las magnitudes binarias se hace normalmente en la forma "natural", es decir, representándolas con las mismas combinaciones de 0 y 1 con que se escribe esa magnitud en binario. Sólo que, tratándose de un código bloque, todas las magnitudes se representan con el mismo número de bits, independientemente de la cantidad de bits significativos que tengan en binario, para lo que se agregan a la izquierda los ceros que sean necesarios. Así, si se trata de un código bloque de 8 bits, la magnitud binaria 11010 se representa como 00011010.

La magnitud más chica que puede representarse de esta manera es el 0, mientras que la magnitud más grande representable depende del número de bits que intervienen en cada combinación válida del código. Así, si se trata de un código de 8 bits, la magnitud más elevada resulta ser el 11111111 (es decir, el número que en decimal expresamos como 255). En general, tratándose de un código bloque de n bits, la magnitud más chica representable es el 0 (representado por n ceros), y la más grande el 2^n-1 (representado por n unos).

1.4.1.1. Operaciones aritméticas entre magnitudes binarias

Dada la forma natural con que hemos representado a las magnitudes, podemos efectuar operaciones aritméticas directamente con representaciones codificadas y obtener el resultado igualmente codificado. Sin embargo, una precaución especial habrá que tomar con relación a la posibilidad de que el resultado de la operación no caiga dentro del rango de representación ya mencionado de 0 hasta 2^n-1, ya que en esos casos el resultado no resultará válido por haberse excedido la capacidad de representación del código.

Las operaciones aritméticas en las que estamos acá interesados son la suma y la resta. Pero veremos la multiplicación en otro capítulo, aunque la división quedará fuera del alcance de esta publicación. Veremos a continuación las operaciones mencionadas.

Suma de magnitudes

La suma de las representaciones de dos magnitudes se realiza bit a bit de la manera habitual, obteniéndose el resultado correcto a menos que dicha operación arroje un resultado mayor o igual a 2^n, que no puede ser representado con n bits. Cuando ello ocurre, se advierte fácilmente pues la suma produce un acarreo que emerge de la suma de los bits más significativos (que llamaremos *acarreo final*), y que debería dar lugar a un bit n+1 si no fuera porque el número de bits del resultado también debe estar limitado a n, al igual que los operandos. Es decir, que las reglas para sumar son las siguientes:

1) sumar los dos operandos bit a bit de la manera habitual para obtener el resultado de la suma expresado con n bits.
2) si hay acarreo final, el resultado real es de una magnitud tan grande que excede la capacidad de representación del código, y el resultado obtenido es inválido. De no producirse este acarreo, el resultado obtenido es correcto.

Veamos un par de ejemplos en los que las magnitudes se han representado con 8 bits:

a)
```
 01001101
+10011011
 --------
 11101000
```

La ausencia de un acarreo final indica que el resultado es correcto.

b)
```
←11001101
+ 11001110
  --------
  10011011
```

La presencia del acarreo final, simbolizado por la flecha saliente del bit más significativo, indica que el resultado es inválido.

Resta de magnitudes

La resta de las representaciones de dos magnitudes se realiza bit a bit de la manera habitual, obteniéndose el resultado correcto a menos que dicha operación arroje un resultado menor que cero, que no constituye ya una magnitud y que por lo tanto no puede ser representado como tal. Cuando ello ocurre, se advierte fácilmente pues la resta requiere que un préstamo ingrese en la resta de los bits más significativos (que llamaremos *préstamo final*). Es decir, que las reglas para restar son las siguientes:

1) restar los dos operandos bit a bit de la manera habitual para obtener el resultado de la resta expresado con n bits.
2) si hay un préstamo final el resultado obtenido es inválido, pues el resultado real es un número negativo y no una magnitud. De no producirse este acarreo, el resultado obtenido es correcto.

Veamos la aplicación práctica de esta regla con un par de ejemplos con magnitudes representadas con 8 bits:

a)
```
 10101101
-01001011
 --------
 01100010
```

La ausencia de un préstamo final indica que el resultado es correcto.

b)
```
→10101101
- 11001011
  --------
  11100010
```

La presencia del préstamo final, simbolizado por la flecha entrante al bit más significativo, indica que el resultado es inválido.

La operación de restar puede realizarse de otra forma, utilizando el concepto de complemento de una magnitud. Veamos primero este nuevo concepto, y luego apliquémoslo a la realización de la resta por un procedimiento distinto al visto más arriba.

Dada una magnitud representada con n bits, se denomina *complemento a 1* de dicha magnitud, a la magnitud que resulta de *invertir* en la primera todos los bits (entendiendo por invertir a cambiar los ceros por unos y viceversa). Veamos los siguientes ejemplos, correspondientes a casos en que se representan las magnitudes con 8 bits:

a) el complemento a 1 de 10101101 es 01010010
b) el complemento a 1 de 00010110 es 11101001

Una forma alternativa de definir el complemento a 1 de una magnitud representada con n bits es como la resta entre la máxima magnitud representable (2^n-1) y la magnitud a complementar. Este procedimiento da, por supuesto, el mismo resultado que el mencionado más arriba, como lo muestran los siguientes ejemplos, en que se usan las mismas magnitudes a complementar que anteriormente:

a)
```
  11111111
- 10101101
  01010010
```

b)
```
  11111111
- 00010110
  11101001
```

Otra operación de complemento que resulta de interés es la de complementación a 2. Así, se define el *complemento a 2* de una magnitud representada con n bits como la resta entre la máxima magnitud representable incrementada en 1 (o sea 2^n) y la magnitud a complementar. De acuerdo con esta definición, para las mismas magnitudes consideradas en el ejemplo visto en el caso del complemento a 1, el cálculo del complemento a 2 se realiza como sigue:

a)
```
  100000000
-  10101101
   01010011
```

b)
```
  100000000
-  00010110
   11101010
```

Se notará que de acuerdo a la definición, el complemento a 2 de una magnitud resulta igual a su complemento a 1 incrementado en 1, lo que representa una segunda forma de hallar el complemento a 2. Así, los circuitos electrónicos digitales, cuando calculan el complemento a 2 de una magnitud, utilizan generalmente este procedimiento por ser muy sencillo electrónicamente hallar el complemento a 1 por el mecanismo de invertir todos los bits, y sumar luego 1 al resultado.

Por el contrario, de proceder manualmente, la regla más simple para obtener el complemento a 2 de una magnitud de n bits consiste en analizar sucesivamente los bits de la magnitud a partir del bit menos significativo y entonces:

- Para cada uno de los bits encontrados, hasta el primer 1 inclusive, conservar para el complemento el mismo valor que tiene el bit en la magnitud dada.
- Para todos los bits encontrados más allá del primer 1, colocarlos en el complemento invertidos con relación al valor que tienen en la magnitud dada.

Este procedimiento da, por supuesto, el mismo resultado que los mencionados más arriba, como el lector puede comprobar repitiendo los ejemplos dados anteriormente, pero efectuando el complemento con el procedimiento recién descripto.

Con estos nuevos conceptos surge una nueva forma de restar consistente en sumar al minuendo el complemento a 2 del sustraendo. Para justificar este procedimiento consideremos que sean A y B dos magnitudes que deseamos restar, y veamos el resultado que se obtiene cuando se suma al minuendo (A) el complemento a 2 del sustraendo (2^n-B):

$A + (2^n\text{-}B) = 2^n + (A\text{-}B) = 2^n - (B\text{-}A)$

Se presentan acá dos casos:

a) si $A \geq B$, el segundo miembro nos dice que el resultado será mayor o igual que 2^n. Pero el sumando 2^n representa un acarreo final que, si lo descartamos, deja como resultado correcto a la diferencia buscada *A-B*.

b) si $A<B$, el tercer miembro nos dice que el resultado será menor que 2^n, es decir, no habrá acarreo final. Pero el resultado obtenido (2^n-(*B-A*)) no será ya *A-B*, lo que resulta previsible pues, por ser $A<B$, la resta entre ambos no es ya una magnitud sino un número negativo.

Podemos entonces expresar la regla alternativa para restar magnitudes de *n* bits de la siguiente forma:

1) sumar al minuendo el complemento a 2 del sustraendo, procediendo bit a bit de la manera habitual para obtener el resultado de la resta expresado con *n* bits.
2) si no hay acarreo final, el resultado obtenido es inválido, pues el resultado real es un número negativo y no una magnitud. Por el contrario, de producirse este acarreo, el resultado obtenido es correcto.

Esta nueva regla es muy interesante para la implementación de circuitos electrónicos de cálculo, que frecuentemente deben poder sumar y restar, y que por utilización de esta regla pueden tener un circuito sumador utilizable para ambos fines, en vez de tener que tener un sumador y un restador.

Usemos esta nueva regla para efectuar las mismas operaciones de restar con que ejemplificamos la regla anterior:

a) 10101101 que es equivalente a ←10101101
- 01001011 + 10110101
01100010

La presencia del acarreo final indica que el resultado es correcto. Compruebe el lector que el resultado de la operación y de la conclusión acerca de su validez coincide con los alcanzados por el otro método.

b) 10101101 que es equivalente a 10101101
- 11001011 + 00110101
11100010

La ausencia de un acarreo final, indica que el resultado es inválido. Todo ello de acuerdo con el resultado alcanzado por el otro método.

Se notará que la presencia de un acarreo final, que en el caso de presentarse en una suma de magnitudes es una indicación de que el resultado es inválido, en el caso de una resta efectuada como suma del minuendo más el complemento a 2 del sustraendo denota justamente la validez del resultado. En este caso, es la ausencia de un acarreo final el indicador de que, de haberse procedido a restar de la forma convencional, se habría producido un préstamo final por resultado inválido.

Teniendo en cuenta que el complemento a 2 de una magnitud es igual a su complemento a 1 más 1, se puede expresar otra regla alternativa para restar magnitudes de *n* bits, de la siguiente forma:

1) sumar al minuendo el complemento a 1 del sustraendo, procediendo bit a bit de la manera habitual y adicionando un 1 a esa suma, para obtener el resultado de la resta expresado con *n* bits.
2) si no hay acarreo final, el resultado obtenido es inválido, pues el resultado real es un número negativo y no una magnitud.

Volviendo a hacer el ejemplo a) anterior con esta regla, tendremos:

a) 10101101 que es equivalente a ←10101101
- 01001011 + 10110100
1
01100010

La ventaja de este método es que es el más fácil de implementar por medio de circuitos electrónicos, porque el complemento a 1 es más fácil de realizar que el complemento a 2, y el tener que sumar un 1 no constituye dificultad cuando para restar se está usando un circuito sumador.

1.4.2. Códigos para números binarios enteros

Existen varios códigos de bloque que se utilizan para representar a los números enteros binarios. Ellos son los llamados:

- Signo y magnitud
- Complemento a 2
- Complemento a 1
- Binario desplazado

Todos ellos son códigos bloque que utilizan n bits para representar a los enteros, pero difieren en la metodología que emplean en la codificación, por lo que resultan con diferentes ventajas y desventajas relativas.

Todos ellos, al utilizar n bits para la codificación (y tener por lo tanto 2^n combinaciones disponibles para ser usadas como palabras del código), y por tratar de representar tanto a los números negativos como a los positivos, y en forma equilibrada, son capaces de codificar a los números enteros ubicados en el rango comprendido entre el $-(2^{n-1}-1)$ y el $(2^{n-1}-1)$. Es decir que son capaces de representar $2^{n-1}-1$ números negativos, otros tantos números positivos, y el 0. El lector advertirá que esto hace un total de 2^n-1 números, cuando se tienen disponibles 2^n combinaciones. Dos de los códigos mencionados (el Signo y magnitud y el Complemento a 1) desaprovechan esta combinación adicional empleando, debido a la lógica de construcción del código, dos combinaciones para representar el 0, dependiendo de si se lo considera como positivo o negativo. Los otros dos códigos (el Complemento a 2 y el Binario desplazado) no tienen esa doble representación para el 0, y la combinación adicional la emplean para codificar un número negativo adicional, el -2^{n-1}.

Las características de cada uno de los métodos mencionados se detallan a continuación, en el orden en que fueron citados.

1.4.2.1. Codificación en Signo y magnitud

En esta forma de codificación para representar a los enteros, se reserva el bit más significativo para representar el signo de dicho número, y los restantes n-1 bits para representar a su magnitud. Habitualmente el signo positivo se representa con un 0 y el negativo con un 1.

Dado que quedan sólo n-1 bits para la magnitud, ésta sólo puede tomar valores comprendidos entre 0 y $2^{n-1}-1$. Esto hace que esta forma de codificación únicamente pueda representar a los enteros comprendidos entre el $-(2^{n-1}-1)$ y el $(2^{n-1}-1)$, limitación ya mencionada en el apartado anterior. Por ejemplo, de tratarse de un código de 4 bits, sólo puede representar a los enteros comprendidos entre el menos siete y el más siete. La tabla de correspondencia de este código es la que muestra el siguiente cuadro.

Número	Codificación
+ 111	0111
+ 110	0110
+ 101	0101
+ 100	0100
+ 11	0011
+ 10	0010
+ 1	0001
0	0000 1000
- 1	1001
- 10	1010
- 11	1011
- 100	1100
- 101	1101
- 110	1110
- 111	1111

Se observará que el cero tiene una doble representación, ya que se representa como una magnitud nula pero que puede tener signo positivo o negativo.

Veamos, con algunos ejemplos, como sería el caso de un código de mayor número de bits. Por ejemplo, 8. Tendremos:

a) el número +101011 se representa como 00101011.
Esto es así porque la magnitud de dicho número, expresada en 7 bits, es 0101011 (nótese el agregado de un cero a la izquierda para completar los 7 bits), y debe ser precedida por un 0 por tratarse de un número positivo.

b) el número -10110 se representa como 10010110.
Esto es así porque la magnitud de dicho número, expresada en 7 bits, es 0010110, y debe ser precedida por un 1 por tratarse de un número negativo.

c) los números -10101101 y +101011011 no pueden ser representados porque su magnitud no puede ser expresada con sólo 7 bits.

d) la combinación 01101100 representa al número +1101100.
Esto es así porque el 0 inicial denota que se trata de un número positivo, y los restantes 7 bits constituyen su magnitud.

e) la combinación 10110010 representa al número -110010.
Esto es así porque el 1 inicial denota que se trata de un número negativo, y los restantes 7 bits constituyen su magnitud que, despojada de un cero no significativo que tiene, es 110010.

La codificación en Signo y magnitud guarda un paralelismo con la forma como representamos en la vida diaria los números, en que separamos su signo y su valor absoluto.

Utilizando esta codificación es fácil realizar circuitos de cálculo electrónico que efectúen, por ejemplo, el producto o el cociente de dos números, ya que esta operación se realiza corrientemente multiplicando o dividiendo las magnitudes y procesando los signos por separado.

Por el contrario, resultan algo complejos los circuitos que efectúan la suma y resta de números representados en este código. Por ejemplo, la suma se ve dificultada porque cuando se deben sumar dos números de distinto signo, el proceso a efectuar entre las magnitudes no es una suma sino una resta. Más aún, se debe restar la menor de la mayor, lo que implica una comparación previa que mentalmente se realiza por simple inspección, pero que para los circuitos electrónicos implica una complejidad adicional (aún cuando no realizan en verdad la comparación, sino que efectúan la resta entre ambas magnitudes y luego corrigen el resultado si advierten que la efectuaron a la inversa).

De todos modos, el estudio de las reglas precisas para sumar, restar, multiplicar y dividir números representados en este código, y el de los circuitos electrónicos que implementan dichas reglas, excede el alcance de la presente publicación.

1.4.2.2. Codificación en Complemento a 2

En esta forma de codificación para representar a los enteros, se siguen reglas distintas para codificar a los positivos y a los negativos, a saber:

- los números positivos se representan por su magnitud
- los números negativos se representan por el complemento a 2 de su magnitud.

En ambos casos, se utilizan para esta representación los n bits disponibles que tiene el código, es decir, no se reserva bit alguno para la codificación del signo. Sin embargo, a pesar de no haber reservado un bit para este fin, luego veremos que el bit más significativo puede ser usado como indicador del signo del número.

Veamos con algunos ejemplos cómo se efectúa la codificación de la forma descrita. Por ejemplo, si se tratase de un código que emplea 4 bits, el binario más tres (+11), cuya magnitud expresada con 4 bits es 0011, se representa por esta combinación de ceros y unos. Por su parte, el menos dos (-10), cuya magnitud expresada con 4 bits es 0010, se representa por el complemento a 2 de esa magnitud, o sea 1110. Veamos una tabla de correspondencia donde se presentan todos los números codificables.

Número	Codificación
+ 111	0111
+ 110	0110
+ 101	0101
+ 100	0100
+ 11	0011
+ 10	0010
+ 1	0001
0	0000
- 1	1111
- 10	1110
- 11	1101
- 100	1100
- 101	1011
- 110	1010
- 111	1001
- 1000	1000

La tabla se ha realizado de la misma forma como se procedió con el par de ejemplos dados más arriba. Se notará un hecho que hemos anticipado y que, aunque no buscado, resulta ventajoso: todos los números positivos tienen, en su representación, su bit más significativo en 0; mientras tanto, todos los negativos tienen en esa posición un 1. De esta forma, aún cuando no hemos reservado ningún bit para la función de signo, el bit más significativo de la representación sirve como indicador del mismo.

Se notará que el 0 tiene una única representación. Efectivamente, de considerárselo positivo debe ser representado por su magnitud, es decir, con todos sus bits en 0. Pero, de considerárselo negativo, debe ser representado por el complemento a 2 de su magnitud. Sin embargo, de la aplicación de la regla para complementar a 2 surge que el complemento también tiene todos los bits en 0. Por lo tanto, la representación para el 0 es única. Esto hace que esté disponible una palabra para representar al número negativo -2^{n-1}.

Veamos, con algunos ejemplos, como sería el caso de un código de mayor número de bits. Por ejemplo, 8. Tendremos:

a) el número +101011 se representa como 00101011.

Esto es así porque la magnitud de dicho número, expresada en 8 bits, es 00101011.

b) el número -10110 se representa como 11101010.

Esto es así porque la magnitud de dicho número, expresada en 8 bits es 00010110, y debe ser complementada a 2 por tratarse de un número negativo.

c) los números +10000000 y -10110110 no pueden ser representados por estar fuera del rango de los números representables: del -10000000 al +1111111.

d) la combinación 01101100 representa al número +1101100.

Esto es así porque el 0 en el bit más significativo denota que se trata de un número positivo, y por lo tanto los 8 bits dados constituyen su magnitud.

e) la combinación 11101100 representa al número -10100.

Esto es así porque el 1 en el bit más significativo denota que se trata de un número negativo, y por lo tanto los 8 bits dados constituyen el complemento a 2 de su magnitud. Es decir que ésta es, expresada en 8 bits, 00010100.

El código Complemento a 2 tiene como principal ventaja el permitir sumar y restar sus combinaciones de código, y obtener el resultado en el mismo código, utilizando las mismas reglas operativas que rigen para la suma y resta de magnitudes binarias, aunque difiere en el criterio a seguir para evaluar la corrección del resultado. Ya que muchos circuitos de cálculo deben ser capaces de sumar y restar indistintamente magnitudes y enteros (por ejemplo, las unidades de cálculo de los microprocesadores), resulta muy ventajoso para ellos que un código utilizado para representar a los enteros binarios permita utilizar para sumar o restar las mismas reglas que se siguen para efectuar esas operaciones con magnitudes, porque ello posibilita la utilización de un mismo circuito para ambos fines.

Demostraremos la ventaja citada, analizando separadamente el caso de la suma y de la resta.

Suma de enteros codificados en Complemento a 2

Las reglas para sumar binarios enteros representados en el código Complemento a 2 son las siguientes:

1) sumar los dos operandos bit a bit de la manera habitual para obtener el resultado de la suma expresado con n bits (utilizando para ello el total de los bits, es decir, incluyendo en la suma el bit más significativo sin darle un tratamiento distinto aún cuando el mismo pueda ser considerado como un indicador de signo).
2) el resultado será correcto a menos que se encuentre fuera del rango de los números que pueden ser representados por este código con n bits. Esta circunstancia se denomina *desborde* y se puede reconocer porque sólo aparece cuando se efectúa la suma de dos operandos de igual signo y el resultado, contrariamente a lo esperado, tiene el signo opuesto. Por el contrario, no tiene importancia ninguna el acarreo final el que, de producirse, debe descartarse.

Se notará que la primera de las reglas, que da el procedimiento para hallar la suma, es exactamente la misma regla que para sumar magnitudes.

Por el contrario, la segunda regla que contiene el criterio acerca de la validez del resultado en vistas de la posibilidad de que el mismo no admita ser presentado en el código, es totalmente distinta del caso de una suma de magnitudes. En este último caso el criterio de invalidez lo daba la presencia del acarreo final, mientras que en el caso que ahora analizamos el criterio de invalidez por desborde toma en cuenta a los signos de los operandos y del resultado, sin importar para ello un eventual acarreo final que, de ocurrir, se descarta.

Para demostrar la corrección de estas reglas, analizaremos la operación suma desglosándola en 3 posibilidades, y comprobando su validez en todas ellas:

- suma de dos números positivos
- suma de dos números negativos
- suma de dos números de distinto signo

Suma de dos números positivos

Si los números a ser sumados son dos números positivos, cada uno de ellos estará representado por su magnitud. Sean éstas A y B; el resultado de la suma de ambas será $A+B$. Se abren aquí dos posibilidades:

1) Si $A+B<2^{n-1}$, el resultado podrá ser representado por el código. El resultado esperado es un número positivo que estará representado por su magnitud $A+B$. Como el resultado obtenido ($A+B$) coincide con el esperado, es correcto.

2) Si $A+B \geq 2^{n-1}$, el resultado no podrá ser representado por el código y estaremos en una situación de desborde. Pero, en estas condiciones ocurre lo siguiente: el hecho de que el resultado de la suma sea mayor o igual que 2^{n-1} implica que su bit más significativo, de peso 2^{n-1}, debe estar en 1. Esto lo hace aparecer como un número negativo, contrariamente a lo esperado que era un resultado positivo. Por lo tanto, la situación de desborde cuando se suman dos números positivos se reconoce porque en esas condiciones el resultado tiene signo negativo. Se notará que esto está en coincidencia con el criterio para reconocer el desborde que anticipáramos más arriba.

Ejemplifiquemos lo dicho para el caso de un código de 4 bits, para el que proponemos dos sumas.

0011	0011
+ 0010	+ 0110
0101	1001

De acuerdo a la regla, la primer suma da resultado correcto porque la suma de dos números positivos dio positivo, y la segunda suma da desborde porque la suma de dos positivos dio resultado negativo.

Si el lector desea corroborar las reglas, comprobará que el primer caso es la suma de + tres y + dos que da correctamente + cinco, y que el segundo caso es la suma de + tres y + seis que debería dar + nueve, pero que da un número negativo porque el + nueve no puede ser representado con 4 bits.

Suma de dos números negativos

Si los números a ser sumados son dos números negativos, cada uno de ellos estará representado por el complemento a 2 de su magnitud, y su bit más significativo estará en 1. Es decir que la suma de las representaciones dará un valor (llamando A y B a sus respectivas magnitudes):

$$(2^n-A) + (2^n-B) = 2^n + [2^n - (A+B)]$$

Este resultado es mayor que 2^n, lo que significa que habrá siempre un acarreo final. Esto es lógico ya que, al sumar dos números negativos cuyo bit más significativo está en 1, se producirá siempre un acarreo final. De acuerdo a la regla vista, este acarreo final se descarta y, dado que su valor es de 2^n, tras descartarlo el resultado de la operación queda $2^n-(A+B)$. Se abren aquí dos posibilidades:

1) Si $A+B \leq 2^{n-1}$ el resultado es un número negativo que debe ser representado por el complemento a 2 de su magnitud, es decir, por $2^n-(A+B)$. Como el resultado obtenido coincide con el esperado, resulta correcto.
2) Si $A+B > 2^{n-1}$, el resultado es un número negativo que no puede ser representado con n bits, y la operación desborda. Pero, en estas condiciones ocurre lo siguiente: el hecho de que sea $A+B > 2^{n-1}$ hace que el resultado $2^n-(A+B)$ sea menor que 2^{n-1} lo que implica que su bit más significativo, de peso 2^{n-1}, debe estar en 0. Esto lo hace aparecer como un número positivo, contrariamente a lo esperado que era un resultado negativo. Por lo tanto, la situación de desborde cuando se suman dos números negativos se reconoce porque en esas condiciones el resultado tiene signo positivo. Se notará que esto está en coincidencia con el criterio para reconocer el desborde que anticipáramos más arriba.

Ejemplifiquemos lo dicho nuevamente con dos sumas para el caso de un código de 4 bits.

←1100	←1100
+ 1110	+ 1010
1010	0110

De acuerdo a la regla, el acarreo final que se produjo en ambas sumas debe ser descartado, la primer suma da resultado correcto porque la suma de dos números negativos dio negativo, y la segunda suma da resultado inválido porque la suma de dos negativos dio resultado positivo.

Si el lector desea corroborar las reglas comprobará que el primer caso es la suma de - cuatro y - dos que da correctamente - seis, y que el segundo caso es la suma de - cuatro y - seis que debería dar - diez, pero que da un número positivo porque el - diez no puede ser representado con 4 bits.

Suma de dos números de distinto signo

Si se trata de la suma de dos números de distintos signo, el positivo estará representado por su magnitud (sea ésta A), y el negativo por el complemento a 2 de su magnitud (2^n-B). La suma de ambos, por consiguiente, estará dada por:

$$A + (2^n-B) = 2^n + (A-B) = 2^n - (B-A)$$

Se abren aquí dos posibilidades:

1) si $A \geq B$ el resultado de la suma debe ser un número positivo o nulo, de magnitud A-B, que se representará por su magnitud. Se apreciará del segundo miembro de la ecuación anterior que el resultado de la operación es mayor que 2^n, es decir, se producirá un acarreo final. Descartando dicho acarreo de valor 2^n, el resultado de la operación queda A-B, lo que coincide con lo esperado. Es, por consiguiente, correcto.
2) si $A<B$ el resultado de la suma debe ser un número negativo de magnitud B-A que, lógicamente, deberá ser representado por el complemento a 2 de su magnitud, es decir, por 2^n-(B-A). Siendo esto el resultado obtenido según se aprecia en el tercer miembro de la ecuación anterior, se comprueba que el resultado logrado coincide con el esperado y es, por consiguiente, correcto.

Se apreciará que en ninguna de estas dos posibilidades ha resultado un desborde, lo cual es lógico pues al sumar dos números de distinto signo se produce una cancelación parcial entre ellos que asegura que el resultado siempre esté dentro del rango de representación del código. Esto coincide con el criterio de desborde que se estableciera más arriba, el que prevé la posibilidad de desborde sólo al sumar números de igual signo.

Ejemplifiquemos lo dicho nuevamente para el caso de un código de 4 bits.

```
  1100      ←1100
+ 0010     + 0111
  1110       0011
```

De acuerdo a la regla, el acarreo final que se produjo en la segunda suma debe ser descartado, y ambos resultados son correctos porque siempre da correcta la suma de dos números de distinto signo.

Si el lector desea corroborar las reglas comprobará que el primer caso es la suma de - cuatro y + dos que da correctamente - dos, y que el segundo caso es la suma de - cuatro y + siete que da correctamente + tres.

Comentarios finales sobre la suma – regla alternativa para el desborde

Hemos comprobado que en todos los casos valen las reglas apuntadas que permiten sumar los números representados según este código utilizando el mismo mecanismo que para sumar magnitudes, aunque difiriendo en el criterio de validez del resultado. Mientras era la presencia del acarreo final lo que en el caso de suma de magnitudes indicaba un resultado obtenido inválido, por la imposibilidad del resultado verdadero de ser representado en el código, en el caso de la suma de enteros el acarreo final que pudiera producirse debe ser descartado, y es la obtención de un bit de signo inesperado el indicador de desborde a utilizar en estos casos. Ilustremos lo dicho con el siguiente ejemplo

Ejemplo1-1

Sea una unidad sumadora que opera con 8 bits. Se pide:

a) efectuar las 6 sumas indicadas. Se señalará la eventual aparición de un acarreo final pero el resultado se dará siempre en 8 bits.

b) discutir la validez del resultado suponiendo que los operandos eran magnitudes.

c) discutir la validez del resultado suponiendo que los operandos eran números enteros representados en código Complemento a 2.

I)	00110101 + 01000111
II)	00110101 + 01101100
III)	00110101 + 11010011
IV)	00110101 + 10001001
V)	11010011 + 10111000
VI)	11010011 + 10001001

Solución

Procediendo caso por caso, se tiene:

I) a)
```
   00110101
 + 01000111
   01111100
```
b) No ha habido acarreo final, por lo que el resultado es correcto.

c) Se han sumado dos números positivos y el resultado es positivo. Por lo tanto no hay desborde y el resultado es correcto.

II) a)
```
   00110101
 + 01101100
   10100001
```
b) No ha habido acarreo final, por lo que el resultado es correcto.

c) Se han sumado dos números positivos y el resultado es negativo. Por lo tanto hay desborde y el resultado es incorrecto.

III) a)
```
 ←00110101
 + 11010011
   00001000
```
b) Ha habido acarreo final, por lo que el resultado es incorrecto.

c) Se han sumado dos números de distinto signo. Por lo tanto no hay desborde y el resultado es correcto.

IV) a)
```
   00110101
 + 10001001
   10111110
```
b) No ha habido acarreo final, por lo que el resultado es correcto.

c) Se han sumado dos números de distinto signo. Por lo tanto no hay desborde y el resultado es correcto.

V) a)
```
 ←11010011
 + 10111000
   10001011
```
b) Ha habido acarreo final, por lo que el resultado es incorrecto.

c) Se han sumado dos números negativos y el resultado es negativo. Por lo tanto no hay desborde y el resultado es correcto.

VI) a)
```
 ←11010011
 + 10001001
   01011100
```
b) Ha habido acarreo final, por lo que el resultado es incorrecto.

c) Se han sumado dos números negativos y el resultado es positivo. Por lo tanto hay desborde y el resultado es incorrecto.

Una regla alternativa para determinar el desborde puede deducirse a partir de las siguientes observaciones:

a) si se suman dos números positivos, nunca habrá un acarreo final, pero si hay un acarreo de la penúltima etapa, eso hace que el signo del resultado quede negativo, y produzca desborde.
b) si se suman dos números negativos, siempre habrá un acarreo final, pero si no hay un acarreo de la penúltima etapa, eso hace que el signo del resultado quede positivo, y produzca desborde.
c) Si se suman dos números de distinto signo, ocasión en la que nunca hay desborde, si hay un acarreo de la penúltima etapa, eso produce un acarreo final.

Y ahora deducimos que hay desborde cuando el acarreo de la penúltima etapa es distinto del acarreo final. Esta regla es, entonces, equivalente a la basada en los signos de los operandos y el resultado, y también simple de aplicar. Rehaga el lector el punto c) del ejemplo anterior, pero ahora aplicando esta regla alternativa, y compruebe que se alcanzan las mismas conclusiones respecto del desborde.

Resta de enteros codificados en Complemento a 2

La resta de dos números enteros (independientemente de su signo) es conveniente encararla a partir de una suma. Así, puede efectuarse la resta sumando al minuendo el sustraendo cambiado de signo. Pero en el código del Complemento a 2 la forma de cambiar el signo a una combinación del código es complementarla a 2. Efectivamente, dado que los números positivos se representan por su magnitud, y los negativos por el complemento a 2 de ella, se concluye que dos números de igual magnitud pero de distinto signo deben estar representados por combinaciones que son una el complemento a 2 de la otra. Esto puede también verificarse observando la tabla de correspondencia.

Por lo tanto puede efectuarse una resta sumando al minuendo el complemento a 2 del sustraendo, regla que es la misma que se sigue para magnitudes, lo que implica que, al igual que lo que ocurre con la suma, un circuito capaz de restar magnitudes también puede restar números enteros representados en el código Complemento a 2, aunque difieren las reglas para determinar la validez del resultado.

Falta, efectivamente, definir el criterio de desborde. Así, el criterio de desborde en la suma que decía que debía descartarse el acarreo final y que había desborde sólo en el caso de que ambos operandos eran de igual signo y, contrariamente a lo esperable, el resultado tenía signo contrario, tiene su correlato en la resta en la que vale la siguiente regla:

Existe desborde en una resta sólo en el caso de que el minuendo y el sustraendo sean de signo contrario y, contrariamente a lo esperable, el resultado no tenga el signo del minuendo (esto es así porque (+)-(-) debería dar (+) y (-)-(+) debería dar (-)). El posible acarreo final debe ser descartado.

Se observa que tanto en el caso de la suma como en el de la resta el desborde sólo se produce cuando la operación debería dar lugar a un resultado de signo inequívoco y, por el contrario, da un signo contrario al esperado.

Veamos algunos ejemplos aclaratorios.

a)	10101101	que es equivalente a	←10101101
	- 01001011		+ 10110101
			01100010

La presencia del acarreo final es descartada. Hay desborde pues se han restado dos números de distinto signo, y el signo del resultado (positivo) no coincide con el del minuendo (negativo)

b)	10101101	que es equivalente a	10101101
	- 11001011		+ 00110101
			11100010

No hay desborde pues la resta de dos números de igual signo jamás desborda

c)	10101101	que es equivalente a	←10101101
	- 00001011		+ 11110101
			10100010

La presencia del acarreo final es descartada. No hay desborde pues se han restado dos números de distinto signo, y el signo del resultado (negativo) coincide con el del minuendo (negativo)

Caso particular y método alternativo

La justificación que hemos hecho del procedimiento para restar enteros representados en este código tiene como punto débil, el que hemos considerado que para cambiar el signo a un cierto entero dado por la combinación de bits que lo representa en este código, se debe complementar a 2 dicha combinación. Y esto no es totalmente cierto por existir una excepción: el número -2^{n-1} no puede ser transformado en el $+2^{n-1}$ por este procedimiento, porque dicho número positivo no puede ser representado con n bits. Siendo que el -2^{n-1} se representa con un 1 seguido de n-1 ceros, al hallar su complemento a 2 no se lo cambia de signo sino que no se lo afecta en absoluto. Por fortuna, puede demostrarse (no lo haremos aquí) que el método explicado es totalmente válido también para este caso particular, por lo que, desde el punto de vista práctico, no existe problema alguno asociado con esta cuestión.

Pero, si bien el cambio de signo de este caso particular no puede realizarse sencillamente encontrando el complemento a 2 de la combinación de bits, es válido con ese propósito hallar el complemento a 1 y sumarle 1. La resta se haría entonces sumando al minuendo el complemento a 1 del sustraendo más 1, un procedimiento que tiene sus ventajas, a saber:

1) no presenta problemas formales asociados a ningún caso particular

2) sigue siendo compatible con el método de restar magnitudes, uno de los cuales consistía en sumar el minuendo el complemento a 1 del sustraendo, más 1.
3) es un método fácil de realizar con circuitos electrónicos, por la sencillez para calcular el complemento a 1 y para sumar 1, teniendo a disposición un sumador.
4) permite que la regla para determinar si hubo desborde se base en el eventual desborde de la propia suma, regla no aplicable cuando se usa el complemento a 2 en vez del complemento a 1, porque falla en el caso particular que justificara este apartado.

Con esto en consideración, las reglas para restar quedan de la siguiente manera:

1) sumar al minuendo el complemento a 1 del sustraendo, más 1.
2) la resta desborda cuando lo hace la suma del punto anterior.

Veamos, como ejemplo, la siguiente resta:

```
   10101101
 - 10000000
```

y las formas de realizarla, empleando en a) el complemento a 2 y en b) el complemento a 1, más 1:

```
a)  ←10101101          b)  ←10101101
    +10000000              +01111111
     00101101                      1
                            00101101
```

No hay desborde, porque nunca lo hay cuando se restan dos números de igual signo. Pero de la operación b) puede concluirse lo mismo observando que es la suma de dos números de distinto signo.

1.4.2.3. Codificación en Complemento a 1

En esta forma de codificación para representar a los enteros se siguen reglas parecidas, para codificar a los positivos y a los negativos, a las seguidas en el código Complemento a 2, a saber:

- los números positivos se representan por su magnitud.
- los números negativos se representan por el complemento a 1 de su magnitud.

En ambos casos, se utilizan para esta representación los *n* bits disponibles que tiene el código, es decir, no se reserva bit alguno para la codificación del signo. Sin embargo, a pesar de no haber reservado un bit para este fin, también en este código, al igual que en el caso del código Complemento a 2, el bit más significativo puede ser usado como indicador del signo del número, ya que resulta ser 0 para los números positivos y 1 para los negativos, como en seguida veremos.

Veamos con algunos ejemplos cómo se efectúa la codificación de la forma descrita. Por ejemplo, si se tratase de un código que emplea 4 bits, el binario más tres (+11), cuya magnitud expresada con 4 bits es 0011, se representa por esa magnitud, es decir, 0011. Por su parte, el menos dos (-10) cuya magnitud expresada con 4 bits es 0010, se representa por el complemento a 1 de esa magnitud, o sea 1101. La tabla de correspondencia siguiente presenta todos los números codificables.

Número	Codificación
+ 111	0111
+ 110	0110
+ 101	0101
+ 100	0100
+ 11	0011
+ 10	0010
+ 1	0001
0	0000 1111
- 1	1110
- 10	1101
- 11	1100
- 100	1011
- 101	1010
- 110	1001
- 111	1000

Se observará la doble representación del 0, debida a que por ser éste de magnitud nula, si se lo considera positivo se debe representar por su magnitud (es decir, todos los bits en 0), mientras que si se lo considera negativo se debe representar por el complemento a 1 de su magnitud (es decir, todos los bits en 1).

El código Complemento a 1 no tiene alguna característica que lo destaque como preferible para alguna aplicación, por lo que es un código raramente empleado.

1.4.2.4. Codificación en Binario desplazado

Este código parte de la siguiente idea: si utilizando n bits, y evitando la doble representación del 0, se pueden representar los números enteros a partir del -2^{n-1}, se puede sumar a cada número a ser representado el valor 2^{n-1}; el resultado de dicha suma no será negativo en ningún caso y será siempre una magnitud, la que podrá ser representada como tal. Este *desplazamiento* de los números en el valor 2^{n-1} es lo que da origen a la denominación de este código.

Veamos con algunos ejemplos cómo se efectúa la codificación de la forma descrita. Por ejemplo, si se tratase de un código que emplea 4 bits, el desplazamiento a realizar es de un valor $2^{n-1}=8$. En esas condiciones, el binario más tres (+11) se representa por la magnitud once (1011); y el menos dos (-10) se representa por la magnitud seis (0110).

Consideremos la siguiente tabla de correspondencia donde se presentan todos los números codificables.

Número	Codificación
+ 111	1111
+ 110	1110
+ 101	1101
+ 100	1100
+ 11	1011
+ 10	1010
+ 1	1001
0	1000
- 1	0111
- 10	0111
- 11	0101
- 100	0100
- 101	0011
- 110	0010
- 111	0001
- 1000	0000

Veamos, con algunos ejemplos cómo sería el caso para un número mayor de bits, por ejemplo 8. En este caso el desplazamiento es de 2^7=128, es decir 10000000 en binario.

a) al número +10101, para representarlo, se le suma 10000000, lo que da 10010101.

b) al número -110010, para representarlo, se le suma 10000000, lo que da 01001110, de acuerdo con la siguiente operación:

$$\begin{array}{r} 10000000 \\ -\ \underline{00110010} \\ 01001110 \end{array}$$

c) a la combinación 10101101, para averiguar a qué número representa, se le debe restar 10000000, lo que da +101101

d) a la combinación 00110110, para averiguar a qué número representa, se le debe restar 10000000, lo que da -01001010 de acuerdo a la siguiente resta (efectuada a la inversa):

$$\begin{array}{r} 10000000 \\ -\ \underline{00110110} \\ 01001010 \end{array}$$

Una característica ventajosa del código Binario desplazado es que permite efectuar comparaciones de números enteros utilizando los mismos procedimientos que se utilizan cuando se comparan magnitudes. Así, si un número entero está representado por una magnitud mayor que otro, puede afirmarse que es efectivamente mayor. Por el contrario, en los otros códigos que hemos visto no puede utilizarse esta regla ya que, por ejemplo, en todos ellos los números negativos tienen el bit más significativo en 1 y de utilizar las reglas habituales de la comparación entre magnitudes, los negativos aparentarían ser mayores que los positivos, cuyo bit más significativo está en 0. Esta característica del código Binario desplazado lo vuelve interesante para aplicaciones tales como conversión analógica a digital, y viceversa.

Otra ventaja digna de mención es que la representación de un número hecha en este código es fácilmente convertible a su representación en el código Complemento a 2, para lo que sólo basta invertir el bit más significativo, como se puede comprobar por simple inspección comparativa de las tablas dadas para estos códigos para el caso de usar 4 bits. Sin embargo puede demostrarse que esta propiedad es válida cualquiera sea el número de bits. ¿Quiere el lector efectuar esta demostración?

1.4.3. Códigos para números reales binarios

Los números reales se suelen codificar en una forma denominada *coma flotante* (o también, *punto flotante* o *notación científica*) consistente en representar los números de la siguiente manera:

$S_g\ M \times B^{exp}$

donde:
S_g es el signo del número, es decir + o -
M es la llamada mantisa del número
B es la base del sistema de numeración empleado
exp es un exponente (un número entero)
$M \times B^{exp}$ es la magnitud del número

Esta representación es muy utilizada en cálculos científicos donde, por ejemplo, el número -745,38 puede representarse como -74538×10^{-2}. Esta representación no es única, porque también puede escribirse el mismo número, entre otras posibilidades, como $-7,4538\times10^{2}$ y como $-0,74538\times10^{3}$. Dado que no es deseable tener múltiples representaciones, en los códigos de coma flotante se retiene sólo una, llamada *normalizada*. Las representaciones normalizadas suelen ser, según el código empleado, aquella en que la mantisa es totalmente fraccionaria (como en $-0,74538\times10^{3}$) o aquella en que sólo tiene un dígito entero (como en $-7,4538\times10^{2}$).

Los números reales que se utilizan normalmente en los sistemas electrónicos son los binarios, y no los decimales, y suelen ser representados por conjuntos de 32 ó 64 bits. Este número de bits se reparte entre los tres elementos a representar, es decir: signo, mantisa y exponente, ya que la base es implícitamente 2 (como excepción merecen citarse algunas computadoras IBM en que la base es 16, pero no consideraremos este caso). Esta repartición se denomina *división en campos*, y suele hacerse de la siguiente forma:

Signo	Exponente	Mantisa

- El campo del signo ocupa sólo el bit más significativo, y normalmente se representa con un 0 el signo +, y con un 1 el signo -.
- El campo del exponente ocupa un cierto número de bits inmediatamente a continuación del campo del bit de signo, y dado que el exponente es un número entero (es decir, tiene su propio signo) generalmente se lo representa en binario desplazado. Se observará que del número de bits asignado al exponente dependen los números extremos que el código permite representar, es decir, aquellos de máxima magnitud y mínima magnitud.
- El campo de la mantisa ocupa los bits menos significativos y, de acuerdo a la normalización adoptada, será totalmente fraccionaria o tendrá un único bit entero (que será obviamente un 1). Se observará que del número de bits asignado a la mantisa depende la precisión con que puede expresarse el número.

Consideremos como ejemplo el siguiente caso posible: utilizar un total de 32 bits distribuidos de la siguiente manera:

- 1 bit para el signo (0 para positivo y 1 para negativo); bit que simbolizaremos como S.
- 8 bits para campo del exponente, el que se representará por consiguiente con un exceso de $2^7=128$ unidades, por lo que el exponente podrá valer entre $-2^7=-128$ y $+2^7-1=+127$. Denominaremos E a la *magnitud* binaria de 8 bits contenida en dicho campo (igual al exponente con un exceso de 128). E estará comprendida entre 0 y 255. El exponente será, entonces, $exp=E-128$.
- 23 bits para el campo de la mantisa que, adoptando la norma de que tenga un 1 como único entero, éste puede darse por implícito y se puede emplear la totalidad de esos 23 bits para la parte fraccionaria (técnica denominada del *1 oculto*). De esta forma, el rango de la mantisa va desde 1,000... (con 23 ceros detrás de la coma decimal) hasta 1,111... (con 23 unos detrás de la coma decimal); es decir, exactamente desde 1 hasta $2-2^{-23}$. Llamaremos F al contenido del campo de la mantisa que representa, de acuerdo a lo dicho, a la parte fraccionaria de la misma. Es decir que la mantisa será, entonces, $M=1,F$

Por todo ello, una combinación dada de código tiene el siguiente formato:

S	E	F

El cual representa al número:

$(-1)^S \times 1{,}F \times 2^{E-128}$

Se notará en la expresión anterior que el signo está representado por un multiplicador que vale 1 si S=0 y –1 si S=1.

Lamentablemente, con este código no se puede representar al 0 (ya que la magnitud más chica que puede representar es 2^{-128}), ni números con magnitud mayor a $2^{127}\times(2-2^{-23})\approx 2^{128}$.

1.4.3.1. Norma IEEE 754

Existe una norma internacional del Institute of Electrical and Electronic Engineers (IEEE 754) que está basada en el código que acabamos de describir como ejemplo, pero que tiene las siguientes mejoras:

- permite representar al número 0
- permite representar también a números muy pequeños, que no podrían representarse en forma normalizada, haciéndolo en una forma llamada *desnormalizada*.
- permite representar al concepto de infinito
- permite representar elementos que no son un número (NAN o Not A Number), característica de utilidad en ciertas aplicaciones, tales como representar (entre otras) las indeterminaciones 0/0, $0\times\infty$ y $\infty-\infty$.

La norma logra estas mejoras sacrificando muy levemente el rango disponible para el exponente, que de -128 a +127 que tenía en el ejemplo, pasa a ser de -126 a +127. Esto es debido a que al exponente, aunque se lo sigue representando en binario desplazado, se lo desplaza 127 unidades y no 128, y además se reserva para las citadas mejoras los casos en que el campo del exponente tiene todos sus bits en 0 o todos en 1, es decir E=0 y E=255. De esta forma, quedan sólo las otras combinaciones para los números normalizados (E comprendido entre 1 y 254 ambos inclusive), lo que teniendo en cuenta el mencionado exceso de 127, lleva al citado rango para el exponente entre -126 y +127.

Las diferentes posibilidades del código se muestran en el siguiente cuadro:

S	E	F	representa a	comentario
0 ó 1	0	cualquiera	$(-1)^S\times 0{,}F\times 2^{-126}$	números desnormalizados
0 ó 1	0	0	± 0	caso particular de número desnormalizado
0 ó 1	$1\leq E\leq 254$	cualquiera	$(-1)^S\times 1{,}F\times 2^{E-127}$	números normalizados
0 ó 1	255	0	$(-1)^S\times\infty$	$\pm\infty$
0 ó 1	255	$\neq 0$	NAN	no es un número

De esta tabla quizás sólo requiere de una particular explicación el renglón correspondiente a los números desnormalizados. Estos números permiten representar números más pequeños (en magnitud) que el más pequeño normalizado. Para esos casos, reconocidos porque el campo E tiene todos sus bits en 0, no se emplea un 1 oculto, sino que la parte entera implícita de la mantisa es el 0. Además, para estos números el exponente es fijo e igual a –126, como señala la tabla anterior. La explicación del valor particular de este exponente es por la necesidad de que, para que haya una cierta continuidad en los números representados, la menor de las magnitudes normalizadas (2^{-126}) debería ser escasamente mayor que la mayor de las desnomalizadas (que es $0{,}1111111...\times 2^{-126}$) lo que se cumple gracias a la apropiada elección del exponente fijo de los números desnormalizados.

Nótese también cómo los números desnormalizados permiten representar números de magnitud muy pequeña; así, mientras el menor número positivo representable en forma normalizada es el $+2^{-126}$, el menor número positivo representable en forma desnormalizada es el $+2^{-149}$ (resultado del producto $+2^{-126}\times 2^{-23}$). Se observará también que la representación del 0 puede considerarse como un caso particular de la representación de un número desnormalizado en que F=0.

Aclaremos lo dicho con un ejemplo.

Ejemplo 1-2

a) Cómo se representa en el código IEEE de 32 bits el número binario -1100,1

b) Cómo se representa en dicho código el número binario 0,000000101

c) A que número representa en dicho código la palabra 00000000000001100000000000000000

Solución

a) al número solicitado, para llevarlo a forma normalizada, se le debe correr la coma tres lugares a la izquierda, quedando con:

- signo -
- exponente +3
- mantisa 1,1001

Entonces resulta que:

- el bit de signo es un 1.
- el exponente se debe representar por +3 desplazado en 127 unidades, es decir por la magnitud 130, que en binario y con 8 bits se escribe 10000010.
- la fracción, luego de suprimir el 1 oculto y agregar a la derecha los ceros necesarios para completar los 23 bits, queda 10010000000000000000000

Es decir que, finalmente, la palabra que representa al -1100,1 es 11000001010010000000000000000000

b) al número solicitado, para llevarlo a forma normalizada, se le debe correr la coma siete lugares a la derecha, quedando con:

- signo +
- exponente -7
- mantisa 1,01

Entonces resulta que:

- el bit de signo es un 0.
- el exponente se debe representar por -7 desplazado en 127 unidades, es decir por la magnitud 120, que en binario y con 8 bits se escribe 01111000
- la fracción, luego de suprimir el 1 oculto y agregar a la derecha los ceros necesarios para completar los 23 bits, queda 01000000000000000000000

Por lo tanto, la palabra que representa al 0,000000101 es 00111100001000000000000000000000

c) de acuerdo al bit de signo se trata de un número positivo, y como los 8 bits siguientes son ceros se trata de un número desnormalizado que, por consiguiente, tiene un exponente de 2^{-126} y su fracción no tiene un 1 oculto sino que su parte entera es 0, es decir, resulta 0,00001100000000000000000. Componiendo los tres elementos y tras correr la coma 6 lugares hacia la derecha para mayor claridad, queda como resultado final (expresado en decimal por comodidad) 3×2^{-132}.

El IEEE también ha normalizado un código para representar los números en coma flotante con 64 bits, similar al descripto, pero que emplea 11 bits para el exponente (con un desplazamiento de 1023 unidades) y 52 bits para la mantisa (nuevamente, sólo la fracción con el 1 entero oculto), obteniendo así, simultáneamente, mayor rango y mejor precisión que en el caso del código con 32 bits. ¿Puede preparar el lector una tabla para este código, inspirada en la que figura más arriba para su similar de 32 bits? ¿Cuál es el exponente fijo que tendrán los números desnormalizado?

1.4.4. Códigos binarios para números decimales

Como ya se dijera, los códigos para números decimales codificados en binario (códigos BCD o Binary Coded Decimal) se basan en representar por separado, en un cierto código binario, a los diferentes dígitos que componen un número decimal. Así, el número decimal 37 se representa como decimal por dos combinaciones de dígitos binarios: la que represente al 3 y la que represente al 7.

Existen varias formas de representar a los dígitos decimales mediante un código de alfabeto binario. Todas ellas requieren un mínimo de 4 bits para ello, ya que 3 bits resultan insuficientes pues sólo pueden codificar a 8 elementos. Los códigos BCD más usuales son los siguientes:

- Natural
- Aiken
- Exceso 3
- 2 de 5
- 7 segmentos

A continuación veremos con cierto detalle las características y aplicaciones de cada uno de ellos.

1.4.4.1. BCD Natural

En este código, cada uno de los diez dígitos decimales se representa directa y naturalmente por su número binario correspondiente expresado con 4 bits, según la tabla de correspondencia que se da más adelante.

Una característica deseable de un código BCD es que sea *pesado*, porque ello facilita la realización de operaciones aritméticas. Por código BCD pesado se entiende un código en el que a las diferentes posiciones de los bits se le puede asignar un peso, y el dígito decimal a que corresponde cada combinación de bits se puede obtener sumando los pesos de las posiciones en que la combinación presenta un 1. Dado que en el código BCD Natural los dígitos se representan por su binario, las distintas posiciones tienen un peso que es una potencia de 2. Los respectivos pesos, comenzando por el bit más significativo, son 8, 4, 2 y 1, por lo que este código también suele llamarse código 8421 (léase ocho cuatro dos uno). En la tabla mencionada se ha colocado el peso que corresponde a cada posición.

El código BCD Natural es el código BCD de uso más difundido en aplicaciones generales.

	b_3 8	b_2 4	b_1 2	b_0 1
0	0	0	0	0
1	0	0	0	1
2	0	0	1	0
3	0	0	1	1
4	0	1	0	0
5	0	1	0	1
6	0	1	1	0
7	0	1	1	1
8	1	0	0	0
9	1	0	0	1

1.4.4.2. BCD Aiken

De acuerdo a lo visto más arriba, si se escriben los primeros 16 números binarios (incluyendo el 0), el código BCD Natural le asigna a cada uno de los 10 primeros de estos números binarios, en forma ordenada, los dígitos decimales del 0 al 9.

Howard H. Aiken, el inventor del código que veremos ahora, en contraste, y buscando una simetría cuya ventaja se apreciará más adelante, concibió un código en el que a los primeros 5 números binarios de la lista de 16 les hizo corresponder los dígitos 0 al 4 en forma ordenada, mientras que a los dígitos 5 al 9 se le asignaron los últimos 5 números de la lista. La tabla de correspondencia siguiente muestra el código resultante, el que resulta también un código pesado, aunque de pesos 2421, como el lector podrá confirmar fácilmente verificando su validez para todos los dígitos.

	b_3 2	b_2 4	b_1 2	b_0 1
0	0	0	0	0
1	0	0	0	1
2	0	0	1	0
3	0	0	1	1
4	0	1	0	0
5	1	0	1	1
6	1	1	0	0
7	1	1	0	1
8	1	1	1	0
9	1	1	1	1

La característica más ventajosa del código BCD Aiken con relación al BCD Natural es que, por la forma simétrica en que se tomaron los números binarios para asignarlos a los diferentes dígitos decimales, resulta ser un código autocomplementario. Se define como código autocomplementario a un código BCD en el que la representación del complemento a 9 de un dígito se hace fácilmente cambiando, en la combinación de bits de ese dígito, todos los unos por ceros y viceversa.

Complementar a 9 un cierto dígito es una operación que consiste en encontrar el dígito que resulta de restar de 9 el dígito dado. Así, por ejemplo, el complemento a 9 de 3 es 6, siendo también cierta la recíproca. Nótese que las representaciones del 3 y del 6 en este código se caracterizan por el hecho de que una tiene ceros donde la otra tiene unos, y viceversa. Esta característica no la tiene el BCD Natural, y es ventajosa para realizar ciertas operaciones como conteo regresivo o resta de números decimales.

Pese a la ventaja de ser autocomplementario, el código Aiken es mucho menos usado que el BCD Natural.

1.4.4.3. BCD Exceso 3 o XS3

De acuerdo a lo visto más arriba, si se escriben los primeros 16 números binarios (incluyendo el 0), el código BCD Natural le asigna a cada uno de los 10 primeros de estos números binarios, en forma ordenada, los dígitos decimales del 0 al 9, mientras que el Aiken utiliza, en búsqueda de una simetría con la que logra la deseable característica de ser autocomplementario, los primeros 5 y los últimos 5 números binarios de la lista de 16.

Pero existe otra forma de lograr la simetría, y es tomar los 10 números centrales de la lista, descartando los primeros 3 y los últimos 3, y asignarlos ordenadamente a los diez dígitos decimales. Como de esta manera se utilizan los binarios a partir del 3, este código es conocido como BCD Exceso 3 o XS3. La justificación de esta última denominación es porque XS se deletrea, en inglés, igual que como se pronuncia la palabra excess. La tabla de correspondencia que lo define es la de la siguiente.

	b_3 8	b_2 4	b_1 2	b_0 1
0	0	0	1	1
1	0	1	0	0
2	0	1	0	1
3	0	1	1	0
4	0	1	1	1
5	1	0	0	0
6	1	0	0	1
7	1	0	1	0
8	1	0	1	1
9	1	1	0	0

En dicha tabla el lector podrá verificar que se trata también de un código autocomplementario.

El código Exceso 3 no es un código pesado, pero pertenece a la categoría de los códigos *analíticos* (de la que los códigos pesados son un caso particular) en los que a las diferentes posiciones de los bits se le puede asignar un peso, y el dígito decimal a que corresponde cada combinación de bits se puede obtener sumando los pesos de las posiciones en que la combinación presenta un 1, y restando una cantidad denominada *exceso* o *desplazamiento*. Con esta definición, es evidente que el código Exceso 3 es analítico, con pesos 8, 4, 2 y 1, y con exceso 3.

Al igual que el código Aiken, el código BCD Exceso 3 es mucho menos usado que el BCD Natural a pesar de la ventaja de ser autocomplementario.

1.4.4.4. Código 2 de 5

El código 2 de 5 utiliza 5 bits para representar a los dígitos decimales, es decir, un bit más que los códigos vistos hasta ahora. Este bit adicional trae aparejada una ventaja muy apreciada en ciertas aplicaciones, que en seguida veremos. Por lo pronto, el código se caracteriza porque sus 10 palabras tienen todas exactamente 2 de sus 5 bits en 1, de acuerdo a la tabla de correspondencia siguiente.

	b_4	b_3	b_2	b_1	b_0
0	1	1	0	0	0
1	0	0	0	1	1
2	0	0	1	0	1
3	0	0	1	1	0
4	0	1	0	0	1
5	0	1	0	1	0
6	0	1	1	0	0
7	1	0	0	0	1
8	1	0	0	1	0
9	1	0	1	0	0

Este código no es pesado, ni analítico, ni continuo, residiendo su ventaja en otro aspecto. Para entenderla, debemos hacer previamente una digresión para analizar los errores.

En el manejo por parte de los circuitos digitales de una palabra de un código, puede aparecer un error, es decir, una mala interpretación de un símbolo. Esto, en un código binario, equivale a interpretar falsamente un 0 como un 1, o viceversa. Las posibles razones para un error como el mencionado pueden ser interferencias electromagnéticas o electrostáticas, falla física de algún componente, etc. En particular, los manejos electrónicos de una palabra de código que son más susceptibles de introducir errores son su transmisión (es decir, su traspaso de una unidad a otra relativamente alejada) y su almacenamiento (es decir, su retención en algún dispositivo de memoria).

La probabilidad de que se introduzca un error es normalmente tan baja que, si suponemos que los posibles errores son sucesos independientes, la probabilidad de que en una palabra se produzcan 2 o más errores es prácticamente despreciable. Hay casos en que la suposición de independencia de los errores no es válida, pues los errores pueden presentarse también como una *ráfaga de errores* afectando a varios bits, pero no consideraremos esta posibilidad por el momento.

Ahora bien, en el código 2 de 5, al tener todas las palabras exactamente 2 unos, de introducirse un error el número de bits en uno pasaría a ser 1 ó 3, según que el error hubiese consistido un interpretar un 1 como un 0, o al revés. Pero esta circunstancia es fácilmente detectable pues las combinaciones resultantes del error no son palabras válidas del código, y puede agregarse un circuito que reconozca esta situación y marque la presencia del error que invalida la palabra de código. Es decir que este código es un código *detector de errores*. En particular, es capaz de detectar errores de un bit en una palabra de código. Justamente este efecto se ha logrado gracias a que, al tener este código 5 bits, existen muchas combinaciones de 5 bits que no son palabras del código, y el código se ha diseñado para que todo error de un bit en una palabra haga que dicha palabra se transforme en una combinación no válida del código, y por lo tanto reconocible como un error.

Este código ha sido utilizado por sistemas nacionales de correo para codificar en los sobres de las cartas el código postal del destinatario, utilizando para ello marcas con tinta especial (visibles a simple vista aunque con cierta dificultad) que un lector automático lee para determinar la sucursal del correo a que debe dirigirse esa carta, cerciorándose de que no haya un error en el código motivado, por ejemplo, en una suciedad del sobre o algún maltrato al mismo.

1.4.4.5. Código 7 segmentos

Este código tiene una aplicación muy específica y es la vinculada a los exhibidores de 7 segmentos con que habitualmente se exhiben los dígitos decimales en relojes digitales, calculadoras, etc. Estos exhibidores tienen 7 segmentos que pueden volverse luminosos (u opacos) por comando de una señal eléctrica, y que tienen una disposición tal que, según sean los segmentos que estén encendidos o apagados (u opacos o transparentes), se muestra un dígito decimal. La tabla de correspondencia de este código, y el esquema del exhibidor, son los siguientes:

	a	*b*	*c*	*d*	*e*	*f*	*g*
0	1	1	1	1	1	1	0
1	0	1	1	0	0	0	0
2	1	1	0	1	1	0	1
3	1	1	1	1	0	0	1
4	0	1	1	0	0	1	1
5	1	0	1	1	0	1	1
6	X	0	1	1	1	1	1
7	1	1	1	0	0	X	0
8	1	1	1	1	1	1	1
9	1	1	1	X	0	1	1

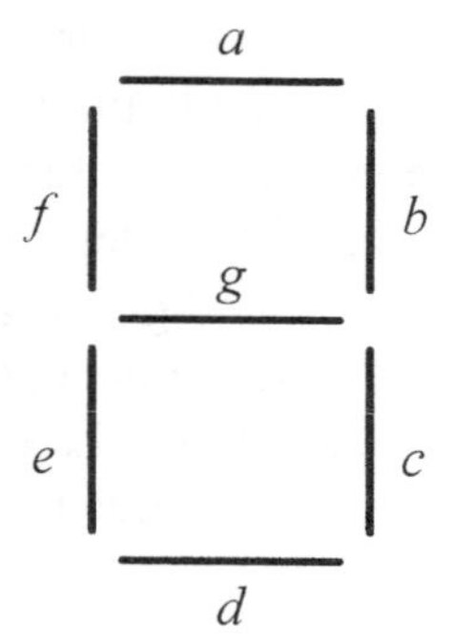

En la tabla se observa, en los renglones correspondientes a los dígitos 6, 7 y 9, sendos casilleros que contienen una X en vez de un 0 o un 1. Esta X significa "0 ó 1 indistintamente", ya que hay dos formas posibles de representar a los números mencionados. A saber:

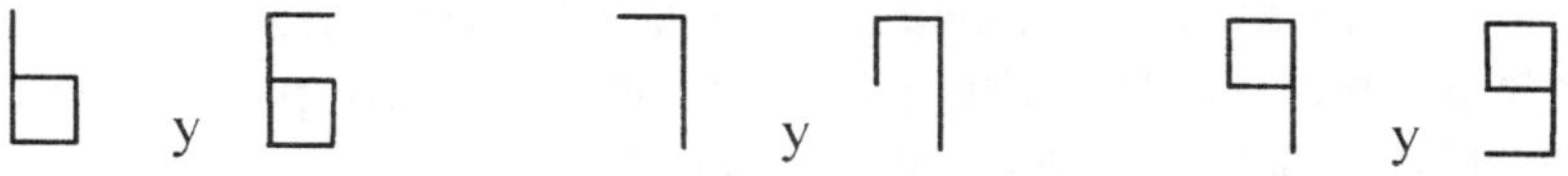

1.5. Códigos detectores y correctores de errores

1.5.1. Códigos detectores de errores

Hemos visto al tratar el código 2 de 5 que, por diversas razones, en el manejo por parte de los circuitos digitales de una palabra de un código binario pueden aparecer errores, es decir, una falsa interpretación de un 0 como un 1, o viceversa. En particular, citamos allí que los manejos electrónicos de una palabra de código que son más susceptibles de introducir errores son su transmisión y su almacenamiento. Por ejemplo una palabra de código enviada a una unidad alejada a través de un canal de comunicaciones puede verse afectada por un ruido en dicho canal, o una palabra almacenada correctamente en una memoria puede leerse con error por falla en el proceso de lectura.

Mencionamos también que en muchos casos se puede considerar que los posibles errores son sucesos independientes, con lo que si la probabilidad de que en una palabra se produzca 1 error es muy baja, la probabilidad de 2 o más errores es prácticamente despreciable.

Ciertos códigos tienen la capacidad de permitir reconocer si es que en una palabra del mismo se ha introducido un error. La idea general que utilizan es hacer que los errores que pudieran llegar a producirse en una palabra del código la transformen en una combinación inválida del mismo, lo que denotaría la presencia del error. Estos códigos se denominan *códigos detectores de errores* o, también, *códigos autoverificadores*.

1.5.2. Códigos de paridad

Una clase de códigos detectores de errores que permiten detectar la aparición de hasta 1 error en una palabra del mismo son los *códigos de paridad*. Estos se caracterizan en que todas las palabras de estos códigos tienen un número par (o impar) de unos. Esto permite, al recibir una palabra transmitida o al leer una palabra almacenada, reconocer si se ha producido un error en un bit en la operación. Efectivamente, tanto si un 0 fue erróneamente interpretado como un 1, o si un 1 fue interpretado como un 0, la cantidad de unos de la palabra recibida o leída sería impar (o par), y por lo tanto evidentemente incorrecta. Se notará que el código 2 de 5 pertenece a esta clase de códigos de paridad.

Un código de paridad sólo es utilizable cuando la probabilidad de la aparición de un error es tan baja que resulta despreciable la probabilidad de que haya dos errores, por cuanto esta circunstancia no sería detectada por este código. En efecto, en ese caso la paridad del número de unos de la combinación recibida sería correcta, lo que no podría distinguirse del caso en que no se han producido errores.

Lo que resulta particularmente interesante es que, cuando se desee un código con capacidad de detectar hasta 1 bit en error, es posible partir de un código cualquiera y transformarlo en un código de paridad. Por ejemplo, si a los 7 bits del código ASCII se les agrega un octavo bit elegido de forma tal que todas las combinaciones del código tengan un numero par de unos, habremos transformado al código ASCII en un código de paridad y, por ende, en un código detector de errores, al precio de requerir ahora un total de 8 bits, en razón del bit adicional. Este bit adicional se denomina *bit de paridad par*, pero también podemos utilizar un *bit de paridad impar* que haga que todas las combinaciones del código tengan un número impar de unos.

Ejemplo 1-3

Se desea agregar un bit de paridad par al código ASCII; dicho bit adicional se colocará a continuación de los 7 bits habituales del código. Hallar cómo se representará:
a) la letra M
b) la letra m

Solución

Procedamos caso por caso:
a) En el código ASCII la letra M se representa, según la tabla de correspondencia que se viera en el apartado 1.3.1, por la palabra 1001101. Esta palabra tiene un número par de unos, por lo que el bit de paridad a agregar es un 0, y la palabra queda ahora 10011010.
b) A su vez, la letra m se representa, según la misma tabla, por la palabra 1011101. Esta palabra tiene un número impar de unos, por lo que el bit de paridad a agregar es un 1, y la palabra queda ahora 10111011.

En ambos casos, siguiendo lo indicado en el enunciado, el bit de paridad se colocó a continuación de la palabra ASCII, pero vale aclarar que en este código en particular es más frecuente que el bit de paridad se coloque anteponiéndose a la palabra ASCII.

Se notará que las palabras ASCII que representan a las letras M y m difieren en un único bit, mientras que tras el agregado del bit de paridad pasan a diferir en 2 bits.

De esta forma, todo código puede transformarse en un código de paridad con sólo agregarle un bit de paridad. De optarse por un bit de paridad par, el bit que corresponderá a cada palabra del código se elegirá de manera que la misma tenga un número par de unos. Si la palabra del código debe ser transmitida o almacenada, lógicamente que eso se hará incluyendo al bit de paridad. Al recibir o al leer la información se deberá comprobar que el número de unos en el total de los bits es par. De no ser así, se interpretará que se ha producido un error. Análogo análisis puede ser hecho para el caso de adoptarse paridad impar.

Particularizando en el caso de una transmisión, el generador de la información a ser transmitida debe determinar el bit de paridad apropiado, y transmitir los bits de información acompañados del bit de paridad. A su vez, el receptor debe verificar la paridad del total de bits recibidos.

De procederse mentalmente, la determinación del bit de paridad a agregar y la verificación de la paridad en el conjunto de bits recibidos puede realizarse por simple inspección, pero en la práctica tanto el transmisor como el receptor incorporan circuitos electrónicos encargados de la *generación* y la *verificación* de la paridad, respectivamente.

Así, la generación de un bit de paridad par, que debe ser 1 si el número de bits de información en 1 es impar y 0 en caso contrario, se realiza a través de una suma módulo 2 de todos los bits de información, aprovechando que la suma módulo 2 de varios bits vale 1 (es decir, resultado impar) si el número de bits en 1 es impar (sin importar los ceros que se hayan sumado) y 0 en caso contrario.

Por su lado, la verificación de la paridad par se realiza mediante la suma módulo 2 del conjunto de bits recibidos (la información y el bit de paridad). Si el resultado de esta suma es 0 (es decir, resultado par), ello indica que hay entre los bits recibidos un número par de unos y que no ha habido de error; mientras que si el resultado es 1, ello implica haber recibido un número impar de unos y la presencia de error. La detección del error, en estos casos, normalmente origina un pedido de repetir la transmisión.

Por ejemplo, el de la figura 1-3 es un esquema de un sistema como el descripto, utilizado para asociar un bit de paridad par al código ASCII.

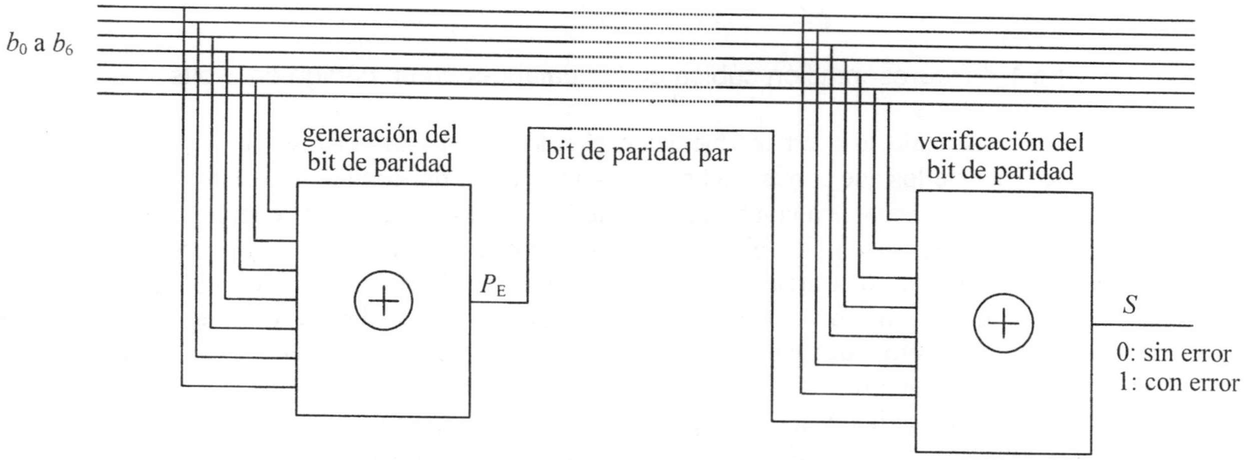

Figura 1-3 Generación y verificación de la paridad par en el código ASCII (en la línea punteada puede llegar a producirse un error)

En dicha figura, si llamamos P_E al bit de paridad par generado (P_E por su denominación inglesa, parity even) lo podemos expresar matemáticamente como:

$$P_E=b_6\oplus b_5\oplus b_4\oplus b_3\oplus b_2\oplus b_1\oplus b_0$$

A su vez, si llamamos S al bit que, como salida del verificador, indica con un 1 si hubo error, y con un 0 que no lo hubo, matemáticamente lo expresamos:

$$S=P_E\oplus b_6\oplus b_5\oplus b_4\oplus b_3\oplus b_2\oplus b_1\oplus b_0$$

Téngase presente en la última de las fórmulas que alguno de los sumandos puede no ser el mismo que figura en la fórmula anterior pues puede haber habido un error en la transmisión de la información.

Se deja al lector la tarea de comprobar que, de tratarse de un bit de paridad impar (que representaremos como P_O por su denominación inglesa, parity odd), las fórmulas correspondientes serían:

$$P_O= b_6\oplus b_5\oplus b_4\oplus b_3\oplus b_2\oplus b_1\oplus b_0\oplus 1$$

$$S=P_O\oplus b_6\oplus b_5\oplus b_4\oplus b_3\oplus b_2\oplus b_1\oplus b_0\oplus 1$$

Resulta interesante hacer una analogía entre los códigos detectores de errores y un cubo. Consideremos un código binario que codifica a 4 elementos con 2 bits (lógicamente usando las combinaciones 00, 01, 10 y 11) pero al que le agregamos a continuación de ellas un bit de paridad par. Las cuatro combinaciones del código mencionadas se transforman, respectivamente, en: 000, 011, 101 y 110. Se notará que aunque con 3 bits se pueden formar 8 combinaciones, sólo 4 se utilizan en el código.

Representemos todas las combinaciones posibles mediante un cubo, en el que a cada vértice le corresponde una combinación de 3 bits, pero la combinación de cada vértice se elige de manera que sólo difiera en 1 bit de las combinaciones correspondientes a los vértices vecinos. Un cubo como el descripto es el que se muestra en la figura 1-4.

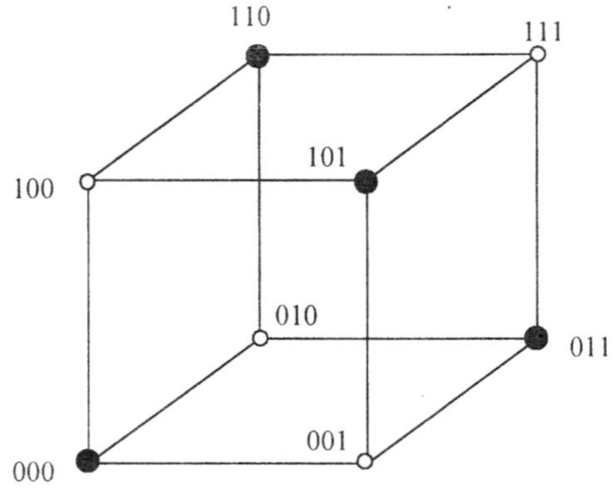

Figura 1-4 Representación cúbica de las palabras de un código de 3 bits

En dicha figura se han marcado los vértices mediante círculos, y en particular se han resaltado (usando círculos ennegrecidos) a aquellos que corresponden a palabras válidas del código que estamos considerando, correspondiendo los vértices restantes a combinaciones de bits no utilizadas por el código. Se advierte que por diferir los vértices vecinos en un único bit, un error en 1 bit en una de las palabras del código equivale a un desplazamiento a lo largo de una arista, transformando su combinación en la de uno de sus vértices vecinos. Pero en el código no existen vértices vecinos que sean ambos palabras válidas del código, por lo que todo error de un bit transforma una palabra válida en una combinación inválida, y esta circunstancia es la que indica la ocurrencia de un error.

También se advierte en la figura que son necesarios 2 bits en error para que una palabra válida del código se transforme en otra palabra válida del código, ya que para ello deben recorrerse 2 aristas.

Basándose en estas analogías geométricas, se define como *distancia* entre dos combinaciones de bits, al número de bits en que ambas difieren. Por ejemplo, entre las combinaciones 000 y 011 hay una distancia de 2, que se corresponde con las 2 aristas que se deben recorrer para pasar del vértice correspondiente a una de ellas, al vértice asociado a la otra. Similarmente se define como *distancia mínima* del código *o distancia de Hamming* (por Richard W. Hamming, que estudiara estos códigos), a la mínima de las distancias que hay entre dos palabras (es decir combinaciones válidas) cualquiera del código. El código que está exhibido en la figura 1-4 tiene, claramente, una distancia mínima de 2, ya que no hay palabras que tengan mayor proximidad.

Y ahora, podemos ver el problema de la detección de errores de la siguiente forma:

- Un código que utilice todas las combinaciones posibles de 0 y 1 como palabras válidas del código, tendrá una distancia mínima de 1; cualquier error transformará una palabra válida en otra, y no podrá ser detectado.
- Un código que sólo utilice una fracción de todas las combinaciones posibles de 0 y 1 como palabras válidas del código de manera de lograr una distancia mínima de 2, permitirá detectar errores de 1 bit.
- Un código que utilice una fracción aún menor de todas las combinaciones posibles de 0 y 1 como palabras válidas del código, podrá lograr una distancia mínima mayor que 2, lo que permitirá detectar errores de más de un bit. En general, para detectar d bits en error se requiere un código que tenga distancia mínima $d+1$. Véase en la figura 1-5 un código de 3 bits que sólo utiliza 2 de sus 8 combinaciones como válidas, logrando una distancia mínima de 3.

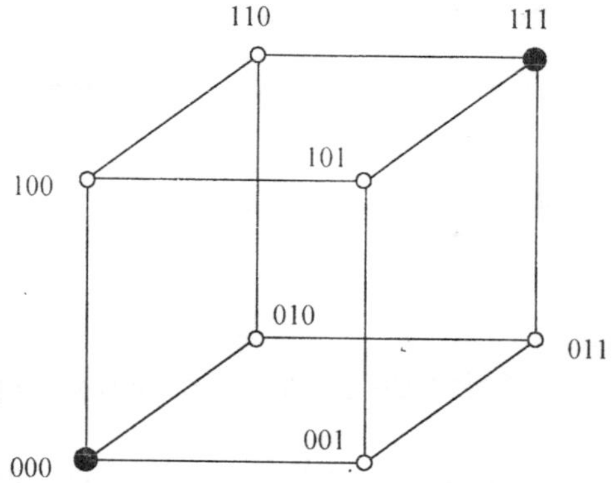

Figura 1-5 Código de 3 bits con distancia mínima 3

Figuras similares a las mostradas pueden realizarse cuando el número de bits es mayor que 3, pero para un número de bits n, ello implica trabajar con dibujos complejos como lo son los hipercubos de n dimensiones. Para evitar esto, sin abandonar la visión gráfica que representa tan claramente la distancia entre dos palabras del código, en lo sucesivo, cuando consideremos dos palabras separadas por la mínima distancia del código, rectificaremos el recorrido para pasar de una a la otra. Así, representaremos a un código de distancia mínima 2 y a otro de distancia mínima 3, como muestra la figura siguiente.

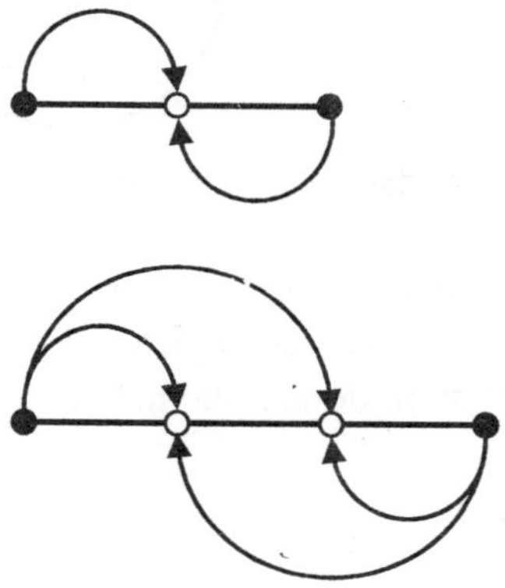

Figura 1-6 Representación de un código de distancia mínima 2 (figura superior) y de un código de distancia mínima 3 (figura inferior) y posibles errores de 1 bit, y de 1 y 2 bits respectivamente.

La figura muestra también, esquemáticamente, los posibles casos de error (un bit en error en el código de distancia mínima 2, y uno y dos bits en error en el de distancia mínima 3) y cómo ellos pueden ser detectados por originar una combinación inválida del código.

De acuerdo a lo que hemos visto, la realización de un código de distancia mínima 2 a partir de un código dado se realiza mediante el agregado de un bit de paridad para transformar el código en un código de paridad. En un próximo apartado veremos cómo obtener distancias mínimas 3 y 4 a partir de un código dado mediante el agregado de varios bits de paridad, utilizando los llamados códigos de Hamming. Pero primeramente analizaremos los códigos correctores de errores.

1.5.3. Códigos correctores de errores

Para el caso visto en el apartado anterior de un código de distancia 3 que puede detectar hasta 2 bits en error, vamos a analizar las posibilidades de su utilización en una situación donde pueda descartarse por muy improbable la posibilidad de que se produzcan 2 errores, y sólo deba considerarse la de que se introduzca un único error. En esas condiciones, todo error producirá una combinación inválida del código que estará a distancia 1 de la palabra correcta y a distancia de 2 de cualquier otra palabra, ya que el código tiene una distancia mínima de 3. De esta suerte, cada vez que se observe una combinación inválida, se podrá afirmar que la palabra correcta es la única palabra del código que está a distancia unitaria de la combinación inválida. Vemos entonces que, en estas condiciones, no sólo podemos reconocer la presencia de un error sino también podemos corregirlo, ya que podemos averiguar la palabra correcta. Un código con estas características se denomina *código corrector de errores* o *código autocorrector*. La figura siguiente esquematiza lo recién dicho.

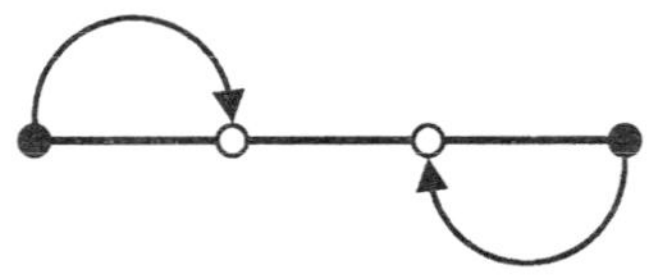

Figura 1-7 Representación de un código de distancia mínima 3 y posibles errores de 1 bit

Pueden concebirse códigos correctores de errores de más de un bit. Así, un código de distancia mínima 5 puede corregir hasta 2 bits en error (ver figura siguiente). Efectivamente, un error de hasta 2 bits ocasionará que la combinación inválida que suplanta a la palabra correcta esté apartada de ésta en no más de 2 bits, pero apartada en no menos de 3 bits de cualquier otra palabra del código, permitiendo reconocer por proximidad la palabra correcta. El lector puede analizar el caso genérico de un código corrector de hasta c bits en error, para llegar a la conclusión de que es necesario una distancia mínima de $2c+1$.

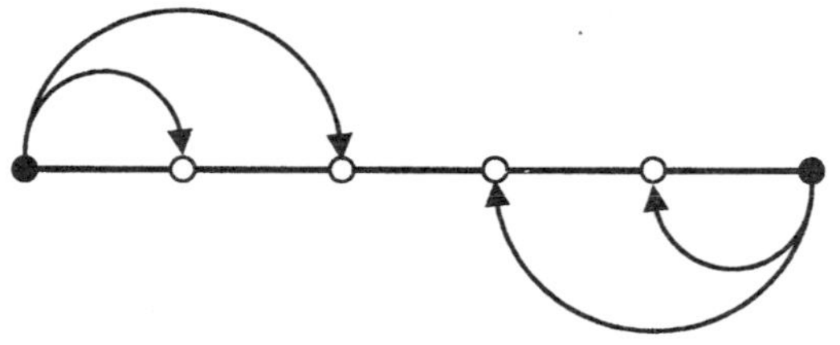

Figura 1-8 Representación de un código de distancia mínima 5 y posibles errores de 1 y 2 bits

Un código corrector de errores puede también concebirse para corregir ciertos errores de pocos bits, y detectar errores algo mayores pero sin capacidad de corregirlos. Sea por ejemplo el caso de un código de distancia mínima 4 que se utiliza en una situación donde puede haber hasta 2 bits en error, esquematizado en la figura siguiente:

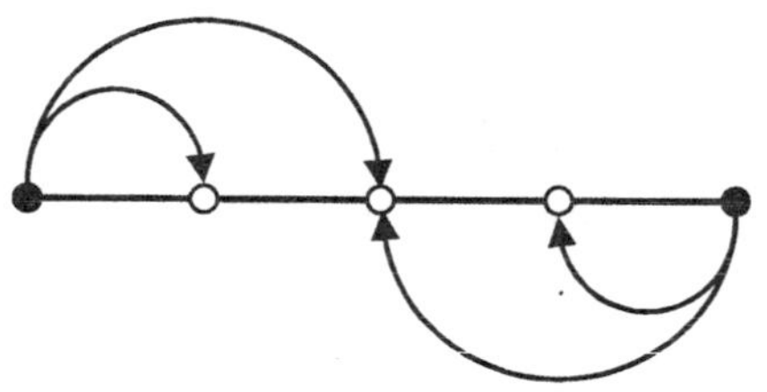

Figura 1-9 Representación de un código de distancia mínima 4 y posibles errores de 1 y 2 bits

Analicemos los siguientes casos que corresponden a posibles errores:

- recibirse una combinación inválida del código que esté a distancia 1 de una palabra del código y por consiguiente a una distancia 3 como mínimo de cualquier otra palabra. Como hemos considerado que no puede haber más de 2 bits en error, la única posibilidad es que haya llegado con error la palabra que tiene a distancia 1, que debe ser la correcta.
- recibirse una combinación inválida del código que esté a distancia 2 de una palabra del código. En ese caso, es probable que esté también a la misma distancia de otras palabras del mismo, ya que la distancia mínima del código es 4. Vemos que en este caso es posible detectar la presencia del error, pero no identificar la palabra correcta.

En casos como éste decimos que el código tiene capacidad para corregir errores de 1 bit, y para detectar errores de hasta 1 bit adicional (es decir, de hasta 2 bits). En un caso general, para poder corregir c bits en error y detectar d bits en error *adicionales*, se requiere un código de distancia mínima $2c+d+1$.

Es decir, que si en un caso práctico se prevé la aparición de hasta n bits en error y se desea, además de detectar todos los errores, corregir aquellos errores menores de hasta c bits, la distancia mínima requerida es de $2c+d+1=c+n+1$ (ya que $d=n-c$).

Clarifiquemos lo visto con un ejemplo.

Ejemplo 1-4

Sea el caso de un código de distancia mínima 5, del cual se pide analizar sus posibilidades de utilización en situaciones donde puedan esperarse errores de:
a) hasta 2 bits
b) hasta 3 bits
c) hasta 4 bits

Solución

Tendremos:

a) podrá corregir los errores que se produzcan (c=2), según ya hemos analizado.
b) podrá corregir los errores de hasta 1 bit y detectar los otros errores que se produzcan (2 bits adicionales, ya que si c=1, y n=3, entonces d=2), según la figura que sigue:

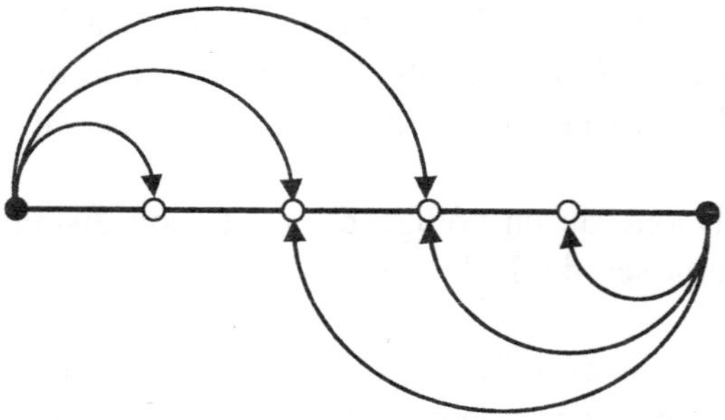

c) podrá detectar los errores que se produzcan (d=4), según la siguiente figura:

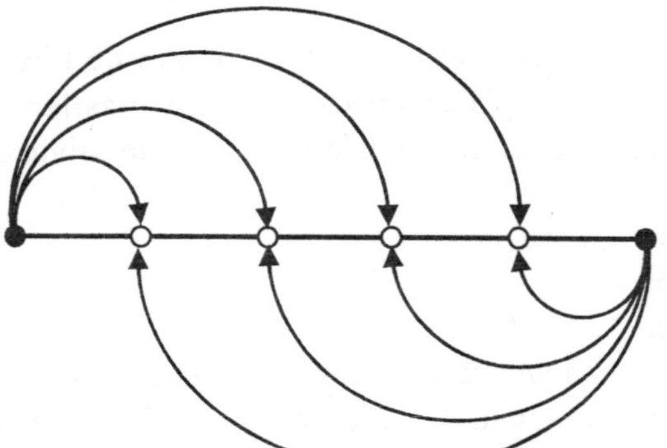

Se notará que siempre $c+d$ debe ser igual a la cantidad n de bits en error máxima esperable.

1.5.4. Códigos de Hamming

Un mecanismo para generar un código con distancia mínima de 3 a partir de cualquier código, mediante el agregado de varios bits adicionales de paridad, fue desarrollado por Hamming, y será presentado en el presente apartado. Los códigos que se forman de acuerdo a este mecanismo se denominan *códigos de Hamming*.

Tal como llamamos bits de paridad a los bits que se deben agregar al código para lograr la distancia deseada, llamaremos *bits de información* a los bits propios del código bloque que queremos modificar para aumentar su distancia. Normalmente los bits de paridad que corresponde agregar en cada caso se colocan a continuación de los bits de información. Simbolizaremos como I al número de bits de información, y P al número de los bits de paridad. Con esta introducción, estamos en condiciones de enunciar las 2 reglas dadas por Hamming:

1) El número de bits de paridad P debe ser tal que satisfaga la inecuación:

$$2^P \geq I+P+1$$

Esto es así porque con los P bits de paridad, y las 2^P posibilidades que ofrecen sus combinaciones, se debe identificar una de las $I+P+1$ siguientes posibilidades:

- hubo error en uno de los I bits de información (I casos posibles, ya que cualquiera de los bits puede ser el errado)
- hubo error en uno de los P bits de paridad (P casos posibles)
- no hubo error alguno (1 caso).

2) Cada bit de paridad formará un conjunto de bits en asociación con ciertos bits de información, de cuya paridad se ocupará. Los bits de información que formarán parte de cada conjunto serán elegidos en forma tal que:
   a) cada bit de información forme parte de al menos dos de esos conjuntos.
   b) dos bits de información no formen parte de *exactamente* los mismos conjuntos (pero sí puede un bit participar de todos los conjuntos de que forma parte otro bit, si *además* forma parte de otro(s) conjunto(s)).

La justificación de esta segunda regla solo podrá hacerse algo más adelante, pero una segunda justificación de la primera regla enunciada es que, de satisfacerse la inecuación, es factible dar cumplimiento a lo que establece la segunda regla; mientras que si se adoptase un número inferior de bits de paridad que lo que la inecuación exige, puede demostrarse matemáticamente que las exigencias de la regla 2 no pueden ser satisfechas.

Ejemplifiquemos estas reglas con el siguiente caso: se dispone de un código de 4 bits con distancia mínima 1, y se desea transformarlo para que la distancia mínima sea de 3, de manera de que opere como corrector de errores de hasta 1 bit.

De acuerdo a la primera de las reglas, cuando el número de bits de información es de 4, el número de bits de paridad P necesario y suficiente es de 3 como el lector podrá comprobar verificando que P=3 satisface la inecuación, pero P=2 no. Numeraremos los bits de información de izquierda a derecha del I_1 al I_4, y los de paridad en forma similar del P_1 al P_3.

De acuerdo a la segunda regla, se deben asociar a cada bit de paridad un cierto conjunto de bits de información. Aún cumpliendo estrictamente con los requisitos que la regla establece, existen varias formas de hacer esto, de manera que la forma que adoptamos a continuación es sólo una de ellas. Con esta salvedad, se han adoptado los siguientes conjuntos:

- el bit de paridad P_1 se asociará con los bits de información I_1, I_3 e I_4.
- el bit de paridad P_2 se asociará con los bits de información I_1, I_2 e I_3.
- el bit de paridad P_3 se asociará con los bits de información I_2, I_3 e I_4.

Esta asociación suele presentarse en forma gráfica, en lo que se llama *matriz de generación* del código, en la que a cada bit de información o de paridad le corresponde una columna, y a cada conjunto de un bit de paridad con sus bits de información asociados le corresponde una fila donde se señala por medio de un 1 en las columnas apropiadas los bits que forman parte de dicho conjunto, y con un 0 aquellos que no.

Para nuestro ejemplo, y de acuerdo a la adopción de los conjuntos que hemos hecho, la matriz de generación es la siguiente:

I_1	I_2	I_3	I_4	P_1	P_2	P_3
1	0	1	1	1	0	0
1	1	1	0	0	1	0
0	1	1	1	0	0	1

En realidad, la adopción de los conjuntos suele hacerse directamente sobre la citada matriz, ya que la misma ofrece una forma sinóptica de verificar que la elección de los bits que componen cada conjunto de bits asociados se hace conforme a lo fijado por la segunda regla de Hamming que ahora sólo debe exigir que no haya dos columnas iguales en la matriz de generación. Como las columnas de dicha matriz correspondientes a los bits de paridad tienen un único 1, esta exigencia de que no debe haber dos columnas iguales incluye implícitamente la obligación que cada bit de información deba intervenir en, al menos, 2 conjuntos.

Sea que adoptamos para nuestro código que los bits de paridad sean de paridad par. Cada uno de ellos será igual a 1 si el número de los bits de información asociados a él que está en 1 es impar, e igual a 0 si es par. Si los bits de información fueran, por ejemplo, 1010, los bits de paridad P_1, P_2 y P_3 serían respectivamente 0 (dos bits de información asociados en 1y el otro en 0), 0 (dos bits de información asociados en 1 y el otro en 0) y 1 (un bit de información asociado en 1 y los otros dos en 0), y la palabra completa del código, luego de adosar los bits de paridad a los de información, sería 1010001.

Hemos determinado los bits de paridad por simple inspección de los bits de información asociados con cada uno de ellos, pero también pueden calcularse matemáticamente como la suma módulo 2 de dichos bits. En nuestro caso, tendremos:

$P_1=I_1\oplus I_3\oplus I_4$
$P_2=I_1\oplus I_2\oplus I_3$
$P_3=I_2\oplus I_3\oplus I_4$

Hasta acá nos hemos concentrado en nuestro ejemplo en la generación de los bits de paridad. Derivemos ahora nuestra atención hacia la verificación de esos bits, la que nos deberá permitir corregir un eventual bit en error.

Estando en presencia de la combinación efectivamente recibida de la transmisión o leída de la memoria, se debe verificar la paridad de los bits en cada uno de los conjuntos. Preparemos un conjunto de señales que llamaremos *síndrome de error*, correspondiendo una señal a cada uno de los conjuntos. Cada señal en particular estará en 0 si se ha verificado el cumplimiento de la paridad en el conjunto, correspondiente, y en 1 en caso contrario. Matemáticamente tendremos:

$S_1=I_1\oplus I_3\oplus I_4\oplus P_1$
$S_2=I_1\oplus I_2\oplus I_3\oplus P_2$
$S_3=I_2\oplus I_3\oplus I_4\oplus P_3$

El nombre elegido para el conjunto de estas señales, síndrome de error, tiene como justificación que la palabra síndrome en lenguaje médico es sinónimo de síntoma. Y justamente verificaremos que cada tipo de error da un síntoma diferente, permitiendo diagnosticar lo acontecido a partir del síndrome de error.

Efectivamente, si no se produce ningún error, se verificará la paridad de todos los conjuntos, y los 3 bits del síndrome de error estarán en 0. Pero si se produce un error en cualquiera de los bits (sea de información o de paridad) eso altera la paridad de aquellos conjuntos en que interviene dicho bit. Pero los conjuntos en que interviene cada bit es característico de cada uno, según muestra la matriz de generación en cuya preparación cuidamos (por aplicación de la segunda regla de Hamming) que no hubiera dos columnas idénticas. Por lo tanto, notando cuales son las señales del síndrome de error que no están en 0, y determinando mediante la utilización de la matriz de generación cuál es el único bit que interviene en la generación de esas señales en 1 *y sólo en ellas*, deduciremos cual es el bit equivocado y lo corregiremos invirtiéndolo, es decir, cambiándolo de 0 a 1 o viceversa.

Clarifiquemos el tema con un ejemplo.

Ejemplo 1-5

Sea que se ha utilizado en una transmisión de datos el código Hamming descripto más arriba de 4 bits de información y 1 de paridad. Las combinaciones recibidas fueron:

a) 1011100
b) 0001110
c) 0011000

Determinar en cada caso si hubo error y, en caso afirmativo, cuál es la palabra correcta

Solución

a)
$S_1=1\oplus 1\oplus 1\oplus 1=0$
$S_2=1\oplus 0\oplus 1\oplus 0=0$
$S_3=0\oplus 1\oplus 1\oplus 0=0$
Se verifican todas las paridades, por lo que no ha habido error.

b)

$S_1=0\oplus0\oplus1\oplus1=0$

$S_2=0\oplus0\oplus0\oplus1=1$

$S_3=0\oplus0\oplus1\oplus0=1$

Se verifica la paridad de S_1, pero falla la de S_2 y S_3. Observando la matriz de generación, se concluye que el error está en el bit I_2, único que en dicha matriz tiene su columna en 011, igual que el síndrome de error. Cambiando este bit, se llega a la palabra correcta, que es 0101110

c)

$S_1=0\oplus1\oplus1\oplus0=0$

$S_2=0\oplus0\oplus1\oplus0=1$

$S_3=0\oplus1\oplus1\oplus0=0$

Se verifica la paridad de S_1 y S_3, pero falla la de S_2. Observando en la matriz de generación se concluye que el error está en el bit P_2, único que en dicha matriz tiene su columna en 010, igual que el síndrome de error.. La palabra correcta es 0011010.

1.5.5. Código de Hamming y cálculo matricial

El lector poco afecto a las matemáticas y que, en particular, ha olvidado el cálculo matricial y se siente cómodo en esa situación, puede saltearse completamente este apartado, en la seguridad de que nada esencial habrá perdido.

Pero el lector entrenado en el cálculo matricial, probablemente haya intuido que, tanto la generación de los bits de paridad del código de Hamming como la obtención del síndrome de error, pueden ser formalizadas en términos de productos de matrices.

Así, en el ejemplo visto en el apartado anterior, si formamos una matriz con las primeras 4 columnas de la matriz de generación y la multiplicamos por un vector (o matriz de una única columna) formado por los bits de información, el resultado es el vector formado por los bits de paridad. Para ello, se debe tener presente que las sumas involucradas en el producto de dos matrices deben ser realizadas en módulo 2.

$$\begin{Vmatrix} 1 & 0 & 1 & 1 \\ 1 & 1 & 1 & 0 \\ 0 & 1 & 1 & 1 \end{Vmatrix} \times \begin{Vmatrix} I_1 \\ I_2 \\ I_3 \\ I_4 \end{Vmatrix} = \begin{Vmatrix} P_1 \\ P_2 \\ P_3 \end{Vmatrix}$$

Similarmente, si tomamos íntegramente la matriz de generación y la multiplicamos por un vector formado por los bits de información y los bits de paridad recibidos, el resultado es un vector que contiene el síndrome de error.

$$\begin{Vmatrix} 1 & 0 & 1 & 1 & 1 & 0 & 0 \\ 1 & 1 & 1 & 0 & 0 & 1 & 0 \\ 0 & 1 & 1 & 1 & 0 & 0 & 1 \end{Vmatrix} \times \begin{Vmatrix} I_1 \\ I_2 \\ I_3 \\ I_4 \\ P_1 \\ P_2 \\ P_3 \end{Vmatrix} = \begin{Vmatrix} S_1 \\ S_2 \\ S_3 \end{Vmatrix}$$

1.5.6. Distancia mínima 4

El código de Hamming puede fácilmente ser modificado para lograr un código de distancia mínima 4. Para ello, puede demostrarse que basta agregar un bit de paridad adicional, cuyo conjunto de bits de información asociados sea elegido de forma tal que todos los bits de información estén incluidos en un número *impar* de conjuntos o, dicho de otra manera, que la matriz de generación tenga un número impar de unos en todas sus columnas.

Ejemplifiquemos este punto modificando el código de Hamming visto como ejemplo más arriba. Agregaremos un bit de paridad P_4 y elegiremos los bits de información asociados a él de manera que la matriz de generación tenga un número impar de unos en todas sus columnas. La matriz de generación queda:

I_1	I_2	I_3	I_4	P_1	P_2	P_3	P_4
1	0	1	1	1	0	0	0
1	1	1		0	1	0	0
0	1	1	1	0	0	1	0
1	1	0	1	0	0	0	1

Verificaremos que el código así modificado tiene distancia mínima 4, comprobando que en circunstancias en que puede llegar a haber hasta 2 bits en error, es capaz de corregir errores de 1 bit y detectar errores de 2 bits.

Primeramente analicemos el síndrome de error esperable en el caso de errores de 1 y 2 bits respectivamente:

1) Si se produce error en 1 bit, el síndrome de error presentará un número impar de señales en 1. Dichas señales serán características del bit en error, de acuerdo a la matriz de generación. Así, un error en I_3 hará que sean iguales a 1 las señales S_1, S_2 y S_3, mientras que un error en P_2 sólo afectará a S_2.
2) Si se produce un error en 2 bits, el síndrome de error presentará un número par de señales en 1. Por ejemplo, un error en I_1 e I_2 afectará a S_1 y S_3. No lo hará con S_2 ni con S_4 pues I_1 e I_2 intervienen conjuntamente en las expresiones de ambas, y el error simultáneo de esos dos bits no afecta a la paridad de estas señales. Nótese que también hacen que sean uno S_1 y S_3 los siguientes errores dobles: I_3 y P_2, I_4 y P_4, y P_1 y P_3.

Se concluye, entonces, que cuando el síndrome de error presenta un número impar de señales en 1, ello obedece a un error único que puede ser corregido observando la matriz de generación. Por otra parte, cuando el número de señales en 1 es par, ello corresponde a un error doble que no puede identificarse, por lo que este error queda detectado pero no es posible corregirlo. Por lo tanto, dada su posibilidad de corregir un bit en error y detectar el error en un bit adicional, el código propuesto tiene distancia mínima 4.

1.5.7. Códigos detectores de errores para bloques de información

Los códigos de paridad y los de Hamming son muy empleados en aquellas situaciones en que los posibles errores son totalmente independientes unos de otros, de tal manera que siendo baja la probabilidad de un error, la probabilidad de la ocurrencia de dos de ellos es insignificante o, al menos, muy baja. Es el caso, por ejemplo, del proceso de almacenar información en la memoria central de una computadora.

Pero hay casos en que hay una considerable probabilidad de ocurrencia de errores múltiples, porque los mismos se producen por ráfagas. Es el caso, por ejemplo, de una transmisión de datos por un canal de comunicaciones en el que una señal interferente puede afectar a varios bits consecutivos; es también la situación que se da cuando la información es almacenada en un medio magnético, caso en el que un defecto de la superficie magnética puede afectar a varios bits contiguos.

Casos como los recién apuntados requieren de otro tipo de códigos detectores de errores. Tres son los métodos más empleados:

- el chequeo bidimensional
- la suma de comprobación
- el chequeo de la redundancia cíclica

En los apartados que siguen, en los que analizaremos estos códigos, ejemplificaremos su uso empleando la transmisión de datos como ejemplo, pero debe quedar claro que con las debidas adaptaciones los conceptos serán igualmente válidos para la grabación magnética. Pero antes de entrar en los aspectos propios de cada uno de estos códigos, conviene señalar que los mismos no se aplican generalmente a palabras individuales de un cierto código, como lo hacen los códigos de paridad y los de Hamming, sino a bloques de bits conteniendo varias palabras. Por ejemplo, un mensaje codificado en binario a ser transmitido por un canal de comunicaciones puede ser dividido en bloques de 128 bytes, y aplicar a estos bloques los procedimientos que enseguida se explicarán. El tamaño del bloque siempre es determinado mediante una cuidadosa solución de compromiso: bloques muy pequeños exigen una sobrecarga de trabajo a los circuitos encargados de controlar los errores ya que deben operar con mayor frecuencia, pero bloques grandes requieren ser completamente retransmitidos si se detecta en ellos algún error, y la probabilidad de que ello ocurra es mayor que en el caso de bloques pequeños. Ello es así porque el método habitualmente empleado es que el receptor, de reconocer haber recibido el bloque con error, solicita al transmisor por medio de una señal apropiada (el ASCII posee para ello la señal NAK) el reenvío del bloque.

1.5.7.1. El chequeo bidimensional

Existen variantes de este método, la más simple de las cuales consiste en considerar que las sucesivas palabras a transmitir están ordenadamente encolumnadas, colocadas cada una de ellas en una fila, y el transmisor no sólo agrega a cada palabra el bit de paridad correspondiente (la llamada *paridad horizontal* o *transversal*) , sino que también agrega una palabra final de control de n+1 bits, formada por los sendos bits de paridad de las n+1 columnas que forman los n bits de las sucesivas palabras y su bit de paridad horizontal (esta palabra de control es llamada *paridad vertical* o *longitudinal*). El receptor, a su vez, debe verificar ambas paridades recibidas, y alertar si es que alguna no verifica. El siguiente caso de 4 palabras de 4 bits ejemplifica lo indicado, empleando paridad par y destacando en **negrita** la paridad agregada.

1 0 1 0 **0**
0 0 0 1 **1**
0 1 1 1 **1**
1 1 1 1 **0**
0 0 1 1 0

Con este sistema, por ejemplo, pueden detectarse 2 bits en error en una palabra, circunstancia que no sería detectada si sólo estuviera presente el bit de paridad horizontal.

1.5.7.2. La suma de comprobación

Este método es conocido en inglés como checksum. Existen variantes del mismo, la más simple de las cuales es que el transmisor, a medida que va emitiendo las diferentes palabras que componen el bloque, las va sumando, despreciando el eventual acarreo que pudiera surgir de cada suma parcial, y generando así una suma de control. Inmediatamente después de concluir con la transmisión del bloque emite el valor final de la suma de control, lo que constituye la palabra denominada suma de comprobación o checksum.

El receptor es el encargado de recalcular la suma de comprobación y verificar que la suma recalculada es la misma que la suma recibida en la transmisión. De no ser así, reconocerá (y señalará) que hubo error.

1.5.7.3. El chequeo de redundancia cíclica

Los métodos recién vistos no tienen un desempeño como el que exigen los modernos sistemas de comunicaciones, los que prefieren métodos más eficaces para la detección de errores, como el del chequeo de redundancia cíclica al que nos referiremos a continuación.

Un bloque de información binaria (es decir, una sucesión de ceros y unos de cierta longitud) puede ser interpretado como un polinomio, cuyos coeficientes son los valores de los sucesivos bits que forman el bloque, comenzando por el coeficiente correspondiente al término de mayor grado. Así, por ejemplo, el bloque 10100011 puede ser representado por el polinomio X^7+X^5+X+1, donde X es una variable ficticia que se emplea a los fines de esta representación.

Al igual que en el caso de la suma de comprobación, el transmisor le adosará al bloque de información una cierta cantidad de bits redundantes cuya misión será la de servir para evaluar la existencia de errores. Llamemos *vector* al conjunto del bloque de información y los bits redundantes asociados, expresados en la mencionada forma polinómica. Esta nomenclatura facilitará la comprensión de lo que sigue.

Diremos que un vector pertenece a un código generado por cierto polinomio (llamado *polinomio generador*) cuando la división del vector por dicho polinomio da resto 0.

El método se basa en que el transmisor debe complementar el bloque a transmitir con tantos bits redundantes como sea el grado del polinomio generador que transmisor y receptor hayan convenido utilizar, y elegirlos de manera que el correspondiente vector pertenezca a un código generado por dicho polinomio.

Esto deberá ser chequeado por el receptor y, de ser verificada esta circunstancia, el receptor retirará los bits redundantes y se quedará con el mensaje correcto, y de no ser verificada se señalará la ocurrencia de algún error.

Al conjunto de bits redundantes adosados al bloque de información se lo denomina en castellano *chequeo de redundancia cíclica*, y en inglés Cyclic Redundancy Check, lo que ha motivado el amplio uso de la sigla CRC para referirse a ellos. Se debe mencionar acá, para no inducir a error al lector, que esta división de polinomios no se hace según las reglas del álgebra corriente, sino las válidas en los llamados Campos de Galois, una abstracción matemática de la que se da detalles más abajo.

Está claro que este sistema permitirá detectar casi cualquier error que pudiese producirse, a excepción de aquellos errores muy poco probables que afecten al vector transmitido dejándolo en una nueva forma que también sea divisible por el polinomio generador. Los polinomios generadores se seleccionan buscando, no sólo que la probabilidad de que un error cualquiera pase inadvertido sea muy baja, sino también que los errores más probables sean todos detectados. Generalmente se pretende:

- que se detecten todos los errores simples, dobles y triples
- que se detecten todos los errores en ráfagas de hasta cierto tamaño
- que se detecten la mayoría de los errores en ráfagas de tamaño mayor

Se han estudiado los posibles polinomios generadores y algunos de ellos particularmente eficaces han emergido como estándar. Podemos citar los siguientes, de los que se dan su nombre asignado y su polinomio generador:

- CRC-16 $X^{16}+X^{15}+X^2+1$
- CRC-CCITT $X^{16}+X^{12}+X^5+1$
- CRC-32 $X^{32}+X^{26}+X^{23}+X^{22}+X^{16}+X^{12}+X^{11}+X^{10}+X^8+X^7+X^5+X^4+X^2+X+1$

Por ejemplo, los primeros dos códigos, que usan un CRC de 16 bits, son capaces de detectar todos los errores simples, dobles, triples y en ráfagas de hasta 16 bits, y el 99,998% de los errores en ráfagas de mayor longitud. El desempaño del último de los códigos mencionados es aún superior: además de detectar todos los errores simples, dobles, triples y en ráfagas de hasta 32 bits, detecta el 99,99999998% de los errores en ráfagas de más de 32 bits.

1.5.7.4. División de polinomios en Campos de Galois, aplicación al cálculo del CRC

Ya hemos mencionado que un bloque de información binaria (es decir, una sucesión de ceros y unos de cierta longitud) puede ser interpretado como un polinomio de una variable ficticia X, cuyos coeficientes son los valores de los sucesivos bits que forman el bloque, comenzando por el coeficiente correspondiente al término de mayor grado. Así, por ejemplo, el bloque 10100011 puede ser representado por el polinomio X^7+X^5+X+1.

Con estos polinomios se pueden realizar operaciones matemáticas (suma, resta, multiplicación y división) de forma análoga a como se realizan estas operaciones en el álgebra corriente, pero con las siguientes diferencias (propias de los llamados Campos de Galois):

a) los coeficientes de las potencias de X sólo pueden ser 0 ó 1.
b) al sumar dos polinomios los coeficientes correspondientes al mismo grado se suman, pero en módulo 2.
c) de acuerdo a las propiedades conocidas de la suma módulo 2, la resta resulta idéntica a la suma.

Por ejemplo, la suma de los polinomios X^7+X^5+X+1 y X^5+X^4+X resulta igual a X^7+X^4+1 según la siguiente operación realizada entre los coeficientes:

```
  1 0 1 0 0 0 1 1
+ 0 0 1 1 0 0 1 0
  ---------------
  1 0 0 1 0 0 0 1
```

En la operación de dividir, en que deben realizarse restas, se debe tener presente que la resta es una suma módulo 2 de los coeficientes que corresponden al mismo grado. Cuando el dividendo sea de igual grado que el divisor, el resultado será 1, mientras que si es de grado inferior, será 0. El resto será siempre de grado inferior al del divisor. Así, por ejemplo, la división entre X^3+X+1 y X^3+X^2+1 resulta igual a 1 (con resto X^2+X) según la siguiente operación realizada entre los coeficientes:

```
1 0 1 1   |1 1 0 1
1 1 0 1    1
0 1 1 0
```

Veamos otro ejemplo de división, esta vez entre $X^{10}+X^8+X^4+X^3+1$ y X^3+X^2+1. El resultado es igual a $X^7+X^6+X^4+1$ (con resto X^2) según la siguiente operación realizada entre los coeficientes:

```
1 0 1 0 0 0 1 1 0 0 1   |1 1 0 1
1 1 0 1                  1 1 0 1 0 0 0 1
0 1 1 1 0
  1 1 0 1
  0 0 1 1 0 1
      1 1 0 1
      0 0 0 0 1 0 0 1
              1 1 0 1
              0 1 0 0
```

Esta división de polinomios es la base de los sistemas de chequeo de redundancia cíclica, cuyas líneas generales hemos explicado más arriba. Más concretamente, las operaciones que realizan el transmisor y el receptor son las siguientes:

El transmisor:

a) agrega al bloque de información tantos ceros como grado tenga el polinomio generador (llamemos *k* a este grado). Esto prepara un campo de *k* bits, momentáneamente en cero, para los bits redundantes, y es equivalente a multiplicar el polinomio correspondiente al bloque de información por X^k.
b) divide el polinomio ampliado con los *k* ceros por el polinomio generador, observando el correspondiente resto (de grado *k*-1 y, por lo tanto, con *k* coeficientes). A este resto se lo denomina CRC.
c) resta (es decir, suma) el CRC al polinomio ampliado con los *k* ceros para que el polinomio así modificado sea divisible por el polinomio generador. Dado que los últimos bits de este polinomio estaban en 0 y reservados para insertar este CRC, esta operación es equivalente a adosar a continuación del bloque de información los *k* bits correspondientes al CRC. El conjunto de bits resultante es el vector que debe ser transmitido.

Ejemplo de los pasos anteriores podría ser la transmisión del bloque de información 10100011 (X^7+X^5+X+1) empleando el polinomio generador de grado 3 siguiente: X^3+X^2+1, que se realizaría como sigue:

```
1 0 1 0 0 0 1 1 0 0 0   |1 1 0 1
1 1 0 1                  1 1 0 1 0 0 0 1
0 1 1 1 0
  1 1 0 1
  0 0 1 1 0 1
      1 1 0 1
      0 0 0 0 1 0 0 0
              1 1 0 1
              0 1 0 1
```

El resto, expresado como polinomio de grado 2 es X^2+1 (secuencia 101), con lo que el mensaje a transmitir sería, tras reemplazar por esta secuencia los tres ceros agregados originariamente al bloque de información, 10100011101 ($X^{10}+X^8+X^4+X^3+X^2+1$).

El receptor:

a) divide el vector recibido por el polinomio generador.
b) si el resto es nulo, suprime los últimos *k* bits del vector para recuperar el bloque de información original. Si el resto no es nulo, señala la ocurrencia de error.

1.5.8. Dígito verificador en códigos decimales

Si bien hasta acá hemos considerado sólo códigos binarios, debemos reconocer que los códigos decimales tienen también un uso muy difundido en algunas aplicaciones tales como los documentos de identidad, los números de cuentas bancarias, el código de identificación de productos usados en los supermercados, etc.

Muchas veces esos códigos tienen previsto un dígito para verificar que no exista error en su transcripción. El tipo de error habitualmente previsto es el humano, la mayoría de las veces consistente en un error en uno de los dígitos del código o en una permutación dos dígitos contiguos.

Un caso de uso de la técnica del dígito verificador el lector lo podrá observar fácilmente en el código ISBN (International Standard Book Number) que identifica internacionalmente a los libros. Este código usa 10 dígitos, el último de los cuales (entendiendo por tal el de la derecha) es el dígito verificador. Éste puede tomar los valores del 0 al 10, pero en este último caso, para poder limitarse a un único dígito, se lo representa como X. Si a partir del dígito verificador, y procediendo hacia la izquierda, numeramos los dígitos del D_1 al D_{10}, la verificación de la ausencia de error consiste en comprobar que la operación que más abajo se indica (un polinomio) tiene un resultado que es múltiplo de 11:

$$10D_{10}+9D_9+8D_8+7D_7+6D_6+5D_5+4D_4+3D_3+2D_2+D_1$$

Por ejemplo, el ISBN número 9871063040 da como resultado 275 (es decir, 25×11)

Ejemplo 1-6

En la República Argentina, los trabajadores están identificados por una Clave Única de Identificación Laboral (o CUIL) de 11 dígitos decimales, distribuidos de la siguiente manera:

- Los dos dígitos de la izquierda (D_{11} y D_{10}) constituyen un prefijo que identifica el sexo: se usa el 20 para los hombres y el 27 para las mujeres. Pero, en ciertos casos, que luego se indican, estos prefijos se reemplazan por el 23.
- Los siguientes ocho dígitos (D_9 a D_2) corresponden al número del documento de identidad de la persona.
- El último dígito (D_1) es el dígito verificador.

La verificación consiste en comprobar que la operación que más abajo se indica tiene un resultado que es múltiplo de 11

$$5D_{11}+4D_{10}+3D_9+2D_8+7D_7+6D_6+5D_5+4D_4+3D_3+2D_2+D_1$$

En algunos casos, usando los mencionados prefijos 20 ó 27, según sea el sexo, el dígito verificador debería ser 10, y no bastaría un único dígito. Estos casos se evitan haciendo que, de darse esta circunstancia, el prefijo es cambiado a 23.

Se pregunta: ¿cuál es el dígito verificador correspondiente al CUIL de un hombre cuyo número de documento de identidad sea 04.363.895? ¿Cuál es el número de CUIL completo?

Solución

Ensayando con el prefijo 20, y sin considerar provisoriamente a D_1, queda:

5×2+4×0+3×0+2×4+7×3+6×6+5×3+4×8+3×9+2×5=159.

Faltando 6 para el siguiente múltiplo de 11 (165=15×11), éste es el dígito verificador.

Finalmente, el CUIL es el 20 04363895 6

Problemas

1-1) Realizar las siguientes conversiones entre códigos:

a) El binario 10111010 a Gray
b) El Gray 11001011 a binario

1-2) Diseñar un código apto para codificar el ángulo de un eje, siendo que los 360° se dividen en 20 sectores de 18° cada uno. Dar al menos dos soluciones distintas.

1-3) Diseñar un procedimiento matemático que a partir de la palabra que representa a una letra mayúscula en ASCII, obtenga la palabra correspondiente a esa misma letra pero minúscula.

1-4) Una impresora recibe consecutivamente las siguientes palabras en código ASCII. Indicar cuál es el texto que debería imprimirse de acuerdo a ese mensaje.

1001101	0100111	0001000	1101001	1101111	0001101
0001010	1110101	1111110	0001000	1101110	1100001

1-5) Un compilador C típico para PC trabaja con los siguientes tipos de variables:

- *char*: caracteres alfanuméricos codificados en ASCII extendido usando 8 bits.
- *int*: binarios enteros representados en código Complemento a 2 utilizando 16 bits.
- *long*: binarios enteros representados en código Complemento a 2 utilizando 32 bits.
- *unsigned*: magnitudes binarias representadas usando 16 bits.
- *float*: números binarios en coma flotante representados usando el código IEEE de 32 bits.
- *double*: números binarios en coma flotante representados usando el código IEEE de 64 bits.

Se pregunta (dar las respuestas en decimal):

a) ¿cuál es el rango en que se pueden representar las variables int?
b) ¿cuál es el rango en que se pueden representar las variables long?
c) ¿cuál es el rango en que se pueden representar las variables unsigned?
d) ¿con qué rango las variables char pueden ser usadas para representar magnitudes?
e) ¿cuál es el máximo número float que se puede representar?
f) ¿cuál es el máximo número double que se puede representar?

1-6) Representar utilizando 8 bits los números enteros binarios que, expresados en decimal, son: +23, -141 y -106 en los códigos abajo indicados: Si algún caso no es posible, justificarlo.

a) Signo y magnitud
b) Complemento a 2
c) Binario desplazado

1-7) Expresar en notación decimal a qué números enteros binarios corresponden las palabras: 01110100 y 10001100 si se ha utilizado como código a:

a) Signo y magnitud
b) Complemento a 2
c) Binario desplazado

1-8) Dados los siguientes números binarios representados con 5 bits, se pide:

a) Efectuar las siguientes operaciones (la resta como suma al minuendo del complemento a 1 del sustraendo, más 1).
b) Suponiendo que los operandos eran magnitudes, tener en cuenta el posible acarreo del bit más significativo y discutir la validez del resultado obtenido.
c) Suponiendo que los operandos eran números enteros representados en código Complemento a 2, tener en cuenta los signos de los operandos y del resultado, y discutir la validez del resultado obtenido.
   1) 01011 + 00110
   2) 01011 + 11001

3) 10001 + 11011
4) 10101 + 00110
5) 01011 - 00100
6) 01011 - 11010
7) 10011 + 10011
8) 01100 - 11011
9) 10001 - 00110
10) 11000 + 01001

1-9) Un número entero binario está representado con 8 bits. Indicar qué procedimiento se debe seguir para que, a partir de su representación según el código indicado a continuación, se obtenga la representación del número que tiene el signo opuesto. Considerar el posible desborde.

a) Signo y magnitud
b) Complemento a 2
c) Complemento a 1
d) Binario desplazado

1-10) Demostrar que, cualquiera sea el número de bits del código, la representación de un entero en binario desplazado y en complemento a 2, difieren únicamente en el bit más significativo.

1-11) Si a un número entero binario representado con *n* bits según el código Complemento a 2 se le corren los bits una posición a la derecha, expulsando 1 bit por la derecha e ingresando por la izquierda un bit igual al más significativo (es decir, el bit comúnmente llamado "de signo"), el resultado es equivalente a la división entera de dicho número por 2, de la que el bit expulsado por la derecha es el resto (el resto siempre positivo, por ejemplo: -5 dividido 2, resultado -3 y resto 1). Verificar esta propiedad en los ejemplos que se proponen a continuación, para el caso en que se utilizan 8 bits.

a) 00101110
b) 01110111
c) 10101010

1-12) Si a un número entero binario representado con *n* bits según el código Complemento a 2 se le corren los bits una posición a la izquierda, descartando el bit que sale expulsado por la izquierda e ingresando por la derecha un cero, el resultado es equivalente a multiplicar dicho número por 2 (o, lo que es equivalente, sumarlo a sí mismo). Sin embargo, esta operación puede dar desborde. Dar la regla que permita identificar los casos en que se produce desborde. Verificar estas propiedades en los ejemplos que se proponen a continuación, para el caso en que se utilizan 8 bits.

a) 00101110
b) 01110111
c) 10101010

1-13) Determinar, para el estándar IEEE de representación de los números en coma flotante con 32 bits:

a) cómo se representa al binario 1101101,101101
b) a qué número representa la palabra 10000000000000000101100110110 10

1-14) Para el estándar IEEE de representación de los números en coma flotante con 64 bits, se pide:

a) determinar la máxima magnitud representable
b) determinar la mínima magnitud representable en forma normalizada
c) determinar la mínima magnitud representable en forma desnormalizada.
d) realizar un cuadro sinóptico mostrando cómo representa dicho código a los números normalizados, los desnormalizados, el cero, el infinito y a aquellas combinaciones de ceros y unos que no son números.

1-15) Diseñar un código BCD pesado de 4 bits que cumpla con las condiciones que se dan en cada caso. Si la tarea es imposible, demostrarlo. Si la solución no es única, indicarlo.

a) que sea autocomplementario y de pesos 2421, pero que no sea el código Aiken.
b) que sea autocomplementario y de pesos que, sumados, no den 9.
c) que tenga como pesos 7521.
d) que tenga una posición de peso –3 (es decir, menos tres)

1-16) Convertir el número: 0100 1001 1011, expresado en BCD exceso 3, a:
a) decimal
b) BCD Aiken
c) BCD natural

1-17) Diseñar un código BCD pesado que tenga distancia mínima 2, a partir del código Aiken.

1-18) Se envía por un canal de comunicaciones la palabra ASCII correspondiente a la letra i, pero se teme la ocurrencia de 1 error. Indicar cómo se interpretaría el carácter recibido según sea el bit errado.

1-19) En una transmisión puede haber hasta 4 bits en error. Se pide hallar la distancia mínima de código necesaria para:
a) detectar todos los bits en error.
b) corregir todos los bits en error.
c) corregir los errores de hasta 1 bit y sólo detectar los restantes.
d) corregir los errores de hasta 2 bits y sólo detectar los restantes.

1-20) Se ha utilizado el código de Hamming descripto más abajo para transmitir 4 bits de información. Si el mensaje recibido en cada caso es el que se indica, averiguar cuál fue el mensaje transmitido.
a) 0010100
b) 1001011
c) 0110101

I_1	I_2	I_3	I_4	P_1	P_2	P_3
1	0	1	1	1	0	0
1	1	1	0	0	1	0
0	1	1	1	0	0	1

1-21) Se desea diseñar un código de Hamming de distancia mínima 3 adecuado para 11 bits de información.
a) Determinar la cantidad necesaria de bits de paridad.
b) Determinar para cada bit de paridad un conjunto apropiado de bits de información que deban verificar.
c) Agregar un bit de paridad adicional para obtener un código de distancia mínima de 4.

1-22) Para una computadora personal a la que tenga fácil acceso y que posea un sistema operativo Windows, se pide:
a) averiguar qué codepage utiliza en modo DOS
b) para dicha codepage, averiguar cuál es el número decimal con el que se corresponden, respectivamente, la letra Q (Q mayúscula) y el signo ± (más-menos). Si no dispone de la tabla de correspondencia de la codepage, búsquela en Internet.
c) Repetir el paso anterior para la codepage 1252 que seguramente dicha computadora utiliza en modo Windows
d) Confirmar lo hallado en los dos pasos anteriores, por medio de la tecla ALT y el teclado numérico.

1-23) Se pide, para el polinomio generador X^8+1 (llamado LRC-8):
a) indicar cómo se enviaría el mensaje 0100101011010101
b) suponer que en el proceso de transmisión-recepción se cometen varios errores dentro de una ráfaga de no más de 8 bits (elegirlos libremente); comprobar que el receptor es capaz de reconocer la presencia de dichos errores.

CAPÍTULO 2

ÁLGEBRA DE CONMUTACIÓN

2.1. Introducción

En las primeras décadas del siglo XX, los que hoy en día llamamos *circuitos digitales o circuitos lógicos* tenían una mayoritaria aplicación en centrales telefónicas, donde se realizaban en base a llaves eléctricas que conmutaban conexiones, por lo que se los llamó en ese entonces *circuitos de conmutación*.

Las llaves eléctricas a que nos hemos referido en el párrafo anterior podían ser comandadas en forma manual, pero en los circuitos telefónicos de conmutación, lo más común era que esas llaves fueran contactos de relés comandados electromagnéticamente.

Los *relés* son unos dispositivos electromagnéticos compuestos básicamente de 3 componentes:

1) Una bobina que actúa como electroimán cuando está energizada, es decir, cuando se hace circular corriente por ella.
2) Una armadura de material magnético que sufre un desplazamiento mecánico cuando es atraída por el campo magnético de la bobina cuando ésta está energizada, pero que está provista de un resorte que la hace volver a su estado de reposo cuando se desenergiza la bobina (situación de reposo que, en lo que sigue, denominaremos *normal*, aunque también suele denominarse *libre* o *no operada*).
3) Una serie de contactos móviles, asociado cada uno de ellos a otro contacto pero fijo. Los contactos móviles son así llamados porque se desplazan cuando lo hace la armadura, mientras que los fijos no lo hacen. En condiciones normales (bobina no energizada) los contactos móvil y fijos pueden estar haciendo contacto entre sí (lo que se denomina *contacto normalmente cerrado*, generalmente simbolizado NC por la denominación inglesa Normally Closed) o pueden no estar haciéndolo (contacto normalmente abierto o NO, por Normally Open). La energización de la bobina, con el consiguiente movimiento de la armadura y de los contactos móviles, hace que los contactos normalmente abiertos se cierren, y los normalmente cerrados se abran.

A partir de los contactos individuales de los relés, las redes de contactos que se establecían en la aplicación telefónica ya mencionada eran complejas, dando la figura 2-1 una idea de cómo era su estructura, aunque no su complejidad, ya que el circuito allí exhibido es particularmente simple.

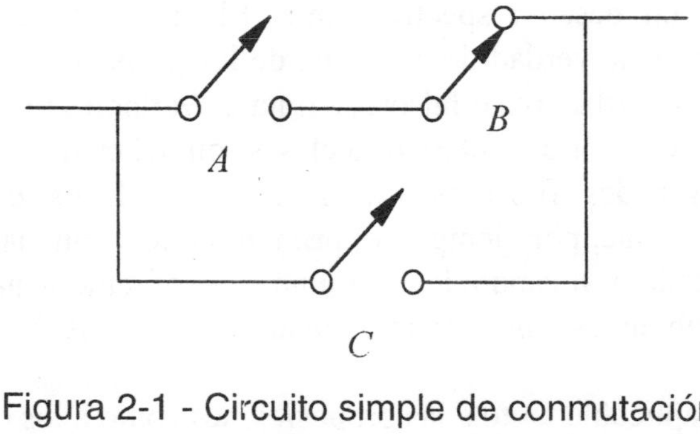

Figura 2-1 - Circuito simple de conmutación

Dicha figura muestra un circuito compuesto por los contactos de 3 relés, que se han denominado A, B y C, en su estado normal, es decir, en el que se encuentran cuando sus respectivas bobinas están desenergizadas. (Dicho sea de paso, la figura anterior omite dibujar las bobinas porque estamos más interesados en estudiar la conmutación de los contactos). Se notará que se ha usado contactos normalmente abiertos de los relés A y C, pero normalmente cerrados del relé B. Y que las conexiones entre contactos son las comunes conexiones tipo serie (en la figura, A con B) y paralelo (en la figura, C con la serie de A con B).

Hoy en día la conmutación telefónica utiliza otras técnicas, pero los circuitos de conmutación con contactos y relés aún se siguen usando en ciertas aplicaciones, por lo que interesa el estudio de los mismos. Además, las conclusiones de nuestro estudio serán perfectamente aplicables a los circuitos lógicos modernos, como luego veremos.

De los circuitos de conmutación interesa conocer su *función transmisión*, es decir, si existe o no continuidad entre los extremos del circuito en función del estado operado o no de cada uno de los contactos que lo componen.

La función transmisión es una función *binaria* o *bivaluada* o *lógica*, entendiendo por tal a aquella función que sólo puede tomar dos valores. Efectivamente, entre terminales de un circuito de conmutación sólo puede haber dos situaciones: o hay continuidad entre ellos o no la hay.

La función transmisión depende del estado de los diferentes conmutadores. Pero estas variables independientes son también variables bivaluadas pues sólo pueden tomar dos valores: operado o no operado.

Podemos así decir que hay una relación funcional entre la variable dependiente transmisión (que podemos simbolizar T) y las variables que identifican el estado de los conmutadores (que llamaremos A, B y C respectivamente). Cabría así establecer una función matemática entre ellas que podríamos escribir

$$T = f(A, B, C)$$

donde cada una de las variables y la función misma serían bivaluadas.

Sin embargo, hasta 1938 no existió un álgebra apropiada para operar con variables bivaluadas y la operación de los circuitos debía expresarse en forma verbal. Así, en el circuito de la figura 2-1 hay continuidad entre terminales si el contacto A está operado y el B no lo está, o si está operado el contacto C. Compruebe el lector que esta descripción es adecuada para el circuito que estamos considerando. Esta falta de una herramienta apropiada dificultaba el diseño de los circuitos de conmutación, que requerían de diseñadores de gran experiencia que compensaran con ésta la citada carencia.

Pero en el año 1938 un diseñador de circuitos de conmutación para telefonía, Claude Shannon, encontró que a mediados del siglo XIX un matemático inglés llamado George Boole había desarrollado un álgebra que era particularmente aplicable a variables bivaluadas. Esta álgebra se denomina *Álgebra de Boole*, por su inventor. Y la adaptación realizada por Shannon, para el caso de circuitos con contactos, se suele denominar *Álgebra de conmutación*.

El campo de interés de Boole era en la lógica del pensamiento, las proposiciones lógicas y los enunciados categóricos relativos a clases.

Las proposiciones lógicas son aquellas frases de las que tiene sentido afirmar que, o son verdaderas, o son falsas. Este es el caso, por ejemplo, de "Ayer fue lunes" o "Lloverá hoy o mañana". No son proposiciones las frases "¿Qué día es hoy?" o "Dame un calendario" o "Ojalá que llueva" que no son aseveraciones que puedan ser verdaderas o falsas sino una pregunta, un pedido (o una orden, o una exhortación, según el tono) y un deseo respectivamente. El valor de verdad de una combinación de proposiciones es función del valor de verdad de cada una de las proposiciones constituyentes. Como estos valores de verdad sólo pueden ser verdaderos o falsos, se trata de variables bivaluadas.

A su vez, los enunciados categóricos relativos a clases son del estilo "Todos los osos americanos son pardos" o "Algunos de los grandes filósofos fueron griegos". Estos enunciados están fuertemente relacionados con los conjuntos ya que, por ejemplo, el primero de los enunciados (falso, dicho sea de paso) puede fácilmente ser parafraseado utilizando los conjuntos ´osos americanos´ y ´animales pardos´. La pertenencia a un conjunto también es una variable bivaluada, ya que las únicas posibilidades son la pertenencia y la no pertenencia.

El Álgebra de Boole es aplicable tanto a las proposiciones como a los conjuntos. Se deben reconocer también los aportes de Augustus De Morgan (contemporáneo de Boole), de John Venn (quien en 1881 inventó el conocido diagrama que lleva su nombre) y Edward Huntington, quien a principios del siglo XX le dio formalidad al Álgebra de Boole estableciendo los postulados básicos de la misma. Sin embargo, no seguiremos la línea establecida por Huntington ya que estamos más interesados en un enfoque práctico que en uno extremadamente formal.

2.2. Introducción al Álgebra de Boole

2.2.1. Operaciones básicas entre proposiciones lógicas

En lógica proposicional, se definen tres operaciones básicas.

- La conjunción
- La disyunción
- La negación

2.2.2. La Conjunción

En lógica proposicional se denomina *conjunción* a la proposición de resulta de unir con la conjunción "y" a dos proposiciones independientes. Como, por ejemplo, "´El caballo es un mamífero´ y ´El cóndor es un ave´". La conjunción "y", usada como conector entre las proposiciones, obliga a que ambas sean individualmente ciertas para que lo sea la conjunción de ellas, como es el caso del ejemplo. Sin embargo, si cualquiera de las proposiciones individuales fuera falsa, lo sería también su conjunción. Si llamamos simbólicamente A y B a dos proposiciones – que constituyen nuestras variables independientes – el valor de verdad de la conjunción de ambas (habitualmente representada como $A \wedge B$, nuestra variable dependiente o función) puede representarse con la siguiente tabla de valores, donde V representa a verdadero (también se usa T, por ser la inicial de true, verdadero en inglés) y F a falso. Dicha tabla es exhaustiva, en el sentido de que allí están tabulados todos los casos que pueden presentarse. Una tabla donde se muestra el valor de verdad de una función para los distintos valores de las variables independientes se denomina *tabla de verdad.*

B	A	$B \wedge A$
F	F	F
F	V	F
V	F	F
V	V	V

2.2.3. La Disyunción

En lógica proposicional se denomina *disyunción* a la proposición de resulta de unir con la disyunción "o" a dos proposiciones independientes. Como, por ejemplo, "´El caballo es un mamífero´ o ´El cóndor es un pez´". La disyunción "o", usada como conector entre las proposiciones, plantea una alternativa que hace que baste que una de ellas sea cierta para que lo sea la disyunción de ambas, como es el caso del ejemplo, donde la primer proposición es verdadera pero la segunda falsa. Pero la disyunción será falsa si también lo son las dos proposiciones que ella une. Si nuevamente llamamos simbólicamente A y B a dos proposiciones – que constituyen nuestras variables independientes – el valor de verdad de la disyunción de ambas (habitualmente representada como $A \vee B$, nuestra variable dependiente o función) puede representarse con la siguiente tabla de verdad, que presenta los 4 casos posibles.

B	A	$B \vee A$
F	F	F
F	V	V
V	F	V
V	V	V

2.2.4. La Negación

En lógica proposicional se denomina *negación* a la proposición de resulta de negar a una proposición. Como, por ejemplo, "El cóndor no es un pez" es la negación de la proposición "El cóndor es un pez". El vocablo "no" (generalmente colocado antes del verbo) hace que, para que la negación sea verdadera, debe ser falsa la proposición que se ha negado. Y viceversa, para que la negación sea falsa, debe ser verdadera la proposición que se ha negado. Si llamamos simbólicamente A a una proposición - que constituye nuestra variable independiente - el valor de verdad de su negación (habitualmente representada como $\neg A$, nuestra variable dependiente o función) puede representarse con la siguiente tabla de verdad que presenta los 2 casos posibles.

A	$\neg A$
F	V
V	F

2.2.5. Aplicación a conjuntos

Se supone que la teoría de conjuntos es conocida por el lector, pero para aquellos que requieran un refresco se brinda a continuación un resumen de los aspectos que revistan mayor interés para nuestros propósitos.

Un conjunto es una agrupación de elementos que comparten una cierta característica que define el criterio de pertenencia a ese conjunto. Así podemos hablar, por ejemplo, del ´conjunto de los mamíferos´.

Es costumbre simbolizar los conjuntos utilizando el Diagrama de Venn, tal como el que muestra la figura siguiente, donde el conjunto A de los mamíferos se encuentra delineado por un círculo dentro de un marco de referencia (por ejemplo, la totalidad del reino animal), representado por un rectángulo, que se suele denominar "universo del discurso" o "conjunto universal".

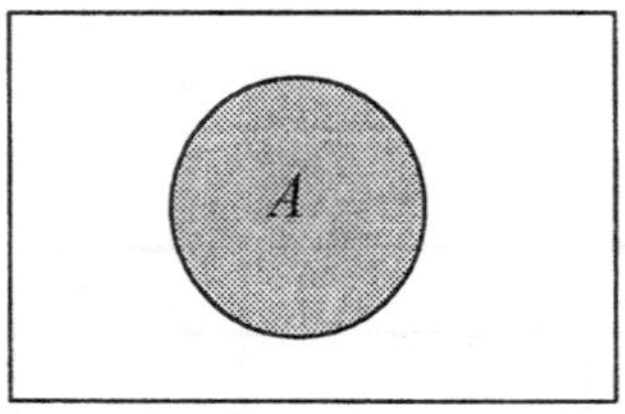

Figura 2-2 - Diagrama de Venn

Son miembros de un conjunto aquellos elementos del conjunto universal que cumplen la característica necesaria para pertenecer a ese conjunto (en nuestro caso, ser mamíferos). Así, un determinado elemento, según sus características, pertenecerá o no al conjunto A. Puede definirse una función "pertenencia al conjunto A". Esta función, por tener sólo 2 posibilidades (pertenecer o no), es del tipo bivaluada.

Un caso particular y destacable de conjunto es el ya citado conjunto universal, pero otro caso especial es el *conjunto vacío*, al cual no pertenece ningún elemento, es decir, para el que no hay elementos que cumplen la característica necesaria para pertenecer a él. Por ejemplo, el ´conjunto de los mamíferos que tienen 8 patas´. O, en un plano más abstracto, el ´conjunto de los elementos que son diferentes a sí mismos´.

Vamos a analizar tres operaciones entre conjuntos:

- la intersección
- la unión
- la complementación

Veremos en ese análisis que las mismas se corresponden con las operaciones conjunción, disyunción y negación de la lógica proposicional.

La *intersección* entre dos conjuntos A y B es el conjunto de todos los elementos que son comunes a ambos conjuntos, es decir, aquellos que pertenecen a uno y a otro de los conjuntos. La operación intersección se encuentra esquematizada en el diagrama de Venn que muestra la figura siguiente. Dicha figura muestra el caso de dos conjuntos que tienen efectivamente elementos en común, pero también existe el caso de conjuntos disjuntos que no tienen en común ningún elemento, para los que su intersección es el conjunto vacío. Se notará que la operación intersección está asociada a la conjunción "y", y que resulta análoga a la operación conjunción. El símbolo habitual para representar a ésta operación es $\cap$, por lo que la intersección entre A y B que muestra la siguiente figura se escribe $A \cap B$.

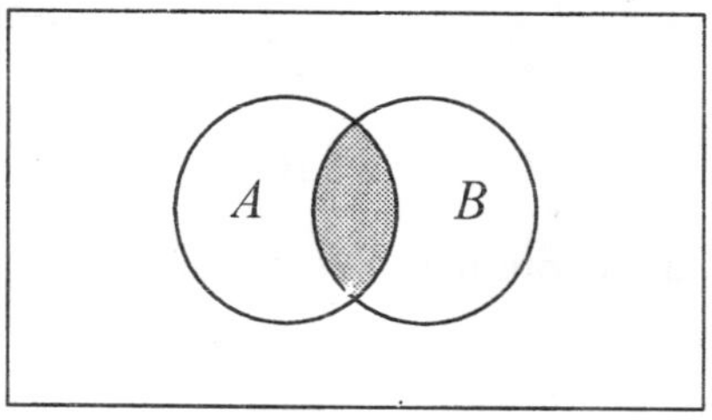

Figura 2-3 - La operación intersección entre los conjuntos *A* y *B* (en sombreado)

La *unión* entre dos conjuntos *A* y *B* es el conjunto de todos los elementos que pertenecen a uno u otro conjunto (o a ambos). La operación unión se encuentra esquematizada en el diagrama de Venn que muestra la figura siguiente. Se notará que la operación unión está asociada a la disyunción "o", y que resulta análoga a la operación disyunción. El símbolo habitual para representar a esta operación es $\cup$, por lo que la unión entre *A* y *B* que muestra la siguiente figura se escribe $A \cup B$.

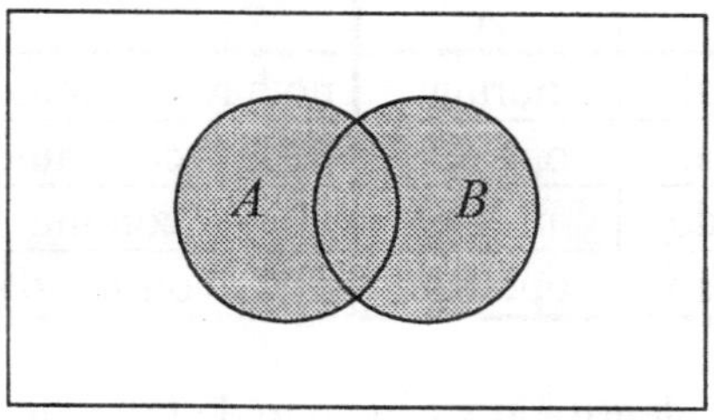

Figura 2-4 - Operación unión entre los conjuntos *A* y *B* (en sombreado)

El *complemento* de un conjunto *A* (en referencia a un cierto universo de discurso) es el conjunto de todos los elementos de dicho universo que no pertenecen a *A*. Se notará que la operación complementación está asociada al vocablo "no", y que resulta análoga, como ya anticipáramos, a la operación negación. Al conjunto complementario de *A* lo simbolizaremos $\overline{A}$ (que leeremos "no *A*"). La operación complementación se encuentra esquematizada en el diagrama de Venn que muestra la figura siguiente.

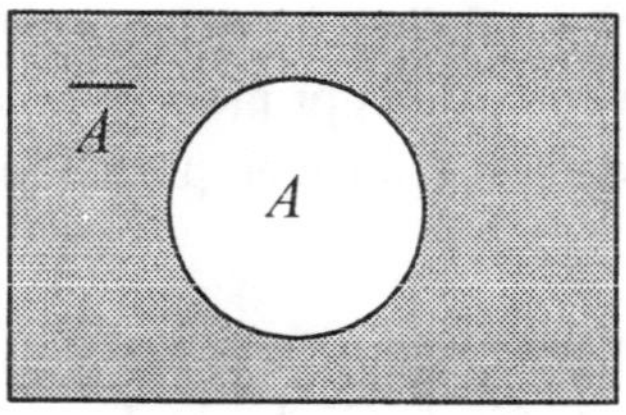

Figura 2-5 - La operación complementación de un conjunto *A* (en sombreado)

2.3. El Álgebra de conmutación aplicada a contactos

Siendo que las dos conexiones típicas entre contactos son la conexión serie y paralelo, no extrañará al lector saber que dos de las operaciones básicas del álgebra de conmutación están ligadas a ellas. Comencemos entonces con el estudio de dichas conexiones, para luego ver una tercera operación.

2.3.1. Contactos en serie: producto lógico

Consideremos el caso de dos contactos normalmente abiertos *A* y *B* conectados en serie, como muestra la figura siguiente.

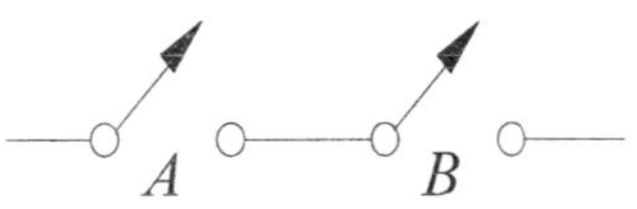

Esta conexión de contactos en serie la denominaremos producto lógico, operación Y o, utilizando la denominación inglesa, operación AND. El justificativo de estas denominaciones se verá algo más adelante en este mismo punto.

Analicemos cual será la función Transmisión T de esta conexión a partir del estado de cada uno de los contactos. Haremos para ello un análisis exhaustivo del comportamiento de esta conexión, y el resultado de este análisis lo presentaremos en forma de una tabla que denominaremos *tabla de verdad,* por la similitud que tendrá con las tablas de verdad usadas en lógica proposicional. Cada uno de los contactos sólo puede estar en dos situaciones, normal u operado, por lo que el conjunto de ambos sólo puede esta en 4 condiciones, y ése es el número total de casos a considerar. Se llega fácilmente a la tabla de verdad siguiente.

B	A	T
normal	normal	no hay continuidad
normal	operado	no hay continuidad
operado	normal	no hay continuidad
operado	operado	hay continuidad

Es preferible establecer un código para identificar a cada uno de los estados de las variables bivaluadas, para evitar tener que manipular palabras como “operado” o “hay continuidad”. Utilizando un código binario bastaría un sólo bit para identificar a cada uno de los dos estados posibles de las variables y la transferencia: bastaría asignar a uno de sus estados el 0 y al otro el 1. Se notará que estos 0 y 1 no deben considerarse como números sino como palabras de un código binario de tan sólo un bit. Por ejemplo:

- en el caso de los contactos: 1 representará a “operado” y 0 a “normal”.
- en el caso de la transmisión, 1 representará a “hay continuidad” y 0 a “no hay continuidad”

El lector notará que podrían haberse asignado las palabras del código de una manera distinta, por ejemplo, en el caso de los contactos, asignar el 0 a “operado” y el 1 a “normal”. Mucho de lo que sigue se alteraría en gran medida si así se hiciera. Por ello adheriremos a la primera propuesta que es la universalmente aceptada.

Si ahora rehacemos la tabla de verdad anterior reemplazando cada condición por su código, se llega a la siguiente tabla de verdad:

B	A	T
0	0	0
0	1	0
1	0	0
1	1	1

Dicha tabla ya nos ofrece los argumentos para justificar las diversas denominaciones que le diéramos a la conexión serie entre contactos:

a) la tabla anterior no es la de una operación aritmética, ya que sus operandos no son números sino palabras de un código. Pero si quisiéramos por un instante considerar a los elementos como números, la tabla es idéntica a la que correspondería a la operación aritmética multiplicación. Por esta similitud en sus tablas, la conexión en serie se denomina, como ya habíamos señalado, producto lógico. Sacando mayor provecho aún de esta similitud, utilizaremos como símbolo de la operación conexión serie el mismo que el del producto aritmético: el signo por (×), el que podrá ser reemplazado por un simple punto (.), y aún omitirse si eso no lleva a confusión. Es decir, la conexión de dos contactos A y B en serie puede escribirse como $A \times B$, $A.B$ y aún sólo AB si eso no llamara a confusión por la existencia de algún contacto al que se lo denominara AB.

b) Se observa que la transmisión sólo vale 1 cuando ′B vale 1′ y ′A vale 1′. Es por ello que esta conexión es denominada también operación Y. O, como es más habitual, con la denominación inglesa operación AND.

Concluyendo, la tabla de verdad del producto lógico queda, finalmente:

B	A	$B.A$
0	0	0
0	1	0
1	0	0
1	1	1

El lector ya habrá advertido la analogía existente entre el producto lógico, la operación conjunción entre proposiciones, y la operación intersección entre conjuntos. En particular, la tabla de verdad del producto lógico es idéntica a la de la operación conjunción, con sólo reemplazar los ceros por F y los unos por V.

2.3.1.1. Propiedades del producto lógico

El producto lógico tiene ciertas propiedades que pasamos a ver. En algunos casos, para mayor claridad, nos apoyaremos en el caso de la intersección de conjuntos, si para ella la propiedad resulta más evidente.

Propiedad conmutativa

$AB = BA$

El resultado de un producto lógico no se afecta si se altera el orden de sus factores. Esto se aprecia de la tabla de verdad y resulta evidente cuando se compara (ver figura siguiente) un circuito serie con el circuito que resulta de alterar el orden de los contactos: ambos tienen exactamente el mismo comportamiento.

Esta propiedad es igualmente evidente cuando se analiza la operación intersección entre conjuntos, que es claramente conmutativa.

Propiedad de identidad (producto lógico con el 1)

$A.1=A$

La multiplicación lógica con 1 no afecta al otro factor. Demostraremos esta propiedad verificando que se cumple para todo valor de A.

- si A es 0, el producto $0.1=0$ según la tabla de verdad de la operación producto; es decir, igual a A.
- si A es 1, el producto $1.1=1$ según la misma tabla de verdad; es decir, igual a A.

Por esta propiedad se dice que "el 1 es neutro para el producto".

Una segunda comprobación de esta propiedad la podemos efectuar si realizamos el circuito equivalente con contactos. El factor 1 equivale a tener en serie con el contacto A un tramo de circuito donde siempre hay continuidad (es decir, que tiene sus extremos cortocircuitados). Es decir:

A la derecha del circuito correspondiente se ha dibujado un circuito donde sólo está el contacto A, el que se comprueba que tiene un comportamiento idéntico al otro, confirmando la igualdad.

Esta propiedad es también evidente cuando se analiza la operación intersección entre un conjunto A y el conjunto universal, que resulta igual al conjunto A.

Propiedad de dominación (producto lógico con el 0)

$A.0=0$

La multiplicación lógica con 0 hace 0 el resultado. Demostraremos esta propiedad verificando que se cumple para todo valor de A.

- si A es 0, el producto $0.0=0$ según la tabla de verdad de la operación producto
- si A es 1, el producto $0.1=0$ según la misma tabla de verdad.

Por esta propiedad se dice que "el 0 es dominante en el producto".

Una segunda comprobación de esta propiedad la podemos efectuar si realizamos el circuito equivalente con contactos. El factor 0 equivale a tener en serie con el contacto A un tramo de circuito donde siempre no hay continuidad (es decir, que tiene entre sus extremos un circuito abierto). Es decir:

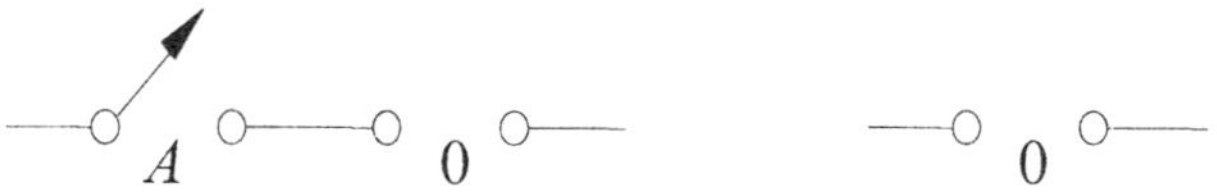

A la derecha del circuito correspondiente se ha dibujado un circuito abierto, el que se comprueba que tiene un comportamiento idéntico al otro, confirmando la igualdad.

Esta propiedad es también evidente cuando se analiza la operación intersección entre un conjunto A y el conjunto vacío, que resulta igual al conjunto vacío.

Propiedad de idempotencia

$A.A = A$

Las dos propiedades anteriores del producto quizás no sorprendieron al lector, por ser idénticas a propiedades que posee el producto aritmético. Pero esta propiedad de idempotencia que posee el producto lógico no la tiene el aritmético. La propiedad establece que una variable no se altera por ser multiplicada por sí misma. Demostraremos esta propiedad verificando que se cumple para todo valor de A.

- si $A=0$, $A.A=0.0=0=A$
- si $A=1$, $A.A=1.1=1=A$

Una segunda comprobación de esta propiedad la podemos efectuar si realizamos el circuito equivalente con contactos. El producto $A.A$ equivale a tener en serie dos contactos A. Es decir:

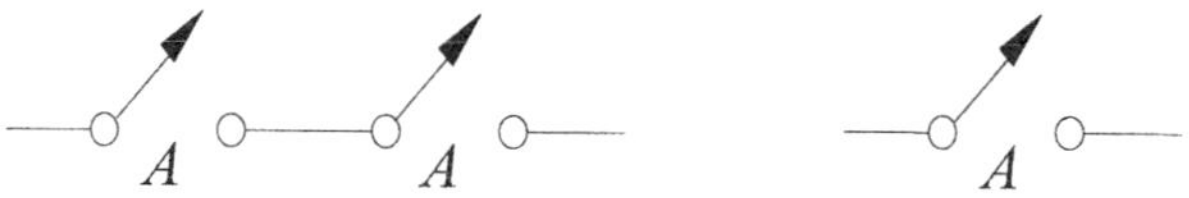

A la derecha del circuito correspondiente se ha dibujado un circuito con un único contacto A, el que se comprueba que tiene un comportamiento idéntico al otro, confirmando la igualdad.

Esta propiedad es también evidente cuando se analiza la operación intersección de un conjunto A consigo mismo, que resulta igual a dicho conjunto.

Propiedad asociativa

$A.B.C = (A.B)C = A(B.C)$

Esta es una propiedad del producto aritmético que también posee el lógico. Resulta particularmente evidente con contactos, pues las tres expresiones comparten un mismo circuito: los tres contactos en serie.

Ya que aparece por primera vez en este trabajo un producto de más de dos variables, lo aprovecharemos para generalizar el concepto de operación AND que viéramos para dos variables. Así, el producto $A.B.C$ valdrá 1 sólo cuando sean todos sus factores iguales a 1, es decir $A=1$ y $B=1$ y $C=1$. O, dicho de otra manera y generalizando:

Un producto lógico vale 1 cuando todos sus operandos valen 1.

2.3.2. Contactos en paralelo: suma lógica, operación OR

Consideremos el caso de dos contactos *A* y *B* conectados en paralelo, como muestra la figura siguiente.

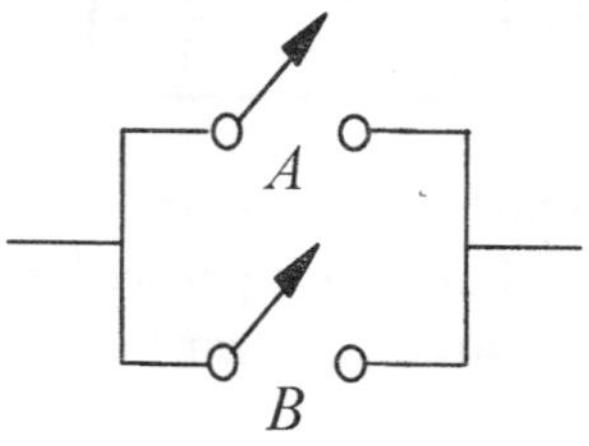

Esta conexión de contactos en paralelo la denominaremos suma lógica, operación O o, utilizando la denominación inglesa, operación OR. El justificativo de estas denominaciones se verá algo más adelante en este mismo punto.

Analicemos cual es la función transmisión de esta conexión trazando la correspondiente *tabla de verdad*, que también en este caso incluirá 4 posibilidades.

B	*A*	*T*
normal	normal	no hay continuidad
normal	operado	hay continuidad
operado	normal	hay continuidad
operado	operado	hay continuidad

O, mejor aún, utilizando el código que ya habíamos planteado para el caso del producto lógico y que acá repetimos para enfatizar su uso:

- en el caso de los contactos: 1 representará a "operado" y 0 a "normal".
- en el caso de la transmisión, 1 representará a "hay continuidad" y 0 a "no hay continuidad"

Si ahora rehacemos la tabla de verdad anterior reemplazando cada condición por su código, se llega a la siguiente tabla de verdad:

B	*A*	*T*
0	0	0
0	1	1
1	0	1
1	1	1

Dicha tabla ya nos ofrece los argumentos para justificar las diversas denominaciones que le diéramos a la conexión serie entre contactos:

a) la tabla anterior no es la de una operación aritmética, ya que sus operandos no son números sino palabras de un código. Pero si quisiéramos por un instante considerar a los elementos como números, la tabla es idéntica a la que correspondería a la operación aritmética suma en los primeros 3 renglones de la misma (falla en el último porque en suma aritmética 1+1=2 mientras que en esta operación lógica 1+1=1). Por esta similitud en sus tablas, la conexión en paralelo se denomina, como ya habíamos señalado, suma lógica. Sacando mayor provecho aún de esta similitud, utilizaremos como símbolo de la operación conexión paralelo el mismo que el de la suma aritmética: el signo más (+). Es decir, la conexión de dos contactos *A* y *B* en paralelo puede escribirse *A*+*B*.

b) Se observa que la transmisión sólo vale 1 cuando ´*B* vale 1´ o ´*A* vale 1´. Es por ello que esta conexión es denominada también operación O. O, como es más habitual, con la denominación inglesa operación OR.

Concluyendo, la tabla de verdad de la suma lógica queda, finalmente:

B	*A*	*B+A*
0	0	0
0	1	1
1	0	1
1	1	1

El lector ya habrá advertido la analogía existente entre la suma lógica, la operación disyunción entre proposiciones, y la operación unión entre conjuntos. En particular, la tabla de verdad de la suma lógica es idéntica a la de la operación disyunción, con sólo reemplazar los ceros por F y los unos por V.

2.3.2.1. Propiedades de la suma lógica

La suma lógica tiene ciertas propiedades que pasamos a ver. En algunos casos, para mayor claridad, nos apoyaremos en el caso de la unión de conjuntos, si para ella la propiedad resulta más evidente.

Propiedad conmutativa

$A+B = B+A$

El resultado de una suma lógica no se afecta si se altera el orden de sus sumandos. Esto se aprecia de la tabla de verdad y resulta evidente cuando se compara (ver figura siguiente) un circuito paralelo con el circuito que resulta de alterar el orden de los contactos: ambos tienen exactamente el mismo comportamiento.

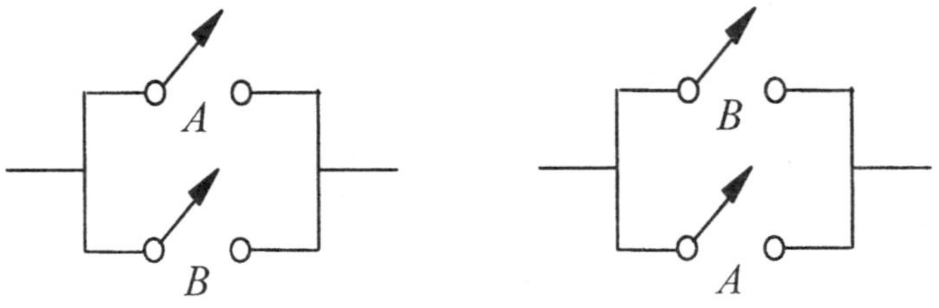

Esta propiedad es igualmente evidente cuando se analiza la operación unión entre conjuntos, que es claramente conmutativa.

Propiedad de identidad (suma lógica con el 0)

$A+0=A$

La suma lógica con 0 no afecta al otro sumando. Demostraremos esta propiedad verificando que se cumple para todo valor de A.

- si A es 0, la suma 0+0=0 según la tabla de verdad de la operación suma, es decir, igual a A.
- si A es 1, la suma 1+0=1 según la misma tabla de verdad, es decir, igual a A.

Por esta razón se dice que "el 0 es neutro para la suma".

Una segunda comprobación de esta propiedad la podemos efectuar si realizamos el circuito equivalente con contactos. El sumando 0 equivale a tener en paralelo con el contacto A un tramo de circuito sin continuidad (esto es, abierto). Es decir:

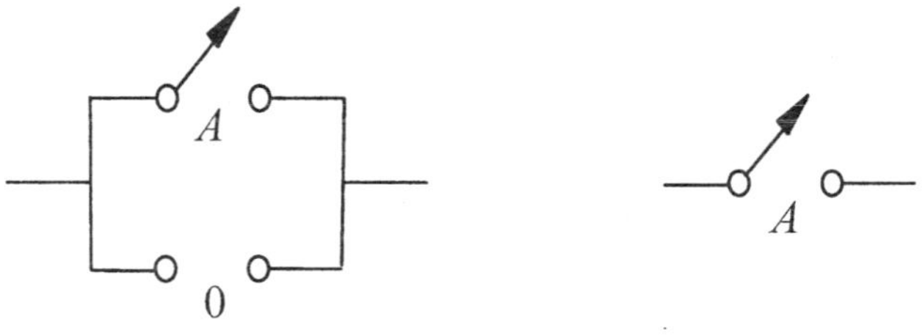

A la derecha del circuito correspondiente se ha dibujado un circuito donde sólo está el contacto A, el que se comprueba que tiene un comportamiento idéntico al otro, confirmando la igualdad.

Esta propiedad es también evidente cuando se analiza la operación unión entre un conjunto A y el conjunto vacío, que resulta igual al conjunto A

Propiedad de dominación (suma lógica con el 1)

$A+1=1$

La suma lógica con 1 hace 1 el resultado. Demostraremos esta propiedad verificando que se cumple para todo valor de A.

- si A es 0, la suma $0+1=1$ según la tabla de verdad de la operación suma.
- si A es 1, la suma $1+1=1$ según la misma tabla de verdad.

Por esta propiedad se dice que "el 1 es dominante en la suma".

Una segunda comprobación de esta propiedad la podemos efectuar si realizamos el circuito equivalente con contactos, en el que al contacto A se le debe poner en paralelo una rama en cortocircuito. Es decir:

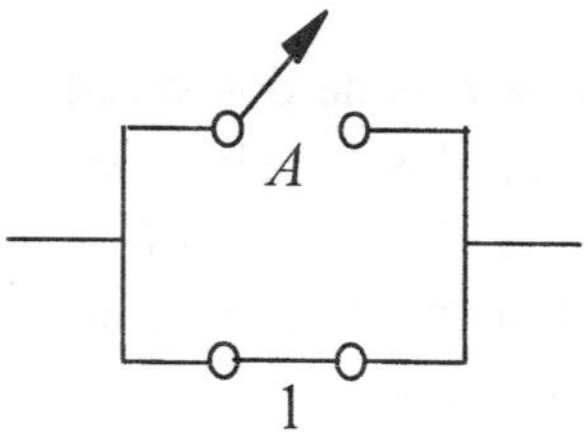

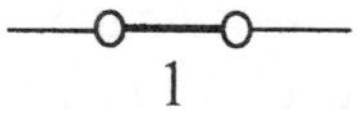

A la derecha del circuito correspondiente se ha dibujado un cortocircuito, el que se comprueba que tiene un comportamiento idéntico al otro, confirmando la igualdad.

Esta propiedad es también evidente cuando se analiza la operación unión entre un conjunto A y el conjunto universal, que resulta igual al conjunto universal.

Propiedad de idempotencia

$A+A = A$

Las dos propiedades anteriores de la suma lógica quizás no sorprendieron al lector, por ser idénticas a propiedades que posee la suma aritmética. Pero esta propiedad de idempotencia que posee la suma lógica no la tiene la aritmética. La propiedad establece que una variable no se altera por ser sumada a sí misma. Demostraremos esta propiedad verificando que se cumple para todo valor de A.

- si $A=0$, $A+A=0+0=0=A$
- si $A=1$, $A+A=1+1=1=A$.

Una segunda comprobación de esta propiedad la podemos efectuar si realizamos el circuito equivalente con contactos. La suma $A+A$ equivale a tener en paralelo dos contactos A. Es decir:

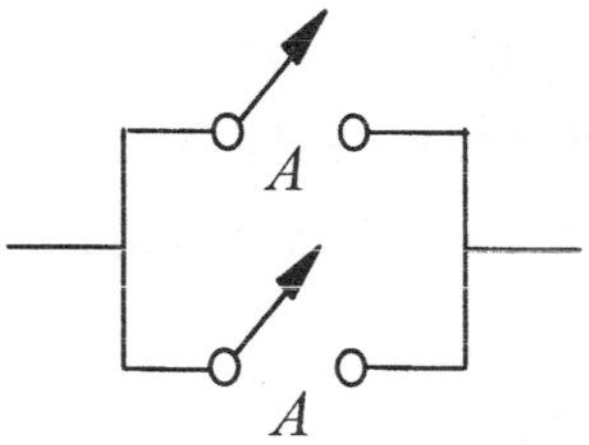

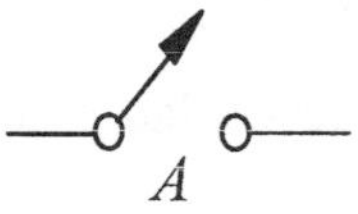

A la derecha del circuito correspondiente se ha dibujado un circuito con un único contacto A, el que se comprueba que tiene un comportamiento idéntico al otro, confirmando la igualdad.

Esta propiedad es también evidente cuando se analiza la operación unión de un conjunto A consigo mismo, que resulta igual a dicho conjunto.

Propiedad asociativa

$(A+B)+C = A+(B+C)= A+B+C$

Esta es una propiedad de la suma aritmética que también posee la suma lógica. Resulta particularmente evidente con contactos, pues las tres expresiones comparten un mismo circuito: los tres contactos en paralelo.

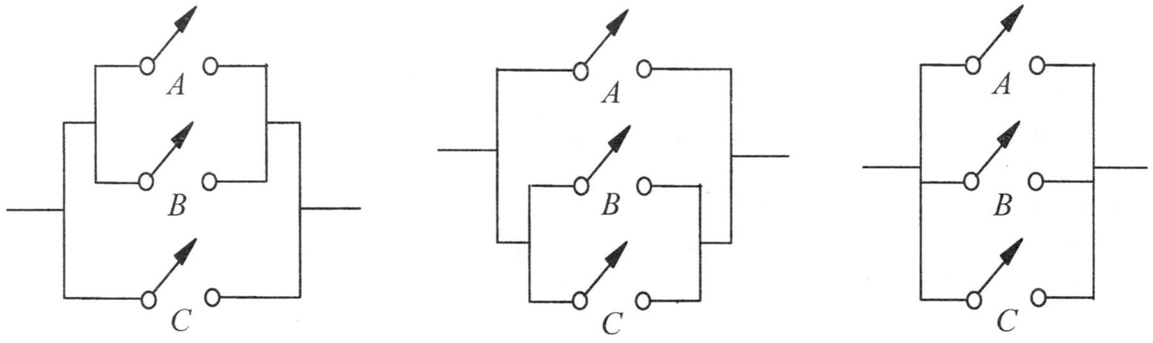

Ya que aparece por primera vez en este trabajo una suma de más de dos variables, lo aprovecharemos para generalizar el concepto de operación OR que viéramos para dos variables. Así, la suma $A+B+C$ valdrá 1 sólo cuando al menos uno de sus sumandos sea igual a 1, es decir A=1 o B=1 o C=1. O, generalizando, y aceptando que la palabra "alguno" será para nosotros sinónimo de "al menos uno", se puede concluir que:

Una suma lógica vale 1 cuando alguno de sus operandos vale 1.

2.3.3. La inversión

Para comprender una nueva operación del álgebra de conmutación que vamos a considerar ahora, tomemos el caso de un circuito que sólo consta de un contacto A normalmente cerrado.

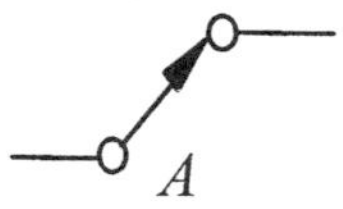

Tracemos la tabla de verdad correspondiente a la transmisión de este circuito.

A	T
normal	hay continuidad
operado	no hay continuidad

O, mejor aún, utilizando el código que ya habíamos planteado para el caso del producto lógico y la suma lógica y que acá repetimos para enfatizar su uso:

- en el caso de los contactos: 1 representará a "operado" y 0 a "normal".
- en el caso de la transmisión, 1 representará a "hay continuidad" y 0 a "no hay continuidad"

Si ahora rehacemos la tabla de verdad anterior reemplazando cada condición por su código, se llega a la siguiente tabla de verdad:

A	T
0	1
1	0

A la operación definida por esta tabla de verdad se la denomina inversión, negación, operación NO o, siguiendo la nomenclatura inglesa, operación NOT. La denominación de inversión proviene del hecho de que la función vale 1 cuando la variable vale 0, y viceversa. La denominación de negación, NO y NOT proviene de que la función vale 1 cuando la variable "no" vale 1.

La negación de una variable se simboliza típicamente mediante una barra por encima de dicha variable. De acuerdo a esto, por ejemplo, la negación de A se simboliza $\overline{A}$, lo que se lee "no A". Alternativamente, cuando la tipografía impide trazar la barra, la negación se representa por un apóstrofe, como por ejemplo A'. Con esta nomenclatura, la tabla de verdad queda:

A	$\overline{A}$
0	1
1	0

El lector ya habrá advertido la analogía existente entre la inversión, la negación de una proposición, y la complementación de un conjunto. En particular, la tabla de verdad de la inversión es idéntica a la de la negación, con sólo reemplazar los ceros por F y los unos por V.

2.3.3.1. Propiedades de la inversión

La inversión tiene también propiedades de interés.

Propiedad de involución (o de la doble inversión)

$$\overline{\overline{A}} = A$$

Esta propiedad establece que una doble inversión a una variable la restituye a su valor original. Su veracidad es bastante obvia. Pero igualmente demostraremos que es válida para todo A.

- si A=0, $\overline{\overline{0}} = \overline{(\overline{0})} = \overline{1} = 0 = A$
- si A=1, $\overline{\overline{1}} = \overline{(\overline{1})} = \overline{0} = 1 = A$

Esta propiedad es particularmente evidente entre conjuntos, ya que al ser el complemento una operación recíproca, el efectuarlo sucesivamente dos veces restituye el conjunto original.

Propiedad del producto con el inverso

$$A.\overline{A} = 0$$

El producto de una variable con su inverso es siempre igual a 0. Demostraremos que esto es válido para todo A:

- si A=0, $A.\overline{A}$=0.1=0.
- si A=1, $A.\overline{A}$=1.0=0.

Visualizando esta situación con contactos tendremos la situación de la figura siguiente donde se apreciará que, independientemente del estado de los contactos A, nunca habrá continuidad entre los terminales, resultando equivalente a un circuito abierto.

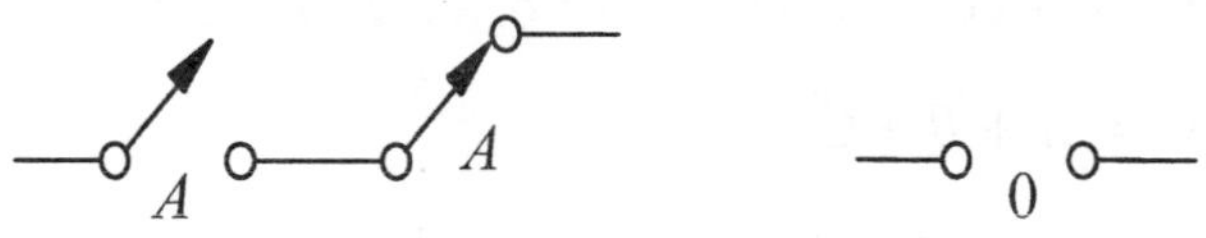

La situación análoga con conjuntos es la intersección de un conjunto con su complemento, que da el conjunto vacío.

En lógica proposicional, a esta propiedad se la identifica con el *Principio de no contradicción* que establece que no pueden ser simultáneamente ciertas A y no A.

Propiedad de la suma con el inverso

$$A + \overline{A} = 1$$

La suma de una variable con su inverso es siempre igual a 1. Demostraremos que esto es válido para todo A:

- si A=0, $A+\overline{A}=0+1=1$.
- si A=1, $A+\overline{A}=1+0=1$.

Visualizando esta situación con contactos tendremos la situación de la figura siguiente donde se apreciará que, independientemente del estado de los contactos A, siempre habrá continuidad entre los terminales. Por lo que es equivalente a un cortocircuito.

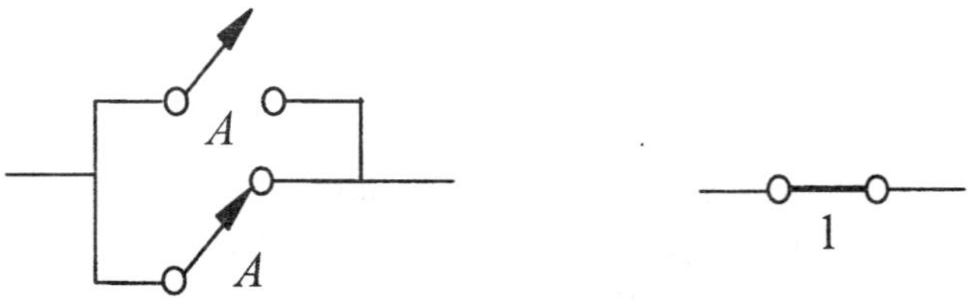

La situación análoga con conjuntos es la unión de un conjunto con su complemento, que da el conjunto universal.

En lógica preposicional, a esta propiedad se la identifica con el *Principio del tercero excluido* que establece que o A es cierta, o lo es no A, ya que no hay una tercera posibilidad.

Ley de De Morgan referida a la negación de un producto

Esta ley establece que la negación de un producto es igual a la suma de las negaciones de cada uno de los factores. Es decir, para el caso de dos variables:

$$\overline{A.B}=\overline{A}+\overline{B}$$

Para un caso más general de varias variables, esta ley establece que:

$$\overline{A.B.C\ldots}=\overline{A}+\overline{B}+\overline{C}+\ldots$$

Demostraremos esta ley para el caso de dos variables, verificando que se cumple para todo A. Así, analizaremos los casos A=0 y A=1.

- Para A=1

  el primer miembro queda $\overline{A.B}=\overline{1.B}=\overline{B}$

  el segundo miembro, a su vez, queda $\overline{A}+\overline{B}=\overline{1}+\overline{B}=0+\overline{B}=\overline{B}$

  es decir, se comprueba la igualdad
- Para A=0

  el primer miembro queda $\overline{A.B}=\overline{0.B}=\overline{0}=1$

  el segundo miembro, a su vez, queda $\overline{A}+\overline{B}=\overline{0}+\overline{B}=1+\overline{B}=1$

  es decir, se comprueba la igualdad

A partir de esta demostración para el caso de 2 variables, es muy simple extender el resultado a una variable más por aplicación de la propiedad asociativa del producto. Veamos cómo:

$$\overline{A.B.C}=\overline{(A.B).C}=\overline{(A.B)}+\overline{C}=\overline{A}+\overline{B}+\overline{C}$$

Repitiendo el procedimiento anterior reiteradamente, se concluye la validez de este teorema para cualquier número de variables.

Ley de De Morgan referida a la negación de una suma

Esta ley establece que la negación de una suma es igual al producto de las negaciones de cada uno de los sumandos. Es decir, para el caso de dos variables:

$$\overline{A+B}=\overline{A}.\overline{B}$$

Para un caso más general de varias variables, esta ley establece que:

$$\overline{A+B+C+\ldots}=\overline{A}.\overline{B}.\overline{C}\ldots$$

Siendo las demostraciones similares a las de la anterior Ley de De Morgan, se dejan a cargo del lector inquieto que quiera comprobarlas.

2.3.4. Precedencia de los operadores

En el álgebra corriente, en una expresión en que se combinen sumas y productos, en forma totalmente convencional se considera que los productos preceden a las sumas. Es decir, los productos deben ser normalmente calculados antes que la sumas. Cuando se desea alterar el orden fijado por esta regla, se utilizan paréntesis. Así, en la expresión $(A+B).C$, el paréntesis indica que la suma es la que debe evaluarse primeramente.

Para no alterar una regla impuesta, también en el álgebra de conmutación se le otorga precedencia al producto, y se emplea el paréntesis para establecer un orden distinto.

Pero una negación debe ser resuelta aún antes de cualquier otra operación a efectuar con su resultado. Podemos considerar que la negación lleva implícito un paréntesis que la encierra. Esto da pie para una advertencia: cuando al aplicar la ley de De Morgan a un producto negado se lo reemplaza por una suma de negaciones, para no afectar la precedencia, en muchos casos es necesario que dicha suma esté encerrada entre paréntesis. A continuación se muestra una forma correcta y otra incorrecta de aplicar la ley de De Morgan por haberse afectado, en el segundo caso, la debida precedencia entre las operaciones.

$\overline{A.B}.C=(\overline{A}+\overline{B}).C$ correcto

$\overline{AB}.C=\overline{A}+\overline{B}.C$ incorrecto

2.4. Dualidad y el Principio de dualidad

A los efectos de introducir el concepto de dualidad, recopilaremos acá las propiedades que hemos visto tanto para la operación producto, como para la suma y la negación. Esto nos servirá, adicionalmente, como forma de resumen. Las propiedades referidas al producto lógico y a la suma lógica las colocaremos en columnas separadas, pero la propiedad de involución, por no corresponder a ninguna de esas operaciones lógicas, la colocaremos centrada:

Propiedad	Aplicada al producto lógico	Aplicada a la suma lógica
Conmutativa	$A.B=B.A$	$A+B=B+A$
Identidad	$A.1=A$	$A+0=A$
Dominación	$A.0=0$	$A+1=1$
Idempotencia	$A.A=A$	$A+A=A$
Asociativa	$A.B.C=(A.B)C=A(B.C)$	$A+B+C=(A+B)+C=A+(B+C)$
Involución	$\overline{\overline{A}}=A$	
Operación con el inverso	$A.\overline{A}=0$	$A+\overline{A}=1$
Ley de De Morgan	$\overline{A.B.C\ldots}=\overline{A}+\overline{B}+\overline{C}+\ldots$	$\overline{A+B+C+\ldots}=\overline{A}.\overline{B}.\overline{C}\ldots$

Si ahora se comparan entre sí las columnas relativas al producto lógico y a la suma lógica, se comprueba que ellas muestran ciertas semejanzas no exentas de diferencias. Así, donde en la columna de la izquierda aparece un producto, en la derecha aparece una suma. Donde a la izquierda hay un 1, a la derecha hay un 0, y viceversa. A esta forma de semejanza la denominaremos *dualidad*. Más precisamente:

> Dos funciones son duales cuando se puede pasar de la expresión de una a la expresión de la otra intercambiando todos los ceros por unos y viceversa, y todos los productos por sumas y viceversa.

Se notará que la dualidad no afecta a las variables independientes o a su posible negación. Por ejemplo:

el dual de la función $A\overline{B}+C.1$ es $(A+\overline{B})(C+0)$

El lector notará que para mantener la precedencia en que deben realizarse las operaciones, que la dualidad no debe afectar, fue necesario en este caso introducir paréntesis. En general, para asegurarse de mantener la precedencia original, al hallar el dual conviene reemplazar los productos por sumas entre paréntesis.

Definida así la dualidad, se llama *principio de dualidad* a aquél que establece que: si 2 funciones son iguales entre sí, sus duales también serán iguales entre sí.

La validez de este principio es bastante evidente. Su utilidad reside en que en futuros teoremas demostraremos la igualdad de ciertas funciones lógicas y, por aplicación de este principio, cada vez que demostremos la igualdad entre dos funciones podrá darse por demostrada automáticamente la igualdad entre sus respectivas funciones duales.

Compruebe el lector, revisando los pares de propiedades del álgebra de conmutación en la tabla anterior, que cuando uno de ellos establece la igualdad entre dos funciones (p.ej. $A.B=B.A$), el otro sienta la igualdad entre sus respectivos duales ($A+B=B+A$)

2.5. Teoremas del álgebra de conmutación

Veremos a continuación varios teoremas del álgebra de conmutación. De acuerdo a lo anticipado, cada teorema tendrá en realidad dos formas que serán duales entre sí, pero sólo demostraremos una de ellas pues la otra quedará comprobada por la simple aplicación del principio de dualidad.

Dos formas básicas de demostrar los teoremas son:

1) por *manipulación algebraica* sustentada en alguna de las propiedades o en los teoremas ya demostrados.
2) por *inducción perfecta*, demostrando la validez para todos los casos particulares posibles: Dos formas de realizar esto es demostrando la igualdad de dos funciones a través de la igualdad de sus tablas de verdad, ver más adelante, o de sus diagramas de Venn.

En los teoremas que siguen usaremos la forma que en cada caso resulte más simple o más ilustrativa. En los casos en que la aplicación de más de un método para obtener el mismo resultado pueda aumentar la claridad de algún concepto, así procederemos.

Teorema 1: Propiedad distributiva

T1a) $A(B+C)=AB+AC$ T1b) $A+BC=(A+B)(A+C)$

Este teorema demuestra la propiedad distributiva del producto lógico respecto de la suma lógica y viceversa. Se notará que la propiedad distributiva del producto respecto de la suma se nos presenta como muy natural por corresponderse con similar propiedad que existe en el álgebra corriente (así como la operación inversa, la *factorización*, también válida en el álgebra de conmutación). Pero en cambio la propiedad distributiva de la suma respecto del producto, válida en el álgebra de conmutación, no tiene equivalente en el álgebra corriente.

Por ser esta propiedad (T1b) la más chocante, la elegiremos para demostrar empleando nuevamente el principio de inducción perfecta, complementado con alguna manipulación algebraica.

- Para el caso en que A=0, la expresión T1b queda $0+BC=(0+B)(0+C)$. Pero siendo el 0 neutro para la suma, por la propiedad de identidad dicha expresión puede simplificarse en ambos miembros para quedar finalmente $BC=BC$ lo que evidentemente es cierto.
- Para el caso en que A=1, la expresión T1b queda $1+BC=(1+B)(1+C)$. Pero por la propiedad de dominación, una suma que tiene un sumando 1, tiene 1 como resultado. Por lo que dicha expresión puede simplificarse en ambos miembros para quedar finalmente 1=1.1, lo que es evidentemente cierto.

Teorema 2: Propiedad de absorción

T2a) $A+AB=A$ T2b) $A(A+B)=A$

Demostraremos el teorema T2a por métodos algebraicos.

$A+AB=A.1+AB$ por ser el 1 neutro para el producto y la propiedad de identidad
$A.1+AB=A(1+B)$ por la propiedad distributiva del producto respecto de la suma
$A.(1+B)=A.1$ por propiedad de dominación (suma con el 1)
$A.1=A$ por la propiedad de identidad (el 1 es neutro para el producto)
Es decir que $A+AB=A$, como queríamos demostrar. ¿Quiere el lector comprobar este teorema utilizando el diagrama de Venn?

Un ejemplo de aplicación de esta propiedad sería $A\overline{C}+AB\overline{C}=A\overline{C}$

El nombre de esta propiedad proviene de que uno de los productos o sumas del primer miembro (en el ejemplo recién mencionado, el producto $AB\overline{C}$) puede ser suprimido por la presencia de otro producto o suma que lo absorbe ($A\overline{C}$), por compartir con el suprimido todas sus variables y el estado normal o invertido de ellas (A y $\overline{C}$), pero que carece de variables adicionales (B) que el suprimido contiene.

Teorema 3: Propiedad de reducción

T3a) $A+\overline{A}B=A+B$ T3b) $A(\overline{A}+B)=AB$

Demostraremos el teorema T3b por métodos algebraicos
$A(\overline{A}+B)=A\overline{A}+AB$ por propiedad distributiva del producto respecto de la suma
$A\overline{A}+AB=0+AB$ por producto con el inverso
$0+AB=AB$ por propiedad de identidad (el 0 es neutro para la suma)
Es decir que $A(\overline{A}+B)=AB$, como queríamos demostrar. ¿Quiere el lector comprobar este teorema utilizando el diagrama de Venn?

Un ejemplo de aplicación de esta propiedad sería $\overline{B}+AB\overline{C}=\overline{B}+A\overline{C}$

Teorema 4: Propiedad de adyacencia

T4a) $A\overline{B}+AB=A$ T4b) $(A+\overline{B})(A+B)=A$

Demostraremos el teorema T4a por métodos algebraicos
$A\overline{B}+AB=A(\overline{B}+B)$ por propiedad distributiva del producto respeto de la suma
$A(\overline{B}+B)=A.1$ por suma con el inverso
$A.1=A$ por propiedad de identidad (el 1 es neutro para producto)
Es decir que $A\overline{B}+AB=A$, como queríamos demostrar. ¿Quiere el lector comprobar este teorema utilizando el diagrama de Venn?

Un ejemplo de aplicación de esta propiedad sería $A\overline{B}\overline{C}+AB\overline{C}=A\overline{C}$

El nombre de esta propiedad proviene de que se denominan *productos (o sumas) adyacentes* a aquellos dos productos (o sumas) que coinciden en todas las variables excepto en una de ellas, que en un caso figura invertida y en el otro no.

Este teorema demuestra que la suma de dos productos adyacentes puede ser notablemente simplificada, ya que resulta igual a un único producto en el que sólo figuran las variables comunes, habiendo desaparecido la única variable que los diferenciaba. Similarmente, el producto de dos sumas adyacentes resulta igual a una única suma en la que sólo figuran las variables comunes.

2.6. Tablas de verdad de funciones lógicas

El concepto de tabla de verdad que hemos visto vinculado a las operaciones básicas del álgebra de conmutación, no está en absoluto restringido a ellas sino que puede ser utilizado para dejar establecido el valor que toma una función lógica cualquiera para cada uno de los posibles valores de las variables lógicas de las que depende. Estas tablas, aún siendo exhaustivas pues analizan todos los valores posibles de las variables independientes, no suelen ser extensas. Efectivamente, si las variables independientes fueran 2 (como fue, por ejemplo, el caso de un producto o una suma lógica visto más arriba) sólo pueden tomar entre ambas 4 valores diferentes, y la tabla de verdad tiene ese mismo número de renglones. De ser 3 las variables independientes, que pueden tomar en conjunto $2^3=8$ valores posibles, la tabla poseerá 8 renglones y, en general, cuando sean n las variables independientes la tabla tendrá 2^n renglones.

Veamos un ejemplo. Sea que deseamos obtener la tabla de verdad de la siguiente función lógica:

$$X = \overline{B}A + \overline{C}A + CB\overline{A}$$

Siendo 3 las variables independientes se requerirá una tabla de 8 renglones.

La tabla, que figura a continuación, se ha realizado prefiriendo evaluar la expresión término a término, hallando primero cada uno de los sumandos para luego obtener la suma final. El procedimiento seguido es el siguiente:

- *evaluación de los sumandos*: cada uno de los sumandos de la expresión dada es un producto, el cual sabemos que vale 1 sólo cuando todos sus factores valen 1. Su tabulación se ha hecho en columnas auxiliares de cálculo. Se notará, por ejemplo, que el producto $\overline{B}A$ vale 1 sólo en aquellos renglones de la tabla de verdad en que tanto $\overline{B}$ como A valen 1 (o, lo que es equivalente, en aquellos renglones en que B vale 0 y A vale 1). Similar procedimiento se ha seguido para las otras columnas auxiliares en que se evaluó cada uno de los sumandos de X.
- *evaluación de la suma*: se tabuló X sumando los términos correspondientes, recordando que por tratarse de una suma el resultado es 1 cuando cualquiera de sus sumandos lo es.

C	B	A	$\overline{B}A$	$\overline{C}A$	$CB\overline{A}$	X
0	0	0	0	0	0	0
0	0	1	1	1	0	1
0	1	0	0	0	0	0
0	1	1	0	1	0	1
1	0	0	0	0	0	0
1	0	1	1	0	0	1
1	1	0	0	0	1	1
1	1	1	0	0	0	0

Naturalmente que las columnas auxiliares son de gran ayuda para el cálculo, pero pueden omitirse al presentar el resultado final obtenido.

Es oportuno hacer acá un comentario respecto al particular orden seguido para presentar las filas y columnas de la tabla de verdad. Así, las variables independientes pueden colocarse en cualquier orden (en la tabla anterior se ha usado el orden CBA, es decir, en orden alfabético inverso, pero pudo ser cualquier otro). Sin embargo, es recomendable usar consistentemente el mismo, por lo que en el resto del capítulo mantendremos el uso del orden alfabético inverso para las variables independientes. En cuanto al ordenamiento de las diferentes filas de la tabla, aún cuando también puede ser, en principio, cualquiera, es práctica generalizada y altamente recomendable que las filas se ordenen de manera que en las sucesivas filas las variables independientes vayan formando progresivamente los números binarios (en la tabla anterior, desde el 000 hasta el 111).

La tabla de verdad hubiera sido también una herramienta apropiada para demostrar los distintos teoremas vistos, ya que los mismos estipulan la identidad de dos expresiones, la que podría comprobarse trazando la tabla de verdad de cada una de ellas y comprobando la igualdad de ambas. La comprobación de una identidad por medio de la tabla de verdad no es, en realidad, sino una forma de instrumentar con dicha tabla el método de inducción perfecta con ese propósito. Por ejemplo, ¿quiere el lector demostrar, utilizando tablas de verdad, que $\overline{ABC} = \overline{A} + \overline{B} + \overline{C}$?

Hemos visto que, con el procedimiento detallado, es posible tabular la tabla de verdad de una función cuya expresión algebraica sea una suma de productos. En un caso más general, en que no sea esa la expresión, lo más recomendable es transformarla algebraicamente hasta llevarla a la forma de una suma de productos. Esto normalmente implica las siguientes operaciones:

- de haber negaciones que afectan a operaciones (por ejemplo, $\overline{\overline{A}B + C}$), aplicar las leyes de De Morgan tantas veces como sea necesario hasta lograr que ninguna operación quede negada (aunque lógicamente pueden estarlo sus operandos).
- de haber paréntesis, aplicar la propiedad distributiva del producto respecto a la suma hasta eliminar a todos ellos. Por ejemplo $(A+B)(C+D) = AC+AD+BC+BD$.
- de figurar en un producto dos o más veces una misma variable como factor (por ejemplo, ABA o $AB\overline{A}$, si la variable figura en todos los casos negada o sin negar, puede dejarse una sola vez en el producto por aplicación de la propiedad de idempotencia ($ABA=AB$). Si figura tanto negada como sin negar, el producto se puede anular, ya que la multiplicación de una variable con su negación es 0 ($AB\overline{A}=0$).

2.7. Dualidad y ley de Shannon

En un apartado anterior hemos visto que dos funciones lógicas son *duales* entre sí cuando se puede pasar de la expresión lógica de una a la de la otra intercambiando sumas lógicas por productos lógicos, y viceversa, y ceros por unos y viceversa. Este mecanismo permite encontrar el dual de una función conocida su expresión lógica, pero una regla similar existe para encontrar el dual de una función dada por su tabla de verdad:

> El dual de una función lógica dada por su tabla de verdad es la función cuya tabla de verdad resulta de sustituir *todos* los ceros por unos y viceversa en la tabla de verdad de la función dada.

Veamos, por ejemplo, como sería la función dual del producto lógico.

a) recordemos la tabla de verdad del producto lógico:

B	A	$B.A$
0	0	0
0	1	0
1	0	0
1	1	1

b) cambiemos *todos* los ceros por unos y viceversa:

B	A	dual de $B.A$
1	1	1
1	0	1
0	1	1
0	0	0

c) reordenemos las filas para restaurar el orden habitual:

B	A	$B+A$
0	0	0
0	1	1
1	0	1
1	1	1

Se observa de esta última tabla que la función dual del producto lógico es la suma lógica, como ya sabemos.

Se notará que el cambio de todos los ceros por unos y viceversa en las columnas de la tabla de verdad que contienen a las variables independientes es equivalente a negar las mismas. A su vez, el mismo cambio realizado en la columna con los valores de la función equivale a negar la función. De esta observación surge una segunda forma de obtener la función dual de una función dada algebraicamente:

> Puede obtenerse el dual de una función a partir de su expresión algebraica, negando en la misma a todas las variables y a la función misma.

En términos generales, si $g(A, B, C,...)$ es una función lógica, su función dual $g_d(A, B, C,...)$ puede calcularse como:

$$g_d(A, B, C...) = \overline{g(\overline{A},\overline{B},\overline{C},...)}$$

Si a la función g_d la llamamos ahora f, la función g, dual de la primera, puede escribirse f_d. Si hacemos este cambio de denominación en la ecuación anterior, y negamos ambos miembros (lo que tiene como efecto hacer desaparecer la barra de negación que afecta al segundo miembro), queda:

$$\overline{f(A,B,C,...)} = f_d(\overline{A},\overline{B},\overline{C},...)$$

Esta igualdad se conoce con el nombre de *ley de Shannon*, y establece que la negación de una función cualquiera es igual a la función dual de la misma con las variables independientes negadas. Se notará que las leyes de De Morgan son un caso particular de la ley de Shannon. Por ejemplo, la negación del producto ABC es, de acuerdo a Shannon, la expresión dual (es decir $A+B+C$) en la que deben invertirse todas sus variables independientes, con lo que se llega a la expresión final $\overline{A} + \overline{B} + \overline{C}$, resultado que coincide con la aplicación de las leyes de De Morgan. Por esta razón, a la ley de Shannon se la conoce también con el nombre de *Ley de De Morgan generalizada.*

2.8. Expresiones canónicas

Dado que por haber expresiones algebraicas equivalentes, una función lógica puede expresarse de varias formas, resulta de interés definir formas normalizadas únicas para expresar una función. Dichas formas son las llamadas *expresiones canónicas* (canónicas en el sentido de "conforme a las reglas" o "estandarizadas"), a las que dedicaremos la presente sección.

2.8.1. Productos canónicos o minitérminos

Dado un cierto número de variables lógicas, a todo producto en el que figuren todas ellas, estén o no complementadas, se denomina *producto canónico.*

Así, dadas por ejemplo las variables A, B, C y D, son productos canónicos, entre otros, los siguientes:

$$D\overline{C}.\overline{B}.\overline{A} \qquad DC\overline{B}A \qquad \overline{D}.\overline{C}BA$$

Los productos canónicos reciben también los nombres de *minitérminos* (más adelante se verá la justificación de esta denominación alternativa) y de *productos de orden 0*. Esta última denominación es en razón de que no falta, en esos productos, ninguna de las variables.

Similarmente se definen los *productos de orden n* como aquellos productos no canónicos en los que intervienen todas las variables excepto n de ellas. Siguiendo con nuestro ejemplo de 4 variables, los siguientes productos ejemplifican algunos casos de productos de orden mayor que 0.

$D\overline{B}A$ producto de orden 1 (falta C)

$\overline{C}.\overline{A}$ producto de orden 2 (faltan D y B)

B producto (degenerado) de orden 3 (faltan D, C y A)

Teniendo en cuenta que un producto sólo vale 1 cuando valen 1 todos sus factores, se observa que un producto canónico sólo puede valer 1 para una única combinación de las variables. Así, por ejemplo, el producto canónico entre 4 variables $D\overline{C}.\overline{B}A$ sólo es igual a 1 si D=1, C=0, B=0 y A=1. Nótese entonces que si se efectúa la tabla de verdad de ese producto canónico, la misma exhibirá todos los renglones en 0 excepto en aquél único renglón de la tabla que se corresponde con los valores recién vistos para las variables.

Este resultado es generalizable. Así, cualquier producto canónico tiene una tabla de verdad en la que aparece un único 1. Por esta mínima presencia del 1 en sus tablas de verdad, los productos canónicos reciben también el nombre de *minitérminos*, como ya se había mencionado. Diremos entonces que cada minitérmino tiene asociado un renglón de la tabla de verdad y que esta asociación, como es fácil comprobar, tiene carácter biunívoco: cada renglón de la tabla de verdad puede asociarse a un único minitérmino. De esta asociación biunívoca surge que el número de minitérminos que se pueden formar con n variables es igual al número de renglones de las tablas de verdad que corresponden a estas variables, o sea 2^n.

Consideremos como ejemplo el caso de tres variables C, B y A, y los 8 distintos minitérminos que se pueden formar con ellas, los que se muestran en la siguiente tabla.

Producto Canónico	= 1 si y sólo si			Simbología alternativa
	C	B	A	
$\overline{C}.\overline{B}.\overline{A}$	0	0	0	P_0
$\overline{C}.\overline{B}A$	0	0	1	P_1
$\overline{C}B\overline{A}$	0	1	0	P_2
$\overline{C}BA$	0	1	1	P_3
$C\overline{B}.\overline{A}$	1	0	0	P_4
$C\overline{B}A$	1	0	1	P_5
$CB\overline{A}$	1	1	0	P_6
CBA	1	1	1	P_7

Dicha tabla también exhibe, en una columna, bajo qué única condición de las variables (es decir, en qué único renglón de la tabla de verdad) cada producto canónico toma el valor 1. Se observará que cada variable que en el minitérmino aparece sin invertir, figura en la columna mencionada como un 1, mientras que aquellas que en el minitérmino aparecen invertidas, figuran como un 0.

Esta asociación entre minitérmino y un renglón de la tabla de verdad permite introducir una simbología numérica para los minitérminos, que también exhibe la tabla anterior. Así, cada minitérmino puede representares con una letra P (por la primera inicial de Producto Canónico) seguida de un número que corresponde, en decimal, al número binario que forman las variables independientes tomadas ordenadamente tal como figuran en la tabla de verdad en el renglón asociado a ese producto. Así, al minitérmino $C\overline{B}A$ asociado al renglón donde C=1, B=0 y A=1 se lo puede simbolizar P_5, ya que para ese renglón de la tabla de verdad las variables independientes forman, en binario, el número 5 (101).

2.8.2. Teorema general de los minitérminos

Hemos visto ya cómo se puede trazar la tabla de verdad de una función lógica de la que conocemos su expresión algebraica. Surge también interesante el problema inverso: el de conocer una función lógica por su tabla de verdad y desear obtener su expresión algebraica. Consideremos, por ejemplo, el caso de la función X ya presentada en la sección 2.6, pero ahora definida por la siguiente tabla de verdad, de la cual deseamos obtener una expresión algebraica.

C	B	A	X
0	0	0	0
0	0	1	1
0	1	0	0
0	1	1	1
1	0	0	0
1	0	1	1
1	1	0	1
1	1	1	0

Si queremos resolver el problema por el clásico método de subdividirlo en problemas más simples, se nos puede ocurrir que habiendo 4 unos en la columna de X, los mismos pueden provenir de 4 términos, cada uno de los cuales generó un único 1, los que fueron finalmente sumados. Cada uno de estos términos con un único 1 es, por supuesto, un minitérmino. Podemos ahora generar 4 columnas auxiliares como muestra la siguiente tabla, cada una de ellas con la responsabilidad de generar sólo 1 de los unos que presenta X

C	B	A	X	$\overline{C}.\overline{B}A$	$\overline{C}BA$	$C\overline{B}A$	$CB\overline{A}$
0	0	0	0	0	0	0	0
0	0	1	1	1	0	0	0
0	1	0	0	0	0	0	0
0	1	1	1	0	1	0	0
1	0	0	0	0	0	0	0
1	0	1	1	0	0	1	0
1	1	0	1	0	0	0	1
1	1	1	0	0	0	0	0

En la tabla, encabezando cada columna auxiliar, el lector encontrará el minitérmino que corresponde a esa columna. La función X será, simplemente, la suma de esos 4 minitérminos, es decir:

$$X = \overline{C}.\overline{B}A + \overline{C}BA + C\overline{B}A + CB\overline{A}$$

Expresión que también podría escribirse, utilizando la simbología alternativa mencionada para los minitérminos:

$$X = P_1 + P_3 + P_5 + P_6$$

E inclusive, usando el símbolo sumatoria ($\sum$) y una notación más compacta, también como:

$$X = \sum P(1, 3, 5, 6)$$

Esta metodología para obtener la expresión algebraica de una función cuya tabla de verdad es conocida puede generalizarse fácilmente, generalización que recibe el nombre de *Teorema general de los minitérminos*, el que establece que:

> Toda función lógica puede ser expresada como la suma de los minitérminos correspondientes a los renglones de la tabla de verdad en que dicha función vale 1.

De acuerdo al procedimiento descripto, una función, por tener una única tabla de verdad, tiene también una única forma de expresarse como suma de minitérminos. Al ser la expresión suma de minitérminos única para una función dada, puede ser utilizada como una forma normalizada de expresar dicha función, por lo que recibe el nombre de *primera forma canónica* (luego veremos la segunda forma).

El teorema fundamental de los minitérminos tiene dos corolarios.

- El *primer corolario* establece que la suma de todos los minitérminos que se pueden formar con ciertas variables es igual a 1. Esto es, para el caso de 3 variables:

$P_0 + P_1 + P_2 + P_3 + P_4 + P_5 + P_6 + P_7 = 1$

Esto es así porque aportando cada uno de los minitérminos un 1 en un renglón distinto de la tabla de verdad, considerando la suma de todos ellos, se obtiene una función que vale 1 en todos los renglones de la tabla y es, por lo tanto, igual a 1.

- El *segundo corolario* establece que la suma de algunos de los minitérminos que se pueden formar con ciertas variables es igual a la negación de la suma de los minitérminos restantes. Esto es así, porque todo lo que no es X, es $\overline{X}$. Ejemplificando para el caso de la función X de 3 variables ya estudiada:

$X = P_1 + P_3 + P_5 + P_6 = \overline{P_0 + P_2 + P_4 + P_7}$

2.8.3. Sumas canónicas o maxitérminos

Dado un cierto número de variables lógicas, a toda suma en la que figuren todas ellas, estén o no complementadas, se denomina *suma canónica.*

Se notará la dualidad entre las definiciones de producto canónico y suma canónica. Al igual que los primeros, éstas reciben también otros nombres: *maxitérminos* (por oposición a minitérminos, pero más adelante se verá la real justificación de esta denominación alternativa) y de *sumas de orden 0.* Esta última denominación es en razón de que no falta en esas sumas ninguna de las variables, mientras que aquellas sumas en que faltan 1, 2, etc. variables se denominan respectivamente sumas de orden 1, 2, etc.

Teniendo en cuenta que una suma sólo vale 0 cuando valen 0 todos sus sumandos, se observa que una suma canónica sólo puede valer 0 para una única combinación de las variables. Así, por ejemplo, la suma canónica entre 3 variables $\overline{C} + \overline{B} + A$ sólo es igual a 0 si C=1, B=1 y A=0. Nótese entonces que si se efectúa la tabla de verdad de esa suma canónica, la misma exhibirá todos los renglones en 1 excepto aquél único renglón de la tabla que se corresponde con los valores recién vistos para las variables.

Este resultado es generalizable. Así, cualquier suma canónica tiene una tabla de verdad en la que aparece un único 0. Por esta máxima presencia del 1 en sus tablas de verdad, las sumas canónicas reciben también el nombre de *maxitérminos*, como ya se había mencionado. Diremos entonces que cada maxitérmino tiene asociado un renglón de la tabla de verdad y que esta asociación, como es fácil comprobar, tiene carácter biunívoco: cada renglón de la tabla de verdad puede asociarse a un único maxitérmino. De esta asociación biunívoca surge que el número de maxitérminos que se pueden formar con n variables es igual al número de renglones de las tablas de verdad que corresponden a estas variables, o sea 2^n.

Consideremos como ejemplo el caso de tres variables C, B y A, y los 8 distintos maxitérminos que se pueden formar con ellas, los que se muestran en la siguiente tabla.

Suma Canónica	= 0 si y sólo si			Simbología alternativa
	C	B	A	
$C+B+A$	0	0	0	S_0
$C+B+\overline{A}$	0	0	1	S_1
$C+\overline{B}+A$	0	1	0	S_2
$C+\overline{B}+\overline{A}$	0	1	1	S_3
$\overline{C}+B+A$	1	0	0	S_4
$\overline{C}+B+\overline{A}$	1	0	1	S_5
$\overline{C}+\overline{B}+A$	1	1	0	S_6
$\overline{C}+\overline{B}+\overline{A}$	1	1	1	S_7

Dicha tabla también exhibe en una columna bajo qué única condición de las variables (es decir, en qué único renglón de la tabla de verdad) cada maxitérmino toma el valor 0. Se observará que cada variable que en el maxitérmino aparece sin invertir, figura en la columna mencionada como un 0, mientras que aquellas que en el maxitérmino aparecen invertidas, figuran como un 1, situación *inversa* a la que acontecía en el caso de los minitérminos.

Esta asociación entre maxitérmino y un renglón de la tabla de verdad permite introducir una simbología numérica para los maxitérminos, que también exhibe la tabla anterior. Así, cada maxitérmino puede representares con una letra S (por la primera inicial de Suma Canónica) seguida de un número que corresponde, en decimal, al número binario que forman las variables de entrada tomadas ordenadamente tal como figuran en la tabla de verdad en el renglón asociado a dicha suma. Así, al maxitérmino $C+\overline{B}+A$ asociado al renglón donde C=0, B=1 y A=0 se lo puede simbolizar S_2, ya que para ese renglón de la tabla de verdad las variables de entrada forman, en binario, el número 2 (010).

Se observará que un maxitérmino genérico S_i vale 1 para todos los renglones de la tabla de verdad, excepto para el renglón i-ésimo donde vale 0. Como paralelamente P_i es un minitérmino que vale 0 para todos los renglones de la tabla de verdad excepto para el renglón i-ésimo donde vale 1, se concluye que un maxitérmino es igual a la negación del minitérmino asociado al mismo renglón que ella. Es decir que:

$$S_i = \overline{P_i}$$

2.8.4. Teorema general de los maxitérminos

Consideremos por ejemplo el caso de la función X cuya primera expresión canónica ya hemos obtenido en un apartado anterior, a partir de la tabla de verdad que acá reproducimos por conveniencia:

C	B	A	X
0	0	0	0
0	0	1	1
0	1	0	0
0	1	1	1
1	0	0	0
1	0	1	1
1	1	0	1
1	1	1	0

Trataremos ahora de encontrar otro tipo de expresión para dicha función. Si queremos resolver el problema por el clásico método de subdividirlo en problemas más simples, pero cambiando de método, se nos puede ocurrir que habiendo 4 ceros en la columna de X, los mismos pueden provenir de 4 maxitérminos que fueron finalmente multiplicados. Podemos entonces construir 4 columnas auxiliares como muestra la siguiente tabla, cada una de ellas correspondiente a un maxitérmino con la responsabilidad de generar sólo 1 de los ceros que presenta X.

C	B	A	X	$C+B+A$	$C+\overline{B}+A$	$\overline{C}+B+A$	$\overline{C}+\overline{B}+\overline{A}$
0	0	0	0	0	1	1	1
0	0	1	1	1	1	1	1
0	1	0	0	1	0	1	1
0	1	1	1	1	1	1	1
1	0	0	0	1	1	0	1
1	0	1	1	1	1	1	1
1	1	0	1	1	1	1	1
1	1	1	0	1	1	1	0

En la tabla se observa como la función X es, simplemente, el producto de esos 4 maxitérminos, es decir:

$$X = (C+B+A)(C+\overline{B}+A)(\overline{C}+B+A)(\overline{C}+\overline{B}+\overline{A})$$

Expresión que también podría escribirse, utilizando la simbología alternativa mencionada para los maxitérminos:

$X = S_0.S_2.S_4.S_7$

E inclusive, usando el símbolo productoria (Π) y una notación más compacta, también como:

$X = \Pi\, S(0, 2, 4, 7)$

Esta metodología para obtener la expresión algebraica de una función cuya tabla de verdad es conocida puede generalizarse fácilmente, generalización que recibe el nombre de *Teorema general de los maxitérminos*, el que establece que:

Toda función lógica puede ser expresada como el producto de los maxitérminos correspondientes a los renglones de la tabla de verdad en que dicha función vale 0.

De acuerdo al procedimiento descripto, una función, por tener una única tabla de verdad, tiene también una única forma de expresarse como producto de maxitérminos. Al ser esta expresión única para una función dada, puede ser utilizada como una forma normalizada de expresar dicha función, por lo que recibe el nombre de *segunda forma canónica.*

Este teorema tiene dos corolarios:

- El *primer corolario* establece que el producto de todos los maxitérminos que se pueden formar con ciertas variables es igual a 0. Esto es, para el caso de 3 variables:

  $S_0.S_1.S_2.S_3.S_4.S_5.S_6.S_7 = 0$

  Esto es así porque aportando cada uno de los maxitérminos un 0 en un renglón distinto de la tabla de verdad, considerando el producto de todos ellos se obtiene una función que vale 0 en todos los renglones de la tabla y es, por lo tanto, igual a 0.
- El *segundo corolario* establece que el producto de algunos de los maxitérminos que se pueden formar con ciertas variables es igual a la negación del producto de los maxitérminos restantes. Esto es así, porque todo lo que no es X, es $\overline{X}$. Ejemplificando para el caso de la función X de 3 variables ya estudiada:

  $X = S_0.S_2.S_4.S_7 = \overline{S_1.S_3.S_5.S_6}$

2.8.5. Conjunto completo de operaciones

Hemos definido anteriormente las tres operaciones básicas del Álgebra de conmutación: el producto lógico, la suma lógica y la inversión. Pero cabía hasta este momento la siguiente duda: ¿utilizando sólo estas tres operaciones se podrá representar cualquier función lógica, o será necesario para ello introducir alguna otra operación?

Después de haber visto los Teoremas Generales de los minitérminos y los maxitérminos, que permiten expresar cualquier función lógica, y no requieren de ningún otra operación más que las tres básicas, podemos dar respuesta categórica a esa pregunta. Las tres operaciones básicas del Álgebra de conmutación forman un *conjunto completo de operaciones*, entendiendo por tal que las operaciones de ese conjunto bastan para expresar cualquier función lógica.

Ello no entra en contradicción con la posible conveniencia (no necesidad) de definir otra operación. Antes de terminar este capítulo introduciremos una nueva operación denominada O exclusiva.

¿Quiere el lector demostrar que, incluso, bastan dos de las tres operaciones básicas para formar un conjunto completo de operaciones, si una de ellas es la negación?

2.8.6. Diagrama de Venn, tabla de verdad y minitérminos

El diagrama de Venn guarda una estrecha relación con la tabla de verdad. Efectivamente, si se observa el diagrama de Venn correspondiente a 2 variables, se notará en la siguiente figura (donde el círculo de la izquierda representa a A, y el de la derecha a B) que pueden definirse en el mismo cuatro sectores: $\overline{B}.\overline{A}$, $\overline{B}.A$, $B.\overline{A}$ y $B.A$, que se corresponden con los cuatro renglones de una tabla de verdad para esas variables (o, lo que es equivalente, a los 4 minitérminos que se pueden formar con esas dos variables).

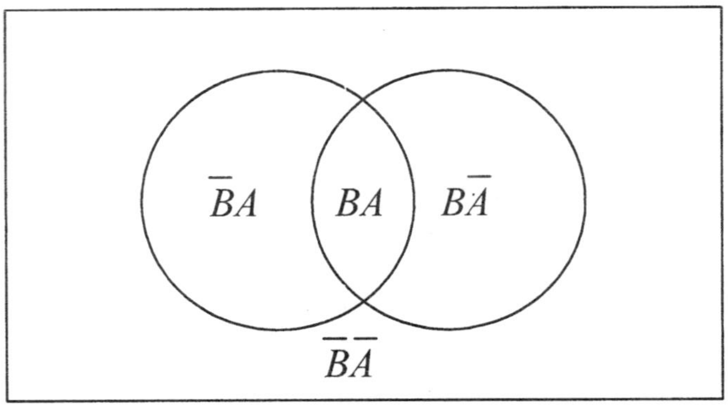

Esto también puede observarse en la figura siguiente, donde se muestra el caso del diagrama de Venn para 3 variables y los 8 sectores que se forman, cada uno de ellos equivalente a un minitérmino. El círculo superior izquierdo representa a la variable A, el superior derecho a la B, y el inferior a la C.

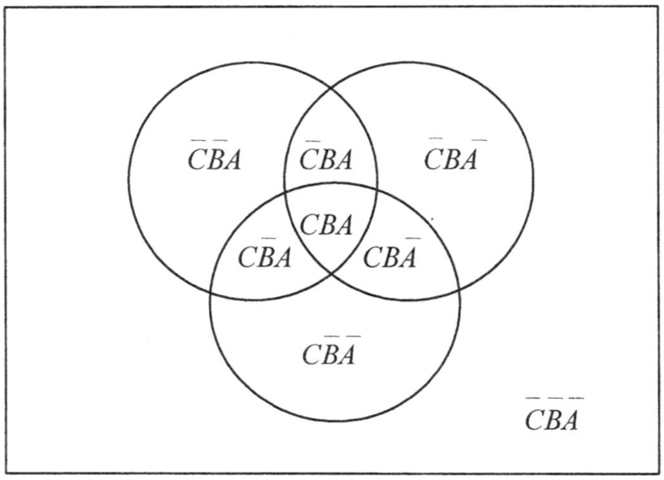

Figura 2-6 - Relación entre sectores del diagrama de Venn y minitérminos

Es así que una función para la que su tabla de verdad muestre un 1 en determinado renglón, en el diagrama de Venn de esa función el sector correspondiente estará marcado, típicamente con un rayado o un sombreado. Por esta vinculación con la tabla de verdad es que el diagrama de Venn se presta muy fácilmente para representar una expresión del tipo suma de productos, ya que permite efectuar tanto a estos como a la suma final en forma gráfica. Por ejemplo, consideremos la función siguiente que ya ha sido tomada como ejemplo en apartados anteriores

$$X = \overline{B}A + \overline{C}A + CB\overline{A}$$

La figura que sigue muestra la representación de dicha expresión en el diagrama de Venn. El producto $\overline{B}A$ se halla representado por la zona rayada oblicuamente (///), el producto $\overline{C}A$ por el rayado oblicuo en sentido contrario (\\\\\\) y el producto $CB\overline{A}$ con el rayado horizontal. La función X, lógicamente, está representada por los 4 sectores rayados (una de ellos con doble rayado, pero esta circunstancia carece de importancia). El lector comprobará que estos 4 sectores corresponden a los minitérminos $\overline{C}\overline{B}A$, $\overline{C}BA$, $C\overline{B}A$ y $CB\overline{A}$, es decir, los 4 minitérminos que intervienen en la primera forma canónica de la función X, como hemos visto en un apartado anterior.

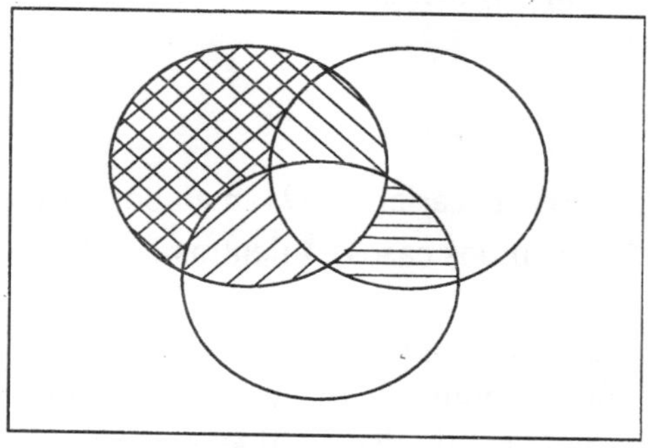

Figura 2-7 - Representación de $X = \overline{B}A + \overline{C}A + CB\overline{A}$

2.9. Introducción a la simplificación de funciones lógicas

2.9.1. Justificación de la necesidad de la simplificación de funciones

Como ya se ha visto, una misma función lógica admite ser representada con diversas expresiones algebraicas equivalentes.

Pero cuando se trata de realizar una función por medio de contactos, como se viera en este capítulo, o por medio de compuertas, como se verá en el capítulo siguiente, interesa individualizar, de todas las expresiones equivalentes, aquella que implique un mínimo costo de realización.

En un circuito lógico con contactos, el costo radica exclusivamente en los contactos empleados, no habiendo gasto asociado a las operaciones a efectuar. Así, el costo de una operación AND entre un par de contactos (que se realiza conectándolos en serie), reside totalmente en el costo de los contactos, pues la conexión en serie se realiza sin costo alguno. Por lo tanto, la expresión más simple de una función lógica resulta aquella que logra minimizar el número de contactos. Como cada vez que interviene una variable en la expresión de una función se requiere la colocación de un contacto en el circuito físico, el criterio de mínimo costo señala como *expresión más simple* (o *expresión mínima*) a aquella en que resulta mínimo el número de veces que figuran las distintas variables en dicha expresión.

Pero cuando se trata de compuertas, como veremos en el siguiente capítulo, además del costo propio de cada variable que interviene en una expresión, debe tomarse en cuenta el costo de las operaciones a realizar. El criterio de costo no es, entonces, idéntico al caso de los contactos. Pero como la reducción del número de veces que intervienen las variables en la expresión de una función conduce generalmente a una reducción en el número de operaciones y/o a reducir el número de operandos de las mismas (lo que también conduce a una disminución de costos), se acepta corrientemente que el criterio de costo que hemos aceptado para los contactos es también válido para el caso de compuertas, y será de aplicación en el capítulo respectivo.

El proceso de encontrar la expresión más económica de implementar físicamente se conoce con el nombre de *minimización* o *simplificación* de funciones lógicas. Este proceso suele realizarse en la práctica por medio de uno de los dos siguientes métodos:

- por aplicación manual de un método gráfico (método del mapa de Karnaugh)
- por aplicación de algún método computacional.

En lo que sigue de este capítulo se presenta en detalle el método gráfico que emplea el mapa de Karnaugh, y se dan nociones sobre los métodos computacionales.

2.9.2. Fundamentos para la simplificación de funciones

Para analizar los fundamentos de los métodos de simplificación de funciones lógicas es necesario comenzar definiendo lo que se conoce como minitérminos adyacentes.

Minitérminos adyacentes (luego veremos la razón de esa denominación) son productos canónicos que coinciden en todas las variables excepto en una, en que la diferencia radica, naturalmente, en que en uno de ellos aparece invertida, y en el otro no.

Por ejemplo, tratándose de un problema de 4 variables *A*, *B*, *C* y *D*, resultan minitérminos adyacentes los productos canónicos:

$\overline{D}C\overline{B}.\overline{A}$ y $\overline{D}CB\overline{A}$

Ya que se observa que coinciden en ellos las variables *D* (en ambos casos está invertida), *C* (en ambos casos está en forma normal) y *A* (invertida en ambos casos), mientras que la variable *B* está invertida en un caso y en el otro no.

Si en una expresión que busquemos simplificar estuviese presente la suma de ambos minitérminos, podría intentarse una simplificación sacando factor común de aquellas variables en que coinciden, obteniéndose lo siguiente, tras una simple manipulación algebraica que no requiere mayor explicación:

$$\overline{D}C\overline{B}.\overline{A} + \overline{D}CB\overline{A} = \overline{D}C\overline{A}(\overline{B} + B) = \overline{D}C\overline{A}.1 = \overline{D}C\overline{A}$$

Se observa, entonces, que la suma de 2 minitérminos adyacentes condujo a un único término (un producto de orden 1), el que sólo conserva las variables comunes a los minitérminos, habiendo desaparecido la variable que no tenían en común. Se notará que éste es un caso de la propiedad de adyacencia que habíamos analizado en un apartado anterior.

Este resultado no es en modo alguno particular: la suma de todo par de minitérminos adyacentes conduce a un producto de orden 1 cuya expresión es mucho más simple que la suma de partida. Por eso un proceso de simplificación puede encararse a partir de la expresión de la función a simplificar como suma de minitérminos, seguida de un proceso de inspección para determinar pares de minitérminos adyacentes cuya suma pueda simplificarse.

El proceso de identificar minitérminos adyacentes puede realizarse a partir de la expresión canónica, pero resultaría mucho más simple si se utilizase un método gráfico equivalente (como por ejemplo el diagrama de Venn), especialmente si el diagrama permitiese detectar las adyacencias existentes por simple golpe de vista.

Así ocurre, efectivamente. Recordemos el diagrama de Venn de 3 variables de la figura 2-6 que acá reproducimos por conveniencia. En él habíamos identificado a cada uno de los sectores allí formados con un minitérmino.

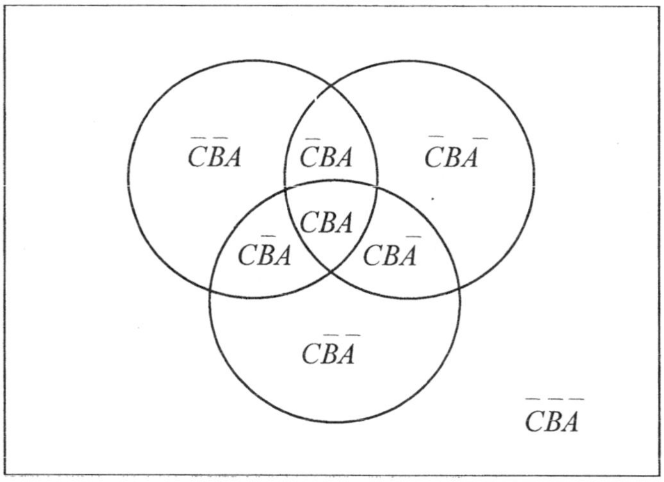

Consideremos, por ejemplo, el minitérmino $\overline{C}BA$

El mismo tendrá 3 minitérminos adyacentes, que coincidirán con él excepto en las variables *C*, *B* y *A* respectivamente. Ellos son: CBA , $\overline{C}.\overline{B}A$ y $\overline{C}B\overline{A}$

Si ahora identifica el lector en el diagrama anterior el sector correspondiente al minitérmino mencionado, observará que, como todos los otros, tiene 3 lados (aunque de diferente forma). Linda, por lo tanto, con otros 3 sectores (que le son adyacentes) con los que comparte uno de sus lados. Note el lector como los 3 sectores adyacentes se corresponden con los 3 minitérminos adyacentes del minitérmino dado que enumeramos más arriba.

Este resultado es absolutamente general: dos minitérminos adyacentes ocupan, en el diagrama de Venn, posiciones adyacentes. De allí el nombre elegido de minitérminos adyacentes.

Resulta entonces que una función representada en el diagrama de Venn permitirá muy fácilmente ser simplificada porque la adyacencia puede ser reconocida mediante una rápida inspección visual.

Sin embargo, el diagrama de Venn tiene una limitación, consistente en que su trazado sólo es sencillo con hasta 3 variables. Resulta deseable concebir alguna extensión de dicho diagrama para permitir su uso con un número mayor de variables. Tal extensión es lo que se conoce con el nombre de mapa de Karnaugh, el que se describe en la siguiente sección.

2.10. El mapa de Karnaugh

2.10.1. El mapa de Karnaugh como tabla de verdad

El mapa de Karnaugh no es sino una tabla de verdad a la que se le ha cambiado su forma de presentación para que guarde cierta similitud con el diagrama de Venn, con el objeto de aprovechar la ventaja de éste de facilitar la localización en forma sinóptica de las adyacencias entre minitérminos que permitan llegar una expresión minimizada de la función representada. Este mapa fue desarrollado a mediados del siglo XX, en forma separada y casi simultáneamente, pero con algunas diferencias, por Edward Veitch y Maurice Karnaugh, razón por la cual algunos autores los llaman mapa de Veitch-Karnaugh o, más simplemente, mapa VK. Acá lo llamaremos mapa de Karnaugh, o mapa K, porque las características del mapa que emplearemos se aproxima más al diseño que éste hiciera, que al que produjera Veitch.

Es así como el mapa de Karnaugh es, en realidad, una tabla de verdad a doble entrada, donde los valores que toma la función no se exhiben uno tras el otro (en forma unidimensional) sino dispuestos en forma de matriz de dos dimensiones. Así, por ejemplo, una tabla de verdad correspondiente a una función F que sea la suma módulo 2 de dos variables B y A ($F=B\oplus A$), puede representarse por medio de la tabla de verdad vista hasta ahora, o con la forma de doble entrada como acá se menciona. Ambos casos se dan en la figura que sigue:

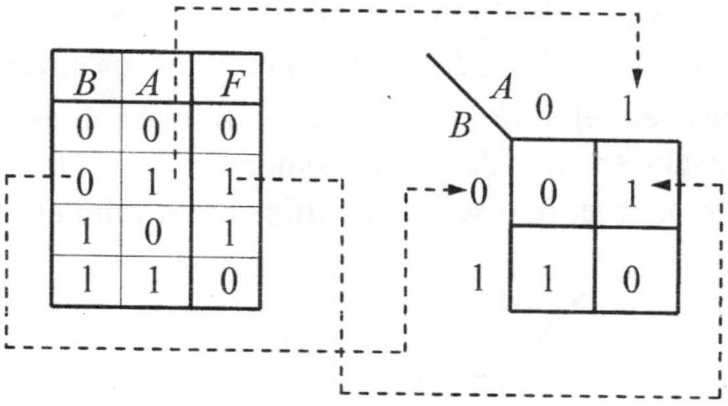

La figura muestra también como pasar de un renglón de la tabla de verdad a un casillero del mapa de Karnaugh. Los otros renglones se pasan de similar manera, dejándose al lector la tarea de verificar que se ha procedido a efectuar ese pase en forma correcta.

Es así como un renglón de la tabla de verdad que representa a un minitérmino, tiene como homólogo a un casillero en el mapa de Karnaugh. Por lo tanto, en un mapa de Karnaugh deberá haber siempre tantos casilleros como minitérminos, por lo que un mapa correspondiente a 3 variables tendrá 8 casilleros (distribuidos en forma matricial en un rectángulo de 2 filas x 4 columnas), uno de 4 variables tendrá 16 casilleros (en una disposición de 4 x 4), etc.

Por ejemplo, un mapa de Karnaugh para 3 variables C, B y A, si se hace que el valor de la variable C determine la fila de la matriz, mientras que los valores de B y A combinados fijen la columna, queda como sigue:

$C \backslash BA$	00	01	11	10
0				
1				

La figura muestra tan sólo el esquema general de un mapa de dichas características, ya que no se ha representado dentro de él ninguna función en particular.

Un aspecto fundamental del mapa de Karnaugh, que seguramente habrá llamado la atención del lector si es que se percató de ello, es que el orden en que se han numerado las columnas no es el correspondiente a la numeración binaria (00, 01, 10, 11) sino el que caracteriza al código Gray (00, 01, 11, 10). Este orden es absolutamente necesario y es también el empleado en los mapas de Karnaugh de mayor número de variables. Su empleo se justifica en razón de que en el código Gray se pasa de una combinación del código a la siguiente cambiando un sólo bit, por lo que dos casilleros que son adyacentes, como sólo difieren en un único bit, representan a minitérminos adyacentes. Gracias a esto, el mapa de Karnaugh, al igual que el diagrama de Venn, facilita la localización en forma sinóptica de las adyacencias entre minitérminos que permitan llegar una expresión minimizada de la función representada. Considérese el mapa siguiente:

$C \backslash BA$	00	01	11	10
0		*		
1	*	$C\overline{B}A$	*	

En él se ha identificado el minitérmino: $C\overline{B}A$

Se han marcado con asterisco aquellos casilleros que son adyacentes el referido minitérmino, y el lector podrá comprobar que corresponden, justamente, a los 3 minitérminos adyacentes del mismo. Así, a la izquierda, a la derecha y sobre el minitérmino considerado se hallan respectivamente los casilleros correspondientes a los minitérminos: $C\overline{B}.\overline{A}$, $\overline{C}BA$ y CBA que son sus adyacentes.

Esta situación es similar en el caso de los otros minitérminos, aunque el caso de aquellos minitérminos cuyos casilleros están en uno de los extremos de una hilera de 4 merece una aclaración. Consideremos el siguiente ejemplo, en el que se ha identificado un minitérmino, y señalado con asteriscos sus minitérminos adyacentes.

$C \backslash BA$	00	01	11	10
0				*
1	*		*	$CB\overline{A}$

El lector podrá comprobar que el minitérmino adyacente del propuesto en el mapa que sólo difiere de él en la variable B, se encuentra en el extremo opuesto de la hilera. Esto es así porque, siendo el código Gray un código cíclico, la primera combinación del código y la última sólo difieren en un bit. Vemos entonces que podemos considerar que son adyacentes los casilleros ubicados en los extremos de una hilera). Para aceptar esto mejor quizás el lector quiera considerar al mapa como una representación plana de algo que es en realidad un cilindro, que se pone en evidencia cuando se lleva en el espacio a coincidir el borde derecho del mapa con el izquierdo, demostrando así que "los extremos se tocan".

Veamos un ejemplo de uso de este mapa de 3 variables. Retomemos la siguiente función, ya presentada en el apartado 2.6 del presente capítulo.

$$X = \overline{B}A + \overline{C}A + CB\overline{A}$$

Su tabla de verdad, deducida en su momento, era:

C	B	A	X
0	0	0	0
0	0	1	1
0	1	0	0
0	1	1	1
1	0	0	0
1	0	1	1
1	1	0	1
1	1	1	0

El mapa de Karnaugh se obtiene transcribiendo el contenido de los sucesivos renglones de la tabla de verdad a los correspondientes casilleros del mapa (sin dejarse confundir por el diferente orden que en cada caso se usa). Si se presenta provisoriamente el resultado parcial luego de transcribir los primeros 3 renglones, para el mejor seguimiento de la forma de realización por parte del lector, resulta:

C \ BA	00	01	11	10
0	0	1		0
1				

Función X (incompleta)

Y finalmente, se llega a:

C \ BA	00	01	11	10
0	0	1	1	0
1	0	1	0	1

Función X

Para el caso de un mapa de 4 variables, con 16 casilleros dispuestos en forma de 4 x 4 y respetando la numeración Gray, resultan mapas de la forma que se muestra a continuación para el caso en que las 4 variables sean D, C, B y A.

DC \ BA	00	01	11	10
00				
01		?		
11				
10				?

En el mismo mapa se han marcado con sendos signos de interrogación dos minitérminos. Se invita al lector a localizar mentalmente, y en pocos segundos, los casilleros correspondientes a los 4 minitérminos adyacentes de cada uno de ellos.

2.10.2. Representación de funciones lógicas

El mapa de Karnaugh, si bien formalmente es una tabla de verdad a doble entrada, puede ser visualizado como una forma estilizada del diagrama de Venn, donde los campos de las diferentes variables no son círculos sino rectángulos o cuadrados. La figura que sigue muestra mapas de Karnaugh de 2, 3 y 4 variables, a los que se les ha superpuesto indicadores que demarcan los campos de las diferentes variables. Dado que hemos incorporado esos indicadores sólo con propósitos didácticos, ya que en la práctica profesional los mismos no son empleados, sólo haremos uso de los mismos en el presente apartado, tras lo que suponemos que el lector habrá adquirido la familiaridad con el mapa que le permitirá prescindir de esa ayuda.

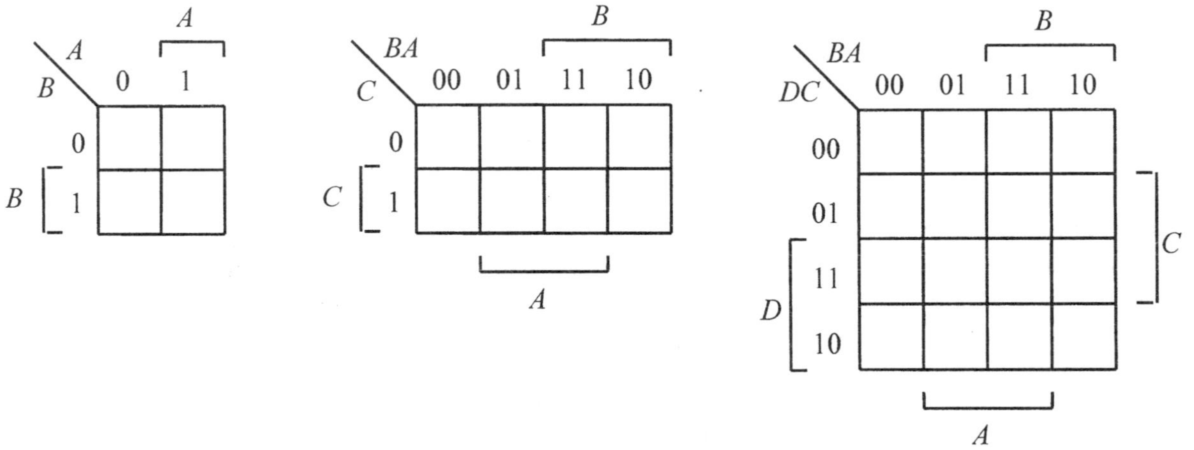

Ya hemos visto que se puede representar muy fácilmente una expresión lógica del tipo Suma de Productos mediante el diagrama de Venn, ya que sólo se deben marcar aquellos sectores que se corresponden con los diferentes productos presentes en la expresión. Lo mismo es también válido para el mapa de Karnaugh, con la diferencia que en el diagrama de Venn la marcación se acostumbra a realizar mediante algún tipo de sombreado, mientras que en el mapa de Karnaugh, tratándose de una tabla de verdad, los casilleros se marcan inscribiendo en su interior un 1.

Dada la forma particular que tienen los campos de las variables (rectángulos y cuadrados), los productos de variables toman también formas particulares, no demasiado numerosas, que conviene tener presente pues resultará más adelante de utilidad al ver la simplificación de funciones lógicas en el próximo apartado.

Así, tenemos:

1) Un minitérmino se presenta en el mapa de Karnaugh como un único casillero conteniendo un 1.
2) Un producto de orden 1, es decir, aquel al que le falta una de las variables, como dicha variable puede tomar dos valores distintos, se representa por dos casilleros conteniendo un 1. Dichos casilleros estarán dispuestos en una de las 2 configuraciones siguientes posibles:
    a) en forma adyacente
    b) en los extremos de una hilera (fila o columna)

    En la figura que sigue se ejemplifican estos dos casos, uno de ellos para un mapa de 3 variables, y el otro para uno de 4. En ambos casos hemos hecho uso de una opción de uso frecuente, consistente en no colocar explícitamente los ceros en aquellos casilleros en que así corresponde, dejando implícito que todo casillero vacío debe entenderse como ocupado con un 0.

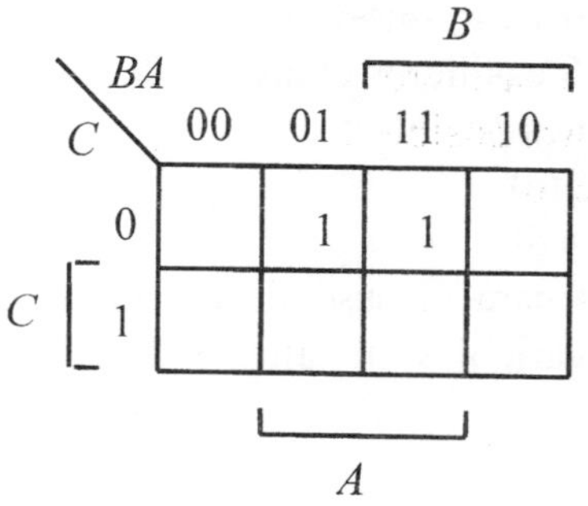

Producto $\overline{C}A$

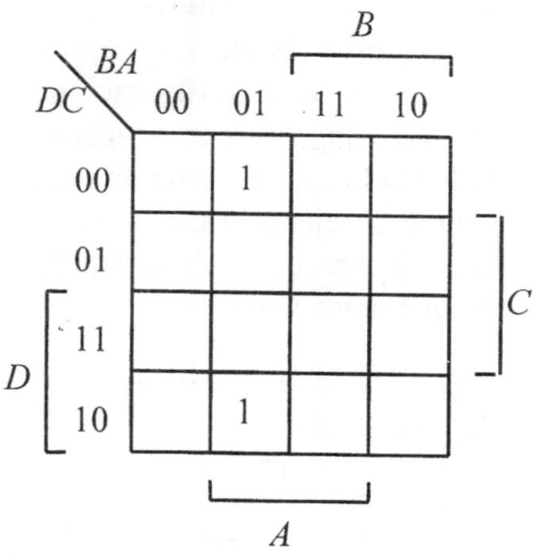

Producto $\overline{C}.\overline{B}A$

3) Un producto de orden 2, es decir aquel al que le faltan dos variables, dado que dichas variables pueden tomar, en conjunto, 4 valores distintos, se representa por 4 casilleros conteniendo un 1. Dichos casilleros estarán dispuestos en una de las 4 configuraciones siguientes posibles:

   a) en forma de cuadrado de 2x2
   b) en forma de una hilera de 4
   c) como los 4 vértices de un rectángulo de 2x4 (apaisado o esbelto)
   d) como los 4 vértices de un cuadrado de 4x4

En la figura que sigue se ejemplifican estos cuatro casos utilizando sendos mapas de 4 variables.

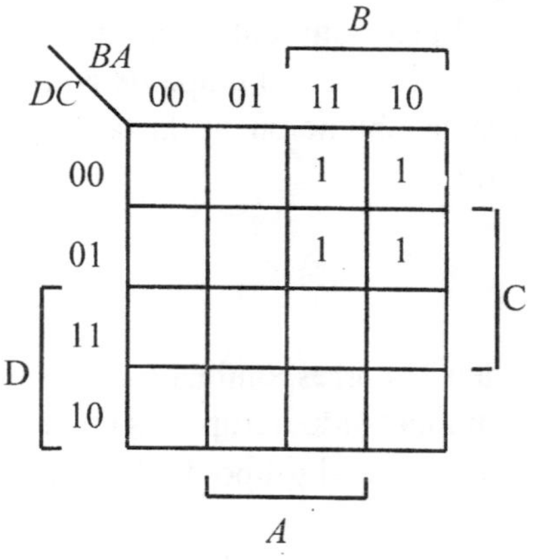

Producto $\overline{D}B$

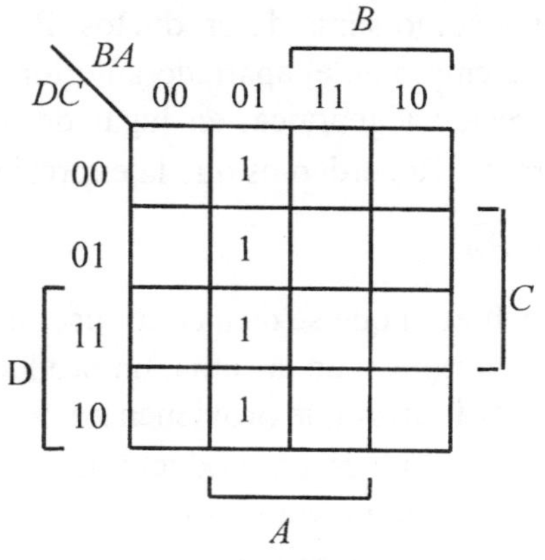

Producto $\overline{B}A$

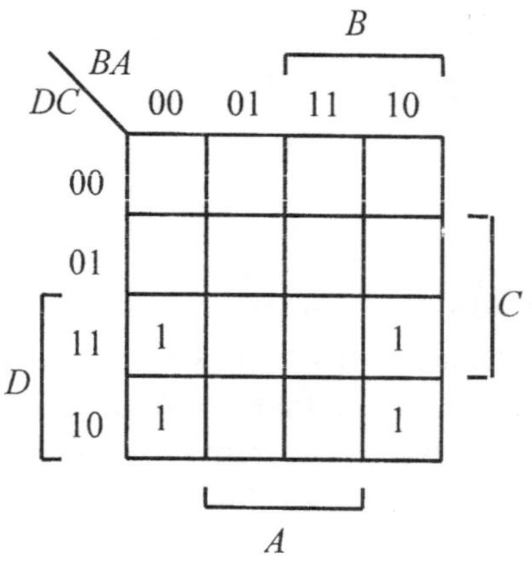

Producto $D\overline{A}$

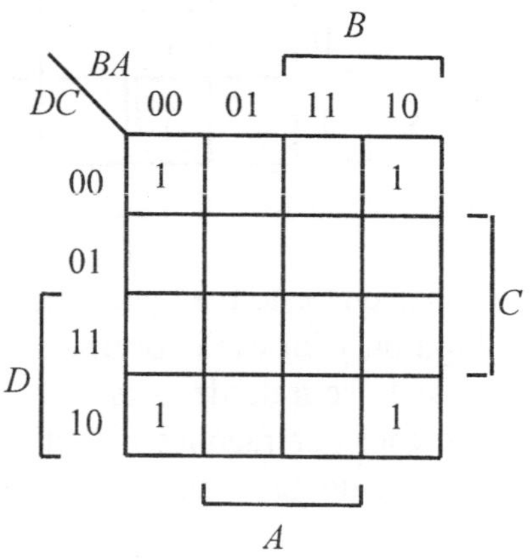

Producto $\overline{C}.\overline{A}$

4) Un producto de orden 3, es decir aquel al que le faltan tres variables, dado que dichas variables pueden tomar, en conjunto, 8 valores distintos, se representa por 8 casilleros conteniendo un 1. Dichos casilleros estarán dispuestos en una de las 2 configuraciones siguientes posibles:

   a) en forma de un rectángulo de 2x4 (apaisado o esbelto)

   b) en forma de los lados opuestos de un cuadrado de 4x4.

   En la figura que sigue se ejemplifican estos dos casos para el caso de un mapa de Karnaugh de 4 variables. Tratándose de productos de orden 3 entre 4 variables, al faltar 3 de ellas, el "producto" se degenera, quedando una única variable.

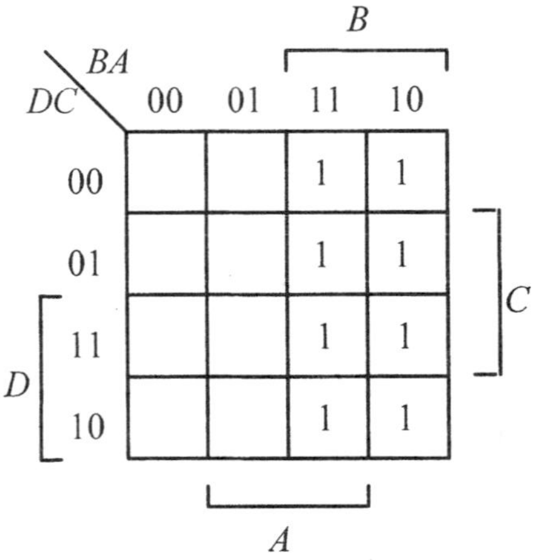

Representación de B

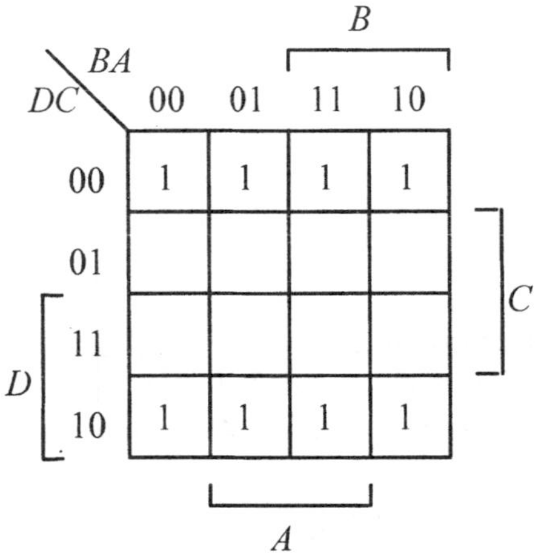

Representación de $\overline{C}$

Con estas herramientas podemos representar en forma simple una función lógica cualquiera a partir de su expresión algebraica como suma de productos. Para ilustrar el procedimiento, retomemos la función X que utilizáramos como ejemplo en el apartado anterior, para representarla en el mapa de Karnaugh directamente a partir de su expresión algebraica, en lugar de hacerlo previa obtención de la tabla de verdad como se hiciera en ese apartado. Recordemos que la expresión de X era:

$$X = \overline{B}A + \overline{C}A + CB\overline{A}$$

El mapa de Karnaugh es el que se da a continuación. En él:

- el primero de los términos de la suma, un producto de orden 1, corresponde a los dos unos de la columna 01 (que para mejor indicar que provienen de un sólo término han sido agrupados en el mapa).
- el segundo término, también un producto de orden 1, corresponde al grupo de dos unos de la primera fila (también agrupados para mayor claridad).
- el último término, un minitérmino, corresponde al 1 aislado que muestra el mapa.

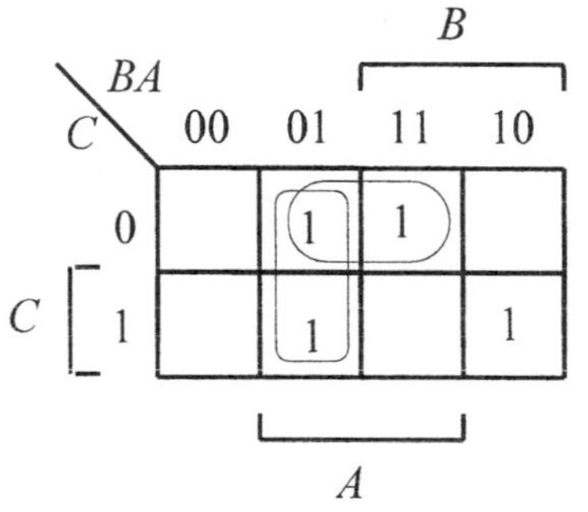

$$X = \overline{B}A + \overline{C}A + CB\overline{A}$$

El lector podrá comprobar que este mapa coincide con el visto en el apartado anterior, a excepción de los grupos que acá se dibujaron y en esa oportunidad no. En realidad, los grupos no suelen explicitarse en la práctica profesional, cuando se trata de la mera representación de una función lógica. Si así se lo ha hecho acá, ha sido exclusivamente por razones didácticas. Sin embargo, volveremos al tema del agrupamiento cuando en el apartado siguiente veamos simplificación de funciones lógicas empleando el mapa de Karnaugh.

Del mapa anterior surge una observación de interés: uno de los unos del mapa figura en el mismo por un doble motivo, porque dos de los productos lo generan. Naturalmente el casillero correspondiente debe contener un único 1 ya que 1+1=1. Una observación similar a ésta se realizó en este mismo capítulo, al analizar la figura 2-7, que era justamente el diagrama de Venn de esta misma función X, y donde uno de los sectores aparecía con un doble rayado por idéntica circunstancia.

2.10.3. Simplificación de funciones lógicas como Sumas de Productos

Sabemos que si una función lógica tiene una expresión algebraica consistente en la suma de varios términos, el hecho de que cualquiera de esos sumandos tome el valor 1, hace que también la función tome ese valor, ya que el valor 1 de cualquier sumando *implica* el valor 1 de la suma. Es por ello, que cuando una función está expresada como suma de ciertos términos, a estos términos se los designa con el nombre de *implicantes*.

El mapa de Karnaugh permite, como veremos en seguida, obtener la expresión mínima del tipo Suma de Productos de una función lógica dada, donde cada producto que interviene en la expresión, por lo que se acaba de decir, es calificado como implicante.

Justamente la ventaja del mapa de Karnaugh es que permite obtener la expresión más simple a través de un mecanismo que asegura:

- que el número de implicantes es reducido al mínimo
- que los implicantes son productos del mayor orden posible (o sea con el mayor faltante de variables posible)

Para cumplir con este último propósito, gracias a que los productos de diverso orden tienen configuraciones de unos en el mapa que son características y que se han visto en el apartado anterior, el mapa de Karnaugh provee un medio visual de reconocer grupos de unos que pueden ser reemplazados por un único producto. De acuerdo a lo visto en el apartado anterior, los grupos de unos que pueden así ser simplificados son:

- 2 unos adyacentes
- 2 unos en los extremos de una hilera de 4
- 4 unos formando un cuadrado de 2x2
- 4 unos formando una hilera
- 4 unos ubicados como los vértices de un rectángulo de 2x4
- 4 unos ubicados como los vértices de un cuadrado de 4x4
- 8 unos en forma de un rectángulo de 2x4
- 8 unos en forma de los lados opuestos de un cuadrado de 4x4.

Las reglas para simplificar funciones a partir del mapa de Karnaugh podrían expresarse de la siguiente forma:

1) Formar grupos de unos simplificables buscando que el número de grupos sea el menor posible, pero consiguiendo que todos los unos sean miembros de al menos un grupo (pudiendo pertenecer a dos o más, si así conviniese para mayor simplificación). Los unos que no puedan agruparse con otros por carecer de adyacentes, revistarán como un grupo de un único miembro.
2) Comprobar que ninguno de los grupos formados sea englobable en un grupo simplificable de mayor número de miembros. Todo grupo que no cumpla esta condición debe ser reemplazado por ese grupo mayor (al que le corresponderá un producto de mayor orden y, por lo tanto, de menos variables y consiguiente menor costo).
3) Comprobar que todos los grupos formados incluyan, al menos, un 1 que no esté incluido en otros grupos. Todo grupo que no cumpla esta condición debe ser descartado (ya que su eliminación cumple el objetivo expresado en el paso 1 de obtener el mínimo número de grupos que logre que todos los unos sean miembros de algún grupo).
4) A cada grupo formado cumpliendo con los pasos precedentes le corresponderá un producto donde figuren como factores sólo aquellas variables que son comunes a todos los miembros del grupo. Así:
   - si cierta variable vale 1 para todos los integrantes del grupo, dicha variable aparecerá en el producto en forma normal.
   - si cierta variable vale 0 para todos los integrantes del grupo, dicha variable aparecerá en el producto en forma negada.
   - si cierta variable vale 1 para algunos integrantes del grupo, y 0 para otros, dicha variable no aparecerá en el producto.

5) La expresión mínima del tipo Suma de Productos de la función dada será la suma de los productos determinados en el paso anterior.

Por ejemplo, sea la siguiente función, en la que ya se ha realizado el agrupamiento:

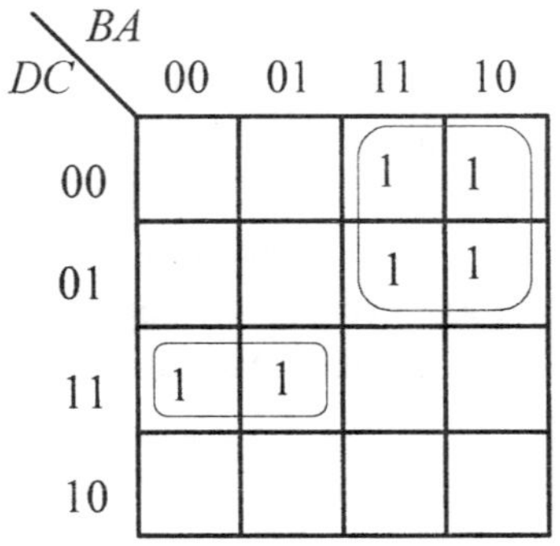

El grupo de 4 unos comparte las variables D=0 y B=1.
Corresponde, entonces, al producto $\overline{D}B$

El grupo de 2 unos comparte las variables D=1, C=1 y B=0.
Corresponde, entonces, al producto $DC\overline{B}$
Y la expresión mínima tipo Suma de Productos correspondiente a la función dada es, entonces:

$$\overline{D}B + DC\overline{B}$$

Quizás las reglas recién dadas sean algo "ingenuas", en el sentido que descuidan algunos de los problemas que pueden presentarse en su utilización. Pero igualmente haremos uso de ellas en varios ejemplos para ilustrar su empleo, tras lo que podremos perfeccionarlas una vez puestas en evidencia sus limitaciones.

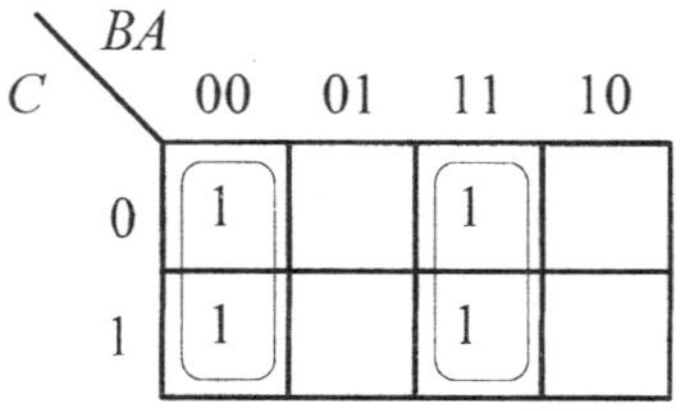

$\overline{B}.\overline{A} + BA$
La función se obtiene fácilmente con la adición de los productos que corresponden a los 2 grupos marcados

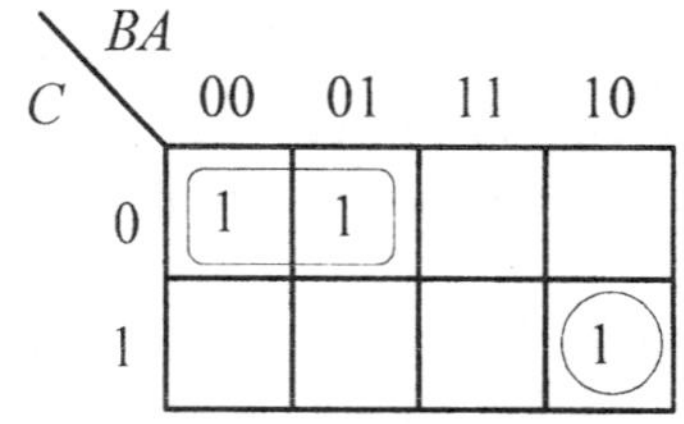

$\overline{C}.\overline{B} + CB\overline{A}$
Como uno de los unos está aislado, figura como un grupo de un sólo miembro, por lo que su producto correspondiente es un minitérmino.

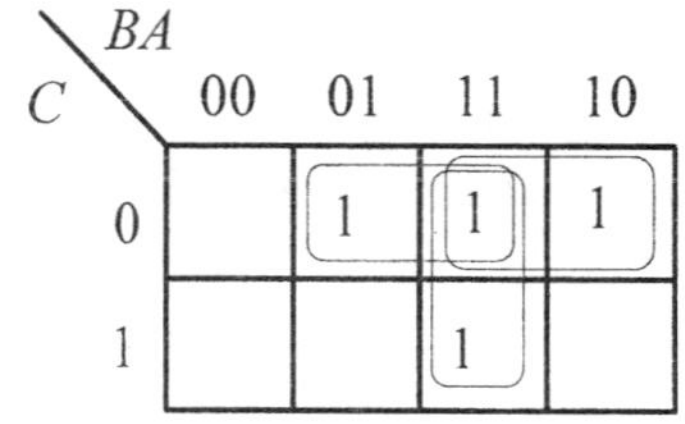

$\overline{C}A + \overline{C}B + BA$
Pudiendo un 1 participar de más de un grupo a los fines de una mayor simplificación, es correcto hacerlo así.

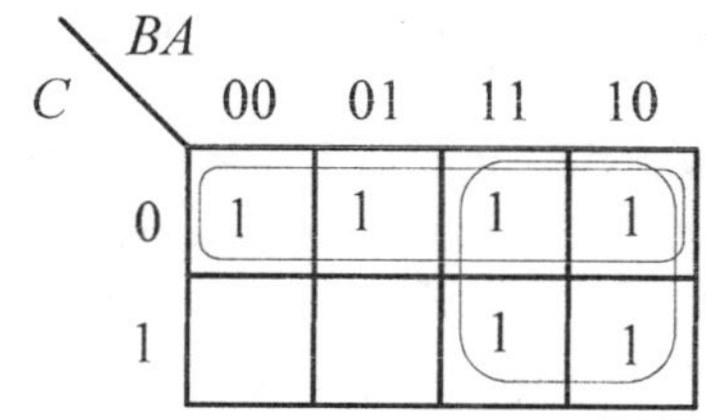

$\overline{C} + B$

Sería incorrecto tomar, en lugar del cuadrado (que da lugar a un producto de orden 2), al grupo de 2 unos de la segunda fila (que origina un producto de orden 1 y por ende con una letra más).

Este último ejemplo nos recuerda (paso 2 de las reglas antes vistas) que cuando se agrupa un cierto número de unos, se debe comprobar que *los mismos unos* no pueden agruparse junto a otros en un grupo mayor porque, si es así, debe usarse el grupo mayor. Se define como *implicante primo* a un grupo simplificable que no está incluido *íntegramente* dentro de otro grupo mayor. El grupo de los dos unos de la segunda fila no es un implicante primo, pero el grupo de 4 que lo engloba lo es. En una expresión simplificada solo deben estar presentes implicantes primos.

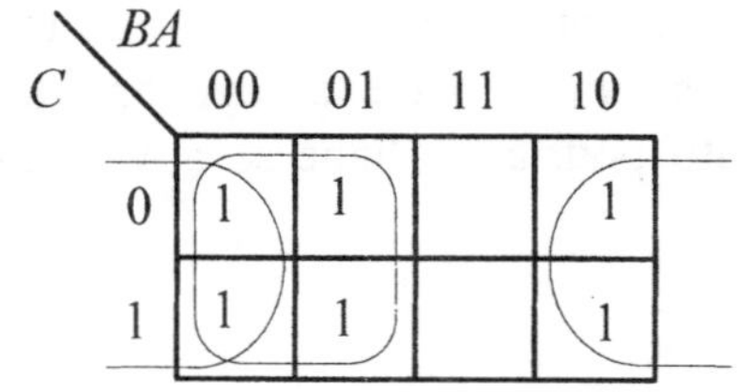

$\overline{B} + \overline{A}$

Acá hubiese sido un error agrupar los dos unos de la derecha sin advertir que los mismos no son un implicante primo, pues pueden agruparse de a 4, con los que están en el otro extremo.

En este último ejemplo se exhibe la forma en que se suele representar un grupo que incluye elementos ubicados en extremos opuestos del mapa. El grupo no suele dibujarse como un lazo completo, sino que la unión de sus dos partes queda implícita en las líneas abiertas. El ejemplo que sigue usa también esta simbología.

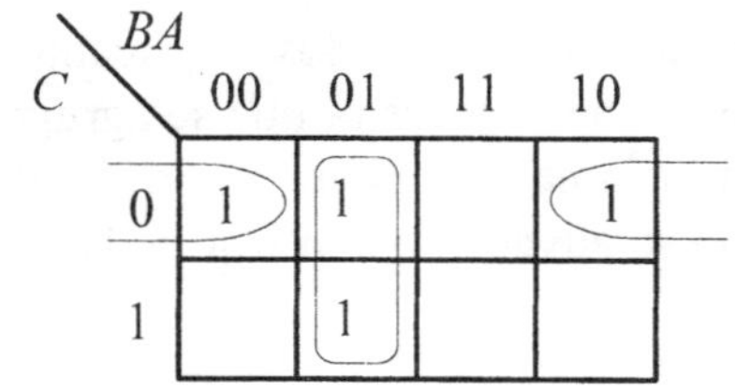

$\overline{C}.\overline{A} + \overline{B}A$

Aún cuando puede formarse un grupo con los dos unos a la izquierda de la primera fila, ello es innecesario pues todos los unos de la función ya están cubiertos. Su inclusión conduciría a una expresión menos simple pues tendría un término más.

Este último ejemplo nos recuerda (paso 3 de las reglas) que no deben aparecer en la expresión todos los grupos que se pueden formar en el mapa sino solo los estrictamente necesarios para cubrir a toda la función, no considerando aquellos grupos que sólo incluyen unos ya incluidos en otros grupos.

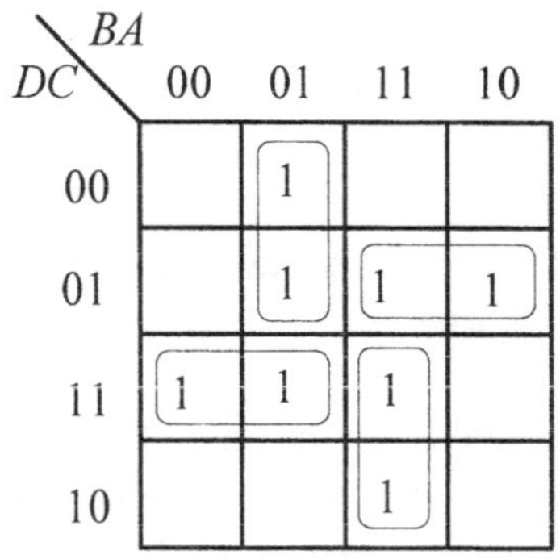

$\overline{D}.\overline{B}A + \overline{D}CB + DBA + DC\overline{B}$

En este caso, parecido al ejemplo anterior, no debe tomarse el grupo de 4 unos centrales que sobraría. Sin embargo, al resolver el mapa parece natural comenzar formando ese grupo, equivocación inducida por su tamaño mayor que el del resto.

Este último ejemplo sugiere que, al empezar a resolver un mapa de Karnaugh, no se comience a agrupar de cualquier forma, sino en alguna manera que asegure que los grupos que se formen no resulten, a la postre, innecesarios. Para ello conviene definir los términos *minitérminos destacados* e *implicantes esenciales*. Minitérminos destacados son aquellos que sólo pueden agruparse dentro un único implicante primo. Implicantes esenciales son aquellos implicantes primos que forzosamente deben figurar en la expresión final pues son los únicos que pueden agrupar a determinado minitérmino destacado. En el ejemplo anterior todos los grupos marcados son implicantes esenciales, pues no hay otra forma de agrupar a los 4 unos que no están en los casilleros centrales que constituyen minitérminos destacados.

Por lo tanto, lo recomendable es comenzar el proceso de simplificación detectando los eventuales minitérminos destacados que hubiera y sus correspondientes implicantes esenciales, para luego proseguir agregando los otros implicantes primos que fueran necesarios para completar la función. En el ejemplo anterior, por lo que se advierte, no fue necesario ningún implicante primo adicional a los esenciales.

En los dos ejemplos que siguen, para facilitar identificar a los minitérminos destacados, los marcaremos con un punto negro. Realizaremos esta marcación tan solo a los fines didácticos, porque no es común hacerlo en la práctica, y no lo haremos en futuros apartados

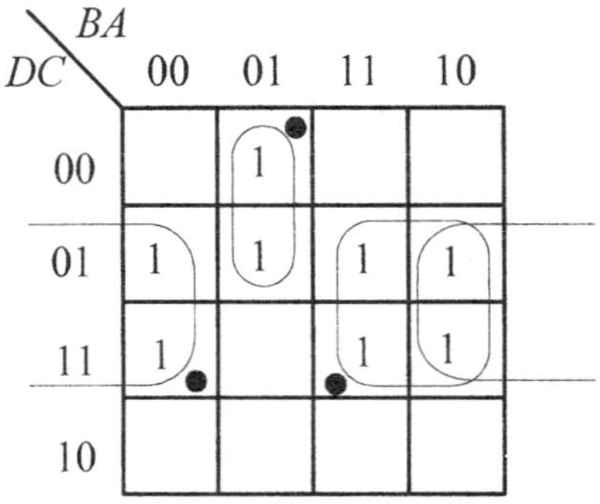

$C\overline{A} + CB + \overline{D}.\overline{B}A$

En este caso, los implicantes esenciales bastaron para expresar a la función. En particular, el haber procedido primero con los términos esenciales evitó comenzar agrupando la hilera de 4 de la segunda fila, que una vez completado el agrupamiento podría no haberse advertido que resulta totalmente innecesaria.

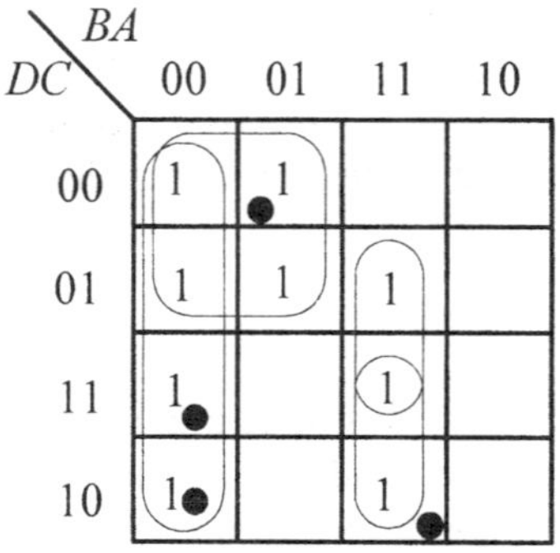

$\overline{B}.\overline{A} + \overline{D}.\overline{B} + DBA + CBA$

En este caso hay presentes tres implicantes esenciales que no bastan para cubrir la función, restando sin figurar en ella el tercer 1 de la segunda fila. Es por ello que fue necesario agregar, a los implicantes esenciales, un cuarto implicante. Si bien el mapa muestra que se agrupó el uno faltante con su adyacente ubicado inmediatamente abajo de él, también se hubiese podido agruparlo con su adyacente a la izquierda.

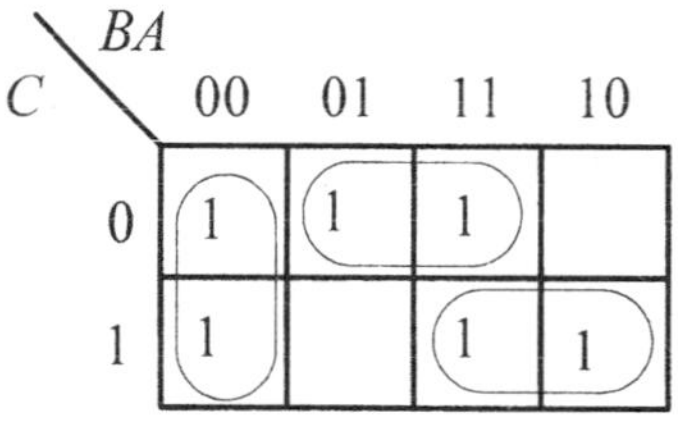

$\overline{B}.\overline{A} + \overline{C}A + CB$

En este caso no hay implicantes esenciales, por lo que puede comenzarse por cualquier grupo. Este ejemplo también tiene dos soluciones, pero la segunda es muy diferente a la que acá se expone. Se deja a cargo del lector obtenerla.

Por todo lo visto, estamos en condiciones de dar una nueva y mejor versión de las reglas vistas más arriba para simplificar funciones lógicas como Suma de Productos mediante el mapa de Karnaugh:

1) Formar los grupos correspondientes a todos los implicantes primos esenciales que tenga la función (si es que tiene alguno). En los casos en que con los implicantes esenciales no se alcance a agrupar todos los unos de la función, agregar los implicantes primos no esenciales que sean necesarios para ello, tratando de que su número sea mínimo.
2) A cada grupo así formado le corresponderá un producto donde figuren como factores sólo aquellas variables que son comunes a todos los miembros del grupo. Así:
   - si cierta variable vale 1 para todos los integrantes del grupo, dicha variable aparecerá en el producto en forma normal.
   - si cierta variable vale 0 para todos los integrantes del grupo, dicha variable aparecerá en el producto en forma negada.

- si cierta variable vale 1 para algunos integrantes del grupo, y 0 para otros, dicha variable no aparecerá en el producto.

3) La expresión mínima del tipo Suma de Productos de la función dada será la suma de los productos determinados en el paso anterior.

2.10.4. Simplificación como Producto de Sumas

Hemos visto en el apartado anterior que el mapa de Karnaugh puede ser empleado para obtener la mínima expresión tipo Suma de Productos, de una función lógica. En el presente apartado veremos que también es posible obtener una expresión mínima tipo Producto de Sumas. Para comprender el procedimiento, realizaremos primero la simplificación como Suma de Productos de la inversa de una función dada. Sea el caso de la función cuyo mapa de Karnaugh se da, y que ya fuera utilizada como ejemplo en el apartado anterior. Para poder referirnos a ella con un nombre, designémosla como función Y.

DC \ BA	00	01	11	10
00	1	1		
01	1	1	1	
11	1		1	
10	1		1	

Función Y

Como hemos de trabajar con la inversa de esta función, realizaremos el mapa de Karnaugh de ésta que es, simplemente, el mapa de Karnaugh de la función original en la que los valores de la misma se cambian los unos por los ceros y viceversa, llegándose al siguiente mapa, al que ya se le han marcado los agrupamientos apropiados para su simplificación:

DC \ BA	00	01	11	10
00			1	1
01				1
11		1		1
10		1		1

Función $\overline{Y}$

La expresión mínima de esta función invertida resulta, entonces:

$$\overline{Y} = \overline{D}.\overline{C}B + B\overline{A} + D\overline{B}A$$

Y ahora, despejando Y pasando de miembro la negación que la afecta:

$$Y = \overline{\overline{D}.\overline{C}B + B\overline{A} + D\overline{B}A}$$

Y ahora aplicando la ley de Shannon que, recordemos, estipulaba que la negación de una función cualquiera es igual a la función dual de la misma con las variables independientes negadas, la negación que cubre todo el segundo miembro puede eliminarse si se reemplaza lo que hay bajo dicha barra por el dual (esto es, se reemplazan los productos por sumas y viceversa) y se invierten todas las variables (es decir, a las que no están negadas se las invierte, y a las que ya están negadas se les quita la inversión). Tras este procedimiento se llega a:

$$Y = (D + C + \overline{B})(\overline{B} + A)(\overline{D} + B + \overline{A})$$

Esta es una expresión tipo Producto de Sumas que, de todas las de su tipo, debe ser la más simple, ya que se ha obtenido a partir de la expresión minimizada de la función negada. Vemos entonces que el mapa de Karnaugh permite también minimizar este tipo de expresiones.

Sin embargo, en la práctica la expresión mínima como Producto de Sumas no se obtiene exactamente con el método expuesto, ya que suelen saltearse algunas etapas. Por ejemplo, no se traza el mapa de Karnaugh de la función invertida para agrupar los unos de ésta, sino que se agrupan directamente los ceros de la función original. Las reglas normalmente empleadas son los siguientes:

1) Agrupar en forma óptima los ceros de la función a simplificar.
2) Cada grupo se corresponde con una suma, donde cada una de las variables que interviene en ella está invertida con relación a la forma como aparecería si se tratase de un grupo de unos. Es decir:
   - si cierta variable vale 1 para todos los integrantes del grupo, dicha variable aparecerá en la suma en forma *negada*.
   - si cierta variable vale 0 para todos los integrantes del grupo, dicha variable aparecerá en la suma en forma *normal*.
   - si cierta variable vale 1 para algunos integrantes del grupo, y 0 para otros, dicha variable no aparecerá en la suma.
3) La expresión mínima como Producto de Sumas se obtiene multiplicando las sumas obtenidas en el punto anterior.

En nuestro ejemplo, el agrupamiento se realizaría como sigue:

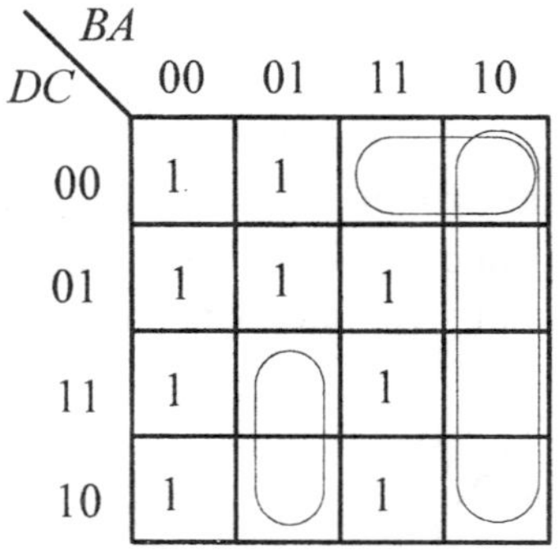

Función *Y*

Y se llegaría, por supuesto, a la misma expresión final:

$$Y = (D + C + \overline{B})(\overline{B} + A)(\overline{D} + B + \overline{A})$$

2.10.5. Redundancias

Hasta este punto hemos tratado funciones lógicas que están definidas para todas y cada una de las combinaciones posibles de las diferentes variables. Podremos decir que estas funciones están completamente definidas.

Pero existen también funciones que, para ciertas combinaciones de las variables, no está definido si deben tomar un valor particular 0 ó 1, resultando indiferente una y otra posibilidad. Decimos que una función con esta característica está *incompletamente definida* (o *incompletamente especificada*), y un ejemplo de ello se da a continuación.

Consideremos que se desea realizar un circuito que, a través de 4 variables (*D*, *C*, *B* y *A*), recibe una palabra que identifica un dígito en el código BCD natural, y que genera 7 funciones, encargada cada una de ellas en determinar el estado prendido o apagado del segmento que tiene asociado dicho dígito en un exhibidor decimal de 7 segmentos (del tipo que han popularizado las calculadoras y los relojes digitales, el que ya fuera presentado en el capítulo 1, y que se esquematiza

en la figura de la derecha). Para nuestros fines bastará que analicemos aquella función que está destinada a controlar al segmento inferior del exhibidor (el comúnmente denominado segmento *d*). Tendremos la siguiente tabla de verdad, que a continuación se comenta.

D	*C*	*B*	*A*	*d*
0	0	0	0	1
0	0	0	1	0
0	0	1	0	1
0	0	1	1	1
0	1	0	0	0
0	1	0	1	1
0	1	1	0	1
0	1	1	1	0
1	0	0	0	1
1	0	0	1	X
1	0	1	0	X
1	0	1	1	X
1	1	0	0	X
1	1	0	1	X
1	1	1	0	X
1	1	1	1	X

caso indiferente

casos imposibles

Consideremos los siguientes casos:

- cuando las 4 variables forman una palabra que corresponde a los dígitos 0, 2, 3, 5, 6 u 8, el segmento mencionado debe estar prendido. Si representamos esta condición con un 1, se notará en la tabla de verdad que los renglones correspondientes tienen un 1 como valor de la función.
- cuando las 4 variables forman una palabra que corresponde a los dígitos 1, 4 ó 7, el segmento mencionado debe estar apagado. Representaremos esta condición con un 0, como muestra la tabla de verdad en los renglones pertinentes.
- cuando las 4 variables formen una palabra que corresponde al dígito 9, el segmento mencionado puede estar, indistintamente, prendido o apagado, pues ambas posibilidades son válidas para representar al número 9 (ver la figura de la derecha). Es decir, que resulta indiferente el valor 0 ó 1 que tome la función lógica en esas condiciones, ya que en ese caso el valor de la función no está definido. Si representamos esta indiferencia con una X (con el significado de 0 ó 1 indistintamente), se notará en la tabla de verdad como se ha ingresado esta falta de definición.

- cuando las 4 variables formen una combinación no válida dentro del código BCD natural (tal como, por ejemplo, 1101) estaremos en presencia de un caso imposible, porque por la índole del problema esta situación, aunque concebible en el plano matemático, no puede darse en la realidad. Pero como en el mapa de Karnaugh aparecen naturalmente todas las combinaciones concebibles entre las variables independientes, aún cuando alguna combinación no sea factible, también en la tabla de verdad estas combinaciones deben figurar. Como no tiene sentido definir para esas combinaciones un valor determinado para la función, ya que esos casos no pueden llegar a presentarse, el valor de la función que corresponde a esas combinaciones imposibles (también llamadas *prohibidas*) suele dejarse en forma indefinida. Nótese la X con que se ha dejado indeterminada la función en los últimos renglones de la tabla de verdad que corresponden a las combinaciones prohibidas del código BCD natural.

Resumiendo, una función puede estar incompletamente definida por dos motivos diferentes, presentes ambos en el ejemplo recién visto:

a) porque por la naturaleza del problema, para cierta(s) combinación(es) de las variables resulta irrelevante el valor que tome la función pues ambas posibilidades (0 ó 1) resultan igualmente satisfactorias.

b) porque por la naturaleza del problema, cierta(s) combinación(es) de las variables no puede(n) llegar a presentarse, y por lo tanto carece de sentido definir el valor de la función en esos casos que no pueden ocurrir.

Nótese que en el primer caso la falta de definición se debe a un motivo de *indiferencia*, mientras que en el segundo el motivo es la *imposibilidad*. Sea por un motivo u otro, aquellas combinaciones de variables para las que una cierta función no está determinada suelen denominarse *redundancias*, y representarse, tanto en las tablas de verdad como en los mapas de Karnaugh, con una X asignada para simbolizar que puede ser 0 ó 1 indistintamente.

La denominación de redundancia no es, lamentablemente, un nombre bien asignado. El término redundancia, en lenguaje corriente, está asociado a una *repetición innecesaria* y no a una *alternativa sin importancia*, como es en nuestro caso. El término inglés correspondiente a redundancia es don't care (literalmente "no preocuparse"), y está mucho más cerca del concepto real.

El hecho de que una redundancia pueda ser considerada como 0 o como 1 indistintamente, significa que en un proceso de simplificación se podrán tomar de una u otra forma según resulte beneficioso para la minimización de la expresión. Tanto es así que las redundancias en el mapa de Karnaugh pueden ser consideradas como comodines, a los que se adjudica individualmente el valor 0 ó 1 según convenga a la simplificación.

El mapa de Karnaugh correspondiente a la función excitación del segmento *d*, que surge de la tabla de verdad dada más arriba, es el que se da a continuación. En él se observará que en el proceso de agrupar los unos, para obtener la expresión más simple como Suma de Productos, convino tomar algunas redundancias como unos y otras como ceros.

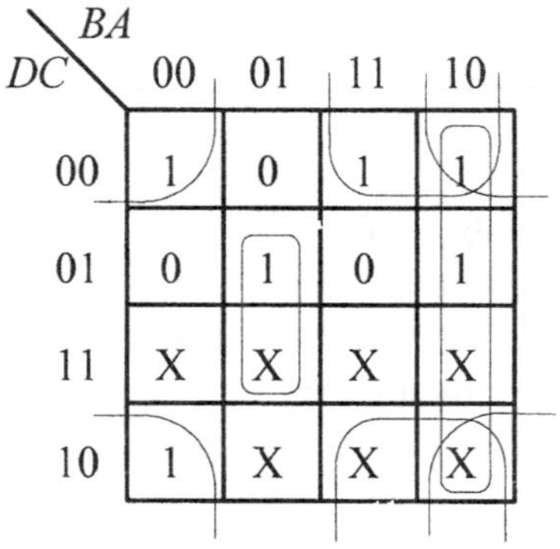

También las X pueden considerarse comodines cuando se efectúa el agrupamiento de los ceros, para obtener la expresión más simple del tipo productos de sumas. Se deja al lector, como ejercicio, la realización de esta tarea para el ejemplo que estamos considerando.

2.10.6. El mapa de Karnaugh de 5 variables

Cuando el número de variables se hace superior a 5, el mapa de Karnaugh se hace de gran tamaño y resulta problemático confiar en una simple inspección visual para detectar todas las simplificaciones posibles. Así, el mapa de Karnaugh de 6 variables tiene 64 casilleros, y la cifra se duplica por cada variable adicional. Por ello, prácticamente no se emplea el mapa de Karnaugh para los casos de más de 5 variables. Pero como el mapa de 5 variables se usa ocasionalmente, será presentado acá porque presenta ciertas facetas no presentes en los mapas de menor número de variables.

Para comprender las nuevas facetas, presentamos a continuación el mapa de Karnaugh correspondiente a 5 variables *E, D, C, B* y *A*, el que se realiza, como los casos anteriores, respetando el orden del código Gray tanto en el encabezamiento de las filas como de las columnas. Pero, como novedad, se ha dibujado con doble trazo la línea de simetría del mapa, que puede considerarse que lo divide en 2 submapas de 4 variables. En seguida se verá la razón para haber procedido así.

ED \ CBA	000	001	011	010	110	111	101	100
00								
01						*		
11			*		*	1	*	
10						*		

En el mismo mapa se ha marcado con un 1 un casillero, con el objeto de determinar la ubicación de los 5 casilleros adyacentes. Cuatro de ellos resultan evidentes, por ser linderos con el casillero en cuestión, y han sido marcados con sendos asteriscos, mientras que el quinto, también marcado, resulta menos evidente. Pero es fácil comprobar que el quinto casillero, que solo difiere del dado en la variable *C*, está ubicado, como muestra el mapa, en forma simétrica con relación al eje de simetría. Quizás no parezca que la simetría tenga que ver con la adyacencia, pero si se usa el eje de simetría como eje de giro, de manera que el submapa de la derecha se superponga sobre el de la izquierda, quedan claramente ambos casilleros simétricos uno encima del otro, es decir, adyacentes en esa representación tridimensional.

Es por ello que en un mapa de 5 variables, las simplificaciones posibles son:

1) dentro de cada submapa, las simplificaciones válidas para los mapas de 4 variables
2) entre ambos submapas, los casilleros ubicados en forma simétrica
3) entre ambos submapas, los grupos simplificables dentro de un submapa que estén acompañados de un grupo simétrico en el otro submapa.

En la figura que sigue se muestra un ejemplo (sencillo) de simplificación utilizando estas reglas, donde se presenta un caso de cada una de ellas.

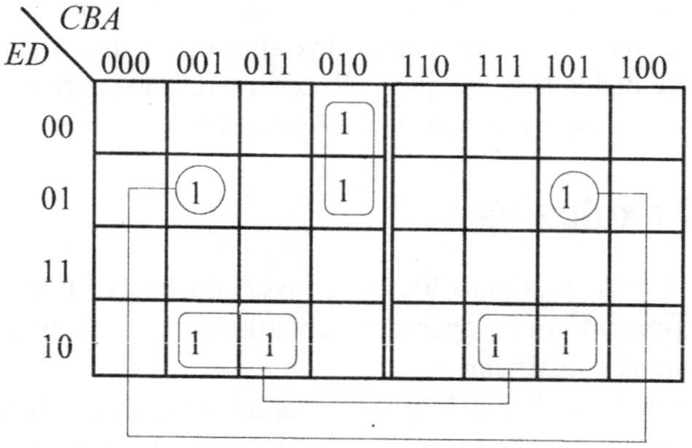

Compruebe el lector que la expresión simplificada resulta:

$$\overline{E}.\overline{C}B\overline{A} + \overline{E}D\overline{B}A + E\overline{D}A$$

2.11. Métodos computacionales de minimización

Por lo que se ha comentado en un apartado anterior, el mapa de Karnaugh es una herramienta idónea para simplificar funciones lógicas de un número de variables relativamente reducido (digamos, hasta 5 variables), porque con un número de variables más elevado el mapa resulta de considerable tamaño y no es posible asegurar que el diseñador pueda, por simple golpe de vista, advertir todas las simplificaciones posibles. Para esos casos es requerido un método sistemático, preferiblemente automatizado a través de un programa de computación apropiado.

El método llamado de Quine - Mc Cluskey (porque su desarrollo, realizado a mediados del siglo XX, se debe a Willard V. O. Quine y Edward Mc Cluskey) tiene esa característica. Su procedimiento de simplificación se basa en la realización sucesiva de las siguientes tareas, partiendo de la función expresada

como suma de minitérminos (y del conjunto de minitérminos que pueden ser considerados sin importancia por corresponder a estados redundantes):
1) determinar todos los implicantes primos por la aplicación de la propiedad de adyacencia
2) determinar el juego mínimo de implicantes primos que la expresión debe incorporar.
Un método alternativo para determinar los implicantes primos, en lugar de hacerlo con la propiedad de adyacencia, es aplicando el método denominado *consenso iterado*, que usa las propiedades del consenso y de la absorción. Este método tiene como ventaja, respecto del método de Quine - Mc Cluskey, de no partir de la suma de minitérminos, sino de una suma de productos, lo que implica la posibilidad de aprovechar alguna simplificación previa.

Sin intención de entrar en los detalles de este método, como no se ha mencionado anteriormente la propiedad del consenso, para ilustración del lector diremos que la misma se refiere a la siguiente igualdad, donde se advertirá que en el segundo miembro se ha agregado un término (es el llamado *consenso* entre los otros dos términos) sin que la función se vea afectada. Se invita al lector a comprobar la igualdad.

$$B\overline{A} + CA = B\overline{A} + CA + CB$$

Los procedimientos antemencionados pueden realizarse a mano si el número de variables de entrada no es mucho mayor que 5, pero para entradas más numerosas resultan extremadamente laboriosos y normalmente se requiere el uso de computadoras. Existen programas que realizan simplificaciones de acuerdo a dichos métodos, pero se han desarrollado más modernamente nuevos y más eficientes algoritmos de simplificación. La eficiencia es una característica importante cuando el número de variables es elevado, por el tiempo que insume el cálculo de las expresiones más simples. Uno de tales algoritmos, que ha tenido una particular aceptación, es el llamado *Espresso*.

Aún los algoritmos más eficientes pueden ser lentos en arribar a la solución exacta (es decir, la mínima absoluta) a un problema de minimización, cuando el número de variables es elevado. En esos casos se prefiere usar alguno de los llamados *métodos heurísticos*, que no pretenden alcanzar la solución exacta sino, en un tiempo razonable, lograr una buena aproximación a ella.

Dado que estos programas de minimización están disponibles para los diseñadores de circuitos lógicos, no es necesario para estos conocer en detalle los algoritmos que dichos programas implementan. Razón por la cual no serán presentados acá, aunque el lector interesado sabrá encontrar abundante literatura técnica sobre el tema en las revistas especializadas y en algunos libros.

2.12. La operación O exclusiva

Si bien los operadores suma lógica, producto lógico e inversión bastan para expresar cualquier función lógica, resulta conveniente definir un nuevo operador denominado O exclusiva (en inglés exclusive-OR o, simplemente XOR), como pasamos a justificar.

La frase "Quien esto escribe se llama Jorge o Eduardo" se podría comprobar que es verdadera con sólo constatar que el autor tiene uno de esos nombres. El hecho de que su nombre completo sea Jorge Eduardo (o sea ambos nombres) no le quita veracidad a la frase. La partícula "o" usada en la oración no se la emplea en un sentido de contraponer ambas posibilidades, que no son alternativas mutuamente excluyentes.

Por el contrario, en la frase "Tu eres el padre o el tío de Luis" el conector o relaciona dos alternativas contrapuestas, mutuamente excluyentes.

Al primer tipo de "o" (que a veces se escribe y/o cuando se desea ser particularmente preciso) se la denomina *O inclusiva* (porque admite ambas alternativas en forma conjunta) y es la que hemos usado hasta este momento. Al segundo tipo de "o" se la denomina *O exclusiva* y este apartado está dedicado a ella. Pero antes de proseguir, una pregunta: ¿a qué tipo de "o" cree el lector que se refiere la frase "Iré a la fiesta con mi traje azul o con mi traje negro"?

La tabla de verdad de la O exclusiva (o XOR, como se ha dicho más arriba) es la siguiente, en la que el lector observará que difiere en el último renglón de la tabla de verdad de la O inclusiva, ya que la O exclusiva no admite la simultaneidad de ambas alternativas, y por eso su valor es 0 en vez de 1. Observando que la tabla de verdad se corresponde con la tabla de la suma módulo 2, usaremos el símbolo ⊕, que empleamos para esta operación, para representar a la función O exclusiva.

B	A	$B\oplus A$
0	0	0
0	1	1
1	0	1
1	1	0

Resulta interesante analizar cómo se puede expresar la suma módulo 2 utilizando las operaciones fundamentales del Álgebra de conmutación. Para ello pueden deducirse de la tabla de verdad las expresiones canónicas de esta función.

$$A \oplus B = A\overline{B} + \overline{A}B$$

$$A \oplus B = (A + B)(\overline{A} + \overline{B})$$

De las expresiones canónicas se comprueba que no hay presentes en las mismas minitérminos adyacentes ni maxitérminos adyacentes (respectivamente), por lo que las expresiones canónicas son, al mismo tiempo, las expresiones más simples que tiene esta función. Se deja a cargo del lector representar $A\oplus B$ en un mapa de Karnaugh y comprobar también con él lo dicho.

A partir de las expresiones canónicas pueden sacarse algunas conclusiones interesantes. Por ejemplo, reemplazando en la primera de las expresiones a la variable B por 0, 1, A y A negada respectivamente, se obtiene:

$$A \oplus 0 = A$$

$$A \oplus 1 = \overline{A}$$

$$A \oplus A = 0$$

$$A \oplus \overline{A} = 1$$

Otra propiedad de particular interés es que la función O exclusiva tiene la peculiar propiedad de que su función inversa es, al mismo tiempo, su dual. Para probarlo, partiremos de una de las expresiones vistas de la función O exclusiva (usaremos la primera, pero a igual resultado se llega partiendo de la segunda), la negaremos, y tras alguna manipulación algebraica llegaremos a la expresión dual de la expresión de partida. Veamos este procedimiento.

$$\overline{A \oplus B} = \overline{A\overline{B} + \overline{A}B} = (\overline{A} + B)(A + \overline{B}) = (A + \overline{B})(\overline{A} + B) = \text{dual de } A\overline{B} + \overline{A}B$$

Otra propiedad de interés es que la negación de una función O exclusiva de dos variables es igual a la O exclusiva de una de esas variables con la negación de la otra, es decir:

$$\overline{A \oplus B} = \overline{A} \oplus B = A \oplus \overline{B}$$

Se deja al lector la tarea de demostrarlo.

Problemas

2-1) Aplicar las propiedades del Álgebra de conmutación para eliminar los paréntesis y las barras de negación que afecten a más de una letra, y simplificar al máximo las expresiones de las siguientes funciones:

a) $Z = (A + B + BA)(A + C)$

b) $Z = \overline{A + \overline{C}B}.\overline{\overline{B}A + CB}$

c) $Z = (\overline{A} + BA)(\overline{B} + BA)$

2-2) Para el siguiente circuito con contactos, dar la expresión algebraica correspondiente al mismo. Tener presente que los contactos con el mismo nombre están mecánicamente vinculados y operan simultáneamente.

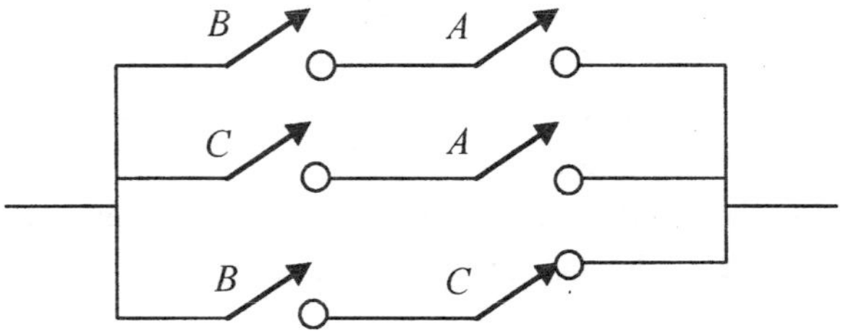

2-3) En una oficina en que trabajan tres empleados (Angel, Beba y Carlos) y su jefe Juan existe un ventilador de techo. Se piensa suministrar al jefe y a los empleados sendas llaves (con un par de contactos cada una) de manera de que el ventilador de techo se encienda cuando así lo desean los tres empleados o lo desee el jefe y al menos uno de los empleados. Encontrar mentalmente una expresión de la función encendido del ventilador, e implementar el circuito correspondiente con los mencionados contactos.

2-4) Dar la tabla de verdad de las siguientes funciones:

a) $Z{=}f(D, C, B, A) = \Sigma P(0, 2, 3, 9, 10, 11, 12, 13, 14)$

b) $Z = (C + \overline{B} + A)(\overline{C} + \overline{B} + A)(\overline{C} + \overline{B} + \overline{A})(C + B + \overline{A})$

c) $Z = \overline{B + \overline{A}}(C + D(B + A)) + \overline{D}CBA$

d) $Z = f(C, B, A)$ tal que Z toma el mismo estado en que se encuentran la mayoría de las variables independientes (C, B y A)

e) $Z = f(D, C, B, A)$ tal que Z es la suma módulo 2 de las variables independientes.

2-5) Obtener ambas expresiones canónicas correspondientes a cada una de las funciones del problema anterior. Presentar cada expresión tanto en forma literal como numérica.

2-6) La función del problema 2-4d tiene la peculiar propiedad de ser dual de sí misma. Demostrarlo.

2-7) Demostrar el llamado *teorema de expansión* que establece que, siendo $f(A, B, C,...)$ una función lógica de las variables A, B, C, etc., se cumple que:

$$f(A, B, C, ...) = A.f(1, B, C, ...) + \overline{A}.f(0, B, C, ...)$$

2-8) Se sabe que, dado un cierto número de variables, la negación de un minitérmino genérico, dado en forma numérica P_i, da como resultado el maxitérmino S_i, es decir, un maxitérmino cuyo número es idéntico al del minitérmino original. Se pregunta qué resultado da la obtención del dual de P_i. (Nota de ayuda: probablemente su respuesta incluya las palabras "complemento a 1").

2-9) Trazar un mapa de Karnaugh para 4 variables *D*, *C*, *B* y *A*, y colocar en cada casillero el número de minitérmino con el que se corresponde.

2-10) Indicar cual es la expresión algebraica que corresponde a una función cuyo mapa de Karnaugh se caracteriza por tener:
a) todos los casilleros en 1
b) todos los casilleros en 0

2-11) Dar las expresiones más simples tipo Suma de Productos y Producto de Sumas para las funciones del problema 2-4.

2-12) Dar las expresiones más simples tipo Suma de Productos y Producto de Sumas para las siguientes funciones:

a)

C \ *BA*	00	01	11	10
0	X	1	0	1
1	0	1	X	X

b)

DC \ *BA*	00	01	11	10
00	0	X	1	1
01	0	1	0	X
11	X	1	X	1
10	1	0	1	X

c)

ED \ *CBA*	000	001	011	010	110	111	101	100
00	1	0	0	1	1	0	0	1
01	0	1	0	1	1	1	1	1
11	1	1	0	1	1	0	1	0
10	1	1	1	1	1	1	0	0

2-13) Dar la expresión más simple como Suma de Productos correspondiente a la función del circuito del problema 2-2, dibujar el circuito mínimo con contactos que la satisface y determinar si se han producido simplificaciones respecto al circuito original.

2-14) En una oficina en que trabajan tres empleados existe un ventilador de techo. Se piensa suministrar a los empleados sendas llaves (con un par de contactos mecánicamente vinculadas cada una) de manera de que el ventilador de techo se encienda cuando así lo desean dos de ellos. Implementar el circuito correspondiente con los mencionados contactos.

2-15) Simplificar las siguientes ecuaciones por aplicación de las propiedades del Álgebra de conmutación y sin hacer uso del mapa de Karnaugh, previo reemplazo de la operación O exclusivo por su expresión como Suma de Productos o Producto de Sumas.

a) $(A \oplus B)(\overline{A} + C)$

b) $(A \oplus (B + \overline{C}))B$

2-16) Demostrar que:

$\overline{A \oplus B} = \overline{A} \oplus B = A \oplus \overline{B}$

2-17) Se ha mencionado al principio del capítulo la existencia de llaves con contactos normalmente abiertos y otras con contactos normalmente cerrados, pero no se mencionó que existen llaves llamadas *inversoras* o *de dos puntos* que poseen tanto un contacto normalmente abierto como otro normalmente cerrado, compartiendo un terminal común. La figura que sigue muestra el esquema de la llave y su circuito equivalente con dos llaves vinculadas.

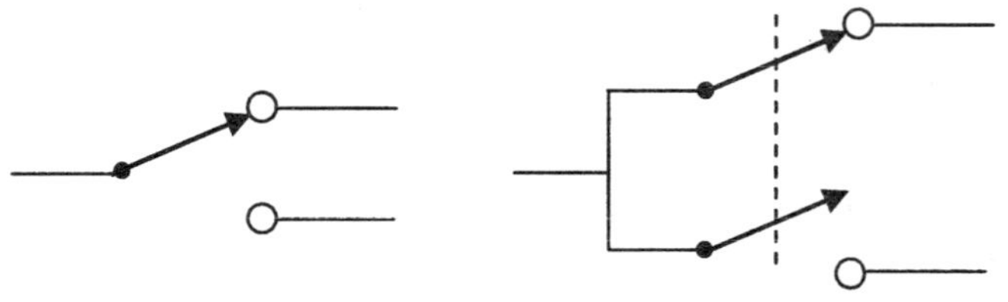

En una habitación se colocan sendas llaves inversoras en las cercanías de los dos accesos A y B que tiene la habitación, y se conectan eléctricamente con los cables cruzados, de la manera que se indica a continuación para encender las luces a partir de la red de distribución eléctrica domiciliaria de corriente alterna. Se pide:

a) explicar la operación de la conexión
b) suministrar la expresión lógica correspondiente a la situación "luz encendida"

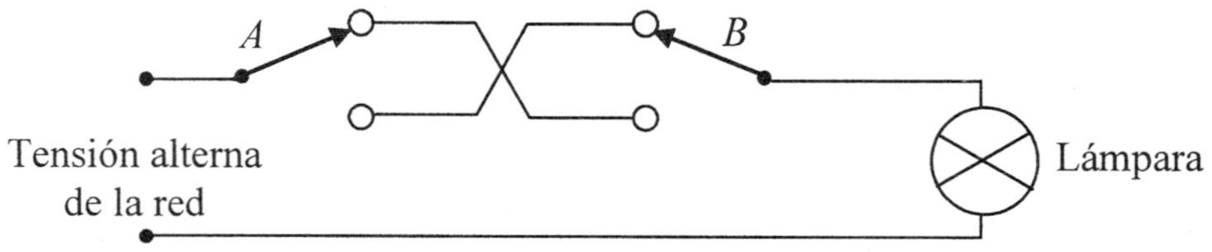

CAPÍTULO 3

CIRCUITOS COMBINACIONALES CON COMPUERTAS

3.1. Introducción

Los circuitos de conmutación más tradicionales son los basados en contactos. Pero más modernamente los circuitos de conmutación se hicieron electrónicos: primero con válvulas de vacío, luego con transistores, actualmente con circuitos integrados. El mismo nombre ha también cambiado, ya que los circuitos de conmutación electrónicos suelen llamarse, preferentemente, *circuitos lógicos*. Este cambio tecnológico ha permitido eliminar partes móviles, reducir costos y tamaños, mejorar la calidad y la confiabilidad, y aumentar la velocidad de operación. Por esta razón los circuitos lógicos electrónicos han reemplazado a los circuitos de conmutación con contactos en todas las aplicaciones, excepto en aquellas pocas en que se saca provecho de la mayor robustez de los circuitos con contactos.

En los circuitos lógicos electrónicos se definen los dos estados característicos del álgebra de conmutación de manera muy diferente a como lo hacen los circuitos de contactos. Así, mientras estos últimos definen los estados 0 y 1 como correspondientes a los estados normal y operado de los contactos, y la continuidad o no en la transmisión, en los circuitos lógicos estos estados lógicos se definen como dos niveles distintos de tensión. Así, un circuito lógico podrá tener una o más entradas y una o más salidas, cada una de las cuales solo podrá tener un nivel de tensión que sea uno de 2 niveles predeterminados (o próximos a ellos, ya que en la práctica se requiere y acepta cierta tolerancia).

Los circuitos lógicos suelen clasificarse en dos tipos:

- combinacionales
- secuenciales

En los *circuitos lógicos combinacionales* el estado de las salidas (es decir, su nivel de tensión) es, en cada momento, una función lógica del estado presente en las diferentes entradas en ese momento, es decir, depende de la combinación particular de los valores que toman en cada instante dichas entradas. En cambio, en los *circuitos lógicos secuenciales* el estado de la salida es, no sólo función del estado que tienen en ese momento las entradas, sino también de la secuencia previa de las mismas.

Postergaremos para otro capítulo el estudio de los circuitos lógicos secuenciales, y nos restringiremos por el momento al caso de los circuitos lógicos combinacionales, cuyo estudio comenzaremos tratando el tema de las compuertas.

3.2. Las compuertas

Se han definido nueve circuitos lógicos combinacionales básicos que suelen ser utilizados como bloques funcionales para la realización de circuitos lógicos más complejos. Estos circuitos básicos son denominados *compuertas* (en inglés, gates) y pertenecen a esa categoría los siguientes circuitos:

- la compuerta AND
- la compuerta OR
- la compuerta inversora
- la compuerta NAND
- la compuerta NOR
- la compuerta XOR
- la compuerta XNOR
- la compuerta buffer
- la compuerta de transmisión

Las tres primeras compuertas son las llamadas *compuertas fundamentales*, porque son las que implementan, como enseguida veremos, a las operaciones fundamentales del Álgebra de conmutación (producto lógico, suma lógica y negación). Ellas permiten realizar cualquier función lógica ya que, como sabemos, las citadas operaciones fundamentales del Álgebra de conmutación permiten expresar cualquier función lógica.

Las siguientes cinco compuertas son denominadas *compuertas derivadas* y, aunque no son imprescindibles, facilitan la realización de algunas funciones lógicas.

La última compuerta citada, la compuerta de transmisión, es una compuerta especial que permite combinar la operación de variables digitales con señales analógicas.

Veamos a continuación cada una de estas compuertas.

3.2.1. Las compuertas fundamentales

3.2.1.1. La compuerta AND

La compuerta AND (también llamada en forma castellanizada *compuerta Y*) es el circuito lógico de *2 o más* variables de entrada que cumple la función producto lógico (es decir la operación AND) entre ellas, esto es, que presenta un 1 a su salida sólo cuando *todas* sus entradas están en estado 1. Así, la figura 3-1 muestra el símbolo de uso habitual para representar a las compuertas AND, ejemplificado para el caso de una compuerta de 2 entradas, y la tabla de verdad correspondiente.

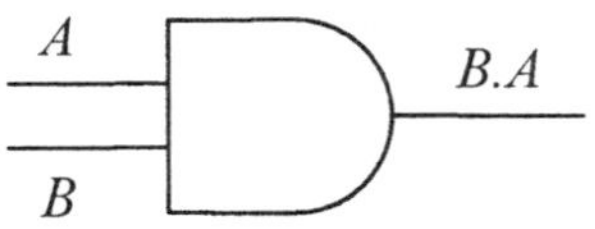

B	*A*	*B.A*
0	0	0
0	1	0
1	0	0
1	1	1

Figura 3-1 - Símbolo y tabla de verdad de una compuerta AND de 2 entradas

3.2.1.2. La compuerta OR

La compuerta OR (también llamada en forma castellanizada *compuerta O*) es el dual de la compuerta AND, y se define como el circuito lógico de *2 o más* variables de entrada que cumple la función suma lógica (es decir, la operación OR) entre ellas, esto es, que presenta un 1 a su salida sólo cuando *alguna(s)* de sus entradas está(n) en estado 1. Así, la figura 3-2 muestra el símbolo de uso habitual para representar a las compuertas OR, ejemplificado para el caso de una compuerta de 2 entradas, y la tabla de verdad correspondiente.

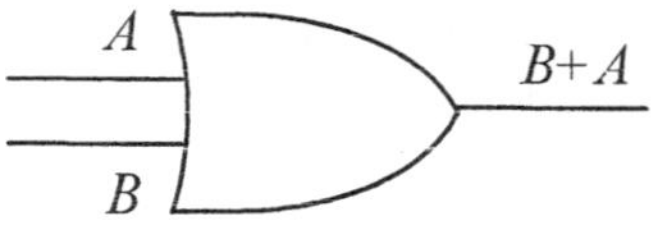

B	*A*	*B+A*
0	0	0
0	1	1
1	0	1
1	1	1

Figura 3-2 - Símbolo y tabla de verdad de una compuerta OR de 2 entradas

3.2.1.3. La compuerta inversora

La compuerta inversora (también llamada compuerta NOT o, simplemente, *inversor* o *negador*) es el circuito lógico que realiza la función negación del Álgebra de conmutación, es decir, que presenta un 0 a su salida cuando su única entrada está en 1 (y viceversa). Así, la figura 3-3 muestra el símbolo de uso habitual para representar al inversor, y la tabla de verdad correspondiente. El pequeño círculo colocado a la salida del símbolo se denomina *indicador de negación* y en la simbología habitual de las compuertas señala que el terminal al que está asociado (una salida en este caso, pero puede ser también una entrada) tiene un proceso de negación interno a la compuerta.

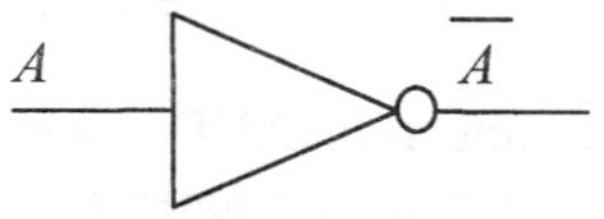

A	$\overline{A}$
0	1
1	0

Figura 3-3 - Símbolo y tabla de verdad de un inversor

3.2.2. Las compuertas derivadas

3.2.2.1. La compuerta NAND

La compuerta NAND es una compuerta equivalente a una compuerta AND (de cualquier número de entradas) seguida de un inversor, es decir, con su salida negada, de donde deriva su denominación (una abreviatura de NOT AND). En la figura 3-4 se muestra su circuito equivalente, simbología y la tabla de verdad correspondiente a una NAND de 2 entradas.

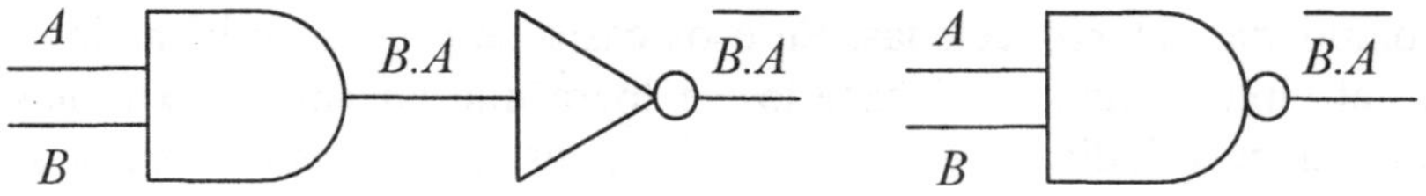

B	A	$\overline{B.A}$
0	0	1
0	1	1
1	0	1
1	1	0

Figura 3-4 - Circuito equivalente, símbolo y tabla de verdad de una compuerta NAND

Se notará de la tabla de verdad que la compuerta NAND puede definirse como una compuerta que tiene un 0 en su salida cuando todas sus entradas están en 1. O, alternativamente, como aquella cuya salida es 1 cuando alguna(s) de sus entradas está(n) en 0. Unos párrafos más adelante volveremos sobre esta definición alternativa.

En el símbolo de la compuerta NAND hemos utilizado el ya definido indicador de negación.

Vemos que la expresión a la salida de una compuerta NAND es la negación del producto de las entradas. Pero aplicando la ley de De Morgan acerca de la negación de un producto, puede encontrarse una nueva expresión algebraica para la salida de una compuerta NAND. Manteniéndonos en el ejemplo anterior de una compuerta de 2 entradas (pero anticipando que el resultado será extrapolable al caso de mayor número de entradas), se puede escribir:

$$\overline{B.A} = \overline{B} + \overline{A}$$

Y esta expresión indica que la salida de una compuerta NAND también puede expresarse como la suma de sus entradas negadas, por lo que también admite como circuito equivalente el de una compuerta OR con todas sus entradas negadas, es decir, una compuerta OR precedida de inversores en todas sus entradas.

Surgen, entonces, un nuevo circuito equivalente y un nuevo símbolo (que denominaremos alternativos) para esta compuerta, los que se muestran en la figura siguiente, donde en el símbolo alternativo hemos vuelto a usar el indicador de negación, pero esta vez asociado a las entradas.

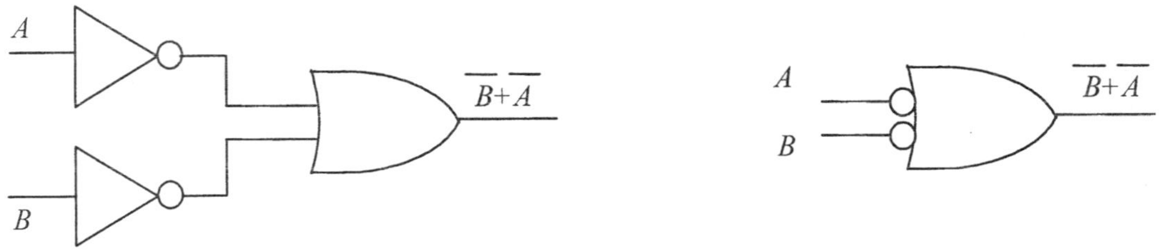

Figura 3-5 - Circuito equivalente y símbolo alternativos de una compuerta NAND

Dado que los símbolos "normal" y alternativo para la compuerta NAND son equivalentes y puede utilizarse indistintamente uno u otro, cabe preguntarse sobre la ventaja de tener dos símbolos. Si bien uno sólo bastaría para todos los circuitos, hay casos en que uno de los dos símbolos muestra más claramente la función que realiza la compuerta y, en esos casos, debería ser el preferido. Veamos a continuación dos de esos casos.

En primer lugar, recordemos que hemos definido una compuerta NAND como aquella que presenta un 0 en su salida sólo cuando todas sus entradas están en estado 1, pero que también podía ser definida, alternativamente, como aquella cuya salida está en 1 cuando alguna(s) de sus entradas está(n) en 0. Es común asociar las palabras "alguna de las entradas" y "todas las entradas" a una OR y una AND respectivamente, mientras que los términos "está en 0" o "está en 1" a la presencia o ausencia respectivamente de un indicador de inversión en la correspondiente entrada o salida. En esas condiciones, el símbolo normal de la NAND "dice" que la salida está en 0 cuando todas las entradas están en 1, mientras que el símbolo alternativo "dice" que la que salida está en 1 cuando alguna de las entradas está en 0. Por lo tanto, en cada caso se debería preferir el símbolo que más se corresponda con la forma en que se prefiere visualizar el funcionamiento de la compuerta.

En segundo lugar, el símbolo alternativo también tiene su campo de aplicación al dibujar circuitos complejos que incluyen varias compuertas interconectadas. En esos casos se prefiere utilizar los símbolos alternativos en aquellos lugares del circuito donde, al hacerlo, se logra que en ambos extremos de una conexión (o en ninguno de ellos) aparezcan indicadores de negación, pues en ese caso la acción de ambas inversiones puede cancelarse mentalmente, y el circuito resulta más fácil de analizar. Así, la figura siguiente muestra *un mismo circuito* que emplea tres compuertas NAND, pero dibujado de dos formas distintas: en la primera se ha utilizado el símbolo normal de esas compuertas, mientras que en la segunda se ha hecho empleado el símbolo alternativo para una de ellas, logrando que en ambos extremos de las conexiones entre las compuertas haya indicadores de negación.

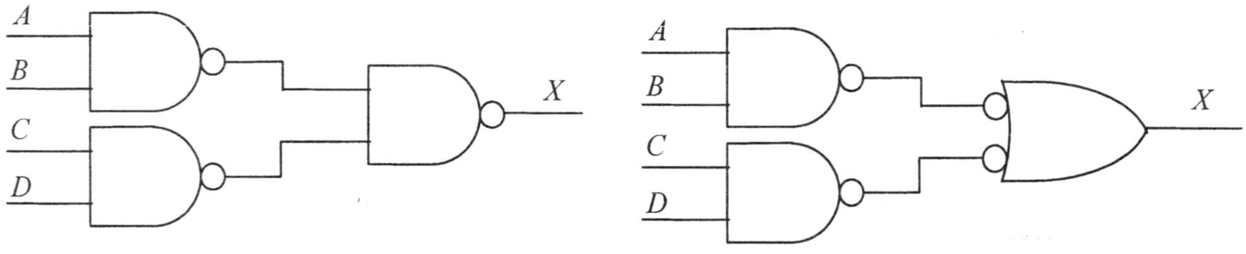

Figura 3-6 - Ejemplo en que se saca ventaja del uso de la simbología alternativa

El lector no tendrá inconvenientes en determinar para el primer circuito la expresión correspondiente a la salida del mismo, aunque para ello deberá efectuar algunas manipulaciones algebraicas. Por el contrario, la cancelación mental de las dos negaciones presentes en las interconexiones en el segundo circuito hace *evidente* que la expresión de la salida es:

$X=AB+CD$

Se ve, entonces, que un uso apropiado de los símbolos alternativos puede simplificar la interpretación de un circuito lógico con varias compuertas interconectadas.

Una característica importante de las compuertas NAND es que es una *compuerta universal*, entendiendo por tal que cualquier función lógica puede ser realizada utilizando exclusivamente este tipo de compuerta. Demostraremos esta propiedad, probando que con compuertas NAND se pueden realizar inversores, compuertas AND y compuertas OR, y concluyendo que, como con estas compuertas fundamentales se puede realizar cualquier función lógica, también puede esto hacerse usando exclusivamente compuertas NAND. Para esta demostración en tres partes nos basaremos en la figura 3-7.

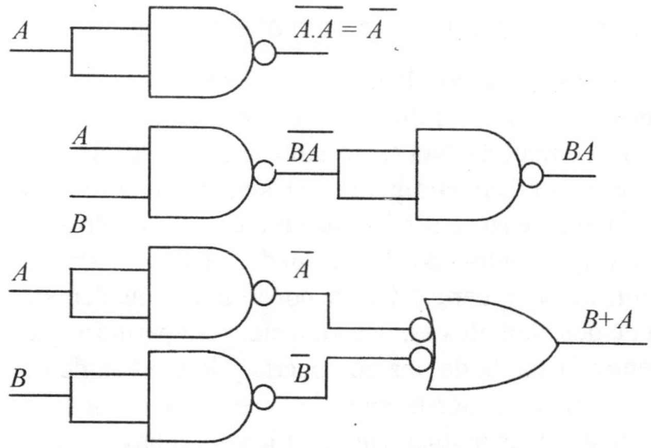

Figura 3-7 - Inversor, compuerta AND y compuerta OR realizadas con compuertas NAND

En dicha figura se comprueba que:

- Una compuerta NAND que tenga todas sus entradas en paralelo y conectadas a una única variable, por aplicación de la propiedad de idempotencia (*A.A=A*), se comporta como un inversor de esa única variable.
- Un inversor (hecho con una compuerta NAND) colocado a la salida de otra compuerta NAND, compensa el inversor que ya tiene a la salida dicha compuerta y da lugar al equivalente de una compuerta AND.
- Una compuerta NAND (en este caso por mayor claridad representada por su símbolo alternativo) precedida en cada una de sus entradas por sendos inversores (cada uno de ellos hecho a su vez por medio de una compuerta NAND), da lugar al equivalente de una compuerta OR.

3.2.2.2. La compuerta NOR

La compuerta NOR (dual de la NAND) es una compuerta equivalente a una compuerta OR (de cualquier número de entradas) seguida de un inversor, es decir, con su salida negada, de donde deriva su denominación (una abreviatura de NOT OR). En la figura 3-8 se muestra el circuito equivalente, la simbología y la tabla de verdad correspondiente a una NOR de 2 entradas.

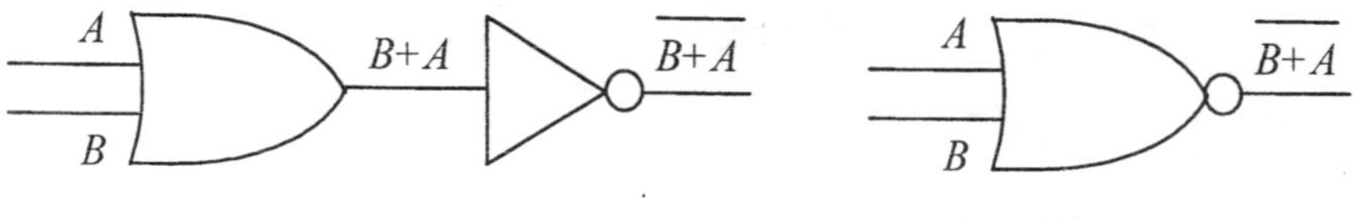

B	A	$\overline{B+A}$
0	0	1
0	1	0
1	0	0
1	1	0

Figura 3-8 – Circuito equivalente, símbolo y tabla de verdad de una compuerta NOR.

Se notará de la tabla de verdad que la compuerta NOR puede definirse como una compuerta que tiene un 0 a su salida cuando *alguna(s)* de sus entradas está(n) en 1. O, alternativamente, como aquella cuya salida es 1 cuando *todas* sus entradas están en 0. Esta última forma de definir a una compuerta NOR da origen a que se emplee un símbolo alternativo al que muestra la figura 3-8, según se ve en la figura 3-9.

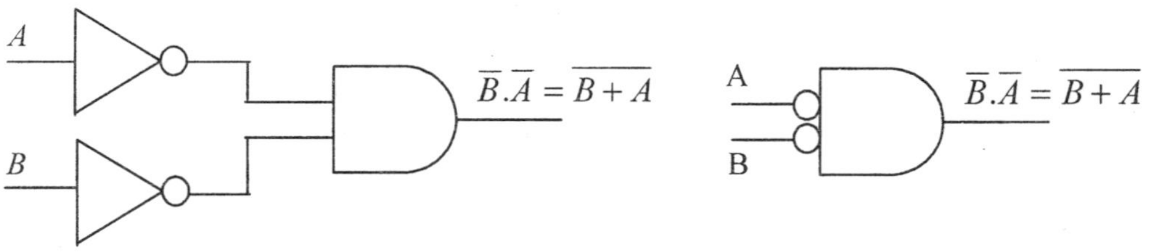

Figura 3-9 – Circuito equivalente y símbolo alternativos de la compuerta NOR.

El procedimiento para justificar este símbolo alternativo es totalmente análogo al visto para el caso de la compuerta NAND, y en la figura anterior se realiza con el auxilio de una de las leyes de De Morgan. Allí se prueba que puede lograrse una compuerta NOR, no sólo a partir de una *compuerta OR seguida de un inversor* a su salida (como se hiciera en la figura 3-8) sino también a partir de una *compuerta AND precedida de inversores* en cada una de sus entradas (por eso en el símbolo alternativo se usa una AND con indicadores de inversión en todas sus entradas). Debe quedar claro que ambos símbolos, el "normal" y el alternativo, representan a la misma compuerta NOR, y por lo tanto, pueden ser usados indistintamente. La conveniencia de la existencia de dos símbolos es, nuevamente, para permitir que, de ser posible, en el dibujo de la línea de interconexión entre la salida de una compuerta y la entrada de otra haya, o bien un indicador de negación en ambos extremos (para poder eliminarlos mentalmente al estudiar el comportamiento del circuito por cancelarse ambas inversiones mutuamente), o bien no lo haya en ninguno de ellos.

Una característica importante de las compuertas NOR es que también ella es una compuerta universal, es decir, que cualquier función lógica puede ser realizada utilizando exclusivamente este tipo de compuerta. Demostraremos esta propiedad en forma similar a lo hecho con relación a la compuerta NAND, es decir, probando que con compuertas NOR se pueden realizar inversores, compuertas AND y compuertas OR, y concluyendo que como con estas compuertas fundamentales se puede realizar cualquier función lógica, también puede esto hacerse usando exclusivamente compuertas NOR. Para esta demostración en tres partes nos basaremos en la figura 3-10.

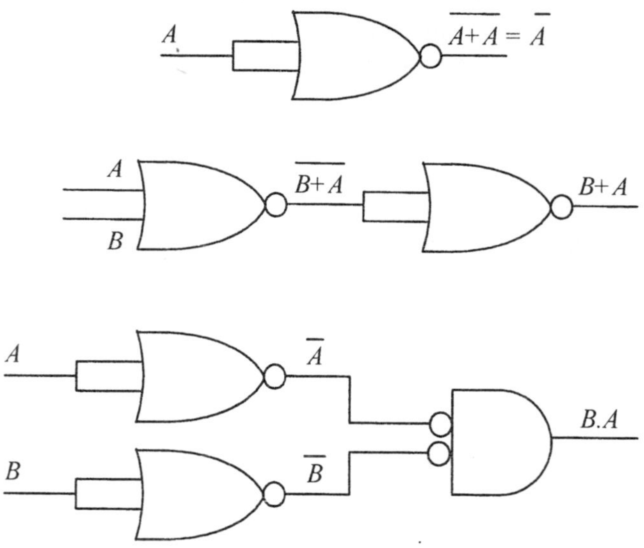

Figura 3-10 - Inversor, compuerta OR y compuerta AND hechas con compuertas NOR

En dicha figura se comprueba que:

- Una compuerta NOR que tenga todas sus entradas en paralelo y conectadas a una única variable, por aplicación de la propiedad de idempotencia ($A+A=A$), se comporta como un inversor de esa única variable.
- Un inversor (hecho con una compuerta NOR) conectado a la salida de una compuerta NOR, compensa el inversor que ya tiene a la salida dicha compuerta y da lugar al equivalente de una compuerta OR.

- Una compuerta NOR (en este caso representada por su símbolo alternativo para mayor claridad) precedida en cada una de sus entradas por sendos inversores (cada uno de ellos hecho a su vez por medio de una compuerta NOR), da lugar al equivalente de una compuerta AND.

3.2.2.3. La compuerta XOR

La compuerta XOR (también llamada compuerta *O exclusiva* o, en inglés, exclusive OR) es una compuerta de *estrictamente 2 entradas* que presenta a su salida la suma módulo 2 de ambas entradas o, lo que es lo mismo, la función O-exclusiva de las mismas. Su símbolo habitual y la tabla de verdad correspondiente se muestran en la figura 3-11.

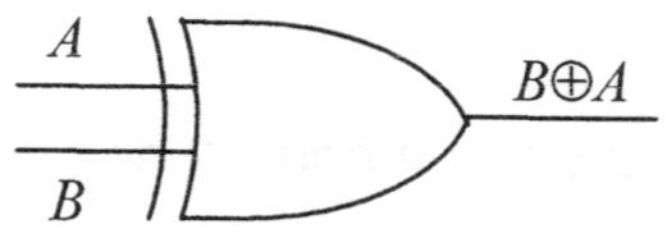

B	A	$B\oplus A$
0	0	0
0	1	1
1	0	1
1	1	0

Figura 3-11 - Símbolo y tabla de verdad de una compuerta XOR

Ya en el capítulo 2 habíamos deducido las expresiones que daban la función O-exclusiva, que eran las expresiones canónicas que se dan a continuación, pues no había simplificación posible.

$$A \oplus B = A\overline{B} + \overline{A}B$$

$$A \oplus B = (A + B)(\overline{A} + \overline{B})$$

Si se requiriese realizar una función O-exclusiva empleando convencionalmente las compuertas básicas o universales, es fácil comprobar que se necesitarían 5 compuertas para realizar cualquiera de las dos expresiones anteriores. Es por ello muy útil, cuando se necesita realizar la función O-exclusiva, disponer de un tipo de compuerta que la implementa directamente.

Las compuertas XOR no se prestan para implementar en forma simple funciones lógicas cualquiera, como lo hacen las compuertas NAND y NOR, por lo que no son usadas con ese propósito. Su uso habitual es para implementar ciertas funciones que sacan provecho de su particular tabla de verdad. Es decir que sus aplicaciones son muy específicas, por ejemplo, para realizar una suma módulo 2.

Pero la realización de una suma módulo 2 de varias variables se ve dificultada por el hecho de que la compuerta XOR sólo tiene 2 entradas. Sin embargo, esto no constituye un problema mayor pues puede resolverse fácilmente aplicando la propiedad asociativa que tiene la suma, por lo que, por ejemplo, la suma módulo 2 de cuatro variables A, B, C y D puede escribirse como sigue:

$$A\oplus B\oplus C\oplus D = (((A\oplus B)\oplus C)\oplus D)$$

Expresión que puede ser realizada con compuertas XOR de la forma que muestra la figura 3-12.

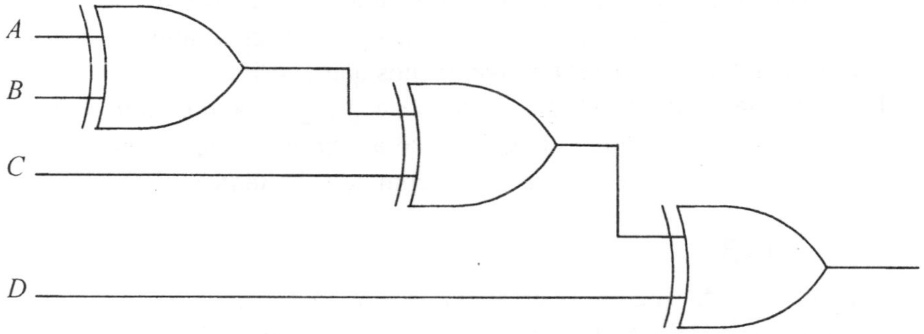

Figura 3-12 - Una forma de realización de la suma módulo 2 de cuatro variables

Pero en la misma suma puede aplicarse la propiedad asociativa de manera diferente, y llegar a la expresión siguiente:

$A \oplus B \oplus C \oplus D = (A \oplus B) \oplus (C \oplus D)$

Expresión que puede ser realizada con compuertas XOR de la forma que muestra la figura 3-13.

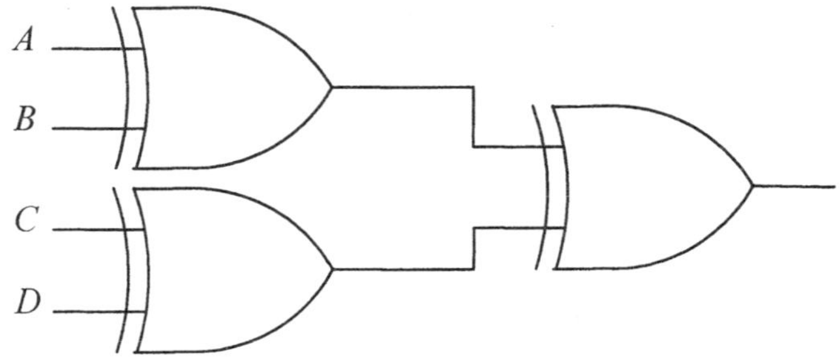

Figura 3-13 - Otra forma de realización de la suma módulo 2 de cuatro variables

Los circuitos que muestran las dos figuras anteriores realizan ambos la función deseada, empleando el mismo material (ambos requieren 3 compuertas XOR). De hecho nos interesa comparar ambas figuras para determinar si uno de los dos circuitos es preferible con respecto al otro, aunque no por razones de economía, ya que, como acabamos de ver, ambos circuitos emplean el mismo material y ninguno puede considerarse, desde ese punto de vista, más económico que el otro. Pero analicemos la velocidad de operación, lo que nos permitirá sacar algunas conclusiones generales, válidas para todo tipo de compuertas.

Aún cuando hemos considerado hasta aquí a las compuertas como dispositivos ideales cuyas salidas reaccionan instantáneamente a los cambios en sus entradas, en la práctica ello no es así y las salidas de las compuertas reales reaccionan con un ligero atraso a un cambio en sus entradas, como se verá más adelante. La magnitud de ese atraso es característica de cada compuerta real y se denomina *tiempo de propagación* de la misma. Resulta evidente que un circuito complejo ofrecerá un tiempo de propagación total frente al cambio en algunas de las entradas que será la suma de los tiempos de propagación de las distintas compuertas que dicha entrada debe "atravesar" antes de influir sobre la salida. Sin entrar en detalles cuantitativos finos, este tiempo de propagación será tanto más grande cuanto más elevado sea el número de compuertas que dicha entrada debe atravesar. Por ello, para tener un medio aproximado de comparar tiempos de propagación de diferentes circuitos se utiliza el concepto de número de niveles de un circuito lógico.

El *número de niveles* de un circuito lógico se define como el máximo de los números de compuertas que deben atravesar las distintas señales de entrada hasta llegar a influir sobre la salida. Es decir, la cantidad de compuertas que debe traspasar la señal de entrada en condición más desfavorable, esto es, la más "alejada" de la salida. Por ejemplo, los circuitos de las últimas dos figuras tienen respectivamente 3 niveles y 2 niveles, porque ése es el número de compuertas que debe atravesar la entrada más alejada (en la última figura todas las entradas están igualmente alejadas, pero en la anterior las más alejadas son *A* y *B*). Cabe aclarar que en el cómputo de niveles se conviene en que *no* deben tomarse en consideración los inversores. Esto se justifica porque, de no hacerlo así, al determinar el número de niveles no podrían contabilizarse por igual todas las compuertas encontradas en el camino porque algunas incluyen inversores en su interior.

De lo visto surge que de los dos circuitos propuestos para hacer la suma módulo 2 de 4 variables, el que resulta preferible es el segundo, por tener un nivel menos que el primero.

El número de niveles de un circuito lógico es un concepto general muy importante cuyo interés no se restringe al caso de compuertas XOR. Por lo que no deberá extrañar al lector que este concepto aparezca repetidamente en esta publicación, tanto en este capitulo como en siguientes.

3.2.2.4. La compuerta XNOR

La existencia de la compuerta XOR sugiere la creación de otra compuerta que efectúe la función dual. Esta compuerta dual existe pero, dado de que el dual de la función suma módulo 2 es igual a la negación de esa misma función (como hemos visto en el capítulo anterior), a la compuerta dual de la XOR se prefiere en general considerarla más su inversa que su dual, por lo que se la denomina compuerta XNOR o NOR exclusiva (y no XAND como se haría si se hubiese deseado enfatizar la dualidad). El símbolo con que habitualmente se representa a la compuerta XNOR (inspirado en el de una compuerta XOR con su salida negada) y la tabla de verdad correspondiente se muestran en la figura 3-15.

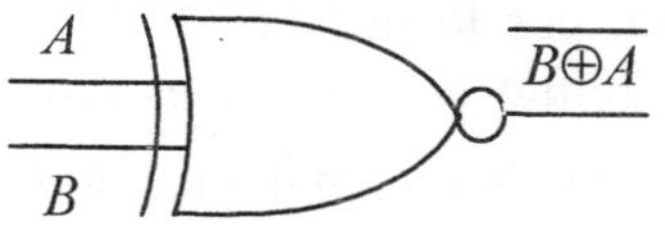

B	*A*	$\overline{B \oplus A}$
0	0	1
0	1	0
1	0	0
1	1	1

Figura 3-14 - Símbolo y tabla de verdad de una compuerta XNOR

De dicha tabla de verdad se concluye que la compuerta XNOR es una compuerta de *estrictamente 2 entradas* cuya salida es 1 cuando ambas entradas son 0 o cuando ambas son 1 o, lo que es equivalente, cuando ambas entradas son idénticas. Por esta razón la compuerta XNOR es también llamada, por algunos autores, *compuerta identidad*, y suele ser utilizada como un comparador elemental.

3.2.2.5. La compuerta buffer

La compuerta buffer (o, simplemente, el *buffer*) es un circuito lógico de una única entrada y una única salida, que opera en forma transparente, es decir, que en todo momento la salida está en el mismo estado lógico en que se encuentra su entrada. Su símbolo, basado en el del inversor pero sin el indicador de inversión puesto a la salida, es el que muestra la figura 3-15.

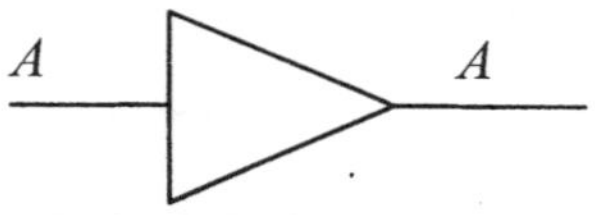

Figura 3-15 - Símbolo del buffer

En primera aproximación parecería que se trata de un circuito lógico innecesario, pues su función podría ser cumplida con una conexión directa entre entrada y salida. Sin embargo, el buffer no puede ser reemplazado por una conexión directa en los siguientes casos, típicos de aplicación de los buffers:

- cuando se necesita que el buffer posea alguna característica especial en su entrada (por ejemplo, que sea tipo Schmitt, o tolerante a tensiones de entrada mayores que lo habitual, entradas especiales que se describirá más adelante en este mismo capítulo).
- cuando se necesita que el buffer posea alguna característica especial en su salida (por ejemplo, que sea de 3 estados o de colector abierto, salidas especiales que se verán más adelante en este mismo capítulo).

3.2.2.6. Introducción al control de flujo de señales

Una aplicación particularmente interesante de las compuertas es al control del flujo de señales. Es frecuente en electrónica tener que controlar el pasaje de señales de una unidad a otra y gobernar el mismo por medio de otra señal emitida por una unidad de control. Los casos más simples de control de flujo de señales son:

- El *condicionamiento o habilitación*: el dejar pasar o no una señal de entrada
- La *inversión controlada*: el dejar pasar una señal de entrada o su inversa
- La *multiplexación*: dejar pasar una de las varias señales de entrada

El tema de la multiplexación es particularmente rico. En este apartado nos restringiremos al caso simple de un multiplexor de 2 vías (es decir, dos señales de entrada), pero volveremos sobre este tema en un apartado posterior, y le daremos además un tratamiento integral en el capítulo 4.

La figura que sigue muestra el circuito que realiza con llaves cada una de estas funciones, la tabla de verdad correspondiente, la expresión algebraica que resulta de la tabla de verdad, y el circuito electrónico que realiza la función. Lógicamente que la versión electrónica tiene muchas ventajas con relación a la implementación con llaves, tales como ausencia de partes móviles, menor tamaño, mayor velocidad, etc.

El *condicionador* deja pasar a la salida la señal de entrada cuando la señal de control tiene un 1 que habilita ese traspaso, y de lo contrario pone un 0. El circuito con llaves es tan intuitivo que no merece explicación. Confeccionada la tabla de verdad (*Z*=0 cuando *C*=0 y *Z*=A cuando *C*=1) se observa que es la misma tabla que el producto lógico (*Z*=*CA*). Por lo que este circuito se realiza con una simple compuerta AND

El *inversor controlado* deja pasar la señal o su inversa, por lo que brinda la capacidad de intercalar, a voluntad, una inversión en una rama de circuito. El circuito con llaves es tan intuitivo que no merece explicación. Confeccionada la tabla de verdad (*Z*=*A* cuando *C*=0 y *Z*= $\overline{A}$ cuando *C*=1) se observa que es la misma tabla que la suma módulo 2. Por lo que este circuito se realiza con una simple compuerta XOR.

El *multiplexor de 2 vías* de entrada deja pasar a una de ellas cuando la señal de control está en 0, y la otra cuando está en 1. Consideremos el caso en que cuando la señal de control *C* está en 0, es la entrada *A* la que pasa, ocurriendo lo propio con la entrada *B* cuando esté *C* en 1. El circuito con llaves es tan intuitivo que no merece explicación. Confeccionada la tabla de verdad (*Z*=*A* cuando *C*=0 y *Z*=*B* cuando *C*=1), puede hacerse el mapa de Karnaugh para encontrar la expresión más simple (tarea que se deja al lector) para llegar a que $Z = A\overline{C} + BC$, que puede fácilmente realizarse con compuertas como la figura muestra.

Condicionador o habilitador

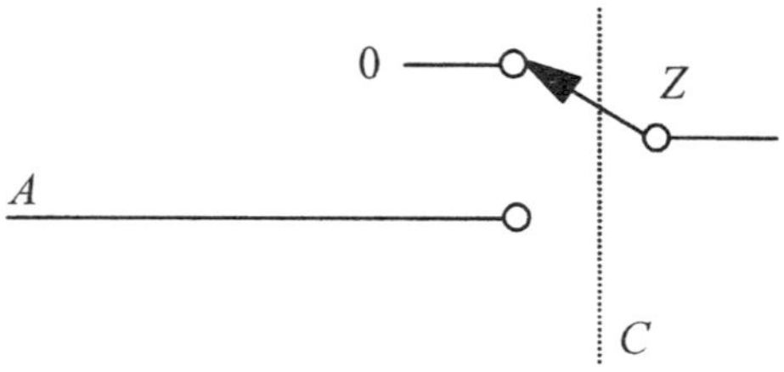

C	A	Z
0	0	0
0	1	0
1	0	0
1	1	1

$Z = AC$

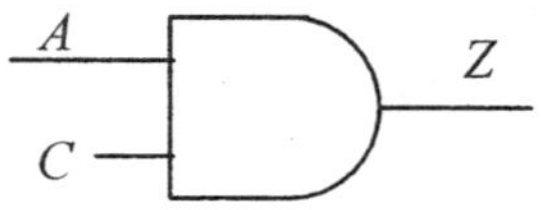

Inversor controlado

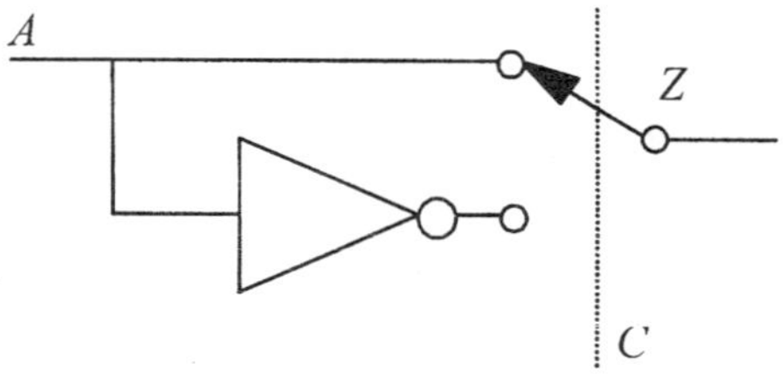

C	A	Z
0	0	0
0	1	1
1	0	1
1	1	0

$Z = A \oplus C$

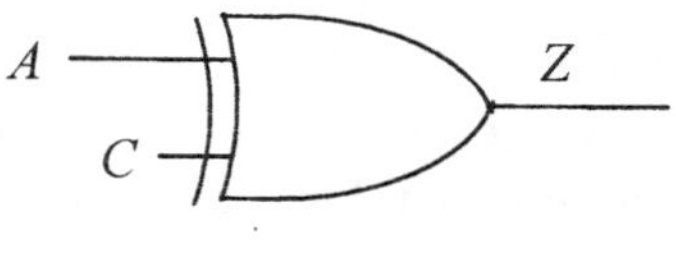

Multiplexor de 2 vías

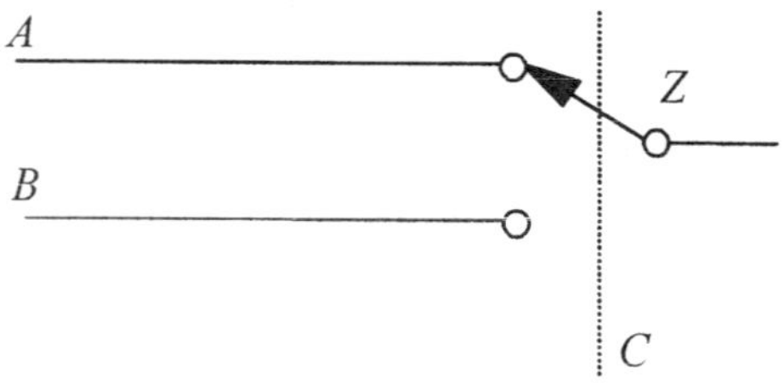

C	B	A	Z
0	0	0	0
0	0	1	1
0	1	0	0
0	1	1	1
1	0	0	0
1	0	1	0
1	1	0	1
1	1	1	1

$Z = A\overline{C} + BC$

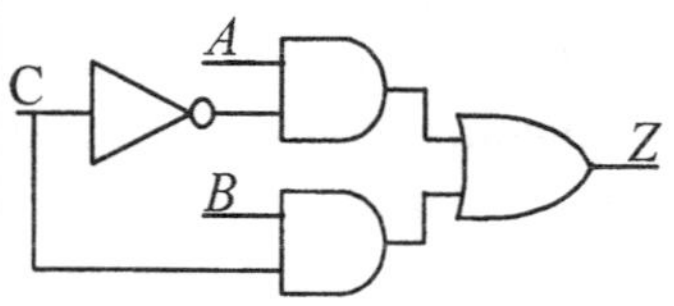

Figura 3-16 – Algunos circuitos para el control del flujo de señales

3.2.3. La compuerta de transmisión

Existe un tipo de compuerta especial, denominada *compuerta de transmisión*, *llave analógica* o también *conmutador bilateral*, que se comporta como un contacto accionado por una señal lógica, es decir, como un relé electrónico. La figura 3-17 muestra en forma conceptual su funcionamiento, y el símbolo corrientemente utilizado para este tipo de compuerta.

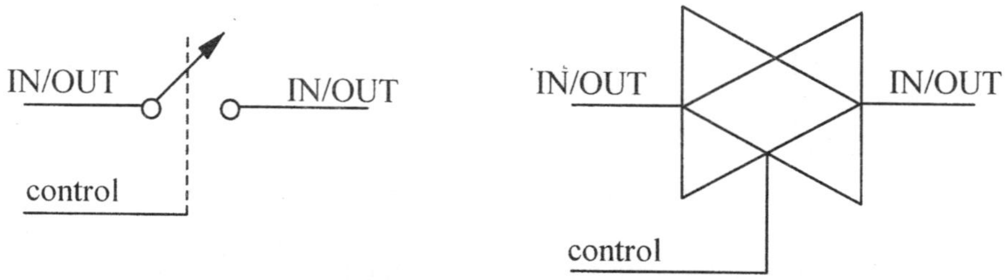

Figura 3-17 - Principio de funcionamiento y simbología de una compuerta de transmisión

Cuando la señal de control está en 0, el conmutador está abierto y no existe continuidad entre los terminales marcados IN/OUT. Por el contrario, cuando la señal de control está en 1, el conmutador está cerrado y hay continuidad entre los terminales marcados IN/OUT. Dado que un conmutador permite la circulación de corriente en cualquiera de los dos sentidos, la entrada y la salida del conmutador pueden tomarse indistintamente en cualquiera de los terminales IN/OUT, lo que justifica su denominación de *conmutador bilateral*.

La señal aplicada al terminal elegido como entrada no tiene necesariamente que ser una señal binaria, sino que puede ser cualquier tensión *comprendida entre los niveles correspondientes al 0 y al 1*, por lo que el circuito puede usarse para conmutar señales analógicas en ese intervalo de tensiones. Eso lo que la diferencia del condicionador que vimos en el apartado anterior. Y es, justamente, la aplicación principal de esta compuerta, lo que justifica su otra denominación, *llave analógica*. En esta aplicación la compuerta de transmisión presenta con relación a los contactos la ventaja de su conmutación de un estado a otro más rápida (a velocidad electrónica, sin contactos móviles). Pero tiene las desventajas de no tener, cuando el conmutador está cerrado, una resistencia tan baja entre sus terminales; ni tampoco una tan alta cuando el conmutador está abierto.

3.2.4. Simbología alternativa para las compuertas

Hemos visto los símbolos normales de las diferentes compuertas, y también símbolos alternativos para las compuertas NAND y NOR. Pero veremos a continuación que todos los tipos de compuertas (excepto las de transmisión) admiten un segundo símbolo alternativo, como pasamos a justificar.

Recordando que en un capítulo anterior fue estudiada la ley de Shannon, que establece que la negación de una función lógica es igual a la función dual con todas las variables independientes negadas, podemos concluir (cambiando la negación de miembro) que una función lógica es igual a la negación de su función dual con todas las variables independientes negadas.

Por lo tanto, una conclusión de gran interés del Teorema de Shannon es que un circuito lógico cualquiera resulta equivalente al circuito lógico que es su dual, al que se le han invertido todas las entradas y salidas. La figura 3-18 esquematiza esta conclusión.

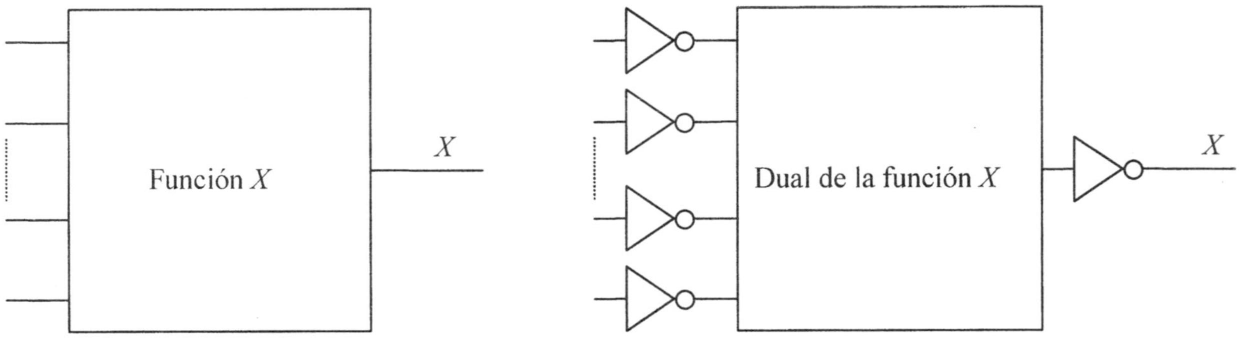

Figura 3-18 - Esquematización del Teorema de Shannon. Ambos circuitos son equivalentes

Por ejemplo, una compuerta AND resulta equivalente a una compuerta OR (su dual) con todas las entradas y salidas de esta compuerta negadas. De acuerdo con esto, la compuerta AND admite un símbolo alternativo basado en el símbolo normal de la compuerta OR con indicadores de negación adheridos a todas sus entradas y salida, como lo muestra la figura 3-19 en su parte superior izquierda.

La misma figura muestra también los símbolos alternativos de las otras compuertas que hemos estudiado, de los cuales los correspondientes a las compuertas NAND y NOR ya eran conocidos por nosotros. En todos los casos los símbolos alternativos se han obtenido por el siguiente procedimiento de dos pasos:

1) reemplazar el símbolo normal de la compuerta por el símbolo normal de la compuerta dual, es decir, reemplazando las AND por OR y viceversa, las NAND por NOR y viceversa, y las XOR por XNOR y viceversa. En este paso no deben modificarse los símbolos de inversores y buffers, que son duales de sí mismos.
2) Colocar indicadores de negación en las entradas y las salidas para denotar la presencia allí de inversores. Sin embargo, si el símbolo del dispositivo ya incluía un indicador de negación en su salida, retirarlo ya que dos negaciones consecutivas se cancelan mutuamente.

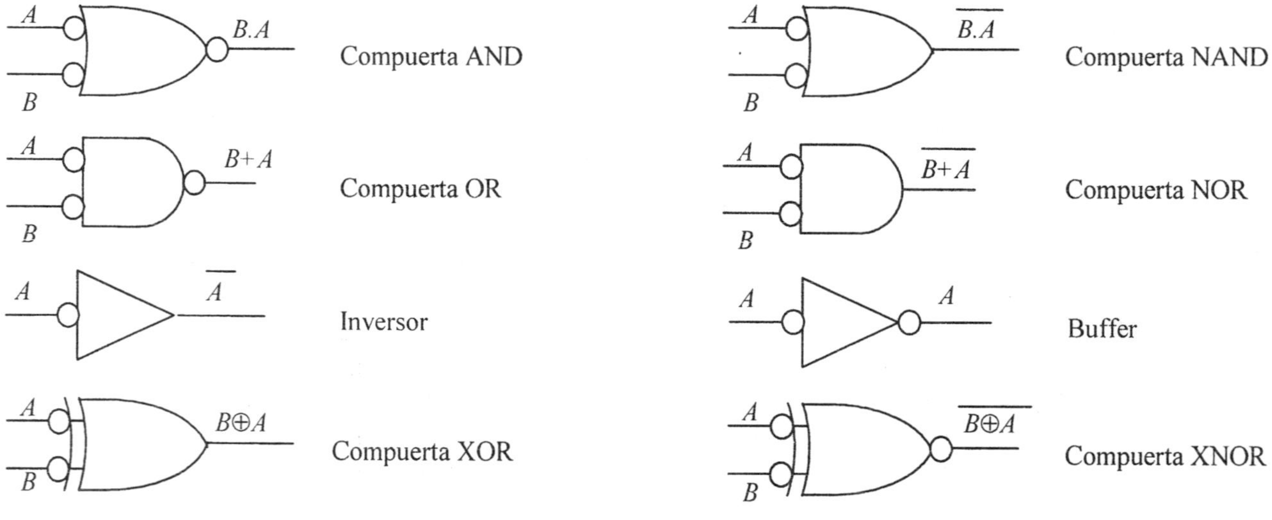

Figura 3-19 - Símbolos alternativos de las diferentes compuertas

El criterio habitualmente seguido para decidir el empleo de uno u otro de los símbolos de una determinada compuerta en el dibujo de un circuito ya lo hemos comentado en apartados anteriores: se prefiere utilizar los símbolos alternativos en aquellos lugares del circuito donde, al hacerlo, se logra que en ambos extremos de una conexión (o en ninguno de ellos) aparezcan indicadores de negación, pues en ese caso la acción de ambas inversiones puede cancelarse mentalmente, y el circuito resulta más fácil de analizar.

3.2.5. Simbología IEEE

La simbología que hemos estado usando hasta ahora tiene su origen en una norma militar de los EEUU y es la más difundida y empleada actualmente, razón por la que la hemos adoptado en esta obra. Sin embargo, corresponde señalar que hay otra simbología importante, que es la establecida por la norma IEEE 91. Según esta norma, las distintas compuertas se distinguen, no ya por su forma distintiva, porque todas se dibujan como rectángulos, sino por un indicador colocado en la parte superior interna del rectángulo que identifica la función realizada. Por ejemplo:

- El indicador & identifica a una compuerta AND (porque el símbolo inglés ampersand representa a esta operación)
- El indicador ≥1 identifica a una compuerta OR (por aquello de que al menos 1 de las entradas debe estar en 1 para que la salida sea 1)
- El indicador 1 identifica, en el caso de que la compuerta tenga 2 entradas, a una compuerta XOR (por aquello de que exactamente 1 de las entradas debe estar en 1 para que la salida sea 1). En el caso de que haya una sola entrada, identifica a un buffer.

A su vez, como indicador de negación, se usa un pequeño triángulo.

La figura que sigue muestra la forma de representar algunas compuertas. Sin embargo, la figura no puede destacar lo más valioso de esta simbología, que es su capacidad de representar funciones complejas. No entraremos en ese detalle, pero el lector interesado podrá encontrarlo en la propia norma o en la literatura que sobre ella se ha escrito.

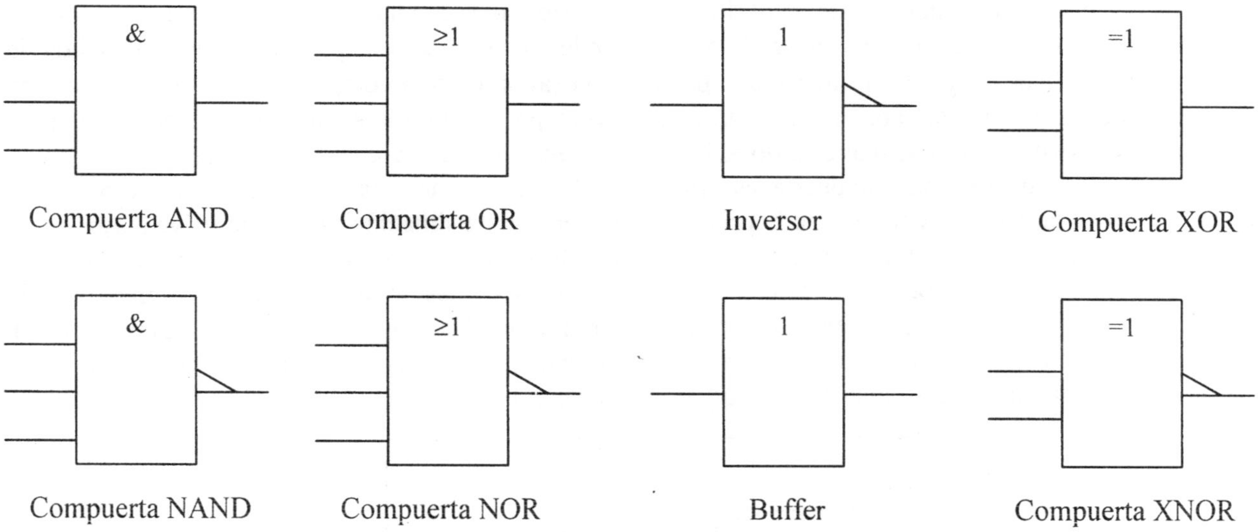

Figura 3-20 - Símbolos de algunas compuertas según la norma IEEE 91

3.3. Análisis de circuitos lógicos combinacionales

Cuando se dispone de un circuito lógico formado por varias compuertas, el *análisis* del mismo es el procedimiento que permite estudiarlo para determinar su comportamiento o verificarlo si éste es conocido. Este análisis se realiza normalmente en 3 pasos:

1) a partir del circuito se encuentran las expresiones algebraicas correspondientes a las distintas salidas.
2) a partir de las expresiones algebraicas de las salidas se realiza la correspondiente tabla de verdad, donde las distintas salidas son tabuladas en función de los diferentes estados en que se pueden encontrar las entradas. Antes de esta tabulación se puede, opcionalmente, tratar de simplificar en algo las expresiones obtenidas para que la tabulación se haga en forma más sencilla
3) a partir de la tabla de verdad se trata de encontrar una descripción verbal del comportamiento del circuito, o de verificarlo si éste era conocido.

El procedimiento para efectuar el primer paso, es decir, a partir del circuito dado hallar la(s) expresión(es) algebraica(s) de la(s) salida(s) en función de las entradas, es muy simple: a partir de las entradas del circuito se debe ir determinando las expresiones algebraicas correspondientes a las distintas compuertas en función de las entradas, avanzando progresivamente desde las compuertas más alejadas de la(s) salida(s) hasta llegar finalmente a la(s) expresión(es) correspondiente(s) a ésta(s). La figura 3-21 ejemplifica lo dicho.

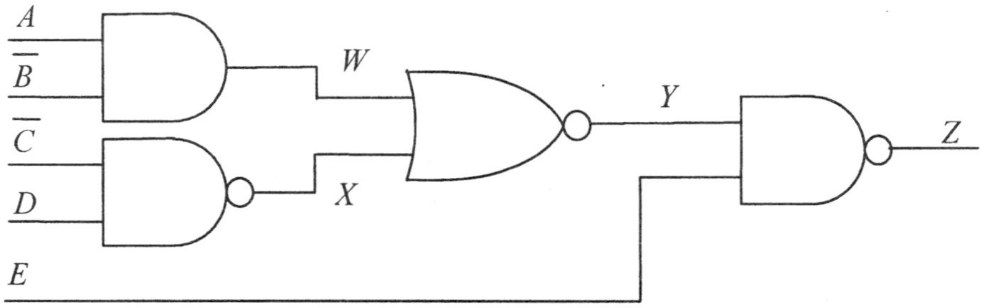

$$W = A.\overline{B}$$

$$X = \overline{\overline{C}.D} = C + \overline{D}$$

$$Y = \overline{A.\overline{B} + (C + \overline{D})} = (\overline{A} + B).\overline{C}.D$$

$$Z = \overline{(\overline{A} + B).\overline{C}.D.E}$$

Figura 3-21 - Ejemplo de análisis de un circuito lógico combinacional

El único inconveniente que puede aparecer al llevar a cabo este punto en un circuito con compuertas, es que se llegue a una situación de círculo vicioso en que no puede encontrarse la expresión lógica a la salida de una compuerta sin haber obtenido primero la expresión a la salida de otra compuerta, pero que esta última expresión no pueda hallarse sin conocer previamente la correspondiente a la salida de la primer compuerta mencionada. Estas situaciones se dan cuando existen *conexiones de retroalimentación* entre compuertas, es decir, cuando la salida de una compuerta es aplicada a la entrada de otra, cuya salida tiene a su vez influencia sobre alguna de las entradas de la primera compuerta. Esta situación puede inclusive surgir en un circuito simple, como en el caso de la figura 3-22, en que el lector apreciará que debido a este motivo no es posible determinar las expresiones lógicas correspondientes a las salidas de ninguna de las compuertas. Sin embargo, esta situación debe interpretarse como que el circuito analizado no es un circuito combinacional, sino un circuito secuencial, para el cual las herramientas de análisis son distintas y no pueden utilizarse las que acá estamos estudiando. Los mismos se estudiarán en un capítulo posterior.

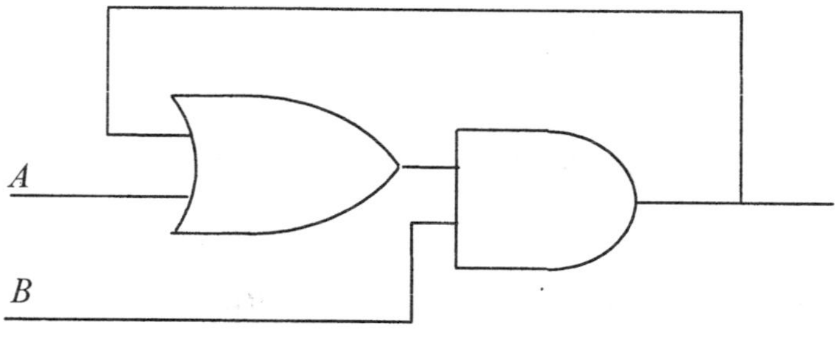

Figura 3-22 - Ejemplo de un circuito con compuertas que no es un circuito combinacional

En cuanto a la forma de efectuar los pasos 2 y 3 es tan simple que no justifica que sea detallada. El paso 2 ha sido estudiado en un capítulo anterior y el paso 3 no es sino efectuar una descripción verbal, completa pero condensada, del contenido de la tabla de verdad.

3.4. Síntesis de circuitos lógicos combinacionales

La síntesis de un circuito lógico consiste en efectuar el diseño de un circuito que satisfaga una descripción dada de funcionamiento.

El procedimiento normal de diseño de un circuito lógico combinacional empleando compuertas exige la realización de los siguientes pasos:

1) análisis de la descripción del funcionamiento y obtención de las expresiones algebraicas que ligan las salidas con las entradas
2) implementación de las expresiones algebraicas con compuertas

Veamos ahora en detalle cada uno de estos pasos.

3.4.1. Análisis del funcionamiento y obtención de las expresiones algebraicas

En el *análisis de la descripción del funcionamiento* dada se debe identificar las entradas disponibles, las salidas necesarias y la relación funcional entre las mismas. Se comprobará que la descripción dada corresponde a la de un circuito combinacional, es decir, que las salidas (ya que puede haber varias) en cada momento deben ser función sólo de las entradas en ese momento y no de la historia previa del circuito. Si no fuera así, el circuito lógico necesario no sería combinacional sino secuencial, y el método de diseño que se propone en este capítulo no es válido en ese caso.

Si de este análisis de la descripción del funcionamiento surgiera que ya pueden establecerse las ecuaciones algebraicas que implementan la relación funcional que debe existir entre las salidas y las entradas, pueden escribirse estas ecuaciones y, salteando el resto de este apartado, proseguir con el paso 2. Esto suele ocurrir cuando el circuito a diseñar cumple una función estudiada por la teoría (un ejemplo sería un circuito que genere el bit de paridad a partir de ciertos bits de información), la que ya provee las expresiones lógicas a emplear (en el ejemplo citado, una suma módulo 2). Otro caso habitual en que suelen escribirse directamente las expresiones algebraicas es el de funciones relativamente simples.

De no poder escribirse las expresiones algebraicas en forma directa, debe efectuarse una tabla de verdad donde se tabulen, en función de las variables de entrada, las diferentes salidas necesarias. Esto es simple mientras el número de variables de entrada no resulta superior a, digamos, 6. Más allá de ese valor resulta engorroso por el elevado número de renglones que tendría dicha tabla (preanuncio de una dificultad aún mayor en el posterior paso de encontrar las expresiones más simples). Por eso, cuando el número de entradas es alto, conviene analizar si la descripción del funcionamiento no permite subdividir el problema en varias partes relativamente simples, que puedan diseñarse por separado, para luego interconectarse apropiadamente. Este procedimiento de subdivisión se denomina *partición del problema*, y no existen para el mismo procedimientos sistemáticos ni otra guía que la intuición y experiencia del diseñador.

Para la *obtención de las expresiones algebraicas* que ligan las salidas con las entradas, se debe tener presente que lo que conviene es obtener las expresiones algebraicas mínimas, pues ellas garantizan que se podrán implementar de la manera más económica posible, es decir, utilizando la mínima cantidad de compuertas posible, y compuertas con el menor número de entradas posible.

El procedimiento habitual para llegar a estas expresiones mínimas hace uso del mapa de Karnaugh. Así, si se representan en sendos mapas de Karnaugh las diferentes salidas del circuito en función de las entradas del mismo, pueden usarse los métodos conocidos para encontrar las expresiones mínimas correspondientes.

Así, por ejemplo, pueden hallarse las expresiones mínimas de cada una de las salidas agrupando los *unos* en los respectivos mapas de Karnaugh. Es sabido que esto conduce, en cada uno de los mapas, a una expresión final mínima tipo *Suma de Productos*. Este tipo de expresión lleva en forma natural (como se verá en más detalle en un próximo apartado) a una implementación que emplea compuertas AND para realizar los productos, y una compuerta OR para efectuar la suma de ellos. La minimización realizada a la expresión asegura que el número de compuertas AND será mínimo (porque se habrá minimizado el número de productos) y que la cantidad de entradas de cada AND será también mínima (por haberse minimizado el número de variables que intervienen en cada producto). Se notará que el circuito resultante de la implementación de este tipo de expresión es un circuito de dos niveles: el primero compuesto por el conjunto de compuertas AND encargadas de generar los distintos productos, y el segundo por la compuerta OR que efectúa la suma de los mismos.

En forma alternativa, también pueden hallarse las expresiones mínimas de cada una de las salidas agrupando los *ceros* en los respectivos mapas de Karnaugh. Es sabido que esto conduce, en cada uno de los mapas, a una expresión final mínima tipo *Producto de Sumas*. Este tipo de expresión lleva en forma natural a una implementación de dos niveles que emplea compuertas OR en el primer nivel para realizar las sumas, y una compuerta AND en el segundo nivel para efectuar el producto de ellas.

El diseñador puede optar por realizar uno u otro tipo de simplificación, o bien efectuar ambas para determinar si una de las expresiones es más simple que la otra, y adoptarla. En esta decisión deberá tomar en consideración que un objetivo del diseño es reducir el costo total, que no sólo incluye el de los materiales del circuito a realizar, sino también el costo del propio diseño. Por ello resulta en general conveniente asegurarse una óptima simplificación en aquellos diseños de los que se habrán de producir grandes cantidades, caso en que el costo del diseño se podrá amortizar repartido en muchas unidades y no será de significación, pero sólo una razonable simplificación en aquellos productos únicos, donde el costo del esfuerzo en lograr una simplificación extrema puede superar al ahorro en materiales a que podría dar lugar esa simplificación.

Pero en caso de buscar la máxima simplificación, le quedan al diseñador aún dos caminos por explorar:

a) si bien las expresiones que se obtienen del mapa de Karnaugh son las que permiten llegar a un circuito de 2 niveles mínimo, no puede existir la seguridad de no que haya alguna implementación de 3 o más niveles que sea más simple aún. Por ejemplo, la expresión

   $DC+DB+DA+CBA$

   no puede simplificarse aún más en un mapa de Karnaugh (compruebe el lector esto) y consiste en 4 productos y una suma que demandará 5 compuertas para su realización en dos niveles. Pero si se saca D factor común, la expresión queda:

   $D(C+B+A) + CBA$.

   La que consiste en dos productos y dos sumas y, por lo tanto, puede implementarse con sólo 4 compuertas aunque en 3 niveles (en el primero se hace la suma $C+B+A$, en el segundo los dos productos, y en el tercero la suma final). Lamentablemente, no existen métodos sistemáticos prácticos que permitan llegar a una expresión más simple que la obtenible en el mapa de Karnaugh y que sea realizable en 3 o más niveles, ni tampoco para determinar si es que esta expresión siquiera existe (aunque puede intentarse por el camino de la factorización). Por ello, en lo que sigue, nos restringiremos al caso de expresiones mínimas realizables en 2 niveles.

b) en el caso de que el circuito deseado tenga varias salidas, la propuesta de simplificación de las expresiones de cada una de esas salidas en el mapa de Karnaugh correspondiente en forma independiente del resto, desatiende el hecho de que podría haber expresiones que no sean mínimas en sí mismas, pero que utilicen términos que coinciden con los requeridos por otra salida, y que podrían así compartirse, con el consiguiente ahorro global de material.

   Confirmemos lo dicho con un ejemplo. Sea que se requiere un circuito con 3 entradas A, B y C, y 2 salidas X e Y definidas por los siguientes mapas de Karnaugh.

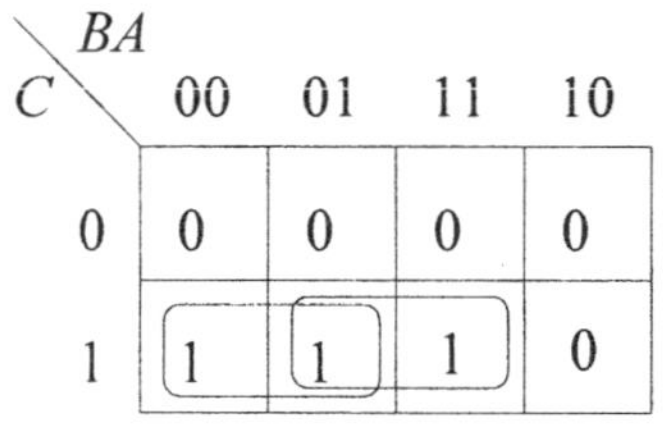

X

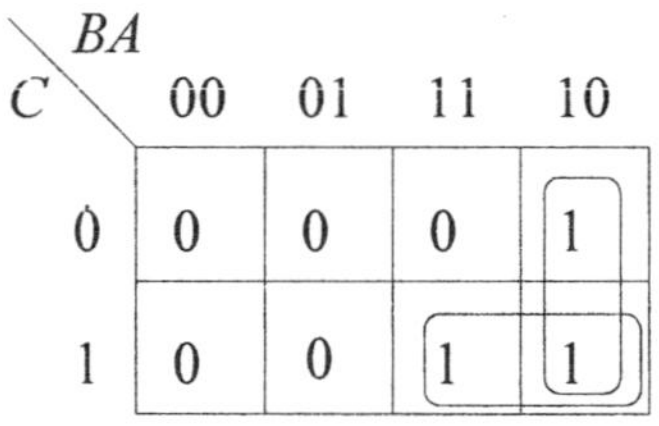

Y

En los mapas se muestra también la forma de obtener las expresiones mínimas individuales de cada una de las dos salidas, las que arrojan como resultado:

$$X = C\overline{B} + CA$$

$$Y = B\overline{A} + CB$$

Cada una de estas expresiones requieren 3 compuertas cada una (sin entrar en este cómputo los inversores necesarios para B y A). Pero si los grupos de unos se tomaran de esta otra forma, supuestamente no óptima:

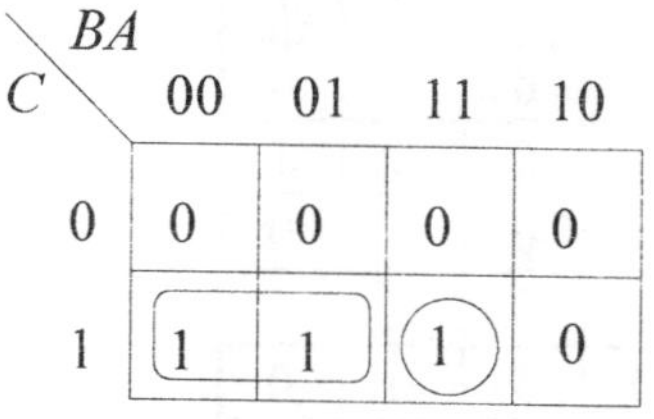

X

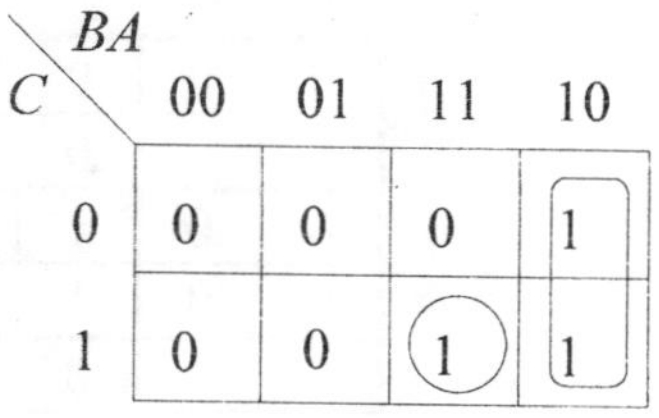

Y

Las expresiones de X e Y quedarían:

$$X = C\overline{B} + CBA$$

$$Y = B\overline{A} + CBA$$

Las nuevas expresiones obtenidas son menos simples, consideradas individualmente, que las halladas en primer lugar. Pero se observa que comparten un término (CBA), y el circuito puede realizarse con sólo 5 compuertas (además de los 2 inversores) frente a las 6 que demandaba en el caso anterior.

En los casos de usarse métodos computacionales de simplificación, los programas empleados normalmente incluyen la búsqueda de términos compartibles que permitan soluciones que sean mínimas globales. En el caso de emplearse mapas de Karnaugh para la simplificación manual, no se justifica la aplicación de un método sistemático para identificar los posibles términos compartibles, pero es recomendable alguna exploración intuitiva de esta posibilidad por parte del diseñador. De todos modos, la eventual detección y empleo de estos términos comunes no modifica el carácter de Suma de Productos o de Producto de Sumas de las expresiones mínimas.

Veamos como integrar estos conceptos con un ejemplo.

Ejemplo 3-1

Se desea diseñar un circuito de 4 entradas y 4 salidas tal que, cuando por las 4 entradas ingresa una combinación de ceros y unos que corresponde a la palabra correspondiente a cierto dígito decimal codificado en BCD Natural, por las salidas aparezca la palabra correspondiente a dicho dígito en código BCD Aiken. Es decir, se desea realizar un convertidor de código BCD Natural a BCD Aiken.

Solución

El análisis de nuestro problema nos lleva a considerar el siguiente diagrama en bloque, donde se advierten las entradas y salidas de nuestro problema. En él hemos llamado D, C, B y A a los bits correspondientes a la palabra en BCD Natural (considerando a D como el más significativo), y D', C', B' y A' los bits similares de la palabra en BCD Aiken.

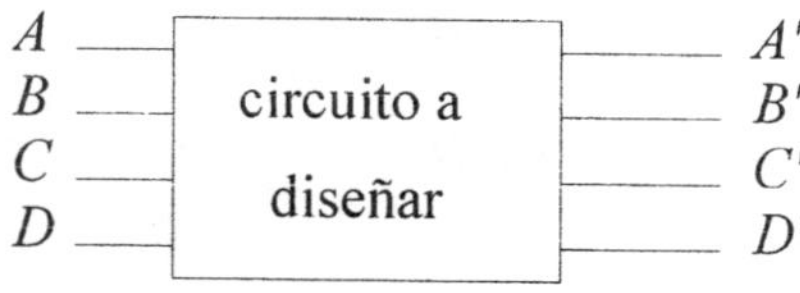

Podemos ahora establecer las relaciones funcionales entre las salidas y las entradas planteando la correspondiente tabla de verdad. Dado que hay 4 variables de entrada, la tabla tendrá 16 renglones *aún cuando 6 de las combinaciones no podrán presentarse* por no ser palabras válidas del código BCD Natural. Pero corresponde colocarlas, indicando que las salidas no están definidas para esas combinaciones, con el fin de aprovechar luego esas redundancias para obtener expresiones más simples.

D	*C*	*B*	*A*	*D'*	*C'*	*B'*	*A'*
0	0	0	0	0	0	0	0
0	0	0	1	0	0	0	1
0	0	1	0	0	0	1	0
0	0	1	1	0	0	1	1
0	1	0	0	0	1	0	0
0	1	0	1	1	0	1	1
0	1	1	0	1	1	0	0
0	1	1	1	1	1	0	1
1	0	0	0	1	1	1	0
1	0	0	1	1	1	1	1
1	0	1	0	X	X	X	X
1	0	1	1	X	X	X	X
1	1	0	0	X	X	X	X
1	1	0	1	X	X	X	X
1	1	1	0	X	X	X	X
1	1	1	1	X	X	X	X

Trazando ahora el mapa de Karnaugh que corresponde a cada una de las salidas, y obteniendo la expresión más simple que surge del agrupamiento de los unos en dicho mapa, se tiene:

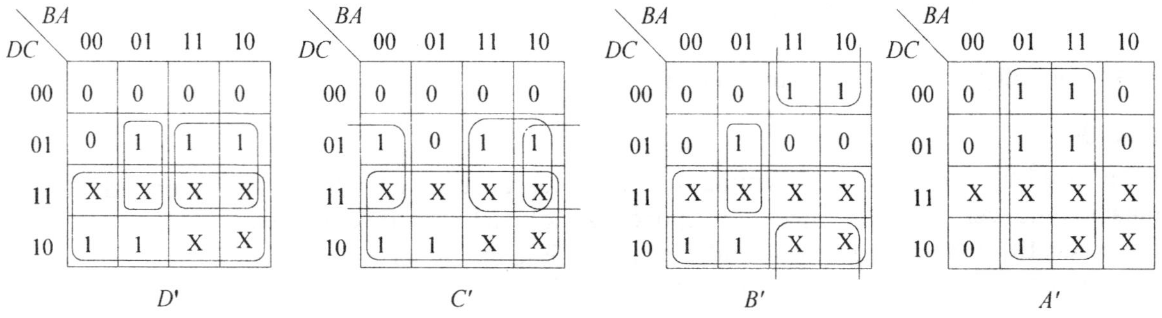

$$D' = D + C\overline{B}A + CB$$

$$C' = D + C\overline{A} + CB$$

$$B' = D + \overline{C}B + C\overline{B}A$$

$$A' = A$$

Quizás el lector opine que en el mapa de Karnaugh de la salida *D'* hemos tomado erróneamente un grupo de 2 unos cuando podríamos haber tomado en su reemplazo uno de 4 unos. Sin embargo, si observa el mapa de Karnaugh de la salida *B'* seguramente comprenderá la ventaja del agrupamiento hecho.

También se puede intentar al agrupamiento de los ceros, por la posibilidad de que las expresiones correspondientes resulten más simples. Procediendo así, resulta:

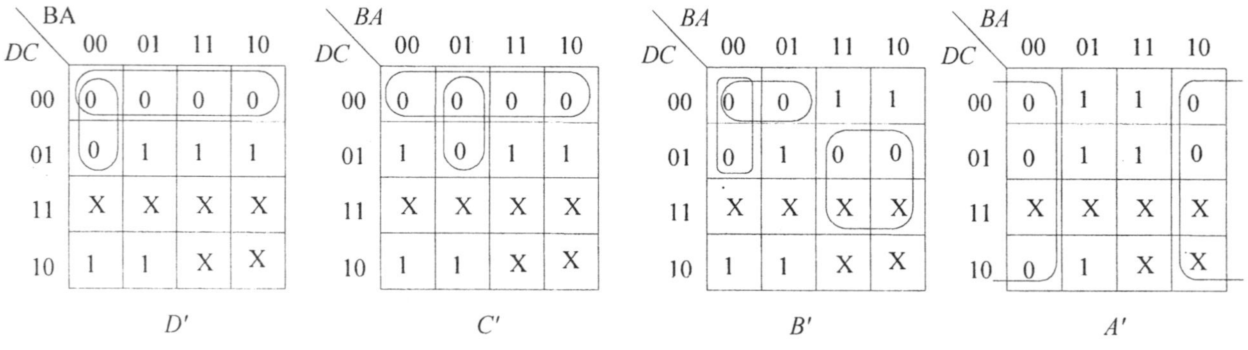

$$D' = (D + C)(D + B + A)$$

$$C' = (D + C)(D + B + \overline{A})$$

$$B' = (\overline{C} + \overline{B})(D + C + B)(D + B + A)$$

$$A' = A$$

No siendo uno de los dos juegos de expresiones decididamente más simple que el otro, la adopción de uno u otro se realizará en función del tipo de compuerta que deseamos emplear, ya que las expresiones Sumas de Productos y Productos de Sumas se prestan para ser realizadas más por ciertos tipos de compuertas que por otros, como veremos en los próximos apartados, donde retomaremos este ejemplo.

3.4.2. Implementación de las expresiones algebraicas con compuertas

La *implementación de las expresiones algebraicas* con compuertas se ocupa de obtener los circuitos que realizan con compuertas las diferentes expresiones mínimas halladas anteriormente. Dado que las expresiones mínimas pueden ser tanto del tipo Suma de Productos como del tipo Producto de Sumas, debe estudiarse la implementación de ambos tipos de expresiones. A este propósito se dedican, respectivamente, los siguientes dos apartados.

3.4.2.1. Implementación de expresiones tipo Suma de Productos

Ya hemos visto que las expresiones mínimas tipo Suma de Productos que se obtienen del mapa de Karnaugh por agrupación de los unos en dicho mapa, conducen en forma directa a una implementación en dos niveles de dicha expresión que utiliza compuertas AND en el primer nivel y una compuerta OR en el segundo. Veamos un ejemplo de esto. Retomemos el ejemplo 3-1 para ver como puede implementarse la salida *C'*. Los métodos que veremos serán de tipo general, por lo que servirán para cualquier otra función lógica, incluidas, por supuesto, las otras salidas *D'*, *B'*, y *A'*.

Dicha salida, recordemos, debía satisfacer la siguiente expresión:

$$C' = C\overline{A} + CB + D$$

La que puede implementarse con compuertas AND-OR de la manera que muestra la figura 3-23:

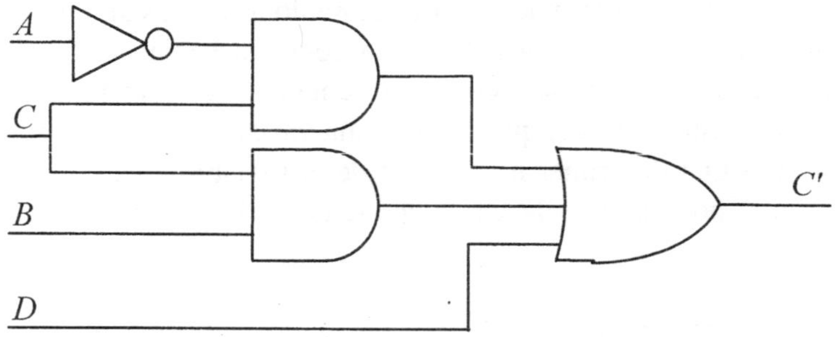

Figura 3-23 - Implementación de la función C' con compuertas AND-OR

Pero veremos que la citada expresión Suma de Productos puede implementarse de cuatro formas distintas, es decir, tres formas adicionales a la recién vista realización con compuertas AND-OR. A estas tres formas adicionales se llega, partiendo de la implementación con AND-OR, mediante los siguientes artificios:

1) anteponiendo una doble inversión en cada una de las entradas de la compuerta del segundo nivel
2) anteponiendo una doble inversión en cada una de las entradas de todas las compuertas del primer nivel
3) realizando conjuntamente las dos operaciones recién mencionadas

Veamos como llegar a las tres formas adicionales deseadas mediante los procedimientos mencionados, aplicados al ejemplo que estamos considerando.

1) Al anteponer una doble inversión en cada una de las entradas de la compuerta OR de segundo nivel, adjudicaremos una de las inversiones a la propia entrada de la compuerta OR, mientras que la otra inversión

se asociará con la salida de la compuerta AND del primer nivel a que dicha entrada está conectada. Es así como se pasa del circuito de la figura 3-23 al de la figura 3-24, en el que se notará que las compuertas del primer nivel quedan transformadas en compuertas NAND, y lo mismo ocurre con la compuerta del segundo nivel. La aplicación del procedimiento descripto deja en el primer nivel a las NAND representadas por su símbolo normal y en el segundo por el símbolo alternativo, pero por supuesto que el circuito puede llegar a redibujarse cambiando los símbolos, si así se lo desea. Se notará que cuando una variable ingresa directamente a la compuerta de segundo nivel sin pasar por una de primer nivel (caso de la variable *D* en la figura 3-23) la inversión que debería aplicarse a la salida de la compuerta de primer nivel inexistente, hace que deba intercalarse un inversor.

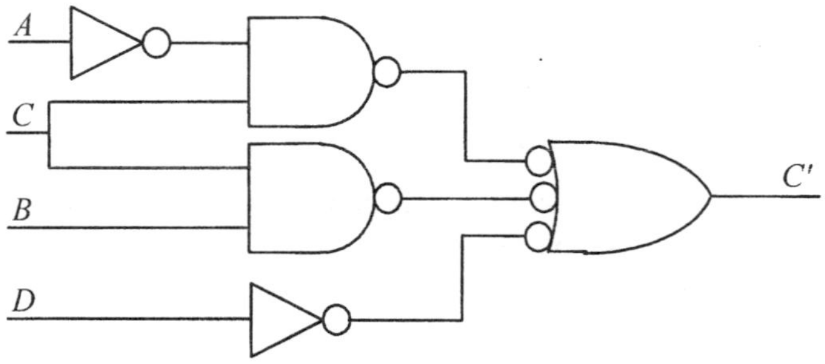

Figura 3-24 - Implementación de la función C' con compuertas NAND-NAND

Este resultado admite ser generalizado, y concluirse así que la expresión Suma de Productos puede también implementarse en dos niveles usando compuertas NAND-NAND tanto para el primer como para el segundo nivel. Las variables que ingresen a las compuertas NAND de primer nivel lo harán de la misma forma (normal o invertida) con que figuran en la expresión Suma de Productos, mientras que aquellas que ingresen directamente al segundo nivel deben estar invertidas respecto a la expresión.

2) Nuevamente partiendo de la realización con compuertas AND-OR de la función *C*' (figura 3-23), al anteponer una doble inversión en cada una de las entradas de todas las compuertas AND del primer nivel, adjudicaremos una de las inversiones a la propia entrada de la compuerta AND, mientras que la otra inversión se asociará con la variable que está conectada a dicha entrada. Es así como se pasa del circuito de la figura 3-23 al de la figura 3-25, en el que se notará que las compuertas del primer nivel quedan transformadas en compuertas NOR (representadas por su símbolo alternativo), mientras que las variables de entrada deben ingresar invertidas con relación a la forma como lo hacían en la figura 3-23 o, lo que es equivalente, invertidas con relación a la forma como se presentan en la expresión Suma de Productos que se está implementando. Se notará, sin embargo, que cuando una variable ingresa directamente a la compuerta de segundo nivel sin pasar por una de primer nivel (caso de la variable *D* en la figura 3-23) al no haberse intercalado los dos inversores por carecer de esa compuerta de primer nivel, esa variable no debe ser invertida.

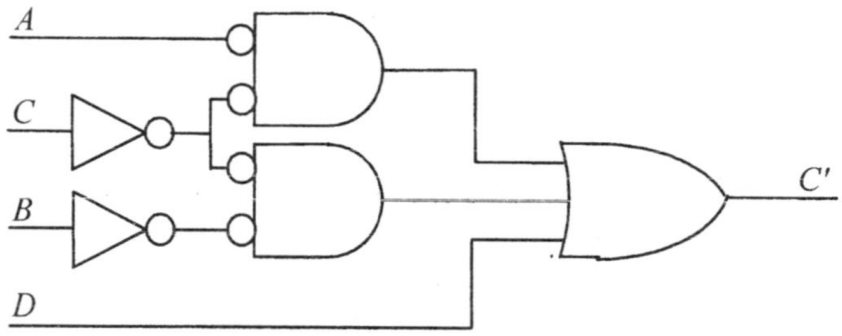

Figura 3-25 - Implementación de la función C' con compuertas NOR-OR

Este resultado admite ser generalizado, y concluirse así que la expresión Suma de Productos puede también implementarse en dos niveles usando compuertas NOR-OR para el primer y el segundo nivel respectivamente, pero las variables que ingresan a las compuertas NOR del primer nivel deben estar invertidas con relación a la forma con que figuran en la expresión Suma de Productos.

3) Nuevamente partiendo de la realización con compuertas AND-OR de la función *C'* (figura 3-23), en este caso realizaremos conjuntamente los artificios mencionado en el punto 1 y en el punto 2. El resultado final es el que exhibe la figura 3-26, donde se observa que la compuerta de segundo nivel queda transformada en una NAND, las de primer nivel en OR (en ambos casos estas compuertas están representadas por su símbolo alternativo), y *todas* las variables de entrada deben ingresar invertidas con relación a la forma como lo hacían en la figura 3-23 o, lo que es equivalente, invertidas con relación a la forma como se presentan en la expresión Suma de Productos que se está implementando.

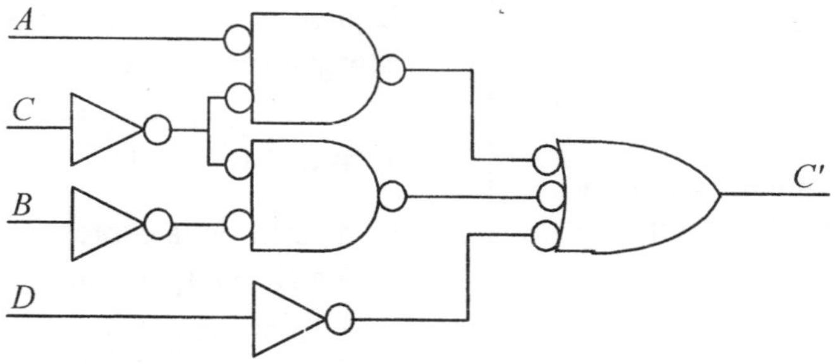

Figura 3-26 - Implementación de la función C' con compuertas OR-NAND

Este resultado admite ser generalizado, y puede así concluirse que la expresión Suma de Productos puede también implementarse en dos niveles usando compuertas OR-NAND para el primer y el segundo nivel respectivamente, pero las variables que ingresan al circuito deben estar invertidas con relación a la forma con que figuran en la expresión Suma de Productos.

Resumiendo, existen 4 formas de implementar una expresión tipo Suma de Productos. Esas 4 formas usan para el primer y segundo nivel, respectivamente, las compuertas:

- AND-OR
- NAND-NAND
- NOR-OR
- OR-NAND

Las variables de entrada se ingresan al circuito en una forma que depende de las compuertas empleadas:

- en el caso del circuito AND-OR las variables se ingresan de la misma forma como figuran en la expresión que se está implementando.
- en el caso del circuito NAND-NAND las variables se ingresan de la misma forma como figuran en la expresión, *excepto* aquellas que inciden directamente en la compuerta NAND de segundo nivel, que deben invertirse.
- en el caso del circuito NOR-OR las variables se ingresan en forma invertida con relación a como figuran en la expresión, *excepto* aquellas que inciden directamente en la compuerta OR de segundo nivel que no deben invertirse.
- en el caso del circuito OR-NAND todas las variables se ingresan en forma invertida con relación a como figuran en la expresión.

Las cuatro formas indicadas requieren la misma cantidad de compuertas en los niveles primero y segundo, pero algunas demandan menos inversores que otras. Esta pequeña diferencia no suele ser considerada decisiva, y en la práctica la adopción de una de estas cuatro formas se realiza normalmente por razones de preferencia por un tipo u otro de compuerta, como se comenta en un apartado posterior.

Tal como se ha explicado, cualquiera de los 4 circuitos que surgen de la expresión tipo Suma e Productos puede ser realizado directamente, a partir de dicha expresión, y sin efectuar las transformaciones gráficas que acá hemos realizado pata justificar el procedimiento. Sin embargo, algunos lectores quizás deseen arribar a los circuitos mencionados a partir de manipulaciones algebraicas que terminen con expresiones particularmente adaptadas para ser implementadas por ellos. Para ilustrar tal posibilidad, se cierra este apartado con el siguiente cuadro.

Se deja la expresión como Suma de Productos $C' = D + C\bar{A} + CB$ La expresión se presta directamente para ser implementada con compuertas AND-OR	A partir de la Suma de Productos se la niega dos veces y se aplica De Morgan sólo 1 vez (a la suma) $C' = D + C\bar{A} + CB = \overline{\overline{D + C\bar{A} + CB}} = \overline{\bar{D}.\overline{C\bar{A}}.\overline{CB}}$ La expresión se presta directamente para ser implementada con compuertas NAND-NAND
A partir de la Suma de Productos, a cada producto se le aplica De Morgan **al revés.** $C' = D + C\bar{A} + CB = D + \overline{\bar{C} + A} + \overline{\bar{C} + \bar{B}}$ La expresión se presta directamente para ser implementada con compuertas NOR-OR	1) A partir de la expresión del casillero de la izquierda, se la niega 2 veces y se aplica De Morgan sólo 1 vez (a la suma) $C' = \overline{\overline{D + \overline{\bar{C} + A} + \overline{\bar{C} + \bar{B}}}} = \overline{\bar{D}(\bar{C} + A)(\bar{C} + \bar{B})}$ 2) O, a partir de la expresión del casillero superior se aplica De Morgan sólo a los productos parciales $C' = \overline{\bar{D}.\overline{C\bar{A}}.\overline{CB}} = \overline{\bar{D}(\bar{C} + A)(\bar{C} + \bar{B})}$ La expresión resultante de cualquiera de los dos métodos (es la misma) se presta directamente para ser implementada con compuertas OR-NAND

3.4.2.2. Implementación de expresiones tipo Producto de Sumas

Ya hemos visto que las expresiones mínimas tipo Producto de Sumas que se obtienen del mapa de Karnaugh por agrupación de los ceros en dicho mapa, conducen en forma directa a una implementación en dos niveles de dicha expresión que utiliza compuertas OR en el primer nivel y una compuerta AND en el segundo. Veamos un ejemplo de esto. Continuemos estudiando la implementación de la función *C'* del ejemplo 3-1. La misma debía satisfacer la siguiente expresión.

$$C' = (D + B + \bar{A})(D + C)$$

La que puede implementarse con compuertas AND-OR de la manera que muestra la figura 3-27.

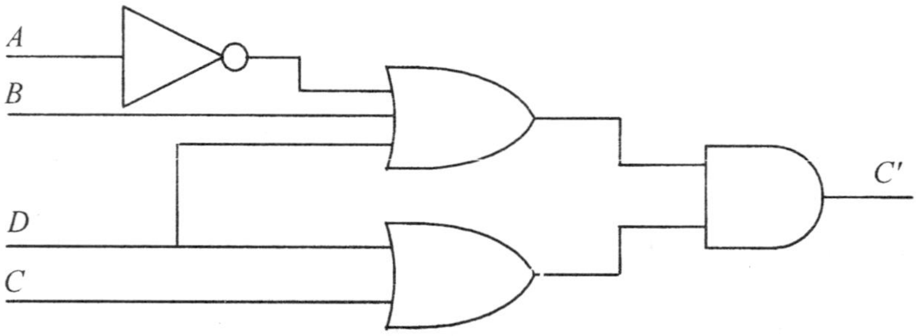

Figura 3-27 - Implementación de la función C' con compuertas OR-AND

Pero la citada expresión Producto de Sumas puede implementarse de cuatro formas distintas, es decir, tres formas adicionales a la ya mencionada realización con compuertas OR-AND. A estas tres formas adicionales se llega, partiendo de la implementación con OR-AND, mediante los siguientes artificios:

1) anteponiendo una doble inversión en cada una de las entradas de la compuerta del segundo nivel
2) anteponiendo una doble inversión en cada una de las entradas de todas las compuertas del primer nivel
3) realizando conjuntamente las dos operaciones recién mencionadas

Se observará que lo indicado es totalmente análogo a lo expuesto en el apartado anterior para el caso de la implementación de expresiones tipo Suma de Productos, por lo que no se justifica una descripción detallada de la aplicación de dichos procedimientos, aunque sí una presentación de los resultados que se alcanzan. Así, las figuras 3-28, 3-29 y 3-30 muestran los otros tres circuitos que se derivan de la figura 3-27, como el lector podrá comprobar.

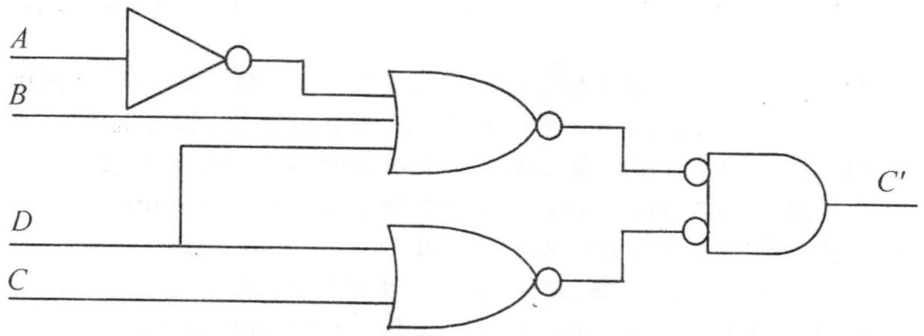

Figura 3-28 - Implementación de la función C' con compuertas NOR-NOR

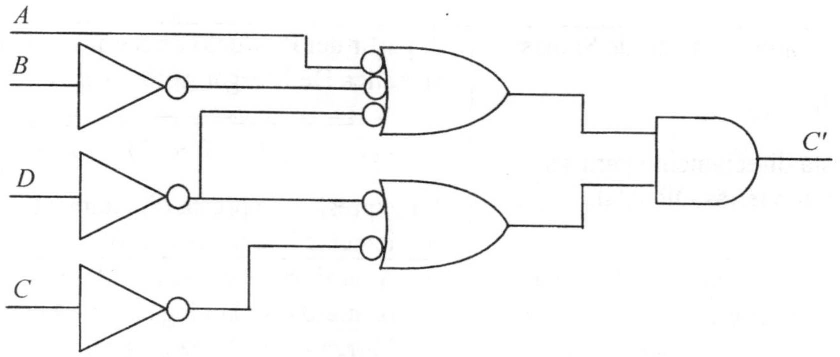

Figura 3-29 - Implementación de la función C' con compuertas NAND-AND

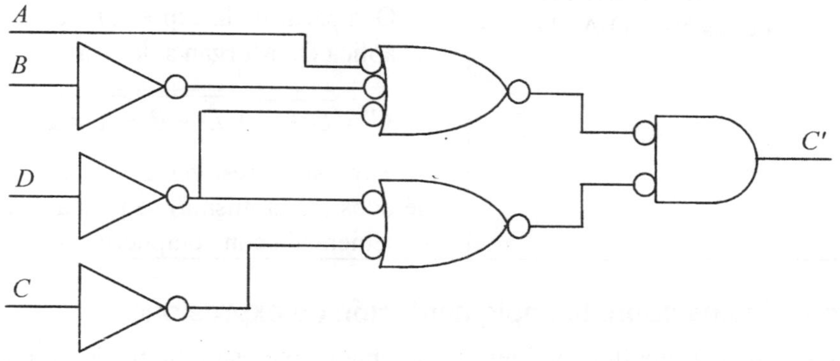

Figura 3-30 - Implementación de la función C' con compuertas AND-NOR

Resumiendo estos resultados, existen 4 formas de implementar una expresión tipo Producto de Sumas. Esas 4 formas usan para el primer y segundo nivel, respectivamente, las compuertas:

- OR-AND
- NOR-NOR
- NAND-AND
- AND-NOR

Las variables de entrada se ingresan al circuito en una forma que depende de las compuertas empleadas:

- en el caso del circuito OR-AND las variables se ingresan de la misma forma como figuran en la expresión que se está implementando.
- en el caso del circuito NOR-NOR las variables se ingresan de la misma forma como figuran en la expresión, *excepto* aquellas que inciden directamente en la compuerta NOR de segundo nivel, que deben invertirse.
- en el caso del circuito NAND-AND las variables se ingresan en forma invertida con relación a como figuran en la expresión, *excepto* aquellas que inciden directamente en la compuerta AND de segundo nivel que no deben invertirse.

- en el caso del circuito AND-NOR todas las variables se ingresan en forma invertida con relación a como figuran en la expresión.

Las cuatro formas indicadas requieren la misma cantidad de compuertas en los niveles primero y segundo, pero algunas demandan menos inversores que otras. Esta pequeña diferencia no suele ser considerada decisiva, y en la práctica la adopción de una de estas cuatro formas se realiza normalmente por razones de preferencia por un tipo u otro de compuerta, como se comenta en el próximo apartado.

Tal como se ha explicado, cualquiera de los 4 circuitos que surgen de la expresión tipo Suma e Productos puede ser realizado directamente, a partir de dicha expresión, y sin efectuar las transformaciones gráficas que acá hemos realizado pata justificar el procedimiento. Sin embargo, algunos lectores quizás deseen arribar a los circuitos mencionados a partir de manipulaciones algebraicas que terminen con expresiones particularmente adaptadas para ser implementadas por ellos. Para ilustrar tal posibilidad, se cierra este apartado con el siguiente cuadro.

Se deja la expresión como Producto de Sumas $C' = (D+C)(D+B+\overline{A})$ La expresión se presta directamente para ser implementada con compuertas OR-AND	A partir del Producto de Sumas se la niega dos veces y se aplica De Morgan sólo 1 vez (al producto) $C' = \overline{\overline{(D+C)(D+B+\overline{A})}} = \overline{\overline{D+C}+\overline{D+B+\overline{A}}}$ La expresión se presta directamente para ser implementada con compuertas NOR-NOR
A partir del Producto de Sumas, a cada suma se le aplica De Morgan **al revés.** $C' = (D+C)(D+B+\overline{A}) = \overline{\overline{D}.\overline{C}}.\overline{\overline{D}.\overline{B}A}$ La expresión se presta directamente para ser implementada con compuertas NAND-AND	1) A partir de la exptesión del casillero de la izquierda, se la niega 2 veces y se aplica De Morgan sólo 1 vez (al producto) $C' = \overline{\overline{\overline{\overline{D}.\overline{C}}.\overline{\overline{D}.\overline{B}A}}} = \overline{\overline{D}.\overline{C}+\overline{D}.\overline{B}A}$ 2) O, a partir de la expresión del casillero superior se aplica De Morgan sólo a las sumas parciales $C' = \overline{\overline{D+C}+\overline{D+B+\overline{A}}} = \overline{\overline{D}.\overline{C}+\overline{D}.\overline{B}A}$ La expresión resultante de cualquiera de los dos métodos (es la misma) se presta directamente para ser implementada con compuertas AND-NOR

3.4.2.3. Comentarios finales sobre la implementación de expresiones

En la práctica, para implementar una función lógica se adopta la expresión Suma de Productos o la Producto de Sumas, según cual sea la más simple. Cuando no hay una expresión considerablemente más simple que la otra, la adopción se hace, en general, atendiendo a cual se presta mejor para ser implementada con el tipo de compuerta de nuestra preferencia o disponible comercialmente. Por ejemplo, si preferimos o disponemos de compuertas NAND, preferiremos la expresión Suma de Productos para implementarla en forma similar a la de la figura 3-24.

Apliquemos lo dicho para completar el diseño del circuito propuesto en el ejemplo 3-1. Deseamos usar compuertas NAND. El circuito correspondiente a la salida *C'* es el de la figura 3-24, el que con el agregado de los circuitos correspondientes a las otras salidas queda como el de la figura 3-31. El lector comprobará, en esta figura, cómo se han compartido compuertas entre algunas salidas. La realización de este circuito demanda:

- 4 compuertas NAND de 3 entradas
- 3 compuertas NAND de 2 entradas
- 4 inversores

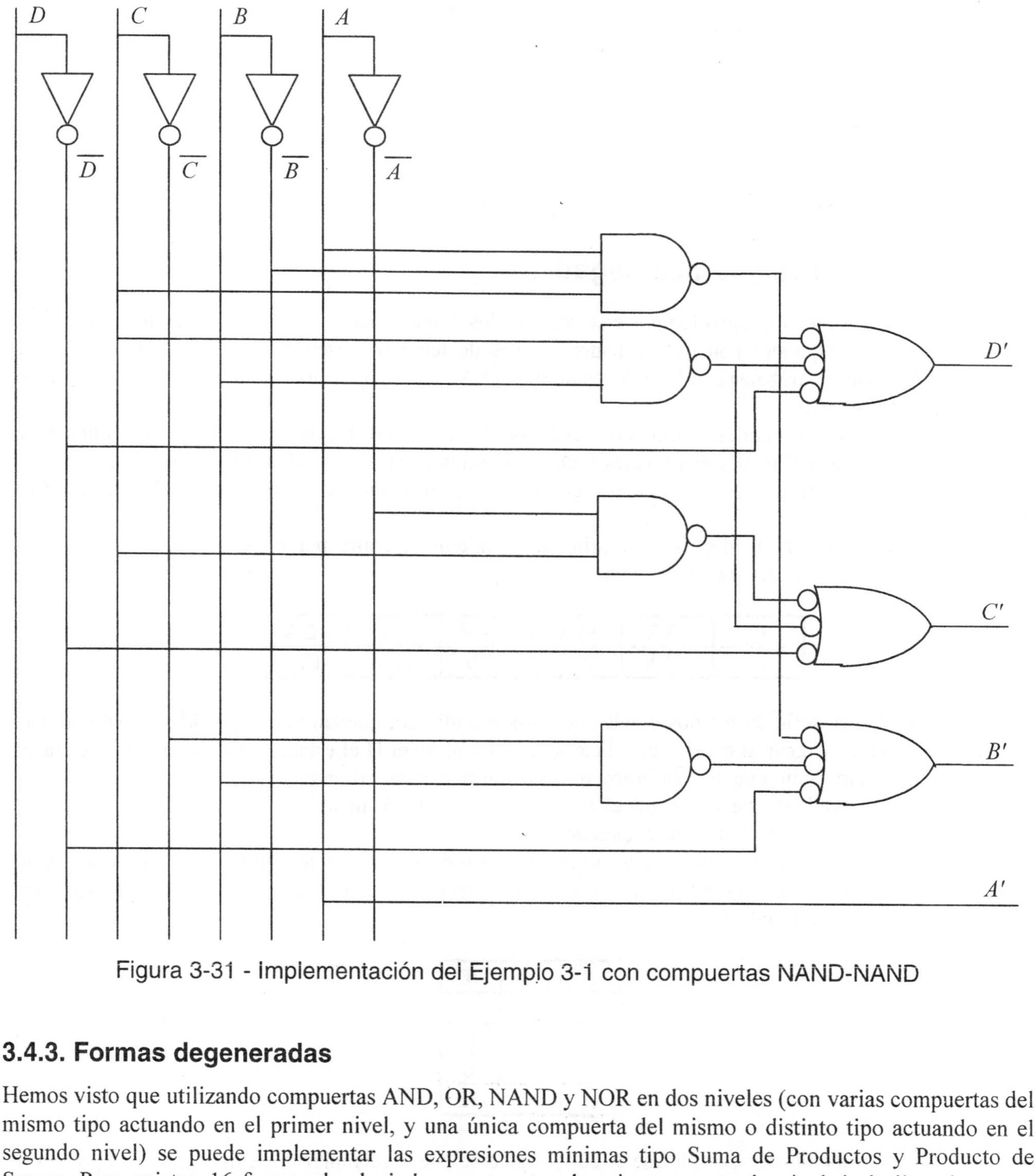

Figura 3-31 - Implementación del Ejemplo 3-1 con compuertas NAND-NAND

3.4.3. Formas degeneradas

Hemos visto que utilizando compuertas AND, OR, NAND y NOR en dos niveles (con varias compuertas del mismo tipo actuando en el primer nivel, y una única compuerta del mismo o distinto tipo actuando en el segundo nivel) se puede implementar las expresiones mínimas tipo Suma de Productos y Producto de Sumas. Pero existen 16 formas de elegir las compuertas de primer y segundo nivel de la lista de cuatro compuertas mencionadas, y sabemos que sólo 8 de estas formas permiten lograr esa implementación. Las otras 8 formas son llamadas *formas degeneradas*, ya que degeneran en una única operación. Por ejemplo, la utilización de compuertas AND-AND para el primer y segundo nivel respectivamente degenera en el equivalente de una única operación AND (a tal punto que esto es usado cuando se requiere una compuerta AND de gran número de entradas). A continuación se dan las 8 formas degeneradas, junto con la indicación acerca de cuál es la operación única en que degeneran. La primera de las formas listadas es la conexión AND-AND que se analizara recién. El análisis de las otras 7 formas degeneradas para verificar la operación a la que degeneran se deja a cargo del lector.

1) AND-AND $\Rightarrow$ AND
2) AND-NAND $\Rightarrow$ NAND
3) OR-OR $\Rightarrow$ OR
4) OR-NOR $\Rightarrow$ NOR
5) NAND-OR $\Rightarrow$ NAND
6) NAND-NOR $\Rightarrow$ AND
7) NOR-AND $\Rightarrow$ NOR
8) NOR-NAND $\Rightarrow$ OR

3.5. Lógica positiva y lógica negativa

Ya hemos visto que en los circuitos lógicos electrónicos, los niveles lógicos 0 y 1 de un terminal (entrada o salida) se hacen corresponder con determinados niveles de tensión presentes en ese terminal. Así, por ejemplo, puede decidirse trabajar con los niveles de 0 V y 5 V, y asignar el primero al estado 0 y el segundo al estado 1 (o a la inversa).

En términos más generales, como deben definirse dos niveles distintos, y por ende uno de ellos debe ser de mayor tensión que el otro, estos niveles suelen denominarse H y L. Se identifica como H al de mayor tensión de los dos (por High, que significa alto en inglés) y L al de menor tensión (por Low, que significa bajo).

Los niveles H y L pueden ser, en principio, cualquiera, como por ejemplo las parejas que se mencionan en las columnas del siguiente cuadro.

H	+ 8 V	+5 V	+ 3 V	0 V	- 2 V
L	+ 2 V	0 V	- 3 V	- 5 V	-12 V

Aún después de haber definido los dos niveles de tensión a utilizar, quedan dos posibilidades para su uso, por cuanto es posible asignar al nivel L el estado lógico 0 y al nivel H el estado lógico 1, o exactamente al revés. Se acostumbra decir que los circuitos que operan según la primera de las variantes usan *lógica positiva* (nombre derivado del hecho de que el estado 1 es el nivel más positivo de los dos niveles), mientras que a la segunda variante se la denomina *lógica negativa.*

Ahora bien, supongamos un circuito lógico cuya salida *W*, en función de sus dos entradas *A* y *B*, pueda representarse mediante la siguiente tabla, en la que hemos colocado los niveles reales de tensión que puede haber en dichos terminales:

B	*A*	*W*
L	L	L
L	H	L
H	L	L
H	H	H

Para determinar la función que cumple ese circuito lógico se puede reemplazar los niveles L y H por 0 y 1 respectivamente (si adoptamos lógica positiva) o por 1 y 0 respectivamente (para el caso de lógica negativa). Para apreciar la diferencia entre ambos casos se han hecho ambas sustituciones en las tablas que siguen; en el caso particular de la lógica negativa se ha repetido su tabla reorganizando sus renglones para darles el orden acostumbrado.

en lógica positiva

B	*A*	*W*
0	0	0
0	1	0
1	0	0
1	1	1

en lógica negativa

B	*A*	*W*
1	1	1
1	0	1
0	1	1
0	0	0

o, reordenando renglones

B	*A*	*W*
0	0	0
0	1	1
1	0	1
1	1	1

Se observa que este circuito lógico, si se opera con lógica positiva se comporta como una compuerta AND, mientras que si se opera con lógica negativa lo hace como una compuerta OR.

Este resultado puede generalizarse recordando que la función dual de una función dada es aquella que tiene una tabla de verdad que, comparada con la de la dada, tiene todos los ceros y los unos intercambiados. Dado que este intercambio de ceros y unos se da también cuando una función pasa de un tipo de lógica a la contraria, puede concluirse que un circuito lógico que implementa una determinada función lógica en lógica positiva, realiza la función dual en lógica negativa (y viceversa).

Este comportamiento dual de un mismo circuito hace que el diseñador o fabricante de un circuito lógico deba clarificar con qué polaridad de la lógica dicho circuito cumple la función propuesta. Por ejemplo, un fabricante de compuertas NAND debería señalar si ese comportamiento como NAND lo tiene su producto operando en lógica positiva o en lógica negativa. En la práctica esto no suele acontecer, pues como ocurre que, por lejos, *la lógica positiva es mucho más empleada que la negativa*, se sobreentiende que los circuitos operan en esta lógica a menos que se exprese lo contrario.

3.6. Compuertas integradas

3.6.1. Conceptos básicos

Originariamente, las compuertas eran construidas por los usuarios, empleando para ello diodos, transistores, resistencias, y otros componentes electrónicos conectados apropiadamente según circuitos diseñados por los propios usuarios. A las compuertas así diseñadas y construidas, hoy se las denomina *compuertas discretas*.

Pero actualmente las compuertas que se emplean son las integradas, es decir, aquellas contenidas en los *circuitos integrados*, dispositivos que contienen todos los componentes y conexiones necesarias para cumplir una determinada función lógica, o un conjunto de ellas.

Los primeros circuitos integrados comerciales (década del 60) contenían en su interior un conjunto de compuertas independientes entre sí, con todas las entradas y salidas accesibles al exterior para permitir armar circuitos más complejos a partir de ellas. A estos integrados se los denominó de *integración en pequeña escala*, o SSI, sigla de la denominación inglesa Small Scale Integration.

Estos circuitos integrados de pequeña escala de integración están disponibles comercialmente en forma de *pastillas* (en inglés, chips), tradicionalmente encapsuladas en plástico y con dos líneas de terminales enfrentados en un tipo de encapsulado llamado en inglés Dual In-line Package, y abreviado DIP. Los hay también con otro tipo de encapsulado, por ejemplo, el llamado SOIC por Small Outline Integrated Circuit. Este último encapsulado es apto para montaje superficial, mientras el DIP debe ser insertado en la placa impresa o en un zócalo montado en la misma. La figura 3-32 ilustra la forma de un encapsulado DIP con 18 terminales, y uno SOIC de 16.

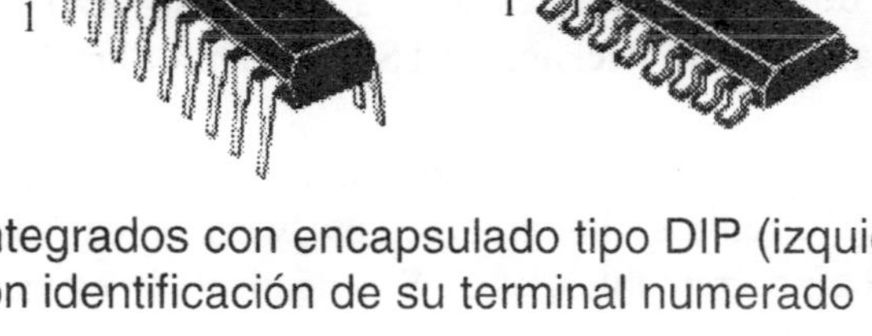

Figura 3-32 - Circuitos integrados con encapsulado tipo DIP (izquierda) y SOIC (derecha) con identificación de su terminal numerado 1

El número de terminales más usual en circuitos integrados digitales SSI es de 14 ó 16, los que se numeran progresivamente siguiendo el sentido contrario al de las agujas del reloj (visto el dispositivo desde arriba) a partir del terminal 1 ubicado próximo a una muesca en el encapsulado DIP o a un borde lateral biselado en el caso del SOIC (como la figura anterior muestra). Así, por ejemplo, el integrado 74LS00 (una cuádruple compuerta NAND de 2 entradas en lógica positiva) tiene la distribución de terminales que indica la figura 3-33. Dicha figura muestra los terminales de las compuertas que contiene, como así también los usados para conectar la alimentación de energía del circuito (terminales 14 y 7). En estos terminales se aplica la tensión de alimentación del integrado (designada generalmente como V_{CC}, siendo en este integrado de +5 V) y el potencial de tierra, respectivamente.

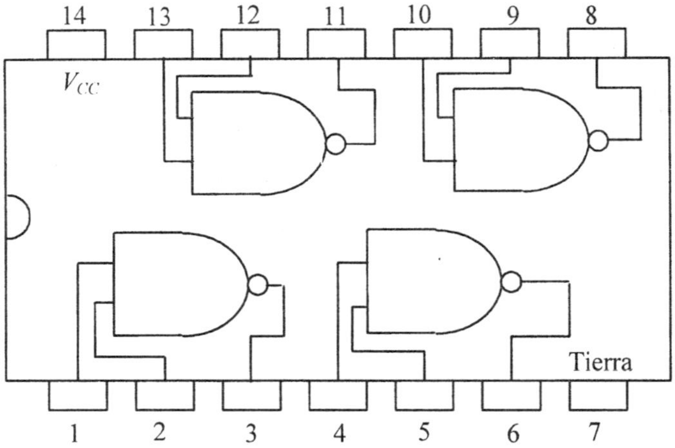

Figura 3-33 - Esquema de terminales de un integrado 74LS00 (visto desde arriba)

A partir de la aparición comercial de los primeros circuitos integrados, los avances tecnológicos permitieron aumentar progresivamente la cantidad de elementos que podían integrarse en ellos. Por más de 3 décadas fue posible duplicar cada 12 ó 18 meses el número de componentes que podía incluirse en una pastilla, ritmo que aún continúa. Este incremento exponencial en la densidad de integración se conoce como Ley de Gordon Moore. Así es que con el tiempo se alcanzaron distintos niveles de escala de integración, los que se definieron arbitrariamente de la forma siguiente:

- los ya citados integrados en pequeña escala de integración (o SSI), que contienen hasta 10 compuertas en una sola pastilla.
- los integrados *en mediana escala de integración* (o MSI, sigla de Medium Scale Integration), que contienen hasta 100 compuertas en una sola pastilla.
- los integrados *en gran escala de integración* (o LSI, sigla de Large Scale Integration), que contienen hasta 1000 compuertas en una sola pastilla.
- los integrados *en muy gran escala de integración* (o VLSI, sigla de Very Large Scale Integration), que contienen más de 1000 compuertas en una sola pastilla.

Como ilustrativo de la densidad de integración que actualmente puede conseguirse en circuitos integrados digitales, puede mencionarse que en el año 2000 hizo su aparición comercial el procesador Pentium 4, con 42 millones de transistores en su interior, algo equivalente a unas diez millones de compuertas.

Los integrados MSI ya no consisten (como los SSI) en compuertas independientes, sino que sus compuertas están interconectadas apropiadamente dentro de la pastilla para formar unidades funcionales tales como decodificadores, sumadores, registros, contadores, y otros circuitos prácticos. Su encapsulado es similar al de los SSI, pero pueden también tener 18, 20, 24 ó 28 terminales y aún más (por ejemplo, 48). En este último caso, los encapsulados son diferentes de los ya citados DIP y SOIC; suelen emplearse los denominados SSOP (Shrink Small Outline Package) y TSSOP (Thin Shrink Small Outline Package), ambos de montaje superficial.

Los integrados LSI y VLSI, dado el elevado número de compuertas que poseen internamente, generalmente ya no son simples "circuitos" integrados, sino verdaderos "sistemas" integrados (memorias, procesadores, dispositivos lógicos programables, etc.). Su encapsulado es variado, según el tipo de montaje y el número de terminales (que puede ser superior a 100).

Hemos visto que los circuitos integrados digitales pueden ser clasificados según su escala de integración, pero pueden también serlo desde otro punto de vista, como hemos de hacer ahora.

- Se denomina *lógica estándar* a los circuitos lógicos de pequeña y mediana escala de integración que tienen propósitos generales en el marco de las técnicas digitales
- Se denominan *productos estándar para aplicaciones específicas* a aquellos circuitos integrados de mediana o mayor escala de integración, que tienen una aplicación específica pero para la cual los fabricantes tienen un suficientemente elevado número de clientes como para fabricarlo como uno de sus productos estándar. Estos productos suelen designarse con la sigla ASSP por Application Specific Standard Product.
- Se denominan *circuitos integrados para aplicaciones específicas* a aquellos circuitos lógicos de gran o muy gran escala de integración producidos para un único cliente que los ha diseñado específicamente para la aplicación que tiene para ellos. El hecho de que se trate de dispositivos confeccionados para una aplicación específica de un solo interesado, hace que estos circuitos tengan un costo que sólo resulta económico cuando su producción es muy importante, ya que en esos casos se logran amortizar los altos costos fijos de la llamada *ingeniería no recurrente*. Estos productos suelen designarse con la sigla ASIC por Application Specific Integrated Circuits.
- Se denominan *dispositivos lógicos programables* (algunos los llaman *dispositivos lógicos reconfigurables*) a aquellos integrados de mediana o mayor escala de integración, producidos en forma estándar por sus fabricantes, cuya configuración circuital interna es modificable posteriormente por el usuario para adaptarla a sus necesidades específicas. Estos productos suelen designarse con la sigla PLD por Programmable Logic Devices. En estos dispositivos, la programación consiste en definir su configuración interna.
- Finalmente, en un último grupo podemos clasificar a los *microprocesadores*, *microcontroladores*, *procesadores digitales de señales*, junto a sus memorias asociadas y otros accesorios. Los elementos mencionados son también programables, pero en estos dispositivos la programación consiste en la ejecución secuencial de los pasos de un algoritmo.

En este libro nos limitaremos a la lógica estándar y a los dispositivos lógicos programables, aunque también haremos una introducción a las memorias. Pero en este capítulo limitaremos nuestro estudio a la lógica estándar.

3.6.2. Lógica estándar - Introducción a las familias lógicas integradas

Los circuitos integrados correspondientes a la llamada lógica estándar y que están disponibles comercialmente, se fabrican en distintas tecnologías, definiendo por tales a aquellas modalidades de diseño y construcción que tienen:

- los mismos componentes activos (transistores bipolares o transistores MOS)
- las mismas configuraciones circuitales básicas

Así, por ejemplo, modernamente encontramos 4 tecnologías en el mercado de circuitos digitales integrados

- Tecnología TTL (que emplea transistores bipolares en lógica saturada)
- Tecnología CMOS (que emplea transistores MOS de simetría complementaria)
- Tecnología BiCMOS (que combina tecnología TTL con CMOS)
- Tecnología ECL (que emplea transistores bipolares en modo de corriente)

Dejaremos para otro capítulo el estudiar en detalle algunas de estas tecnologías, y el significado de las siglas que las identifican. También nos restringiremos por el momento a considerar sólo las dos primeras tecnologías mencionadas, las cuales se caracterizan por:

1) La alimentación de tensión continua que requieren para su operación, y que debe aplicarse en el par de terminales que los circuitos disponen para ello, es positiva y con uno de sus extremos al potencial de tierra. Es decir que uno de los terminales de los integrados construidos en esas tecnologías deberá estar conectado a tierra, y otro a un potencial positivo que, genéricamente, llamaremos $+V_{CC}$.
2) los valores *nominales* de las tensiones correspondientes a los niveles 0 y 1, tanto en las entradas como en las salidas, son respectivamente el potencial de tierra (es decir, 0 V) y el potencial de alimentación $+V_{CC}$. Es decir, vale en términos nominales la siguiente tabla de correspondencia:

H (1)	$+V_{CC}$
L (0)	0 V

Los valores de tensión reales que pueden aparecer en las entradas o salidas pueden tener un cierto apartamiento con relación a estos valores nominales, que corresponden a condiciones ideales, debido a tolerancias de fabricación y otras pequeñas imprecisiones inevitables. Más adelante veremos con más detalle cuales son los rangos admitidos para estas tensiones.

Dentro de cada una de las citadas tecnologías, encontramos distintas familias de circuitos integrados. Dentro de cada familia se agrupan circuitos que tienen ciertas características comunes, además de la tecnología. Por ejemplo: la tensión de alimentación, las corrientes de entrada y de salida, etc. Las familias lógicas TTL y CMOS son tan exitosas que son producidas por numerosos fabricantes, aunque un integrado específico no necesariamente es producido por todos los fabricantes de la familia a la que pertenece. Para asegurar que los dispositivos de los distintos fabricantes tienen, al menos en principio, las características que corresponden a su familia, las mismas son establecidas como norma por una asociación que agrupa a los fabricantes: la JEDEC Solid State Technology Association, de la Electronic Industries Alliance (EIA). Y los distintos fabricantes deben ajustarse e ellas. El nombre de JEDEC proviene de la sigla del anterior nombre de dicha asociación: Join Electron Device Engineering Council.

Como hemos dicho, actualmente en cada tecnología encontramos distintas familias, por ejemplo:

- en TTL encontramos las familias 74, 74LS, 74S, 74AS, 74ALS, 74F, etc.
- en CMOS encontramos 4000B, 74HC, 74HCT, 74AC, 74ACT, 74AHC, 74AHCT, 74VHC, 74VHCT, 74LVX, 74LV, 74LCX, 74LVC, 74VCX, 74ALVC, etc.

Nótese que existe un prefijo 74 que es común a todas las familias mencionadas, a excepción de una familia CMOS antigua, pero aún vigente, cuya denominación fue elegida por su fabricante antes de que el prefijo 74 se generalizara. Esto es una práctica que se inició cuando la empresa Texas Instruments, el fabricante de una familia TTL pionera (la familia 74, llamada normal, hoy prácticamente obsoleta), la usó por primera vez. Otras familias TTL y CMOS de aparición posterior la imitaron, por las razones que enseguida se aclararán.

Los distintos circuitos integrados tienen estampado en su encapsulado un código de identificación, con el que figuran también en los manuales de los fabricantes donde se encuentra su descripción y características. Dicho código suele incluir, en forma de prefijo, la identificación de la familia a la que pertenece y concluye con un número, típicamente de 2 ó 3 cifras pero puede ser más extenso, que especifica a un integrado en particular. Por ejemplo, el ya citado integrado 74LS00 pertenece a una familia TTL denominada 74LS. Dicha familia está compuesta por más de 100 integrados diferentes. Pero, restringiéndonos a los integrados SSI de tipo combinacional, podemos citar a continuación algunos ejemplos ilustrativos (la lista no es, por supuesto, exhaustiva), con su descripción hecha en lógica positiva, como es habitual.

- 74LS02 Cuádruple compuerta NOR de 2 entradas
- 74LS04 Séxtuple inversor
- 74LS08 Cuádruple compuerta AND de 2 entradas
- 74LS10 Triple compuerta NAND de 3 entradas
- 74LS20 Doble compuerta NAND de 4 entradas
- 74LS32 Cuádruple compuerta OR de 2 entradas
- 74LS30 Compuerta NAND de 8 entradas
- 74LS86 Cuádruple compuerta XOR

El acostumbramiento de los diseñadores a los números de identificación específicos de cada integrado usado por la familia pionera 74 hizo que, al aparecer nuevas familias, los fabricantes optaran por mantener el código específico del integrado y sólo cambiar el prefijo para señalar la familia a la que pertenece.

Así, por ejemplo, el integrado 74HC00, perteneciente a una familia CMOS denominada 74HC, es también una cuádruple compuerta NAND de 2 entradas, y que tiene sus terminales en exactamente la misma posición en que los tiene, según la figura anterior, el 74LS00. Por supuesto que éste es también el caso del 7400 que fue el primero que adoptó esa composición interna y esa distribución de terminales.

Con la nomenclatura que utilizaremos en esta publicación, en los casos en que deseemos hacer abstracción de la familia específica de un particular dispositivo, usaremos como prefijo 74x. Así, por ejemplo, si citamos al integrado 74x00 será para referirnos a una cuádruple compuerta NAND de dos entradas de cualquiera de las familias lógicas TTL o CMOS (excepción hecha de la familia 4000B).

Si bien se insiste en que dos integrados de distinta familia, pero que tienen un mismo sufijo específico, cumplen la misma función lógica y tienen la misma distribución de terminales, no por ello debe inferirse que todos los integrados están disponibles en todas las familias lógicas. El integrado 74F00 podría, por ejemplo, no existir (en realidad, existe) por carecer de interés comercial su producción.

Como ejemplo de aplicación, si recordamos que el circuito de la figura 3-30 requería 4 compuertas NAND de 3 entradas, 4 compuertas NAND de 2 entradas y 4 inversores, se ve que se puede realizar con:

- 2 integrados 74x10
- 1 integrado 74x00
- 1 integrado 74x04

Es decir, un total de 4 integrados, quedando sin utilización 2 compuertas NAND de 3 entradas, 1 compuerta NAND de 2 entradas y 2 inversores. Sin embargo, no es posible reducir el número de integrados, pues aún usando las 3 compuertas NAND sobrantes como inversores, aún se necesitaría el 74x04 para suministrar un inversor faltante.

3.6.3. Criterios para la selección de una familia lógica

Cuando un diseñador de circuitos lógicos debe seleccionar, para el equipo que está diseñando, una particular tecnología o familia lógica, lo hace generalmente tomando en consideración los siguientes aspectos (probablemente algunos en mayor consideración que otros, y sin que esta lista pueda considerarse taxativa):

- el rango de temperatura dentro del cual debe operar
- la tensión de alimentación requerida
- el consumo
- los niveles de tensión correspondientes al 0 y al 1 (de los que depende la inmunidad contra el ruido, la compatibilidad con otros circuitos preexistentes, etc.)
- los niveles de corriente tanto en la entrada como en la salida (de los que depende la "cargabilidad" de la salida y la compatibilidad con otros circuitos lógicos, etc.)
- la velocidad de conmutación
- la etapa del ciclo de vida en que se encuentra la familia
- el costo
- la disponibilidad de la función lógica o de una característica especial que requiere
- el encapsulado, que afecta tanto al espacio ocupado por el integrado como al método de montaje

Algunos de los aspectos mencionados más arriba merece una ampliación, y la misma se da en los apartados que siguen.

3.6.3.1. Temperatura de operación

Los circuitos integrados imponen límites a la temperatura ambiente con la que pueden operar, no pudiendo ésta ser inferior a un valor mínimo ni superar a un máximo, siendo estos valores límites característicos para cada familia integrada.

Así, se han definidos rangos de temperatura de operación admitida denominados *comercial* (0°C a +70°C), *industrial* (típicamente de -25°C a +85°C), y *militar* (-55°C a +125°C). Los circuitos lógicos de las familias tipo 74x en tecnología TTL operan en el rango comercial de temperaturas, mientras que los de tecnología CMOS operan en el rango industrial o el militar, según la familia.

3.6.3.2. Tensión de alimentación

Los integrados del tipo 74x se alimentan con una tensión de alimentación positiva denominada V_{CC}. Algunos autores o fabricantes limitan el uso del término de V_{CC} a TTL y prefieren emplear V_{DD} para el caso de CMOS, pero para evitar diversificación en la nomenclatura, acá usaremos V_{CC} para ambos casos.

Las primeras familias TTL emplearon una tensión de alimentación de 5 V ± 5%. Otras posteriores tienen una tolerancia del 10%. Las familias CMOS admiten un rango más amplio de tensiones. Sin embargo se usó por muchos años para estas familias una tensión de +5 V porque el favoritismo que tuvo TTL durante muchos años entre los diseñadores (favoritismo que hoy ha perdido en manos de CMOS) hizo que la tensión de alimentación de +5 V se transformara en un valor estándar "de facto". Hoy, prevalece la tendencia de usar CMOS con menores tensiones de alimentación por las ventajas que ello conlleva (por ejemplo, menor consumo) y varias familias CMOS modernas están optimizadas para trabajar con tensiones de alimentación de 3,3 V, valor que ha emergido como nuevo estándar. La tendencia actual busca reducir aún más la tensión de alimentación, y aparecen como nuevos valores normalizados 2,5 V y 1,8 V.

La familia CMOS 4000B (antigua, pero aún vigente, como ya se ha señalado) puede operar con tensiones de alimentación entre los +3 V y los +15 V. Los dispositivos de esta familia son mucho más lentos que los de las otras familias CMOS, y su salida sólo puede manejar corrientes débiles, por lo que sólo son usados cuando se puede sacar provecho de usarlos con una tensión de alimentación relativamente alta, por ejemplo +12 V o +15 V, para tener una gran separación entre los niveles 0 y 1.

3.6.3.3. Consumo

Todos los circuitos lógicos, cuando sus entradas están estáticas en los valores 0 ó 1 (y por consiguiente también lo están sus salidas), toman de la fuente de alimentación $+V_{CC}$ una cierta corriente denominada *de reposo*. Este valor es habitualmente simbolizado como I_{CC} y, siendo una característica de cada integrado en particular, el valor específico para un dispositivo dado debe obtenerse de las hojas de datos que de él publica su fabricante. Esto implica que el dispositivo disipará en condiciones estáticas una potencia (denominada de *consumo estático*) dada por:

$$V_{CC}I_{CC}$$

Por las razones que serán explicadas en un capítulo posterior, el consumo estático de las familias TTL suele ser varios órdenes de magnitud mayor que el de las familias CMOS. Por ejemplo, un particular dispositivo TTL puede tener un consumo estático de 10 mW y su similar en tecnología CMOS sólo consumir 10 µW. Este muy bajo consumo estático es una de las razones de las preferencias actuales por los circuitos CMOS, especialmente para equipos portátiles en los que se requiere alimentación con pilas con larga autonomía.

Hasta acá nos hemos referido al consumo estático, es decir, a aquél que se da en circunstancias en que las entradas (y por consiguiente las salidas) están estacionarias en 0 o en 1. Pero el consumo total es mayor que el simple consumo estático: a este último debe agregarse un consumo dinámico *por cada una de las salidas del dispositivo*. El *consumo dinámico* es aquel que se produce asociado a una salida cuando la misma conmuta entre uno y otro estado. Este tipo de consumo se encuentra tanto en tecnología TTL como en CMOS. Pero en el caso de TTL, dado el relativamente elevado valor del consumo estático, el consumo dinámico es por comparación pequeño y no suele ser considerado. Por el contrario, en el caso de CMOS, con su particularmente bajo consumo estático, el consumo dinámico adquiere significación. Veámoslo con cierto detalle.

La salida de un circuito lógico típico de TTL o CMOS la podemos representar, en primera aproximación, como un conmutador que, según la salida esté en el estado 1 o el 0, conecta el terminal de salida del circuito a la tensión $+V_{CC}$ o a tierra, respectivamente. La figura siguiente muestra esta idea, donde en punteado se encuentra representado un circuito con su conmutador de salida, y en paralelo con su salida un capacitor parásito que, inevitablemente, existe a la salida del dispositivo y sobre el cual volveremos en seguida.

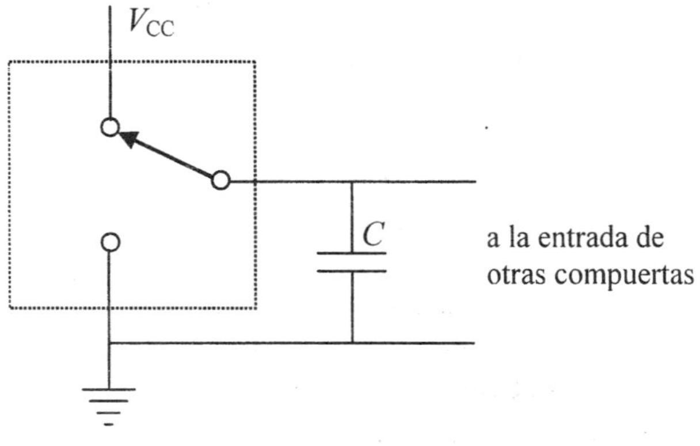

Figura 3-34 – La salida de una compuerta con su carga capacitiva parásita

Si bien se observa en la figura anterior que cuando la salida pasa del estado 1 al 0, no hay consumo alguno por la fuente de alimentación, cuando la salida vuelve al estado lógico 1, es decir a $+V_{CC}$, es necesario que la fuente de alimentación, a través del conmutador, cargue la capacidad parásita. Esta capacidad parásita C es debida a la capacidad de salida del dispositivo, la propia del conexionado, y la de entrada de las compuertas a las que su salida está conectada. Si llamamos C_L al total de la capacidad parásita externa al dispositivo, y C_{PD} a la interna (es decir, $C=C_L+C_{PD}$), cada conmutación de 0 a 1 requiere que se le suministre a la capacidad total una carga dada por:

$$Q = (C_L+C_{PD})V_{CC}$$

Esto implica una energía de valor:

$$QV_{CC} = (C_L+C_{PD})\,V_{CC}^2$$

Si esta operación de conmutación se repite a una frecuencia de f veces por segundo, la potencia dinámica consumida, es decir la energía consumida por cada segundo, será:

$$P_D = fQV_{CC} = f(C_L+C_{PD})\,V_{CC}^2$$

Se observa que el consumo dinámico de una compuerta CMOS es proporcional a la frecuencia con que conmuta su salida y a frecuencias altas no resulta despreciable. Por ejemplo, para una capacidad total de 40 pF, una tensión de alimentación de +5 V y una frecuencia de conmutación de 1.000.000 veces por segundo, la potencia consumida resulta, por aplicación de la fórmula anterior, de 1 mW.

La capacidad C_{PD} es llamada *capacidad de disipación de potencia* (esta denominación es algo ambigua: cuide el lector de interpretarla como una capacidad que produce una disipación de potencia, *y no* como una habilidad para disipar potencia sin calentarse en demasía). El valor de esta capacidad para cada salida de un particular integrado puede encontrarse en su respectiva hoja de datos. En realidad, el valor suministrado para C_{PD} es una suerte de capacidad *efectiva*, pues no sólo incluye en ella la capacidad parásita propia interna, sino asimismo una capacidad hipotética que toma en cuenta otros efectos disipativos del dispositivo CMOS que sólo aparecen en cada conmutación y producen, como la capacidad parásita, una potencia disipada directamente proporcional a la frecuencia de conmutación.

3.6.3.4. Niveles de tensión en entradas y salidas

Consideremos un circuito lógico ideal, alimentado con $+V_{CC}$ y analicemos sus niveles de tensión en su salida y sus entradas.

En su salida, un circuito lógico ideal alimentado de la forma antedicha entrega, según corresponda en cada momento, los niveles de tensión 0 V y $+V_{CC}$. Como hemos adoptado en esta publicación la lógica positiva, estos niveles de tensión se corresponderán con los estados lógicos 0 y 1 respectivamente.

En cuanto a la entrada, un circuito lógico ideal tiene una cierta tensión de umbral, intermedia entre 0 V y $+V_{CC}$ y que simbolizaremos V_T, tal que cuando la entrada esté a un potencial menor que V_T el circuito interpretará ese nivel como un 0 lógico, mientras que todo potencial mayor que V_T será interpretado como un 1 lógico. Es decir que el nivel de umbral V_T es el límite de la tensión de entrada que distingue al 0 del 1.

Ilustraremos lo dicho tomando como ejemplo un buffer y trazando un gráfico, que se denomina *función transferencia* del buffer, en el que se representa la tensión de salida V_O del mismo, en función de su tensión de entrada V_I. De acuerdo a lo dicho, la función transferencia de un buffer ideal será como muestra la figura 3-35.

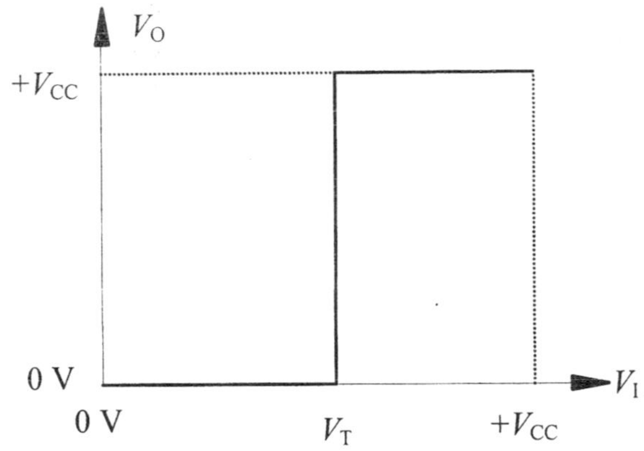

Figura 3-35 - Característica de transferencia de un buffer ideal

Los niveles de entrada y salida que caracterizan a un circuito lógico se suelen presentar en un gráfico comparativo donde se representa, en el eje vertical, los niveles de tensión, y a ambos lados del mismo los valores correspondientes a la entrada y a la salida respectivamente. Para un circuito lógico ideal, tendremos el diagrama comparativo de niveles de entrada y salida que muestra la figura 3-36:

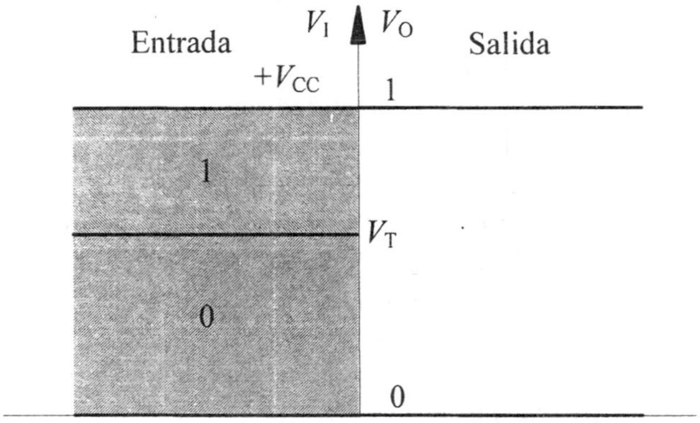

Figura 3-36 - Diagrama comparativo de los niveles de entrada y salida de un circuito lógico ideal

En la parte del diagrama correspondiente a la entrada se han limitado los valores de tensión posibles a los comprendidos entre 0 V y $+V_{CC}$, ya que es común que las condiciones operativas recomendadas por los fabricantes para los circuitos lógicos sólo admitan valores comprendidos entre dichos límites.

De estos niveles de tensión a la entrada y a la salida depende la susceptibilidad de una conexión entre dos compuertas ideales a una tensión espuria (denominada *ruido*) que pudiera captarse en esa conexión, ya sea por efecto capacitivo o inductivo, y que pudiera afectar a la correcta interpretación, por parte de la compuerta atacada, de la tensión de salida de la compuerta atacante. Efectivamente, estos ruidos inducidos se superponen a la tensión de salida de la compuerta atacante, por lo que la entrada de la compuerta atacada ve su tensión de entrada incrementada (o decrementada, según sea el signo del ruido inducido) en la magnitud del ruido.

Denominamos *margen de inmunidad contra el ruido* (en inglés Noise Margin Voltage, por lo que lo simbolizaremos V_{NM}) a la máxima amplitud de ruido que puede adicionarse a la salida de una compuerta, sin que dicha adición afecte a las entradas de las compuertas que estuviesen conectadas a esa salida.

Consideraremos separadamente los dos casos posibles: aquél en que la salida está en el estado lógico 0, y aquél en que la salida está en el estado lógico 1, limitándonos por el momento al caso de compuertas ideales. Con el auxilio de la figura 3-37 podemos notar que:

- Si estando la salida en el nivel correspondiente al estado 0, es decir 0 V, se superponen a ella pulsos positivos de baja amplitud, ello no impedirá que la compuerta atacada siga interpretando su tensión de entrada como un 0. Pero si los pulsos que se superponen son de amplitud mayor que V_T, conseguirán cruzar el umbral y esa situación será interpretada por la compuerta atacada como un 1. Definimos *margen de inmunidad contra el ruido en el estado 0* (que simbolizamos V_{NML}) a la máxima amplitud de pulso positivo que puede adicionarse a una salida en estado 0 sin que afecte al funcionamiento de la compuerta conectada a esa salida. De acuerdo a lo visto, una compuerta ideal tiene un margen de inmunidad contra el ruido en el estado 0 de valor V_T.

- Si estando la salida en el nivel correspondiente al estado 1, es decir $+V_{CC}$, se superponen a ella pulsos negativos de baja amplitud, ello no impedirá que la compuerta atacada siga interpretando su tensión de entrada como un 1. Pero si los pulsos que se superponen son de amplitud mayor que V_{CC}-V_T, conseguirán cruzar el umbral y esa situación será interpretada por la compuerta atacada como un 0. Definimos *margen de inmunidad contra el ruido en el estado 1* (que simbolizamos V_{NMH}) a la máxima amplitud de pulso negativo que puede adicionarse a una salida en estado 1 sin que afecte al funcionamiento de la compuerta conectada a esa salida. De acuerdo a lo visto, una compuerta ideal tiene un margen de inmunidad contra el ruido en el estado 1 de valor V_{CC}-V_T.

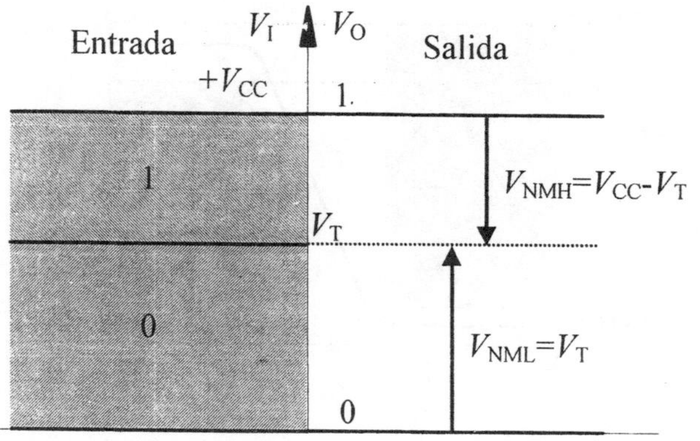

Figura 3-37 – Márgenes de inmunidad contra el ruido en un circuito lógico ideal

Dado que no hay razón para hacer estos márgenes distintos, en una compuerta ideal se toma $V_T=V_{CC}/2$, y ambos márgenes resultan iguales al 50% de la tensión V_{CC}.

Si bien para un circuito lógico ideal hemos podido definir como nivel de umbral V_T al límite de la tensión de entrada que distingue a los 0 de los 1, para circuitos lógicos reales este límite se puede mencionar sólo en términos nominales. Ello es debido, en parte, a que estando su entrada en las cercanías de la tensión de umbral, un circuito lógico real no la reconoce nítidamente como un 0 o como un 1 sino más bien como un nivel algo indefinido. Esto, aunado a la inevitable dispersión en las características de los circuitos con relación a lo que sería su comportamiento nominal debido a imprecisiones en su fabricación, hace que exista un intervalo de tensiones de entrada (alrededor de la tensión de umbral) para el que el comportamiento del circuito sea incierto. Los fabricantes definen así los dos niveles de tensión que delimitan este intervalo o *zona de incertidumbre*:

- $V_{ILmáx}$ es la máxima tensión de entrada admisible en el estado 0.
- $V_{IHmín}$ es la mínima tensión de entrada admisible en el estado 1.

La zona de incertidumbre, lógicamente, es la comprendida entre ambos valores recién mencionados.

Por ejemplo, para las familias TTL, en las que la tensión de umbral es de 1,5 V, están normalizados los siguientes valores: $V_{ILmáx}$=0,8 V y $V_{IHmín}$=2 V.

También difieren los circuitos lógicos reales con los ideales con relación a los niveles de salida que, mientras en un circuito ideal son 0 V para el 0 lógico y $+V_{CC}$ para el 1 lógico, en un circuito real no se alcanzan estos valores ideales debido a caídas de tensión inevitables. Pueden así definirse valores típicos para los niveles de salida en los estados 0 y 1 algo mayores que 0 V y algo menores que V_{CC}, respectivamente. Pero también estos valores están sujetos a dispersión entre un dispositivo y otro Por ello los fabricantes acostumbran a definir dos niveles límites que corresponden a los casos más desfavorables, es decir, a los valores correspondientes al circuito lógico que más se aparte del comportamiento ideal. Y especifican los siguientes parámetros límites para las salidas *que los fabricantes garantizan.*

- $V_{OLmáx}$ es la máxima tensión de salida esperable en el estado 0.
- $V_{OHmín}$ es la mínima tensión de salida esperable en el estado 1.

Por ejemplo, para las familias TTL están normalizados los siguientes valores: $V_{OLmáx}$=0,4 V y $V_{OHmín}$=2,4 V.

Así, la característica de transferencia de un buffer real tendrá una forma del tipo que se muestra en la figura 3-38, donde las zonas sombreadas son aquellas por las que el fabricante asegura que la curva de transferencia no puede pasar, de acuerdo a lo dicho más arriba. Por ejemplo, si la tensión de entrada es menor que $V_{ILmáx}$, la salida, que debe estar en el estado 0, no puede tener una tensión superior a $V_{OLmáx}$. Un razonamiento similar explica la segunda zona sombreada.

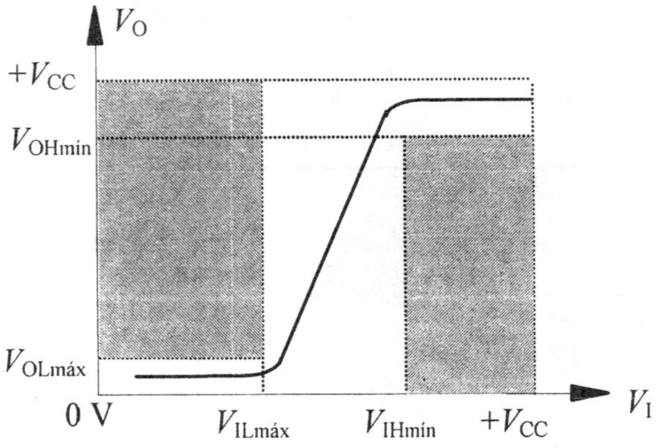

Figura 3-38 - Característica de transferencia de un buffer real

Por lo tanto, el gráfico comparativo de niveles de entrada y salida, para un circuito lógico real, queda como muestra la figura 3-39.

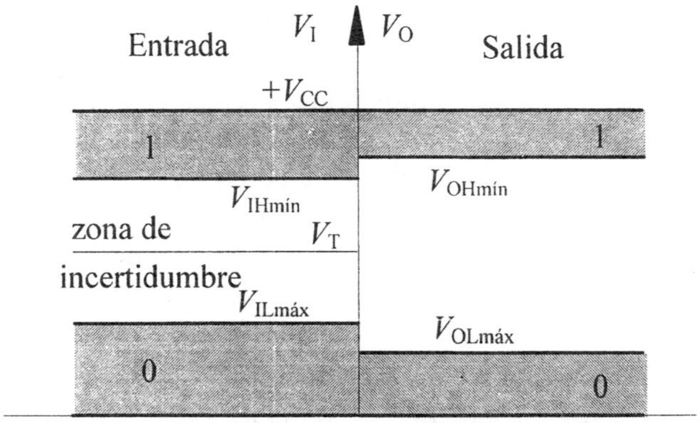

Figura 3-39 - Diagrama comparativo de los niveles de entrada y salida de un circuito lógico real

Es evidente que para que exista compatibilidad entre los miembros de una familia, debe haber compatibilidad entre las tensiones de salida y de entrada de esa familia. Ello significa que en ningún caso una tensión de salida puede tomar un nivel que corresponda a una tensión comprendida en la zona de incertidumbre de la entrada. Esto impone dos condiciones:

- Para que haya compatibilidad en el nivel 0, es necesario que sea $V_{OLmáx} \leq V_{ILmáx}$
- Para que haya compatibilidad en el nivel 1, es necesario que sea $V_{OHmín} \geq V_{IHmín}$

Nótese cómo los valores normalizados para TTL mencionados más arriba satisfacen este requerimiento.

Si ahora analizamos los márgenes de inmunidad contra el ruido de una compuerta con los niveles de entrada y salida recién vistos, si deseamos obtener *valores garantizados* en toda circunstancia, debemos considerar el caso más desfavorable que pueda presentarse. Este corresponde al caso de que la compuerta atacante tenga los niveles de salida más desfavorables: $V_{OLmáx}$ en el estado 0, y $V_{OHmín}$ en el estado 1. Los márgenes de inmunidad contra el ruido en cada uno de los estados, es decir, la máxima amplitud tolerable en cada estado de los pulsos de ruido que no hacen ingresar a la entrada en la zona de incertidumbre, son aquellos que llevan la tensión de entrada al borde de la misma, es decir:

- En el estado 0: $V_{NML}=V_{ILmáx} - V_{OLmáx}$
- En el estado 1: $V_{NMH}=V_{OHmín} - V_{IHmín}$

Esto puede fácilmente comprobarse con el auxilio de la figura 3-40.

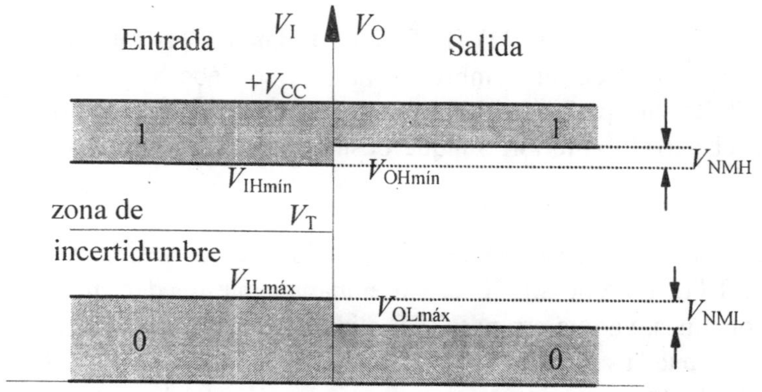

Figura 3-40 – Márgenes de inmunidad contra el ruido de un circuito lógico real

Recuérdese que estos valores son los márgenes garantizados, es decir, los asegurados aún en las condiciones más desfavorables. Los márgenes típicos son, lógicamente, algo mayores.

Para el caso de TTL, por ejemplo, tendremos, luego de reemplazar valores, V_{NML}=0,4 V y V_{NMH}=0,4 V. Se observa que TTL tiene márgenes de inmunidad contra el ruido bastante inferiores a los que tendría una compuerta ideal que emplease su misma tensión de alimentación (50% de 5 V = 2,5 V).

Los valores de los niveles de tensión de las familias CMOS se resumen en el siguiente cuadro, en el que también se ha colocado una columna correspondiente al caso TTL, para facilitar las comparaciones. Luego del cuadro, haremos unos comentarios respecto a los valores allí mencionados y las columnas que lo componen.

Parámetro	Unidad	4000B	74HC, 74AC, 74AHC y 74VHC	74HCT, 74ACT, 74AHCT y 74VHCT	Familias CMOS que operan con V_{CC}=3,3 V	TTL
V_{CC}	V	15	5	5	3,3	5
$V_{OHmín}$	V	14,95	4,9	4,9	3,1	2,4
$V_{IHmín}$	V	11	3,5	2	2	2
$V_{ILmáx}$	V	4	1,5	0,8	0,8	0,8
$V_{OLmáx}$	V	0,05	0,1	0,1	0,2	0,4

La familia 4000B, al poder ser alimentada con tensiones de hasta 15 V, tiene una inmunidad contra el ruido superior a la de cualquier otra familia, y su perdurabilidad en el mercado se justifica por esa característica que la vuelve irremplazable en aplicaciones que operarán en ambientes ruidosos. Nótese que el margen de inmunidad contra el ruido es casi del 30% del valor de V_{CC}, cercano al de una compuerta ideal.

Las familias 74HC, 74AC, 74AHC y 74VHC suelen operar con una alimentación de +5 V, y tienen margen de inmunidad contra el ruido que es casi del 30% del valor de V_{CC}, por lo que se comparan favorablemente con TTL.

De hecho, en un circuito lógico alimentado con +5 V pueden coexistir compuertas TTL y de estas familias CMOS, pero con una salvedad importante: la salida de una compuerta TTL no debe aplicarse a la entrada de una compuerta CMOS de estas familias, porque la mínima tensión de salida de TTL en el nivel alto cae en la zona de incertidumbre de la compuerta CMOS, como se puede comprobar en la tabla. Por el contrario, la salida de una compuerta de estas familias CMOS no tiene inconvenientes en ser aplicada a una compuerta TTL.

Las familias 74HCT, 74ACT, 74AHCT y 74VHCT son similares a las familias del párrafo anterior de denominación similar, y la T final de su nombre de familia se debe a que sus entradas se han hecho compatibles con entradas TTL para poder combinarse sin problemas con sus similares TTL, eliminando el problema mencionado en el párrafo anterior, aunque desmejorando los márgenes de inmunidad contra el ruido.

Las familias CMOS que operan con tensiones de alimentación de 3,3 V tienen sus niveles de tensión de entrada idénticos a los de TTL. Esto no significa, sin embargo, que pueden mezclarse con compuertas de esta última familia sin problemas, ya que estando TTL alimentada con +5 V puede llegar a aplicar un nivel de tensión en el estado 1 que pueda ser dañino a una compuerta alimentada con 3,3 V (que normalmente no soportaría tensiones de entrada de valor mayor que su propia tensión de alimentación). Esta situación dañina no se da en aquellas familias CMOS alimentadas con +3,3 V que están diseñadas especialmente para soportar hasta +5 V en su entrada, circunstancia que los fabricantes denominan "tolerantes a 5 V". Es el caso, por ejemplo, de la familia 74LVX.

3.6.3.5. Niveles de corriente - Abanico de salida

Para el análisis de los valores de las corrientes de entrada y salida de los dispositivos lógicos es necesario previamente clarificar la convención de signos habitualmente empleada. Según ella, se consideran de signo positivo a las corrientes entrantes al circuito (sean de entrada o de salida), y de signo negativo a las salientes (sean también de entrada o de salida). De manera que los sentidos positivos de las corrientes en la entrada y en la salida de un circuito lógico genérico son los que muestra la figura 3-41. Nótese que no existe contradicción alguna en frases del estilo de "la corriente de entrada por esta compuerta es saliente...", ya que indica que "la corriente por el terminal de entrada de esta compuerta tiene un sentido de circulación que es saliente de ese terminal".

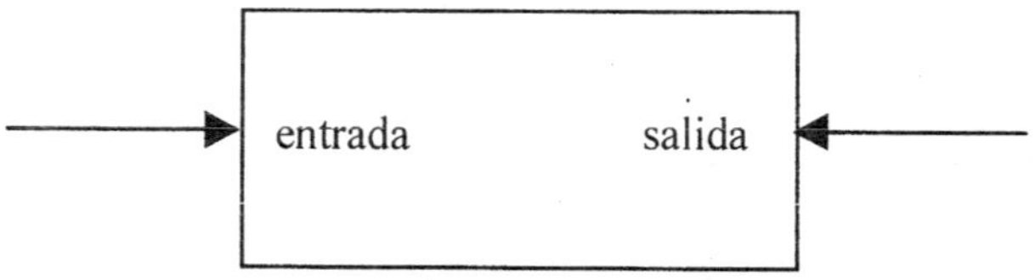

Figura 3-41 - Sentidos convencionalmente positivos de las corrientes de entrada y salida de un circuito lógico

Por la entrada circularán valores de corriente distintos para los estados 0 y 1 de ésta. Estos valores, a su vez, estarán sujetos a variaciones por dispersión en las características del circuito. Eso hace que los fabricantes especifiquen en las hojas de datos los valores típicos de estas corrientes y/o, lo que es más útil para el diseño de circuitos lógicos empleando este dispositivo, los valores límites que ningún circuito por él producido superará, si es operado de acuerdo a sus recomendaciones. Así, se definen:

- $I_{ILmáx}$ es el valor máximo esperable de la corriente de entrada en el estado 0.
- $I_{IHmáx}$ es el valor máximo esperable de la corriente de entrada en el estado 1.

En cuanto a la salida, la misma entregará la corriente que le solicite el circuito al que está conectada, pero dicha corriente no podrá superar un valor máximo admisible para la salida, pues de lo contrario se podría producir una falla en el funcionamiento del circuito consistente en entregar a la salida una tensión fuera de los rangos garantizados por el fabricante para dicha tensión. Por ejemplo, entregar en la salida en el estado alto una tensión inferior al nivel garantizado de $V_{OHmín}$. Existen normalmente valores máximos distintos para los estados 0 y 1 de la salida, por lo que suelen definirse los siguientes parámetros límites:

- $I_{\text{OLmáx}}$ es la corriente de salida en el estado 0 que no debe ser excedida.
- $I_{\text{OHmáx}}$ es la corriente de salida en el estado 1 que no debe ser excedida.

Lógicamente que un circuito lógico deberá poder soportar una corriente por su salida mayor o igual que la corriente que maneja su entrada, para permitir que la salida de un circuito pueda conectarse a la entrada de, al menos, otro circuito de la misma familia (y preferiblemente bastante mayor para poder conectar varios circuitos y no sólo uno). Es decir, que deberán cumplirse las siguientes condiciones:

$-I_{\text{OLmáx}}/I_{\text{ILmáx}} \geq 1$

$-I_{\text{OHmáx}}/I_{\text{IHmáx}} \geq 1$

De hecho, la parte entera del menor de estos cocientes es el máximo número de entradas que la salida de un circuito es capaz de manejar, y se conoce con el nombre de *abanico de salida* (en inglés, fan out). Se notará que el signo menos asignado a cada cociente es a los efectos de que la operación dé resultado positivo, ya que las corrientes del numerador y del denominador son de distinto signo, de acuerdo a la convención de signos adoptada, en razón de que una de ellas es entrante y la otra saliente.

Citemos algunos valores concretos que pueden ser ilustrativos.

La corriente por las entradas de un circuito CMOS es del orden de sólo 1 microampere. Aún con corrientes de salida del orden del miliampere el abanico de salida resulta tan enorme, que en la práctica no constituye ninguna limitación.

Pero en TTL las corrientes de entrada no son despreciables. Por ejemplo, para los componentes de la familia 74LS (las otras familias de TTL tienen valores diferentes a los que aquí mencionaremos) tenemos los siguientes valores de corriente:

$I_{\text{ILmáx}} = -0,4$ mA

$I_{\text{IHmáx}} = 0,02$ mA

$I_{\text{OLmáx}} = 8$ mA

$I_{\text{OHmáx}} = -0,4$mA

Nótese que en los circuitos de la familia 74LS (en el resto de las familias TTL también es así) la corriente de entrada no es simétrica, sino que es mayor en valor absoluto cuando la entrada está en 0 que cuando está en 1. Además, los signos demuestran que la corriente de entrada en el estado 0 es saliente del dispositivo, mientras que la correspondiente al estado 1 es entrante.

Por su parte, las corrientes de salida admisibles en las familias TTL son también asimétricas. La corriente que es capaz de absorber una salida de la familia que estamos analizando cuando está en el estado 0 es 20 veces mayor que la máxima corriente que entrega una entrada en ese estado, mientras que la corriente que es capaz de entregar una salida en estado 1 es 20 veces mayor que la máxima corriente que toma una entrada en ese estado. Es decir, el abanico de salida es 20.

Por su parte, los valores de corriente de salida para las familias CMOS son también muy dependientes de la familia específica de que se trate. El lector podrá buscar los valores correspondientes a la familia CMOS que le interese en el correspondiente catálogo del fabricante. De todos modos se pueden anticipar algunos valores: para la familia 74HC la corriente de salida máxima es de ±4 mA, y para la 74AC es de ±24 mA. Nótese, por contraste con TTL, la simetría.

3.6.3.6. Tiempos de conmutación

Todo circuito lógico tiene limitaciones dinámicas que hacen que no tenga velocidad de respuesta infinita, es decir, que no presenta un cambio a la salida en forma instantánea y totalmente simultánea con el cambio de la entrada que lo produjo. Vemos que estas limitaciones a la velocidad de conmutación se manifiestan doblemente:

- los cambios a la salida no son instantáneos, sino que lleva un cierto tiempo a la salida pasar del estado 0 al estado 1 (o viceversa). Este tiempo se denomina tiempo de *transición* y se mide convencionalmente desde el 10% al 90% de la transición. Más precisamente, existen dos tiempos de transición: el del pasaje del estado 0 al 1 (llamado *tiempo de subida o de elevación* y simbolizado t_{TLH}, en inglés denominado rise time, lo que justifica que a veces se lo simbolice t_r), y el del pasaje del estado 1 al 0 (*tiempo de bajada o de caída*, simbolizado t_{THL}, en inglés fall time, simbolizado a veces t_f) de acuerdo a lo que muestra la figura 3-42. Se suele definir como tiempo de transición nominal al promedio de estos dos valores. En la figura se ha estilizado la forma de onda asemejándola a una onda trapezoidal, cuando en la práctica las formas de onda reales no tienen los cambios bruscos de pendiente que muestra la figura y los codos son redondeados. La ausencia de codos netos es lo que imposibilita definir los tiempos de transición desde el 0 al 100 % como sería de desear (ya que es dificultoso definir estos momentos) y de allí que se apele a definirlos entre el 10 y el 90 % como hemos mencionado.

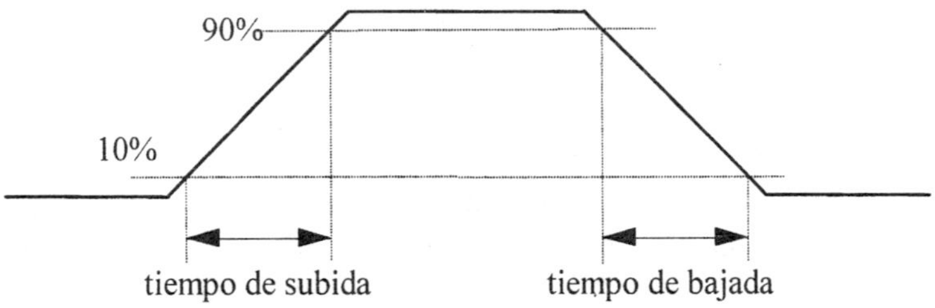

Figura 3-42 - Tiempos de subida y bajada a la salida de un circuito lógico

- los cambios a la salida no se producen en forma totalmente simultánea con el cambio de la entrada que lo produjo, sino que ocurren con un pequeño retraso denominado *tiempo de propagación*. Este se define como el tiempo medido desde que la entrada cruza por la tensión umbral, hasta que la salida también lo hace. En principio se dan dos casos con tiempos de propagación que no tienen que ser necesariamente idénticos: aquel en que la salida pasa de 0 a 1 (tiempo de propagación de bajo a alto, simbolizado t_{PLH}), y aquel en que la salida pasa de 1 a 0 (tiempo de propagación de alto a bajo, simbolizado t_{PHL}). Se suele definir como tiempo de propagación nominal al promedio de estos dos valores. La figura 3-43 ilustra lo dicho.

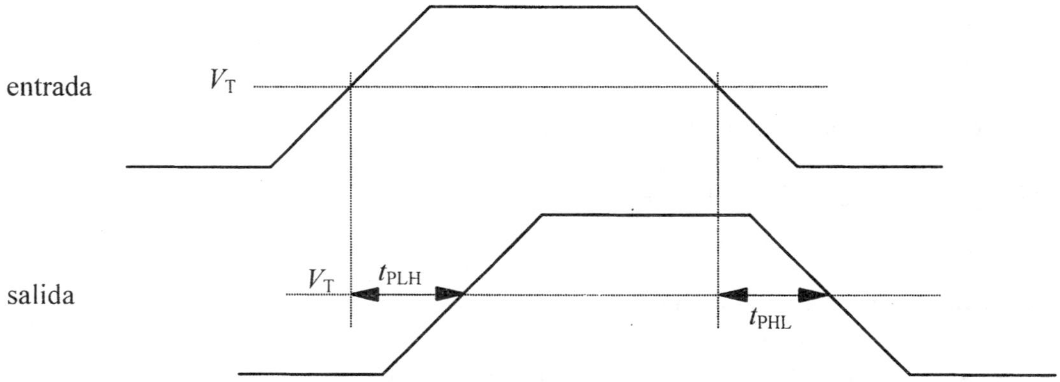

Figura 3-43 - Tiempos de propagación en un circuito lógico (por ejemplo, un buffer)

Es interesante señalar que el deseo del diseñador de disponer de una familia de alta velocidad de conmutación, en alguna medida entra en contradicción con el deseo simultáneo de tener una de bajo consumo. Ello es así porque la alta velocidad de conmutación requiere corrientes relativamente importantes para cargar rápidamente las capacidades parásitas presentes, mientras que esto va en obvio detrimento del consumo. No pudiendo, en general, el diseñador disponer una familia que sea óptima en ambos sentidos, debe en general adoptar aquella que ofrece una solución de compromiso (apropiada para su aplicación) entre ambos requerimientos contrapuestos.

3.6.3.7. Ciclo de vida

Una familia lógica exitosa pasa, a lo largo del tiempo, por una serie de etapas que marcan su *ciclo de vida:*

- Introducción
- Crecimiento
- Madurez
- Decrecimiento
- Obsolescencia

Durante su *introducción* al mercado, la familia no es muy conocida por los diseñadores de circuitos lógicos, sus bondades técnicas deben aún ser demostradas, y su éxito futuro resulta incierto. Por ello son pocos los diseñadores que la eligen, lo que no favorece las economías de escala de los fabricantes de circuitos integrados y el precio resulta comparativamente elevado.

En la etapa de *crecimiento*, sus buenas características ya son reconocidas, más de un fabricante de circuitos integrados la produce, su uso aumenta entre los diseñadores, y los precios mejoran acompañando su gradual consolidación en el mercado.

En la *madurez*, la familia está firmemente consolidada en el mercado: es producida por muchos fabricantes de circuitos integrados, los precios son convenientes, y por todo ello muchos diseñadores la prefieren en aquellas aplicaciones para las que sus características están particularmente adaptadas.

En el *decrecimiento*, el interés de los diseñadores por ella declina, porque nuevas familias que estaban en etapa de crecimiento alcanzan la madurez y resultan técnica y económicamente preferibles. Sin embargo, siguen fabricándose porque existe aún un mercado de reposición para el mantenimiento de equipos, pero varios fabricantes de circuitos integrados dejan de producirla o la desaconsejan para nuevos diseños.

En la *obsolescencia*, ya son difíciles de encontrar en el mercado, que sólo las produce para reposición en tareas de mantenimiento, y a precios elevados.

Cabe señalar que se ha mencionado una familia exitosa, porque una familia fallida puede alcanzar la obsolescencia sin haber alcanzado nunca la madurez.

Normalmente un diseñador evitará usar una familia lógica que se encuentre en extremo inicial de su ciclo de vida, y definitivamente descartará para nuevos diseños toda familia que haya entrado en la obsolescencia o esté próxima a ella.

3.6.4. Algunas consideraciones de uso

Existen ciertas consideraciones de orden práctico que se deben tener en cuenta en el uso de los circuitos integrados digitales relativas, por ejemplo, a la existencia de entradas no utilizadas, la conexión entre compuertas y contactos, y las precauciones para no destruir a integrados CMOS por descarga electrostática. Los mismos se detallan a continuación.

3.6.4.1. Entradas no utilizadas

Una consideración importante de uso de las compuertas integradas es que *ningún terminal de entrada puede quedar sin conexión*, ni siquiera los de aquellas compuertas sobrantes, es decir, que existen en un integrado pero no son utilizadas en el circuito del que forma parte dicho integrado por no ser requeridas. No hacerlo así puede ocasionar que las entradas sin conexión capten interferencias que vuelvan aleatorio el comportamiento del integrado y, en el caso de compuertas de las familias CMOS, por sus características constructivas, puede incluso provocar su calentamiento y terminar dañándolas.

Para cumplir este requisito, en el caso de compuertas sobrantes bastará con llevar sus entradas a los niveles de tensión correspondientes a 0 o a 1, indistintamente. En el caso de compuertas utilizadas en el circuito pero con entradas sobrantes (por ejemplo una compuerta OR de 3 entradas pero de las cuales sólo son empleadas dos), se debe ser más reflexivo pues se deben llevar las entradas sobrantes a 0 o a 1 según cual sea el nivel que no afecte el comportamiento de la compuerta con relación a las otras entradas. Así, tratándose de una compuerta OR, una entrada sobrante no podría conectarse a 1 pues eso llevaría automáticamente a 1 a la salida sin tomar en cuenta las otras entradas. Tampoco sería esto factible en una compuerta NOR. En estos casos las únicas alternativas válidas son llevar la entrada no utilizada al nivel 0, o conectarla en paralelo con alguna entrada que sea efectivamente utilizada. Se deja al lector la tarea de justificar esta aseveración, y encontrar cuales serían las medidas factibles de tomar en un caso similar en que la compuerta con entradas sobrantes fuese una AND o una NAND.

3.6.4.2. Conexión entre compuertas y contactos

Resulta frecuente el tener que vincular contactos con las entradas de una compuerta. Dichos contactos pueden ser los de un relé, un conmutador manual o de un contacto del tipo "fin de carrera". Los dos circuitos básicos para hacerlo son los que muestra la figura siguiente.

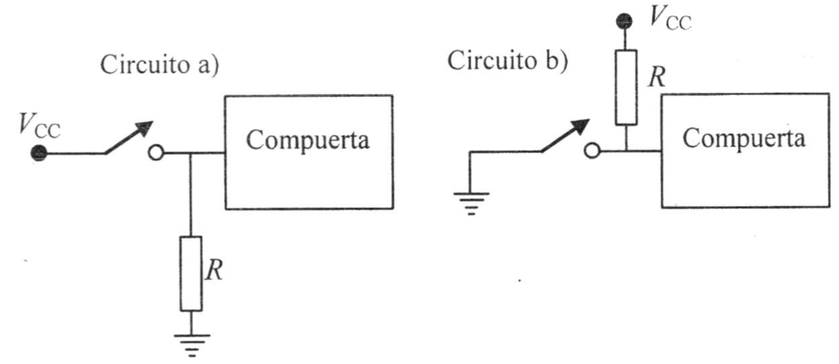

Figura 3-44 – Conexión entre un contacto y una compuerta

Si el lector considera que las resistencias son innecesarias, tome en cuenta que en el caso de estar el conmutador abierto las entradas estarían sin conexión (lo que, como ya hemos visto, es inadmisible) si no fuera por la presencia de esas resistencias que, en esas condiciones, son las encargadas de llevar la tensión de entrada a los niveles de tensión correspondientes al 0 y al 1 respectivamente. Así, el circuito a) incluye una resistencia a tierra que hace que en caso de estar el contacto abierto la entrada queda conectada a tierra (es decir, a 0) a través de dicha resistencia, mientras que en caso de contacto cerrado la entrada queda conectada a V_{CC} (es decir, a 1). Por la función de esta resistencia de tironear la tensión del terminal de entrada al nivel bajo en ausencia de otra conexión, se la suele denominar, en la jerga, "resistencia de pull down". Algo similar ocurre en el circuito b) donde la resistencia es conectada a V_{CC} porque debe llevar la tensión de entrada a esa tensión cuando el contacto está abierto, siendo que cuando el contacto está cerrado la entrada va al potencial de tierra. Esta resistencia, en la jerga, se denomina "de pull up"

Pero cuando los contactos están abiertos, corresponde ver cuan efectivas resultan esas resistencias en su propósito, habida cuenta de que circulará por ellas la corriente de entrada.

Con compuertas CMOS, las corrientes de entradas son tan insignificantes que la caída de tensión en las resistencias es despreciable, al menos cuando los valores de resistencias usados no son extremadamente elevados. Valores de hasta 100 kΩ son absolutamente aceptables. Los valores corrientemente usados van desde 1 kΩ hasta 10 kΩ en ambos circuitos. De los dos circuitos, el b) suele ser el preferido, porque permite que el conmutador tenga un punto a tierra, circunstancia que los diseñadores suelen considerar deseable.

Con TTL, no siendo despreciable la corriente de entrada, la elección del valor de la resistencia debe ser más cuidadosa. Consideremos el caso de la familia 74LS como ejemplo.

En el circuito a), con el conmutador abierto, la corriente de entrada por la compuerta (que en el estado 0 es saliente), circula por la resistencia produciendo una caída de tensión que eleva el potencial del terminal de entrada de la compuerta, apartándolo del nivel 0 V ideal para el estado 0. Usaremos el siguiente criterio: el potencial de entrada a conmutador abierto no debe ser superior al caso en que la entrada estuviera conectada a otro dispositivo TTL que tuviese su salida en el estado 0 en el nivel más desfavorable. Es decir, no debería ser superior al valor $V_{OLmáx}$ correspondiente a TTL que, sabemos, es de 0,4 V. Como la magnitud de la corriente de entrada para una compuerta de la familia 74LS en el estado 0 es de -0,4 mA, se concluye que la resistencia a colocar no podrá exceder los 1000 Ω. En general, la relación a cumplir es:

$$V_{\text{OLmáx}} > -RI_{\text{ILmax}}$$

O, lo que es equivalente:

$$R < -\frac{V_{\text{OLmáx}}}{I_{\text{ILmax}}}$$

Por su parte, en el circuito b), con el conmutador abierto, la corriente de entrada por la compuerta (que en el estado 1 es entrante), circula por la resistencia produciendo una caída de tensión que baja el potencial del terminal de entrada de la compuerta, apartándolo del nivel V_{CC} ideal para el estado 1. Usaremos el siguiente criterio: el potencial de entrada a conmutador abierto nc debe ser inferior al caso en que la entrada estuviera conectada a otro dispositivo TTL que tuviese su salida en el estado 1 en el nivel más desfavorable. Es decir, no debería ser inferior al valor $V_{OHmín}$ correspondiente a TTL que, sabemos, es de 2,4 V. Siendo que V_{CC} es de 5 V esto limita la caída de tensión en la resistencia a no más de 2,6 V. Como la corriente de entrada por una compuerta de la familia 74LS en el estado 1 es de 0,02 mA, se concluye que la resistencia a colocar no podrá exceder los 130 kΩ. Aún cuando el límite real es algo menor, pues se debe tomar en cuenta que existe una tolerancia en la tensión de alimentación que permite que la misma tenga un valor menor al nominal de +5 V, se observa que el circuito b) es mucho menos exigente que el a). Si se agrega a esto que es el que permite que el conmutador tenga un terminal a tierra, es fácil comprender que el circuito b) es, por lejos, el preferido para dispositivos TTL. En él, los valores de resistencia usualmente empleados van desde 1 kΩ hasta 10 kΩ. En general, la relación a cumplir es

$$V_{OHmín} < V_{CC} - RI_{IHmáx}$$

O, lo que es equivalente:

$$R < \frac{V_{CC} - V_{OHmín}}{I_{IHmáx}}$$

3.6.4.3. Riesgo de dañar integrados CMOS por descarga electrostática

Una posible causa de daño que debe ser evitada en los integrados CMOS es la ocasionada por su altísima impedancia de entrada que hace que, cuando un terminal de entrada está sin conexión, por ejemplo cuando el integrado no ha sido aún soldado en un circuito, pueden llegar a inducirse en el mismo cargas electrostáticas que eleven su tensión a valores tales que se produzca internamente una descarga electrostática en forma de chispa, produciendo un daño irreparable al dispositivo. Esto puede inclusive producirse cuando, estando conectado el integrado a un circuito, no haya en el circuito asociado al terminal de entrada una resistencia que descargue una posible carga electrostática. Es por ello que los integrados CMOS incluyen un circuito de protección interno en cada una de sus entradas, pero como los mismos no son totalmente efectivos, aún así los fabricantes recomiendan ciertas precauciones, especialmente en ambientes secos, tales como:

- mantener a los dispositivos en el envase anti-estático en que son provistos, hasta su utilización.
- conectar a tierra tanto a quienes arman los circuitos que utilizan estos dispositivos (por ejemplo, por medio de una pulsera), como a sus herramientas y su mesa de trabajo.
- tratar las placas armadas que contengan CMOS con el mismo cuidado con que se trata a dichos integrados (por ejemplo, conservando las placas armadas dentro de bolsas anti-estáticas).

3.6.4.4. Compatibilidad entre familias lógicas

Ya se ha comentado que no es infrecuente que en un circuito lógico coexistan compuertas pertenecientes a distintas familias lógicas. También se ha dicho que en ciertos casos se presenta un problema de incompatibilidad, problema del que en el presente apartado realizaremos un análisis sistemático.

Para que dos compuertas pertenecientes a distintas familias lógicas sean compatibles, es decir, la salida de una de ellas, que llamaremos *atacante*, pueda ser aplicada a la entrada de la otra, que llamaremos *atacada*, se deben cumplir 3 condiciones, que el diseñador debe cuidar de satisfacer:

1) Tanto en el nivel 1 como en el 0, el nivel de la tensión de la salida de la compuerta atacante no puede corresponder a la zona de incertidumbre de la entrada de la compuerta atacada. Esto exige que, en el nivel 1, la compuerta atacante tenga, aún en el caso más desfavorable, un nivel de salida ($V_{OHmín}$) que sea mayor que el nivel mínimo que exige la compuerta atacada para reconocer un 1 ($V_{IHmín}$). Y que también tenga, aún en el caso más desfavorable, un nivel de salida en el estado 0 ($V_{OLmáx}$) que sea menor que el nivel máximo que exige la compuerta atacada para reconocer un 0 ($V_{ILmáx}$).
2) Tanto en el nivel 1 como en el 0, las corrientes que puede entregar la salida de la compuerta atacante deben ser superiores a las corrientes que requieren para esos niveles la compuerta atacada. Cualquier par de compuertas de las distintas familias de las que hemos nombrado en este capítulo cumplen con esta exigencia, por lo que no hay problemas de incompatibilidad por este motivo. Sin embargo, se debe evaluar los valores de esas corrientes para determinar cuantas compuertas podrán ser atacadas, para evitar que en el diseño se supere el abanico de salida de la conexión.

3) Tanto en el nivel 1 como en el 0, los niveles extremos de tensión de la salida de la compuerta atacante no pueden ser dañinos para la compuerta atacada. Cualquier par de compuertas de las distintas familias que hemos nombrado en este capítulo cumplen con esta exigencia en el 0, ya que las compuertas de esas familias no admiten a la entrada un potencial negativo, pero ninguna de las salidas de esas compuertas puede proporcionarlo. Tampoco hay problemas en el estado 1 cuando la compuerta atacante está alimentada con una tensión igual o menor que la alimentación de la compuerta atacada. Pero cuando la tensión de alimentación de la compuerta atacante es mayor que la alimentación de la atacada, el valor máximo que puede llegar a tomar su tensión de salida puede causar daños a esta última, a menos que la entrada sea tolerante a esas tensiones mayores. La mayoría de las familias citadas no tienen esa tolerancia.

3.6.5. Hojas de datos

Los fabricantes proveen, para cada uno de los circuitos integrados que producen, una hoja de datos con las especificaciones técnicas del mismo. Estas especificaciones suelen incluir:

- La presentación del dispositivo
- Los regímenes máximos a que puede ser sometido
- Las condiciones operativas recomendadas por el fabricante
- Las características eléctricas, es decir, los parámetros que caracterizan la operación del dispositivo
- Otra información de interés para el usuario

Veamos estos aspectos con algún detalle.

La presentación del dispositivo

Este punto suele consistir en

- su código de identificación
- su descripción funcional
- un resumen de algunas de sus características más significativas
- el símbolo del dispositivo
- su tabla de verdad.
- la forma de encapsulado y distribución de terminales.
- el circuito interno, con menor o mayor detalle según la complejidad del integrado; quizás a nivel de transistores (diagrama esquemático) en el caso de integrados en baja escala, a nivel de compuertas (diagrama lógico) en integrados en media escala, y en bloques (diagrama en bloques) en los de mayor escala de integración.

Los regímenes máximos

Existen ciertas condiciones de uso que no pueden ser superadas por los circuitos lógicos que integran una familia lógica sin caer en riesgo de destrucción. Entre estos valores límites (que suelen llamarse *máximos absolutos*) podemos citar:

- la máxima temperatura de almacenamiento
- la máxima tensión de alimentación aplicable al dispositivo.
- el rango de las tensiones aplicables en las entradas. En general, ningún circuito lógico puede soportar una tensión en algunas de sus entradas que no esté comprendida entre 0 y V_{CC}, aunque los fabricantes suelen tolerar ligeros apartamientos de no más de 0,5 V a esta regla. De ser así, y salvo excepciones, el rango admisible de tensiones va desde -0,5 V hasta V_{CC}+0,5 V.
- el valor máximo de la corriente que puede circular por la salida. Corrientes dañinas podrían circular por las salidas si las mismas entrasen en contacto accidental con otras salidas, el terminal de tierra o con la tensión de alimentación. La mayoría de las familias lógicas tienen sus circuitos diseñados de manera que sus salidas pueden soportar un contacto accidental como los descriptos sin provocar su destrucción, por lo que en general en las hojas de datos de los circuitos lógicos, esta limitación de corriente máxima no suele estar especificada.

A diferencia de la información contenida en la presentación, que es siempre específica para el dispositivo particular de que se trate, los valores límites suelen ser los mismos para todos los dispositivos que componen una familia lógica, aunque algunos dispositivos pueden ser, como excepción, especialmente diseñados de manera de soportar condiciones más extremas que el normal de su familia, si el fabricante prevé que esa particularidad le abre a ese dispositivo una aplicación para la que el resto de los componentes de la familia no está adaptado.

Las condiciones operativas recomendadas

Estas condiciones son las que, si se exceden, harán que el dispositivo no cumpla ya con las características eléctricas que posee en condiciones normales y satisfactorias de operación. Se notará que los márgenes admisibles que se mencionan en este punto son más rigurosos que los que figuran como regímenes máximos, aunque se refieran al mismo parámetro. Ello es así porque se trata acá no sólo de no dañar al dispositivo, sino que el mismo opere satisfactoriamente en esas condiciones. En este rubro encontramos generalmente indicados:

- el rango de temperatura de operación recomendado
- el rango de la tensión de alimentación recomendado
- la máxima tensión aplicable a una entrada del circuito que el fabricante asegura que será considerada como un 0 por dicho circuito. Como ya sabemos, este valor se simboliza habitualmente $V_{\mathrm{ILmáx}}$.
- la mínima tensión aplicable a una entrada del circuito que el fabricante asegura que será considerada como un 1 por dicho circuito. Como ya sabemos, este valor se simboliza habitualmente $V_{\mathrm{IHmín}}$.
- la máxima corriente que puede circular por una salida, tanto en el estado 0 como en el 1. Estos valores se simbolizan, como sabemos, $I_{\mathrm{OLmáx}}$ y $I_{\mathrm{OHmáx}}$.
- La mínima velocidad dV_I/dt con que debe modificarse la tensión de entrada para no producir un comportamiento inestable al circuito debido a un lento atravesar por la zona de incertidumbre.

Las características eléctricas

Las características eléctricas son los valores paramétricos que definen el comportamiento eléctrico de un circuito lógico y que su fabricante garantiza en la medida de que se respeten sus condiciones operativas recomendadas. Estas características eléctricas suelen diferenciarse en estáticas (o de corriente continua) y dinámicas (o de conmutación)

- las características eléctricas estáticas son los valores paramétricos que definen su comportamiento eléctrico en corriente continua, tales como tensiones a la salida cuando la misma está en el estado 0 o en el estado 1, las corrientes por las entradas cuando ellas están en estado 0 o en estado 1, y la corriente de alimentación en reposo. Estos valores no pueden ser fijados con precisión por el fabricante debido a inevitables dispersiones en el proceso productivo por lo que los fabricantes suelen proporcionar, en las hojas de datos, tablas con sus valores típicos y/o extremos (el mínimo o el máximo según sea el caso más desfavorable). Estos últimos permiten al diseñador evaluar si su diseño podrá operar satisfactoriamente aún en las peores condiciones. Ese es el caso, por ejemplo, de los valores $V_{\mathrm{OLmáx}}$ y $V_{\mathrm{OHmín}}$ para las tensiones de salida, y también el de las corrientes de entrada $I_{\mathrm{ILmáx}}$ e $I_{\mathrm{IHmáx}}$ para las que el caso más desfavorable es siempre el máximo.
- las características eléctricas dinámicas son los valores paramétricos que definen su comportamiento eléctrico en conmutación, tales como tiempos de conmutación, la capacidad parásita de cada entrada y el valor de C_{PD} correspondiente a cada salida.

Otra información de interés

Otra información que suele proporcionar el fabricante son los circuitos que ha empleado para determinar las características del dispositivo, ejemplos típicos de aplicación, compatibilidad con dispositivos de otras familias lógicas, gráficos que muestren la dependencia de algún parámetro del integrado con relación a una condición operativa que admite un rango amplio de valores (como por ejemplo la temperatura ambiente o, en ciertas familias, la tensión de alimentación), etc.

3.6.6. Información sobre los fabricantes

Las hojas de datos mencionadas más arriba son provistas por los fabricantes en forma de manuales de una familia completa y hojas de datos de dispositivos individuales, ya se trate de material impreso o disponible como archivos electrónicos a través de sus páginas de Internet. Para facilitar al lector este último camino, a continuación se tabulan las direcciones URL de los principales fabricantes de las familias lógicas que hemos analizado.

Fabricante	URL
Fairchild Semiconductor	www.fairchildsemi.com
On Semiconductor (ex Motorola)	www.onsemi.com
Texas Instruments	www.ti.com
Toshiba America Electronic Components	www.toshiba.com/taec/
Pericom Semiconductor	www.pericom.com
IDT (Integrated Device Technology)	www.idt.com
Hitachi Semiconductor	semiconductor.hitachi.com
Philips Semiconductors	www.semiconductors.philips.com

3.7. Compuertas con características especiales

Algunas compuertas son construidas con características especiales que las distinguen de lo que es común para el resto de las compuertas de su familia. Estas características especiales pueden corresponder tanto a la entrada como a la salida de estas compuertas

3.7.1. Compuertas con características especiales a la entrada

3.7.1.1. Entradas tipo Schmitt

Las compuertas comunes no suelen tolerar que la tensión en su entrada atraviese la zona de incertidumbre en forma lenta, porque ello puede inducirle un comportamiento inestable. Por eso en las familias CMOS se especifica la mínima velocidad con que puede cambiar la tensión de entrada en una conmutación de 0 a 1 o viceversa. Esta limitación no suele especificarse en TTL, a pesar de que también existe.

Un escaso número de compuertas integradas posee un tipo especial de entrada, denominada entrada Schmitt, o disparador Schmitt (trigger Schmitt, en inglés, por su inventor Otto Schmitt) que soportan esas variaciones lentas que las compuertas comunes no toleran.

El comportamiento y aplicaciones de estas compuertas con entrada Schmitt se explican mejor si trazamos la característica de transferencia de un dispositivo que posea este tipo de entrada. Sea, por ejemplo, un buffer con entrada Schmitt. Su característica de transferencia es la que muestra la figura siguiente.

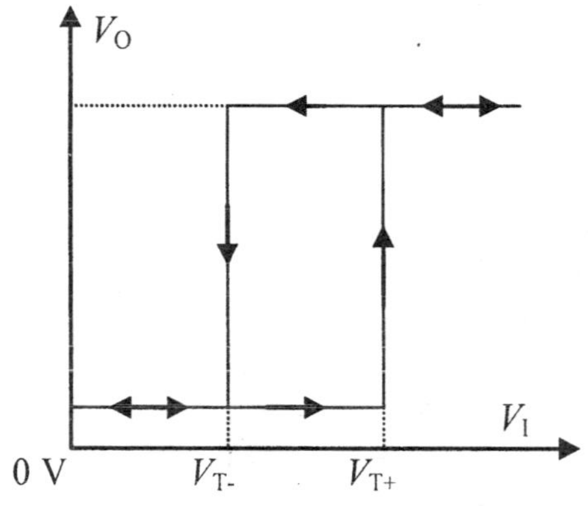

Figura 3-45 - Característica de transferencia de un buffer con entrada Schmitt

Vemos que la entrada Schmitt, que exige un circuito especial que no veremos, produce un desdoblamiento de la tensión de umbral:

- cuando la tensión de entrada corresponde a un 0 lógico, el umbral que debe superar para pasar a ser reconocida como 1 lógico es denominado *umbral superior* y simbolizado V_{T+}.

- cuando la tensión de entrada corresponde a un 1 lógico, el umbral bajo del cual debe descender para pasar a ser reconocida como 0 lógico es denominado *umbral inferior*, menor que el anterior, y simbolizado V_{T-}.

De esta manera, cuando la tensión de entrada es modificada partiendo de un valor inicial de 0 V, llevada a $+V_{CC}$, y luego retornada a 0 V, se advierte que el recorrido que se sigue en la curva de transferencia no es el mismo a la ida que a la vuelta, porque en el primer caso el cambio de 0 a 1 se produce en el nivel V_{T+}, mientras que en el segundo el cambio de 1 a 0 se realiza en el V_{T-}. El lazo que se realiza en la evolución mencionada se denomina *lazo de histéresis*, y es la característica distintiva de una entrada Schmitt. Se notará que una entrada Schmitt, a diferencia de una entrada normal de un circuito lógico, no tiene una zona de incertidumbre. Sin embargo, tiene entre ambas tensiones de umbral una *zona de biestabilidad*, porque para una tensión de entrada comprendida entre dichas tensiones de umbral, la salida puede tomar dos valores distintos, dependiendo del camino que se siguió para llegar a esa tensión de entrada (si se hizo bajando la tensión a partir de un valor más alto que el umbral superior, o subiéndola a partir de un valor más bajo que el umbral inferior).

El lazo de histéresis de una entrada Schmitt tiene una consecuencia importante, de la que se saca provecho en los casos en que deba aplicarse a un circuito lógico una señal de entrada que no tenga flancos abruptos o, peor aún, que los cambios de su nivel sean tan lentos que carezca de sentido hablar de flancos: eso haría que, de tratarse de un circuito lógico normal, durante un cierto lapso su entrada pasaría, al proceder del estado 0 al 1 o viceversa, a atravesar con lentitud la zona de incertidumbre, lo que resultaría en un comportamiento inestable.

Pero una entrada tipo Schmitt no tiene zona de incertidumbre, sino que la zona comprendida entre las dos tensiones de umbral es una zona de biestabilidad, porque la entrada comprendida entre estos dos valores no será considerada incierta sino como un 0 o como un 1 según el sentido en que se esté recorriendo el lazo de histéresis.

Más aún, la salida de un circuito lógico con entrada tipo Schmitt siempre tendrá en esos casos los flancos abruptos de que carece su entrada. Esta característica permite utilizar los dispositivos con entrada Schmitt para dar forma de onda apropiada a señales que no pueden calificar como binarias, pues ofrecen un continuo de valores posibles. Esta aplicación, denominada en la jerga "cuadrar formas de onda", se ejemplifica en la figura siguiente, donde se muestran posibles formas de onda de las tensiones de entrada y salida de un buffer con entrada Schmitt.

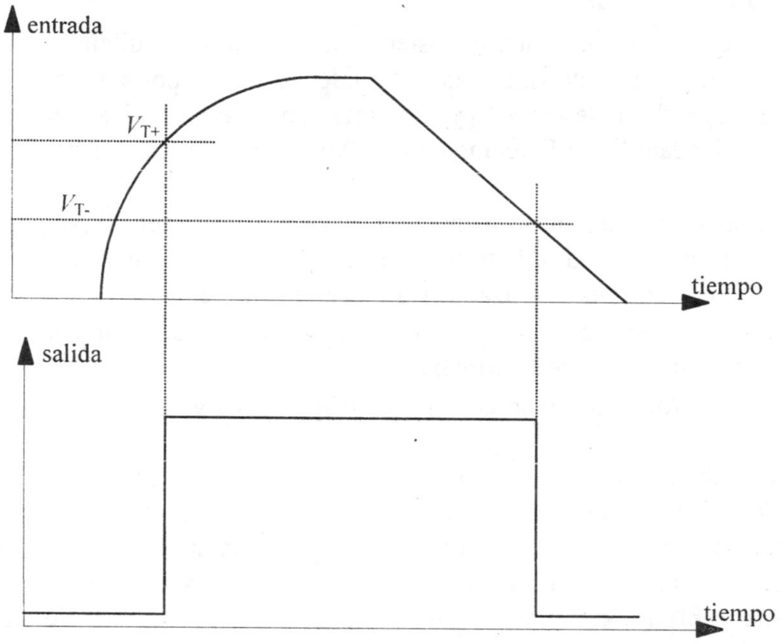

Figura 3-46 - Posibles formas de onda de entrada y salida de un buffer con entrada Schmitt

Aún cuando hemos mencionado la entrada Schmitt vinculada a un buffer, ello ha sido para permitir una presentación simple, pero toda compuerta o circuito lógico puede tener una entrada Schmitt. Sin embargo, este tipo de entrada se encuentra más comúnmente ligada a inversores. Las entradas Schmitt se suelen identificar colocando en forma asociada a ellas, dentro del símbolo del dispositivo que la utiliza, una representación simbólica del lazo de histéresis, como se muestra en la figura siguiente para el caso de un buffer y de un inversor con este tipo de entrada.

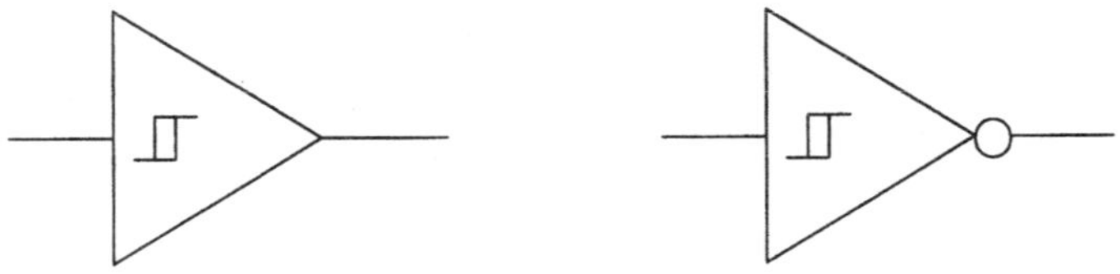

Figura 3-47 - Símbolos de un buffer y un inversor con entrada Schmitt

Un ejemplo de circuito integrado que contiene compuertas con entrada Schmitt es el 74x14, un séxtuple inversor, todos ellos con entrada Schmitt.

3.7.1.2. Compuertas tolerantes a tensiones mayores que V_{CC}

Ya se ha comentado que normalmente las compuertas no admiten en sus entradas tensiones mayores que su alimentación V_{CC}, porque las mismas pueden ser dañinas para las compuertas. Esto dificulta que en un sistema se pueda trabajar con circuitos integrados alimentados con diferentes tensiones (lo que se llama alimentación mixta), ya que si a la entrada de una compuerta se coloca otra alimentada con una tensión mayor, esta última puede colocar en su salida, en caso de estar en 1, una tensión que la compuerta siguiente no puede tolerar en su entrada. Es por ello que los fabricantes suelen producir, dentro de una familia, buffers o inversores que son tolerantes de tensiones mayores que V_{CC} en su entrada, de manera que puedan trabajar de interfaz entre el circuito que opera con tensiones de alimentación más alta, y el de tensión más baja. Es el caso, por ejemplo, en la familia 74HC, del inversor 74HC4049 y del buffer 74HC4050.

Sin perjuicio de lo indicado, y tal como se señalara en un apartado anterior, en algunas familias lógicas que se fabrican para trabajar con tensiones de alimentación de 3,3 V, se construyen de manera de que las entradas de todas sus compuertas sean tolerantes a 5 V.

3.7.2. Compuertas con características especiales a la salida

3.7.2.1. Distintos tipos de salidas

Aún cuando hemos de dejar para un capítulo posterior los detalles circuitales internos de las distintas familias lógicas, en el uso de los circuitos integrados digitales resulta importante identificar el tipo de salida que poseen, porque de él depende su desempeño y su adaptación a ciertas aplicaciones.

En particular, tanto en las familias TTL como en las CMOS, encontramos dispositivos con los siguientes tipos de salida

- La salida "normal", la más comúnmente encontrada en ambas familias (ya que la mayoría de los dispositivos tienen este tipo de salida). Este tipo de salida recibe el nombre técnico de *salida de carga activa* o *salida tipo tótem*, y es la más utilizada en aplicaciones generales.
- La *salida de 3 estados*, presente en varios dispositivos y normalmente empleada (como más adelante veremos) en la realización de tareas de multiplexación.
- La *salida de colector abierto*, presente en unos pocos dispositivos y de variadas aplicaciones (como más adelante veremos).

Las salidas de colector abierto y de 3 estados constituyen lo que podemos denominar salidas con características especiales. Como difícilmente puedan entenderse las características particulares de estos tipos de salida sin recurrir a ciertos detalles internos, haremos de los mismos una presentación esquemática por medio de conmutadores, un modelo que resulta suficientemente simple, al mismo tiempo que posee todos los detalles esenciales para comprender las diferencias entre los tipos de salida mencionados, y comprender sus aplicaciones. Veremos también la salida de carga activa que, si bien no es una salida con características especiales, nos servirá como referencia para comprender las diferencias que tienen con ella las de colector abierto y de 3 estados.

3.7.2.1. La salida de carga activa

La salida de carga activa es, como queda dicho, la más común de los tres tipos de salida de TTL y CMOS, y la usualmente empleada en aplicaciones generales. Por esta razón es que, hasta este momento hemos considerado a las compuertas como teniendo este tipo de salida, que fuera presentada en la figura 3-34, aunque no la habíamos dado allí el nombre de carga activa.

Una salida de carga activa, algo idealizada, puede ser modelada como muestra la siguiente figura, un extracto de la figura 3-34 que acá repetimos por conveniencia:

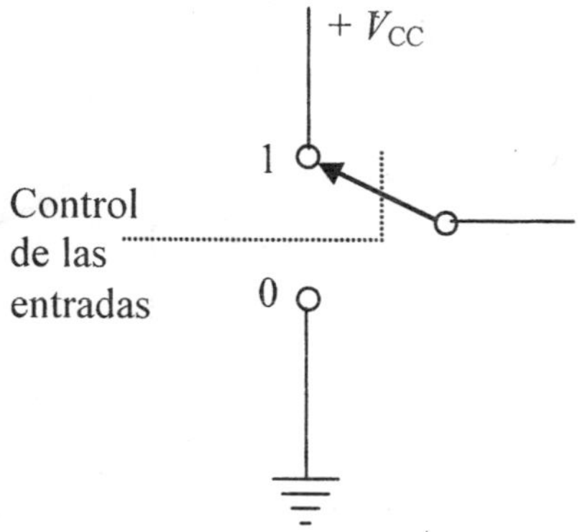

Figura 3-48 – Modelado de una salida del tipo de carga activa

En la figura se muestra que la salida se comporta como un conmutador que, accionado por las entradas del dispositivo según la función lógica que el mismo cumple, coloca la salida al potencial de $+V_{CC}$ cuando corresponde que la misma esté en el estado lógico 1, y a 0 V para el caso del estado lógico 0.

Otra forma similar de modelizar este tipo de salida es por medio de dos conmutadores operando en forma vinculada, pero en contrafase, es decir, que cuando uno de ellos está cerrado el otro está abierto. Este modelo alternativo es el que muestra la figura siguiente.

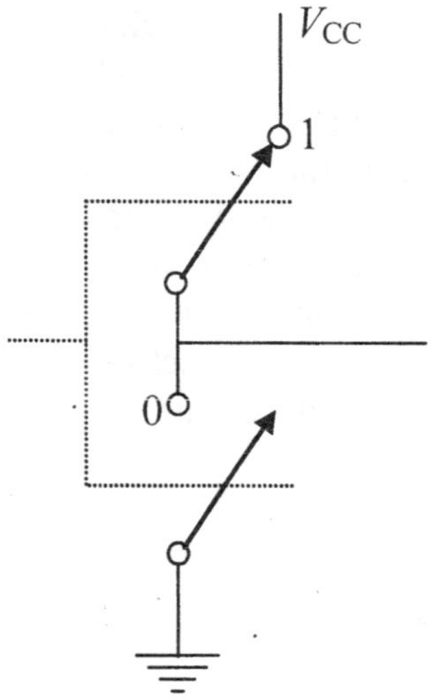

Figura 3-49 – Modelado alternativo de una salida del tipo de carga activa

La operación de este modelo es igualmente simple. Los conmutadores están accionados por las entradas del dispositivo según la función lógica que el mismo cumple. Cuando corresponde que la salida esté en el estado lógico 1, abre el conmutador inferior y cierra el superior, y la salida queda al potencial $+V_{CC}$ (en la figura anterior, los contactos se han dibujado en esa situación). Por el contrario, cuando corresponde que la salida esté en el estado lógico 0, cierra el conmutador inferior y abre el superior, y la salida queda al potencial de 0 V.

Si bien ambos modelos vistos son operativamente similares, el de la última figura tiene la ventaja de tener mayor similitud con la forma real de implementar los conmutadores en las compuertas integradas, y por ello es el preferido. Este último modelo también explica los nombres dados a este tipo de salida: carga activa es porque el conmutador inferior tiene una carga superior que es otro conmutador, es decir, un dispositivo activo. Por otra parte, la colocación de un conmutador sobre el otro se asemeja a ciertos tótems de indígenas norteamericanos consistentes en postes con cabezas apiladas, razón por la que a este tipo de salida también se la denomina tipo tótem.

Nos interesa ahora averiguar si existe la posibilidad de conectar las salidas de dos o más compuertas con salida de carga activa en paralelo, sin que ello les produzca daño. Y, en caso de ser posible, analizar cuál sería el comportamiento, la utilidad y la posible aplicación de tal conexión. Para ello, veamos que es lo que ocurre si tratáramos de colocar en paralelo la salida de dos compuertas cuyas salidas sean del tipo de carga activa, como ilustra la figura siguiente.

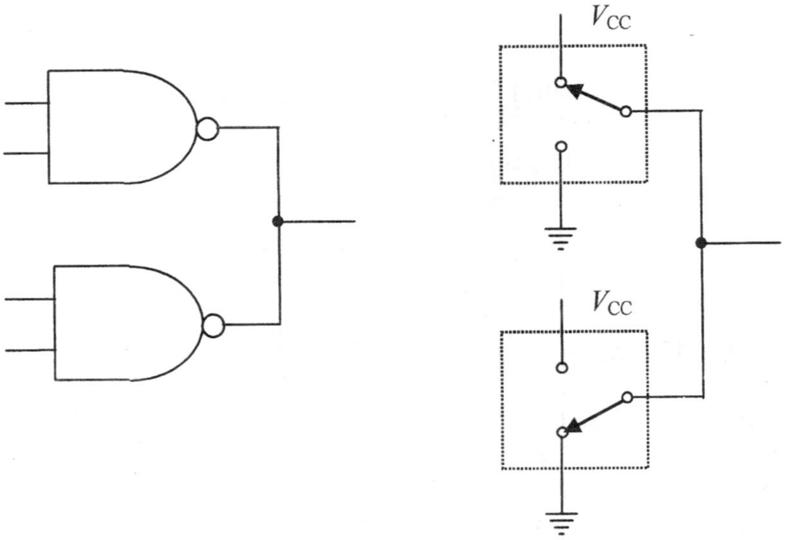

Figura 3-50 - Compuertas con salida del tipo carga activa, con sus salidas interconectadas

Si esta unión se hace en circunstancias en que, por la acción de las respectivas entradas, cada una de las compuertas *por separado* presentarían a la salida un nivel bajo (o uno alto), la interconexión no ofrece problemas para la integridad física de las compuertas ni dudas sobre el estado bajo (o alto) que tomará el punto de unión. Pero, si de no estar unidas las salidas, cada compuerta colocase en su salida un nivel distinto que la otra (como es el caso representado en la figura anterior), al unir sus salidas se establece un cortocircuito entre $+V_{CC}$ y 0 V a través de las salidas, pasando por las mismas una fuerte corriente que podría conducir al deterioro irreparable de las compuertas. De acuerdo a esto, la interconexión de las salidas de 2 o más circuitos lógicos con salida del tipo de carga activa resulta absolutamente inadmisible.

Se han desarrollado salidas especiales que permiten esa conexión en paralelo (cada una de ellas con diferente propósito), a saber:

- La salida de 3 estados
- La salida de colector abierto

A ellas están dedicados los próximos dos aparatados

3.7.2.2. La salida de tres estados

Algunas compuertas tienen la posibilidad de que su salida pueda tomar, además de los comunes estados 0 y 1, un tercer estado. Dicho estado es el llamado *estado de alta impedancia* - a menudo simbolizado HiZ por el inglés High Z (alta impedancia) - porque en ese estado el terminal de salida de la compuerta queda desconectado del resto de la misma, de manera que la salida queda flotante, sin tomar ningún valor particular de tensión a menos que le sea fijado externamente a la compuerta. Las compuertas con estas características se denominan compuertas con salida de 3 estados (en inglés three-state o tri-state®, siendo esta última denominación marca registrada de la empresa National Semiconductors, que fue la primera en tener productos con esta característica). Todas ellas requieren una entrada especial llamada *habilitación* (en inglés, enable) que:

- cuando está en 1 habilita a la compuerta a operar normalmente, es decir, a colocar a su salida el 0 o el 1 que corresponda según el estado del resto de las entradas de la misma

- cuando está en 0 envía la salida de la compuerta al estado de alta impedancia independientemente del estado del resto de las entradas.

Así, por ejemplo, un inversor con salida de 3 estados tiene un comportamiento similar al que muestra la figura siguiente en el esquema de la izquierda, el que pretende mostrar el principio de funcionamiento pero no detalles constructivos internos: la presencia de la habilitación cierra el contacto que permite la operación normal de la compuerta, mientras que en ausencia de habilitación el contacto abierto hace que la salida quede en el tercer estado. La misma figura, en el esquema de la derecha, muestra el símbolo empleado para señalar que una compuerta tiene una salida de 3 estados: se coloca en el símbolo de la compuerta un pequeño triángulo invertido asociado a la salida. Se notará también la presencia de la entrada correspondiente a la habilitación (generalmente rotulada *EN* o, simplemente, *E*, por su denominación inglesa Enable).

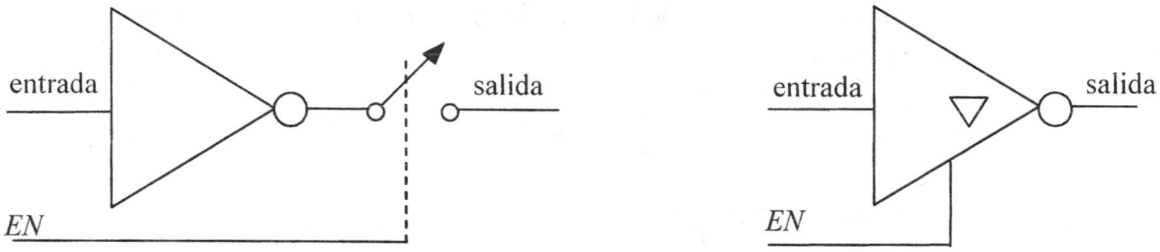

Figura 3-51 - Inversor con salida de 3 estados; principio de operación y símbolo

En la tabla que sigue se muestra la tabla de verdad de dicho inversor. Se observará que en ausencia de la habilitación la salida está en estado de alta impedancia, mientras que estando el circuito habilitado, la salida es, como corresponde, idéntica a la negación de la entrada.

EN	entrada	salida
0	0	HiZ
0	1	HiZ
1	0	1
1	1	0

Si bien en principio cualquier compuerta puede ser fabricada con salida de 3 estados, las compuertas con esta característica que más comúnmente se emplean son los buffers, que se utilizan en la aplicación que enseguida se describirá. Los mismos suelen fabricarse tanto con la entrada de habilitación tal cual fue descripta anteriormente, como con la misma internamente negada, casos en los que se requiere la aplicación al terminal respectivo de un 0 para hacer efectiva la habilitación. La figura siguiente muestra los símbolos correspondientes a las compuertas mencionadas con sus dos posibilidades para la entrada de habilitación.

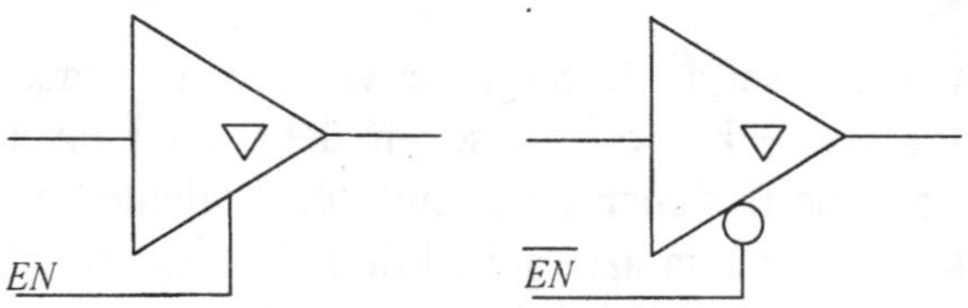

Figura 3-52 - Buffers con salida de 3 estados

Es interesante señalar que las salidas del tipo de 3 estados no requieren, en realidad, del conmutador adicional que muestra la figura 3-50 al exhibir el principio de operación de este tipo de salida. Constructivamente las salidas de tres estados se hacen con dos conmutadores en una configuración básicamente idéntica a la vista para la salida tipo tótem, excepto porque (además de que los conmutadores pueden colocar la salida en 1 ó 0 de la manera ya vista) incorpora provisiones para que, en caso de no estar la señal de habilitación presente, ambos conmutadores se abran (dejan en ese momento de trabajar en contrafase) y la salida queda en el estado de alta impedancia.

Multiplexación con buffers con salida de 3 estados

La utilización habitual de los buffers con salida con tres estados (y el propósito que ha guiado el desarrollo de este tipo especial de salida) es en la realización de *multiplexores*. Un multiplexor es un dispositivo *selector de datos* (nombre alternativo que también recibe), que recibe varias entradas (llamadas vías) y selecciona a una de ellas para reproducirla a la salida. En un apartado anterior dedicado al control de flujo de señales habíamos visto un multiplexor de 2 vías, y ahora veremos cómo realizar un multiplexor de mayor número de vías utilizando buffers con salida de 3 estados. En la figura siguiente se muestra un multiplexor de 4 entradas o vías (I_0, I_1, I_2 e I_3), en el que aquella *única* entrada cuyo buffer esté habilitado es transferida a la salida O. Nótese que habría un conflicto a la salida si hubiese varias entradas habilitadas y ellas no tuviesen idéntico valor, como ocurría con la salida de carga activa. Pero por el principio de operación de un multiplexor, en el que sólo una entrada puede ser habilitada por vez, este conflicto potencial no aparece en la práctica. El circuito propuesto, de 4 vías, es fácilmente adaptable para un número de vías distinto, de una manera tan obvia que no se explicará.

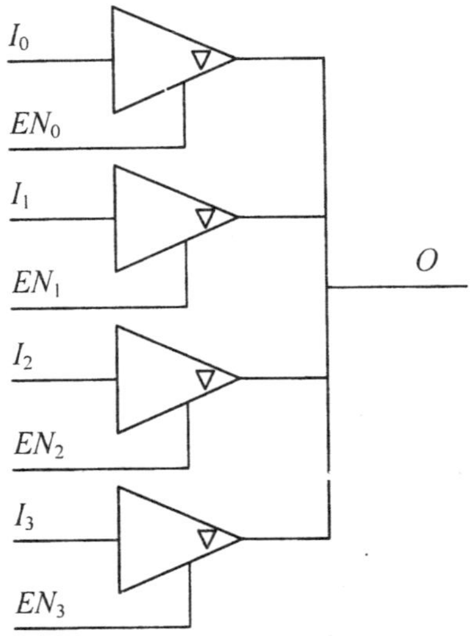

Figura 3-53 - Multiplexor realizado con buffers con salida de 3 estados

3.7.2.3. La salida de colector abierto

El otro tipo de salida especial que permite conectarse en paralelo con otras similares es la denominada de *colector abierto* (en el caso de TTL) y de *drenador abierto* (en el caso de CMOS). En lo que sigue nos referiremos a las salidas de colector abierto, pero todo lo que se diga servirá también para aquellas, similares, de drenador abierto.

A diferencia de las compuertas con salida de carga activa, la cual hemos visto que puede ser modelada con un conmutador que la conecta a $+V_{CC}$ o = V según deba estar en 1 o en 0 respectivamente, las compuertas con salida de colector abierto tienen un circuito equivalente de salida con un conmutador que, en caso de tener que ir la salida a 0, conecta al terminal de salida a tierra (hasta acá como las compuertas comunes) pero que en el caso de un 1, la llave se abre y la tensión de salida no toma ningún valor (queda flotante) a menos que le sea fijado exteriormente. Para llevar en esas condiciones la salida a 1, se debe conectar exteriormente a la compuerta una resistencia conectada entre su salida y $+V_{CC}$, resistencia que se ocupa de tironear la tensión salida hacia $+V_{CC}$ cuando la misma está en el estado 1, razón por la que se la denomina, en la jerga, como resistencia de pull-up. La figura siguiente muestra el modelado de este tipo de salida, en la que se notará la presencia del resistor externo.

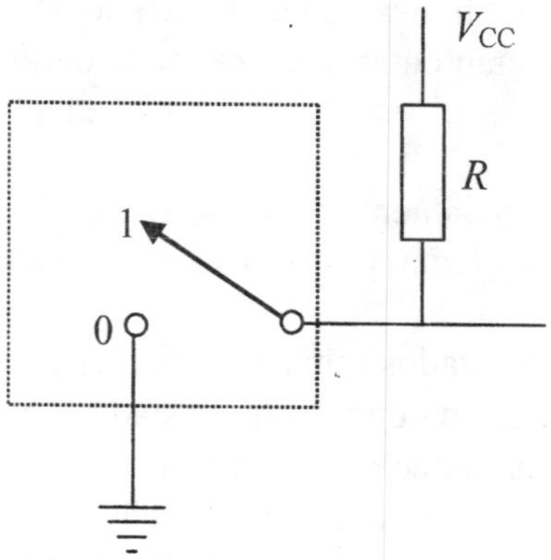

Figura 3-54 – Modelado de una compuerta con salida de colector abierto

Ejemplos de compuertas integradas de salidas con colector abierto lo constituyen la cuádruple compuerta NAND de 2 entradas 74x03, y el séxtuple buffer 74x07. La figura que sigue muestra los símbolos correspondientes, donde se observará el símbolo (un rombo con base) asociado con las respectivas salidas que es el empleado para denotar que se trata de una salida de colector abierto.

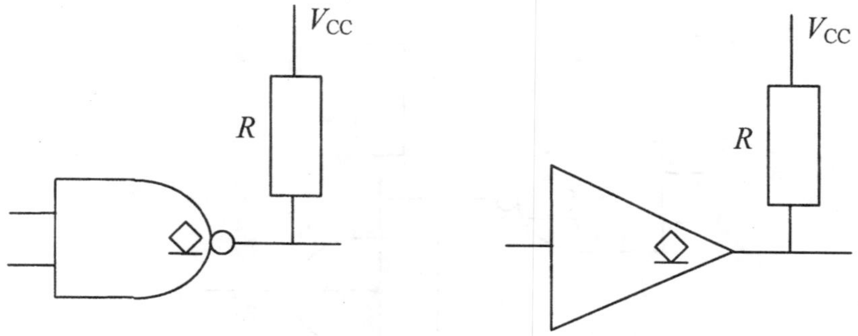

Figura 3-55 – Símbolo de una compuerta NAND y un buffer con salidas de colector abierto

AND por conexión con compuertas con salida de colector abierto – uso del 1 débil

Consideremos el caso de compuertas con salida de colector abierto y analicemos el comportamiento de la unión de las salidas de 2 de ellas; luego extenderemos el resultado a un número cualquiera de salidas conectadas en paralelo. Consideremos entonces el caso de la figura siguiente.

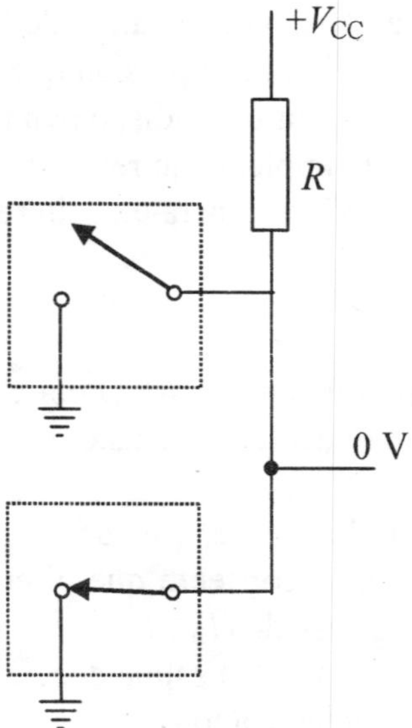

Figura 3-56 – Compuertas con salida del tipo colector abierto con sus salidas interconectadas

Para realizar nuestro estudio utilizaremos nuevamente el artificio de suponer que las dos salidas que están en paralelo momentáneamente se desconectan entre sí y, tras considerar los diferentes estados que cada una de ellas toma separadamente, analizaremos el estado que toma el punto de unión una vez restablecida la conexión. Se presentan dos casos:

- si las dos salidas consideradas separadamente están en el mismo estado, es decir ambas en 0 o ambas en 1, su conexión en paralelo no las afecta y queda el punto de unión en el mismo estado que ambas tendrían aisladamente.
- si las dos salidas están en distintos estados (situación que es la que muestra la figura anterior), es decir una de ellas en 0 y la otra en 1, la salida queda en el estado 0, ya que al estar cerrado cualquiera de los conmutadores de salida, ésta queda conectada a tierra por dicho conmutador. Por el hecho que en esta conexión el 0 domina al 1, se dice que se trata de un "1 débil"

Por lo tanto, la unión de dos salidas sólo está en estado 1 cuando ambas salidas, consideradas aisladamente, lo están. Generalizando, la unión de varias salidas sólo está en estado 1 cuando todas las salidas lo están. Es decir, que en la unión de las salidas se realiza una función AND. Esta es una *AND virtual*, ya que existe la función desde el punto de vista lógico pero no existe físicamente una compuerta AND intercalada, y se denomina *AND por conexión* (en inglés, wired AND). Así, la conexión en paralelo de las salidas de dos compuertas NAND con salidas de colector abierto se suele simbolizar como muestra la figura siguiente:

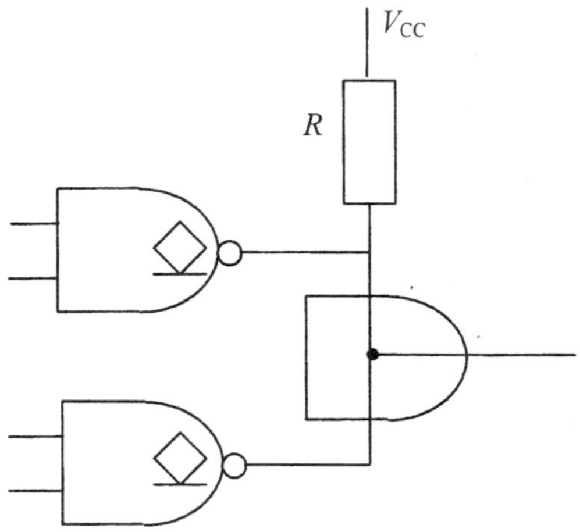

Figura 3-57 - AND por conexión entre salidas de compuertas del tipo colector abierto

En dicha figura se observa la forma con que se representa habitualmente la AND por conexión: con una compuerta AND dibujada superpuesta en el punto de unión.

Esto permite emplear las compuertas NAND con salida de colector abierto para generar funciones lógicas dadas en la forma Producto de Sumas, tipo de expresión que sabemos puede implementarse con dos niveles usando compuertas NAND y AND. Ahora bien, disponiendo de compuertas NAND con salida de colector abierto, este tipo de expresión puede simplemente realizarse con un único nivel de compuertas, ya que la operación AND es realizada por la conexión en paralelo, sin requerirse la presencia de una compuerta real en el segundo nivel.

El valor de la resistencia de pull-up

La adopción del valor de la resistencia de pull up en una AND por conexión entre compuertas con salida de colector abierto, se debe realizar teniendo en cuenta que existe un límite inferior y un límite superior para ese valor. Efectivamente:

- la resistencia no debe ser tan chica que haga que, cuando las salidas que están en paralelo estén en estado 0 porque así lo está una de ellas, la corriente que circule por ésta sea mayor que la máxima corriente que admite una compuerta en ese estado ($I_{OLmáx}$).
- la resistencia no debe ser tan grande que, cuando la salida debe estar en el estado 1, las corrientes que en esas circunstancias circulan por las diferentes compuertas produzcan sobre dicha resistencia una caída de tensión tal que la tensión de salida resulte menor que el valor garantizado para la familia para el estado 1 (V_{OHmin}).

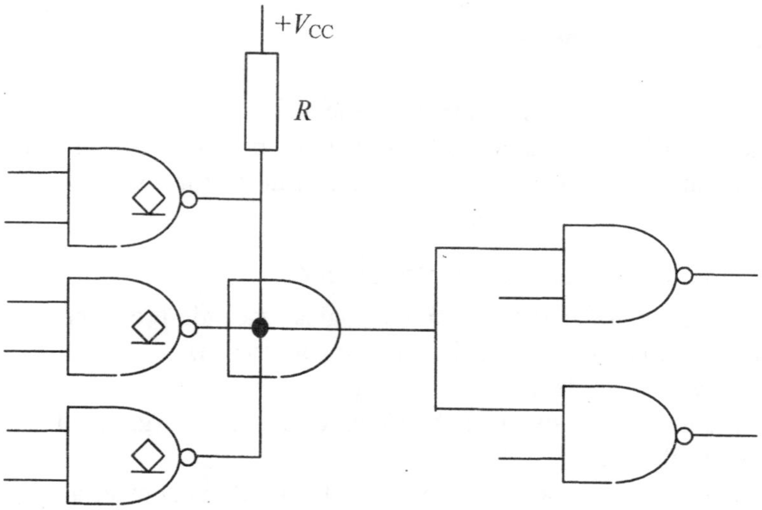

Figura 3-58 - Circuito típico de empleo de una AND por conexión entre compuertas con salida de colector abierto

La determinación de los valores límites para la resistencia es particularmente simple en el caso de tratarse de compuertas CMOS, ya que en ellas la muy baja corriente de entrada hace que apenas deba tomárselas en cuenta en los cálculos. Por otra parte, los valores mínimo y máximo de R resultan tan apartados entre sí, que no ofrece dificultades el encontrar un valor intermedio apropiado, generalmente en el orden de $10^4\ \Omega$.

Distinto es el caso de las compuertas TTL, ya que la presencia de las corrientes de entrada no puede soslayarse. Así, si hay n compuertas de colector abierto con sus salidas en paralelo, y atacan a m compuertas (en la figura anterior vemos el caso en que n=3 y m=2), tendremos los siguientes dos casos:

- en el estado 0, la máxima corriente esperable que absorba el conmutador de salida es la corriente que circula por la resistencia de pull up (cuyo valor más desfavorable, es decir el máximo, podemos calcular como V_{CC}/R, ya que se da cuando la tensión de salida en el estado bajo toma su valor mínimo, que es 0 V) más la suma de las máximas corrientes que salen de cada una de las m compuertas atacadas ($-I_{ILmáx}$, según nuestra convención de signos). Como esta corriente no debe ser superior a $I_{OLmáx}$, resulta la inecuación:

$$\frac{V_{CC}}{R} - mI_{ILmáx} \leq I_{OLmáx}$$

lo que implica

$$R \geq \frac{V_{CC}}{I_{OLmáx} + mI_{ILmáx}}$$

Al aplicar esta ecuación se deberá tener cuidado en reemplazar a $I_{ILmáx}$ por su valor y signo que, como sabemos, es negativo.

- en el estado 1, la mínima tensión esperable sobre la salida es $+V_{CC}$ menos la caída de tensión en la resistencia de carga debida a la suma de las máximas corrientes entrantes en cada una de las compuertas atacadas ($I_{IHmáx}$) y de las máximas corrientes de fuga entrantes en cada una de las salidas, que llamaremos $I_{OFFmáx}$ (cuyo valor puede obtenerse de la hoja de datos correspondiente a las compuertas de colector abierto efectivamente usadas, donde en ocasiones se denomina a esta corriente $I_{OHmáx}$). Como esta tensión debe ser superior o igual a $V_{OHmín}$, resulta la inecuación:

$$V_{CC} - R(nI_{OFFmáx} + mI_{IHmáx}) \geq V_{OHmín}$$

lo que implica:

$$R \leq \frac{V_{\text{CC}} - V_{\text{OHmín}}}{nI_{\text{OFFmáx}} + mI_{\text{IHmáx}}}$$

Lógicamente que debe finalmente adoptarse una resistencia de carga de valor normalizado comprendido entre los dos límites mencionados, orientándose hacia valores próximos al valor mínimo si se desea una elevada velocidad de conmutación, y hacia valores próximos al máximo si se desea mantener reducido el consumo.

Otras aplicaciones de las compuertas de colector abierto

Además del uso ya mencionado para generar funciones lógicas sacando provecho de la AND por conexión, otras aplicaciones frecuentes de las compuertas de colector abierto son:

1) en la realización de convertidores de nivel
2) en la excitación de diodos emisores de luz, bobinas de relés y otras cargas medianas
3) en la realización de multiplexores

Dejando la última de las aplicaciones mencionadas para el capítulo siguiente, ampliaremos a continuación sobre las otras dos aplicaciones.

Un dispositivo de colector abierto, aún cuando él esté alimentado con una tensión relativamente baja como, por ejemplo, +5 V, puede tener una etapa de salida que tolere tensiones mayores. Así, por ejemplo, el séxtuple buffer 7407 tolera 30 V en su etapa de salida, de manera que la correspondiente resistencia de pull up puede llevarse a esa tensión. Esto permite lograr una salida con un nivel de tensión correspondiente al 1 distinto del que hay a su entrada, sirviendo el circuito de *convertidor de nivel*. Un posible circuito se muestra en la figura siguiente, para el caso en que el nivel 1 deseado a la salida fuese de +12 V.

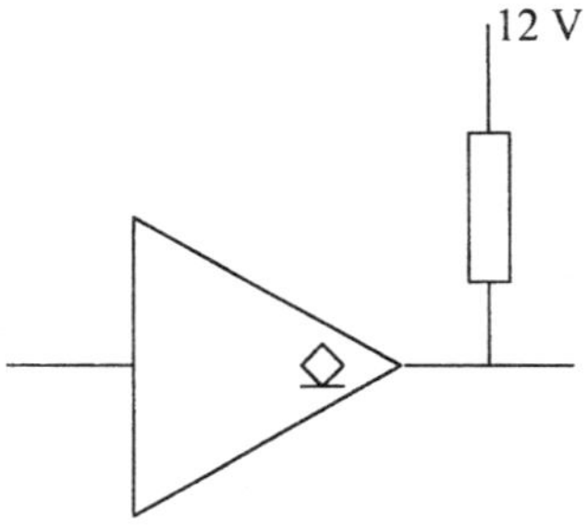

Figura 3-59 – Un buffer con salida de colector abierto usado como convertidor de nivel

Una salida de colector abierto puede también tener un manejo relativamente importante de corriente, que le permita accionar diodos emisores de luz, bobinas de relé y otras cargas medianas. Por ejemplo, el ya mencionado 7407 es capaz de absorber 40 mA por su salida cuando está en el estado 0. Dos circuitos prácticos que ejemplifican la aplicación que estamos considerando se muestran en las figuras 3-60 y 3-61.

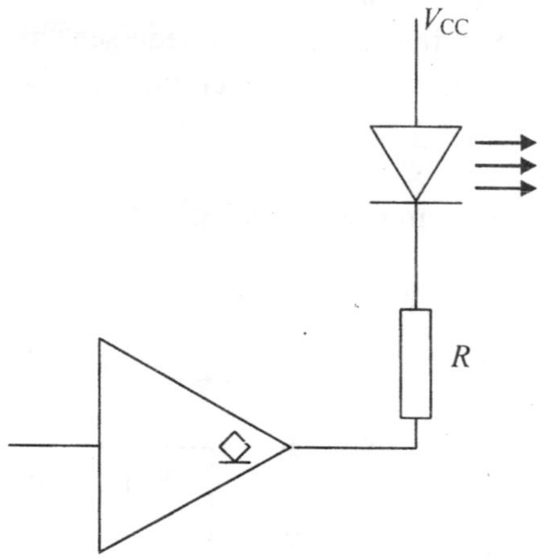

Figura 3-60 - Un buffer con salida de colector abierto excitando a un LED (o a un IRED)

En el circuito de la figura anterior, se muestra *cómo excitar un diodo emisor de luz (LED)* con el dispositivo mencionado. Los LEDs (Light Emitting Diodes) son diodos que emiten luz cuando son recorridos por una corriente en su sentido directo, cuyos colores más tradicionales (rojo, amarillo, verde) dependen del material semiconductor empleado para hacer el diodo (se usa habitualmente una combinación de arseniuro de galio y fosfuro de galio). La emisión de luz es relativamente reducida, pero no es el propósito del LED iluminar un ambiente o un objeto sino iluminarse él mismo para proveer una indicación luminosa tipo "testigo" (por ejemplo, una alarma); también, agrupados con otros LEDs, para proveer una indicación alfanumérica como en ciertos tableros informativos, o simplemente numéricas como en distintos tipos de instrumentos digitales. Una intensidad razonable en el LED se logra a partir de corrientes del orden de los 10 mA. La caída de tensión en el LED cuando conduce depende del material constitutivo del mismo, pero suele ser entre 2 V y 3 V, y mantenerse aproximadamente constante para un amplio rango de corrientes directas. De tal manera que para hacer que el diodo emita no debe aplicársele una tensión directa fija, porque ello crearía una gran incertidumbre respecto a la corriente que circularía, sino que debe aplicársele una tensión mayor (usualmente V_{CC}) pero poniendo en serie con el diodo una resistencia (que el circuito muestra) a los efectos de fijar con cierta precisión la corriente que circula por el diodo. Sobre dicha resistencia se producirá una caída de tensión aproximadamente igual a V_{CC} menos los 2 V de caída en el LED (si suponemos que ésa es la caída en el LED, y despreciamos, en primera aproximación, V_{OL}), a partir de la cual, y conociendo el valor de la resistencia, se puede calcular, por simple aplicación de la ley de Ohm, cual es el valor de la corriente a través del LED.

Además de los tradicionales colores rojo, amarillo, y verde, modernamente se dispone de LEDs en colores azul y blanco, cuya caída de tensión es mayor. Los de color blanco se están utilizando en linternas, en reemplazo de las lámparas incandescentes de baja potencia.

El circuito de la figura anterior también puede ser utilizado para excitar diodos emisores de infrarrojos (llamados IREDs por Infra Red Emitting Diodes) que son similares a los LEDs pero el material con que son fabricados (generalmente arseniuro de galio) los hace emisores en la zona infrarroja del espectro. Eléctricamente son similares a los LEDs, excepto que su caída directa es algo menor, típicamente entre 1,2 V y 1,5 V. Sus aplicaciones principales, en las que está acompañado con un detector infrarrojo, son las siguientes:

- En la realización de *barreras infrarrojas* (también llamadas *optointerruptores*) para detectar el paso de algún elemento a través de ellas; por ejemplo un intruso pero también el pasaje de un diente de una rueda dentada para determinar la velocidad de giro del eje sobre el que está montada la rueda (en esta aplicación es muy usado en los "ratones" de computadora).
- En la realización de *optoaisladores*, es decir, circuitos integrados que contienen en la misma pastilla tanto el IRED como el detector infrarrojo, los que permiten transferir en forma óptica un bit de información entre dos circuitos entre los que se desea que no haya ningún contacto eléctrico, ya sea para evitar interacciones indeseables (ruidos, interferencias, lazos de tierra) o por razones de seguridad física.

♦ En la realización de *sistemas de control remoto*.

Sea cual sea la aplicación, el circuito de la figura anterior puede ser usado para la excitación del IRED, no correspondiendo a esta publicación el análisis de los circuitos asociados al correspondiente detector infrarrojo.

En el circuito de la figura 3-61, se muestra cómo excitar la bobina de un relé.

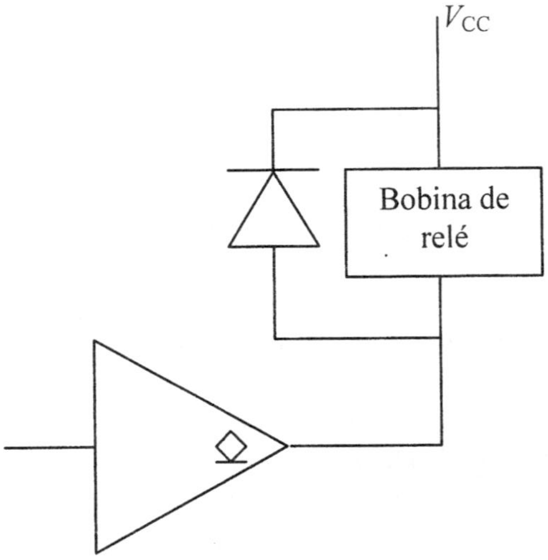

Figura 3-61 - Un buffer con salida de colector abierto excitando a la bobina de un relé

Se notará en ella la presencia de un diodo en paralelo con la bobina, en condiciones normales polarizado inversamente. Este diodo tiene por fin evitar que en el momento en que se corta la corriente por la bobina del relé aparezcan a la salida del buffer tensiones superiores a la máxima admisible por esta salida (la tensión de salida queda limitada a V_{CC} por la presencia del diodo) dada la característica de las cargas inductivas alimentadas con corriente continua de generar altas tensiones cuando se les corta la corriente. Una protección como la apuntada puede ser lograda con otros circuitos, pero la conexión de un diodo como muestra la figura anterior es probablemente el más usado.

3.8. Riesgos

Riesgo (en inglés, hazard) en un circuito combinacional es la aparición de una señal espuria transitoria a la salida de dicho circuito causada por el *cambio en una de sus señales de entrada* (razón por la cual algunos autores los definen como *riesgos de frontera*). Esta señal espuria transitoria es debida a tiempos de propagación no idénticos en los diferentes caminos por los que la señal de entrada cambiante afecta a la salida.

Tratándose de un inconveniente transitorio, los riesgos no constituyen un problema cuando:

- Puede esperarse para tomar en cuenta la salida del circuito combinacional a que el transitorio haya desaparecido.
- El transitorio no produce un efecto permanente como sería, por ejemplo, disparar una alarma.

En aquellas situaciones que no se encuadran en los casos anteriores, los riesgos deben ser tomados en cuenta, y a esto se dedica el resto de este apartado.

Los riesgos pueden clasificarse en:

- riesgos estáticos
- riesgos dinámicos

Riesgo estático es cuando una salida que, en teoría, no debe modificarse con el cambio producido en la entrada, en la práctica cambia transitoriamente para luego retomar el valor correcto. Este tipo de riesgo es habitualmente subdividido en *riego estático en los unos* (cuando la salida debió mantenerse en 1 y momentáneamente no lo hizo) y *riesgo estático en los ceros* (cuándo la salida debió mantenerse en 0 y momentáneamente no lo hizo). Las dos figuras que siguen muestran estos tipos de riesgos.

La figura que sigue ejemplifica el caso de un riesgo estático en el 0 ocasionado por el tiempo de propagación no nulo de un inversor (por simplicidad, no se ha considerado el tiempo de propagación de la compuerta AND). El análisis de las formas de onda demuestra que la salida que debe ser 0 en todo momento (ya que el producto de una variable y su negación es 0), transitoriamente toma el valor 1 cuando la entrada A pasó de 0 a 1. Por el contrario, no se observa riesgo en el cambio de A de 1 a 0.

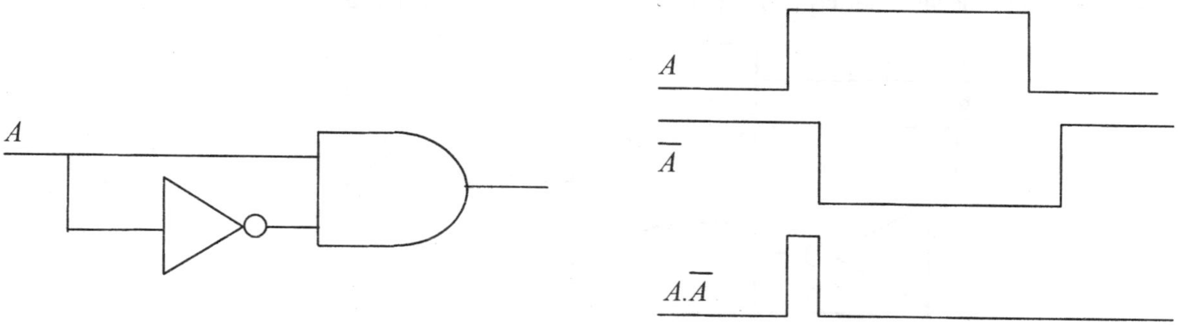

Figura 3-62 - Circuito con riesgo estático en el 0, y sus formas de onda

La figura que sigue exhibe el caso de un riesgo estático en el 1 ocasionado también por el tiempo de propagación no nulo de un inversor. El análisis de las formas de onda demuestra que la salida que debe ser 1 en todo momento, transitoriamente toma el valor 1 cuando B pasa de 1 a 0.

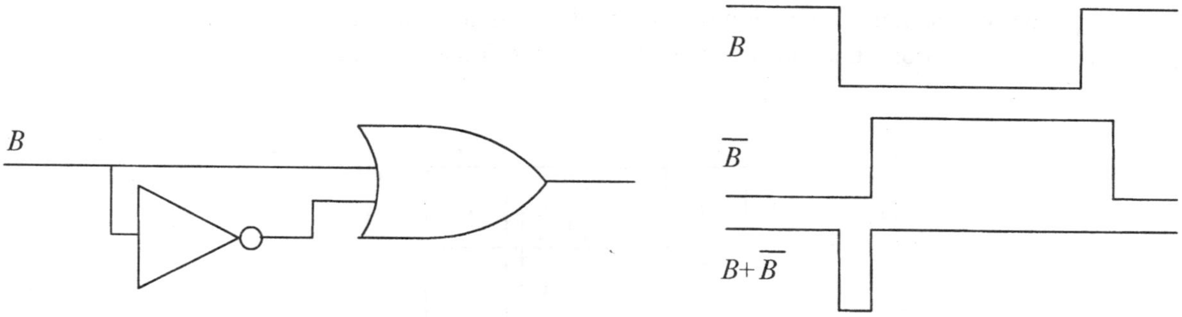

Figura 3-63 - Circuito con riesgo estático en el 1, y sus formas de onda

Riesgo dinámico es cuando una salida que, en teoría, debe cambiar, es decir pasar de 0 a 1 ó de 1 a 0, en la práctica lo hace pero pasando por estados intermedios tal como: en vez de pasar de 0 a 1 "limpiamente", pasa de 0 a 1, rápidamente vuelve a 0, y nuevamente pasa a 1. Ejemplos de formas de onda con este tipo de riesgo se dan en la figura siguiente, donde en punteado se muestra la transición esperada y con trazo lleno la transición con riesgo dinámico.

Figura 3-64 - Formas de onda que exhiben riesgos dinámicos

Para conocer qué tipo de riesgo puede presentarse en cada caso, mencionaremos tres teoremas que utilizaremos sin demostración:

- Los riesgos dinámicos sólo se presentan en circuitos combinacionales de tres o más niveles, por lo que no existen en los circuitos que resultan de implementar las ecuaciones que se deducen del mapa de Karnaugh que tienen, como máximo, dos niveles.
- Los circuitos que resultan de implementar las ecuaciones que se deducen del mapa de Karnaugh agrupando los ceros, pueden tener riesgos estáticos en los ceros pero no en los unos.

- Los circuitos que resultan de implementar las ecuaciones que se deducen del mapa de Karnaugh agrupando los unos, pueden tener riesgos estáticos en los unos pero no en los ceros.

Por lo tanto, cuando se utilizan circuitos que resultan de implementar expresiones deducidas del mapa de Karnaugh, si se desea evitar los riesgos, sólo corresponde preocuparse por los riesgos estáticos en los unos, si es que la expresión se dedujo agrupando a estos, o sólo por los riesgos estáticos en los ceros, si fueron estos los agrupados.

Veamos un ejemplo de riesgo estático en los unos. Sea el circuito de la figura siguiente.

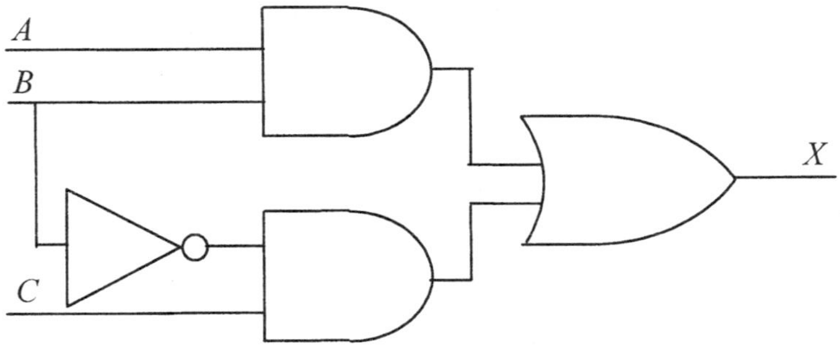

Figura 3-65 - Circuito combinacional usado como ejemplo

La expresión algebraica de la función que cumple el circuito es:

$$X = BA + C\overline{B}$$

Dicha función puede representarse en el siguiente mapa de Karnaugh, donde se han marcado los dos grupos de unos que dan lugar a los dos sumandos que contiene la expresión de la función:

C \ BA	00	01	11	10
0	0	0	1	0
1	1	1	1	0

X

Consideremos la siguiente condición: A=1 y C=1. En estas condiciones, queda, reemplazando en la expresión de X los valores recién indicados:

$$X = BA + C\overline{B} \Rightarrow B.1 + 1.\overline{B} = B + \overline{B}$$

Pero la suma de una variable con su negación tiene un riesgo estático en el 1 cuando dicha variable pasa de 1 a 0, tal como se mostrara en la figura 3-63. Por lo que el circuito de la figura anterior tiene un riesgo estático en el 1 cuando, estando las variables en el estado: A=1, C=1 y B=1, B cambia a 0.

Veámoslo de otra manera; al analizar la expresión original de X se comprueba para los valores indicados primeramente de A, C y B, dicha función vale 1 porque ése es el valor del primer sumando ($B.A$) de su expresión. Con el cambio de B a 0, también debe ser X=1, pero no ahora por el primero de los sumandos que en esas condiciones se hace 0, sino por el segundo sumando que pasa a valer 1.

El problema reside en que, si estando en la primera condición, se produce el cambio de B de 1 a 0, por el análisis recién hecho, X es igual a 1 antes y luego del cambio. Pero en el momento del cambio de B se produce el siguiente transitorio: B pasa rápidamente a ser 0, por lo que el primer sumando se anula rápidamente. Por el contrario, y debido al retardo del inversor de B, el segundo sumando para a ser 1 con un cierto atraso. Por lo tanto, durante un breve lapso cuya duración es igual al tiempo de propagación del inversor de B, la salida toma el valor 0, y estamos en presencia de un riesgo estático en los unos.

El problema puede encararse tomando en cuenta que:

- el primero de los sumandos surgió de un cierto grupo de unos del mapa de Karnaugh, y el segundo sumando de otro grupo.
- el cambio en una única entrada conduce a pasar de un cierto minitérmino a otro *lógicamente adyacente* (es decir, que puede ser *geométricamente adyacente* o *simétrico* con relación al primero). Si este cambio de entrada implica pasar de un grupo de unos a otro, puede hacer pasar al circuito en forma momentánea por una "tierra de nadie" y ocasionar un riesgo. Por el contrario, un cambio en una entrada que no implique un cambio de grupo no puede ocasionar este efecto, ya que una variable que tenga diferentes valores dentro de un grupo, no figura en la expresión del mismo y su cambio no puede afectar a la salida de la compuerta correspondiente.

Esto es la clave para la eliminación del riesgo: dos minitérminos adyacentes que contengan ambos un 1 deben pertenecer siempre a un grupo común para que la transición entre ellos no introduzca riesgo. Si no ocurre así en la expresión mínima, se debe agregar uno o más implicantes primos que, sin afectar a la función, hagan que todo par de minitérminos adyacentes pertenezcan a un grupo común.

En nuestro ejemplo, para obtener una implementación libre de riesgos se debe agregar a la expresión mínima, como nuevo sumando, al producto CA que, como se observará en el mapa de Karnaugh siguiente en el que este nuevo sumando se ha marcado en punteado, no afecta a la función pero evita el riesgo por agrupar entre sí a los minitérminos cuya transición lo ocasionaba.

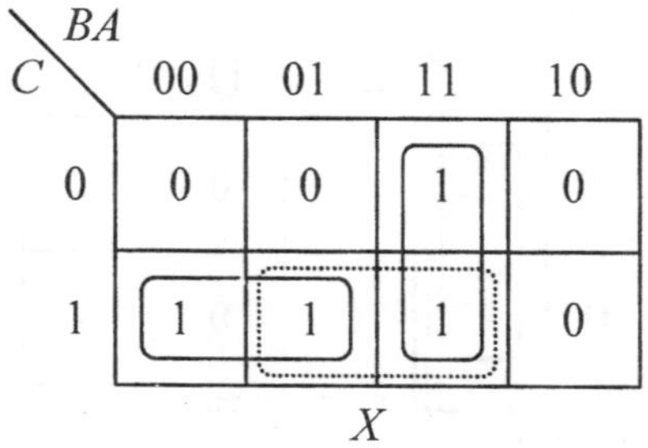

La expresión de X libre de riesgos es, entonces:

$$X = BA + C\overline{B} + CA$$

Se invita al lector a corregir el circuito de la figura 3-65 para que responda ahora a esta expresión de X liberada de riesgos.

La observación realizada al analizar el ejemplo anterior es la base para la eliminación de los riesgos:

> Las expresiones que se deduzcan del mapa de Karnaugh por agrupamiento de los unos, para ser libres de riesgos deben asegurar que todo par de minitérminos adyacentes que estén en 1 en el mapa, participen de un implicante primo común, aún cuando este implicante sea superabundante, es decir, que no sea necesario para cubrir la función.

Dichas expresiones ya no serán las mínimas absolutas, por la presencia de términos superabundantes, pero sí las "mínimas libres de riesgos", si es que se cuida que esos términos adicionales sean también implicantes primos. Efectivamente, carecerán de riesgos en los unos, y por los teoremas anteriores también carecerán de riesgos estáticos en los ceros y de riesgos dinámicos.

Similarmente, si una función debe ser implementada con un circuito que surja del agrupamiento de los ceros en el mapa de Karnaugh, para asegurar que esté libre de riesgos su expresión debe incorporar todos los implicantes primos que hagan falta para asegurar que todo par de minitérminos adyacentes que estén en 0 en el mapa, participen de un grupo común. Así, en la función propuesta más arriba, el mapa de Karnaugh queda:

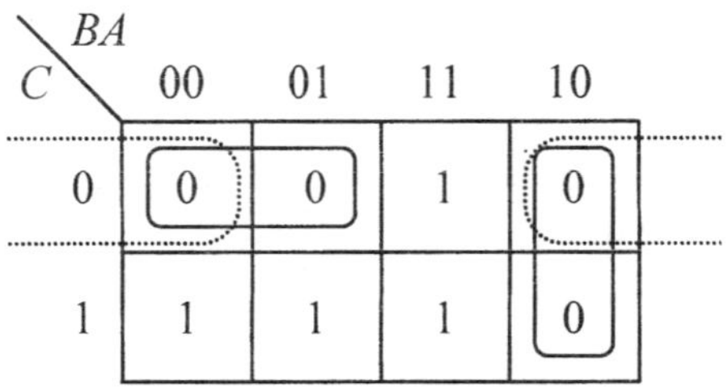

X

Y la expresión mínima libre de riesgos resulta:

$$X = (C + B)(\overline{B} + A)(C + A)$$

En ella se apreciará que los primeros dos términos son los estrictamente necesarios para obtener la expresión mínima, y el último debe ser agregado para eliminarle un riesgo que posee en los ceros.

Véase el siguiente ejemplo:

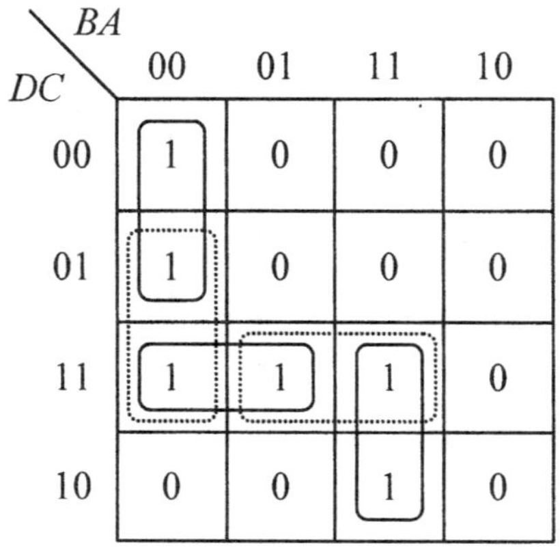

Y

La expresión mínima dada como suma de productos (formando los grupos de unos que se marcan con trazo lleno) es:

$$Y = \overline{D}.\overline{B}.\overline{A} + DC\overline{B} + DBA$$

Pero la expresión mínima libre de riesgos incorpora dos implicantes primos adicionales (cuyos grupos están marcados en punteado):

$$Y = \overline{D}.\overline{B}.\overline{A} + DC\overline{B} + DBA + C\overline{B}.\overline{A} + DCA$$

A su vez, agrupando los ceros para llegar a expresiones tipo producto de sumas, se tiene:

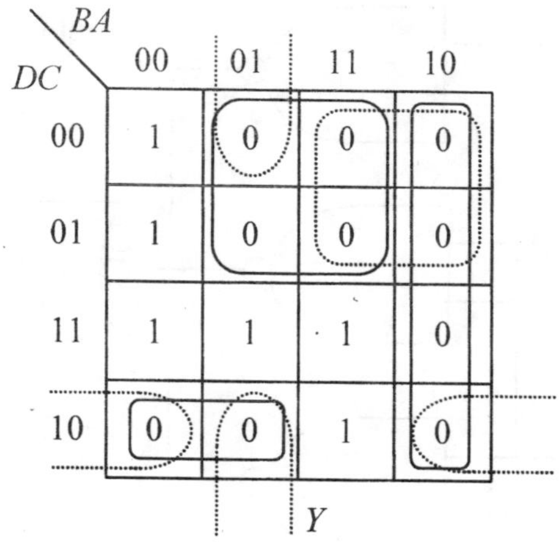

La expresión mínima, pero con riesgos, es:

$$Y = (D + \overline{A})(\overline{B} + A)(\overline{D} + C + B)$$

Pero la expresión mínima libre de riesgos, que incorpora tres implicantes primos adicionales, es:

$$Y = (D + \overline{A})(\overline{B} + A)(\overline{D} + C + B)(\overline{D} + C + A)(D + \overline{B})(C + B + \overline{A})$$

Hasta aquí hemos visto cómo diseñar un circuito de dos niveles de manera de que esté libre de riesgos. Pero en ocasiones es necesario analizar un circuito combinacional dado para saber si él está libre de riesgos. Limitándonos al caso de circuitos de 2 niveles podemos decir lo siguiente:

a) por tratarse de un circuito de 2 niveles, carecerá de riesgos dinámicos.
b) de tratarse de un circuito hecho con compuertas AND/OR, NAND/NAND, NOR/OR o OR/NAND que son la implementación de expresiones tipo suma de productos obtenidas en el mapa de Karnaugh por agrupamiento de los unos, estará libre de riesgos estáticos en los ceros, pero se deberá verificar que también lo esté en los unos.
c) de tratarse de un circuito hecho con compuertas OR/AND, NOR/NOR, NAND/AND o AND/NOR que son la implementación de expresiones tipo producto de sumas obtenidas en el mapa de Karnaugh por agrupamiento de los ceros, estará libre de riesgos estáticos en los unos, pero se deberá verificar que también lo esté en los ceros.
d) Para hacer la verificación que se menciona en los puntos b) y c) se deben representar en el mapa de Karnaugh las expresiones que se desean evaluar desde el punto de vista de la existencia de riesgos estáticos, cuidando de que cada término de la expresión correspondiente al primer nivel de la implementación aparezca en el mapa, no sólo con los unos o ceros correspondientes (según sea el caso b o el c), sino también debiendo estar estos englobados poniendo en evidencia los grupos que dicha expresión implícitamente representa, para poder apreciar, finalmente, si el conjunto de grupos es apropiado para asegurar la inexistencia de riesgos.

Veamos la forma de aplicar estas reglas con un ejemplo. Sea el siguiente circuito:

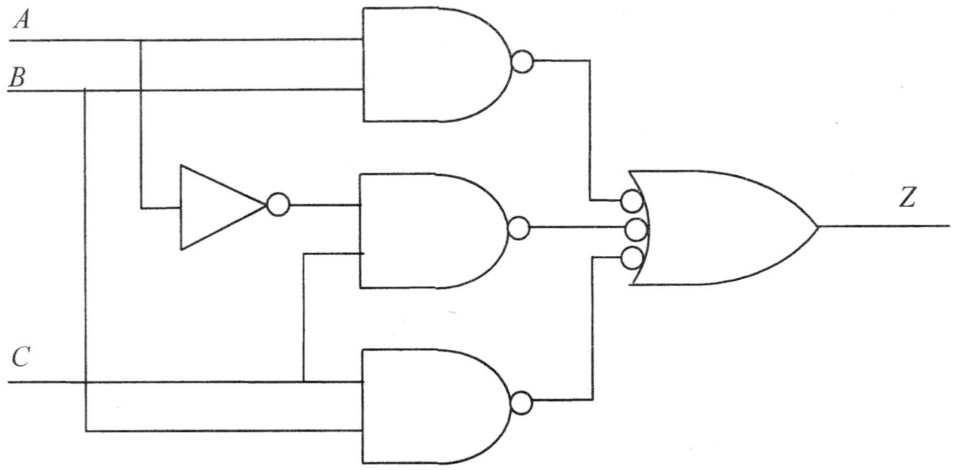

Figura 3-66 - Circuito combinacional usado como ejemplo

- Por ser un circuito de dos niveles, está libre de riesgos dinámicos
- Por ser un circuito NAND/NAND que corresponde a una expresión tipo suma de productos, está libre de riesgos estáticos en los ceros, pero se debe verificar si lo está también en los unos. Para ello consideramos la expresión de la salida Z

  $$Z = BA + C\overline{A} + CB$$

  Y trazamos el mapa de Karnaugh de Z cuidando de marcar los grupos correspondientes a los diferentes productos, notándose que está libre de riesgos.

$C \backslash BA$	00	01	11	10
0	0	0	1	0
1	1	0	1	1

Problemas

Para la resolución de algunos problemas es necesario consultar las hojas de datos de los dispositivos involucrados provistas por sus respectivos fabricantes. Además, se requiere conocer algunas características generales de ciertas familias lógicas, las que también pueden obtenerse de los respectivos manuales, pero que a continuación se reproducen por razones de conveniencia.

Parámetro	Unidad	74LS	74HC	74HC	74HCT	74LVX	74VCX
V_{CC}	V	5	5	3,3	5	3,3	3,3
$V_{OHmín}$	V	2,4	4,9	3,2	4,9	3,1	3,1
$V_{OLmáx}$	V	0,4	0,1	0,1	0,1	0,2	0,2
$V_{IHmín}$	V	2	3,5	2,3	2	2	2
$V_{ILmáx}$	V	0,8	1,5	1	0,8	0,8	0,8
$I_{OHmáx}$	mA	-0,4	-4	-2,4	-4	-4	-24
$I_{OLmáx}$	mA	8	4	2,4	4	4	24
$I_{IHmáx}$	µA	20	±1	±1	±1	±1	±1
$I_{ILmáx}$	µA	-400	±1	±1	±1	±1	±1
$V_{Imáx}$	V	5,5	5,5	3,8	5,5	5,5	3,6

Adviértase que para el caso de los dispositivos de las familias CMOS, como frecuentemente sus salidas no deben suministrar corriente ya que su carga típica son otros dispositivos CMOS de despreciable corriente de entrada, los valores límites de las tensiones de salida se han dado en la tabla para esas condiciones. Si por el contrario, la corriente de salida resultase igual a la máxima que tolera el dispositivo – valor que también se encuentra en la tabla - los valores límites de la tensión de salida son distintos y debe consultarse la correspondiente hoja de datos para encontrarlos. Por ejemplo, para el caso de la familia 74HC cuando está alimentada con +5 V, la tensión $V_{OLmáx}$ pasa a ser de 0,4 V y la tensión $V_{OHmín}$ baja a 4,2 V.

3-1) Indicar el nombre del circuito lógico cuya salida está en 1 si y sólo si:
a) todas sus entradas están en 0
b) al menos una de sus entradas está en 0
c) ninguna de sus dos entradas está en 0, o ambas lo están
d) su única entrada está en 0
e) su única entrada está en 1
f) sólo una de sus dos entradas está en 1
g) al menos una de sus entradas está en 1
h) todas sus entradas están en 1

3-2) Se desea diseñar un circuito, esquematizado en la figura que sigue, al cual le llega por 4 líneas de entrada (B_3, B_2, B_1 y B_0) un número binario de 4 bits (B_0 es el bit menos significativo), y en su única salida Z debe colocar un 1 si ese número es 3 o múltiplo de 3, y 0 en caso contrario. Realizarlo:
a) usando exclusivamente compuertas NAND
b) usando exclusivamente compuertas NOR

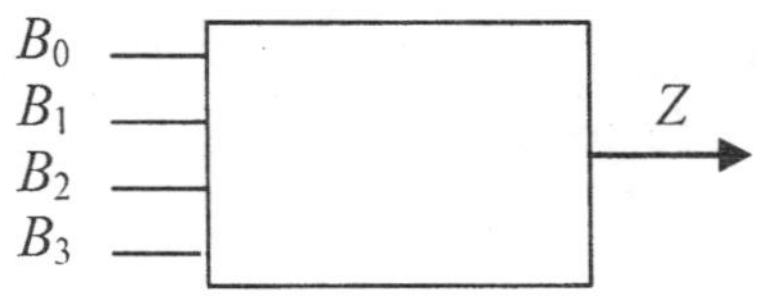

3-3) Se desea diseñar un circuito al cual le llega por 4 líneas de entrada un número binario de 4 bits, y en su única salida Z debe colocar un 1 si ese número es menor que 5. Dar los 8 circuitos que realizan en 2 niveles dicha función. (En el dibujo se ha utilizado, para las señales de entrada, una convención habitual que simplifica el trazado de varias líneas que llevan, en conjunto, una determinada información. Consiste en remplazarlas por una única línea con un cruce oblicuo donde se aclara a cuántas líneas reales representa esa única línea dibujada. La sigla B_0:B_3 debe leerse: B_0 a B_3).

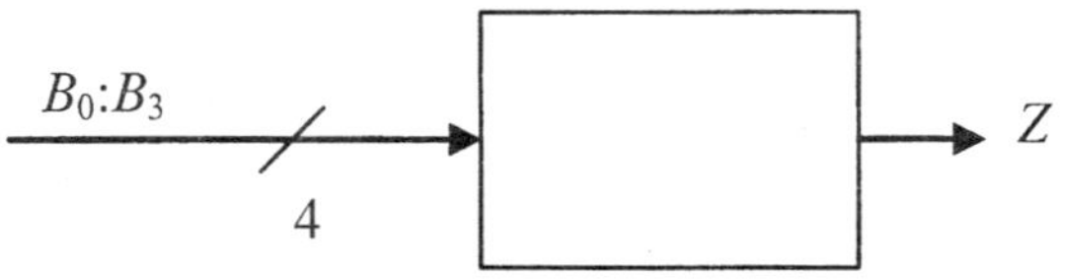

3-4) Utilizando compuertas AND, OR, NAND y NOR en dos niveles (con varias compuertas del mismo tipo actuando en primer nivel, y una única compuerta del mismo o distinto tipo actuando en segundo nivel) se puede implementar las expresiones mínimas tipo suma de productos y productos de sumas. Pero existen 16 formas de elegir las compuertas de segundo y primer nivel de la lista de cuatro compuertas mencionadas, y sabemos que sólo 8 de estas formas permiten lograr esa implementación. Las otras 8 formas son llamadas formas degeneradas, ya que degeneran en una única operación. Por ejemplo, la utilización de compuertas AND-AND para el primer y segundo nivel respectivamente degenera en el equivalente de una única operación AND. Se pide listar las 8 formas degeneradas, y encontrar (demostrando) para cada una de ellas a que operación única degeneran.

3-5) Dar el circuito de un dispositivo lógico al cual ingresa por 4 señales un carácter del código BCD Aiken y sale por otras tantas líneas el carácter equivalente en código BCD Natural.

3-6) Dar el circuito de un dispositivo lógico al cual ingresa un número binario de 8 bits y sale la combinación equivalente en código Gray (recordar la fórmula de conversión vista en el primer capítulo).

3-7) Dar el circuito de un dispositivo lógico al cual ingresa una cierta combinación de 8 bits en código Gray, y sale el número binario equivalente.

3-8) Dar el circuito de un dispositivo lógico al cual ingresan por sus entradas dos magnitudes binarias de 2 bits cada una, y coloca en sus líneas de salida la magnitud binaria que es el producto de ambas.

3-9) Se desea disponer de los circuitos correspondientes a un generador y a un verificador de bits de paridad que debe trabajar con el código ASCII. Se pide:

a) Diseñar el circuito correspondiente para el caso de utilizar bit de paridad par.
b) Ídem para el caso de usar bit de paridad impar.

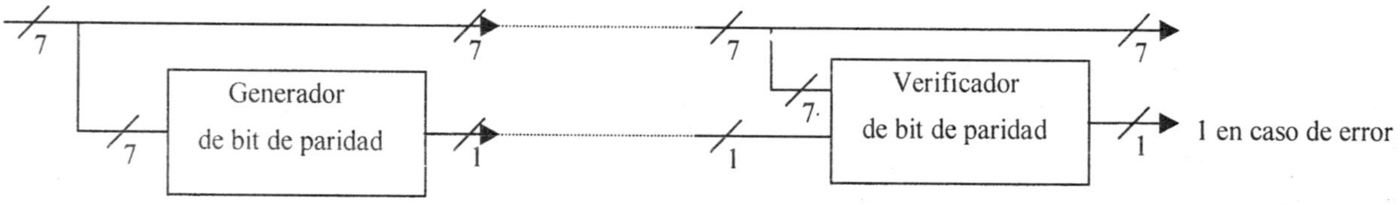

3-10) Se desea construir un sistema de transmisión de datos de 4 bits de información más 3 de paridad que utilice el código de Hamming cuya matriz de generación es la que sigue.

I_1	I_2	I_3	I_4	P_1	P_2	P_3
1	0	1	1	1	0	0
1	1	1	0	0	1	0
0	1	1	1	0	0	1

Se ha concebido para el mismo, el diagrama en bloques que muestra la figura:

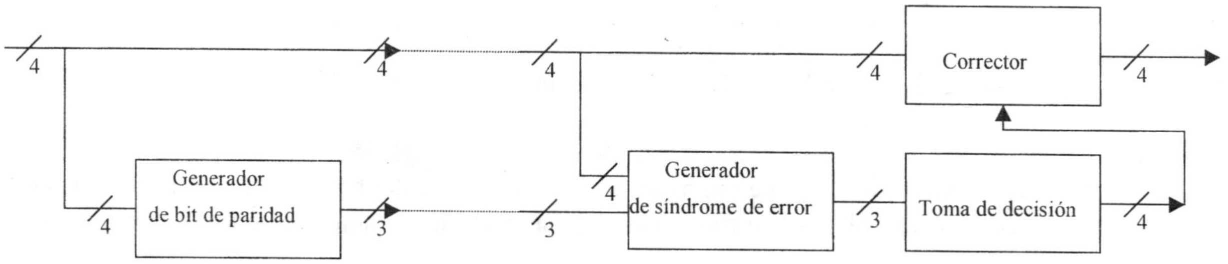

Se pide diseñar los correspondientes circuitos, teniendo en cuenta que la función de los distintos bloques es la siguiente:

a) El bloque *generador de bits de paridad*, genera los 3 bits de paridad par que habrán de transmitirse junto a los 4 bits de información.

b) El bloque *generador de síndrome de error* evalúa si se ha preservado la paridad en los conjuntos de bits asociados a cada bit de paridad, y dispone de una salida asociada a cada bit de paridad que señala con un 1 cuando no se haya conservado la paridad. El conjunto de estas salidas es el síndrome de error.

c) El bloque *toma de decisión*, sobre la base del síndrome de error, decide si alguno de los bits de información debe ser corregido y, en caso afirmativo cuál. El resultado de esta decisión lo muestra en su salida, donde hay una señal asociada a cada uno de los bits de información. Si esta señal está en 0 indica que su bit asociado llegó sin error, mientras que si está en 1 indica que su bit asociado llegó con error.

d) El bloque *corrector* recibe los bits de información y los bits asociados producidos en el bloque de decisión. En el caso que haya un bit asociado en estado 1, el correspondiente bit de información es corregido (es decir, si es 0 pasa a 1, y viceversa). Los bits de información cuyo bit asociado está en 0 son puestos a la salida sin ser afectados.

3-11) Diseñar un circuito de 3 líneas de entrada y 6 de salida tal que en dicha salida se entregue el cuadrado del número binario de 3 bits que se aplica en sus entradas. Para el diseño del circuito utilice algunos de los dispositivos mencionados a continuación y no más de 3 pastillas.

- 74x00 Cuádruple compuerta NAND de 2 entradas
- 74x02 Cuádruple compuerta NOR de 2 entradas
- 74x04 Séxtuple inversor
- 74x08 Cuádruple compuerta AND de 2 entradas
- 74x10 Triple compuerta NAND de 3 entradas
- 74x20 Doble compuerta NAND de 4 entradas
- 74x86 Cuádruple compuerta XOR

Nota 1: no hay una única solución, pero si no encuentra una por sí mismo, piense en una basada en el uso de un 74x00, un 74x10 y un 74x02.

3-12) Se desea diseñar un circuito al cual le llega por 4 líneas de entrada un número binario de 4 bits, y en su única salida Z debe colocar un 1 si ese número es mayor o igual que 5 (es decir, lo inverso a lo solicitado en el problema 3-3). Implementarlo usando no más de una pastilla del integrado 74LS03 (cuádruple compuerta NAND de 2 entradas con colector abierto). Completar los circuitos de colector abierto con una resistencia de 1 kΩ desde la salida del circuito hasta un punto a + 5 V (la misma tensión que alimenta al integrado).

3-13) Se pide diseñar un circuito que recibe por 7 líneas una combinación del código ASCII de 7 bits (B_0:B_6), y emite por su salida Z un 1 si la combinación presente en sus entradas corresponde a la de un dígito del 0 al 9. Nota: dado el elevado número de variables de entrada de este problema, el mismo es prácticamente inmanejable si no se acude al *método de la partición*, consistente en ver si es posible dividir dichas variables en 2 grupos menos numerosos y fácilmente manejables, para luego integrar ambos resultados en una solución global.

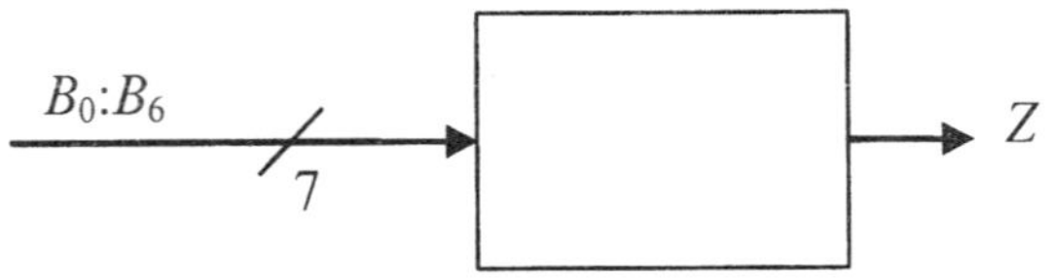

3-14) Dada una compuerta de la familia 74LS, calcular cuantas compuertas 74S00 puede atacar.

3-15) Las compuertas con salidas de 3 estados tienen retardos de propagación:

a) entre que se aplica la señal de habilitación, hasta que la salida pasa del tercer estado a uno de los estados de baja impedancia (0 ó 1), valores que en manual figuran como t_{PZL} y t_{PZH} y se conocen como tiempos de habilitación.
b) entre que se retira la señal de habilitación, hasta que la salida pasa de uno de los estados de baja impedancia al tercer estado, valores que en manual figuran como t_{PLZ} y t_{PHZ} y se conocen como tiempos de inhibición.

Determinar dichos tiempos para el caso del integrado 74LS126 (o el 74HC126), consultando la respectiva hoja de datos.

3-16) Para el séxtuple inversor con entradas tipo Schmitt 74LS14 (o el 74HC14), consultar la respectiva hoja de datos y determinar el rango posible (valores mínimos y máximos indicados por el fabricante) de los valores de V_{T+} y V_{T-}

3-17) Para un séxtuple inversor 74HC04 que está alimentado con V_{CC} = 6 V y operado a temperatura ambiente (0°C a 40°C), determinar, previa consulta a la respectiva hoja de datos:

a) el valor de C_{PD} (para cada uno de los inversores)
b) el valor de la corriente de alimentación en reposo (para todo el dispositivo).
c) el consumo total por la fuente de alimentación cuando uno de los 6 inversores está conmutando a 1 kHz, otro lo hace a 1 MHz, y los restantes están estáticos.
d) los valores de tensión de entrada que limitan su zona de incertidumbre.
e) los valores extremos (superior e inferior) de la tensión de entrada que pueden aplicársele sin riesgo de dañarlo.

3-18) El circuito de la figura utiliza compuertas de la familia 74LS. Calcular el valor máximo y mínimo de la resistencia de pull up *R* sabiendo que las compuertas de colector abierto empleadas (la 74LS03) tienen una corriente de fuga $I_{OFFmáx}$ de 100 μA.

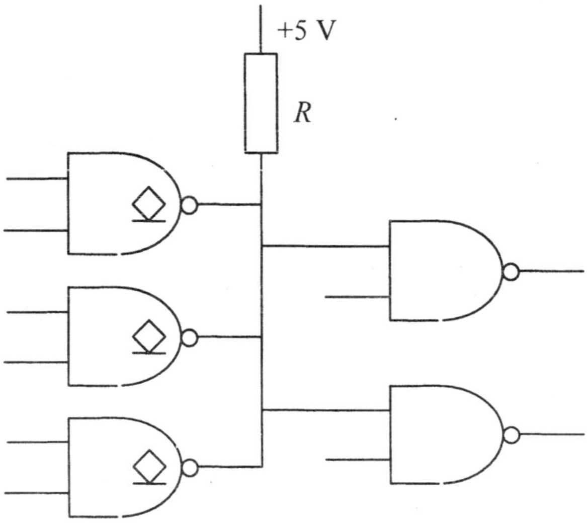

3-19) Indicar cuáles de las conexiones dadas más abajo resultan incompatibles, justificando la respuesta. Nota: a diferencia del resto de los dispositivos de la familia 74HC, el séxtuple buffer 74HC4050 admite hasta 18 V en sus entradas, independientemente de la tensión de alimentación.

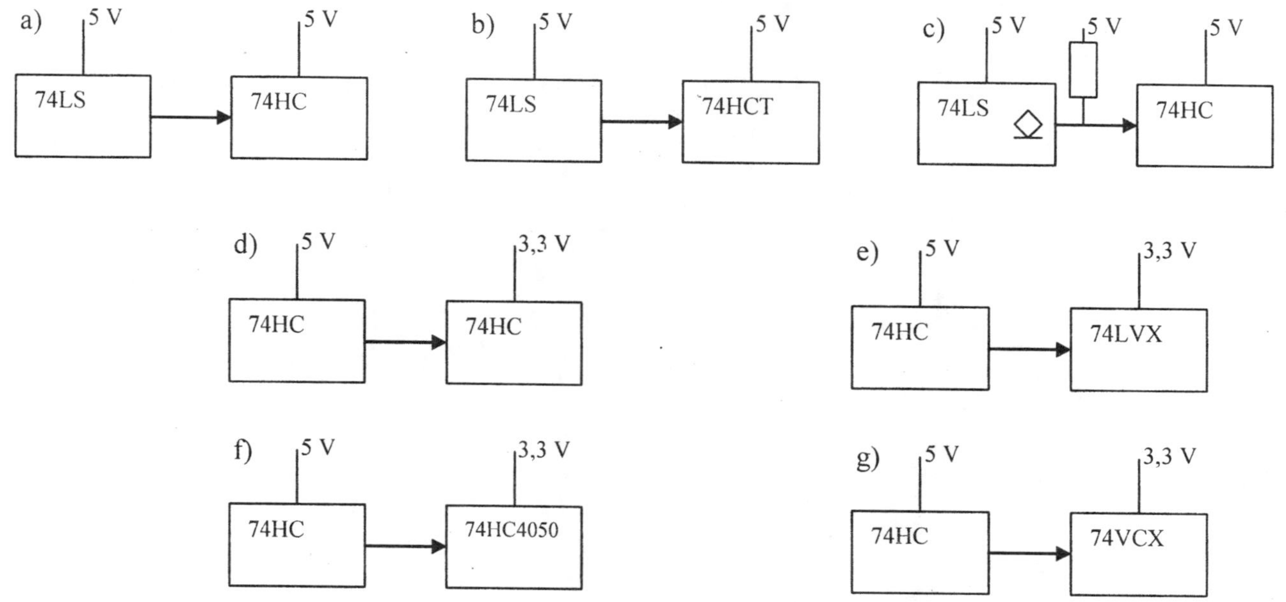

3-20) Para las funciones dadas, hallar las expresiones mínimas libres de riesgo tipo suma de productos y tipo productos de sumas.

BA / *DC*	00	01	11	10
00	1	1	1	1
01	0	1	0	0
11	0	0	0	0
10	1	0	1	1

BA / *DC*	00	01	11	10
00	0	1	0	0
01	0	1	1	1
11	1	1	1	0
10	0	0	1	0

CAPÍTULO 4

CIRCUITOS COMBINACIONALES CON INTEGRADOS MSI y PLD

4.1. Introducción

Los circuitos integrados de pequeña escala de integración (SSI) tales como inversores, compuertas y circuitos secuenciales elementales tales como biestables y flip-flops, tras su aparición en el mercado, fueron utilizados por los diseñadores lógicos para la construcción de unidades funcionales encargadas de tareas de codificación, decodificación, control de flujo de señales, operaciones aritméticas, conteo de impulsos, etc. Es de nuestro interés estudiar estas aplicaciones, aunque en el presente capítulo restringiremos nuestro estudio a las aplicaciones de los circuitos lógicos combinacionales (basados en inversores y compuertas), dejando para un capítulo posterior el análisis y las aplicaciones de los circuitos lógicos secuenciales (basados en biestables y flip-flops). Recordemos aquí que la división que hemos realizado entre los circuitos lógicos, clasificándolos como *combinacionales* o *secuenciales*, se basa en que los primeros carecen de toda memoria de su historia pasada, y sus salidas en cada momento son sólo función de sus entradas en ese instante, mientras que los circuitos secuenciales poseen memoria, y sus salidas son tanto función de sus entradas actuales como de las pasadas.

Una segunda razón para nuestro interés en el estudio de estas aplicaciones de los circuitos lógicos combinacionales SSI, radica en que las unidades funcionales a que hemos hecho referencia en el párrafo anterior se disponen también comercialmente en forma de circuitos integrados en escala de integración media (MSI).

Efectivamente, los circuitos integrados MSI surgieron cuando los fabricantes dispusieron ya de la capacidad técnica de colocar, en una pastilla, entre 10 y 100 compuertas. Fue criterio de diseño de los integrados MSI que los mismos debían utilizar las mismas formas de presentación que los integrados SSI, de las cuales la más difundida era la de una pastilla con sus 14 ó 16 terminales en doble hilera. Pero mientras que los integrados SSI tienen sus diferentes compuertas con todos sus terminales de entrada y salida disponibles como terminales del integrado y sin tener conexiones internas entre ellas, en el caso de los integrados MSI, para albergar un número de más de 10 compuertas sin elevar el número de terminales del tope de 16 que caracteriza a los integrados SSI (aunque también se disponen de algunos integrados MSI con 20 y 24 terminales), se requiere que sus compuertas estén conectadas entre sí dentro del propio integrado. Y los fabricantes han lógicamente elegido que esas interconexiones dieran lugar a las unidades funcionales de uso corriente a que se hizo referencia más arriba.

Así, en las distintas familias de integrados se consiguen dispositivos que cumplen funciones tales como:

- codificadores y decodificadores
- multiplexores y demultiplexores
- árboles de paridad
- comparadores
- sumadores

Aún teniendo internamente muchas más compuertas, el precio por pastilla de los integrados MSI no es substancialmente mayor que el de un integrado SSI, lo que implica un costo por compuerta considerablemente inferior. Por ello, razones de economía indican que, de requerirse en algún equipo digital la realización de una función disponible comercialmente como un integrado MSI, se debe preferir utilizar estos dispositivos en vez de realizar la función deseada con integrados SSI. Otras razones a favor de la utilización de los integrados MSI son una mayor simplicidad del diseño, un menor espacio físico ocupado, menor consumo y mayor confiabilidad por función. Estas razones adicionales también conllevan una ventaja evaluable en términos de economía.

Los circuitos MSI son, entonces, circuitos especializados en realizar una determinada función, y sin embargo soportan ahora una marcada competencia en el favoritismo de los diseñadores de circuitos lógicos, por parte de otros dispositivos en los cuales la densidad de integración es mayor, y en los cuales se ha aprovechado esa mayor integración para producir dispositivos más genéricos (y no, más especializados), que el diseñador puede adaptar a sus necesidades, pudiendo reemplazar con un único dispositivo a varios integrados MSI y SSI. Estos dispositivos son los denominados *dispositivos lógicos programables* (o PLD, sigla originada en su denominación inglesa Programmable Logic Devices), que son reconfigurables, es decir, adaptan su circuito interno y su función a las necesidades del diseñador. Son dispositivos PLD, entre otros, los *Arreglos Lógicos Programables* (conocidos comercialmente como dispositivos PAL por su denominación inglesa Programmable Array Logic) y las *memorias PROM* (memorias programables únicamente de lectura, o Programmable Read Only Memories). Una introducción a los PLD se presenta en la última sección de este capítulo, ya que los dispositivos PAL más sencillos y las memorias PROM califican como integrados combinacionales, y en el próximo capítulo se verán los aspectos tecnológicos asociados. De todos modos se volverá sobre los dispositivos PAL en un capítulo próximo para estudiar los tipos de PLD más complejos, que son secuenciales. Pero momentáneamente seguiremos con el estudio de los MSI.

Al estudiar los distintos integrados MSI encontraremos una característica que generalmente poseen y es que su diseño tiene propiedades modulares que permiten su expansión. Esto significa que un integrado MSI, aunque esté previsto para realizar una cierta función con un cierto número limitado de entradas o salidas, debe poder utilizarse como un módulo constitutivo de una función similar pero de mayor número de señales. Por ejemplo, un sumador de dos números binarios de 4 bits cada uno de diseño modular debe poder usarse como bloque constitutivo de un sumador similar pero de tres números de 8 bits cada uno. A esta ampliación modular de la capacidad de un integrado MSI se la conoce como *expansión* de dicho integrado.

La aparición de los integrados MSI, y las ventajas que trae su utilización, ha producido cambios en la técnica con que se diseñan los circuitos lógicos combinacionales. Así, el procedimiento que hemos estudiado en un capítulo anterior consistente en tabular la función deseada, obtener las expresiones lógicas simplificadas y realizar dichas expresiones con inversores y compuertas, no constituye ya una forma apropiada para encarar un diseño en el que traten de utilizarse integrados MSI.

Efectivamente, en estos casos los circuitos más económicos no son los que resultan de implementar las expresiones lógicas más simples, sino aquellos que consiguen implementar la función deseada utilizando el mínimo posible de pastillas integradas. Más aún, la decisión de emplear ciertos integrados MSI en la realización de un sistema digital debe hacerse cuando se analiza dicho sistema a nivel funcional y en bloques, antes de entrar en detalles tales como expresiones lógicas. Esto es así porque, de plantearse primeramente las expresiones lógicas, normalmente las mismas no sugerirán la utilización de un integrado MSI. Por ejemplo, si se desea un circuito que, recibiendo por 4 líneas de entrada un dígito decimal codificado en el código BCD natural, y entregue en sus 4 salidas el mismo dígito decimal pero codificado en BCD Exceso 3, si se plantea la tabla de verdad seguida de las expresiones mínimas de cada una de las salidas, no se advertirá a partir de dichas expresiones que puede realizarse esta función con un circuito sumador que sume 3 unidades a la combinación de entrada.

Debiendo entonces tener un diseñador lógico la capacidad de reconocer la aplicabilidad de circuitos integrados MSI comercialmente disponibles en la realización de un sistema digital ya en las primeras fases de un proyecto, donde se lo analiza a nivel de bloques funcionales, el diseñador está obligado a conocer cuáles son estos integrados y comprender su descripción funcional. En satisfacción a esta necesidad, en este capítulo se describirán en forma genérica los bloques funcionales combinacionales disponibles como integrados MSI de uso más frecuente, que hemos citado más arriba, junto con algunos ejemplos típicos pertenecientes a las familias 74x. Pero el lector que busque desarrollar con amplitud sus capacidades de diseño deberá buscar información más completa sobre los productos comerciales en los catálogos de los fabricantes de circuitos integrados o en la página web de los mismos.

4.1.1. Cuestiones de simbología

Antes de iniciar el estudio de los diferentes circuitos de nuestro interés, conviene efectuar algunas observaciones respecto a la simbología que utilizan los fabricantes de circuitos lógicos integrados, a la que adherimos en esta publicación.

Los fabricantes de circuitos integrados MSI, para distinguir a las diferentes entradas y salidas de los circuitos que fabrican (cada una de las cuales generalmente cumplen funciones "personalizadas" y no resultan habitualmente intercambiables con otras entradas o salidas), les asignan un nombre que orienta acerca de la función que dicha entrada o salida cumple.

Por ejemplo, una entrada cuya presencia permite la operación del integrado recibe típicamente el nombre de habilitación. En el símbolo (habitualmente rectangular) con que se representa al integrado, cada uno de los terminales tiene asociado un nombre (quizás una abreviatura, una letra o una sigla) que identifica a dicho terminal. Por ejemplo, una entrada de habilitación puede estar identificada, según preferencias del fabricante, con las letras *EN* o simplemente *E* (cuyo origen proviene de la palabra inglesa enable, equivalente en castellano a habilitación) o la letra *G* (inicial de la palabra inglesa Gate) o quizás con la palabra inglesa strobe (más adelante en este mismo apartado ampliaremos acerca de estas denominaciones). Esta identificación del terminal se realiza colocando la denominación de la señal correspondiente en el lado interno del símbolo rectangular, permitiendo así que en los dibujos de los circuitos lógicos, el nombre o identificación que el diseñador asigna a una señal (que puede no coincidir con el que el fabricante del integrado le ha asignado al terminal del integrado donde esa señal está conectada) se aplique en el lado externo del rectángulo que representa al integrado. Así, la figura 4-1 muestra la posible simbología de un integrado que posee una entrada de habilitación. No se muestran las otras entradas, que generalmente se dibujan ingresando al circuito por la izquierda, ni las salidas, generalmente dibujadas emergiendo por la derecha.

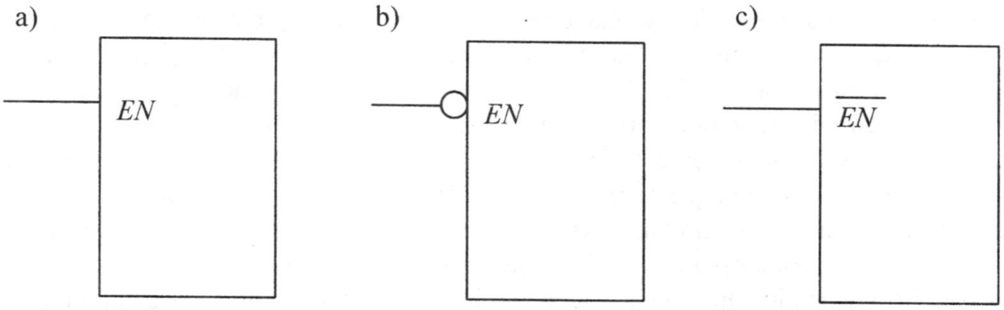

Figura 4-1 - Símbolos de un circuito integrado con entrada de habilitación (*EN*)
a) habilitación activa en alto; b) y c) habilitación activa en bajo

Los tres casos representados en la figura anterior dan pie para una nueva observación respecto a la simbología que deseábamos presentar. La existencia en un integrado de, por ejemplo, una entrada de habilitación, no indica de por sí si el integrado estará habilitado colocando en dicha entrada un 1 o un 0. En el primer caso diremos que la entrada de habilitación está "activa en 1" o "activa en alto" (ya que usamos lógica positiva), mientras que en el segundo caso hablaremos de "activa en 0" o "activa en bajo". Similares denominaciones pueden usarse con otras entradas o salidas. En la simbología que representa a un integrado se desea establecer si los diferentes terminales son activos en alto o en bajo. El mecanismo más usual para hacerlo es diferenciar el caso de un terminal activo bajo, colocando asociado a dicho terminal, pero del lado de afuera del rectángulo, un pequeño círculo indicador de inversión. Así, el circuito de la figura 4-1a tiene una habilitación activa en alto, mientras que el de la figura 4-1b la tiene activa en bajo. En este último caso, el diseñador que use este circuito, si desea ponerle un nombre particular a esta entrada por fuera del rectángulo, seguramente le asignará una abreviatura provista de una barra de negación para denotar que se trata de una variable negada. No debe colocarse dicha negación dentro del rectángulo que representa al integrado, ya que el indicador de inversión asociado a la entrada representa la presencia de un inversor entre el terminal exterior del integrado y el punto interno a él que se identifica con la abreviatura *EN*. Algunos fabricantes prefieren no utilizar indicadores de inversión para identificar los terminales activos en bajo, correspondiendo entonces que, en el terminal correspondiente en el símbolo del integrado, el nombre del terminal figure negado, como muestra la figura 4-1c.

4.1.2. Variantes de la entrada de habilitación

La existencia en un integrado de una señal de habilitación es tan frecuente, que es conveniente analizar en que consiste tal habilitación, especialmente si se tiene en cuenta que en diferentes dispositivos la habilitación puede realizar su cometido de diferentes formas. Mencionaremos dos formas habituales en el caso de los integrados MSI.

1) La habilitación *se refiere a una entrada* (o grupo de entradas) del circuito, y cuando está activa permite que dichas entradas se apliquen normalmente al dispositivo. Pero, si no está activa, hace que esas entradas se le presenten al circuito como si fueran 0. Internamente, esto es equivalente a que cada una de esas entradas habilitadas posean asociada una compuerta AND de dos entradas, cuya segunda entrada es la entrada de habilitación. Una habilitación de este tipo se suele denominar en inglés Gate. Usaremos para una entrada de habilitación de este tipo el símbolo *G*.
2) La habilitación *se refiere a una salida* (o grupo de salidas) del circuito, y cuando está activa permite que el dispositivo presente en sus salidas lo que corresponde en función normal de las entradas que tiene. Pero, si no está activa, se presentan dos posibilidades:
   - si la salida del dispositivo es una salida de tres estados, la falta de habilitación la lleva al estado de alta impedancia. Una habilitación como ésta se suele denominar en inglés Output Enable (habilitación de salida); la simbolizaremos *OE*.
   - si la salida del dispositivo es una salida común, la falta de habilitación la lleva al estado 0, una habilitación de este tipo suele denominarse estrobo, y la simbolizaremos simplemente como *E*.

Cuando no queramos distinguir entre uno y otro tipo de estas modalidades de habilitación, usaremos la abreviatura *EN* para identificar cualquiera de ellas.

En los circuitos integrados de mayor escala de integración (por ejemplo, los LSI) existe otro tipo de habilitación que se refiere a la habilitación del funcionamiento del dispositivo, más que a la habilitación de las entradas o las salidas. La habilitación a que estamos haciendo referencia, cuando está activa, permite que el circuito funcione normalmente; pero si no está activa lleva al dispositivo a un modo stand by (que podríamos traducir como "dormido" o "en reserva" o "en espera") en el que no opera, produciendo un ahorro en la energía que disipa. Este tipo de habilitación suele denominarse, en inglés, Chip Select o Chip Enable (traducible como "habilitación de la pastilla"), siendo *CS* y *CE*, respectivamente, las siglas más comúnmente empleadas para identificar este tipo de habilitación.

Ejemplifiquemos los tipos de habilitación descriptos en los puntos 1 y 2 con un caso hipotético, que mostrará cómo se instrumenta en un circuito cada uno de esos tipos de habilitación. En la figura 4-2 el rectángulo punteado representa a un circuito (desprovisto de detalles internos que no hacen a la discusión que sigue) en el que se advierte:

1) Una entrada, que para darle un nombre se la ha denominado *A*, que tiene asociada a ella una señal *G* y una compuerta AND que debe atravesar para llegar a influir en el resto del circuito (que en la figura no se ha detallado sino que se ha simbolizado con la línea punteada). Si la señal *G* está en 1, la salida de la compuerta AND será igual a *A* ($A.1=A$); pero si *G* está en 0, la salida de la AND será 0 ($A.0=0$) y la entrada *A* estará "desconectada" del resto del circuito.
2) Una salida (*B*) que también tiene asociada una compuerta AND y otra entrada *E*, tal que cuando la señal *E* sea 1 habilita a que una señal generada internamente en el circuito salga por dicha salida, pero que lleva dicha salida a 0 si la señal *E* está en 0.
3) Una salida (*C*) que tiene asociada un buffer con salida de tres estados y la correspondiente señal *OE* de habilitación del buffer, tal que cuando *OE* sea 1 habilita a que una señal generada internamente en el circuito salga por dicha salida, pero que lleva dicha salida al estado de alta impedancia si la señal *OE* está en 0.

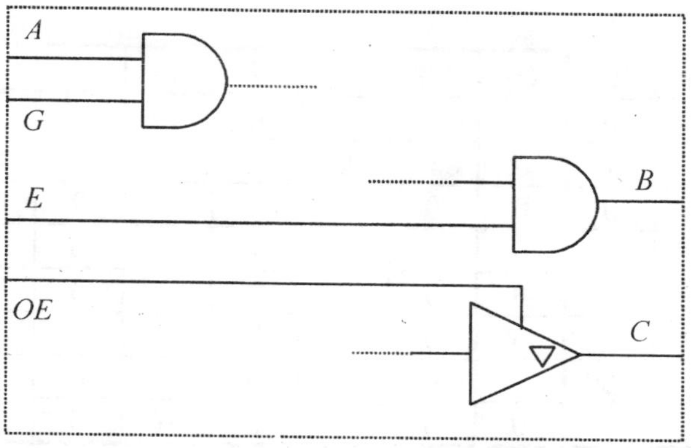

Figura 4-2 - Distintos tipos de entrada de habilitación

4.2. Decodificadores y codificadores

4.2.1. Decodificadores

Los decodificadores son dispositivos lógicos cuyas entradas presentan una combinación de ceros y unos que identifican y seleccionan a una de las varias salidas que posee; la salida así seleccionada pasa al nivel activo (por ejemplo, un 1 si se supone las salidas activas en alto), mientras que todas las otras salidas quedan en el nivel no activo (en 0, en el mismo supuesto anterior). Por esta característica que tienen las entradas de seleccionar una de las salidas, se las suele denominar también entradas (o líneas) de *selección* o de *dirección*.

Así, un decodificador de 8 salidas necesita tener 3 entradas de selección, para que, a partir del estado de estas entradas, quede identificada una salida. Un decodificador con estas características se denomina *decodificador de 3 líneas a 8*. En la figura 4-3 se simboliza un decodificador de este tipo, el que se ha supuesto con salidas activas en alto.

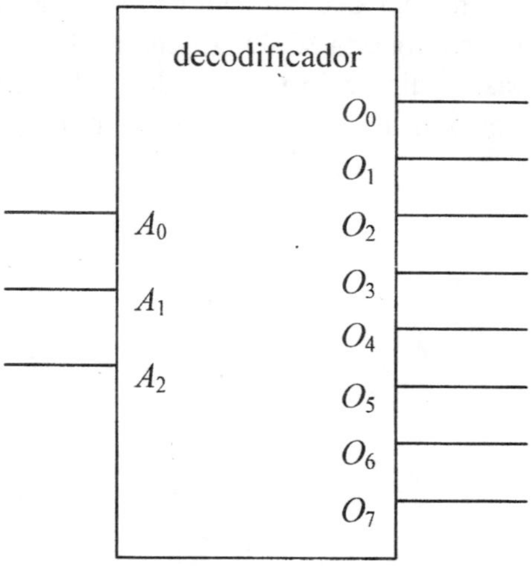

Figura 4-3 - Símbolo de un decodificador de 3 líneas a 8

En dicha figura se ha empleado la nomenclatura habitual que consiste en numerar las salidas a partir del 0, identificar a las señales de entrada con una letra A (debido a que, en ingles, la palabra dirección -address- comienza con esta letra) con numeración creciente a partir del 0, y haciendo que, al tomar como un número binario a la combinación de ceros y unos aplicados a las líneas de dirección (adoptando la A_0 como el bit menos significativo), este número identifique a la salida que corresponde a dicha combinación. Así, por ejemplo, cuando las líneas de selección estén A_2 en 1, A_1 en 1 y A_0 en 0, formarán el número binario 110 que se corresponde con la salida 6 (que simbolizamos O_6 por Output 6), única que en esas condiciones estará en 1. Extendiendo este resultado a las 8 posibilidades que puede tomar el conjunto de las 3 entradas, puede presentarse el resultado en la siguiente tabla de verdad:

A_2	A_1	A_0	O_0	O_1	O_2	O_3	O_4	O_5	O_6	O_7
0	0	0	1	0	0	0	0	0	0	0
0	0	1	0	1	0	0	0	0	0	0
0	1	0	0	0	1	0	0	0	0	0
0	1	1	0	0	0	1	0	0	0	0
1	0	0	0	0	0	0	1	0	0	0
1	0	1	0	0	0	0	0	1	0	0
1	1	0	0	0	0	0	0	0	1	0
1	1	1	0	0	0	0	0	0	0	1

De la tabla de verdad se observa que cada una de las salidas toma el valor 1 para una única combinación de las entradas, es decir, que cada salida puede representarse algebraicamente como un minitérmino. Esto da, para cada una de ellas, las siguientes expresiones:

$$O_0 = P_0 = \overline{A_2}.\overline{A_1}.\overline{A_0}$$

$$O_1 = P_1 = \overline{A_2}.\overline{A_1}.A_0$$

$$O_2 = P_2 = \overline{A_2}.A_1.\overline{A_0}$$

$$O_3 = P_3 = \overline{A_2}.A_1.A_0$$

$$O_4 = P_4 = A_2.\overline{A_1}.\overline{A_0}$$

$$O_5 = P_5 = A_2.\overline{A_1}.A_0$$

$$O_6 = P_6 = A_2.A_1.\overline{A_0}$$

$$O_7 = P_7 = A_2.A_1.A_0$$

La figura 4-4 muestra el circuito interno del decodificador que, como se ve, consiste en un conjunto de inversores y de compuertas AND: una compuerta AND por cada salida del decodificador y cada compuerta AND con tantas entradas como líneas de dirección tiene el decodificador, y cada entrada llevada a una de dichas líneas de dirección o a la negación de la misma, según indique la expresión correspondiente a su salida.

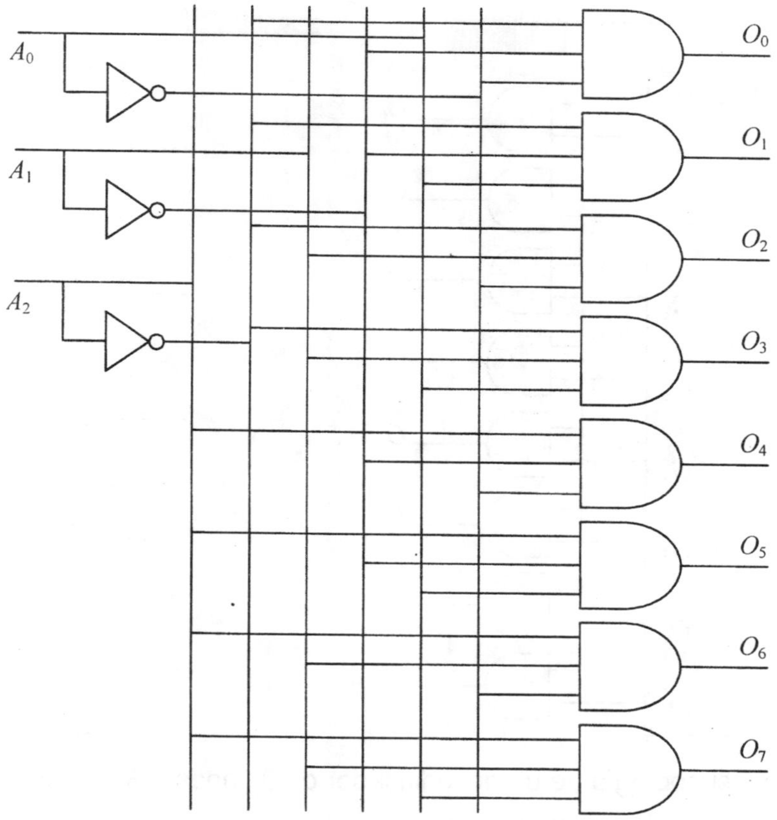

Figura 4-4 - Circuito de un decodificador de 3 líneas a 8

En no pocas aplicaciones, y también para poder lograr una expansión modular del decodificador, como luego veremos, es necesario que puedan anularse todas las salidas del decodificador, en vez de tener forzosamente una de ellas el valor 1. Para lograr este propósito, se suele agregar una entrada de *habilitación* a las ya mencionadas líneas de selección.

Esta entrada de habilitación hace que, estando ella en 1, las salidas toman el estado que normalmente tomarían teniendo en cuenta las entradas de selección. Si, por el contrario, la entrada de habilitación está en 0, se entiende que de esta forma se inhibe el funcionamiento normal del dispositivo, y todas las salidas pasan a 0.

Una forma de lograr este comportamiento es, a partir del decodificador sin entrada de habilitación de la figura 4-4, colocando sendas compuertas AND de dos entradas en cada una de sus salidas (como ya se viera en la figura 4-2), estando la otra entrada de cada compuerta AND conectada a la señal de habilitación *E*. La figura 4-5 muestra el circuito resultante y el símbolo correspondiente.

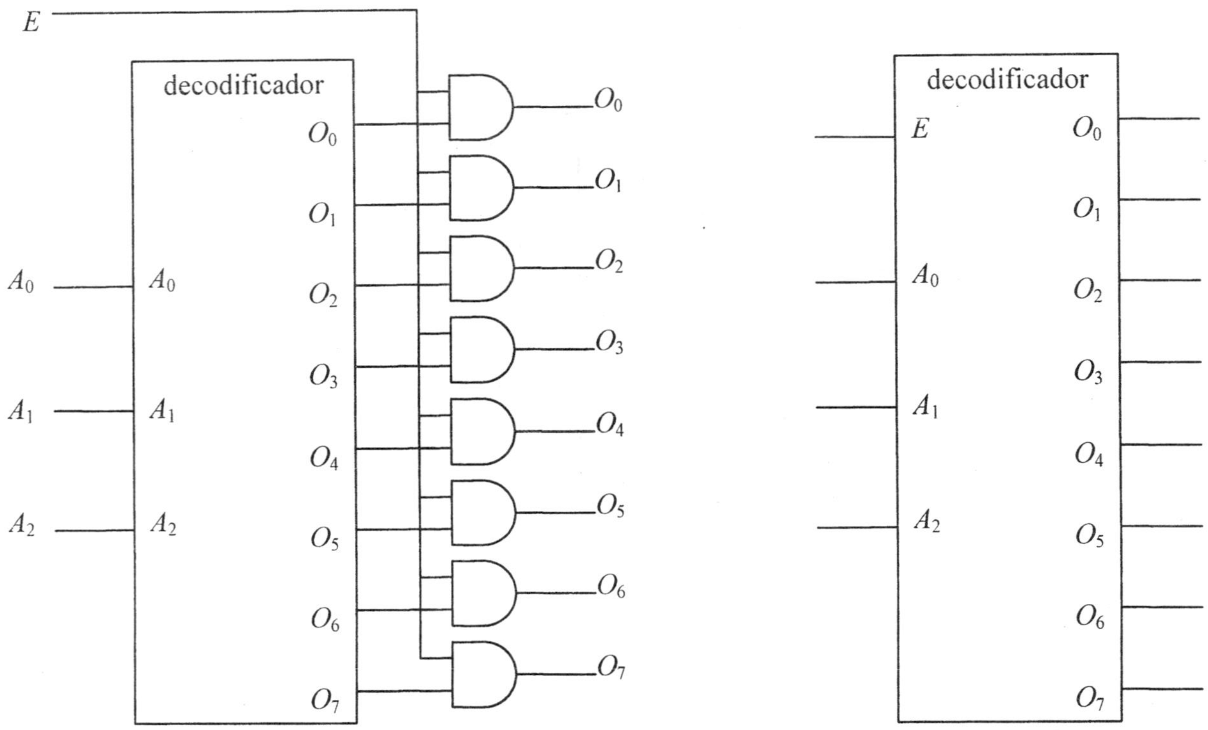

Figura 4-5 - Circuito y simbología de un decodificador de 3 líneas a 8 con entrada de habilitación

La tabla de verdad del circuito así modificado es la siguiente, donde en el renglón correspondiente al caso en que la habilitación es nula se han condensado, en realidad, a 8 renglones de la tabla de verdad, ya que en esas condiciones no tiene importancia el valor particular que tomen las entradas de selección.

E	A_2	A_1	A_0	O_0	O_1	O_2	O_3	O_4	O_5	O_6	O_7
0	X	X	X	0	0	0	0	0	0	0	0
1	0	0	0	1	0	0	0	0	0	0	0
1	0	0	1	0	1	0	0	0	0	0	0
1	0	1	0	0	0	1	0	0	0	0	0
1	0	1	1	0	0	0	1	0	0	0	0
1	1	0	0	0	0	0	0	1	0	0	0
1	1	0	1	0	0	0	0	0	1	0	0
1	1	1	0	0	0	0	0	0	0	1	0
1	1	1	1	0	0	0	0	0	0	0	1

Un decodificador como el indicado se consigue comercialmente como circuito integrado MSI, para lo que resulta muy apropiado por tener un número de terminales compatible con la forma en que se suministran estos dispositivos: 3 entradas de selección, 1 de habilitación, 8 salidas y 2 líneas de alimentación hacen un total de 14 terminales. Un decodificador integrado típico es el 74x138. En la figura 4-6 se muestra su circuito interno y el símbolo utilizado para representarlo.

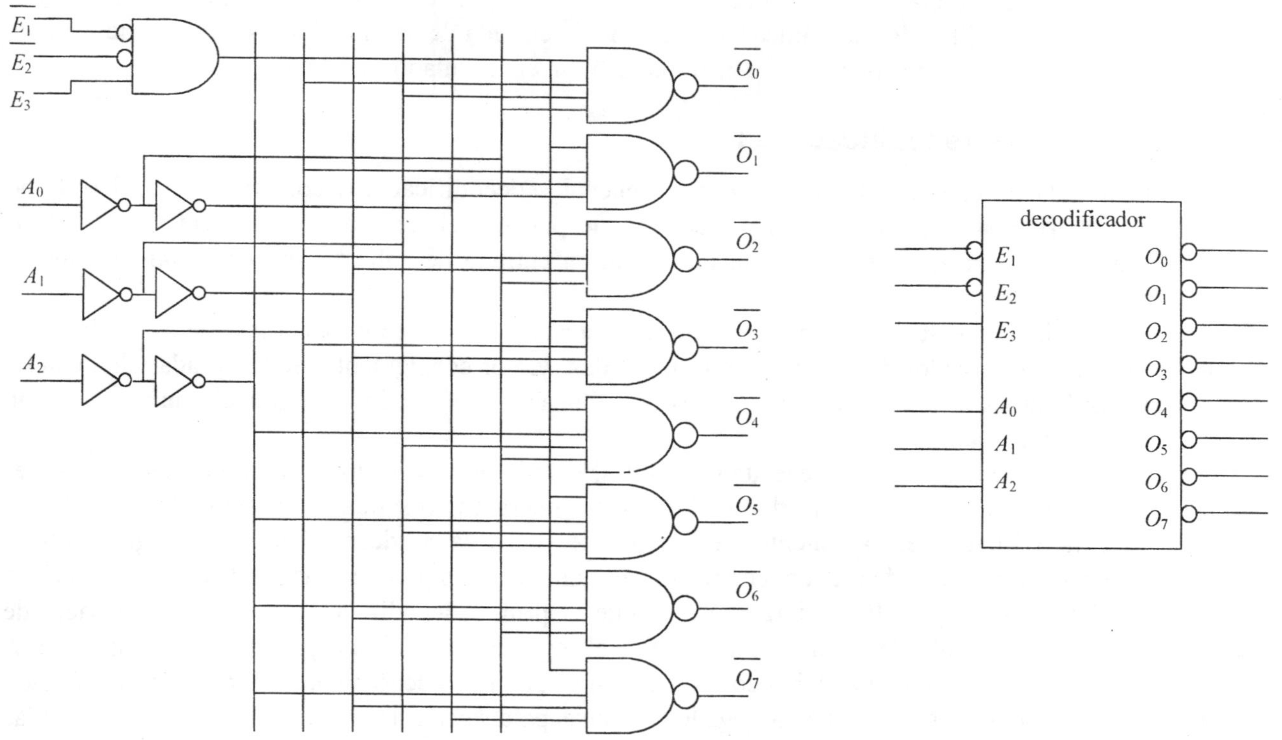

Figura 4-6 - El decodificador 74x138: circuito interno y símbolo

De la comparación entre el circuito interno del 74x138 y el decodificador que resulta de combinar las figuras 4-4 y 4-5 surgen, además de las obvias similitudes, las siguientes diferencias que vale la pena resaltar.

1) tiene 3 entradas de habilitación (razón por la que tiene 16 terminales)
2) tiene las salidas negadas
3) tiene buffers (más precisamente doble inversores) en las entradas de selección.
4) la señal de habilitación está integrada a las mismas compuertas que las líneas de selección.

Veamos estas diferencias con cierto detalle.

1) El 74x138 posee 3 entradas de habilitación, internamente vinculadas por medio de una compuerta AND, que obliga a que estén las 3 entradas habilitando simultáneamente al decodificador, para que éste se encuentre efectivamente habilitado. Se notará que dos de las entradas de habilitación deben estar en 0 para considerar que están habilitando la operación, mientras que la tercera habilita con un 1. Es decir, entonces, que este decodificador tiene 2 entradas de habilitación activas en bajo, y otra activa en alto.
2) Las salidas del 74x138 están negadas, es decir, son activas en bajo
3) Sabemos que las compuertas y otros dispositivos que pertenecen a una familia lógica comparten ciertas características eléctricas; entre ellas la corriente que circula por sus terminales de entrada, la que llamaremos *carga normalizada.* Si se observa ahora la figura 4-4 se nota que las señales de entrada están conectadas a cuatro compuertas AND y un inversor, haciendo que presenten en su terminal una carga 5 veces mayor que la normalizada en su familia lógica. Este hecho indeseable puede eliminarse totalmente haciendo que las entradas pasen por sendos buffers antes de distribuirse por el resto del integrado, de manera que cada terminal de entrada vea como una única carga la del correspondiente buffer. Una forma práctica y habitual de realizar estos *buffers de entrada* es, como lo hace el 74x138, mediante dos inversores consecutivos, ya que de esta manera no solo se tiene cada entrada normal a la salida del segundo inversor respectivo, sino que a la salida del primero se la tiene negada, lo cual es muy útil para aquellos casos en que, como en el decodificador, también se las necesita de esa forma.
4) Puede lograse un comportamiento idéntico al del circuito de la figura 4-5, sin incrementar el número de compuertas, con sólo incluir una entrada adicional a las compuertas del circuito de la figura 4-4 para conectar a ellas la señal *E*. Nótese cómo se ha utilizado esta posibilidad en el circuito del 74x138

Otros decodificadores comerciales que resultan de interés citar son el doble decodificador de 2 líneas a 4 modelo 74x139, y el decodificador de 4 líneas a 16 con doble entrada de habilitación 74x154 el que, dada la cantidad de entradas y salidas que necesita, se suministra en un encapsulado de 24 terminales.

4.2.2. Expansión de decodificadores

La cantidad limitada de entradas de selección que tienen los decodificadores comerciales (2, 3 ó 4) no constituye una restricción al número de entradas con que puede realizarse un decodificador, ya que los decodificadores pueden expandirse fácilmente utilizando su entrada de habilitación y las técnicas que se ejemplifican a continuación.

Veamos primeramente cómo pueden interconectarse varios decodificadores para producir el equivalente de un decodificador de doble número de salidas (y, por consiguiente, de 1 entrada adicional de selección). Consideremos partir de decodificadores de 2 líneas a 4, tratando de lograr el equivalente a un decodificador de 3 líneas a 8.

En primer lugar, dado que se necesitan 8 salidas, y cada decodificador disponible tiene sólo 4, es evidente que se necesitarán dos decodificadores. Entre ellos generarán las salidas O_0 hasta la O_7.

En segundo lugar, es altamente recomendable que cada decodificador entregue salidas numéricamente consecutivas, es decir, convendrá asignar a uno de ellos producir las salidas O_0 hasta la O_3, y al otro desde la O_4 hasta la O_7. En la jerga se dice que el primer decodificador ocupará el "espacio de direcciones" comprendido entre la 0 y la 3, mientras que el segundo ocupará el espacio que va de la 4 a la 7. Podemos expresar esa decisión en una tabla como la que sigue, a la que denominaremos *tabla de asignación del espacio de direcciones*. En ella se han agregado columnas para señalar los valores correspondientes a las líneas de dirección que corresponden al espacio de direcciones asignado a cada decodificador (X es, por supuesto, 0 ó 1).

Decodificador	Espacio de direcciones asignado	A_2	A_1	A_0
1	0 a 3	0	X	X
2	4 a 7	1	X	X

De la tabla surge que el decodificador 1 deberá estar habilitado sólo cuando sea A_2=0, mientras que el segundo requiere para su operación que sea A_2=1.

El circuito de la figura 4-7 implementa lo que hasta acá hemos concluido.

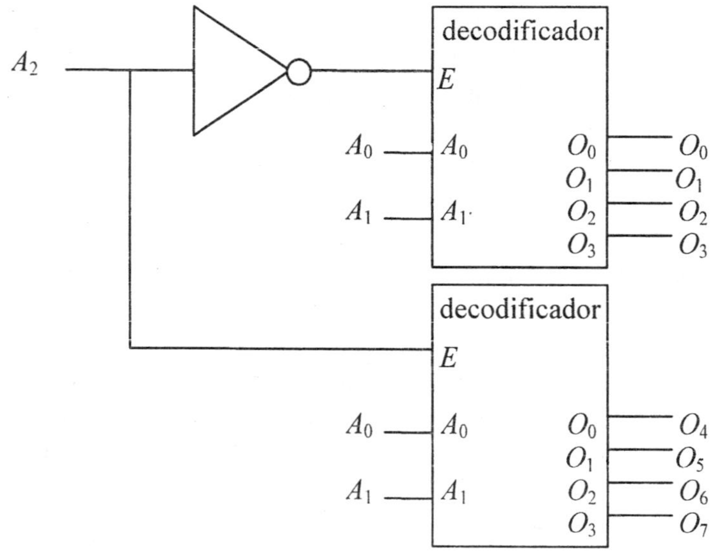

Figura 4-7 - Expansión de dos decodificadores de 2 líneas a 4 para formar uno de 3 líneas a 8

En esta figura sólo uno de los decodificadores estará habilitado, dependiendo del valor que tome la entrada de selección A_2. Así, mientras esta entrada esté en 0, el decodificador inferior (el que hemos llamado 2 hasta ahora) no estará habilitado y todas sus salidas estarán inactivas, mientras que el decodificador superior (el 1) estará habilitado y la salida seleccionada por las entradas A_1 y A_0 estará activa. Por ejemplo, si A_1=0 y A_0=1 estará activa la salida O_1, lo que es correcto porque el conjunto ordenado de las entradas de selección ($A_2A_1A_0$) vale 001, seleccionando así la salida O_1. Si por el contrario estuviese A_2 en 1, sólo el decodificador 2 estaría habilitado y con una de sus salidas activa. Para los mismos valores de A_1 y A_0 recién usados como ejemplo, ello significa que su salida activa será su O_1, la que se corresponde con O_5 en el decodificador de 8 salidas, resultado correcto ya que el conjunto ordenado de las entradas de selección vale en este caso 101, seleccionando así la salida O_5.

No sólo pueden lograrse expansiones en un factor dos en el número de salidas de un decodificador, sino que pueden obtenerse factores de expansión mayores a través de una estructura llamada *en árbol*, como muestra la figura 4-8, donde 5 decodificadores de 2 entradas y 4 salidas se han interconectado para formar el equivalente a un decodificador de 16 entradas. (Para comprender la razón por la que esta estructura circuital se denomina árbol, quizás el lector necesite girar la citada figura un ángulo de 90° en sentido contrario a las agujas del reloj).

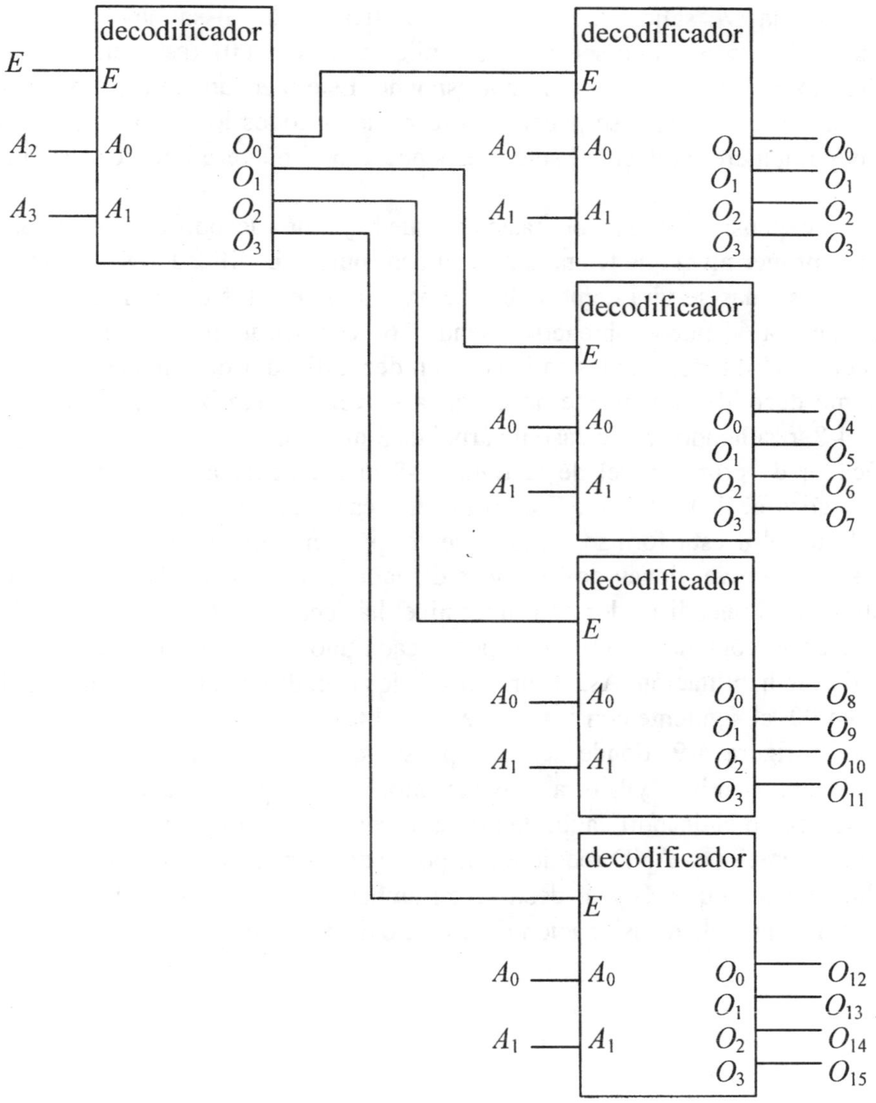

Figura 4-8 - Expansión en árbol de varios decodificadores de 2 líneas a 4 para formar uno de 4 líneas a 16

Si numeramos en la figura anterior los decodificadores de arriba abajo desde el 1 hasta el 4, podemos decir que hemos distribuido en ella el espacio de direcciones según la siguiente tabla de asignación:

Decodificador	Espacio de direcciones asignado	A_3	A_2	A_1	A_0
1	0 a 3	0	0	X	X
2	4 a 7	0	1	X	X
3	8 a 11	1	0	X	X
4	12 a 15	1	1	X	X

Veamos como funciona esta conexión. Suponiendo que las entradas de selección del decodificador de 16 entradas que se desea obtener toman el valor $A_3A_2A_1A_0$=1001, deben seleccionar la salida O_9 del mencionado decodificador. Todos los decodificadores de segundo nivel reciben en sus entradas de selección el valor A_1A_0=01, haciendo que todos ellos tiendan a activar su salida O_1, lo que harían efectivamente si estuviesen habilitados. Pero ocurre que el decodificador de primer nivel recibe en sus entradas de selección (que *él* llama A_1 y A_0) el valor A_3A_2=10, haciendo que active únicamente su salida O_2. Por lo tanto, sólo el decodificador de segundo nivel que está habilitado por la salida O_2 del decodificador de primer nivel (el llamado 3) activa su salida O_1, salida que para al decodificador de 16 salidas ha sido denominada O_9. Resumiendo, cuando en las entradas de selección se aplica el valor 1001 (es decir, 9 en binario) la única salida activa del circuito es la salida O_9, como corresponde. Este razonamiento puede repetirse para otros valores de las entradas de selección, y se puede verificar que en todos los casos la única salida activa del circuito es aquella cuyo número en decimal se corresponde con el número binario que forman las entradas de selección.

Si se desea una expansión aún mayor, basta con que haya más decodificadores en el segundo nivel, y un decodificador en el primer nivel que tenga tantas salidas como decodificadores haya en el segundo nivel, ya que cada una de sus salidas servirá como habilitación a uno de estos decodificadores. Por ejemplo, un decodificador de 6 líneas a 64 puede obtenerse usando 16 decodificadores de 2 líneas a 4 en el segundo nivel, convenientemente habilitados por las salidas de un decodificador de 4 líneas a 16 en el primer nivel. Nótese que este último decodificador puede necesitar, a su vez, ser realizado con una estructura en árbol como el de la figura 4-8, resultando en ese caso un árbol de 3 niveles.

El decodificador de primer nivel de la figura 4-8 puede llegar a omitirse, si los decodificadores poseen múltiples entradas de habilitación. Efectivamente, cada una de las salidas del decodificador del primer nivel de la figura 4-8 está formada, básicamente, por una compuerta AND de 2 entradas. Si los decodificadores de segundo nivel tienen dos entradas de habilitación vinculadas entre sí por una operación AND, es posible eliminar el decodificador de primer nivel haciendo que la operación AND de cada una de sus salidas se realice en la compuerta AND que posee cada uno de los decodificadores de segundo nivel asociada a sus entradas de habilitación. Así, el primero de los decodificadores debería habilitarse cuando las entradas A_3A_2 están en 00, el siguiente con los valores 01, el tercero con 10 y, finalmente, el último con 11. Así se ha hecho en la figura 4-9, donde se ha supuesto que, de las dos entradas de habilitación del decodificador, una sea activa en bajo y la otra activa en alto. Se nota que, por comparación con el circuito de la figura 4-8, ha desaparecido el decodificador de primer nivel, aunque un inversor ha sido necesario agregar porque algunas de las operaciones AND requieren disponer de, al menos, una de las variables de selección negadas para aquellos casos en que A_2 y A_1 deban estar ambas en 1 o ambas en 0. Y que el circuito es una implementación directa de la tabla de asignación del espacio de direcciones que hemos expuesto más arriba.

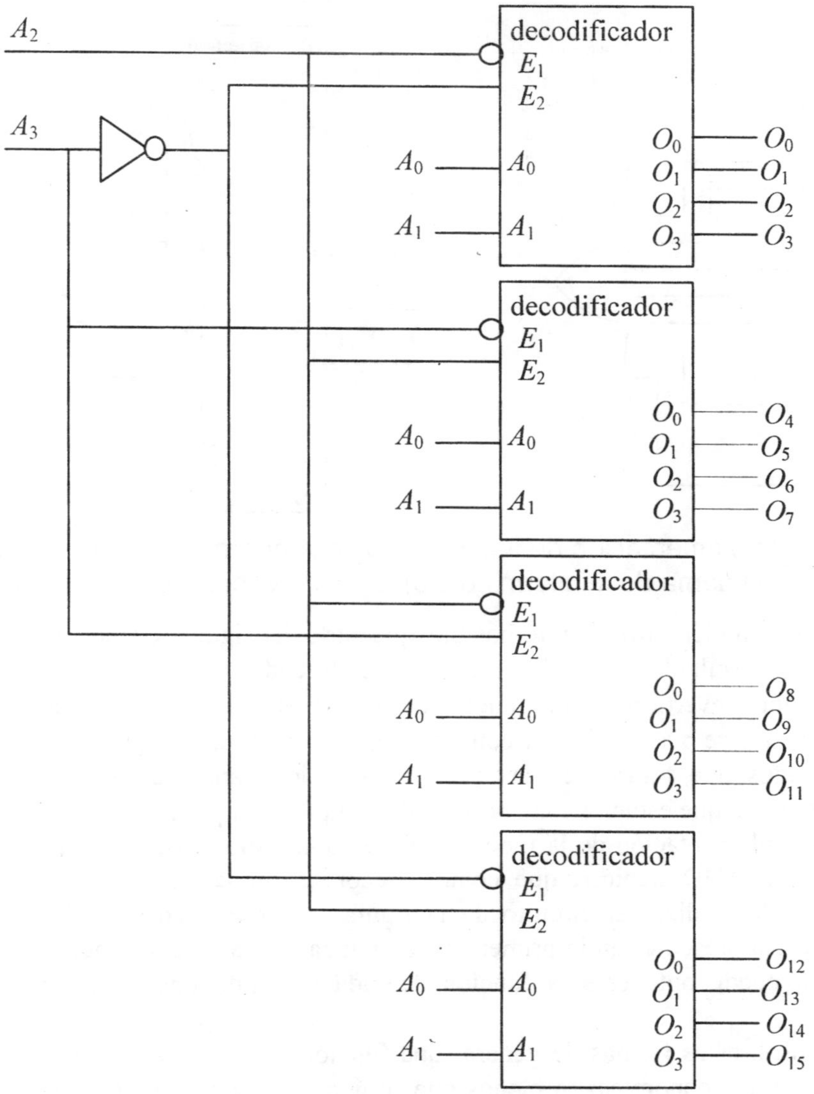

Figura 4-9 - Expansión de decodificadores con doble entrada de habilitación

4.2.3 Uso de decodificadores para la generación de funciones lógicas

Una aplicación de los decodificadores que resulta interesante, parte de reconocer que un decodificador tiene una salida para cada uno de los minitérminos que se pueden formar con las variables de entrada, es decir, las señales de selección. Así un decodificador puede ser considerado como un *generador de minitérminos*.

Entonces, si se desea realizar una cierta función lógica a partir de sus variables de entrada, puede utilizarse un decodificador para generar todos los minitérminos posibles con dichas variables y generar la función mediante la suma (realizada con una compuerta OR) de aquellos minitérminos que figuran en la primera expresión canónica de dicha función. Así se ha hecho en la figura 4-10a donde se muestra la implementación, de acuerdo con esta idea, de la función de 4 variables *A*, *B*, *C* y *D* que es suma de los minitérminos 1, 3, 4, 7, 9, 10, 12 y 15. Tratándose de una función de 4 variables, se ha necesitado emplear un decodificador de 4 líneas a 16.

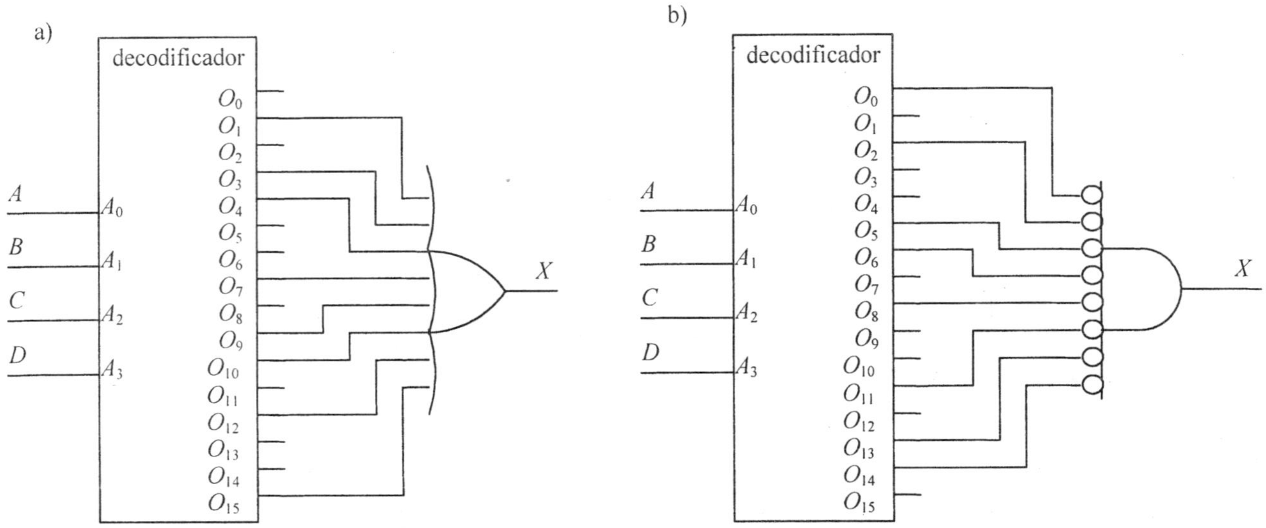

Figura 4-10 - Implementación de funciones lógicas por medio de un decodificador
a) a partir de la suma de minitérminos; b) a partir del producto de maxitérminos

La figura 4-10b muestra también otro circuito posible, que parte del siguiente análisis. Como la inversión de un minitérmino da como resultado un maxitérmino, el decodificador también puede considerarse como un generador de maxitérminos invertidos, y una función puede implementarse con un decodificador que genere todos los maxitérminos que se pueden formar con las variables de entrada, seguidos de una operación AND de aquellos maxitérminos que figuren en la segunda expresión canónica de la función. La expresión correspondiente a la función que estamos tomando como ejemplo es el producto de los maxitérminos 0, 2, 5, 6, 8, 11, 13 y 14. La implementación de la función, tal como muestra la figura, requiere el empleo de una compuerta NOR (y no una AND) debido a que, como se recordará, el decodificador genera los maxitérminos invertidos. Otra forma de analizar el circuito de la figura 4-10b es reconociendo que si se suman los minitérminos que no están presentes en la primera expresión canónica de una función, se obtiene la inversa de ésta. Por lo tanto, puede obtenerse la función deseada haciendo una operación NOR entre dichos minitérminos faltantes.

Aunque elegantes, estas formas de generar una función lógica a través de un decodificador y una compuerta no resultan muy económicas, a menos que se deban generar simultáneamente varias funciones lógicas de las mismas variables, ya que en ese caso, si bien se requiere una compuerta OR o una NOR por cada función a implementar, un sólo decodificador es necesario. Demostremos esto con un ejemplo.

Ejemplo 4-1

Retomemos el ejemplo 3-1 del capítulo 3 donde se pedía un circuito que reciba por 4 líneas de entrada (*D, C, B* y *A*) una combinación cualquiera del código BCD natural, y que coloque en sus 4 líneas de salida (*D´, C´, B´* y *A´*) la combinación equivalente en el código BCD Aiken. En su momento lo realizamos mediante compuertas, ahora exploraremos otra solución.

Solución empleando un decodificador y compuertas OR

La tabla de verdad de este dispositivo, según se viera en el capítulo 3, es:

D	*C*	*B*	*A*	*D'*	*C'*	*B'*	*A'*
0	0	0	0	0	0	0	0
0	0	0	1	0	0	0	1
0	0	1	0	0	0	1	0
0	0	1	1	0	0	1	1
0	1	0	0	0	1	0	0
0	1	0	1	1	0	1	1
0	1	1	0	1	1	0	0
0	1	1	1	1	1	0	1
1	0	0	0	1	1	1	0
1	0	0	1	1	1	1	1
1	0	1	0	X	X	X	X
1	0	1	1	X	X	X	X
1	1	0	0	X	X	X	X
1	1	0	1	X	X	X	X
1	1	1	0	X	X	X	X
1	1	1	1	X	X	X	X

De donde se concluye que D' puede realizarse sumando los minitérminos 5, 6, 7, 8 y 9; C' como la suma de los minitérminos 4, 6, 7, 8 y 9; B' sumando los minitérminos 2, 3, 5, 8 y 9, y A', aún cuando también puede realizarse con suma de minitérminos, tiene una forma más trivial de generarse porque resulta idéntica a la entrada A.

El circuito siguiente implementa al convertidor mediante un decodificador de 4 líneas a 16 y tres compuertas OR.

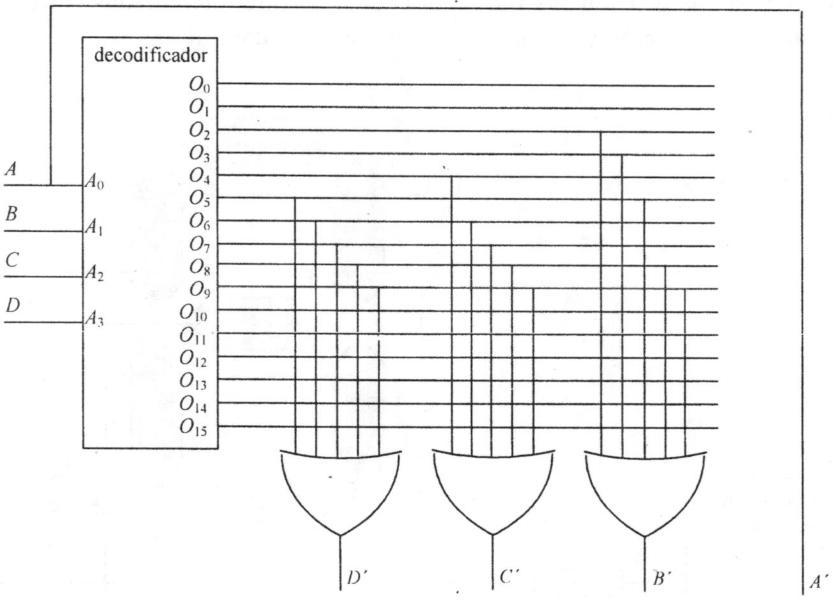

4.2.4. Decodificadores decimales

Los decodificadores también se disponen comercialmente en forma de decodificadores decimales, es decir, con 4 entradas de selección que generalmente operan en código BCD natural, y un número de salidas que puede ser 10 ó 7, según sea el tipo de decodificador, como pasamos a ver.

Así, el decodificador puede tener 10 salidas (una por cada dígito decimal posible a la entrada). Es el caso de un decodificador de 4 líneas a 10, similar a uno de 4 líneas a 16 pero que sólo retiene las 10 salidas que corresponden a una combinación de entrada válida en el código BCD natural. Ejemplo de un integrado con estas características es el 74x42. Nótese que un dispositivo como éste, si no se lo provee con una entrada de habilitación (el 74x42 no la tiene) sólo requiere 16 terminales, por lo que se presta muy bien para ser integrado.

Pero un decodificador decimal también puede tener 7 salidas, una por cada uno de los segmentos que forman un exhibidor decimal de 7 segmentos. En este caso suele llamarse *decodificador/excitador* y merece una ampliación.

Un tipo de exhibidor decimal muy utilizado es el llamado *exhibidor de 7 segmentos* (popularizado por su uso extensivo en calculadoras y relojes digitales) en el que 7 segmentos son dispuestos de manera de formar la figura de la derecha en la cual, haciendo que algunos de estos siete segmentos sean opacos por contraste con otros que se dejan transparentes (o haciéndolos luminosos, cuando a otros se los deja sin brillo), pueden exhibirse las distintas cifras decimales del 0 al 9. Los exhibidores de 7 segmentos más empleados son los basados en cristales líquidos, en los que los segmentos se hacen opacos o transparentes, y en diodos emisores de luz (LEDs), en los que los segmentos se hacen luminosos o sin brillo.

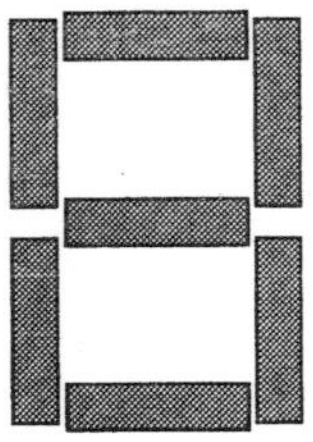

Los exhibidores decimales basados en LEDs se disponen comercialmente en forma de una pastilla conteniendo 7 diodos con forma de segmento y dispuestos en la forma ya mencionada, todos ellos con un terminal común (sea éste los ánodos o los cátodos de los distintos diodos), para reducir el número de terminales. Así, se dispone de exhibidores de 7 segmentos de ánodo común y de exhibidores de 7 segmentos de cátodo común. En realidad, los exhibidores decimales incluyen un octavo diodo emisor de luz, pero no con forma de segmento sino de pequeño círculo, cuyo encendido se emplea para señalar el punto (es decir, la coma) decimal.

Así, un decodificador decimal podrá tener 7 salidas, cada una de ellas dedicada a proveer la señal que necesita un segmento particular de un exhibidor decimal. La figura 4-11 muestra el caso de un exhibidor de ánodo común, cuyo punto común es llevado a +5 V, por lo que requiere que las salidas del decodificador sean activas en bajo (y normalmente de colector abierto), para que con ese nivel se encienda el correspondiente diodo. Nótese las resistencias limitadoras de corriente intercaladas entre el decodificador y los diodos emisores de luz, cuya función ya hemos destacado en otro capítulo.

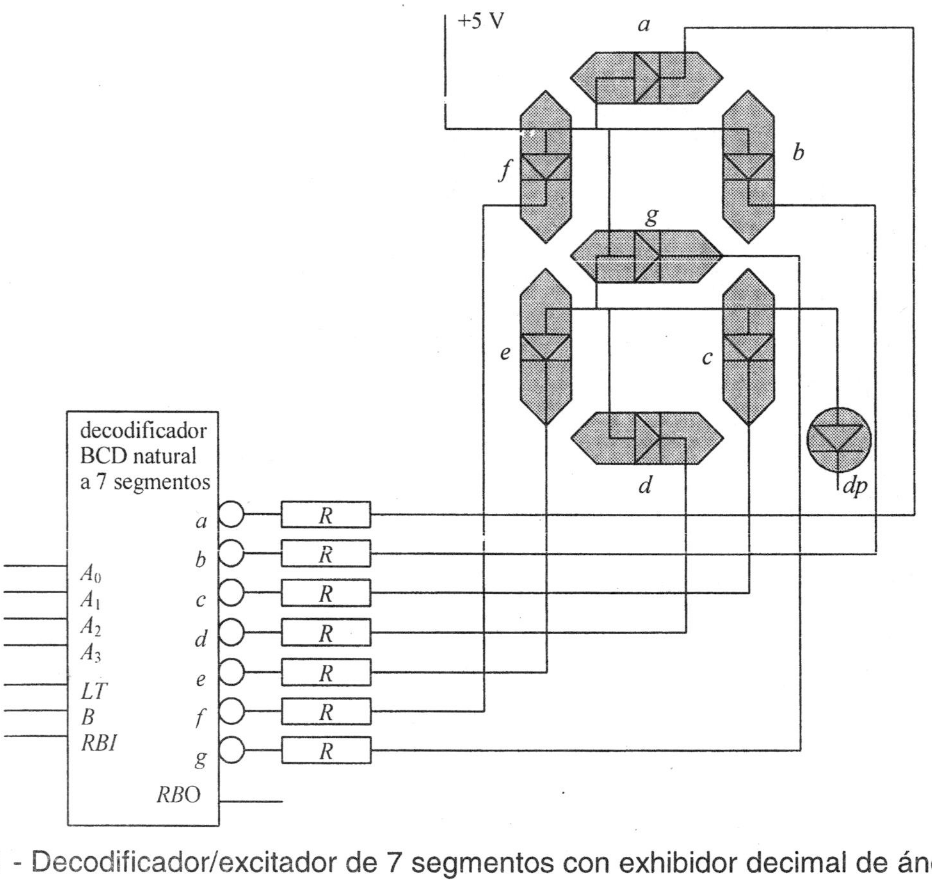

Figura 4-11 - Decodificador/excitador de 7 segmentos con exhibidor decimal de ánodo común

Dicha figura utiliza la nomenclatura habitualmente empleada para representar a los diferentes segmentos (*a, b, c, d, e, e, f, g* y *dp*, este último para identificar al diodo encargado del punto decimal). El decodificador de dicha figura posee, además de las 4 entradas necesarias para ingresar un dígito decimal codificado en BCD natural y las 7 salidas correspondientes a los 7 segmentos (el punto decimal no es manejado por el decodificador), otras 3 entradas y 1 salida auxiliar, cuya función y propósito se describe a continuación.

- Una entrada de *apagado* (generalmente simbolizada *B* por su nombre en inglés: Blanking) que cuando está activa produce el apagado de todos los segmentos del exhibidor, independientemente del dígito que esté ingresando por las entradas respectivas. Esta señal suele ser utilizada para que el exhibidor titile (para lo cual debe aplicársele una onda cuadrada de baja frecuencia, digamos 1 Hz) y también para graduar la intensidad con que encienden los segmentos (para lo que la onda cuadrada debe tener una frecuencia mayor que unos 100 Hz, de manera que el ojo perciba una disminución del brillo pero no un parpadeo).
- Una entrada de *prueba de diodos* (generalmente simbolizada *LT* por su nombre en inglés Lamp Test) que cuando está activa produce el encendido de todos los segmentos del exhibidor, independientemente del dígito que esté ingresando por las entradas respectivas. Esta señal es usada para probar el buen funcionamiento de todos los diodos emisores de luz.
- Una *entrada de apagado por propagación* (generalmente simbolizada *RBI* por su nombre en inglés Ripple Blanking Input) que cuando está activa hace que, en caso de que el dígito que está ingresando por las entradas respectivas sea un 0, el exhibidor no lo presente como tal sino que se apaguen todos sus segmentos. Esto permite que no aparezcan encendidos los ceros no significativos, por ejemplo que en un exhibidor de 8 dígitos, el valor 0060,5080 no se presente como tal sino como 60,508. Este apagado de ciertos ceros se denomina *supresión de los ceros no significativos*. El estado de la entrada de apagado por propagación no tiene influencia alguna cuando el dígito que ingresa no es un 0 sino un dígito cualquiera del 1 al 9.
- Una *salida de apagado por propagación* (generalmente simbolizada *RBO* por su nombre en inglés Ripple Blanking Output) que está activa cuando también lo está la entrada de apagado por propagación y el dígito que está ingresando por las entradas respectivas es un 0, es decir, en aquellos casos en que los distintos segmentos del exhibidor está todos apagados, por tratarse de un 0 no significativo que ha sido suprimido.

Por lo tanto, la tabla de verdad del decodificador/excitador de la figura 4-10 es la siguiente:

A_3	A_2	A_1	A_0	B	LT	RBI	RBO	$\overline{a}$	$\overline{b}$	$\overline{c}$	$\overline{d}$	$\overline{e}$	$\overline{f}$	$\overline{g}$
X	X	X	X	1	0	0	0	1	1	1	1	1	1	1
X	X	X	X	0	1	0	0	0	0	0	0	0	0	0
0	0	0	0	0	0	1	1	1	1	1	1	1	1	1
0	0	0	0	0	0	0	0	0	0	0	0	0	0	1
0	0	0	1	0	0	X	0	1	0	0	1	1	1	1
0	0	1	0	0	0	X	0	0	0	1	0	0	1	0
0	0	1	1	0	0	X	0	0	0	0	0	1	1	0
0	1	0	0	0	0	X	0	1	0	0	1	1	0	0
0	1	0	1	0	0	X	0	0	1	0	0	1	0	0
0	1	1	0	0	0	X	0	0	1	0	0	0	0	0
0	1	1	1	0	0	X	0	0	0	0	1	1	1	1
1	0	0	0	0	0	X	0	0	0	0	0	0	0	0
1	0	0	1	0	0	X	0	0	0	0	0	1	0	0

En dicha tabla el lector encontrará:

1) En el primer renglón, el caso en que por estar presente la entrada de borrado, todos los segmentos deben estar apagados.
2) En el segundo renglón, el caso en que por estar presente la entrada de prueba de diodos, todos los segmentos deben estar encendidos.

3) En el tercer renglón, el caso en que por estar presente la entrada de apagado por propagación en momentos en que el dígito que está ingresando es un 0, todos los segmentos deben estar apagados y debe haber un 1 en la salida *RBO* para indicar esta circunstancia.
4) En el cuarto renglón, el caso en que por no estar presente la entrada de apagado por propagación en momentos en que el dígito que está ingresando es un 0, los segmentos encendidos deben formar un 0 en el exhibidor.
5) En los renglones quinto y siguientes, el dígito que está ingresando es uno comprendido entre 1 y 9 y por lo tanto, con prescindencia del estado de la entrada de apagado por propagación, los segmentos deben encenderse de manera de formar el dígito ingresado.

La supresión de los ceros no significativos se logra a través de una adecuada conexión de las señales de apagado por propagación. Así la figura 4-12 muestra el caso de un exhibidor de 8 dígitos como el que mencionáramos más arriba. En él:

- en el caso del decodificador encargado de los millares, por tener su entrada *RBI* en 1, un 0 no significativo que aparezca en los millares será siempre suprimido.
- en el caso del decodificador encargado de las centenas, por tener su entrada *RBI* conectada a la salida *RBO* del exhibidor encargado de los millares, sólo suprimirá el eventual cero que haya en sus entradas si también fue suprimido un cero en los millares, ya que en ese caso su *RBI* estará en 1.
- en el caso del exhibidor encargado de las decenas, por tener su entrada *RBI* conectada a la salida *RBO* del exhibidor encargado de las centenas, por un análisis similar al recién realizado, sólo suprimirá el eventual 0 que haya en sus entradas si también ha suprimido el suyo el exhibidor encargado de las centenas (lo que implica que también ha hecho lo propio el correspondiente a los millares).
- en el caso del exhibidor encargado de las unidades, por tener su entrada *RBI* en 0, exhibe el valor de sus entradas sin apagar un eventual cero no significativo (acá se ha considerado preferible una indicación de, por ejemplo, "0,78" en vez de ",78").
- en el caso de los exhibidores encargados de la parte fraccionaria, también para ellos el circuito de la figura 4-12 suprime los ceros no significativos, pero la verificación de tal comportamiento y la justificación de la manera como están conectadas sus señales de apagado por propagación se deja a cargo del lector.

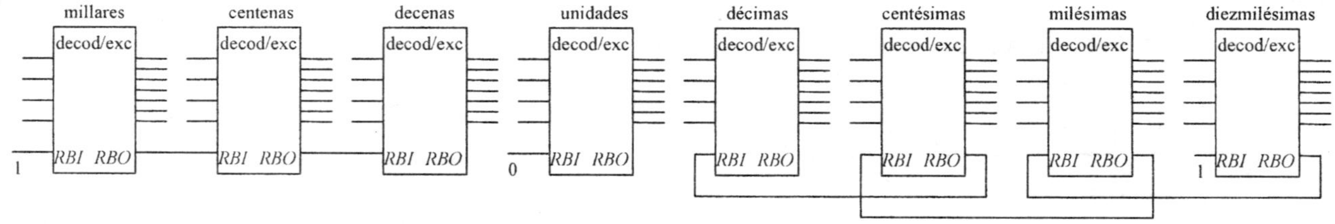

Figura 4-12 - Supresión de ceros no significativos en un exhibidor decimal de varios dígitos

Como ejemplo de decodificador/excitador de 7 segmentos disponible comercialmente como circuito integrado que se inspira en el circuito de la figura 4-11, puede citarse el 74x247. Este integrado debe sortear un problema presente en el circuito de la figura 4-11: dado que este circuito tiene 7 entradas y 8 salidas, agregadas a éstas las dos líneas de alimentación hacen un total de 17 terminales, cuando en integrados de mediana escala se prefiere limitar el número de los mismos a 16. Así, para reducir el número de terminales a 16, en el caso del integrado 74x247 se hace que compartan un terminal una señal auxiliar de entrada y una de salida que no se supone que vayan a ser utilizadas simultáneamente. Ellas son la entrada de apagado (*B*) y la salida de apagado por propagación (*RBO*) que en el caso del integrado citado son ambas activas bajas. En esas condiciones, forzar externamente un 0 en ese terminal equivale a dar la orden de apagado, mientras que en caso contrario ese terminal puede ser usado como salida de apagado por propagación.

4.2.5. Codificadores

Los codificadores realizan la función contraria a los decodificadores, es decir, tienen varias entradas de las cuales sólo una puede estar en estado activo (luego veremos de eliminar esta restricción), y en los terminales de salida aparece la combinación binaria que identifica a la única entrada activa.

Así, en un codificador de 8 líneas a 3 con entradas activas en alto, como el que muestra la figura 4-13, de estar en 1 la entrada I_6, las salidas deben tomar el estado A_2=1, A_1=1 y A_0=0, formando así entre ellas el número binario 110, equivalente en decimal al 6.

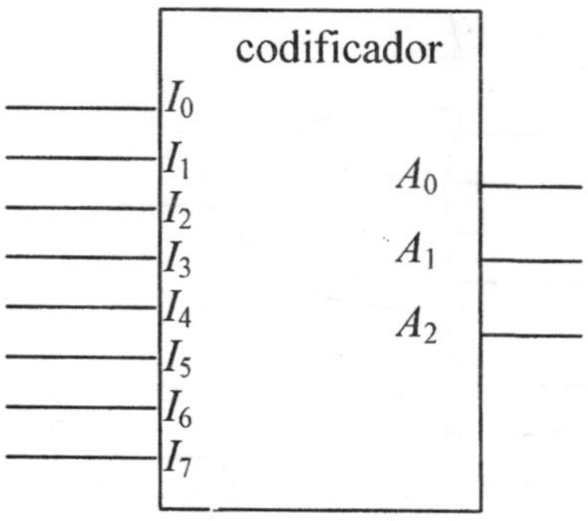

Figura 4-13 - Codificador de 8 líneas a 3

Extendiendo este resultado a las 8 posibilidades que puede tomar el conjunto de las entradas, puede presentarse el resultado en la siguiente tabla de verdad.

I_0	I_1	I_2	I_3	I_4	I_5	I_6	I_7	A_2	A_1	A_0
1	0	0	0	0	0	0	0	0	0	0
0	1	0	0	0	0	0	0	0	0	1
0	0	1	0	0	0	0	0	0	1	0
0	0	0	1	0	0	0	0	0	1	1
0	0	0	0	1	0	0	0	1	0	0
0	0	0	0	0	1	0	0	1	0	1
0	0	0	0	0	0	1	0	1	1	0
0	0	0	0	0	0	0	1	1	1	1

Claro está que una tabla de verdad de 8 variables independientes requeriría normalmente 256 renglones, pero con la restricción de que una y sólo una de dichas variables puede estar en 1, las 8 posibilidades que figuran en dicha tabla son las únicas posibles.

Observando la tabla se comprueba que la salida A_0 debe estar en 1 cuando lo están I_1 o I_3 o I_5 o I_7. Es decir que la salida A_0 puede fácilmente instrumentarse con una compuerta OR que reciba dichas variables de entrada. Un razonamiento similar hecho sobre A_1 y A_2 arroja como resultado que también ellas pueden implementarse por medio de una compuerta OR.

$$A_0 = I_1 + I_3 + I_5 + I_7$$

$$A_1 = I_2 + I_3 + I_6 + I_7$$

$$A_2 = I_4 + I_5 + I_6 + I_7$$

Concluimos entonces que un circuito codificador puede realizarse empleando una compuerta OR por cada una de sus salidas. Así se ha hecho en la figura 4-14 que representa el codificador de 8 líneas a 3 que estamos analizando.

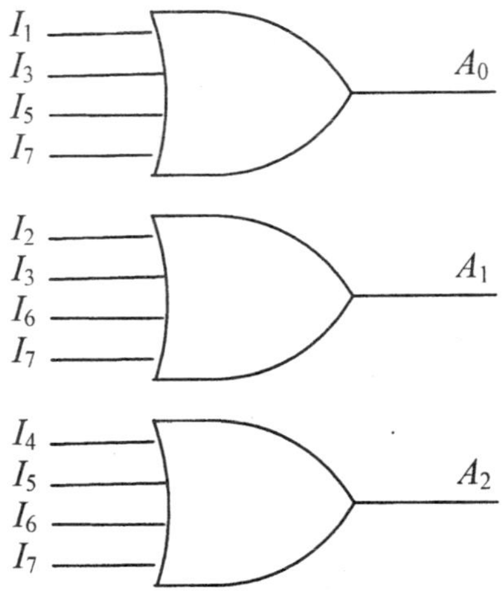

Figura 4-14 - Circuito de un codificador de 8 líneas a 3

Sin embargo, este diseño de codificador tiene 3 inconvenientes, que pueden ser eliminados con la introducción de mejoras. Ellos son:

1) no prevé la posibilidad de que ninguna de las entradas esté en 1
2) no prevé la posibilidad de que más de una de las entradas esté en 1
3) no tiene un diseño modular que facilite su expansión

Veamos estos inconvenientes, y la forma de superarlos.

1) En el uso de los codificadores se suele dar la situación de que ninguna de las entradas esté en estado 1. Esta circunstancia se consideró que no podría presentarse en la tabla de verdad anterior. Sin embargo, el circuito resultante que muestra la figura 4-14 admite que todas sus entradas estén en 0, en cuyo caso también lo están todas sus salidas. Ese es un inconveniente de este circuito pues introduce una ambigüedad en el caso de que todas las salidas estén en 0, ya que en ese caso no permite discernir si ello ocurre porque todas las entradas tienen también ese valor, o porque está en 1 la entrada I_0. En los codificadores integrados se elimina esta ambigüedad agregando una salida adicional al codificador, generalmente llamada *señal de grupo* y representada por la letra *G*. Esta salida *G* está en 1 cuando alguna de las entradas lo está, y por lo tanto permite discriminar entre ambos casos. Esta señal de grupo se implementa fácilmente por medio de una compuerta OR que reciba en sus entradas a todas las entradas de selección. En el caso de nuestro codificador de 8 líneas a 3, resulta:

$G=I_0+I_1+I_2+I_3+I_4+I_5+I_6+I_7$

2) También suele darse en el uso de los codificadores que sea necesario admitir más de una entrada en 1, requiriéndose en esos casos establecer una jerarquía entre las diferentes entradas, debiendo el codificador presentar en su salida la combinación correspondiente a la entrada más prioritaria (es decir, la de mayor jerarquía) que esté en 1. Habitualmente la mayor prioridad se le asigna a las entradas de mayor subíndice. Un codificador con entradas de diferente jerarquía se denomina *codificador con prioridades*.

Así, si en un codificador con prioridades de 8 líneas a 3 en determinado momento están presentes las entradas I_2 e I_4, a la salida debería estar la combinación 100 correspondiente a la entrada I_4. Sin embargo, fácil es de comprobar que, en esas condiciones, el circuito de la figura 4-14 presenta en su salida la combinación 110, sugiriendo falsamente que la entrada I_6 está en 1. Por lo que dicho circuito no es apto para operar como codificador con prioridades.

Pero es posible modificar ligeramente el circuito de la figura 4-14 de manera de tomar en consideración las prioridades y evitar ese comportamiento anómalo apuntado. Para ello, se debe lograr que cada línea de salida del codificador tome el estado 1 cuando esté en 1 al menos una de las entradas para las que corresponde que esa línea esté en 1, a condición de que no esté en 1 otra entrada más prioritaria que ella para la que dicha salida deba estar en 0. Así, por ejemplo, la salida A_0 debe estar en 1 en cualquiera de los siguientes casos:

- si está en 1 la entrada I_1 pero no lo están I_2 ni I_4 ni I_6 (porque para éstas, más prioritarias que I_1, A_0 debe estar en 0)

- si está en 1 la entrada I_3 pero no lo están I_4 ni I_6 (no importando ya I_2 por cuanto ésta es menos prioritaria que I_3)
- si está en 1 la entrada I_5 pero no lo está I_6
- si está en 1 la entrada I_7

A través de un análisis similar realizado para las otras líneas de salida y expresando los resultados en forma algebraica, se llega a las siguientes ecuaciones modificadas para las salidas del codificador (las que aún sufrirán una nueva modificación en el punto siguiente):

$$A_0 = I_1.\overline{I_2}.\overline{I_4}.\overline{I_6} + I_3.\overline{I_4}.\overline{I_6} + I_5.\overline{I_6} + I_7$$

$$A_1 = I_2.\overline{I_4}.\overline{I_5} + I_3.\overline{I_4}.\overline{I_5} + I_6 + I_7$$

$$A_2 = I_4 + I_5 + I_6 + I_7$$

3) El codificador de la figura 4-14 no tiene la característica de modularidad que deseamos para facilitar su expansión. Para ello es necesario dotarlo de una entrada y una salida adicionales. Dichas señales son llamadas, por las razones que pasamos inmediatamente a ver, *entrada de habilitación* y *salida de habilitación*, cumpliendo las siguientes funciones:

- la entrada de habilitación permite, estando en 1, que las salidas tomen el valor que corresponde al normal funcionamiento del codificador; mientras que, estando en 0, envía todas las salidas del mismo al estado 0.
- la salida de habilitación está en 1 cuando está en 1 la habilitación de entrada, pero todas las otras entradas están en 0.

La justificación de la necesidad de incorporar estas señales para darle al diseño la modularidad buscada se basa en que, en un esquema donde hay varios codificadores con prioridades, también se establece una jerarquía entre los distintos codificadores, siendo más prioritarios aquellos que reciben las entradas de mayor jerarquía. En esas condiciones, cada uno de los codificadores debe ocuparse de habilitar o no al codificador de jerarquía inmediatamente inferior a la suya. Así, debe habilitar el funcionamiento del codificador con jerarquía inmediata inferior sólo cuando él mismo se encuentra habilitado y ninguna de sus entradas está en 1. Nótese que esto se logra conectando la salida de habilitación de un codificador a la entrada de habilitación del codificador de prioridad inmediatamente inferior, creándose una suerte de cadena de habilitaciones. De no habilitar a ese codificador, ello hace que la salida de habilitación del mismo sea 0, lo que extiende la inhabilitación a todos los codificadores de menor prioridad que hubiera en la cadena.

Con estas mejoras, y denominando E_I y E_O a las señales de habilitación de entrada y salida respectivamente, la tabla de verdad y las ecuaciones que caracterizan a un codificador con prioridades de 8 líneas a 3 quedan como sigue:

E_I	I_0	I_1	I_2	I_3	I_4	I_5	I_6	I_7	A_2	A_1	A_0	G	E_O
0	X	X	X	X	X	X	X	X	0	0	0	0	0
1	0	0	0	0	0	0	0	0	0	0	0	0	1
1	1	0	0	0	0	0	0	0	0	0	0	1	0
1	X	1	0	0	0	0	0	0	0	0	1	1	0
1	X	X	1	0	0	0	0	0	0	1	0	1	0
1	X	X	X	1	0	0	0	0	0	1	1	1	0
1	X	X	X	X	1	0	0	0	1	0	0	1	0
1	X	X	X	X	X	1	0	0	1	0	1	1	0
1	X	X	X	X	X	X	1	0	1	1	0	1	0
1	X	X	X	X	X	X	X	1	1	1	1	1	0

$$A_2 = (I_4 + I_5 + I_6 + I_7)E_I$$

$$A_1 = (I_2.\overline{I_4}.\overline{I_5} + I_3.\overline{I_4}.\overline{I_5} + I_6 + I_7)E_I$$

$$A_0 = (I_1.\overline{I_2}.\overline{I_4}.\overline{I_6} + I_3.\overline{I_4}.\overline{I_6} + I_5.\overline{I_6} + I_7)E_I$$

$$G = (I_0 + I_1 + I_2 + I_3 + I_4 + I_5 + I_6 + I_7)E_I$$

$$E_O = \overline{I_0}.\overline{I_1}.\overline{I_2}.\overline{I_3}.\overline{I_4}.\overline{I_5}.\overline{I_6}.\overline{I_7}.E_I$$

Un codificador comercial con prioridades de 8 líneas de entrada y 3 de salida, similar al recién descripto, es el 74x148, el que se muestra en la figura 4-15. La diferencia entre las ecuaciones correspondientes a este integrado y las expuestas más arriba reside en que en dicho integrado las entradas y salidas son todas activas en bajo, como el lector comprobará de la misma figura. Además, este decodificador genera la señal de grupo G a partir de la habilitación de salida E_O, aprovechando que puede deducirse a partir de las ecuaciones anteriores, que:

$$G = \overline{E_O}.E_I$$

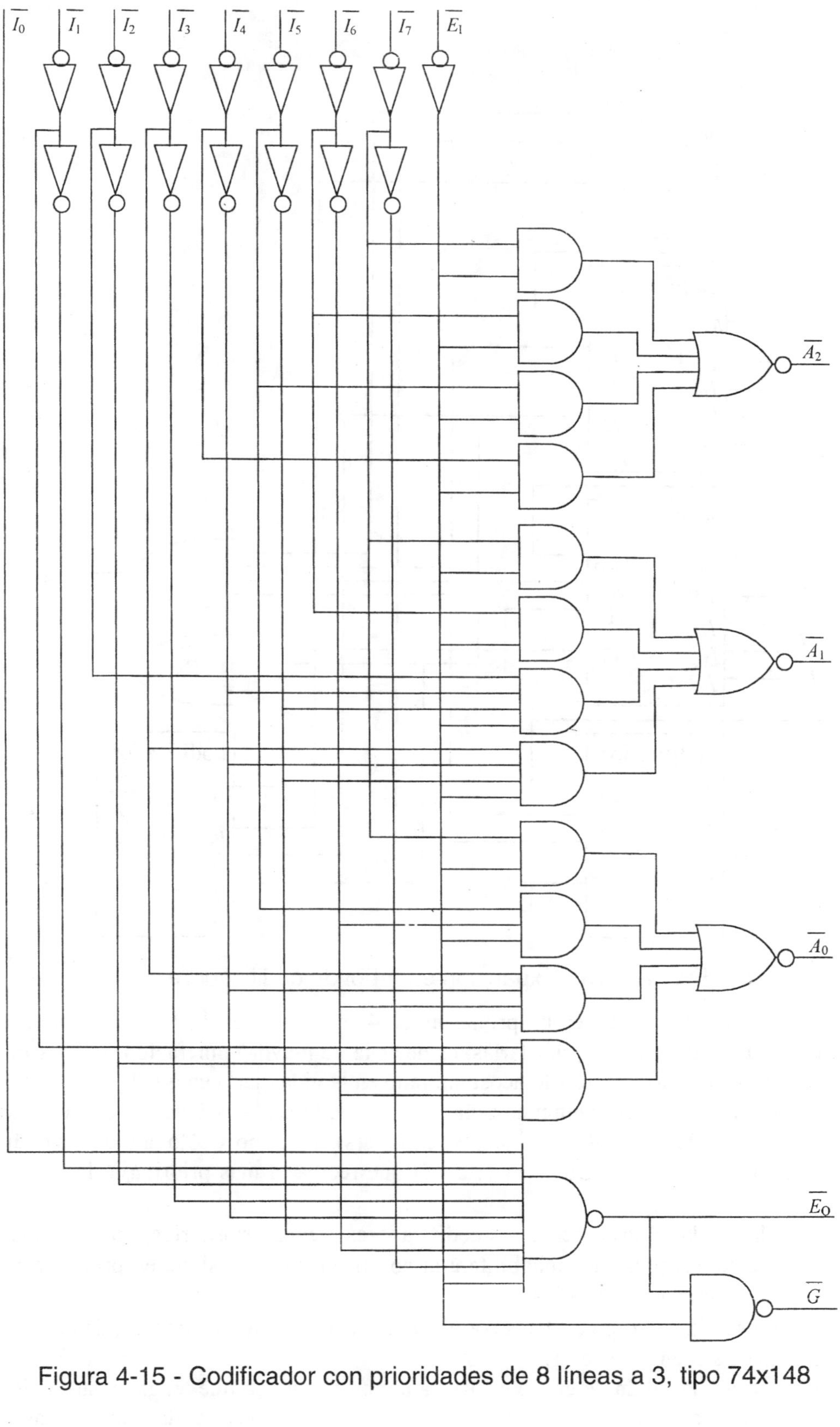

Figura 4-15 - Codificador con prioridades de 8 líneas a 3, tipo 74x148

4.2.6. Expansión de codificadores

Los codificadores pueden expandirse con una estructura en árbol como la de la figura 4-16 donde se muestra la forma de lograr el equivalente a un codificador con prioridades de 16 entradas usando como base a codificadores con prioridades de 4 entradas.

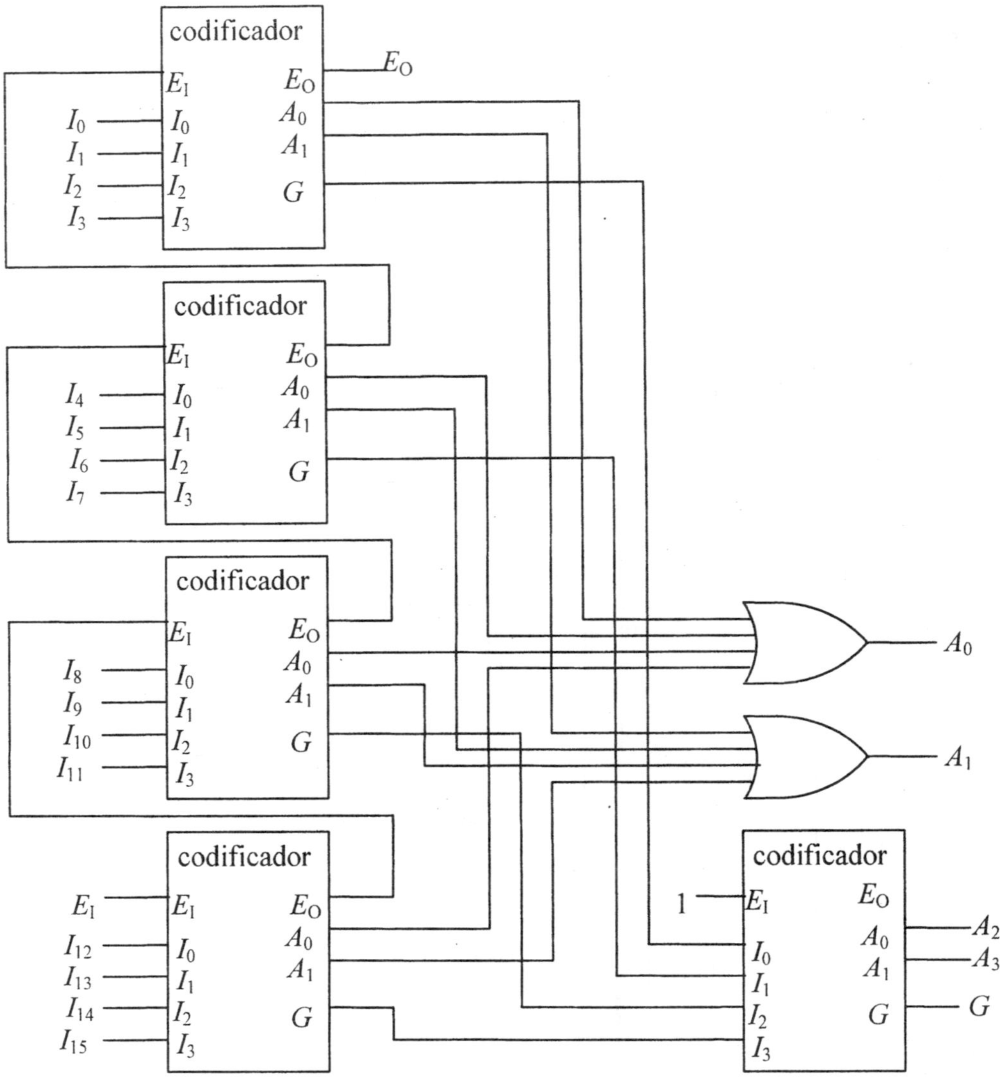

Figura 4-16 - Expansión en árbol de codificadores

Así, en dicha figura se han dispuesto, en un primer nivel, 4 codificadores de 4 entradas para recibir las 16 entradas. Nótese que las entradas más prioritarias, es decir la de mayor numeración, son las ubicadas en la parte inferior del dibujo, contrariamente a lo acostumbrado en la vida diaria en que la jerarquía está asociada a una ubicación superior. De no haber ninguna señal de entrada, todas las señales de grupo de los diferentes codificadores estarán en 0. Pero, si hubiera alguna(s) entrada(s) en 1, uno y sólo uno de los codificadores de ese primer nivel tendrá su salida de grupo en 1: aquél que reciba la más prioritaria de las entradas en 1. Efectivamente:

- no podrán tener la salida de grupo en 1 los codificadores menos prioritarios, porque aquél con la más prioritaria de las entradas presentes inhabilitará al codificador que le sigue en prioridad y, a través de éste, a todos los otros menos prioritarios
- no podrán tener la salida de grupo en 1 los codificadores más prioritarios porque, de acuerdo a lo dicho, no tienen ninguna de sus entradas en 1.

Este único codificador con la salida de grupo en 1 será también el único que tenga en sus salidas A_1 y A_0 el código correspondiente a su entrada en 1 más prioritaria, estando las salidas homólogas de los otros codificadores de primer nivel todas en 0. Esto es así porque los más prioritarios que él, aunque habilitados, no tienen ninguna entrada en 1, y los menos prioritarios están inhabilitados.

Veamos como funciona el conjunto, suponiendo que la entrada más prioritaria que está en el estado 1 es la I_9. Como esta entrada está aplicada a un codificador en su entrada I_1, los terminales de salidas A_1 y A_0 de ese codificador tomarán el estado 0 y 1 respectivamente (es decir, formando el número binario 01). Como éstas serán las únicas salidas A_1 y A_0 que pueden llegar a ser distintas de 0, como viéramos en el párrafo anterior, conforme a la operación OR que, de acuerdo a la figura 4-16, permite obtener las salidas A_1 y A_0 del codificador de 16 entradas, también estas salidas deben tomar el valor 01.

Además, el codificador de segundo nivel tiene, en las condiciones que estamos analizando, sólo una entrada en uno: I_2. Por lo tanto coloca sus salidas A_3 y A_2 con los valores 1 y 0 respectivamente.

Combinando ambas observaciones, se nota que las salidas A_3, A_2, A_1 y A_0 forman, ordenadamente, el número binario 1001, como corresponde al haber supuesto que la entrada más prioritaria presente era I_9. Por similar razonamiento se podrá verificar que, cualquiera sea la entrada más prioritaria presente, aparece a la salida del codificador su número binario identificatorio.

Se notará que si las salidas A_1 y A_0 de los codificadores de primer nivel, en vez de ser 0 cuando está ausente la salida de grupo de su codificador, estuviesen en un estado de alta impedancia, el circuito de la figura 4-16 podría simplificarse pues se eliminarían las compuertas OR que se reemplazarían por simples conexiones en paralelo de las salidas homólogas. Un codificador con prioridades de 8 entradas disponible comercialmente como circuito integrado, el 74x348, es muy similar al ya comentado codificador 74x148, pero tiene este tipo de salida modificada que simplifica la expansión modular del codificador.

4.3. Multiplexores y demultiplexores

4.3.1. Multiplexores

Los multiplexores son dispositivos que tienen varias señales de entrada (también llamadas *vías*) y una señal de salida que toma el mismo valor que el de una entrada seleccionada. La figura 4-17 muestra dos circuitos típicos de multiplexores de 4 vías realizados con contactos. El primero utiliza una llave rotativa para seleccionar la entrada, mientras que el segundo utiliza contactos individuales para cada entrada. En este último caso, para seleccionar una entrada se debe cerrar el contacto correspondiente. La orden de cierre la denominaremos habilitación de esa entrada (en el circuito simbolizadas como EN_0, EN_1, etc.), y el buen funcionamiento del circuito exige que no pueda haber más de una habilitación presente en cada momento, ya que no puede haber 2 o más entradas seleccionadas simultáneamente.

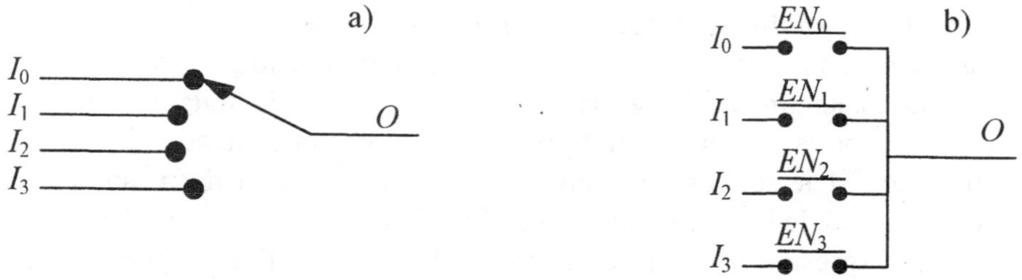

Figura 4-17 - Dos formas de realizar un multiplexor de 4 vías con contactos

Los dos tipos de multiplexores que muestra la figura pueden operar tanto con entradas y salidas analógicas, como con entradas y salidas digitales. Cuando un multiplexor opera con señales analógicas se lo suele denominar *multiplexor analógico*, y cuando lo hace con señales digitales se lo llama *multiplexor digital* o *selector de datos*.

La realización de multiplexores con dispositivos electrónicos también da lugar a varios circuitos posibles:

1) con compuertas de transmisión
2) con dos niveles de compuertas
3) con compuertas de colector abierto
4) con buffers de 3 estados

Veamos en detalle cada una de estas posibilidades.

1) En el circuito de la figura 4-17b es posible reemplazar cada una de los contactos por compuertas de transmisión. El circuito resultante es el de la figura 4-18.

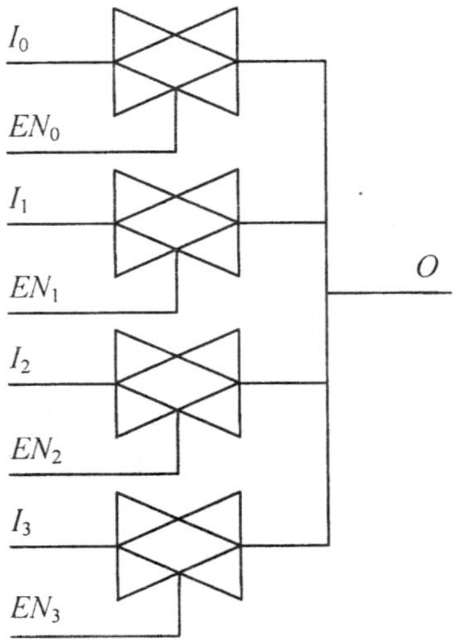

Figura 4-18 - Multiplexor (analógico) de 4 vías con compuertas de transmisión

Dicho circuito tiene un comportamiento similar al de la figura 4-17b, pudiendo operar entonces como un multiplexor analógico que, comparado con sus similares hechos con contactos, tiene las ventajas de una mayor velocidad de conmutación por carecer de partes móviles y más larga vida, y las desventajas de una mayor resistencia de contacto (cuando está cerrado) y una menor resistencia de aislación (cuando está abierto). Puede también utilizarse como selector de datos, con entradas y salida digitales, pero en la práctica para este fin se prefieren los otros modelos de multiplexor que veremos a continuación.

2) Tratándose de un selector de datos de 4 vías, la salida O puede expresarse:

$$O = I_0.EN_0 + I_1.EN_1 + I_2.EN_2 + I_3.EN_3$$

Nótese en esta expresión cómo, al estar una de las habilitaciones en 1 mientras que las otras están en 0, la salida resulta igual a la vía habilitada. Cabe también observar que, de no estar presente ninguna de las habilitaciones, la salida del multiplexor queda en 0. Sin embargo, esto no resulta importante pues no es necesario que la salida tome ningún valor particular en ausencia de todas las habilitaciones, y si lo señalamos es porque los otros circuitos multiplexores que veremos tienen, en estas condiciones, un comportamiento diferente. El lector también advertirá que la expresión dada, aunque corresponde a un selector de datos de 4 vías, puede ser fácilmente generalizada para el caso de un número cualquiera de ellas, bastando que haya en la expresión un sumando similar a los que allí figuran por cada una de las vías del multiplexor.

La expresión anterior puede ser implementada con dos niveles, dando lugar al circuito de la figura 4-19.

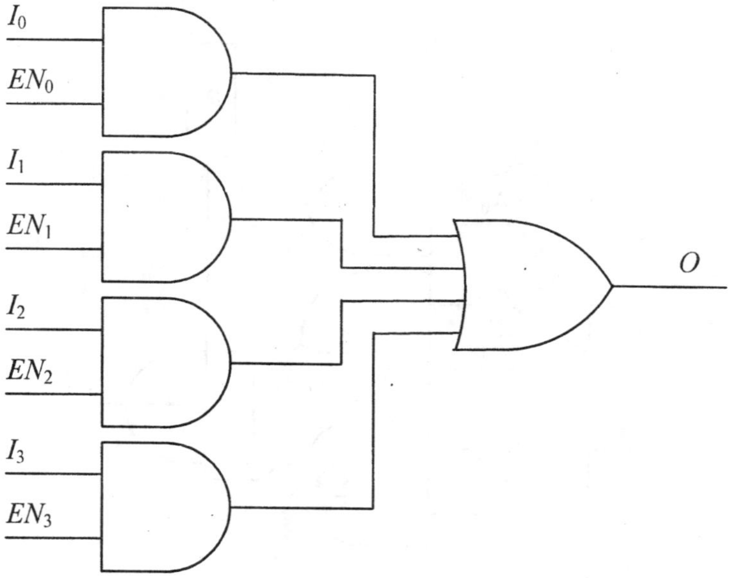

Figura 4-19 - Multiplexor de 4 vías

3) Dado que la salida de un selector debe tomar en cada momento el valor de una de las entradas, no afectaría su funcionamiento normal el que en la expresión dada más arriba para el selector de 4 vías se negaran las entradas de datos y la salida. La expresión resultante es:

$$\overline{O} = \overline{I_0}.EN_0 + \overline{I_1}.EN_1 + \overline{I_2}.EN_2 + \overline{I_3}.EN_3$$

La única diferencia en el comportamiento de ambas expresiones es que, en esta última, la salida O del multiplexor queda en 1 cuando no está presente ninguna de las habilitaciones. Pero, como queda dicho, este hecho no reviste mayor importancia, por lo que esta última expresión es también utilizable.

Esta expresión permite ser implementada por un circuito muy interesante, pero antes de llegar a él se debe elaborar la expresión algebraicamente, negando ambos miembros para así tener la señal de salida sin negar en el primero. Y aplicando en el segundo miembro la ley de De Morgan referida a la negación de una suma, la expresión queda:

$$O = \overline{\overline{I_0}.EN_0 + \overline{I_1}.EN_1 + \overline{I_2}.EN_2 + \overline{I_3}.EN_3} = \overline{\overline{I_0}.EN_0}.\overline{\overline{I_1}.EN_1}.\overline{\overline{I_2}.EN_2}.\overline{\overline{I_3}.EN_3}$$

Se notará del último miembro que la función puede implementarse utilizando varias compuertas NAND y una compuerta AND. La forma más interesante de realizar esto es utilizando compuertas NAND de colector abierto, y efectuando la operación AND por simple conexión en paralelo de las salidas de dichas compuertas. El circuito final queda, entonces, como muestra la figura 4-20.

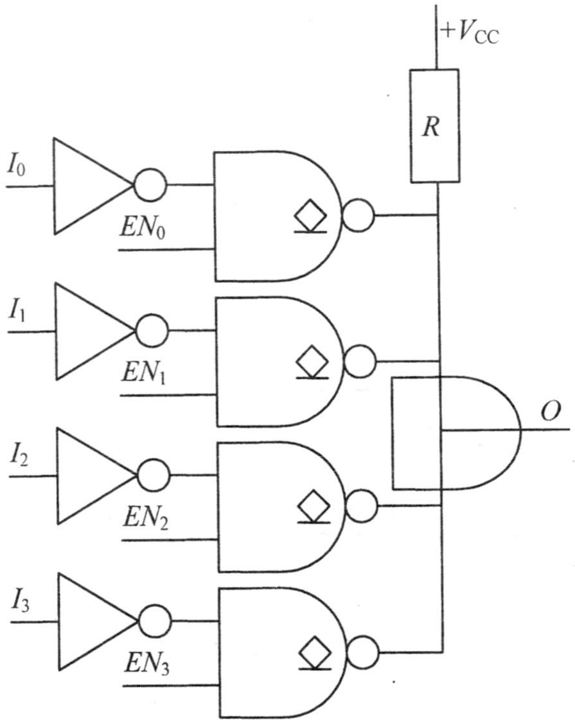

Figura 4-20 - Multiplexor de 4 vías con compuertas con salida de colector abierto

La línea que pone en paralelo las salidas de las distintas NAND se denomina *múltiple de conexión*, aunque muy frecuentemente se la llama utilizando su denominación inglesa *bus*.

Este tipo de multiplexor tiene una ventaja comparado con el de la figura 4-19 cuando las distintas señales a multiplexar no están físicamente cercanas como es el caso, por ejemplo, de provenir de plaquetas impresas distintas de un equipo complejo. Efectivamente, en el caso de utilizar el esquema de la figura 4-19, de cada plaqueta donde se encuentre una de las vías del multiplexor se debe tender un cable hacia la plaqueta donde se encuentre la OR, y la salida de ésta debe ser conectada a todas las plaquetas que la requieran. Por el contrario, en el caso de la figura 4-20 se debe tender un único cable, el múltiple de conexión. Este múltiple permite tanto que las diferentes unidades actúen como vías de entrada al multiplexor, como que tomen la salida del mismo si así lo requieren.

Por ello, los multiplexores como el de la figura 4-19 se utilizan sólo cuando las distintas vías son próximas entre sí (por ejemplo, se encuentran en una misma plaqueta) y se denominan *multiplexores concentrados*, mientras que aquellos como el de la figura 4-20 se emplean cuando las vías están alejadas entre sí, y se denominan *multiplexores distribuidos*. Una segunda ventaja de los multiplexores distribuidos es su flexibilidad, entendiendo por tal la facilidad con que puede aumentárseles el número de vías: basta conectar al múltiple de conexión la salida de una compuerta NAND de colector abierto con entradas apropiadas. Por el contrario, los multiplexores concentrados no pueden aumentar su número de vías más allá del número de entradas que posea la compuerta OR.

Como desventaja del multiplexor de la figura 4-19 puede citarse que su salida presenta un tiempo de subida relativamente lento, característico de los circuitos con salida de colector abierto por comparación con los circuitos con salida que no admite la AND por conexión.

4) Puede lograrse un multiplexor distribuido que tenga un excelente tiempo de subida, realizándolo con dispositivos con salida de 3 estados, como ya se viera en el capítulo 3. Considérese, por ejemplo, el multiplexor de 4 vías que muestra la figura 3-52, que acá se repite por conveniencia como figura 4-21. Nótese también en este caso la presencia del múltiple de conexión o bus.

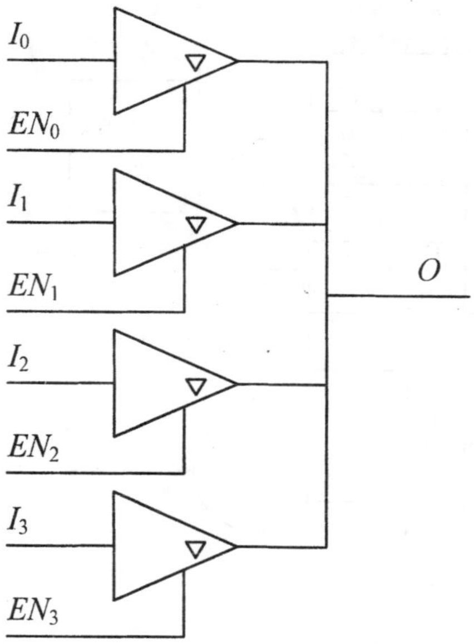

Figura 4-21 - Multiplexor de 4 vías con buffers de 3 estados

Los fabricantes de circuitos integrados suministran compuertas NAND de colector abierto y buffers con salidas de 3 estados para que los diseñadores de circuitos lógicos implementen multiplexores distribuidos, y producen multiplexores analógicos y multiplexores concentrados como circuitos integrados MSI. Un ejemplo típico de multiplexor concentrado disponible comercialmente es un multiplexor de 8 vías. De ser su circuito interno similar al del multiplexor de la figura 4-19, este dispositivo requeriría un total de no menos de 19 terminales: 8 de entrada de datos, 8 de entrada de habilitaciones, 1 salida y 2 de alimentación. Pero una mejora que analizaremos a continuación permite reducir significativamente el número de terminales. Efectivamente, no resulta práctico que este dispositivo tenga 8 entradas de habilitación cuando sólo una de ellas puede estar en 1 en cada momento. Cuál de ellas debe estarlo puede ser indicado con sólo 3 señales de entrada que se ocupen de la selección, como ilustra la siguiente tabla.

A_2	A_1	A_0	O
0	0	0	I_0
0	0	1	I_1
0	1	0	I_2
0	1	1	I_3
1	0	0	I_4
1	0	1	I_5
1	1	0	I_6
1	1	1	I_7

Por ello, los multiplexores integrados (y no sólo los selectores de datos, sino también los multiplexores analógicos) incorporan un decodificador que emite internamente las señales de habilitación que correspondan según el estado de las entradas de selección que tiene ahora el dispositivo. Tres circuitos de multiplexores de 4 vías típicos se muestran en las figuras 4-22, 4-23 y 4-24.

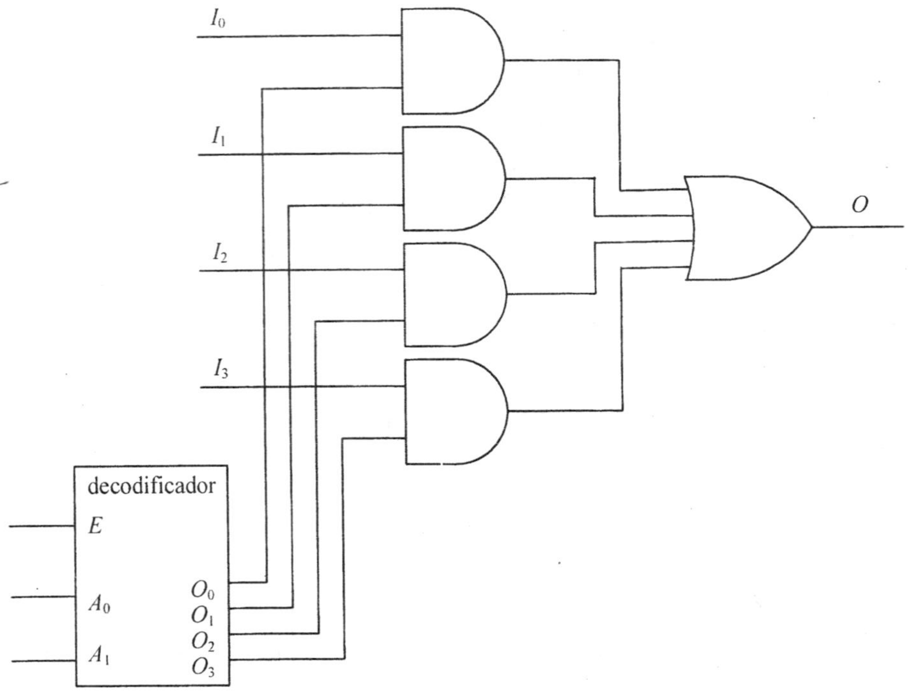

Figura 4-22 - Multiplexor de 4 vías con entradas de selección codificadas

Este multiplexor de 4 vías de la figura 4-22 tiene el correspondiente decodificador con dos entradas de selección, y una entrada de habilitación que, en caso de estar en 0, envía todas las salidas del decodificador, y como consecuencia la del multiplexor, también a ese estado. Algunos multiplexores comerciales que siguen este esquema y que merecen citarse son el multiplexor de 8 vías 74x151, el doble multiplexor de 4 vías 74x153 (con entradas de selección comunes a ambos multiplexores) y el cuádruple multiplexor de 2 vías 74x157 (también con entradas de selección comunes).

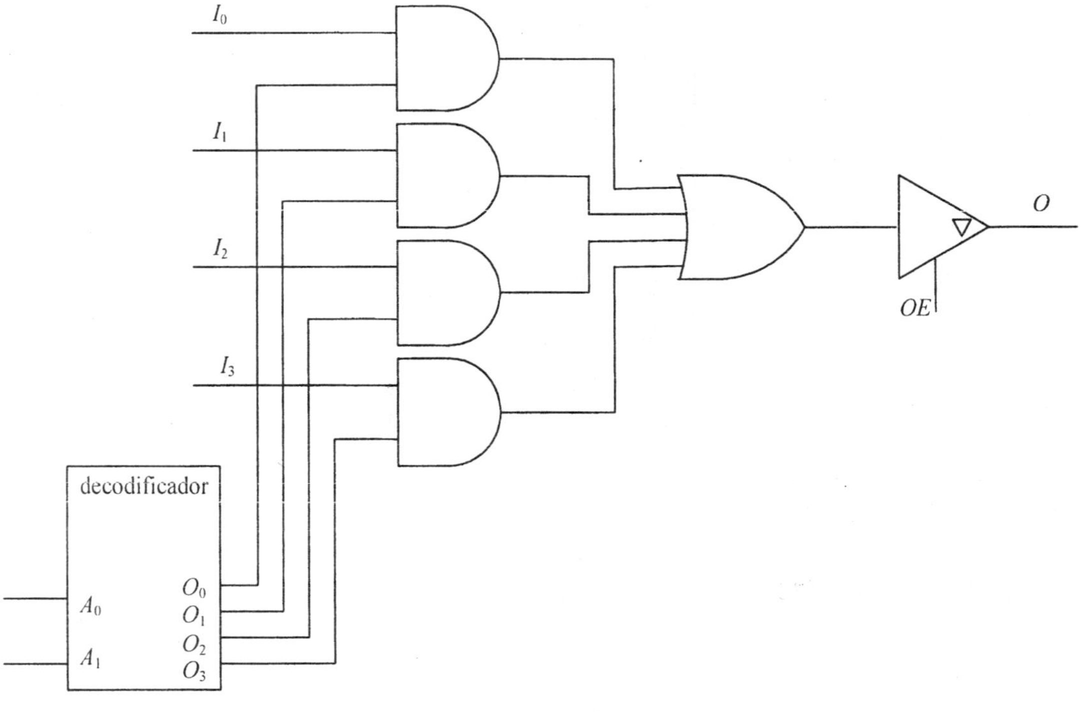

Figura 4-23 Multiplexor de 4 vías con entradas de selección codificadas y salida de tres estados

Este multiplexor de 4 vías de la figura 4-23 tiene el correspondiente decodificador con dos entradas de selección, pero la entrada de habilitación se aplica a un buffer de tres estados presente en su salida, de manera que, en caso de que la habilitación esté en 0, la salida del multiplexor queda en el estado de alta impedancia. Algunos multiplexores comerciales que siguen este esquema y que merecen citarse son el multiplexor de 8 vías 74x251, el doble multiplexor de 4 vías 74x253 (con entradas de selección comunes a ambos multiplexores) y el cuádruple multiplexor de 2 vías 74x257 (también con entradas de selección comunes).

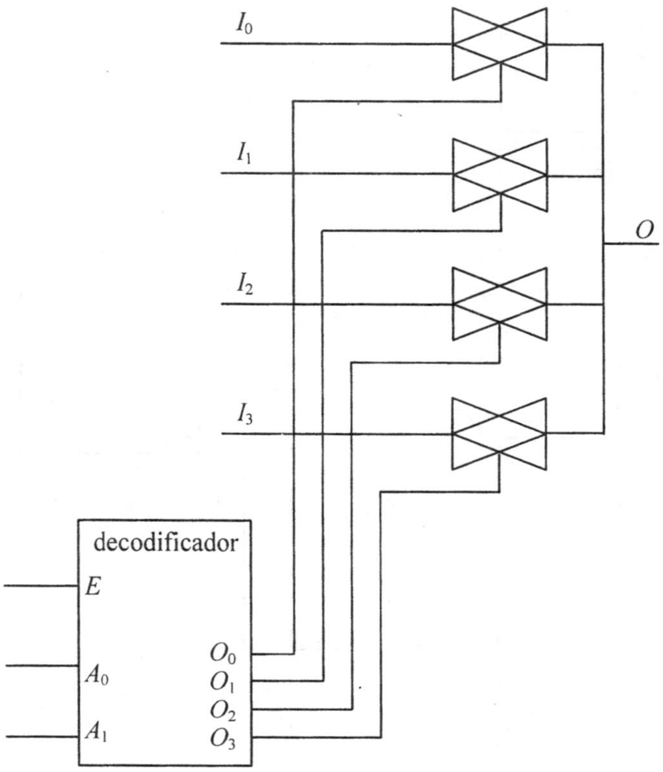

Figura 4-24 Multiplexor analógico de 4 vías con entradas de selección codificadas

En esta figura 4-24 encontramos un multiplexor de 4 vías, pero de tipo analógico. Ejemplos de este tipo de multiplexores lo constituyen el 74HC4051 (un multiplexor de 8 vías), el 74HC4052 (un doble multiplexor de 4 vías con entradas de selección comunes a ambos multiplexores) y el 74HC4053 (un triple multiplexor de 2 vías con entrada de selección independiente para cada uno de ellos). Dado que con tecnología bipolar no es posible realizar compuertas de transmisión, estos multiplexores analógicos sólo son posibles en tecnología CMOS.

4.3.2. Expansión de multiplexores

El tamaño de los multiplexores comerciales no constituye un límite al número de vías que puede tener un multiplexor, ya que estos pueden expandirse en una configuración tipo árbol, como indica la figura 4-25, que muestra cómo conectar 5 multiplexores de 4 vías para formar un multiplexor de 16 vías. Esta expansión en árbol, en el caso de los multiplexores recibe también el nombre de *submultiplexación*, porque un cierto número de multiplexores de primer nivel (cuatro en el caso de la figura 4-25) selecciona una entrada perteneciente a un grupo parcial del total de entradas del circuito, y un multiplexor de segundo nivel selecciona una de las salidas de los multiplexores de primer nivel. En la figura no se han dibujado las entradas de habilitación de los multiplexores, que se suponen que están habilitando su funcionamiento.

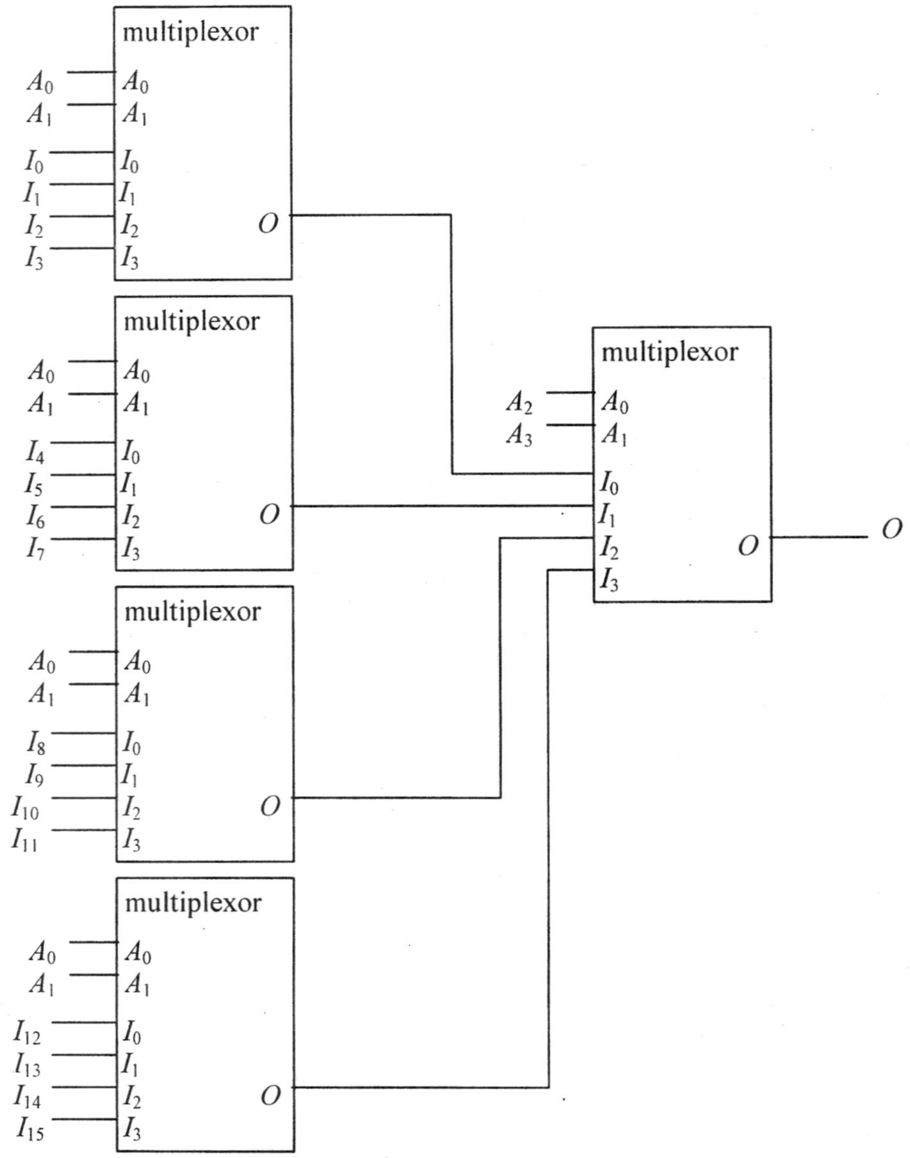

Figura 4-25 - Expansión de multiplexores en árbol (por submultiplexación)

Veamos como funciona esta conexión, suponiendo que las entradas de selección del multiplexor de 16 vías que se desea obtener toman el valor 1001, es decir, deben seleccionar la entrada I_9 del mencionado multiplexor. Todos los multiplexores de primer nivel reciben en sus entradas de selección el valor 01, haciendo que todos ellos coloquen en su salida lo que está presente en su entrada I_1. Esto significa que los sucesivos multiplexores de primer nivel tendrán en su salida el estado de las entradas I_1, I_5, I_9 e I_{13} respectivamente. A su vez, el multiplexor de segundo nivel recibe en sus entradas de selección el valor 10, haciendo que coloque en su salida lo que esté presente en su entrada I_2. Como en dicha entrada está aplicada la entrada I_9, por lo que hemos ya visto, ésta es la señal que aparece a la salida. Resumiendo, cuando en las entradas de selección se aplica el valor 1001 (es decir, 9 en binario) a la salida del árbol se obtiene la entrada I_9, como corresponde. Este razonamiento puede repetirse para otros valores de las entradas de selección, y se puede verificar que en todos los casos la entrada que aparece a la salida del árbol es aquella cuyo número en decimal se corresponde con el número binario que forman las entradas de selección.

Evitar el multiplexor del segundo nivel es posible, si los multiplexores del primer nivel tienen salida de tres estados. Porque, en ese caso, esas salidas pueden multiplexarse mediante su simple conexión en paralelo. Resta resolver, sin embargo, el problema de generar las señales de habilitación. Esto puede requerir el uso de un decodificador como muestra la figura siguiente, la que da una estructura en árbol diferente de la de la figura anterior, ya que no requiere un último multiplexor, pero necesita de un decodificador previo.

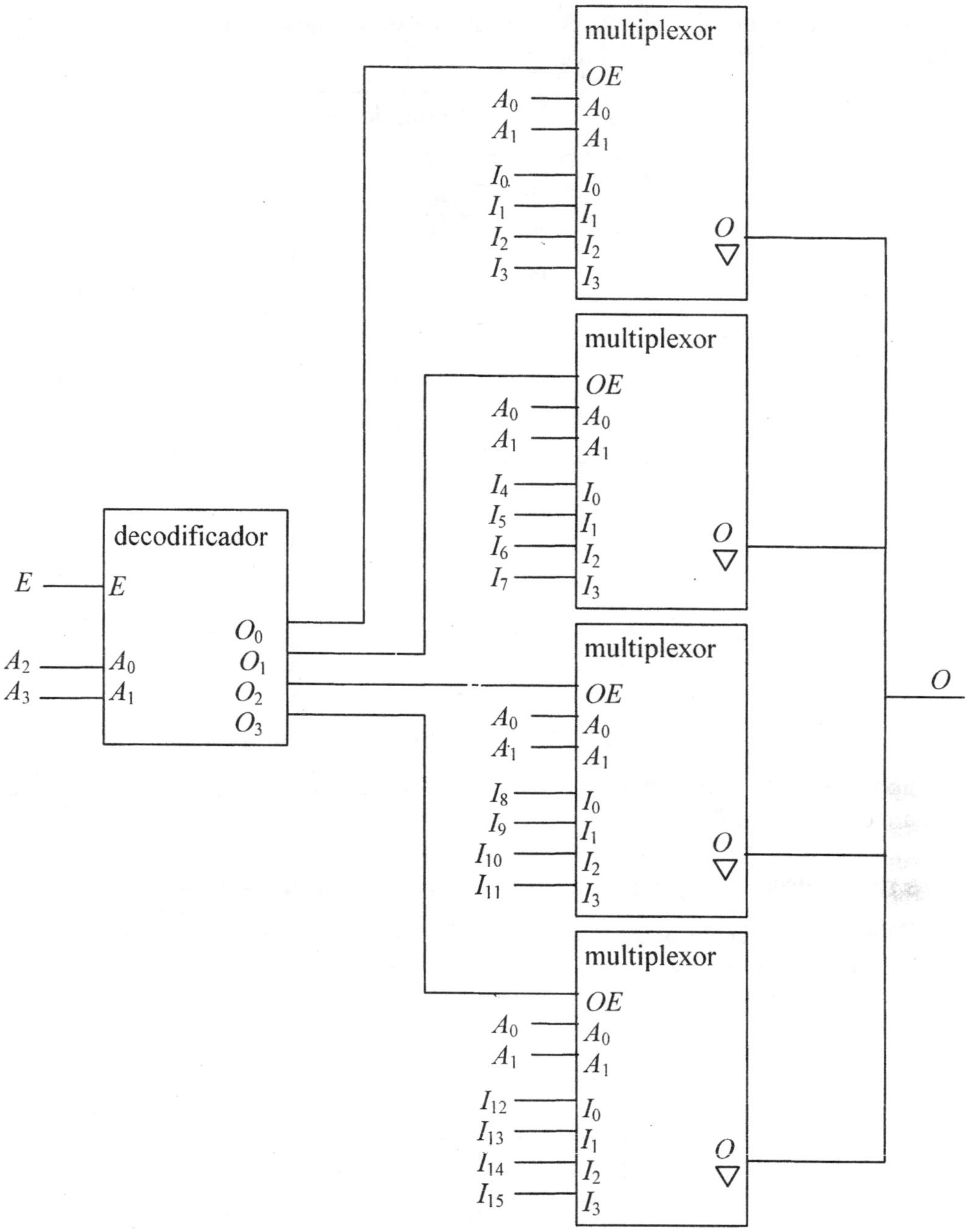

Figura 4-26 - Expansión en árbol de multiplexores con entrada de habilitación

Este nuevo circuito funciona de la siguiente manera. Supongamos primeramente que está en 1 la entrada E de habilitación del decodificador, que actúa también como habilitación de todo el conjunto. Supongamos también que, nuevamente, las entradas de selección del multiplexor de 16 vías que se desea obtener toman el valor 1001, es decir, deben seleccionar la entrada I_9 del mencionado multiplexor. El decodificador recibe en sus entradas de selección los bits más significativos de las entradas de selección del multiplexor deseado, es decir, 10. Ello hace que sólo su salida O_2 esté activa, habilitando por consiguiente a sólo uno de los multiplexores, por lo que todos ellos tendrán su salida en alta impedancia excepto aquél que está habilitado (el tercero contando de arriba). Éste, por tener sus entradas de selección en 01, pondrá a la salida lo que está presente en su entrada I_1, es decir, la señal I_9. Resumiendo, cuando en las entradas de selección se aplica el valor 1001 (es decir, 9 en binario) a la salida del árbol se obtiene la entrada I_9, como corresponde. Este razonamiento puede repetirse para otros valores de las entradas de selección, y se puede verificar que en todos los casos la entrada que aparece a la salida del árbol es aquella cuyo número en decimal se corresponde con el número binario que forman las entradas de selección.

El decodificador se vuelve innecesario (puede ser reemplazado por un simple inversor) cuando sólo se desea duplicar el número de vías siguiendo el esquema de la figura anterior. La figura 4-27 ilustra lo dicho, dejándose la justificación a cargo del lector.

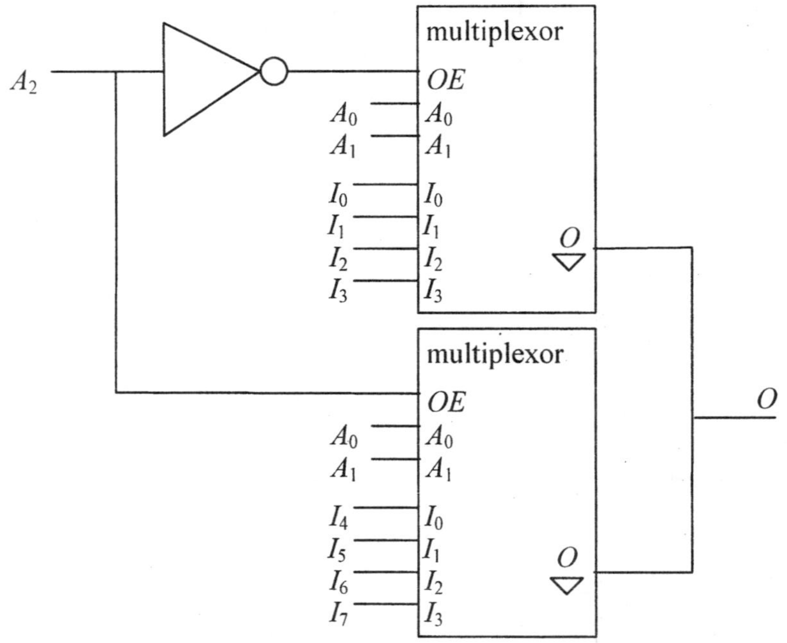

Figura 4-27 - Expansión de multiplexores con salida de 3 estados

El multiplexor ampliado de la figura anterior carece de entrada de habilitación. ¿Cómo modificaría el lector dicha figura para incorporar esa facilidad?

4.3.3. Uso de multiplexores para la generación de funciones lógicas

Un multiplexor puede ser utilizado para generar una función lógica cualquiera de un número de variables lógicas igual al número de entradas de selección que posee: Efectivamente, consideremos el caso de la siguiente función lógica de 3 variables:

C	B	A	X
0	0	0	0
0	0	1	1
0	1	0	0
0	1	1	1
1	0	0	0
1	0	1	1
1	1	0	1
1	1	1	0

Si se compara esta tabla de verdad con la tabla de un multiplexor de 8 vías, es decir, con 3 líneas de selección, que hemos visto en el apartado 4.3.1, se advierte que si se asimilan las variables C, B y A a las líneas de selección A_2, A_1 y A_0 respectivamente, puede lograrse que la salida del multiplexor satisfaga la función deseada con sólo aplicar a las entradas de datos del multiplexor los valores 0 ó 1 según correspondan de acuerdo a la tabla de verdad de la función. Por ejemplo, para el caso en que C=1, B=0 y A=1 en que, según la tabla de la función, ésta vale 1, como en el caso del multiplexor la salida es, en esas condiciones, igual a I_5, se debe aplicar un 1 en dicha entrada. Repitiendo lo analizado para el resto de los renglones de la tabla de verdad, se puede concluir que las sucesivas entradas del multiplexor toman los valores que exhibe progresivamente la tabla de verdad para la función deseada. Así, se llega al circuito buscado de la figura 4-28.

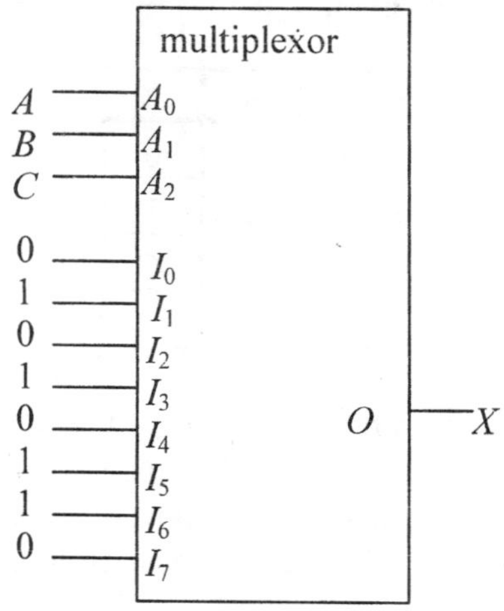

Figura 4-28 - Ejemplo de implementación de una función lógica por medio de un multiplexor

Extendiendo lo recién visto para el caso de 3 variables a un número cualquiera de ellas, concluimos que un multiplexor puede ser utilizado para generar una función lógica cualquiera de un número de variables lógicas igual al número de entradas de selección que posee.

O, mejor aún, veremos a continuación que un multiplexor puede ser utilizado para generar una función lógica cualquiera de un número de variables binarias *superior en 1* al número de entradas de selección que posee, pudiendo demandar para el cumplimiento de esa función del auxilio de no más de un simple inversor. Esto permitiría, por ejemplo, que la función analizada en este mismo párrafo pueda ser implementada con sólo un multiplexor de 4 vías, es decir de tan sólo 2 entradas de selección, eventualmente con el auxilio de un inversor. Para explicar cómo puede ser esto logrado, primero debemos definir lo que se entiende por *tabla de verdad reducida*.

Recordando que una tabla de verdad de n variables tiene el doble de número de renglones que otra de n-1 variables, surge la idea de que se puede reducir a la mitad el número de renglones de una tabla de verdad cualquiera con sólo suprimir, en la tabulación, una de las variables. Lógicamente que si esta variable no aparece tabulada como variable de entrada, debe hacerlo en la columna que brinda los valores de la función que ahora no mostrará sólo ceros y unos sino que será función de la variable suprimida. Pero sólo existen 4 funciones de una sola variable:

- una función siempre 0
- una función siempre 1
- una función siempre igual a dicha variable
- una función siempre igual a la negación de dicha variable.

Veamos como se realiza la tabla de verdad reducida en el ejemplo que estamos considerando. Sea que optamos por suprimir la variable C. Obtengamos entonces la tabla de verdad reducida analizándola renglón por renglón (véase resultado final algo más abajo).

1) El primer renglón de la tabla de verdad reducida corresponde, lógicamente, al caso en que B=0 y A=0. A este renglón le corresponden, en la tabla de verdad completa, dos renglones: aquél en que C=0, B=0 y A=0, y aquél en que C=1, B=0 y A=0. Se notará que en ambos casos la función X vale 0, por lo que en la tabla de verdad reducida puede colocarse directamente ese valor en la columna correspondiente a X.
2) En el caso del segundo renglón de la tabla reducida, el lector podrá comprobar que en los dos renglones que le corresponden en la tabla de verdad completa la función vale 1, por lo que debe colocarse ese valor en la columna X.
3) En el caso del tercer renglón de la tabla reducida, a él le corresponden los siguientes dos renglones de la tabla completa: aquél en que C=0, B=1 y A=0 (en que la función vale 0), y aquél en que C=1, B=1 y A=0 (en que la función vale 1). Nótese que en estos casos la función toma el mismo valor que C, por lo que debe ingresarse ese valor en la columna X.

4) En el caso del cuarto renglón de la tabla reducida, el lector podrá comprobar que en la columna correspondiente debe colocarse el valor negado de la variable C.

Se llega, entonces, a la tabla de verdad reducida que se muestra a continuación.

B	A	X
0	0	0
0	1	1
1	0	C
1	1	$\overline{C}$

Y ahora, implementando esta función con un multiplexor de 4 vías de forma similar a la vista anteriormente, se llega a la figura 4-29. En el circuito de dicha figura, comparándolo con el de la figura 4-28, se advierte que requiere un multiplexor de un número mitad de vías, tan sólo a expensas de un simple inversor. Resulta, por consiguiente, un circuito más simple y, por ende, más económico.

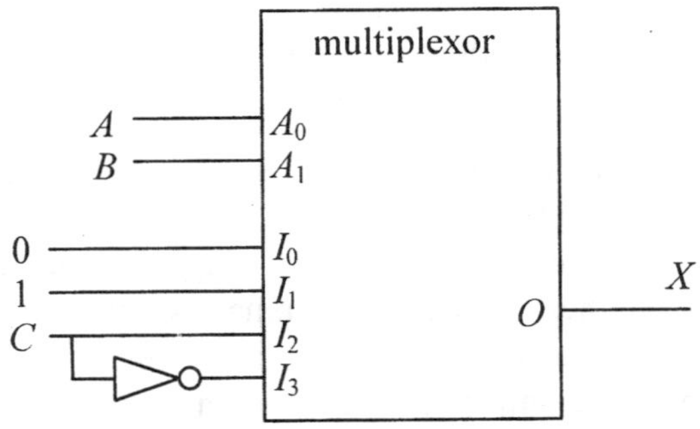

Figura 4-29 - Ejemplo de implementación de una función lógica por medio de un multiplexor

4.3.4. Demultiplexores

Los *demultiplexores* realizan la función inversa a la los multiplexores: ellos reciben una única señal de entrada que aplican a una de sus varias salidas, aquella que ha sido seleccionada para recibirla.

Tan inversa es su operación a la de los multiplexores, que el lector apreciará que los multiplexores mecánicos de las figuras 4-17 se transforman en demultiplexores, con sólo invertir las entradas con las salidas (sin afectar a las habilitaciones). Y lo mismo pasa con el multiplexor analógico de la figura 4-18. Estos tipos de multiplexores son *reversibles*, en el sentido de que invirtiendo las funciones de entrada y salida de señal, pasan de ser multiplexores a demultiplexores.

Pero los multiplexores digitales hechos sobre la base de compuertas no son reversibles. Los demultiplexores, también llamados *distribuidores de datos*, tienen un circuito particular que responde a la idea básica que presenta la figura 4-30 para el caso de un demultiplexor de 8 vías. La entrada se aplica a la única salida que está habilitada. Nótese que, en realidad, nada impide que haya más de una salida habilitada simultáneamente, pero en el uso normal de estos dispositivos no suele utilizarse esa posibilidad.

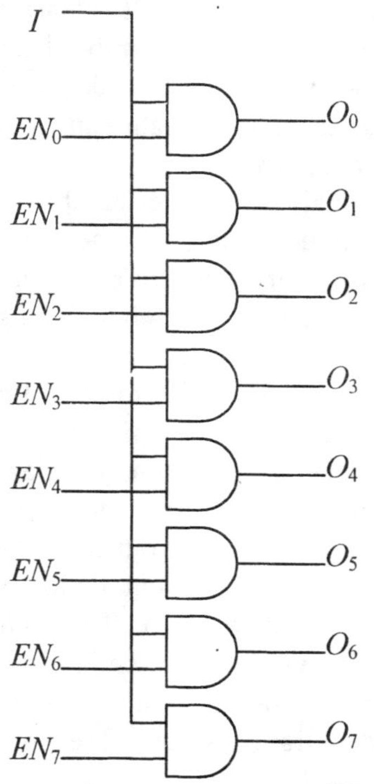

Figura 4-30 - Demultiplexor de 8 vías

Por ello, los fabricantes de circuitos integrados que producen demultiplexores integrados en mediana escala, al igual que como proceden con el caso de los multiplexores, no dejan accesible en los terminales del integrado las habilitaciones de cada una de sus salidas, sino que estas habilitaciones son generadas internamente por un decodificador a partir de ciertas líneas de selección, con un ahorro en el número de terminales del circuito. La figura 4-31 muestra el circuito típico de un demultiplexor digital de 8 vías con esta característica.

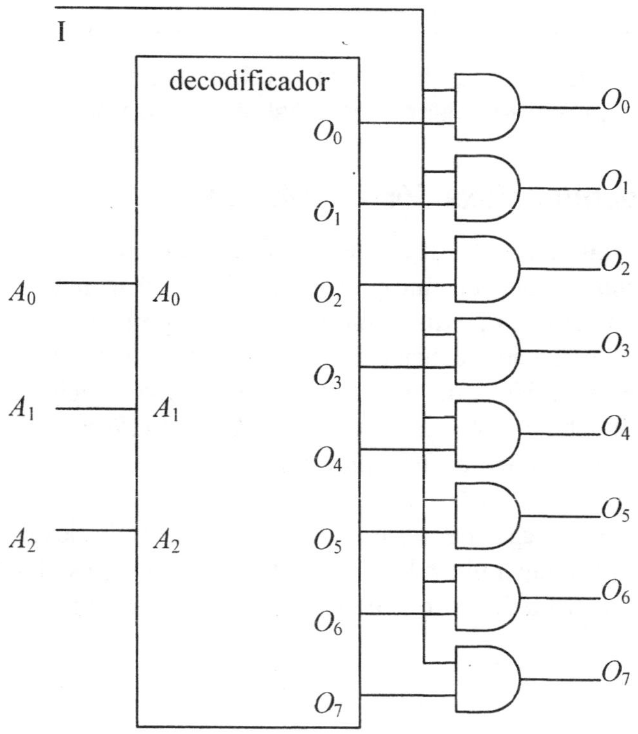

Figura 4-31 - Demultiplexor de 8 vías con entradas de selección codificadas

Es interesante notar que el circuito de la figura anterior resulta idéntico al de la figura 4-5 que representaba a un decodificador con entrada de habilitación. Nótese la similitud de dicha entrada de habilitación con la línea de entrada de datos del demultiplexor. Es decir que todo decodificador con entrada de habilitación puede ser usado como demultiplexor, y así es como los fabricantes de circuitos integrados los anuncian en sus catálogos como *decodificadores/demultiplexores*.

En cuanto a los demultiplexores analógicos, ellos también suelen incluir un decodificador para generar las habilitaciones internas. Teniendo en cuenta el carácter reversible de la conmutación analógica, ello resulta en que el circuito de un demultiplexor analógico es el mismo que el de un multiplexor analógico (figura 4-24), sólo que las entradas y salidas analógicas intercambian su función. Por ello, los fabricantes los suelen anunciar como *multiplexores/demultiplexores analógicos*.

Los demultiplexores se encuentran en los circuitos prácticos muy frecuentemente asociados a multiplexores. Efectivamente, este conjunto se presta muy bien a resolver el problema de tener en un equipo digital varias unidades que puedan suministrar información, y varias que puedan recibirla. Si se desea que cualquiera de las unidades que actúan como "transmisoras" pueda pasar su información a cualquiera de las que actúan como "receptoras", esto puede dar lugar a un gran conjunto de conexiones. Si por el contrario, se utiliza un multiplexor para elegir la señal proveniente de uno de los transmisores y colocarla en una línea, y un demultiplexor para seleccionar a un receptor para que reciba dicha información, esto puede realizarse de una manera muy sencilla cuyo único inconveniente reside en que puede efectuarse una única transferencia por vez. Esta conexión "todos con todos" usando técnicas de multiplexación y demultiplexación se ejemplifica en la figura 4-32 para el caso de 4 transmisores y 8 receptores.

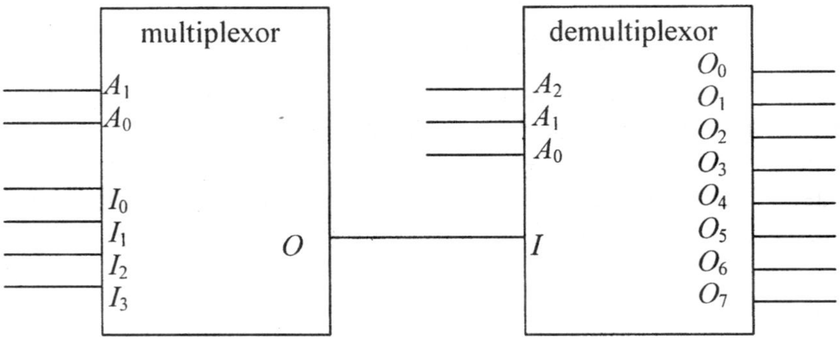

Figura 4-32 - Uso de un multiplexor y un demultiplexor para conectar varios transmisores con distintos receptores

4.3.5. Multiplexación y demultiplexación distribuidas

La figura 4-32 ilustra el caso de un multiplexor concentrado asociado a un demultiplexor concentrado. Otro caso de gran interés se presenta cuando el multiplexor es del tipo distribuido, el que generalmente está asociado a un demultiplexor también de tipo distribuido. Esto es así porque en los casos en que se encuentra preferible el uso de una multiplexación distribuida en razón de no estar muy próximos entre sí los transmisores, habitualmente se da también que los receptores están algo alejados entre sí.

En esos casos conviene entonces utilizar una *demultiplexación distribuida*, donde las compuertas de la figura 4-30 no se hallan concentradas en un único integrado sino cada una de ellas muy próxima al receptor asociado.

La figura 4-33 ejemplifica un caso de una multiplexación y demultiplexación digital distribuidas que usa un bus de 3 estados. El bus principal ubicado en el centro de la figura es el múltiple de conexión donde se realiza una multiplexación distribuida entre 3 transmisores, y una demultiplexación distribuida entre 4 receptores.

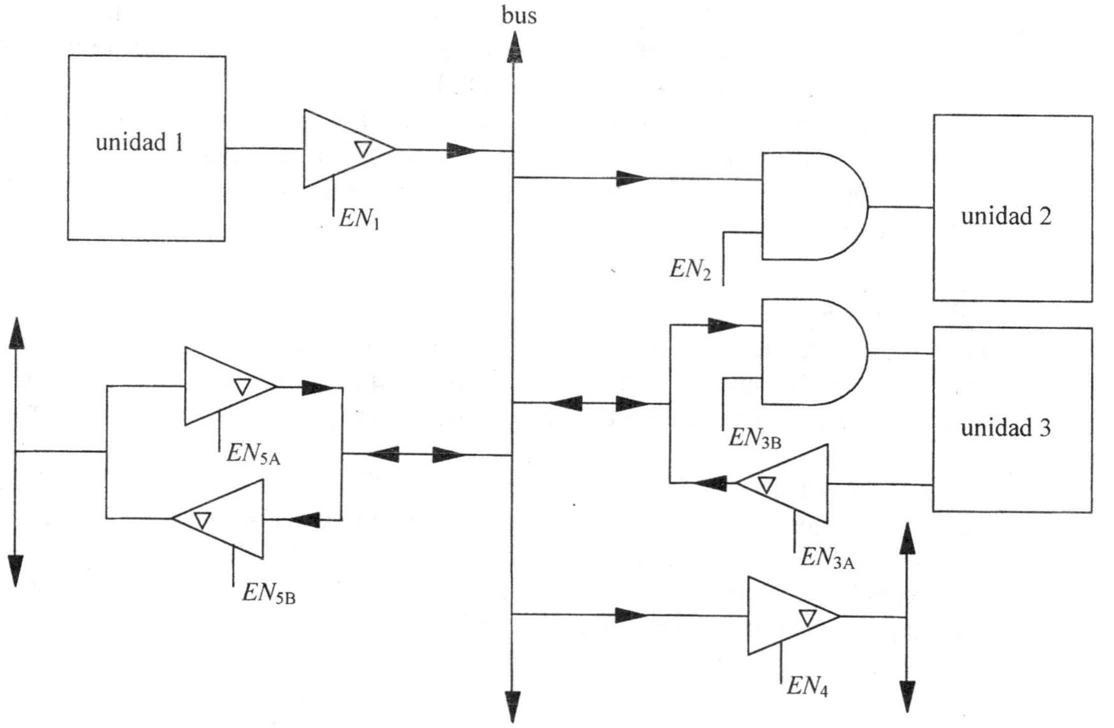

Figura 4-33 - Ejemplo de multiplexación y demultiplexación distribuidas

En dicha figura 4-33 encontramos:

- una llamada "unidad 1" que actúa como uno de los transmisores. Se notará que, tratándose de un bus de 3 estados, la conexión de esta unidad al bus se realiza por medio de un buffer con esta característica.
- una llamada "unidad 2" que actúa como uno de los receptores. Se notará que, asociada a esta unidad, se encuentra una compuerta AND que forma parte de la demultiplexación.
- una "unidad 3" que puede actuar tanto en carácter de transmisor como de receptor. Por ello requiere tener asociados tanto un buffer de 3 estados (para la primera de esas funciones) como una compuerta AND. Se notará que el terminal con que se conecta en definitiva esta unidad con el bus puede ser usado con uno u otro propósito, es decir que los datos pueden fluir por ese terminal tanto en el sentido del bus a la unidad como desde ésta al bus. Un terminal que, como el mencionado, puede trabajar indistintamente como entrada o como salida (aunque lógicamente no de ambas formas simultáneamente) se denomina *terminal bidireccional.*
- un bus (a la derecha de la figura) que es capaz de recibir la información del bus principal cuando está habilitado su buffer de salida de 3 estados asociado el que, por lo tanto, forma parte del circuito de demultiplexación.
- un bus (a la izquierda de la figura) que es capaz tanto de recibir información del bus principal como colocar en él su propia información. Nótese que esta doble posibilidad requiere de un terminal bidireccional, y del empleo de 2 buffers con salidas de 3 estados en una configuración circuital bastante particular en el que la salida de uno se aplica a la entrada del otro, y viceversa. Esta configuración de dos buffers se denomina *transceptor* (en inglés, transceiver) porque puede tanto *trans*mitir información al bus, como actuar como re*ceptor* de la información que hay en éste.

Nótese que esta configuración permite que cualquiera de las unidades que actúa como transmisora para el bus, envíe su información a cualquiera de las que actúa como receptora. Por ejemplo, la emisión simultánea de las habilitaciones EN_{5A} y EN_2 logra que la información presente en el bus de la izquierda pase a la unidad 2, mientras que EN_1 y EN_{3B} logran en conjunto que la información suministrada por la unidad 1 ingrese en la unidad 3. Se observará que según sean las unidades seleccionadas para actuar como transmisora y receptora en cada momento, la señal fluye por el bus de arriba hacia abajo o en sentido inverso. Por esta bidireccionalidad es que se suele representar al bus con flechas en sus extremos apuntando en direcciones opuestas.

Cabe destacar que, muy a menudo, las distintas unidades que suelen intercambiar información a través de un bus, proveen más de un bit de información por vez. Por ejemplo las unidades que componen una computadora personal suelen transferirse entre sí 8, 16 ó 32 bits en forma simultánea utilizando técnicas de multiplexación y demultiplexación distribuidas. En esos casos, el bus no es un único cable, sino un manojo de cables, cada uno de ellos actuando como múltiple de conexión para uno de los bits a transferir. Para estas aplicaciones resultan particularmente útiles los óctuples buffers con salida de 3 estados 74x244 y 74x541, y el óctuple transceptor 74x245.

4.4. Árboles de paridad

En el uso de códigos de paridad, suele ser necesario generar un bit de paridad par por medio de la suma módulo 2 de todos los bits que componen la palabra del código que se quiere proteger contra errores. Alternativamente, puede requerirse generar un bit de paridad impar, exactamente inverso al recién definido bit de paridad par.

Las sumas módulo 2 pueden ser realizadas con compuertas XOR, pero como dichas compuertas sólo realizan la suma módulo 2 de dos variables, para realizar la suma de varias de ellas se debe disponer un circuito que incorpore varias de estas compuertas en una estructura en árbol. Así, la figura 4-34 muestra un árbol de paridad de 8 entradas, con sus salidas correspondientes tanto a la paridad par (*PE* por el inglés "Parity Even") como a la paridad impar (*PO* por "Parity Odd").

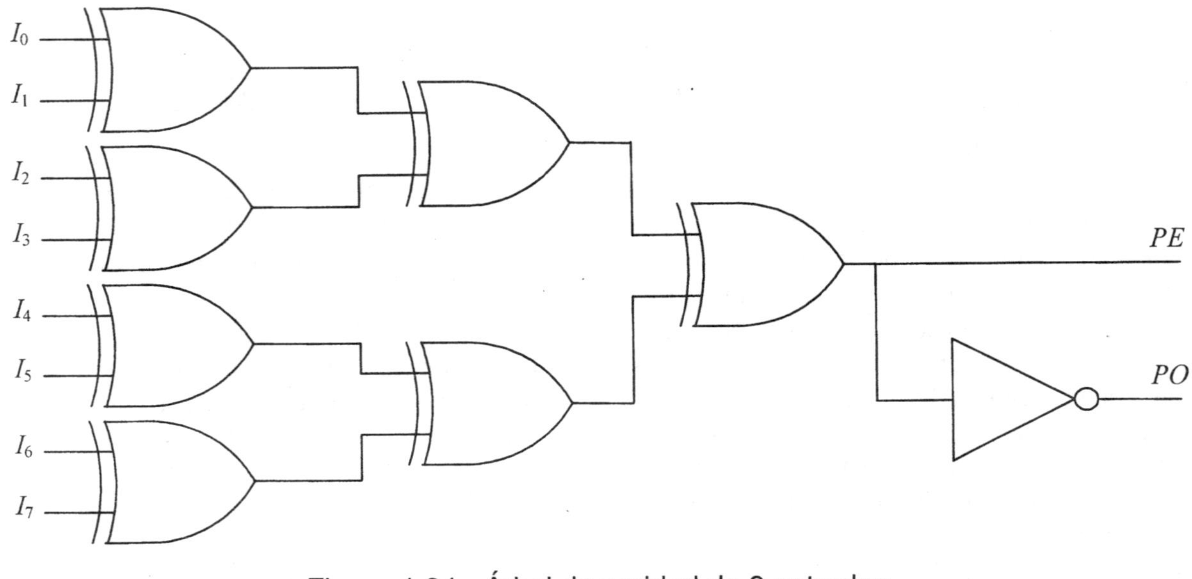

Figura 4-34 - Árbol de paridad de 8 entradas

Consideremos el caso de emplear un código de paridad par. Ya hemos dicho que un árbol de paridad puede realizar la suma módulo 2 de todos los bits de información para *generar* el bit de paridad necesario. En el momento y lugar en que se recibe la información junto a su bit de paridad, se debe *verificar* si hay un número par de unos y, de lo contrario, señalar el error. El error se presentará, entonces, cuando haya un número impar de unos entre los bits de información y el bit de paridad recibidos, por lo que la señal de error puede obtenerse como suma módulo 2 de los mencionados bits, como muestra la figura 4-35. Por este doble empleo tanto en la generación como en la verificación de la paridad, los árboles de paridad reciben también el nombre alternativo de *generadores/verificadores de bit de paridad.*

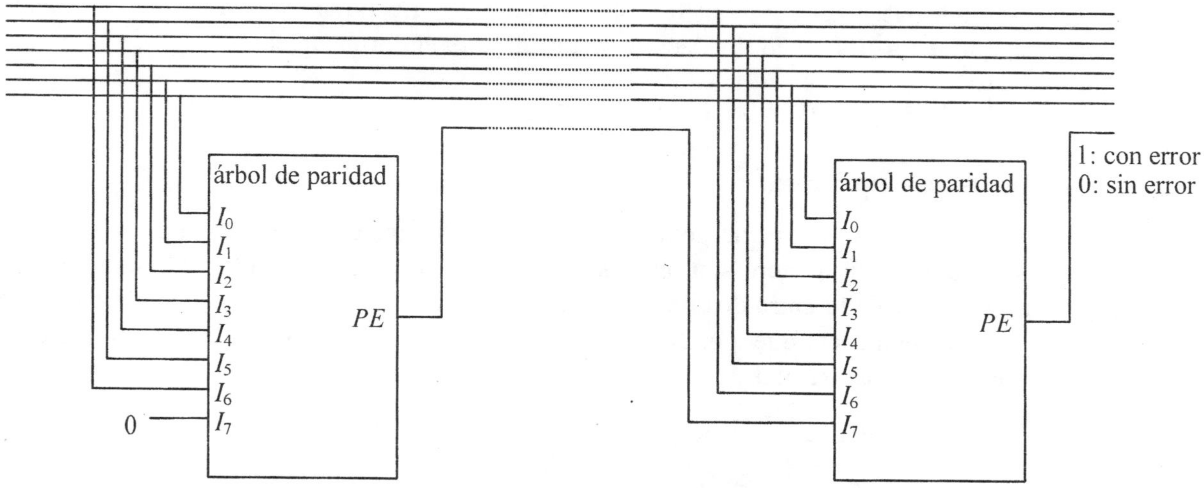

Figura 4-35 - Generación y verificación de un bit de paridad par (caso con 7 bits de información)

Se deja al lector la tarea de comprobar que, en caso de emplear un código de paridad impar, la figura 4-35 sigue siendo válida si se sustituyen ambas salidas PE por sus similares PO.

Un popular integrado generador/verificador de bit de paridad es el 74x280, muy similar al de la figura 4-34 excepto que realiza la suma módulo 2 de nueve variables de entrada, en vez de las ocho que admite el circuito de la mencionada figura.

Los árboles de paridad no requieren de ninguna entrada o salida auxiliar para expandirse, función fácilmente realizable teniendo en cuenta la propiedad asociativa de la suma. Se deja al lector la tarea de concebir cómo puede realizarse:

- a partir de 2 árboles de paridad de 8 bits, otro de 15 bits
- a partir de 9 árboles de paridad de 8 bits, otro de 64 bits.

4.5. Comparadores

Los comparadores son dispositivos que reciben en sus entradas dos números (generalmente binarios) e informan a su salida el resultado de la comparación entre ellos. Así, un comparador podría llegar a concebirse con hasta 6 salidas, indicando cada una de ellas la verdad o falsedad del resultado de las siguientes comparaciones entre sus dos entradas A y B:

- $A>B$
- $A=B$
- $A<B$
- $A\leq B$
- $A\neq B$
- $A\geq B$

De las 6 comparaciones mencionadas, las tres últimas son exactamente las opuestas de las tres primeras ya que, por ejemplo, $A\neq B$ es lo opuesto a $A=B$, y $A\leq B$ es lo opuesto a $A>B$. Dado que la verdad o falsedad de una comparación puede fácilmente deducirse de la verdad o falsedad de la comparación opuesta, los comparadores integrados sólo suelen tener como salidas los resultados de las primeras 3 comparaciones, es decir las comparaciones de mayor, menor e igual, tomadas como básicas, a partir de las cuales pueden deducirse:

$$(A \leq B) = \overline{(A > B)}$$

$$(A \neq B) = \overline{(A = B)}$$

$$(A \geq B) = \overline{(A < B)}$$

En realidad basta con presentar los resultados de sólo dos de las comparaciones básicas, ya que siendo las tres posibilidades mutuamente excluyentes, conociendo dos de ellas la otra puede fácilmente deducirse ya que será cierta sólo cuando las otras dos sean falsas. Por ejemplo, la condición de $A=B$ es equivalente a afirmar que no ocurre que sea $A<B$ ni $A>B$. Es decir, expresando esto en forma algebraica:

$$(A=B)=\overline{(A>B)}.\overline{(A<B)}=\overline{(A>B)+(A<B)}$$

4.5.1. Comparadores de igualdad

Los comparadores más simples son los que comparan la igualdad entre dos números. Para ello se debe reconocer que todos los bits de un número son iguales a los bits respectivos en el otro. La compuerta que realiza la comprobación de igualdad entre dos bits es la XNOR, ya que coloca un 1 a su salida cuando sus dos entradas son idénticas. De manera que, por ejemplo, un comparador de igualdad entre dos números de 4 bits obedece al siguiente esquema circuital.

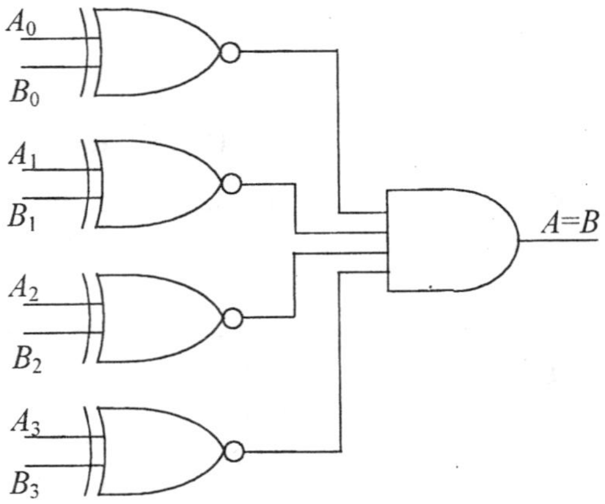

Figura 4-36 – Comparador de igualdad entre números de 4 bits

4.5.2. Comparadores de magnitudes

Cuando es necesario comparar para determinar relaciones como mayor o menor, la comparación entre magnitudes es relativamente simple, pero la comparación de los enteros se ve algo complicada por el empleo de códigos diversos para representarlos (Signo y magnitud, Complemento a 2, Binario desplazado). Por ello postergaremos el estudio de la comparación entre enteros, y en el presente apartado nos limitaremos a los comparadores de magnitudes.

Un comparador entre dos magnitudes de 4 bits cada una tiene una cantidad de terminales que lo hacen muy apto para ser integrado como un dispositivo MSI, pero resulta complicado el encarar su diseño interno con los métodos tradicionales ya que tiene 8 variables de entrada.

Por esta razón, vamos a considerar un comparador de magnitudes de 2 bits cada una, cuyo diseño es fácil de encarar porque sólo tiene 4 entradas, y luego veremos cómo expandir el circuito para realizar un comparador magnitudes de 4 bits, susceptible de construirse como un circuito integrado MSI.

4.5.2.1 Comparador de 2 bits

Un comparador de magnitudes de 2 bits como el que estamos buscando y que tenga salidas de mayor y menor (sabemos que cualquier otra necesaria puede deducirse a partir de éstas) satisfaría el esquema de la figura que sigue, la que también muestra su tabla de verdad. De la tabla de verdad pueden obtenerse los mapas de Karnaugh de cada una de las salidas. La figura no muestra dichos mapas, pero exhibe los resultados de la minimización de las expresiones que ellos permiten lograr. A partir de dichas expresiones mínimas puede dibujarse, sin problemas, el circuito correspondiente, tarea que se deja a cargo del lector.

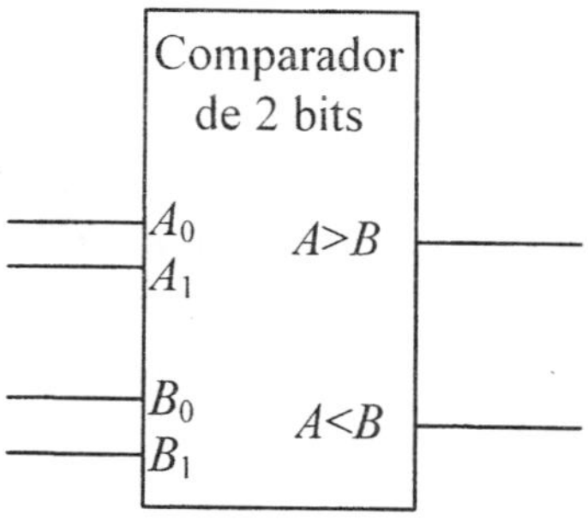

A_1	A_0	B_1	B_0	$A>B$	$A<B$
0	0	0	0	0	0
0	0	0	1	0	1
0	0	1	0	0	1
0	0	1	1	0	1
0	1	0	0	1	0
0	1	0	1	0	0
0	1	1	0	0	1
0	1	1	1	0	1
1	0	0	0	1	0
1	0	0	1	1	0
1	0	1	0	0	0
1	0	1	1	0	1
1	1	0	0	1	0
1	1	0	1	1	0
1	1	1	0	1	0
1	1	1	1	0	0

$$(A > B) = A_1 \overline{B_1} + A_0 \overline{B_1}.\overline{B_0} + A_1 A_0 \overline{B_0}$$

$$(A < B) = B_1 \overline{A_1} + B_0 \overline{A_1}.\overline{A_0} + B_1 B_0 \overline{A_0}$$

Figura 4-37 – Comparador de magnitudes de 2 bits – esquema, tabla de verdad, ecuaciones

4.5.2.2. Comparador de 4 bits

A partir del comparador de magnitudes de 2 bits recién visto, pueden realizarse comparadores de magnitudes de mayor número de bits utilizando métodos de expansión en cascada y en árbol, como pasamos a analizar.

Consideremos la figura siguiente, en particular el circuito que está en la parte superior de la misma, que realiza un comparador de magnitudes de 3 bits a partir de 2 comparadores de 2 bits.

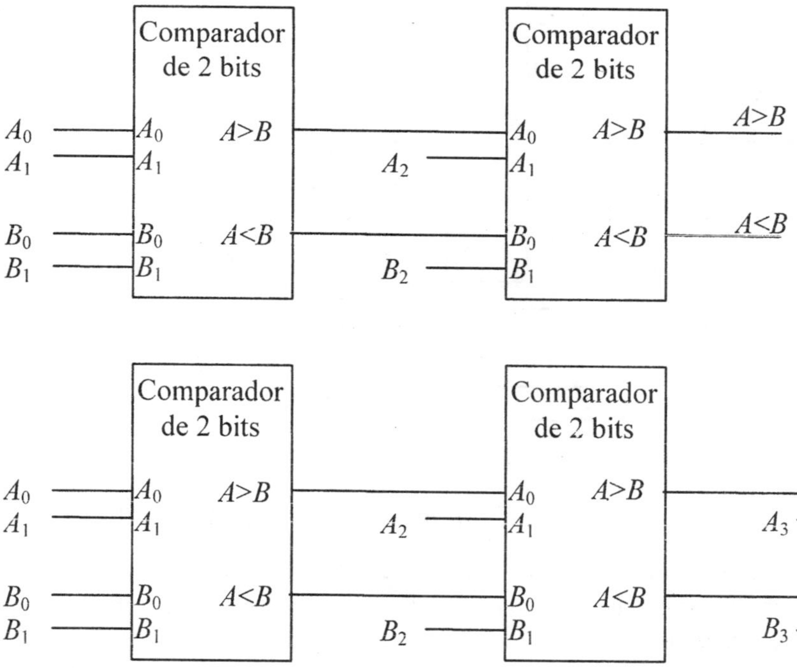

Figura 4-38 – Expansión en cascada del comparador de 2 bits: a 3 bits (arriba) y a 4 bits (abajo)

Obsérvese en la figura que las salidas finales de mayor y menor están tomadas de las salidas respectivas del comparador ubicado en segundo nivel, el que por un lado recibe el bit más significativo de cada palabra, y por otro emplea las entradas correspondientes a su bit menos significativo para conectarse con el comparador de primer nivel. De esta manera, pueden darse dos casos:

1) si del valor que tienen los bits más significativos de cada palabra resulta que queda definido que $A>B$ (por ser $A_2>B_2$) o $A<B$ (por ser $A_2<B_2$), las salidas del comparador de segundo nivel marcan esta circunstancia sin tomar en consideración los resultados obtenidos en el comparador de primer nivel.
2) si del análisis del valor que tienen los bits más significativos surge que los mismos son iguales en ambos números ($A_2=B_2$), entonces debe tomarse en consideración el resultado de la comparación de los 2 bits menos significativos que efectúa el comparador de primer nivel. Esto se realiza de la siguiente forma: al estar conectada la salida $A>B$ del comparador de primer nivel a la entrada A_0 del comparador de segundo nivel, y la salida $A<B$ a su entrada B_0, ocurre uno de los siguientes tres casos:
   a) si del primer comparador surge que $A>B$, esto produce que, en el comparador de segundo nivel, sean $A_0=1$ y $B_0=0$. Con estos valores dicho comparador resuelve que $A>B$, lo que es correcto.
   b) si del primer comparador surge que $A<B$, esto produce que, en el comparador de segundo nivel, sean $A_0=0$ y $B_0=1$.Con estos valores dicho comparador resuelve que $A<B$, lo que es correcto.
   c) si del primer comparador surge que $A=B$, esto produce que, en el comparador de segundo nivel, sea $A_0=0$ y $B_0=0$. Con estos valores dicho comparador resuelve que $A=B$, lo que es correcto.

Este comparador de 3 bits puede, a su vez, vincularse con otro comparador de 2 bits utilizando una conexión similar, para formar un comparador de 4 bits (parte inferior de la figura anterior). Como en forma sucesiva las salidas de un comparador se aplican a entradas del comparador que le sigue, esta forma de expansión se denomina *en cascada.*

Pero también existe la posibilidad de realizar la expansión en árbol, que si bien no presenta diferencias de costo con respecto a la expansión en cascada pues requiere el empleo del mismo material, resulta un circuito con menos niveles y, por lo tanto, con menos retardo.

Veamos, por ejemplo, como construir un comparador de 4 bits expandiendo en árbol a nuestro comprador básico de 2 bits. El mismo se muestra en la figura siguiente, y a continuación se explica.

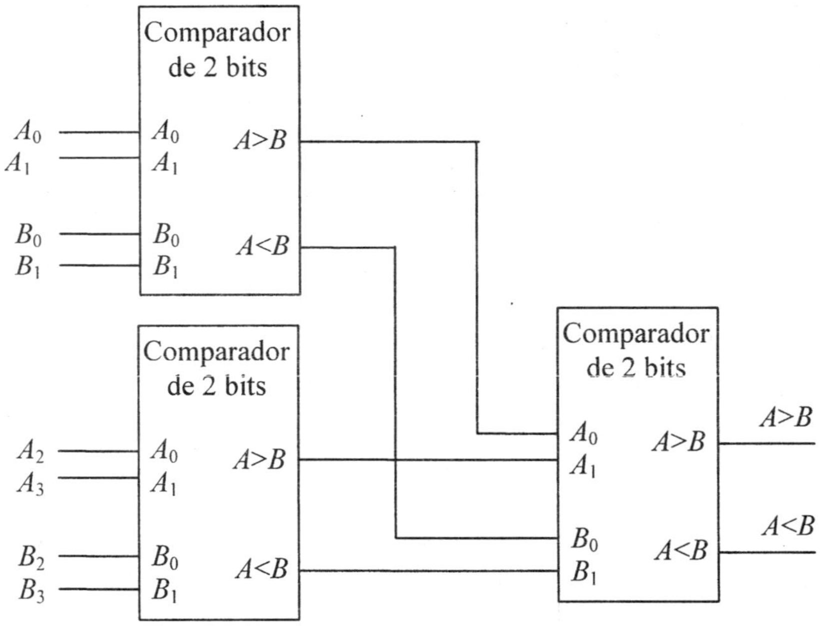

Figura 4-39 – Expansión en árbol a 4 bits del Comparador de magnitudes de 2

El comparador de segundo nivel recibe en sus bits más significativos de entrada las señales provenientes del comprador de primer nivel encargado de comparar los bits más significativos. Si en esas condiciones resulta $A_1>B_1$ o $A_1<B_1$ ya puede tomarse una decisión, y la salida del comparador de segundo nivel refleja esta situación sin tomar en cuenta lo que tienen sus entradas A_0 y B_0. Si, por el contrario, resulta $A_1=B_1$, la decisión la toma en función del resultado de la comparación efectuada por el comparador de primer nivel encargado de comparar los bits menos significativos, que le ingresa por las entradas A_0 y B_0.

4.5.2.3 Comparadores comerciales

Dos comparadores comerciales que pueden ser citados son el 74x682 y el 74x85. El primero es un comparador de magnitudes de 8 bits, con salidas de mayor e igual, únicamente (ambas activas en bajo). El segundo merece un comentario más extenso.

El 74x85 es un comparador de magnitudes de 4 bits pero tiene tres diferencias con relación los comparadores de 4 bits de las figuras 4-38 y 4-39.

- Internamente está construido de manera diferente, pero respetando la funcionalidad
- Tiene, además de las salidas por mayor y menor, una salida de igual, realizada mediante una compuerta NOR a partir de las salidas de mayor y menor
- Si bien un comparador no requiere de entradas especiales para expansión, porque ya hemos visto que la expansión puede realizarse empleando las entradas normales del comparador, este comparador comercial dispone de entradas auxiliares con este propósito.

El esquema interno del 74x85 puede representarse con la figura que sigue:

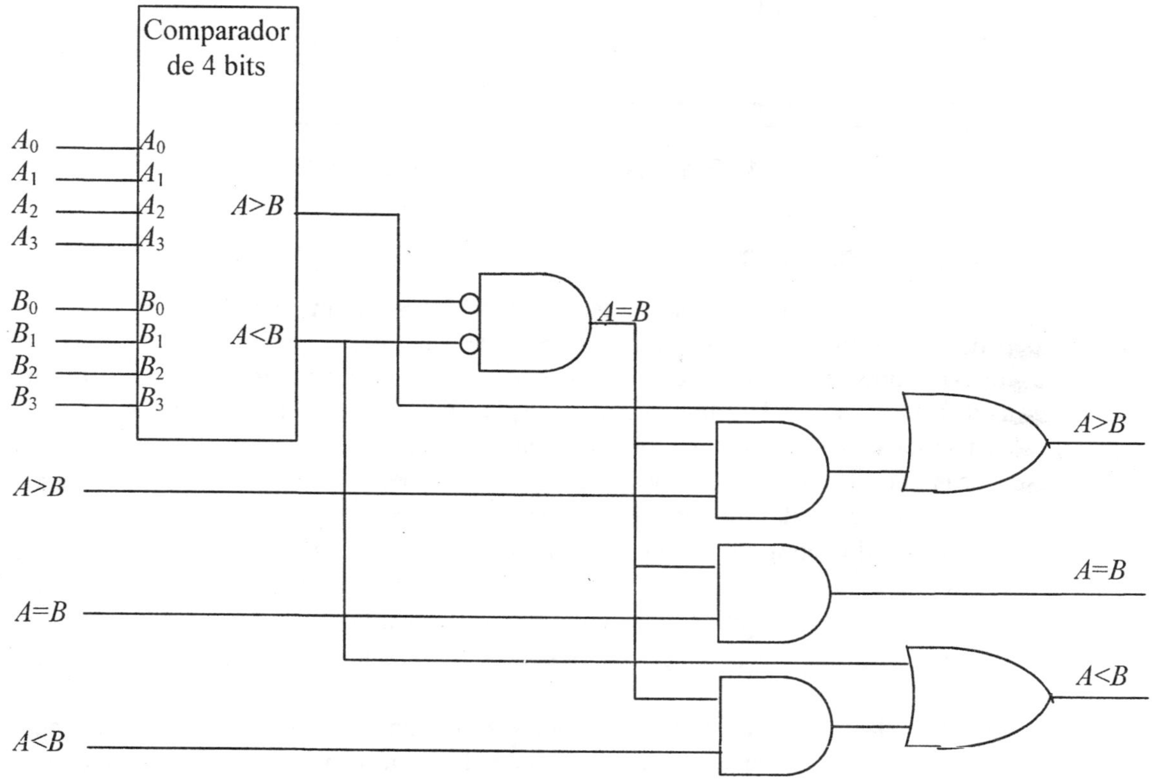

Figura 4-40 – Circuito interno del comparador de magnitudes comercial 74x85

Veamos la función que cumple la lógica adicional al comparador que exhibe la figura anterior. Por un lado, la compuerta NOR genera una señal de igualdad de uso interno, como en seguida veremos. Por otro lado, las entradas auxiliares de expansión $A>B$, $A=B$ y $A<B$, y las 3 salidas del comparador se comportan como sigue:

- la salida $A>B$ está en 1 si al comparar las dos magnitudes de 4 bits resulta que es $A>B$, o cuando estas dos magnitudes resultan iguales y la entrada auxiliar $A>B$ está en 1.
- la salida $A=B$ está en 1 si al comparar las dos magnitudes de 4 bits resultan ser iguales y, además, la entrada auxiliar $A=B$ está en 1.
- la salida $A<B$ está en 1 si al comparar las dos magnitudes de 4 bits resulta que es $A<B$, o cuando estas dos magnitudes resultan iguales y la entrada auxiliar $A<B$ está en 1.

Con estas entradas auxiliares, la expansión en cascada se realiza como muestra la figura 4-41. Allí se exhibe el caso de un comparador de magnitudes de 8 bits, pero la conexión en cascada de mayor número de etapas permite obtener comparadores de 12 bits, 16 bits, etc. Nótese que para una correcta operación una sola de las entradas auxiliares debe estar en 1, y que la entrada en 1 en el comparador de los bits menos significativos debe ser $A=B$, como muestra la figura.

Si bien las entradas auxiliares permiten algunas configuraciones de expansión en cascada, acá no haremos el análisis de esa conexión.

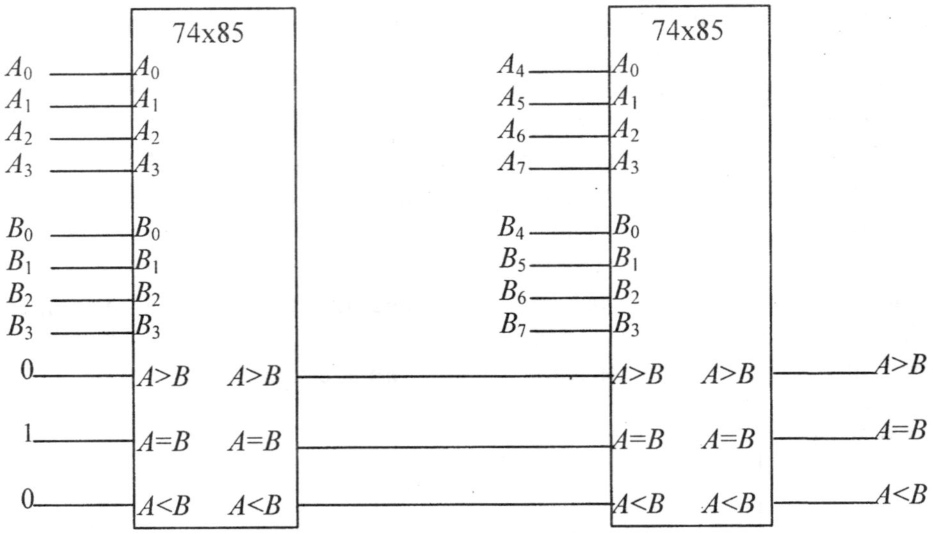

Figura 4-41 Expansión en cascada del 74x85

4.5.3. Comparadores de enteros

Para la comparación de enteros pueden usarse los comparadores de magnitudes, con algún tipo de adaptación que depende del código empleado para representar los enteros.

Así, los comparadores de magnitudes pueden ser usados directamente para comparar números enteros que estén codificados según el código Binario Desplazado, en el que las reglas para comparar son exactamente iguales a aquellas que sirven para comparar magnitudes.

No es ése el caso cuando se emplean otros códigos como, por ejemplo, el Complemento a 2 en el cual, si se empleasen las mismas reglas que para comparar magnitudes, el resultado de la comparación sería erróneo cuando se comparan dos números de distinto signo. Por ejemplo, suponiendo un código que opera con 8 bits, la combinación 10111011 corresponde a un entero menor que la combinación 00111011 (por representar la primera a un número negativo y la segunda a uno positivo) mientras que un comparador de magnitudes juzgaría que la primera de las combinaciones corresponde a una magnitud mayor que la segunda.

Como para pasar de la combinación correspondiente a un número entero en el código Complemento a 2 a la combinación que le corresponde al mismo número en el código Binario Desplazado se debe invertir el bit más significativo (de acuerdo a lo visto en el capítulo 1 sobre códigos binarios), el lector podrá concebir cómo utilizar un comparador de magnitudes acompañado de 2 inversores para realizar un comparador de números enteros codificados en el código Complemento a 2. Inclusive, quizás se le ocurra cómo realizar una conexión cruzada del bit más significativo de cada número para llevar a cabo la misma tarea sin requerir los dos inversores mencionados.

No veremos en detalle la comparación entre enteros codificados en Signo y magnitud, pero puede comentarse que a la dificultad de tener los signos y las magnitudes por separado, se le agrega el problema debido a la doble representación del 0.

4.6. Sumadores y restadores

4.6.1. Sumadores binarios de 1 bit, 4 bits y *n* bits

Para llegar al circuito de un sumador de números binarios de varios bits, veremos primeramente el caso de un sumador elemental de 1 bit, y analizaremos luego la forma de extender el resultado a un número mayor de bits.

Así, un circuito sumador elemental de 1 bit tendrá dos entradas *A* y *B* de un bit cada una, y una salida de 2 bits ya que el resultado no siempre puede expresarse con un sólo bit (1+1=10). La tabla de verdad de este sumador elemental (también llamado *medio-sumador* por las razones que luego vendrán claras) es la siguiente:

A	*B*	*C*	*S*
0	0	0	0
0	1	0	1
1	0	0	1
1	1	1	0

Los dos bits del resultado se han asignado a dos variables que se han simbolizado en forma diferente, por asociación con la suma con lápiz y papel en que, procediéndose por columnas, en caso de sumarse 1+1, como resultado "se pone un 0 y se lleva un 1", por lo que el bit más significativo de la suma es transferido como *acarreo* a la columna a su izquierda donde se suma el siguiente bit. Por ello al bit de suma se lo simboliza normalmente *S*, mientras que para el acarreo se utiliza la letra *C*, por la palabra inglesa carry equivalente a la castellana acarreo. Las ecuaciones que dan la relación funcional entre sus entradas y sus salidas pueden obtenerse por simple inspección de la tabla de verdad y son:

$S=A\oplus B$
$C=A.B$

La figura 4-42 muestra el circuito que corresponde a este medio-sumador. En dicha figura, y las que siguen en la presente sección dedicada a sumadores y restadores, hemos alterado nuestra norma de dibujar las entradas y salidas de los bloques funcionales ubicándolas a la izquierda y derecha (en ese orden) de los mismos, colocándolas respectivamente arriba y abajo, para emular la disposición geométrica que tienen los operandos y resultados en las operaciones aritméticas realizadas "con lápiz y papel".

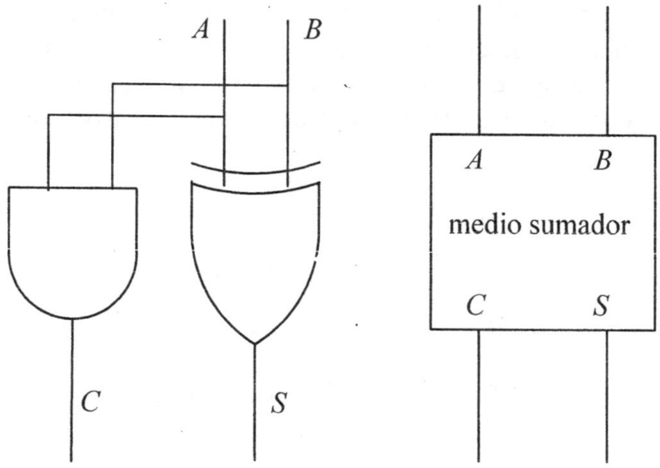

Figura 4-42 - Circuito y símbolo de un medio-sumador

La denominación de medio-sumador proviene del hecho que efectúa la suma de dos magnitudes de 1 bit "a medias": sólo puede emplearse para sumar los bits menos significativos, pues para poder sumar algunos de los otros bits necesita una entrada adicional que tome en cuenta el acarreo que se recibe de la columna a su derecha, donde se suma el bit inmediatamente menos significativo que él.

Tomando en cuenta este acarreo de entrada (C_I), que debe ser sumado a *A*+*B*, la tabla de verdad de un *sumador de 1 bit completo*, es la siguiente:

A	B	C_I	C	S
0	0	0	0	0
0	0	1	0	1
0	1	0	0	1
0	1	1	1	0
1	0	0	0	1
1	0	1	1	0
1	1	0	1	0
1	1	1	1	1

Y las ecuaciones que dan la relación funcional existente entre sus entradas y sus salidas que se deducen de la tabla de verdad (en el caso del acarreo de salida, tras un proceso de simplificación usando el mapa de Karnaugh que se muestra más abajo) son:

$$S = A \oplus B \oplus C_I$$
$$C = BA + AC_I + BC_I$$

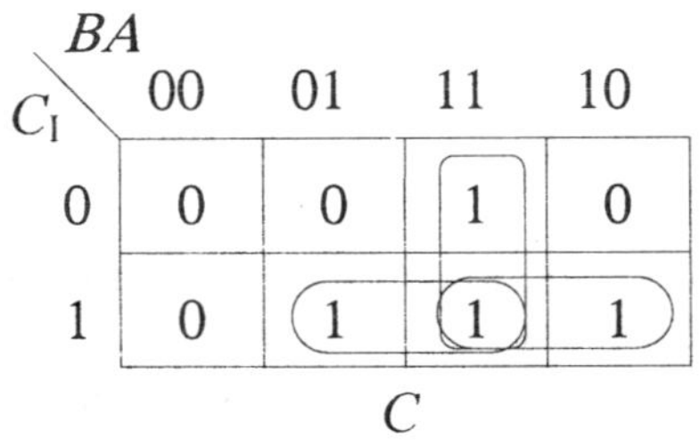

Y el circuito de un sumador completo de 1 bit hecho en dos niveles es el que muestra la figura 4-43a.

Existe otra forma de implementar el sumador completo que, si bien no es la más utilizada pues da lugar a un circuito de 3 niveles, tiene un interés teórico y resulta particularmente elegante. Para obtenerlo, se debe partir de una expresión distinta para el acarreo de salida que, si bien no es mínima en sí misma, resulta económica por utilizar un término que de todas formas debe ser implementado para la salida S: la suma módulo 2 de las entradas A y B. Esta expresión surge de agrupar los unos en el mapa de Karnaugh del acarreo de la manera siguiente:

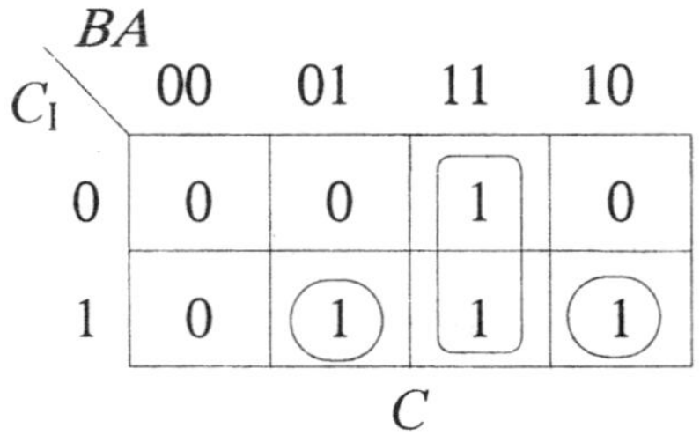

$$C = BA + \overline{B}AC_I + B\overline{A}C_I = BA + (A \oplus B)C_I$$

Un sumador completo que utilice esta expresión puede ser realizado con el circuito de la figura 4-43b, o sobre la base de dos medio-sumadores y una compuerta OR (figura 4-43c), lo que ratifica la denominación de medio-sumador que hemos dado a ese dispositivo.

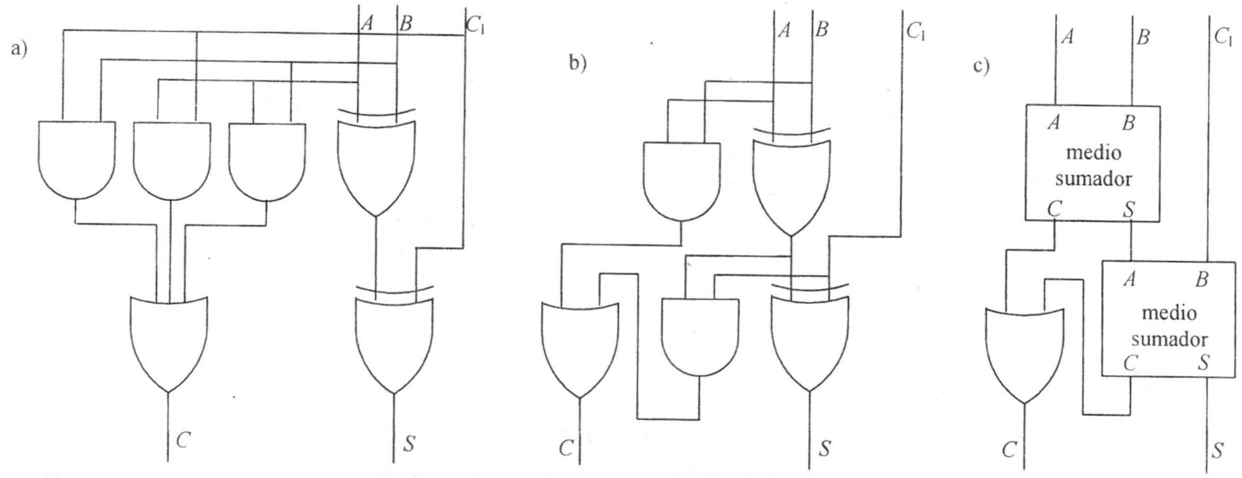

Figura 4-43 - Circuitos del sumador completo de 1 bit

Sea cual fuere la forma de realización del sumador completo de 1 bit, resulta fácil concluir que un sumador de 4 bits, se puede realizar como muestra la figura 4-44, donde se apreciará el traspaso del acarreo que produce cada columna, hacia la columna ubicada a su izquierda.

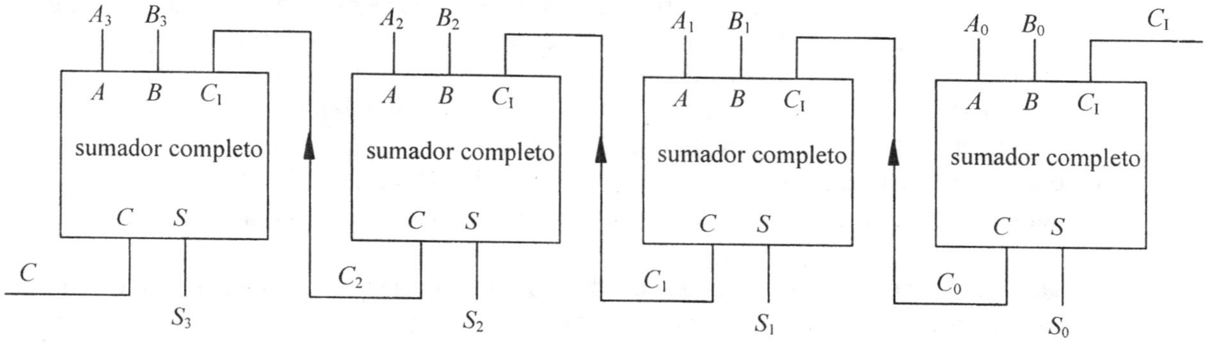

Figura 4-44 - Sumador binario de 4 bits

Quizás el lector objete que en esa figura se haya utilizado, en la suma de los bits menos significativos, un sumador completo en vez de un medio-sumador, como hubiera aparentemente bastado. La razón de esta utilización reside en que esto es lo requerido para lograr un diseño expandible modularmente, donde un sumador de 4 bits necesita una entrada para recibir el acarreo que produciría un sumador similar encargado de sumar los 4 bits de significación inmediatamente inferior a la de los suyos. Así, 4 de estos sumadores de 4 bits pueden interconectarse como muestra la figura 4-45 para formar un sumador de 16 bits. En este circuito, en el acarreo inicial se debe aplicar, lógicamente, un 0. El acarreo final, de estar en 1, señalará que el resultado de la operación excede los 16 bits asignados para el mismo.

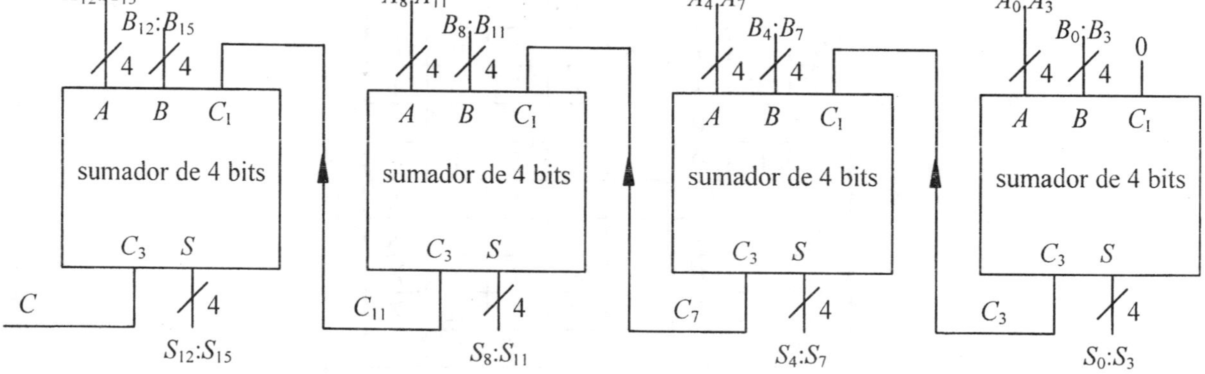

Figura 4-45 - Conexión en cascada de 4 sumadores de 4 bits para formar un sumador de 16 bits

En la figura anterior se ha hecho empleo de una simbología de uso corriente, que tiende a simplificar los dibujos reduciendo el número de líneas. En esta simbología, un grupo de líneas que están asociadas por representar, en conjunto, a un número o a una palabra de un código, puede ser simbolizado por medio de una única línea cortada por un segmento oblicuo al lado del cual se coloca el número de líneas que se busca simbolizar por medio de ese único trazo. También el rótulo asociado a una de estas líneas implícitamente múltiple puede aclarar la forma de conexión. Así, A_0:A_3 significa que esa raya simboliza la conexión de un total de 4 líneas, denominadas, respectivamente, desde la A_0 hasta la A_3.

Un integrado que contiene internamente un sumador binario de 4 bits (aunque de estructura algo diferente - y mejor - que el de la figura 4-44) es el 74x283. La diferencia con el circuito de la mencionada figura es que este integrado incorpora en concepto de acarreo anticipado que se detalla en el próximo apartado.

Veamos ahora un ejemplo de aplicación de sumadores que puede resultar ilustrativo.

Ejemplo 4-2

Retomemos el ejemplo 3-1 del capítulo 3 (que ya hemos repetido en este capítulo como ejemplo 4-1) donde se pedía un circuito que reciba por 4 líneas de entrada (*D*, *C*, *B* y *A*) una combinación cualquiera del código BCD natural, y que coloque en sus 4 líneas de salida (*D′*, *C′*, *B′* y *A′*) la combinación equivalente en el código BCD Aiken.

Solución usando sumadores

Repitiendo acá la tabla de verdad del dispositivo deseado se comprueba que para las primeras cinco combinaciones del código BCD natural (del 0 al 4), las correspondientes combinaciones del código Aiken resultan idénticas a ellas. Pero para las siguientes cinco combinaciones (del 5 al 9), para pasar de la correspondiente al código BCD natural al Aiken se debe sumar 6 a esa combinación. Surge entonces la idea de realizar esa conversión con un circuito sumador de 4 bits que:

- en el caso de los números a partir del 5 sume 6 a la combinación BCD natural
- en el caso de números por debajo de 5 no afecte la combinación BCD natural o, lo que es equivalente, le sume 0.

A su vez, para determinar si corresponde o no la suma de 6, se debería emplear un comparador que detecte si la combinación BCD natural corresponde a un número mayor o igual que 5. Pero esto también puede realizarse con un sumador de 4 bits que sume once (en binario, 1011) a la combinación BCD natural, la que si es mayor o igual que 5 dará un resultado mayor o igual que 16, lo que se podrá apreciar por la aparición de un acarreo en su última etapa.

D	*C*	*B*	*A*	*D'*	*C'*	*B'*	*A'*
0	0	0	0	0	0	0	0
0	0	0	1	0	0	0	1
0	0	1	0	0	0	1	0
0	0	1	1	0	0	1	1
0	1	0	0	0	1	0	0
0	1	0	1	1	0	1	1
0	1	1	0	1	1	0	0
0	1	1	1	1	1	0	1
1	0	0	0	1	1	1	0
1	0	0	1	1	1	1	1
1	0	1	0	X	X	X	X
1	0	1	1	X	X	X	X
1	1	0	0	X	X	X	X
1	1	0	1	X	X	X	X
1	1	1	0	X	X	X	X
1	1	1	1	X	X	X	X

El circuito que implementa esta idea es el que se muestra a continuación, el que una vez que el lector aprecie la forma en que se ha ingresado el binario 1011 como segundo operando constante en el sumador de la derecha (que hace las veces de comparador), y la forma como el sumador de la izquierda suma 0 ó 6 (0110 en binario) a la combinación BCD natural según sea el resultado de la comparación con 5, no requiere mayor explicación.

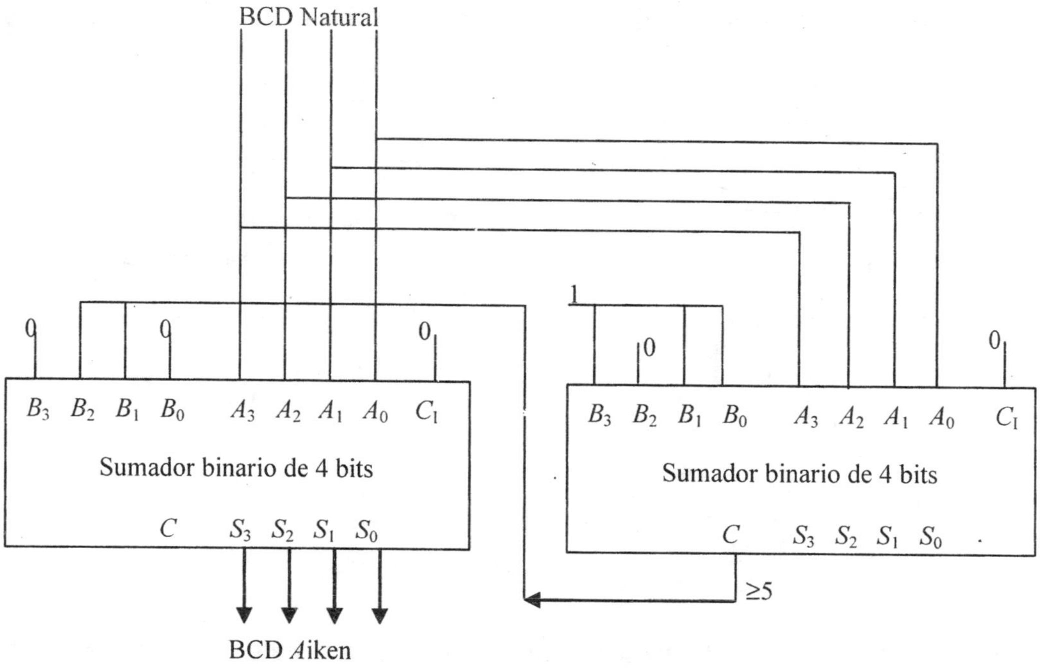

4.6.1.1. Sumador con acarreo anticipado

El circuito sumador de 4 bits de la figura 4-41 tiene el inconveniente, cuando se necesita que el sumador tenga alta velocidad de operación, de que se trata de un circuito cuyas salidas tienen muchos niveles y, por lo tanto, alto tiempo de propagación.

Efectivamente, por la forma como están encadenados los sucesivos sumadores de 1 bit, el número de niveles de los sucesivos acarreos va aumentando a medida que el sumador tiene más etapas a su derecha. Así, si el sumador que suma los bits menos significativos tiene una salida de acarreo de dos niveles, el sumador siguiente, que recibe como acarreo de entrada al acarreo de salida de la primera etapa que ya tiene dos niveles, emite el suyo con 4 niveles. Cada una de las etapas agrega así 2 niveles al acarreo, el que finalmente emerge a la salida del sumador de 4 bits con 8 niveles. Como la suma que se realiza en cada una de las etapas debe tomar en cuenta su acarreo de entrada, también el resultado de la suma tiene niveles crecientes a medida que los bits correspondan a etapas más alejadas de la correspondiente al bit menos significativo.

Existe una disposición circuital, llamada de *acarreo anticipado* (en inglés, look ahead carry), con la que se logra que el número de niveles con que se generan los distintos acarreos no sea superior a 3, reduciendo así el número de niveles tanto de los acarreos interetapas como de la suma misma.

En esta técnica, no se usan sumadores completos de 1 bit como los que hemos usado hasta ahora, sino que se usan sumadores de 1 bit que, aunque tienen entrada de acarreo (que es tomada en cuenta al efectuar la suma), no tienen una salida de acarreo sino dos salidas auxiliares llamadas de Generar y Propagar (usualmente simbolizadas G y P) sobre las que el acarreo de entrada no tiene ninguna incidencia. La función de estas señales es la siguiente:

- La señal de *Generar* indica si, de acuerdo a los valores que tienen en esa etapa los bits a sumar, correspondería que esa etapa emitiese un acarreo de salida, es decir, *generase* ese acarreo. Este sería el caso cuando los bits a sumar son ambos iguales a 1. Se notará que esto implica que la señal de Generar se puede obtener, para cada etapa, haciendo una operación AND entre los bits que recibe esa etapa de ambos operandos.
- La señal de *Propagar* indica si, de acuerdo a los valores que tienen en esa etapa los bits a sumar, correspondería que esa etapa emitiese un acarreo de salida en caso de recibir un acarreo de entrada, es decir, *propagase* este acarreo de entrada. Este sería el caso cuando sólo uno de los bits a sumar sea uno

porque, en ese caso, si hubiera acarreo de entrada correspondería que hubiese un acarreo de salida. Se notará que esto implica que la señal de Propagar se puede obtener, para cada etapa, haciendo una operación XOR entre los bits que recibe esa etapa de ambos operandos.

La figura 4-46 muestra el circuito y símbolo de un sumador de 1 bit con este juego de señales.

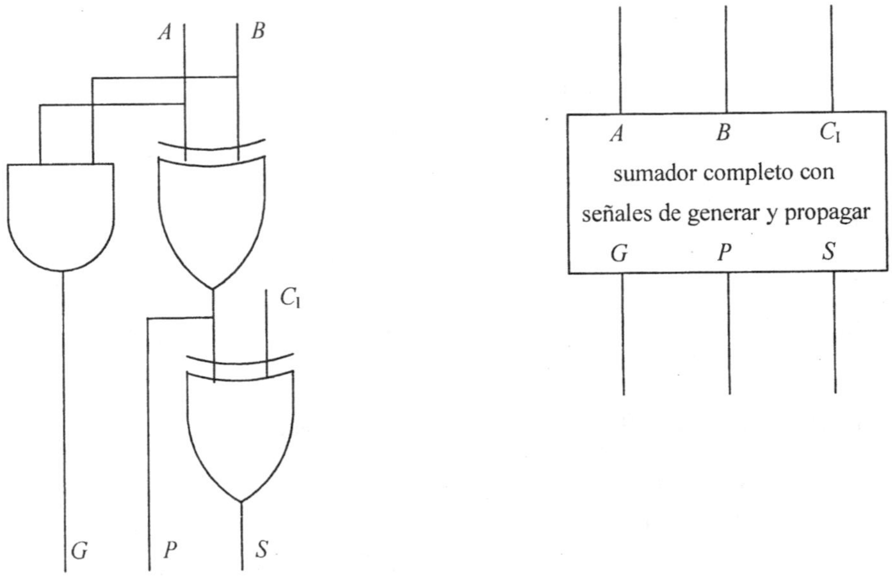

Figura 4-46 - Circuito y símbolo de un sumador completo con señales de Generar y Propagar

Para ver la ventaja que se obtiene con este tipo de sumador, consideremos ahora el caso de un sumador binario de 4 bits que utilice sumadores de 1 bit como el recién descripto. Ninguno de estos sumadores tiene salida de acarreo, por lo que los acarreos interetapa y el acarreo final se deben obtener mediante lógica adicional a partir de las distintas señales de Generar y Propagar, y del acarreo de entrada. La figura 4-47 muestra el circuito de dicho sumador, donde se ha reunido en un único bloque, llamado *anticipador de acarreo*, las funciones de producir los diferentes acarreos. En estas condiciones se tiene:

1) debe haber un acarreo de entrada en la etapa 1 (es decir, C_0), tanto si la etapa 0 está en condiciones de generar un acarreo, o hay un acarreo de entrada y la etapa 0 puede propagarlo. Es decir, algebraicamente:

$C_0=G_0+P_0.C_I$

2) debe haber un acarreo de entrada en la etapa 2 (es decir, C_1), tanto si la etapa 1 está en condiciones de generar un acarreo, o puede generar un acarreo la etapa 0 y la etapa 1 puede propagarlo, o hay un acarreo de entrada y tanto la etapa 0 como la 1 pueden propagarlo. Es decir, algebraicamente:

$C_1=G_1+P_1.G_0+P_1.P_0.C_I$

3) debe haber un acarreo de entrada en la etapa 3 (es decir, C_2), tanto si la etapa 2 está en condiciones de generar un acarreo, o puede generar un acarreo la etapa 1 y la etapa 2 puede propagarlo, o puede generar un acarreo la etapa 0 y las etapas 1 y 2 pueden propagarlo, o hay un acarreo de entrada y tanto la etapa 0 como la 1 y la 2 pueden propagarlo. Es decir, algebraicamente:

$C_2=G_2+P_2.G_1+P_2.P_1.G_0+P_2.P_1.P_0.C_I$

4) Por un razonamiento similar a los anteriores puede obtenerse el acarreo final, es decir, C_3:

$C_3=G_3+P_3.G_2+P_3.P_2.G_1+P_3.P_2.P_1.G_0+P_3.P_2.P_1.P_0.C_I$

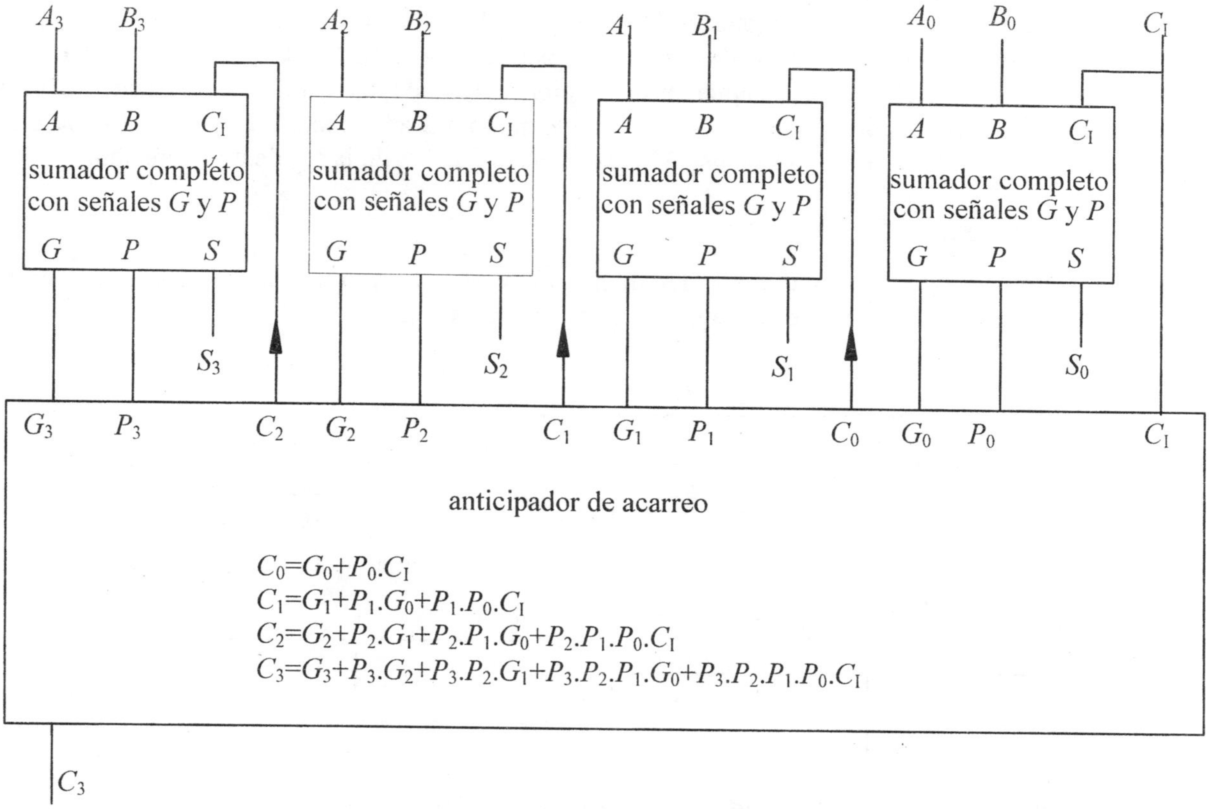

Figura 4-47 - Sumador binario de 4 bits con acarreo anticipado

Se notará que, dado que las señales G y P requieren 1 nivel para su realización (de acuerdo con el circuito de la figura 4-46), todas las expresiones anteriores que dan los acarreos interetapas y el acarreo final conducen a circuitos de 3 niveles, como ya habíamos anticipado, con la consiguiente mejora de la velocidad de operación de este sumador con relación al sumador de la figura 4-44, funcionalmente idéntico, pero más lento.

Un sumador integrado típico es el sumador de 4 bits con acarreo anticipado 74x283, que ya mencionamos, y que responde al esquema de la figura 4-47.

4.6.2. Suma de enteros

Todo lo dicho respecto a sumadores se refiere a la suma de magnitudes binarias, pero las reglas para la suma de números binarios enteros (es decir, con signo) son diferentes, y los circuitos que suman estos números deben tomar en cuenta las reglas que corresponden, según el código empleado para representar a esos números.

No veremos aquí los circuitos sumadores correspondientes a todos los códigos para números enteros que resultan de interés (Signo y magnitud, Complemento a 2 y Binario desplazado). Nos limitaremos a hacerlo con el código Complemento a 2, del que sabemos (ver el capítulo 1) que las reglas operativas para sumar números enteros codificados en dicho código son exactamente las mismas que para sumar magnitudes, por lo que resultan válidos los circuitos vistos para sumar a éstas, diferenciándose únicamente en los criterios a emplear para evaluar si el resultado es correcto o, por el contrario, si excede la capacidad de representación del código con el número de bits asignados y se produce un desborde. El reconocimiento de esta circunstancia no es a través del acarreo, como en el caso de la suma de magnitudes, sino a través de la coherencia que exhiba el signo del resultado por comparación con el signo de los operandos. Por ello, un circuito sumador que esté previsto para operar con números enteros codificados en Complemento a 2 es igual a los ya vistos para realizar las mismas operaciones con magnitudes, excepto por el hecho de que debe incorporar una señal de salida adicional llamada *indicador de desborde* (en inglés, overflow flag) que provea la indicación de si se ha producido o no esta circunstancia.

Así, se recordará que el resultado de una suma es incorrecto (es decir, la suma produjo desborde) cuando al sumar dos números de igual signo se obtiene un resultado de signo contrario al de los operandos. O, lo que es equivalente, cuando al sumar dos números positivos el resultado da negativo, y viceversa. Por ejemplo, de acuerdo a lo recién visto, un sumador de 16 bits como el de la figura 4-42 puede adaptarse para operar con números enteros codificados en código Complemento a 2 adicionándole un circuito que provea un indicador de desborde (que simbolizaremos V), que sea la realización de la siguiente expresión:

$$V = \overline{A_{15}}.\overline{B_{15}}.S_{15} + A_{15}.B_{15}.\overline{S_{15}}$$

Donde, como corresponde, se ha usado el bit más significativo (el 15) como indicador del signo. El circuito del sumador con indicador de desborde es el que muestra la figura 4-48.

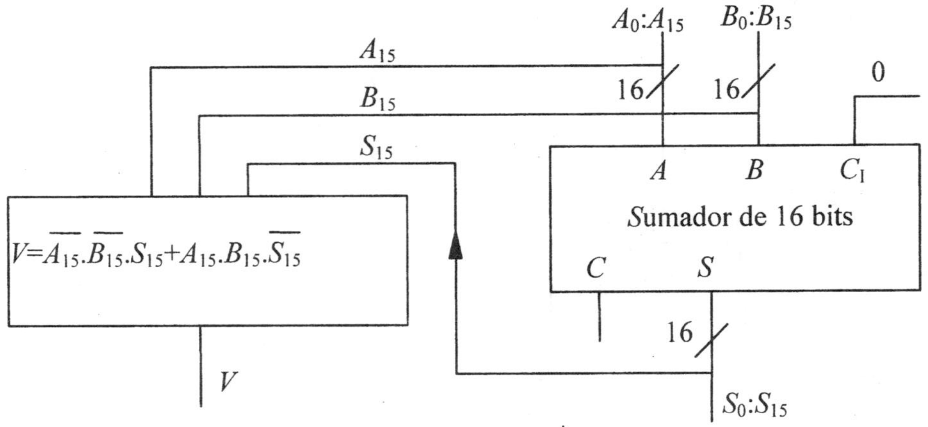

Figura 4-48 - Sumador de 16 bits con indicador de desborde

Otra forma de implementar el indicador de desborde es recordando que en el capítulo 1 se diera como regla alternativa para el mismo, que ocurría cuando el acarreo final era distinto del acarreo de la penúltima etapa. Usando esta regla, el indicador V puede obtenerse con una compuerta XOR cuyas entradas estén conectadas al acarreo final y al penúltimo. Esto resulta más sencillo que el circuito de la figura anterior, pero requiere que esté disponible el penúltimo acarreo, lo cual no siempre ocurre.

4.6.3. Sumadores/restadores binarios

Los circuitos sumadores también pueden ser usados para restar. Efectivamente, se recordará del capítulo 1 que tanto para restar magnitudes como para restar números enteros representados en el código Complemento a 2, se podía sumar al minuendo el complemento a 1 del sustraendo más uno. El complemento a 1 del sustraendo es fácilmente realizable en forma circuital pues basta con invertir todos los bits del mismo, y el agregado de un 1 a la suma también se realiza en forma simple colocando un 1 en el acarreo inicial, en vez de un 0 como se hace al sumar. De esta manera, un restador de 16 bits puede realizarse a partir de un sumador de 16 bits de la manera que muestra la figura 4-49.

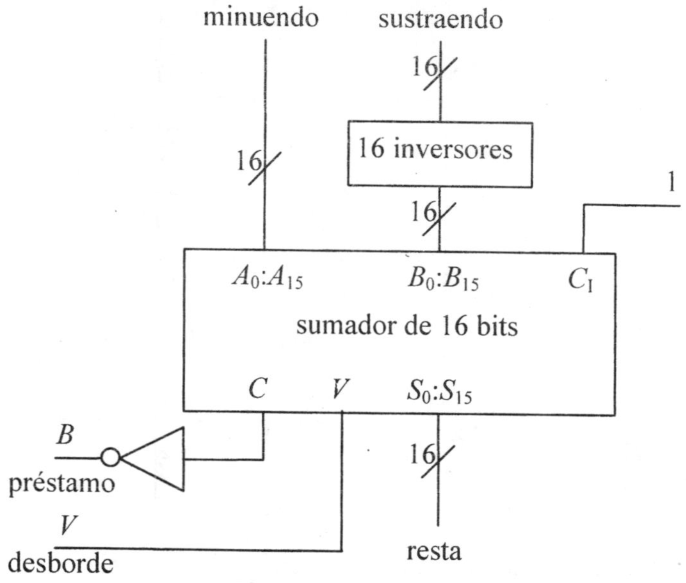

Figura 4-49 - Restador de 16 bits realizado sobre la base de un sumador de 16 bits

De dicha figura quizás sólo reste explicar los indicadores de préstamo y desborde que indican si la operación ha excedido el rango de salida.

- Para el caso de que los operadores sean magnitudes, se debe colocar el inversor que muestra la figura para negar el acarreo final. Esto es así, porque se recordará que al efectuar una resta de magnitudes a través de la suma del minuendo con el complemento del sustraendo, el acarreo final de dicha suma era exactamente opuesto al préstamo final que se obtiene efectuando la resta como tal. Es por ello que para obtener ese préstamo final (y con él la indicación de si el resultado es correcto o no) es necesario invertir el acarreo final.
- Como se recordará del capítulo 1, una resta entre números enteros representados en el código Complemento a 2 realizada sumando al minuendo el complemento a 1 del sustraendo más 1, produce desborde cuando lo hace la suma antedicha Por lo tanto, el indicador de desborde del sumador sirve también para indicar el desborde en el caso de la resta.

En muchas aplicaciones las operaciones de sumar y restar suelen alternarse, necesitándose en esos casos un circuito que permita uno u otro tipo de operación, por ejemplo incorporando una señal de modo M que, de estar en 0, haga que el circuito se comporte como sumador, y que, de estar en 1, lo haga como restador. Un circuito con estas características se denomina *sumador/restador*, y se muestra en la figura 4-50.

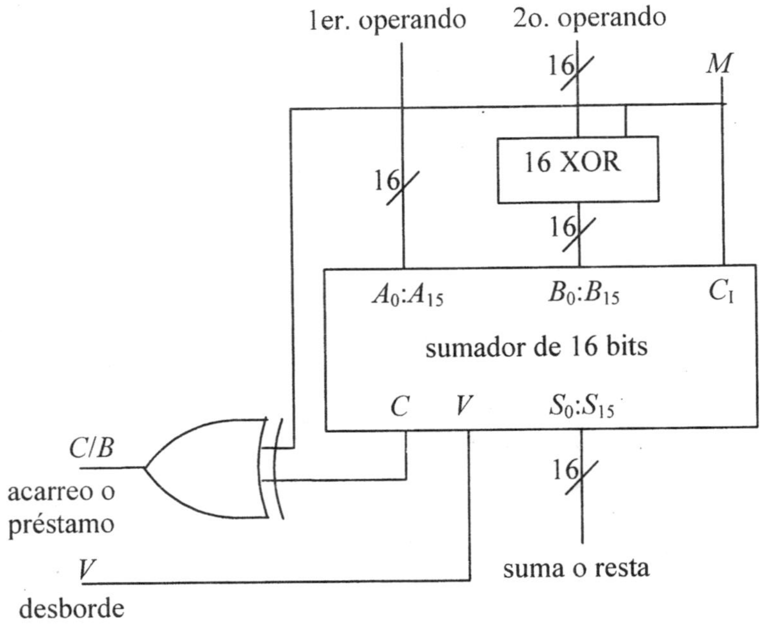

Figura 4-50 - Sumador/restador de 16 bits realizado sobre la base de un sumador de 16 bits

Para dicho circuito:

a) si la señal M es 0, se aplica un acarreo inicial nulo, el segundo operando se aplica sin alteraciones al circuito sumador (recordar que sumar 0 en módulo 2 a una variable, no la afecta) y tampoco el acarreo final se ve afectado, por lo que todo el conjunto se comporta como un circuito sumador.

b) si la señal M es 1, se aplica un acarreo inicial de valor 1, el segundo operando se aplica al circuito sumador luego de haber invertido todos sus bits (recordar que sumar 1 en módulo 2 a una variable, la invierte), y también el acarreo final se ve invertido, por lo que todo el conjunto se comporta como el circuito restador de la figura 4-49.

Un circuito integrado sumador/restador de 4 bits disponible comercialmente es el 74x181 que realiza, además de la simple suma y resta, algunas operaciones lógicas, por lo que es llamado *unidad aritmética y lógica* (a menudo abreviada ALU por las iniciales de Arithmetic and Logic Unit). Asociado a él está el integrado 74x182, un anticipador de acarreo que permite que varias ALU puedan conectarse en cascada usando la técnica de acarreo anticipado entre ellas. Sin embargo, estos circuitos no incorporan un indicador de desborde que, de ser necesario, debe ser realizado con lógica externa.

También está disponible comercialmente el 74x382, una ALU de 4 bits que puede realizar 8 funciones distintas y tiene salida de desborde y de acarreo, aunque no posee salida de acarreo/préstamo (C/B) que, de ser necesaria, debe ser generada externamente. Este dispositivo tiene tres entradas de selección que permiten elegir entre 8 funciones distintas, según muestra la siguiente tabla.

S_2	S_1	S_0	Función
0	0	0	todos los bits de salida en 0
0	0	1	B más el complemento a 1 de A más C_I
0	1	0	A más el Complemento a 1 de B más C_I
0	1	1	A más B más C_I
1	0	0	$A \oplus B$
1	0	1	$A+B$
1	1	0	$A.B$
1	1	1	todos los bits de salida en 1

En el caso de las operaciones lógicas, ellas se deben entender como 4 operaciones lógicas independientes realizadas entre bits homólogos de los operandos. Es decir que, por ejemplo, el bit 2 de salida, en el caso de una operación OR, resulta de la operación A_2+B_2. Nótese en la tabla la simbología empleada para evitar confusión entre operaciones lógicas y aritméticas: el símbolo + se ha usado para la operación OR, mientras que la suma se ha representado por la palabra *más*. Con el punto se representa a la operación AND, no habiendo confusión posible ya que este dispositivo no realiza la operación producto aritmético.

4.6.4 Suma decimal

Además de los ya vistos sumadores de números binarios, resultan también de interés los sumadores de números decimales codificados en binario. De los diferentes códigos binarios que se utilizan para representar a los números decimales, los únicos que guardan interés para efectuar con ellos operaciones aritméticas son el BCD Aiken, el BCD Exceso 3 y el BCD natural, particularmente este último. Por ello en la presente publicación nos limitaremos a estudiar en detalle el caso del BCD natural, limitando el análisis de los otros códigos mencionados a ciertos conceptos introductorios.

4.6.4.1. Sumadores decimales de 1 dígito

Tal como el sumador completo de 1 bit es el bloque básico a partir del cual se construyen los sumadores binarios de mayor número de bits, cuando se trata de realizar sumadores de números decimales codificados en binario, el bloque básico es el de un sumador decimal de 1 dígito. Dicho bloque se muestra, con sus entradas y salidas, en la figura 4-51.

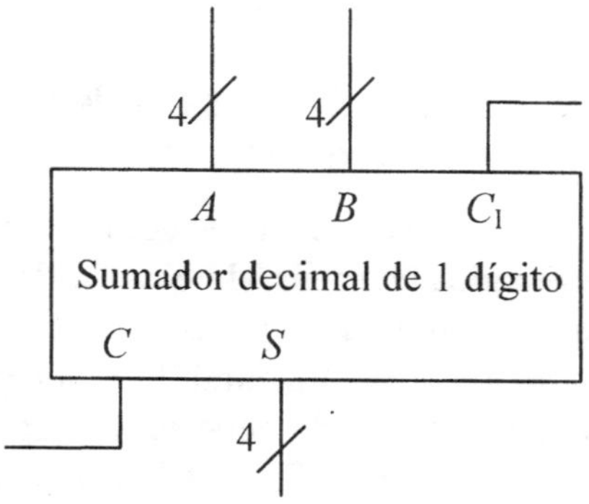

Figura 4-51 - Sumador decimal de 1 dígito

Se notará que un sumador de 1 dígito requiere un total de 9 señales de entrada (4 para cada uno de los operandos y una para el acarreo de entrada) por lo que no resulta factible encarar su estudio y realización en la forma convencional a partir de la tabla de verdad, por cuanto ésta demanda 512 renglones. Afortunadamente, tanto para el código BCD natural como para el Exceso 3 y el Aiken, existe una vía alternativa de abordar el problema, consistente en sumar a los dos dígitos decimales como si fueran binarios, y luego corregir el resultado para adecuarlo al verdadero carácter de los operandos. Con este enfoque, un sumador decimal de 1 dígito codificado en alguno de los mencionados códigos puede realizarse como muestra la figura 4-52, basado en un sumador binario de 4 bits y un corrector. El sumador binario de 4 bits resulta ya conocido, mientras que el corrector debe ser analizado porque depende del código empleado, pero es un circuito de sólo 5 entradas cuyo estudio no puede presentar mayores dificultades.

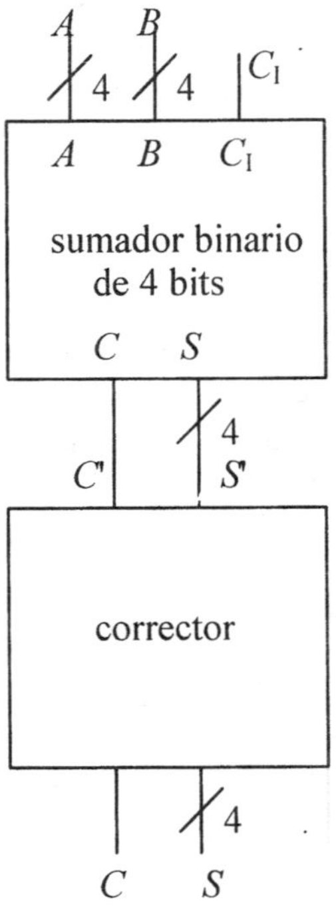

Figura 4-52 - Sumador decimal de 1 dígito sobre la base de un sumador binario de 4 bits y un corrector

De acuerdo a lo ya mencionado, restringiremos nuestro estudio al caso del corrector correspondiente al código BCD natural. Los dígitos representados en este código tienen la misma combinación de ceros y unos que sus equivalentes binarios, por la que la salida del sumador binario será el resultado binario de la suma, el que debe ser corregido para transformarlo en BCD natural. Por ejemplo, si la suma binaria de dos dígitos da como resultado 1101 (es decir, trece) este resultado debe ser corregido para dar lugar a un tres (0011) y un acarreo destinado a la columna de su izquierda. En la tabla que sigue se muestran, para los posibles resultados de la suma que van desde el 0 hasta el 19 (máximo que ocurre al sumar 9+9 en presencia de un acarreo de entrada), la salida del sumador binario y cómo debe ser el resultado corregido en BCD natural.

Resultado decimal	Resultado binario					Resultado corregido en BCD				
	C'	S_3'	S_2'	S_1'	S_0'	C	S_3	S_2	S_1	S_0
0	0	0	0	0	0	0	0	0	0	0
1	0	0	0	0	1	0	0	0	0	1
2	0	0	0	1	0	0	0	0	1	0
3	0	0	0	1	1	0	0	0	1	1
4	0	0	1	0	0	0	0	1	0	0
5	0	0	1	0	1	0	0	1	0	1
6	0	0	1	1	0	0	0	1	1	0
7	0	0	1	1	1	0	0	1	1	1
8	0	1	0	0	0	0	1	0	0	0
9	0	1	0	0	1	0	1	0	0	1
10	0	1	0	1	0	1	0	0	0	0
11	0	1	0	1	1	1	0	0	0	1
12	0	1	1	0	0	1	0	0	1	0
13	0	1	1	0	1	1	0	0	1	1
14	0	1	1	1	0	1	0	1	0	0
15	0	1	1	1	1	1	0	1	0	1
16	1	0	0	0	0	1	0	1	1	0
17	1	0	0	0	1	1	0	1	1	1
18	1	0	0	1	0	1	1	0	0	0
19	1	0	0	1	1	1	1	0	0	1

El corrector puede entonces realizarse a partir de esta tabla de verdad con un circuito de 2 niveles tras la obtención de las expresiones mínimas de C, S_3, S_2, S_1 y S_0 en función del resultado binario, usando sendos mapas de Karnaugh. Este proceso da como resultado:

$$C = C' + S_3'.S_2' + S_3'.S_1'$$

$$S_3 = S_3'.\overline{S_2'}.\overline{S_1'} + C'.S_1'$$

$$S_2 = S_2'.S_1' + C'.\overline{S_1'} + S_2'.\overline{S_3'}$$

$$S_1 = S_2'.\overline{S_1'} + C'.\overline{S_1'} + \overline{C'}.\overline{S_3'}.\overline{S_2'}.S_1'$$

Un integrado que contiene internamente un sumador BCD natural de un dígito es el 74x583. Responde al esquema del sumador de 1 dígito de la figura 4-52, y el corrector de dicha figura está implementado con lógica de compuertas a 2 niveles, como acabamos de exponer.

Si bien la corrección se puede realizar en la forma que acabamos de señalar, es interesante notar que una forma alternativa y elegante de realizar el corrector es a partir de comparar el resultado de la suma binaria con el decimal 10, y ahora:

- Si el resultado es menor que 10, el acarreo de salida debe ser 0 y el resultado binario no requiere ser corregido.
- Si el resultado es mayor o igual que 10, el acarreo de salida debe ser 1 y se debe sumar 6 al resultado binario para corregirlo (descartando el acarreo que pudiera dar esta nueva suma).

Se invita al lector a observar la tabla de verdad para comprobar la validez de este método, y a comprobar que el circuito de la siguiente figura es un sumador decimal de 1 dígito realizado en base a esta forma de corrección. El lector notará que para reconocer si el resultado binario es mayor o igual a 10, resulta innecesaria la consulta al bit menos significativo, porque la conclusión que se está buscando no depende del valor de S_0'. Por ello sólo se debe observar los bits $C'S_3'S_2'S_1'$ y determinar si esos bits, en conjunto y en ese orden, forman un número binario mayor o igual que 5 o, lo que es equivalente, mayor que 4.

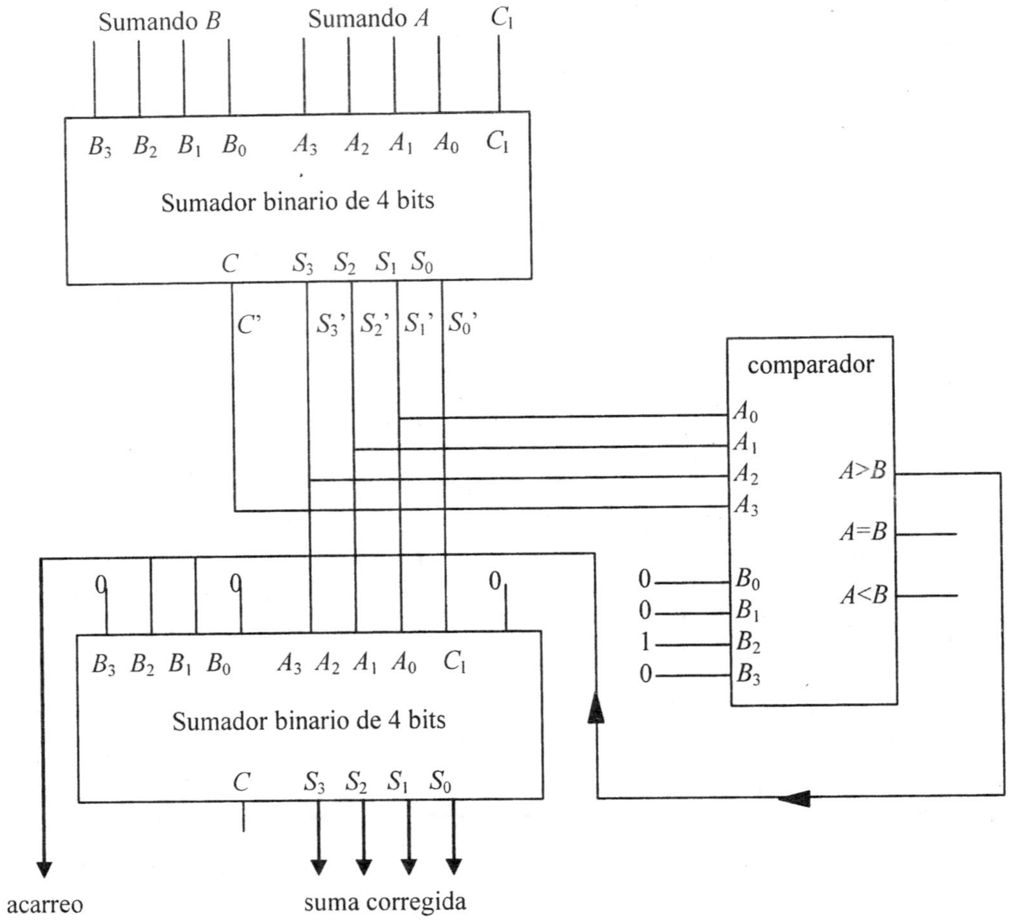

Figura 4-53 Sumador BCD natural de un dígito
en el que el corrector se realiza con un comparador y un sumador

4.6.4.2. Sumadores decimales de varios dígitos

A partir de un sumador decimal de 1 dígito, resulta evidente que la conexión en cascada de varios de estos sumadores permite realizar sumas decimales de mayor número de dígitos. Por ejemplo, el circuito de la figura 4-54 es un sumador decimal de 3 dígitos.

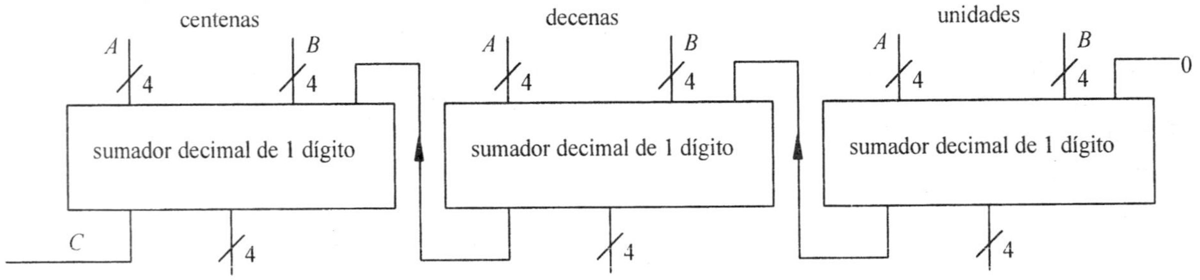

Figura 4-54 - Sumador decimal de 3 dígitos

4.6.4.3. Resta decimal

Para la resta de magnitudes decimales pueden emplearse métodos parecidos a los usados para la resta en binario. Por ejemplo, se define como complemento a 9 de una magnitud decimal M de n dígitos a 10^n-1-M, es decir, en forma análoga al complemento a 2. El complemento a 9 de una magnitud de n dígitos puede realizarse fácilmente hallando el complemento a 9 de cada dígito por separado. Y la resta de dos magnitudes de n dígitos puede realizarse sumando al minuendo el complemento a 9 del sustraendo, más 1.

Por ejemplo, trabajando con 3 dígitos, la resta 452-80 puede hacerse como sigue:

$$
\begin{array}{r}
\leftarrow 452 \\
+\ 919 \\
\underline{1} \\
372
\end{array}
$$

Al igual que en el caso binario, el acarreo final es el indicador de que el resultado de la operación es válido (como el lector fácilmente comprobará).

Este uso del complemento a 9 para restar justifica que los códigos BCD en los cuales esta operación de complementar a 9 se hace en forma sencilla (en Aiken y en Exceso 3 basta invertir todos los bits) den origen a circuitos restadores más simples que código BCD Natural. En este último código, para hallar el complemento a 9 de un dígito, se deben invertir todos sus bits, llevarlos a un sumador binario que les agregue el binario 1010 (diez en decimal), y descartar el acarreo final que siempre se produce.

Por ejemplo: Sea el dígito 5 que en BCD Natural se representa como 0101. Tras invertir todos los bits se transforma en el 1010. Sumándole 1010 en binario y descartando el acarreo final se llega al 0100 que es el 4, el complemento deseado.

4.7. Circuitos iterativos y recursivos

4.7.1. Circuitos iterativos

A lo largo de este capítulo, en varias ocasiones hemos debido recurrir a utilizar repetidamente en un circuito determinadas configuraciones circuitales básicas, idénticas entre sí y con la debida conexión entre ellas, para lograr alcanzar la función que nos habíamos propuesto. Así ha ocurrido cuando debimos, por ejemplo, expandir decodificadores, multiplexores, comparadores, sumadores, etc.

Cuando un circuito está construido en base a configuraciones circuitales básicas idénticas, interconectadas de una manera regular, como los ejemplos arriba mencionados, se lo llama *circuito iterativo*. A cada una de las configuraciones básicas se las denomina *unidad modular* o, incluso, *célula*. Por ejemplo, en este contexto constituyen una célula el comparador de magnitudes de 2 bits y el sumador completo de 1 bit que hemos visto en apartados anteriores.

Las ventajas de usar, cuando ello es posible, un circuito iterativo para implementar una función deseada, son varias:

- El costo del diseño disminuye, pues sólo se debe diseñar una célula simple, que tiene relativamente pocas entradas. La duración del proceso de diseño no depende del número celdas necesarias para implementar la función.
- El costo de los materiales para implementar la función mediante un circuito iterativo crece linealmente con la cantidad de celdas (y por consiguiente, con la cantidad de entradas), mientras que en un circuito común suele crecer exponencialmente con el número de entradas.
- La estructura regular de los circuitos resultantes los hace muy adecuados para ser integrados.
- Los circuitos iterativos pueden transformarse en recursivos, una característica que justifica que la desarrollemos en el apartado que sigue éste.

El inconveniente de los circuitos iterativos se encuentra en el tiempo que puede demandar generar la función deseada. Si la interconexión de las celdas se hace en cascada, ese tiempo, y el número de niveles de la lógica, son proporcionales al número de celdas. Si la interconexión se hace en forma de árbol, son proporcionales al logaritmo del número de celdas. Así, por ejemplo, el cálculo del bit de paridad correspondiente a 8 bits de información demanda 8 niveles si las células (compuertas XOR) se conectan en cascada, y sólo 3 niveles si se las conecta en árbol.

Puede reducirse el número de niveles (y por lo tanto el tiempo) combinando dos células para hacer una célula algo más compleja, pero de la que sólo se requiere la mitad de ejemplares. En algunos casos puede reducirse el tiempo apelando a recursos especiales como, por ejemplo, el anticipador de acarreo utilizado en sumadores.

4.7.2. Circuitos recursivos – procesamiento paralelo y serie

En un circuito iterativo las celdas idénticas están distribuidas en el espacio, e interconectadas, para realizar la función deseada. Un circuito iterativo es un circuito combinacional, es decir, un circuito que recibe todas las entradas y genera directamente las pertinentes salidas.

Pero puede concebirse la posibilidad de que sólo exista una única célula, que reciba en forma secuencial las entradas y genere progresivamente las sucesivas salidas. En este caso la misma célula es reiteradamente utilizada en el tiempo con entradas cambiantes. Estamos en presencia de un *circuito recursivo*. Así, por ejemplo, un sumador binario podría realizarse con un único sumador por el que fueran pasando de a pares los bits sucesivos de los dos números a sumar, aunque éste requeriría disponer de un circuito que retuviese la información del acarreo producido en la suma de dos bits, para aplicarlo al sumador cuando le corresponda a éste sumar los bits inmediatamente más significativos.

Resulta evidente que la gran ventaja de un circuito recursivo respecto a uno iterativo es la economía, ya que sólo requiere de una única célula. La desventaja es la velocidad, ya para lograr el equivalente a un circuito iterativo de n celdas, se necesita realizar n pasadas por la misma celda.

Corresponde introducir la terminología que hemos de emplear para referirnos a algunos conceptos que surgen de lo acá dicho:

- Se dice que una información se procesa *en paralelo* cuando los elementos que la componen se procesan en simultaneidad (o cuasi-simultaneidad)
- Se dice que una información se procesa *en serie* cuando los elementos que la componen se procesan unos tras otros, es decir, en secuencia.

Así, por ejemplo, el puerto paralelo de una computadora personal permite obtener todos los bits que componen un byte de manera simultánea (lo que requiere un terminal para cada uno de esos bits), mientras que en el puerto serie los bits son entregados uno tras otro en el mismo terminal.

Resulta interesante resaltar una situación que se da en general en los sistemas en paralelo, y a la que el mencionado puerto no escapa: dado que la información suele ser extensa, el paralelismo sólo llega hasta cierto nivel. Así, en el puerto paralelo están disponibles simultáneamente todos los bits que forman un byte, pero si la información consta de varios bytes, los bytes son procesados en serie.

Los procesadores en serie son circuitos secuenciales, y no combinacionales. Recordemos que en la introducción de este capítulo habíamos definido a los circuitos secuenciales como aquellos que, dotados de ciertas características de memorización, tienen salidas que dependen, no sólo de las entradas que haya en cada momento, sino también de la historia previa de dichas entradas. Los capítulos finales de este libro están dedicados a los circuitos secuenciales, por lo que no ampliaremos sobre ellos por el momento.

4.8. Lógica combinacional con Dispositivos Lógicos Programables

Ya hemos visto, en la introducción de este capítulo, que la aparición de los circuitos integrados de mediana y alta escala de integración trajo la disponibilidad de dispositivos que, tal como son suministrados comercialmente, contienen en su interior diversas compuertas conectadas en una *configuración flexible* que el usuario puede modificar para adaptar el dispositivo a sus necesidades. El proceso de configuración se denomina *programación*, y se llaman *conexiones programables* a aquellas conexiones que no son fijas sino que pueden ser alteradas por este procedimiento. Por ello, a estos dispositivos se los designa como *dispositivos lógicos programables*, o con la sigla PLD por las iniciales de su denominación en inglés: Programmable Logic Devices. Estos dispositivos pueden reemplazar a un conjunto de circuitos integrados de baja y media escala de integración con las ventajas de:

- menor espacio ocupado, ya que un PLD puede reemplazar a varios integrados de baja y media escala de integración.
- menor número de interconexiones, ya que muchas de las necesarias son internas al PLD.
- menor costo por compuerta y menores costos asociados a la reducción del inventario a un número menor de elementos y al menor espacio requerido en plaquetas impresas
- otras ventajas como mayor velocidad y confiabilidad.
- mayor confidencialidad del diseño, ya que en los dispositivos más refinados, las conexiones internas no pueden ser descubiertas por quien, disponiendo del circuito integrado, maliciosamente quiera apropiarse de los detalles de diseño.

- algunos de estos dispositivos admiten ser reprogramados, es decir, reconfigurados, para adaptarlos a especificaciones cambiantes.

Existen diversos circuitos configurables que califican como dispositivos lógicos programables, pero en este capítulo nos limitaremos a introducir los dispositivos PAL combinacionales y los dispositivos PROM, dejando para capítulos posteriores los aspectos tecnológicos de mayor detalle de estos dispositivos y el estudio de los dispositivos lógicos programables de tipo secuencial.

4.8.1. Dispositivos PAL combinacionales

4.8.1.1. Introducción de los dispositivos PAL combinacionales

La palabra PAL proviene del inglés Programmable Array Logic (Arreglo Lógico Programable) y estaba registrada como marca por la empresa Monolithic Memories Inc. (hoy en día absorbida por Lattice Semiconductor a través de varios procesos de compra de empresas), la que fue la que introdujo este tipo de dispositivo.

Los dispositivos PAL tienen usualmente varias salidas, pero el esquema general de cada una de ellas (al menos en su variante más simple) busca generar una cierta función lógica a través de una suma de productos programables como muestra la figura siguiente.

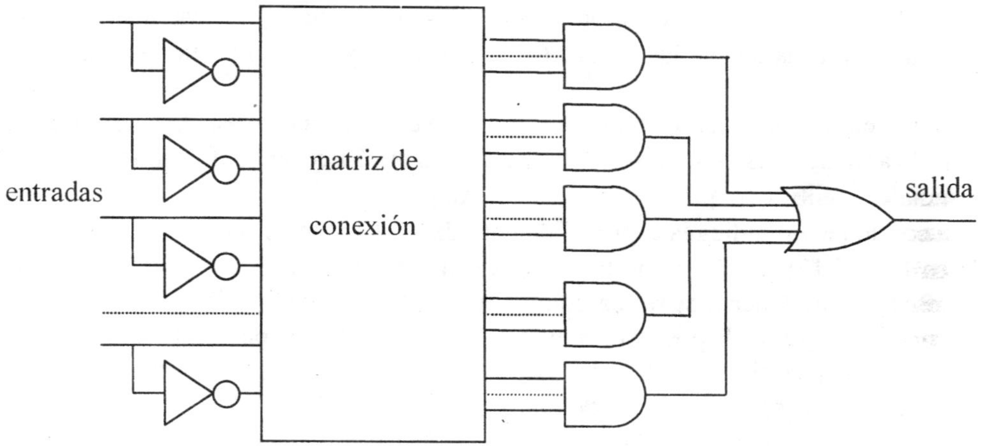

Figura 4-55 - Esquema general de una salida de un dispositivo PAL

De esta manera, una adecuada conexión de las entradas del circuito (o sus inversas) con las entradas de las compuertas AND, permite obtener en la salida la función deseada expresada como Suma de Productos, al menos si la cantidad de productos necesarios no excede a la cantidad de compuertas AND asociadas a cada salida, que en la figura son 5 y que en los circuitos reales suele ser mayor. La mayoría de las funciones lógicas que pueden necesitarse en la práctica no suelen requerir más de 8 productos.

Al conjunto de las compuertas AND, la matriz de conexión que las precede y los inversores de entrada, se lo denomina *matriz AND*. Es la configuración de dicha matriz la que le fija al circuito la función a realizar.

Hasta aquí sólo se ha representado una salida. Un dispositivo PAL tendrá en general más de una para poder generar varias funciones simultáneamente. Veamos por ejemplo el caso del dispositivo PAL12H6, obsoleto y muy pequeño para los estándares actuales, pero que nos servirá como base para profundizar en la estructura de los dispositivos PAL más modernos. Este dispositivo responde al esquema de la figura siguiente:

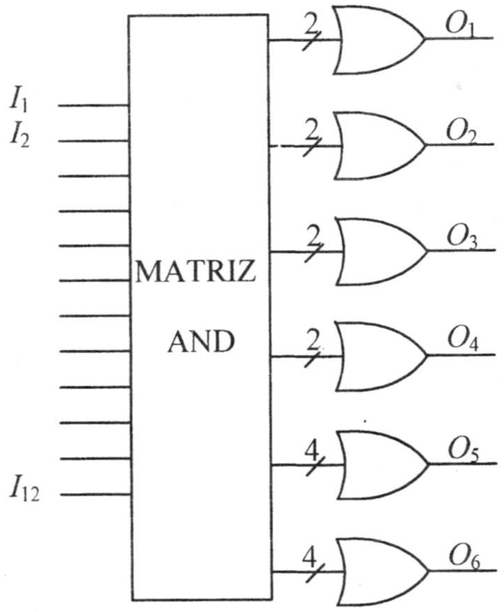

Figura 4-56 – PAL12H6

El circuito tiene 12 entradas (I_1 a I_{12}), 6 salidas (O_1 a O_6) y 16 productos que están asignados de la siguiente manera: dos productos a cada una de las salidas O_1, O_2, O_3 y O_4, y cuatro productos a cada una de las salidas O_5 y O_6.

La denominación de los dispositivos PAL no sigue el sistema de identificación usual en los circuitos lógicos estándar de aplicaciones generales (74x...) sino que el código se confecciona de la siguiente manera:

- las letras iniciales identifican que se trata de una PAL
- el número a continuación indica la cantidad de entradas (12 en PAL12H6)
- la sigla H en la PAL12H6 señala que las salidas son activas en alto. Esto debe ser indicado porque un dispositivo PAL puede tener a la salida compuertas NOR en lugar de las compuertas OR de la figura, con lo cual pueden lograrse dispositivos similares a los de la figura pero activos en bajo. En ese caso, la letra no sería ya una H sino una L. En dispositivo activo en bajo es particularmente adaptado para generar funciones lógicas tipo Producto de Sumas.
- el número final da el número de salidas (6 en la PAL12H6)

Nótese que si bien el código da mucha información sobre el tipo de PAL, no llega a identificar el número de productos ni como están estos repartidos entre las diferentes salidas, por lo que la consulta al manual del fabricante es siempre necesaria.

Limitémonos por el momento al estudio de los dispositivos PAL realizados con tecnología TTL. El mecanismo de programación, es decir, las conexiones programables, que se utiliza en esta tecnología está basado en *fusibles*. Así, un dispositivo PAL es producido por el fabricante con una matriz de conexión entre las compuertas AND y las entradas del dispositivo a través de conexiones fusibles que el usuario puede eliminar por el proceso de programación, consistente en quemar algunos de esos fusibles para adaptar al dispositivo a sus necesidades particulares. El esquema de esta conexión programable se muestra en la figura siguiente, la que sólo exhibe dos productos (los otros que pudiera haber serían similares) y corresponde a un caso (extremadamente pequeño) de sólo 2 entradas. Pero en la figura se han mezclado simbologías. El primero de los productos muestra un circuito más realista que el segundo, destacándose los fusibles a las entradas de la compuerta AND. El segundo es más simbólico, donde los fusibles están representados por cruces (X) en las líneas de interconexión entre las señales verticales (las entradas y sus inversas) y la línea horizontal que simboliza el conjunto de entradas de la AND. Esta segunda simbología es la preferida, ya que resulta más simple, especialmente en el caso de haber numerosas señales de entrada y cientos o miles de fusibles

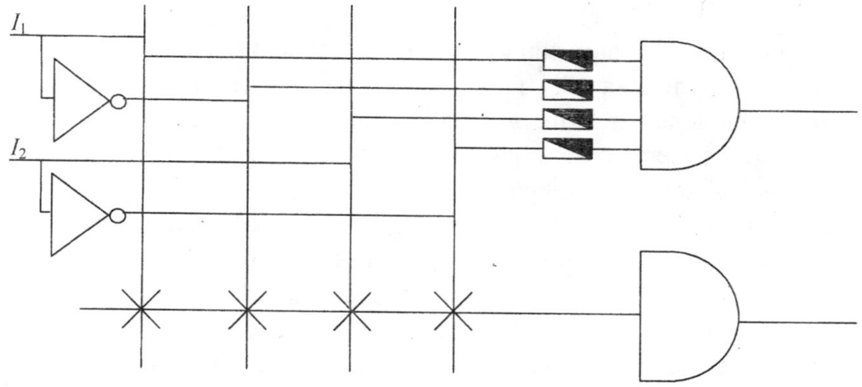

Figura 4-57 – Circuito y símbolo de un producto programable

Usando esta última simbología para la matriz AND, la figura siguiente muestra el circuito interno (y la representación esquemática que haremos de él) de un hipotético dispositivo PAL extremadamente pequeño (apenas un subconjunto del PAL12H6, que para los estándares actuales ya es pequeño de por sí), de 4 entradas, 10 productos y 4 salidas activas en alto (que podríamos bautizar como PAL4H4), cuyos productos se han distribuido de la siguiente forma: 4 productos para una salida y 2 productos para cada una de las otras salidas.

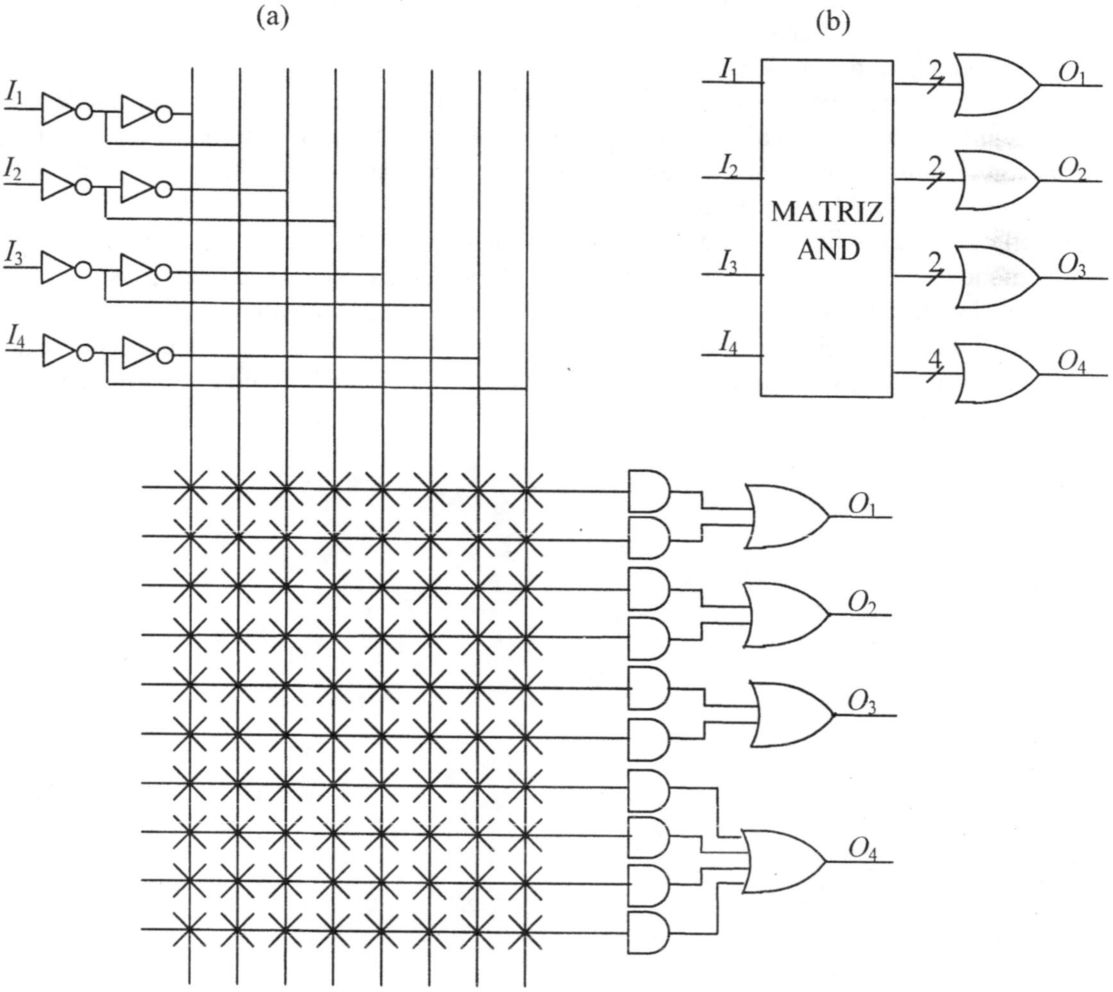

Figura 4-58 - Dispositivo PAL de 4 entradas, 10 productos y 4 salidas;
(a) circuito y (b) representación esquemática

4.8.1.2. Los dispositivos PAL medianos

Los dispositivos PAL explicados hasta aquí son los llamados "pequeños", ya obsoletos, pero los dispositivos PAL de tamaño algo mayor (los "medianos", ya también anticuados, pero útiles como recurso didáctico para presentar estructuras más complejas en forma gradual), además de tener más productos (por ejemplo, 64) tienen variantes alrededor del esquema básico que fue explicado hasta ahora. Algunas de estas variantes (la lista no pretende ser exhaustiva) son las siguientes:

a) entre las salidas de las compuertas OR (o NOR, según sea la polaridad) y las salidas del dispositivo, intercalar buffers con salida de 3 estados. La presencia de estos buffers hace necesaria la existencia de señales de habilitación para ellos, las que en general son generadas internamente por la matriz AND a través de un producto programable asignado a esa función, de manera que la habilitación puede hacerse función de las señales de entrada. Sin embargo, en muchos casos se desea que la habilitación sea permanente, caso en el que basta quemar todos los fusibles correspondientes al producto que genera la habilitación, ya que en ese caso la compuerta AND correspondiente está preparada (posee una resistencia de pull up) para colocar un 1 constante a su salida.

b) retroalimentar hacia la matriz AND algunas de las salidas del dispositivo PAL, con múltiples propósitos:
   - permitir implementar funciones con más de 2 niveles.
   - permitir que haya salidas que sean función de otras salidas.
   - permitir la implementación de circuitos secuenciales de modo fundamental, que requieren este tipo de retroalimentación como veremos en un capítulo posterior.
   - permitir transformar una salida en una entrada. Así, si se envía al tercer estado en forma permanente una de estas salidas retroalimentadas (por ejemplo, dejando intactos todos los fusibles correspondientes al producto que genera la habilitación), la misma puede emplearse como una entrada adicional. Esto crea la posibilidad de programar el terminal correspondiente ya sea como salida o como entrada, aumentando la flexibilidad del circuito. Este tipo de terminal se denomina *terminal bidireccional*.

Estas dos posibilidades se exhiben en el dispositivo PAL hipotético de la figura siguiente (de tamaño muy inferior a los modelos comerciales), con 4 entradas, 12 productos, una salida de 3 estados (O_1) y 2 terminales bidireccionales (IO_2 y IO_3), con salidas activas en bajo. Este dispositivo PAL podría denominarse PAL6L3. Se considera que son 6 las entradas porque los terminales bidireccionales se cuentan como salidas pero también como entradas, ya que efectivamente ingresan a la matriz AND como una entrada más.

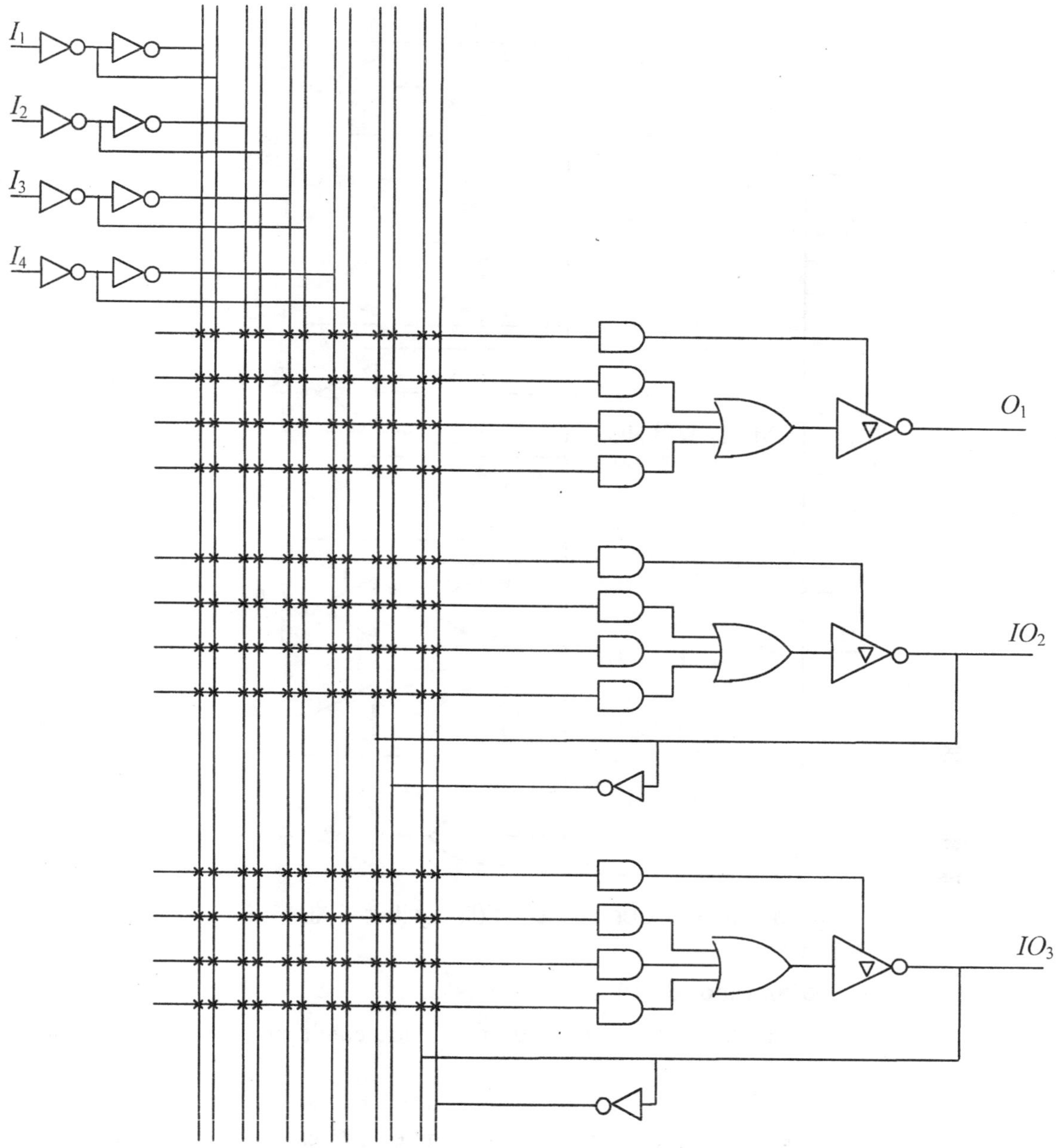

Figura 4-59 - Dispositivo PAL hipotético de 4 entradas y 12 productos, con una salida de 3 estados y 2 terminales bidireccionales y salidas activas en bajo (PAL6L3)

Un popular dispositivo PAL comercial es la PAL16L8 que tiene 10 entradas propiamente dichas, 2 salidas activas en bajo, y 6 terminales bidireccionales con salidas activas en bajo. Las matriz AND tiene 16 variables de entrada (o sea 32 líneas verticales), consistentes en las 10 entradas propiamente dichas y los 6 terminales bidireccionales. Tiene 64 productos, y su esquema interno se esquematiza en la figura siguiente. Contiene más elementos que la PAL6L3 pero conceptualmente no agrega nada nuevo. La figura muestra que se han asignado 8 productos a cada una de las salidas, 7 para formar parte de la Suma de Productos y un producto para controlar la respectiva habilitación de la salida.

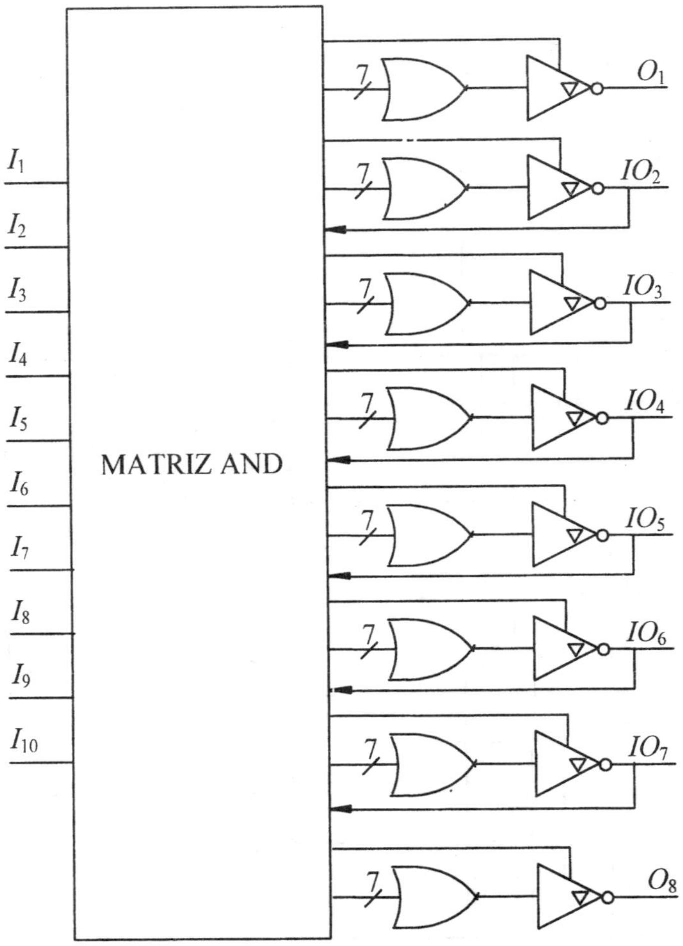

Figura 4-60 - Esquema de un dispositivo PAL16L8

4.8.1.3. Ejemplo de diseño empleando dispositivos PAL

Mostraremos como programar la PAL6L3, aprovechando su sencillez, empleando el siguiente ejemplo.

Ejemplo 4-3

Retomemos el ejemplo 3-1 del capítulo 3 (que ya hemos repetido en este capítulo como ejemplo 4-1 y 4-2) donde se pedía un circuito que reciba por 4 líneas de entrada (*D*, *C*, *B* y *A*) una combinación cualquiera del código BCD natural, y que coloque en sus 4 líneas de salida (*D´*, *C´*, *B´* y *A´*) la combinación equivalente en el código BCD Aiken.

Solución usando un dispositivo PAL

1) Confeccionar la tabla de verdad a partir de la especificación a cumplir

La tabla de verdad de este dispositivo, según ya se viera, es:

D	C	B	A	D'	C'	B'	A'
0	0	0	0	0	0	0	0
0	0	0	1	0	0	0	1
0	0	1	0	0	0	1	0
0	0	1	1	0	0	1	1
0	1	0	0	0	1	0	0
0	1	0	1	1	0	1	1
0	1	1	0	1	1	0	0
0	1	1	1	1	1	0	1
1	0	0	0	1	1	1	0
1	0	0	1	1	1	1	1
1	0	1	0	X	X	X	X
1	0	1	1	X	X	X	X
1	1	0	0	X	X	X	X
1	1	0	1	X	X	X	X
1	1	1	0	X	X	X	X
1	1	1	1	X	X	X	X

2) Encontrar las expresiones mínimas que dan las salidas en función de las entradas

Haciendo uso del mapa de Karnaugh, ya en el capítulo 3 habíamos llegado a las siguientes expresiones:

$$D' = (D + C)(D + B + A)$$

$$C' = (D + C)(D + B + \overline{A})$$

$$B' = (\overline{C} + \overline{B})(D + C + B)(D + B + A)$$

$$A' = A$$

Nótese que, previendo el empleo de la PAL6L3 que tiene una estructura AND-NOR, corresponde utilizar las expresiones mínimas tipo Productos de Sumas.

3) Comprobar si el dispositivo propuesto tiene suficiente cantidad de entradas y de salidas, y si también resulta apropiada la cantidad de productos.

En nuestro ejemplo se observa que:

- la cantidad de entradas que tiene el dispositivo PAL seleccionado es apropiada para este problema. Efectivamente, son 4 entradas propiamente dichas que alcanzan para nuestro caso sin tener que recurrir a emplear a alguno de los terminales bidireccionales como entradas.
- la cantidad de salidas que tiene el dispositivo PAL seleccionado es apropiada para este problema. Efectivamente, se necesitan tan solo 3 salidas, ya que A' no requiere ser realizada por resultar idéntica a A y las 3 salidas están disponibles (incluidas las bidireccionales que no fue necesario emplear como entradas)
- la cantidad de productos que por cada salida tiene el dispositivo PAL seleccionado (son 3) es apropiada para este problema.

Por todo ello, el circuito deseado podrá ser realizado con el dispositivo PAL propuesto.

4) Asignar a cada señal de entrada y de salida un terminal del dispositivo PAL.

En nuestro ejemplo, las entradas y salidas pueden ser asignadas arbitrariamente, por lo que libremente adoptamos el siguiente esquema de solución:

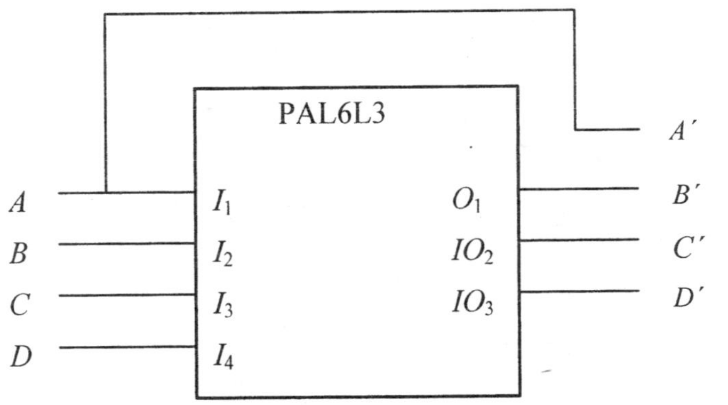

Figura 4-61 - Solución propuesta para el ejemplo

5) Volver a escribir las expresiones a implementar, pero esta vez en función de los terminales de entrada y salida del dispositivo PAL.

De acuerdo al esquema anterior, y a las ecuaciones que expresan las salidas en función de las entradas que ya viéramos en el punto 2, las ecuaciones que debe satisfacer el dispositivo PAL son:

$$IO_3 = (I_4 + I_3)(I_4 + I_2 + I_1)$$

$$IO_2 = (I_4 + I_3)(I_4 + I_2 + \overline{I_1})$$

$$O_1 = (\overline{I_3} + \overline{I_2})(I_4 + I_3 + I_2)(I_4 + I_2 + I_1)$$

6) Dibujar el esquema interno del dispositivo con la programación necesaria para satisfacer las expresiones del paso anterior.

La figura siguiente muestra la programación necesaria del dispositivo PAL. Se notará que dos de los productos fueron intencionalmente programados para valer 0 (dejando en su fila todos los fusibles intactos), ya que la entrada correspondiente de la OR no es necesaria. Y que los tres productos que generan las habilitaciones de los inversores de salida fueron intencionalmente programados para valer 1 (eliminando en su fila todos los fusibles).

Al implementar las distintas funciones se ha tomado en cuenta que, como es sabido, al implementar una expresión Producto de Sumas con una estructura AND-NOR las variables de entrada deben ingresar a la estructura invertidas con relación a la forma en que figuran en la expresión (a excepción de las eventuales variables que ingresen directamente a una entrada de la compuerta NOR de segundo nivel, lo que no ocurre en nuestro caso).

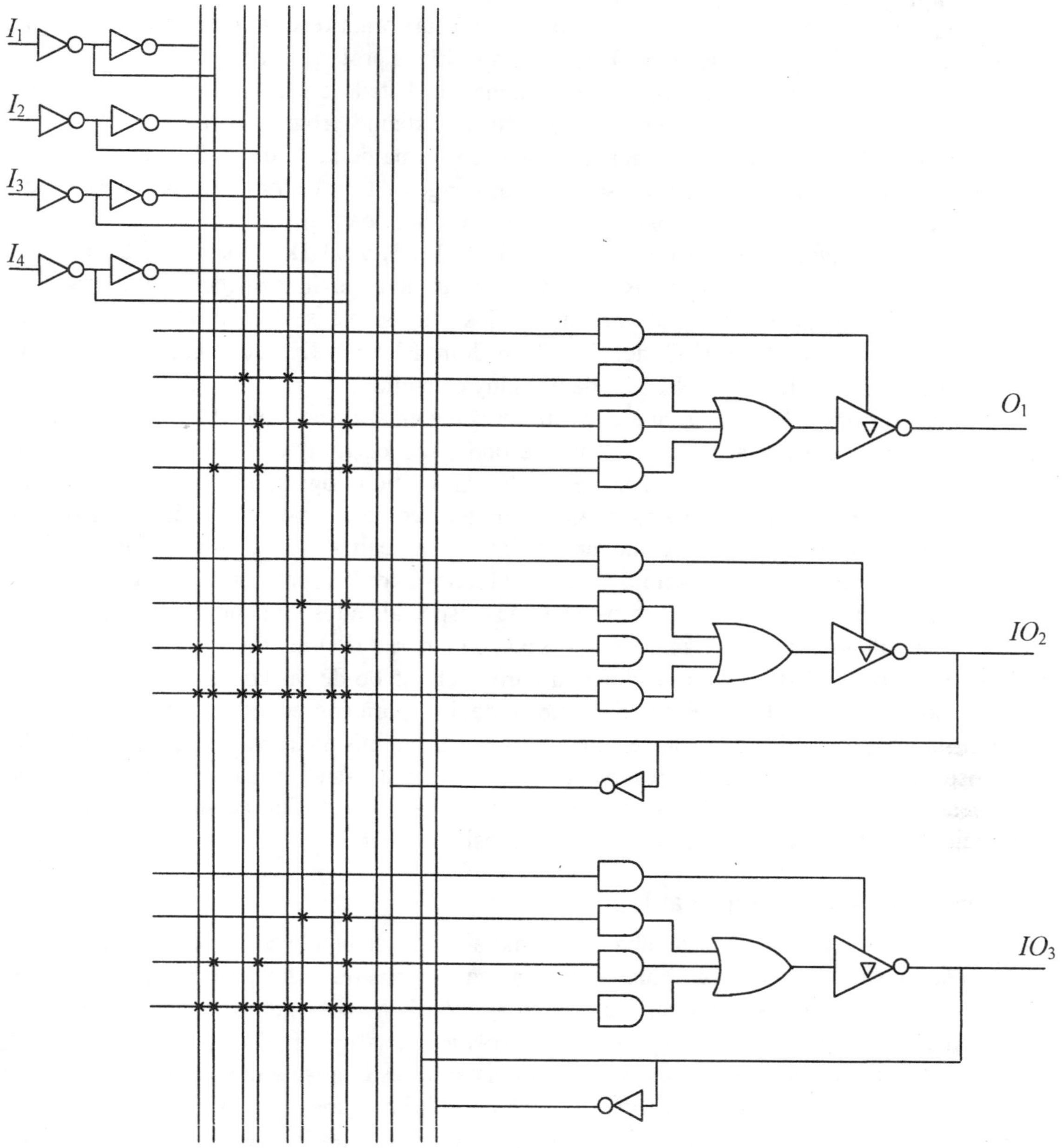

Figura 4-62 - Diagrama interno del dispositivo PAL6L3 luego de ser programado para el ejemplo

7) Realizar la programación física del dispositivo.

Lo realizado hasta acá suele denominarse programación lógica del dispositivo, y debe ser complementado con la programación física, esto es, llevar a cabo efectivamente el proceso selectivo de quema de fusibles. Para ello, se debe someter al dispositivo PAL a programar, a los procedimientos (niveles de tensión a aplicar, formas de onda, secuencia a seguir, etc.) que recomienda el fabricante. Véase al respecto el próximo apartado.

4.8.1.4. Programación y programadores de dispositivos PAL

La programación de los dispositivos PAL, tal como viéramos en el ejemplo del apartado anterior, se realiza en dos etapas:

- la programación lógica del dispositivo
- la programación física del mismo

En el citado ejemplo, realizamos la programación mediante técnicas que podríamos definir como "artesanales". En la práctica, la realización de estas tareas de esta forma resulta muy pesada, y se prefiere realizarlas con el auxilio de programas de computación y dispositivos programadores

Así, la *programación lógica* que consiste en obtener un listado de las conexiones a establecer o suprimir a partir de las especificaciones deseadas, se realiza mediante programas de computadora. Estos parten, en los casos sencillos, de las especificaciones dadas en forma de tabla de verdad. Pero en los casos complejos lo hacen de las especificaciones expresadas en un Lenguaje Descriptor de Circuitos Eléctricos (en inglés, HDL o Hardware Description Language). Ejemplo de tales lenguajes lo constituyen dos de ellos normalizados por el IEEE: los llamados Verilog (norma IEEE 1364) y VHDL (norma IEEE 1076). Desde estos posibles puntos de partida, los programas emiten el listado de conexiones necesarias en forma de un archivo de computadora realizado en algún formato de los varios que se han estandarizado para esta aplicación. Por ejemplo, la norma JESD3-C, del JEDEC, el Joint Electron Devices Engineering Council de la Electronic Industries Association de los EEUU, de uso muy difundido.

A su vez, la *programación física,* que consiste en someter al dispositivo PAL a programar, a los procedimientos (niveles de tensión a aplicar, formas de onda, secuencia a seguir, etc.) que especifica su fabricante para lograr las conexiones previstas en la programación lógica, es efectuada por equipos especiales denominados *programadores*. Estos están disponibles comercialmente y están homologados por los fabricantes de los dispositivos PAL como apropiados para realizar la programación física de los dispositivos que ellos fabrican. Hay varios tipos de ellos; algunos permiten programar una gran variedad de dispositivos PAL diferentes mientras que otros son más especializados; muchos están ligados a una computadora personal; algunos son programadores a escala de laboratorio mientras que otros son más aptos para la escala de producción. Estos programadores, a partir del listado de las conexiones que figura en el archivo mencionado en el párrafo anterior, se ocupan de los pormenores de la programación física, permitiendo al usuario prescindir de conocer los detalles de la misma (detalles que, a menudo, los fabricantes de dispositivos PAL consideran reservados y no los suministran al usuario normal). El diseñador puede ser propietario de un programador si su nivel de actividad lo justifica económicamente, o puede solicitar el servicio de programación a su proveedor de dispositivos PAL.

4.8.1.5. Dispositivos PAL reprogramables

Los dispositivos PAL que hemos visto hasta ahora, originariamente estaban hechos con tecnología bipolar y conexiones fusibles, cuya eliminación durante la programación constituye un paso irreversible. Pero los dispositivos PAL más modernos se fabrican con tecnología CMOS, consiguiendo menor consumo y la importante posibilidad de revertir una programación y volver a configurar al dispositivo con un nuevo programa. Como la tecnología de estas conexiones reprogramables es la misma que la que se emplea en los dispositivos PROM, esperaremos a ver estos dispositivos en próximos apartados para ampliar sobre ellas. De todos modos, los aspectos tecnológicos de las conexiones programables los reservamos para el siguiente capítulo. También dejamos para un capítulo posterior los dispositivos PAL secuenciales.

4.8.2. Memorias PROM

4.8.2.1. Introducción a los dispositivos PROM

Los dispositivos PROM se basan en un concepto denominado *memoria únicamente de lectura* (identificado con la sigla ROM que corresponde a Read Only Memory), según el cual estos circuitos albergan en su interior la tabla de verdad de las funciones que deben realizar. Dado que esta tabla de verdad memorizada es leída por el dispositivo para determinar las salidas necesarias ante cada combinación de las entradas, pero no se ejerce acción de escritura que modifique a esta tabla, se justifica la denominación de "memoria únicamente de lectura". Es oportuno advertir que aun cuando la palabra "memoria" usada en su denominación parece sugerir que se trata de circuitos secuenciales, estos circuitos son totalmente combinacionales. Cuando la tabla de verdad que el dispositivo puede almacenar es programable por el usuario, único caso que nos interesa, se habla de un dispositivo PROM (Programmable ROM).

La idea básica de estos dispositivos reside en el conocido hecho de que puede construirse una función lógica cualquiera de cierto número de variables, a partir de un decodificador de esas variables que genere la totalidad de los minitérminos que se pueden formar con ellas, y de una compuerta OR que sume los minitérminos que correspondan para la función que se desea implementar. Más aún, si se desean implementar funciones simultáneas, es decir, varias salidas en función de las mismas entradas, todas las salidas pueden compartir el mismo decodificador, aunque cada una de ellas debe tener una compuerta OR asociada para realizar la suma de los minitérminos que en cada caso corresponda. Si cada una de las compuertas OR tiene una entrada conectada a cada una de las salidas del decodificador a través de una conexión fusible, a través de una eliminación selectiva de fusibles puede configurarse el dispositivo para realizar cualquier función lógica.

La figura siguiente exhibe una PROM de muy bajo número de variables (2 de entrada y 3 de salida) para no complicar excesivamente el circuito.

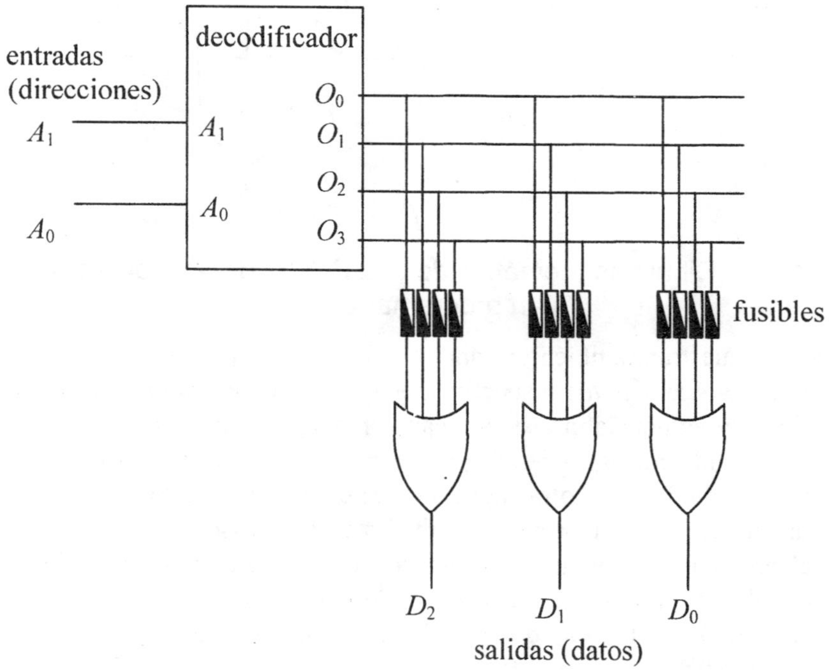

Figura 4-63 - PROM de 4 palabras de 3 bits (sin programar aún)

También en el caso de las PROM es preferible utilizar una simbología más cómoda que la que emplea la figura anterior, que no exija el dibujo de cada uno de los fusibles como tales ni cada una de las entradas de las compuertas OR que pueden llegar a ser numerosas. Se usa entonces una simbología similar a la empleada en el caso de los dispositivos PAL, en que los fusibles intactos se representan por cruces, como muestra la figura siguiente.

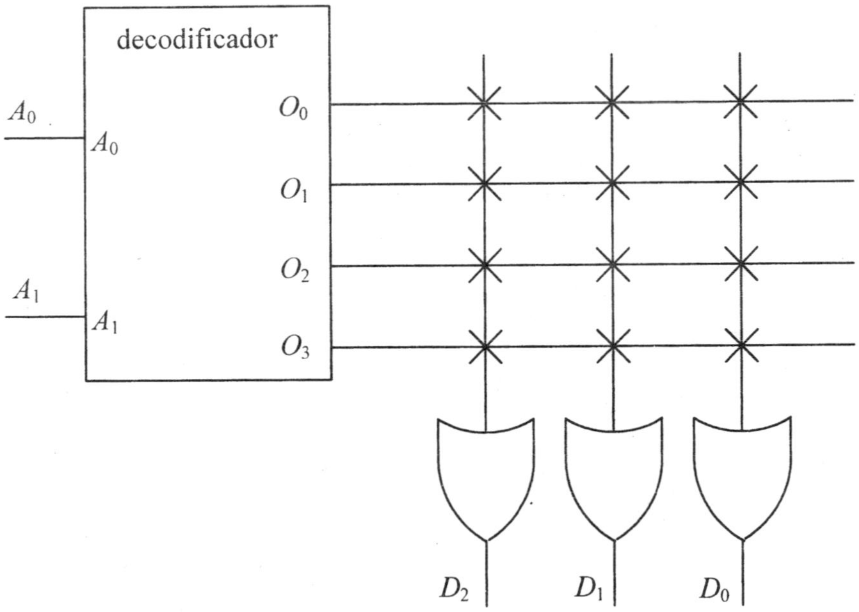

Figura 4-64 – Dibujo esquemático de una PROM de 4 palabras de 3 bits (sin programar aún)

Las dos figuras anteriores muestran también el nombre habitual con que se conocen las líneas de entrada y salida de una PROM (*direcciones* y *datos* respectivamente) y la nomenclatura normalmente empleada para ellas. Estas denominaciones y nomenclatura se explican como sigue. En algunas aplicaciones de las PROM, los distintos terminales de salida corresponden respectivamente a funciones separadas, aunque dependen de las mismas variables de entrada. Pero en otras aplicaciones el conjunto de los señales de salida forman una unidad conceptual a la que cada señal provee un bit. Este es el caso, por ejemplo, de una PROM que ofreciese a su salida el producto de dos números binarios que tiene en sus líneas de entrada. Este tipo de aplicación ha hecho que al conjunto de bits de salida se lo denomine *palabra* o *datos*; y dado que hay una palabra asociada a cada renglón de la tabla de verdad, y por ende a cada línea de salida del decodificador, éste puede visualizarse como un mecanismo de acceso a las 2^n palabras que alberga el dispositivo, para lo que recibe n líneas de entrada que actúan como la *dirección* de la palabra elegida para ser presentada a la salida. En virtud de lo dicho la nomenclatura habitualmente empleada con las PROM utiliza la letra D para referirse a las líneas de datos y A para las entradas de dirección.

4.8.8.2. Capacidad de los dispositivos PROM

El tamaño (o *capacidad*) de una PROM se acostumbra a especificar por el número de palabras y la cantidad de bits que tiene cada palabra. Así, una PROM con 10 entradas de dirección que seleccionan 1 de 1024 líneas de salida del correspondiente decodificador (es decir una palabra entre 2^{10}), y que genera 8 funciones simultáneamente de esas entradas de dirección, se dice que tiene 1024 palabras de 8 bits. La cantidad de conexiones fusibles que tiene una PROM como la apuntada es de 1024x8=8192. De hecho, una PROM que tuviera 1024 palabras sería de un tamaño muy pequeño comparado con el de los dispositivos hoy comercialmente disponibles, por lo que es práctica corriente que el número de palabras de una PROM se especifique como múltiplo de esta cantidad, transformada así en unidad de medida.

Dada la proximidad del número 1024 con el número 1000, la costumbre ha asignado a la unidad 1024 el símbolo K, de tal suerte que el tamaño anteriormente citado se suele indicar como 1Kx8. Así, por ejemplo, una PROM de 8Kx8 tiene 8192 (8x1024) palabras de 8 bits de salida, por lo que requiere 13 líneas de dirección (ya que 2^{13}=8192) y 8 de datos. Similarmente, se usa corrientemente el símbolo M para representar 2^{20}, es decir, 1048576, próximo a 10^6. Y el símbolo G para representar 2^{30}, es decir, 1073741824, próximo a 10^9.

Dudas surgen, entonces, cuando se menciona una capacidad de, por ejemplo, 1Gbyte, que puede llegar a ser interpretada por 10^9 bytes o por una cifra que es aproximadamente 7% superior. Esto ha hecho que se hayan fijado normas que rechazan el uso de los prefijos decimales para potencias binarias, y establecen múltiplos binarios normalizados. Tal es el caso de la norma IEEE 1541, la que define el kibi (kilo binario, equivalente a 2^{10}), el mebi (mega binario, equivalente a 2^{20}) y el gibi (giga binario, equivalente a 2^{30}). Los prefijos correspondientes a estos múltiplos binarios, según dicha norma, son Ki, Mi y Gi. Por ejemplo, MiB simboliza mebibytes es decir, 1048576 bytes. Por el momento, estos prefijos sólo son usados en aquellos casos en que se busca expresarse con el máximo rigor.

Un ejemplo de dispositivo PROM de 1 MiB de capacidad es el 27C801, el que se esquematiza con sus terminales de entrada y salida en la figura siguiente y que, tecnológicamente, es una UV EPROM (ver más adelante, la explicación de este término). Aunque el esquema no lo indica, el terminal *OE*, que es activo en bajo, cuando es llevado a un potencial positivo de 12,5 V coloca a la PROM en modo programación (por ello esa tensión relativamente elevada es denominada V_{PP}) y la palabra binaria a grabar en la dirección seleccionada proviene de las líneas de datos que, para este modo de operación, se convierten en entradas.

La figura muestra las 20 líneas de dirección, las 8 de datos con salida de tres estados para facilitar la multiplexación con otros dispositivos similares, y la entrada Chip Select (*CS*) que, de no estar activa en el estado bajo, coloca al dispositivo en un modo de espera (stand by) caracterizado por tener bajo consumo.

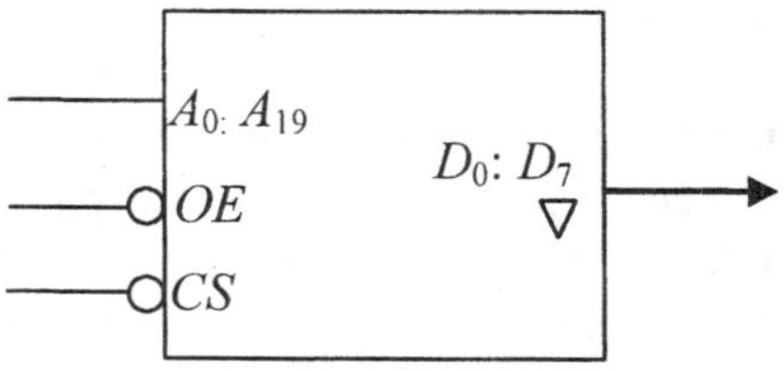

Figura 4-65 – Terminales de una PROM de 1048576 palabras de 8 bits (27C801)

4.8.2.3. Selección lineal versus selección matricial

Los dispositivos PROM comerciales tienen, en realidad, una estructura diferente a la que exhibe la figura 4-64. Esta muestra que las diferentes palabras están dispuestas en una única columna (que posee tantas líneas verticales como bits tiene cada palabra), y un decodificador usa las entradas de selección para determinar la fila en que se encuentra la palabra a leer. Este esquema de funcionamiento se denomina de *selección lineal*, y tiene el inconveniente de requerir típicamente un decodificador de gran número de salidas. Por ejemplo, una ROM de tamaño 2048x8 que operase con este esquema requeriría un decodificador de 11 entradas de dirección y 2048 salidas. En un esquema alternativo, las 2048 palabras podrían colocarse, no ya en una única columna de 2048 renglones sino en una disposición matricial de, por ejemplo, 128 filas de 16 columnas cada una; en cada posición de esa matriz se encontrará una de las 2048 palabras almacenadas. De esta forma, en vez de necesitarse un decodificador único de 11 entradas y 2048 salidas, se requiere un decodificador de filas de 7 entradas y 128 salidas, y un decodificador de columnas de 4 entradas y 16 salidas. Este esquema se denomina de *selección matricial*, y se advierte que es más económico que el correspondiente a selección lineal. Sin embargo, no se justifica aquí un análisis detallado del mismo por cuanto esta característica es totalmente "transparente" al usuario de estos dispositivos, ya que no afecta su uso ni su comportamiento.

4.8.2.4. Distintos dispositivos PROM según aspectos tecnológicos

La tecnología de los dispositivos PROM ha evolucionado en el tiempo, lo que ha dado lugar a la aparición de dispositivos PROM de distintas características. Sobre esta evolución ampliaremos en otro capítulo posterior dedicado a los aspectos tecnológicos, pero por ahora la misma puede resumirse de la siguiente manera:

- las PROM (propiamente dichas), las de primera aparición y hoy obsoletas, empleaban tecnología bipolar y fusión de fusibles para su programación, lo cual no permitía su reprogramación.
- las UV EPROM (Ultra Violet Erasable PROM) fueron las primeras PROM producidas con tecnología CMOS; las mismas cuentan con la posibilidad de borrar su programación, para lo cual deben ser llevadas bajo una luz ultravioleta durante unos 20 minutos, lapso en el que todo su contenido es borrado. Luego de este borrado global, pueden ser reprogramadas. Esto constituye una ventaja en las etapas de diseño de un nuevo producto que emplee dispositivos PROM, porque permite corregir errores y adaptarse a especificaciones cambiantes. Como los plásticos y vidrios suelen ser opacos a la radiación

ultravioleta, estos dispositivos requieren que su encapsulado disponga de una ventana de cuarzo que permita a la luz acceder a sus partes activas. Los dispositivos que usan esta tecnología son fácilmente distinguibles por la presencia de dicha ventana.

- las OTP PROM (One Time Programmable PROM) son tecnológicamente idénticas a las UV EPROM, excepto que carecen de ventana de cuarzo (por lo que son considerablemente más económicas) lo que hace que, en la práctica, no sean borrables ni reprogramables; es decir que son programables una única vez. En producción de equipos que emplean dispositivos PROM, con el diseño congelado y la preocupación por los costos, la ventaja del menor precio prima sobre la pérdida (poco lamentada) de la posibilidad de reprogramación.
- las EEPROM o E^2PROM (Electrically Erasable PROM) constituyen un refinamiento (costoso) a las PROM borrables con luz ultravioleta, ya que en ellas se puede borrar selectivamente una palabra de su programación (y no necesariamente todo su contenido) por medios eléctricos, es decir, con el dispositivo montado en el equipo que lo utiliza (y no desplazándolo a un equipo emisor de luz ultravioleta). Sólo se la utiliza en dispositivos pequeños, en razón del precio elevado de los dispositivos de mayor tamaño. Por ejemplo, sirven para almacenar opciones de configuración, preferencias del usuario, etc.
- las FLASH EPROM, eléctricamente borrables con tecnología FLASH, mucho más económicas que las EEPROM, pero cuyo borrado no puede hacerse en una única palabra sino que debe extenderse a un bloque de ellas. Las primeras FLASH aparecidas solo ofrecían un borrado eléctrico total, pero las actuales, como queda dicho, pueden ser borradas por sectores. Existen varias versiones de la tecnología FLASH, de las cuales las más difundidas son las llamadas NOR FLASH y NAND FLASH, sobre cuyas diferencias tecnológicas volveremos en otro capítulo.

Si bien hemos detallado esta evolución haciendo referencia a los dispositivos PROM, los dispositivos PAL han tenido una evolución similar, ya que ambos dispositivos comparten muchos aspectos tecnológicos.

4.8.2.5. Aplicaciones de los dispositivos PROM

La más importante de las aplicaciones de los dispositivos PROM se encuentra en el almacenamiento de programas y datos en circuitos que emplean microprocesadores. Menos frecuente es su utilización para la generación de funciones lógicas, porque, si bien pueden generar cualquier función lógica de hasta n variables (donde n es el número de entradas de dirección que posee), resulta muy elevado el número de conexiones a programar. Efectivamente, si llamamos m al número de salidas de la PROM, es fácil comprobar que el número de conexiones programables debe ser $m2^n$. Este número crece muy rápidamente con n: obsérvese que se duplica cada vez que n crece en 1 unidad. Esto es debido a que en una PROM se generan todos los minitérminos que se pueden formar con las variables de entrada, cuando en la mayoría de los casos prácticos, tras un proceso de simplificación, suele encontrarse que pueden implementarse las funciones deseadas mediante la suma de un número más reducido de productos, como es el caso de los dispositivos PAL. Por ello, las características detalladas de los dispositivos PROM sólo tienen acabada justificación en su contexto de aplicación más común, en relación a microprocesadores, y sólo con ellos su estudio adquiere significación. Por lo tanto, en esta publicación nos limitaremos a esta breve introducción.

Problemas

Nota: para la resolución de estos problemas es necesario (o al menos conveniente) consultar las hojas de datos de los siguientes dispositivos:

74x85
74x138
74x148
74x151
74x157
74x283
74LS348
74F382
PAL16L8

4-1) Se dispone de decodificadores 74x138 de 3 líneas a 8. Se pide:

a) Usando dos de ellos, construir un decodificador de 4 líneas a 16.
b) Usando como base el dispositivo desarrollado en el punto anterior (y no más de una compuerta adicional), construir la función de las variables *A*, *B*, *C* y *D* que es la suma de los minitérminos 0, 3, 5, 6, 9, 12 y 13.
c) Usando como base el mismo dispositivo del punto a) construir un conversor de código BCD Aiken a BCD Natural.

4-2) Indicar cómo usar un decodificador de 3 líneas a 8 de tipo genérico (es decir, sin necesidad de recurrir a un modelo comercial específico), para construir el bloque de toma de decisión del problema 3-10 del capítulo anterior.

4-3) Un diseñador de circuitos lógicos aconseja a un fabricante de circuitos integrados que piensa producir un decodificador particularmente adaptado para implementar cualquier función lógica como suma de minitérminos, que lo haga de manera que sus salidas sean activas en bajo y de colector abierto. Justificar esta recomendación

4-4) Usando como base dos codificadores 74x148 de 8 líneas a 3, construir un codificador de 16 líneas a 4, cuyas entradas y salidas sean activas en bajo, tal como son en el mencionado codificador.

4-5) Se desea diseñar un codificador de 8 líneas a 3 con prioridades, similar al 74x148, pero mejorado en el sentido de que sus salidas A_2, A_1 y A_0 estén en estado de alta impedancia salvo cuando el integrado esté habilitado y esté activa alguna entrada del mismo. Se pide:

a) mostrar qué agregados deberían hacerse al circuito del 74x148 para lograr este propósito
b) mostrar cómo resolver el problema 1 usando este nuevo integrado.
c) comparar el resultado del punto a con el circuito del integrado 74LS348.

4-6) La lista de los números primos menores que 64 es la siguiente:
1, 2, 3, 5, 7, 11, 13, 17, 19, 23, 29, 31, 37, 41, 43, 47, 53, 57, 59 y 61.
Se desea realizar un circuito que reciba por 6 líneas un número binario y que ponga en su única salida un 1 cuando dicho número es primo. Dicho circuito puede realizarse:

- utilizando un decodificador de 6 líneas a 64 y una compuerta OR de 20 entradas
- utilizando un multiplexor de 32 vías y un inversor
- utilizando un decodificador de 3 líneas a 8, hasta ocho compuertas OR de no más de 8 entradas, y un multiplexor de 8 vías.

Implementar el último circuito, que resulta el más económico de los 3 citados. Utilizar dispositivos genéricos.

4-7) Un fabricante de circuitos integrados desea producir y comercializar un cuádruple multiplexor de 2 vías con entrada de selección común a los 4, y entrada de habilitación también común que en caso de estar inactiva envía todas las salidas al estado 0. Se pide:

a) dar el circuito interno a nivel de compuertas del dispositivo pedido
b) comprobar si la cantidad de terminales permitirá encapsularlo en una pastilla de 14 ó 16 terminales.
c) comparar el resultado obtenido en el punto a) con el circuito del integrado 74x157 y analizar similitudes y diferencias.

4-8) Se dispone de comparadores de magnitudes de 4 bits 74x85. Se pide:

a) Indicar cómo realizar, utilizando dichos comparadores, un comparador de magnitudes de 12 bits.
b) Indicar si ese comparador de magnitudes puede ser también ser utilizado en forma directa para comparar números enteros representados en el código Complemento a 2 usando 12 bits. Si no es así, mostrar qué lógica exterior adicional o qué conexión permitiría usarlo con ese propósito.

4-9) Demostrar que el circuito de la figura corresponde a un comparador de 1 bit con salidas de mayor, igual y menor activas en bajo.

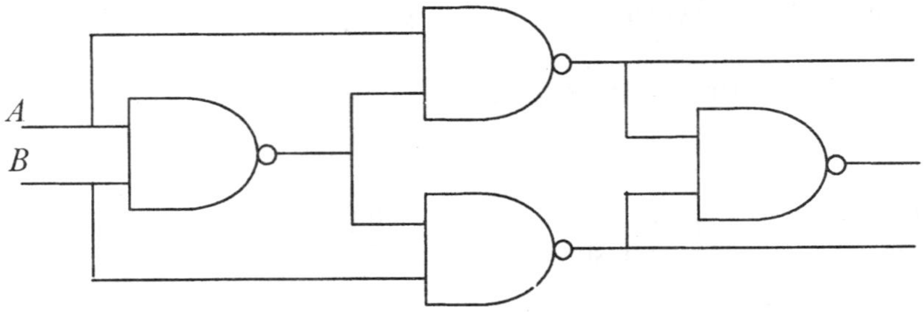

4-10) Se dispone de un amplio surtido de integrados MSI. Se pide:

a) Utilizando no más de 2 de ellos, diseñar un circuito al que se le ingresan dos magnitudes binarias de 4 bits cada una (A y B) y suministre a la salida la menor de ambas.
b) Modificar el circuito anterior agregándole una entrada (y la lógica necesaria) de modo tal que cuando esta entrada esté en 0 salga la menor de las magnitudes de entrada, pero cuando esté en 1 lo haga la mayor.

4-11) Se necesita un circuito con 4 entradas que al ingresarle por ellas un número binario de 4 bits indique con un 1 en su única salida cuando dicho número es mayor o igual que 5. Realizar dicho circuito de 2 formas distintas:

a) Usando un multiplexor de 8 líneas a 1 tipo 74x151.
b) Usando un sumador de 4 bits tipo 74x283.

4-12) Usando un sumador binario de 4 bits de tipo genérico, diseñar:

a) un conversor de BCD natural a BCD Exceso 3.
b) un conversor de BCD Exceso 3 a BCD Natural.
c) un conversor de BCD Aiken a BCD Natural.

4-13) Dar el circuito que, basado en un sumador binario de 4 bits de tipo genérico y varias compuertas AND, se comporte como un circuito multiplicador al cual ingresan por sus entradas dos números binarios de 2 bits cada uno, y que coloca en sus líneas de salida el binario que es el producto de ambos. (Sugerencia: considerar a las compuertas AND como dispositivos multiplicadores de 2 números de 1 bit).

4-14) Un circuito recibe por 4 líneas una palabra del código Aiken, y debe indicar a la salida con un 1 si la palabra recibida no pertenece a dicho código. Se desea emplear las siguientes reglas, que ya han sido encontradas correctas:

- Si el bit más significativo de la palabra recibida es 1, se tratará de una palabra ajena al código Aiken si al sumar 6 a dicha palabra no se produce un acarreo.

- Si el bit más significativo de la palabra recibida es 0, se tratará de una palabra ajena al código Aiken si al restar 6 de dicha palabra no se produce un préstamo.

Realizar el circuito correspondiente a partir de un sumador binario de 4 bits de tipo genérico y empleando adicionalmente, si ello fuera necesario, no más de 2 compuertas.

4-15) Se desea diseñar, usando como base sumadores binarios de 4 bits de tipo genérico y las compuertas adicionales que fueran necesarias, un sumador/restador binario de 12 bits que pueda operar tanto con magnitudes como con números enteros codificados en Complemento a 2. El resultado de 12 bits debe estar acompañado con salidas adicionales (indicadores o flags) que señalen ciertas características del resultado. Así, deberá haber:

- un flag *Z* que señale con un 1 si los 12 bits del resultado son todos 0.
- un flag *N* que señale con un 1 si el resultado es negativo, suponiendo que los operandos eran números enteros. Este flag puede ser, en realidad, tomado del bit más significativo del resultado.
- un flag *C/B* que señale con un 1 si el resultado de una operación, suponiendo que los operandos eran magnitudes, no es correcto por haberse excedido la capacidad de representación de magnitudes con 12 bits. Así, este flag actuará como indicador de acarreo final en el caso de una suma, y de préstamo final en el caso de una resta
- un flag *V* que señale con un 1 si el resultado de una operación, suponiendo que los operandos eran números enteros, no es correcto por haberse excedido la capacidad de representación de números enteros con 12 bits. Así, este flag actuará como indicador de desborde.

4-16) El circuito sumador/restador de números binarios del problema anterior ha sido empleado para restar dos números. Indicar, a través de la observación del estado en que se encuentran los flags que convenga analizar en cada caso, cómo detectar si el sustraendo ha sido mayor que el minuendo para los casos en que los operandos son:

a) magnitudes
b) enteros representados en código Complemento a 2

4-17) La regla para sumar dos números decimales codificados en BCD Exceso 3 es la siguiente:

I) Sumar en binario cada uno de los dígitos codificados. Esta suma se hará secuencial y ordenadamente, efectuando primero la de los dígitos menos significativos. En cada suma se incorporará el eventual acarreo que se produjera en la suma del dígito anterior, y se emitirá un acarreo para la suma del dígito siguiente cada vez que dicha suma binaria lo produzca. (Es decir, que el acarreo no necesita corrección).
II) Deben corregirse las sumas de todos los dígitos sin excepción: restándole 3 si no hubo acarreo de esa suma, y sumándole 3 si lo hubo (descartando el acarreo que se produzca al sumar 3).

Se pide:

a) Comprobar las reglas con el siguiente ejemplo, dado sin codificar aún: 3842 + 4664 = 8506
b) Diseñar un sumador decimal de un dígito para el código BCD Exceso 3 que opere según esta regla, usando como base dos sumadores binarios de 4 bits de tipo genérico.
c) Utilizar el resultado del punto anterior para diseñar un sumador BCD Exceso 3 de tres dígitos.
d) Sabiendo que dos números decimales se pueden restar a través de sumar al minuendo el complemento a 9 del sustraendo más uno (comparar con la regla existente para binarios), utilizar el resultado del punto anterior para diseñar un sumador-restador BCD Exceso 3 de tres dígitos.

4-18) Las reglas para sumar números enteros representados según el código Signo y magnitud son las siguientes:

I) Si se trata de sumar dos números de igual signo, se debe sumar las magnitudes y colocar como bit de signo del resultado el mismo que el de los dos operandos. Si en la suma de las magnitudes se produce un acarreo final, esto es indicativo de desborde.
II) Si se trata de sumar dos números de distinto signo, operación que nunca desborda, se debe sumar a la magnitud del primer sumando el complemento a 1 de la magnitud del segundo. Y ahora, notar si esta operación presenta un acarreo final y proceder como sigue:

- si presenta un acarreo final, agregar 1 a la magnitud del resultado y colocar como signo del mismo al signo del primer sumando. (Nota: esta operación de agregar 1 al resultado cuando hay acarreo final puede hacerse colocando en esas circunstancias un 1 en el acarreo de entrada, en vez de un 0. Es decir, se debe conectar al acarreo de entrada con el acarreo final, en una suerte de conexión circular que, en inglés, recibe el nombre de *end around carry*.
- si no presenta un acarreo final, complementar a 1 la magnitud del resultado, y colocar como signo del mismo al signo del segundo sumando. (Nota, usándose un end around carry, se notará que en este caso no habrá acarreo de entrada, como corresponde)

Se pide:

a) Dar el circuito sumador que sume números enteros binarios de 8 bits, representados en este código. Usar para ello sumadores binarios de 4 bits de tipo genérico y las compuertas adicionales que se encuentren necesarias. Se incluirá en el circuito un indicador de desborde.

b) Teniendo en cuenta que para restar dos números basta sumar al minuendo el sustraendo cambiado de signo, modificar el circuito anterior para lograr un sumador/restador de 8 bits.

4-19) Se dice que un número decimal tiene *n* dígitos y medio cuando la posición de peso 10^n sólo puede tomar el valor 0 ó 1, mientras que las otras posiciones de menor peso pueden tomar cualquier valor del 0 al 9. Así, un exhibidor de 3 dígitos y medio puede exhibir desde el 0000 hasta el 1999. En esas condiciones, los códigos BCD solo requieren un bit para codificar al medio dígito. Se pide:

a) diseñar un circuito divisor por 2 de un número decimal de 1 dígito y medio codificado en BCD natural, utilizando como base un sumador de 4 bits. La división se realizará en forma entera, es decir, el resultado será un entero, y deberá suministrase también el resto de la división. (Sugerencia: sumar a la mitad del bit de las decenas, la mitad del dígito de las unidades).

b) usando como base el divisor de 1 dígito y medio recién diseñado, diseñar un divisor de 3 dígitos y medio.

c) usando como base los circuitos recién vistos, diseñar un convertidor decimal a binario de 3 dígitos y medio que obtenga el binario por el conocido método de dividir por 2 en forma sucesiva y tomar en consideración los respectivos restos.

4-20) Diseñar un circuito sumador/restador binario de 16 bits apto para operar tanto con magnitudes como con enteros representados en el código Complemento a 2, basado en el integrado 74F382.

4-21) Se desea diseñar un circuito didáctico basado en una PAL16L8 que muestre cómo se puede programar dicho dispositivo PAL para obtener el equivalente a un integrado SSI que contenga las siguientes compuertas (no conectadas entre sí):

Un buffer con salida de 3 estados
Una compuerta XOR
Una compuerta AND de 2 entradas
Una compuerta OR de 2 entradas
Una compuerta NAND de 2 entradas
Una compuerta NOR de 2 entradas

Dibujar esquemáticamente sobre el circuito interno del dispositivo PAL los fusibles que han de quedar intactos tras la programación.

4-22) Se desea construir un decodificador/excitador de código BCD natural a 7 segmentos, con entradas auxiliares de prueba de lámparas, borrado y borrado por propagación, y salida de borrado por propagación. El mismo se desea realizar por medio de una PAL16L8. Sobre la hoja de datos de dicho dispositivo numerar correlativamente los fusibles (si no están ya numerados por el fabricante) y dar una lista con los fusibles que deben quedar intactos tras la programación para satisfacer lo pedido.

4-23) Se desea realizar un circuito que complemente a 2 una magnitud de *n* bits que le ingresa, y se desea realizarlo mediante un circuito iterativo, cuya célula tenga la estructura que muestra la figura siguiente.

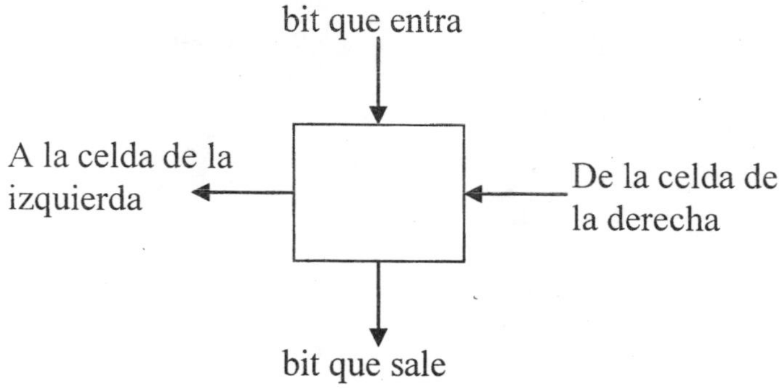

Se pide:

a) Diseñar la celda
b) Indicar como debería ser la celda del bit menos significativo o, si es igual a todas, que debería tener aplicado en la entrada que correspondería para ser conectada a una celda inexistente a su derecha.

4-24) Utilizando una PAL16L8, implementar el equivalente a un decodificador 74x138.

4-25) Se desea realizar, utilizando una PROM, la siguiente función:

Se recibe a la entrada un conjunto de 7 bits (4 de información y 3 de paridad par de acuerdo al código de Hamming) y se desea a la salida los 4 bits de información corregidos.

Se pide:

a) determinar el tamaño necesario para la PROM en cantidad de palabras y número de bits por palabra.
b) utilizando una nomenclatura razonable para las señales de entrada y salida del circuito pedido, y la nomenclatura habitual para las señales de entrada y salida de la ROM, indicar cómo se corresponden unas con otras.
c) esbozar la tabla de verdad de la ROM, pero sólo completar, a título de ejemplo, sus primeros 5 renglones y sus últimos 5 renglones.

4-26) Se desea diseñar un circuito que calcule el cuadrado del número binario natural de 5 bits que recibe en su entrada. Se propone utilizar el esquema de la figura basado en una PROM de tipo genérico. Se pide:

a) verificar que se puede satisfacer el problema con un esquema como el de la figura
b) expresar el tamaño de la PROM en cantidad de palabras y número de bits por palabra.
c) dibujar esquemáticamente el interior de la PROM (decodificador, compuertas OR, cruces) después de la programación para satisfacer la función pedida.

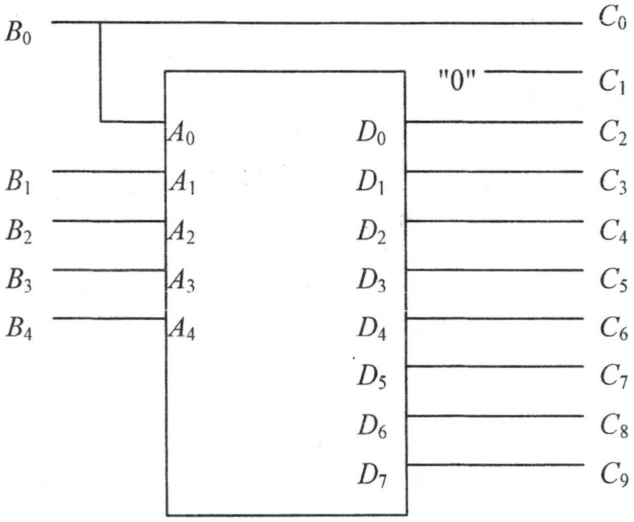

CAPÍTULO 5

TECNOLOGÍA DE LAS FAMILIAS LÓGICAS

Y LAS MEMORIAS PROM

5.1. Introducción

Las distintas familias lógicas modernas se suelen clasificar según la tecnología que se emplea en su construcción en:

- Familias TTL (que emplean transistores bipolares)
- Familias CMOS (que emplean transistores MOS de simetría complementaria)
- Familias con tecnología Bipolar-CMOS (que busca obtener las ventajas combinadas de las tecnologías TTL y CMOS para ciertas aplicaciones).
- Familias ECL (que emplean transistores bipolares en una configuración especial denominada de Emisores Acoplados).

En esta publicación veremos las distintas familias lógicas hoy en uso dentro de cada una de las tecnologías mencionadas. Iniciaremos nuestro análisis con la familia DTL, hoy obsoleta porque fue reemplazada con ventajas por TTL, pero que es el principal antecedente histórico de esta última tecnología y constituye un buen paso intermedio para entenderla. Luego veremos las familias TTL, CMOS, Bipolar-CMOS y ECL, anticipando que de estas dos últimas sólo realizaremos una presentación superficial.

Finalmente analizaremos los aspectos tecnológicos de las Memorias PROM en sus diferents variantes.

5.2. Familia DTL

5.2.1. Antecedentes de DTL – Lógica a diodos

La otrora exitosa, pero ya hace mucho obsoleta familia DTL, se basaba, con la debida adaptación, en los circuitos lógicos a diodos que se realizaban con elementos discretos, previo a la aparición de los circuitos integrados.

La lógica a diodos permite implementar sin el auxilio de componentes activos (como por ejemplo transistores) compuertas OR y compuertas AND, pero no inversores ni las distintas compuertas derivadas. Veamos, entonces, las dos posibilidades que ofrece.

5.2.1.1. La compuerta OR a diodos

Consideremos el circuito de la figura 5-1, compuesto por sendos diodos por cada entrada con sus cátodos unidos sirviendo de salida, y una resistencia R (denominada *resistencia de carga*) entre la salida y tierra (es decir, el punto a potencial de 0 V que se toma como referencia de todas las tensiones). El circuito se muestra acompañado por su estado en el caso de dos posibles condiciones de entrada que en seguida se analizan. En dicho análisis consideraremos diodos ideales, es decir, diodos sin caída de tensión cuando están polarizados directamente, y sin corriente cuando lo están inversamente. En la práctica, de emplear diodos de silicio como es lo habitual, la caída de tensión directa sería del orden de 0,7 V mientras que la corriente inversa, del orden del nanoampere, sería despreciable en todos los casos prácticos. Sin embargo, como queda dicho, consideraremos diodos ideales para que los detalles menores no enmascaren a los aspectos esenciales que pasamos a describir.

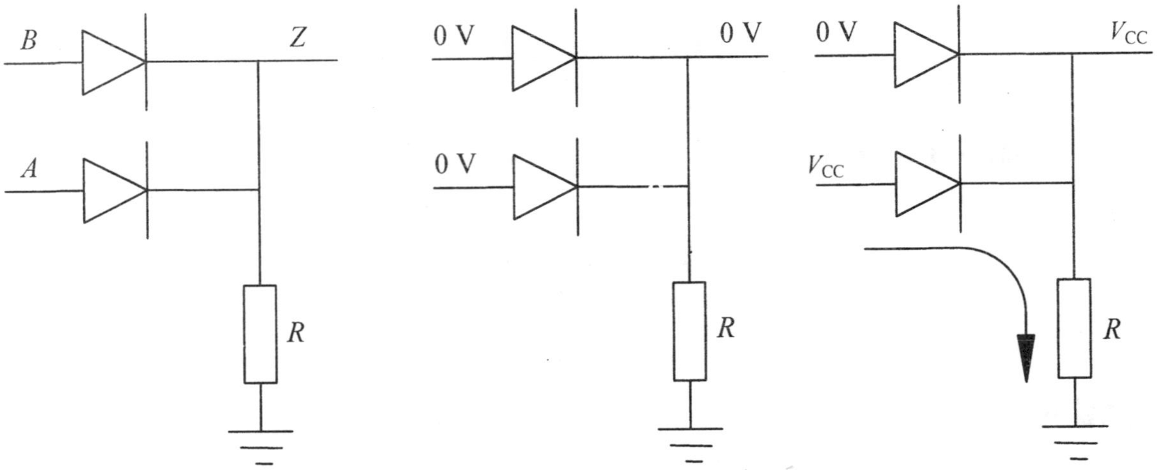

Figura 5-1 - Compuerta OR a diodos, de 2 entradas, con dos posibles condiciones de entrada

- Si las dos entradas del circuito se hallan al potencial de 0 V (es decir, en el estado lógico 0), todos los puntos del circuito quedan a este mismo potencial ya que el circuito no recibe tensión alguna distinta a este valor. En particular también está el terminal de salida a 0 V, o sea en el estado lógico 0.
- Pero si en cualquiera de las entradas se aplica el potencial $+V_{CC}$ (es decir, el estado lógico 1) este potencial aplicado en el ánodo del diodo correspondiente a esa entrada lo hace conducir y la tensión de salida toma prácticamente el valor de $+V_{CC}$ (excepto por la pequeña caída de tensión en el diodo que convenimos ignorar). Es decir que la salida toma el estado lógico 1. El otro diodo no interfiere con este comportamiento, pues al tener su ánodo a 0 V y su cátodo a $+V_{CC}$, queda polarizado inversamente y prácticamente no circula corriente por él.

Ampliando el último caso mencionado, si el potencial $+V_{CC}$ se aplicara, no ya en una cualquiera de las entradas, sino en todas ellas, ambos diodos conducirían, y el terminal de salida también estaría en este caso en $+V_{CC}$, o sea en el estado lógico 1.

Resumiendo, este circuito tiene su salida en el estado lógico 0 cuando todas sus entradas están en ese mismo estado, y en el estado lógico 1 cuando al menos una de sus entradas está en 1. Este comportamiento corresponde evidentemente al de una compuerta OR de 2 entradas.

Una compuerta OR de mayor número de entradas sólo se diferencia del circuito propuesto en que debe tener un diodo por cada una de sus entradas, conectado en forma similar a la de la figura 5-1.

5.2.1.2. La compuerta AND a diodos

Consideremos el circuito de la figura 5-2, compuesto por sendos diodos por cada entrada con sus ánodos unidos sirviendo de salida, y una resistencia de carga R entre la salida y el potencial $+V_{CC}$. El circuito se muestra acompañado por su estado en el caso de dos posibles condiciones de entrada que en seguida se analizan.

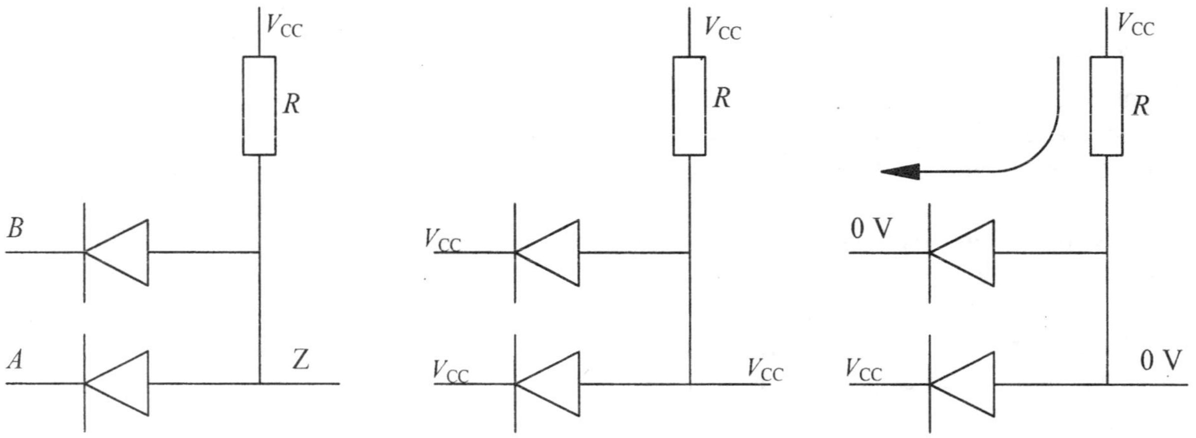

Figura 5-2 - Compuerta AND a diodos, de 2 entradas, con dos posibles condiciones de entrada

- Si las dos entradas del circuito se hallan al potencial de $+V_{CC}$ (es decir, en estado lógico 1), todos los puntos del circuito quedan a este mismo potencial ya que el circuito no recibe tensión alguna distinta a este valor. En particular también estará el terminal de salida a $+V_{CC}$, o sea en el nivel lógico 1.
- Pero si en cualquiera de las entradas se aplica el potencial 0 V (es decir, el estado lógico 0) este potencial aplicado en el cátodo del diodo correspondiente a esa entrada lo hace conducir (por tener su ánodo conectado a $+V_{CC}$ a través de la resistencia) y la tensión de salida toma prácticamente el valor de 0 V (excepto por la caída de tensión en el diodo que, como ya dijéramos, ignoraremos). Es decir que la salida toma el estado lógico 0. El otro diodo no interfiere con este comportamiento, pues al tener su ánodo a 0 V y su cátodo a $+V_{CC}$, queda polarizado inversamente y prácticamente no circula por él corriente.

Ampliando el último caso mencionado, si el potencial 0 V se aplicara, no ya en una cualquiera de las entradas, sino en todas ellas, ambos diodos conducirían, y el terminal de salida también estaría en este caso en 0 V, o sea en el estado lógico 0.

Resumiendo, este circuito tiene su salida en el estado lógico 1 cuando todas sus entradas están en ese mismo estado, y en el estado lógico 0 cuando al menos una de sus entradas está en 0. Este comportamiento corresponde evidentemente al de una compuerta AND de 2 entradas.

Una compuerta AND de mayor número de entradas sólo se diferencia del circuito propuesto en que debe tener un diodo por cada una de sus entradas, conectado en forma similar a la de la figura 5-2.

5.2.2. Compuertas DTL

Al aparecer los primeros circuitos lógicos integrados, una de las familias que surgió fue la denominada DTL (por las iniciales de Diode-Transistor-Logic, es decir, Lógica a Diodo y Transistores), denominación que surge porque sus circuitos tenían, como en seguida veremos, dos etapas: la primera a diodos y la segunda a transistores.

La familia DTL deriva de la lógica a diodos que acabamos de estudiar, pero para obtener circuitos prácticos para ser integrados a partir de los circuitos a diodos ya vistos, sus diseñadores debieron primeramente adoptar un valor determinado para la tensión de alimentación $+V_{CC}$ (eligieron +5 V) y subsanar tres inconvenientes de los circuitos a diodos:

1) la falta de normalización de la carga que presentan las entradas de las compuertas a diodos
2) la imposibilidad de realizar inversores y, como consecuencia, las compuertas derivadas
3) un abanico de salida inadecuado de las compuertas a diodos.

Veamos en detalle cada uno de ellos y la solución aportada por los circuitos DTL.

1) Sabemos que para los circuitos lógicos pertenecientes a una misma familia es necesario tener estandarizados las características que deben tener sus entradas. Sin embargo, las compuertas OR y AND a diodos tienen un comportamiento muy distinto en sus entradas. Así, analizando las figuras 5-1 y 5-2 se concluye que:

- por una entrada de la OR no circula prácticamente corriente cuando está en estado 0, pero entra una corriente apreciable cuando está en estado 1. El circuito que genere la señal de entrada a esta compuerta debe actuar como fuente de corriente, pues debe *suministrar* la corriente que ésta toma en el estado 1. Este tipo de conexión entre salida y entrada se denomina, por ello, tipo *fuente* (en inglés, source)
- por una entrada de la AND no circula prácticamente corriente cuando está en estado 1, pero sale una corriente apreciable cuando está en estado 0. El circuito que genere la señal de entrada a esta compuerta debe actuar como sumidero, pues debe *absorber* la corriente que ésta entrega en el estado 0. Este tipo de conexión se denomina, por consiguiente, tipo *sumidero* (en inglés, sink).

Es evidente que ambos tipos de entrada no pueden coexistir en una misma familia lógica, por lo que DTL adoptó la conexión tipo sumidero, eligiendo así como compuerta básica a la AND (o, más apropiadamente, la NAND, como se discutirá pocas líneas más abajo). La razón de la elección de la conexión de tipo sumidero se basó en que la salida típica de los circuitos DTL (que veremos en un apartado posterior) se presta más a actuar como sumidero que a hacerlo como fuente.

2) Ya que no es posible realizar un inversor exclusivamente con diodos, DTL adoptó un inversor a transistores (el circuito se verá más adelante). Estos inversores, además de producir la inversión de la señal

lógica, también actúan como amplificadores de corriente, circunstancia que se aprovechará en el siguiente punto.

3) Para tener un abanico de salida mayor que 1, es necesario que una compuerta pueda manejar a su salida una corriente mayor que la que circula por su entrada. Así, un manejo de corriente 10 veces más grande permitiría tener un abanico de salida de 10. Pero ello exige tener internamente a la compuerta un amplificador de corriente que no puede realizarse exclusivamente con diodos, sino que demanda transistores.

Por todo ello, para la familia DTL se adoptó como compuerta fundamental a la compuerta NAND. Dicha compuerta tiene una primera etapa a diodos para realizar la operación AND entre las entradas, y una segunda etapa consistente en un inversor hecho con un transistor que proporciona la amplificación de corriente requerida y que, por invertir, convierte la operación de AND a NAND. Es esta realización de una compuerta en dos etapas, la primera a diodos y la segunda a transistor, la que ha dado lugar a la denominación de esta familia: lógica diodo-transistor o DTL.

5.2.2.1. El inversor DTL

El inversor DTL emplea transistores bipolares de juntura para lograr tanto la amplificación como la inversión necesarias. Se supone que el lector conoce los fundamentos de los transistores bipolares de juntura, pero recordaremos acá una de las disposiciones circuitales más utilizadas del transistor, la denominada *configuración emisor a tierra*, que se muestra en la figura 5-3 para el caso de un transistor npn, y en la que nos apoyaremos para llegar al circuito del inversor DTL. En dicha figura se aprecia que la alimentación $+V_{CC}$ polariza inversamente la juntura colector-base del transistor (a través de una resistencia de carga R_L), mientras el emisor está conectado a 0 V. Se han marcado también los sentidos de referencia de las corriente de base y de colector.

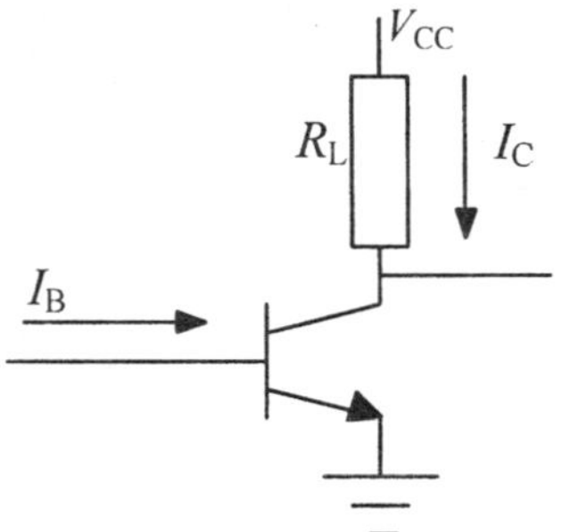

Figura 5-3 - Un transistor npn en conexión emisor a tierra

Analizaremos el comportamiento de este circuito para tres condiciones del circuito de entrada:

- de estar la juntura base-emisor polarizada inversamente (con tensión negativa o nula en la base) no hay prácticamente corriente de base y sólo circula por el colector la débil corriente de fuga de la juntura colector-base. Se dice que el transistor está *en la zona de corte*.
- si la juntura base-emisor se polariza en forma directa, fluye corriente por la base, se produce una circulación de corriente por el colector que es la suma de la corriente de fuga y otra corriente proporcional a la corriente de base pero mucho más grande que ésta, del orden de 100 veces mayor (la constante de proporcionalidad es el parámetro del transistor denominado β). La circulación de esta corriente produce una caída de tensión en la resistencia de carga que está en serie con el colector, y la tensión sobre este electrodo resulta tanto menor cuanto mayor sea la corriente de base. Se dice que el transistor está *en la zona activa*.
- más allá de un cierto valor de la corriente de base, la tensión entre el colector y el emisor del transistor se hace próxima a cero y la corriente de colector no puede subir más aunque lo siga haciendo la corriente de base, ya que está limitada por el cociente entre la tensión de alimentación y la resistencia de carga. Se dice que el transistor está *en la zona de saturación*. En realidad, la tensión entre colector y emisor no se anula exactamente, sino que suele quedar un valor residual del orden de los 0,2 V que se denomina *tensión de saturación colector-emisor* (generalmente simbolizada V_{CEsat}).

Tanto en la zona activa como en la de saturación, en que la juntura base-emisor del transistor está polarizada en forma directa, la tensión entre base y emisor puede estimarse en 0,7 V para el caso corriente de emplear transistores de silicio.

La zona activa del transistor es la empleada en los circuitos analógicos, donde la proporcionalidad entre la corriente de base y la de colector (esta última, muchas veces mayor) es la base de los circuitos amplificadores. Pero en los circuitos digitales, donde sólo interesan dos estados claramente diferenciados entre sí, se hace trabajar a los transistores en la zona de corte y en la de saturación, aprovechando que el circuito colector-emisor se comporta en esos estados aproximadamente como un circuito abierto y un cortocircuito respectivamente. Es decir que el transistor es utilizado como un conmutador controlado por su corriente de base:

- para corriente de base nula el conmutador está idealmente abierto (en realidad circula por él una débil corriente de fuga)
- para corriente de base mayor que el valor que permite alcanzar la saturación, el conmutador está idealmente cerrado (aunque sobre él cae una pequeña tensión de colector-emisor de saturación, que hemos estimado ya en 0,2 V). Este valor de la corriente de base puede estimarse con la fórmula:

$$I_{Bsat} = \frac{V_{CC} - V_{CEsat}}{\beta R_L}$$

La figura 5-4 muestra un modelo de comportamiento equivalente al del circuito de la figura 5-3, válido en la forma como se lo utiliza en técnicas digitales, en la que el circuito colector-emisor del transistor se ha reemplazado, de acuerdo a lo dicho en el párrafo anterior, por un conmutador controlado por su corriente de base.

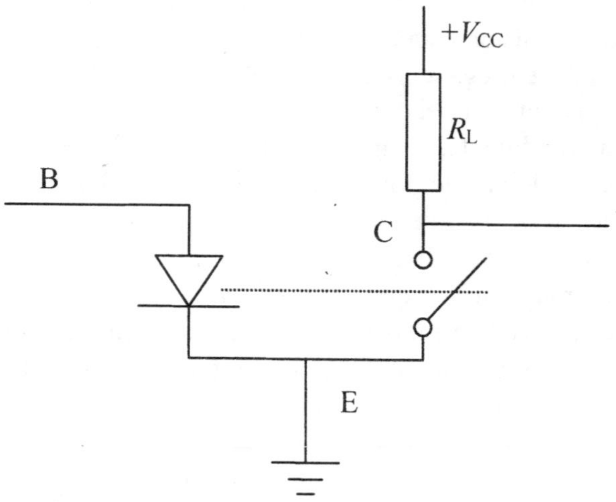

Figura 5-4 - Modelo de comportamiento equivalente al del circuito de la figura 5-3

Tras esta introducción, podemos presentar el esquema básico de un inversor transistorizado que muestra la figura 5-5. Una resistencia en serie con la base tiene como propósito limitar la corriente de base cuando a la entrada se aplica el potencial $+V_{CC}$ (que de aplicarse directamente a la base produciría su destrucción). A su vez, una resistencia de carga está en serie con el colector y permite tomar la salida del inversor en el punto de unión de dicha resistencia y el colector. En dicha figura también se exhibe el estado del circuito para los dos casos posibles de la señal de entrada que se comentan a continuación:

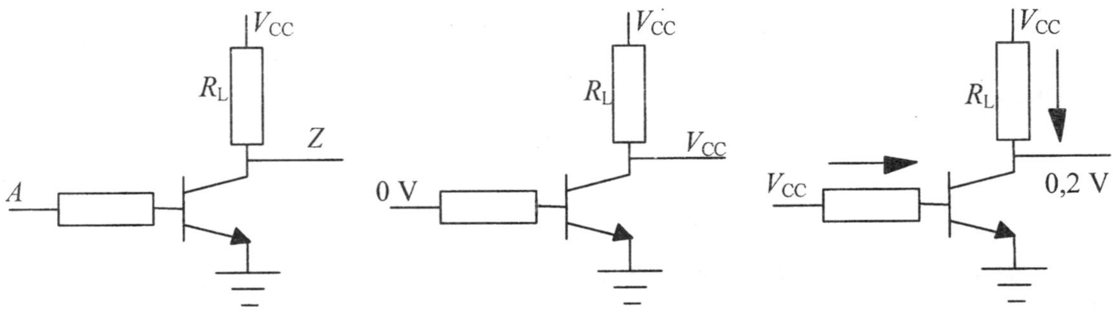

Figura 5-5 - Inversor transistorizado básico, con dos posibles condiciones a la entrada

- la presencia de un potencial de 0 V (es decir, un estado lógico 0) a la entrada del circuito hace que no circule corriente por la base del transistor, que por consiguiente tampoco circule corriente por el colector (no tomando en consideración la débil corriente de fuga por el mismo) y que, no habiendo caída de tensión en la resistencia de carga, el potencial de salida sea el mismo que el de la tensión de alimentación + V_{CC}, o sea un estado lógico 1.
- la presencia de un potencial $+V_{CC}$ (es decir, un estado lógico 1) a la entrada del circuito hace que circule una corriente de base del transistor que, por diseño, se hace que sea mayor que la que produce la saturación. Al saturar el transistor, queda una tensión entre colector y emisor del orden de 0,2 V (es decir, muy próxima a 0 V), o sea un estado lógico 0.

Vemos que en ambos casos citados el estado lógico a la salida es el opuesto al estado lógico a la entrada, con lo que se demuestra que el circuito estudiado es, efectivamente, un inversor.

El circuito inversor recién visto no es aplicable sin cambios en DTL pues se advertirá que toma corriente por su entrada cuando la misma está en 1, cuando ya hemos normalizado en DTL la conexión del tipo sumidero, en que la entrada entrega corriente en el estado 0. Para poder ser usado en DTL, por consiguiente, se debe modificar la entrada del circuito.

La figura 5-6 muestra, finalmente, el inversor usado en DTL, aunque algunos detalles han sido cambiados por claridad en la exposición. Se notará que la etapa de salida es la de un transistor en emisor a tierra (Q2) con su resistencia de carga, como en las dos figuras anteriores, pero se han agregado un transistor adicional (Q1) para lograr una mayor amplificación de corriente con el fin de mejorar aún más el abanico de salida, y un par de diodos de entrada con los que se logrará a la entrada una conexión tipo sumidero, como en seguida se verá. Los niveles de tensión marcados en el circuito en varios puntos internos del mismo no son los presentes en esos puntos en todo momento, sino que corresponden al caso en que la entrada está en el estado 1, como a continuación veremos.

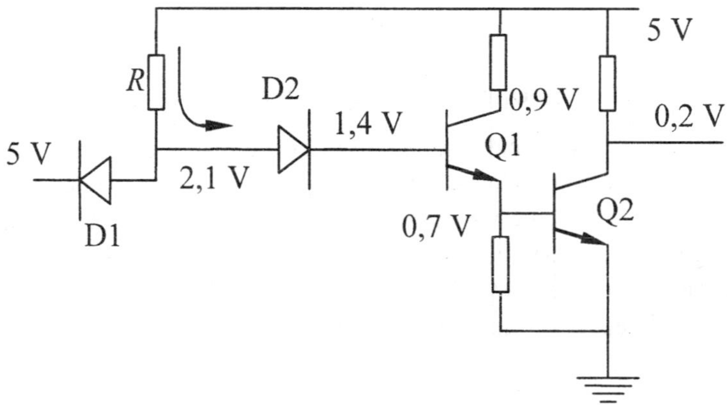

Figura 5-6 - El inversor DTL (con su entrada en 1)

Para comprender el funcionamiento de este circuito, consideremos los dos casos posibles:

- que la entrada esté en 1
- que la entrada esté en 0

Cuando la entrada está en 1 (es decir, cuando su nivel de tensión es de +5 V), nos encontramos en el caso de la figura anterior. El diodo D1 no conduce pues para ello requeriría que su ánodo fuese más positivo que +5 V, y no hay en el circuito ningún punto con tensiones superiores a la de la fuente de alimentación. Sin embargo, el que está conduciendo en esas condiciones es el diodo D2; la conducción del mismo (que se realiza a través de la resistencia *R*), ocasiona una corriente de base en el transistor Q1, la corriente de emisor del mismo produce corriente de base en el transistor Q2, el que en esas condiciones satura, y su tensión de colector queda en el valor correspondiente a la saturación, es decir, aproximadamente 0,2 V, nivel que es interpretado como un estado lógico 0. La figura muestra también algunos niveles de tensión internos al inversor, que resultan de interés, y que pasamos a analizar. Así, si estimamos que la caída de tensión directa en una juntura es del orden de 0,7 V, se concluye que el transistor Q2 tiene su base a dicho potencial, por tener su juntura base-emisor polarizada en forma directa. También Q1 tiene su juntura base-emisor polarizada en forma directa, por lo que su base debe ser también 0,7 V más positiva que su emisor (el que está a 0,7 V como acabamos de ver), es decir, estar a 1,4 V. Estando el transistor saturado, su colector estará a aproximadamente 0,2 V más positivo que el emisor, es decir, a unos 0,9 V. Finalmente, el diodo D2 que tiene su cátodo a 1,4 V y se encuentra conduciendo, debe tener su ánodo a 2,1 V.

Cuando la entrada está en 0 (es decir, cuando su nivel de tensión es de 0 V), caso que se exhibe en la figura 5-7, el diodo D1 está conduciendo pues tiene su ánodo conectado a +5 V a través de la resistencia R. Si estimamos que la caída de tensión de un diodo en polarización directa es de 0,7 V, se concluye que ésa es la tensión que hay en el ánodo de dicho diodo. En esas condiciones no puede conducir el diodo D2 (ya que para hacerlo requeriría 2,1 V en su ánodo, como hemos visto en el caso anterior), por lo que no circula corriente de base ni de colector de los transistores, los que se comportan como circuitos abiertos. La tensión de salida, por consiguiente, está a +5 V ya que no circula corriente por la resistencia de carga del transistor Q2 y por lo tanto no hay en ella caída de tensión, y estando uno de sus terminales unido a +5 V, el otro tiene que estar al mismo potencial. Es decir, que cuando la entrada está en 0, el nivel de tensión de salida es +5 V, es decir en 1.

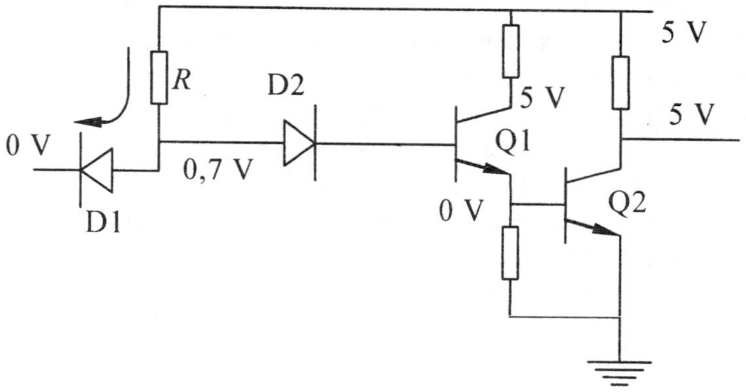

Figura 5-7 - El inversor DTL con su entrada en 0

Resumiendo, cuando la entrada está en estado 0 la salida está en estado 1, y cuando la entrada es 1 la salida es 0. Queda así confirmado el funcionamiento de este circuito como inversor. Se observará que el transistor de salida Q2 se comporta como un conmutador controlado por la entrada: cuando la misma está en 1 el conmutador se cierra haciendo que la salida tome aproximadamente el potencial de 0 V, y cuando está la entrada en 0 el conmutador se abre dejando que el potencial de salida suba a $+V_{CC}$, por la acción de su resistencia de carga.

Como detalle de interés se puede determinar aproximadamente la tensión de umbral nominal de este inversor. Dado que cuando la entrada está a 0 V la corriente por la resistencia *R* circula por el diodo D1, y cuando la entrada está en +5 V lo hace por el diodo D2, la situación intermedia, correspondiente al umbral, se dará cuando ambos diodos conduzcan. Dado que cuando conduce D2 la tensión en su ánodo es de 2,1 V, en el caso de que ambos diodos conduzcan la tensión de entrada debe ser 0,7 V inferior a dicho valor, es decir 1,4 V. Esta es, aproximadamente, la tensión umbral típica de los circuitos DTL. En realidad, más aproximado resulta el valor 1,5 V que el recién calculado de 1,4 V.

5.2.2.2. La compuerta NAND DTL

La compuerta NAND en la familia DTL surgió, como ya se dijera, de la unión de una compuerta AND a diodos y un inversor DTL. De hecho, ya que el inversor DTL tiene un diodo de entrada, la compuerta NAND solo requiere que se le agreguen los diodos adicionales que forman la compuerta AND de entrada. Así, la figura 5-8 muestra una típica compuerta NAND DTL de 3 entradas. Cualquier entrada que esté a 0 V absorbe la corriente que circula por la resistencia *R*, dejando a los transistores sin conducir y haciendo que la salida esté a +5 V; pero si todas las entradas están en +5 V la corriente por la resistencia R se deriva hacia los transistores, saturando al transistor Q2 y llevando la salida a 0,2 V. Esta descripción está en un todo de acuerdo con la operación esperada de una compuerta NAND.

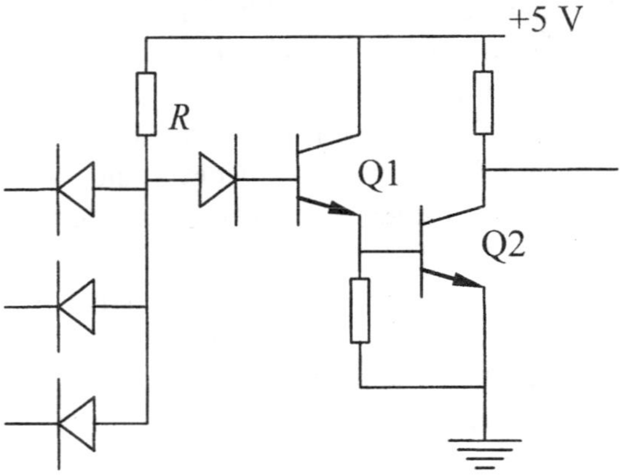

Figura 5-8 - La compuerta NAND DTL

5.2.2.3. Carga pasiva, la salida normalizada de DTL

Hemos dicho que toda familia lógica debe normalizar sus entradas y sus salidas. Por lo que ya hemos visto, DTL normalizó un tipo de entrada caracterizado por una conexión que hemos denominado sumidero. A su vez, la salida normalizada DTL que exhiben las figuras anteriores es conocida con el nombre de *carga pasiva*, de la que corresponde ampliar algunos detalles.

Los circuitos de la familia DTL, como hemos visto, tienen una etapa de salida que posee un transistor que actúa como un conmutador controlado por las entradas, y que se cierra poniendo la salida a aproximadamente 0 V cuando la misma debe estar en el estado 0, y que se abre en el estado 1, situación en que la resistencia de carga de dicho transistor, conectada en su otro extremo al potencial de +5 V, lleva la salida a esa tensión. Por tener el transistor de salida una carga resistiva, es que a este tipo de salida se la denomina *carga pasiva*. La figura 5-9 esquematiza este tipo de salida.

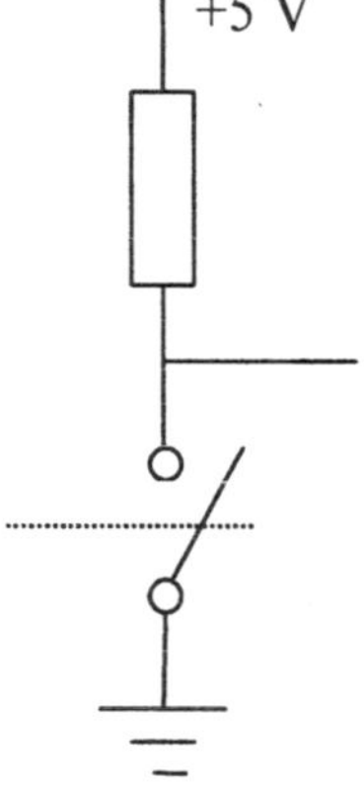

Figura 5-9 – Esquematización de una salida típica de DTL, del tipo de carga pasiva

La carga pasiva guarda similitud con la salida de colector abierto que encontramos en TTL y CMOS, y se diferencia de ella en que la resistencia de carga es interna al dispositivo, en vez de ser externa. Ello en alguna medida es una desventaja porque el valor de la resistencia está fijado por el fabricante del dispositivo, y no queda ya a criterio del usuario.

Una característica de la salida tipo carga pasiva (que comparte con la salida de colector abierto) es que, vista desde sus terminales, en estado 0 su tensión de salida es cercana a 0 V con una resistencia interna muy baja (por encontrarse el conmutador de la figura 5-9 cerrado), mientras que en el estado 1 su salida es +5 V pero con una resistencia interna considerable, ya que la resistencia de carga suele ser del orden del kohm. Esta desigualdad entre la resistencia interna que presenta la salida de carga pasiva en los estados 0 y 1 tiene tres consecuencias de interés.

1) Dado que en el estado 0 la compuerta DTL, vista desde su salida, se comporta como una conexión de resistencia muy baja a la tensión de 0 V, en ese estado está en condiciones de absorber una corriente I_{OL} considerable que se le entregue desde el exterior (del orden de los varios miliampere). Por el contrario, en el estado 1, dado que la salida se comporta como una resistencia del orden de los varios kohm conectada a $+V_{CC}$, sólo puede entregar una corriente $-I_{OH}$ (el signo menos es porque, por la convención ya vista, el sentido positivo de I_{OH} se adjudica al caso en que ésta es entrante) del orden de las décimas de miliampere sin que la tensión de salida caiga por debajo de su tensión V_{OHmin}. Es decir, que el circuito de salida de DTL tiene un comportamiento asimétrico, y es superior absorbiendo corriente que suministrándola. Esto es, que tiene características que lo hacen operar más efectivamente como sumidero de corriente que como fuente de ella. Por esta razón es que en DTL se ha adoptado la conexión sumidero como estándar, como se mencionara en un apartado anterior.
2) En el caso habitual de que la compuerta tenga una carga externa del tipo capacitiva (como es habitual, por ejemplo, debida a la capacidad parásita del conexionado), la velocidad con que puede cambiar la tensión sobre ella (y por ende en la salida) depende de la corriente I que atraviesa a dicha capacidad C, de acuerdo a la fórmula $dV/dt=I/C$. Como esta corriente es mayor en el estado 0 de la salida que en el estado 1, como acabamos de ver, la transición de la salida entre un estado 1 al estado 0 se hace rápidamente, mientras que la transición del estado 0 al 1 se hace cargando a la capacidad parásita con un corriente relativamente débil y es, por lo tanto, menor que en el caso anterior. Es decir, una compuerta DTL tiene un tiempo de subida que no es tan breve como el de bajada, como ilustra la figura 5-10.

Figura 5-10 - Tiempos de bajada y subida desiguales en DTL

3) De conectarse en paralelo la salida de 2 o más compuertas DTL, por tener el estado 0 una resistencia interna mucho menor que el estado 1, resulta el dominante en esa conexión en caso de conflicto (la salida es del tipo que tiene un 1 débil). El punto de unión estará en estado 0 cuando cualquiera de las compuertas puestas en paralelo pone un 0 en su salida, y solo alcanza el estado 1 cuando todas las compuertas tienen ese mismo estado. Se da entonces la posibilidad de conectar varias salidas DTL en paralelo para lograr una AND por conexión, de manera similar a como se describiera en un capítulo anterior (para el caso de una salida del tipo de colector abierto) y como se comprueba en la figura 5-11 donde se ejemplifica el caso de dos salidas en paralelo.

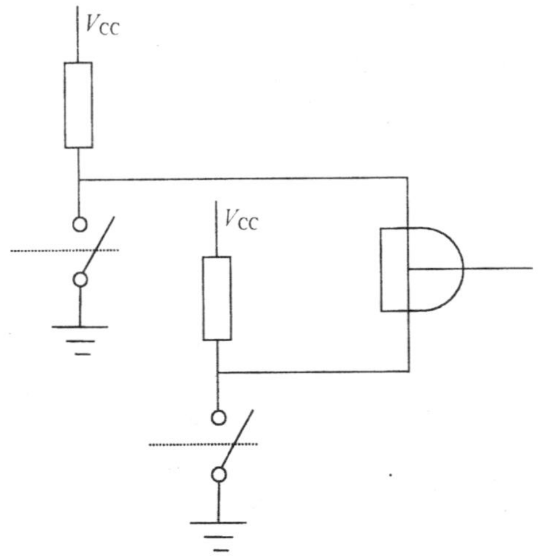

Figura 5-11 - Dos compuertas DTL con sus salidas de carga pasiva (modelizadas con conmutadores) en paralelo, y la AND por conexión resultante

5.3. Familias TTL

Tras el estudio de los antecedentes de la lógica a diodos y la familia DTL, podemos ya encarar un análisis detallado de las familias TTL.

Las familias TTL (denominación derivada de la sigla de su nombre inglés Transistor-Transistor-Logic o Lógica Transistor-Transistor) deben su nombre a que en su estructura circuital se advierten (como en DTL) 2 etapas, pero en este caso realizadas *ambas* con transistores. Esto trae aparejado una mejora en la velocidad de conmutación, como enseguida veremos.

Sabemos de un capítulo anterior que la codificación genérica de los integrados pertenecientes a la familia TTL es 74xYY, donde 74x es un prefijo que identifica a la familia seguido de 2, 3 ó 4 dígitos que son particulares de cada circuito. Por ejemplo, el integrado 7410 es una triple compuerta NAND de 3 entradas de la familia 74, llamada Normal por ser históricamente la primera familia TTL. Pero han aparecido dentro de TTL otras familias, las que presentan variantes circuitales con relación a la familia Normal, hechas por los fabricantes generalmente con la intención de mejorar el consumo de energía o la velocidad de operación. Así hoy tenemos las siguientes familias:

- Familia 74 o Normal
- Familia 74S o Schottky (que utiliza diodos Schottky para mejorar la velocidad de conmutación)
- Familia 74LS o Low power Schottky (Schottky de bajo consumo)
- Familia 74AS o Advanced Schottky (Schottky avanzado)
- Familia 74ALS o Advanced Low power Schottky (Schottky de bajo consumo avanzado)
- Familia 74F o Fast (Rápida, que también usa tecnología Schottky)

Hoy en día, la familia Normal es obsoleta, las familias 74LS y 74S van camino de serlo, y las relativamente más modernas 74ALS, 74S y 74F ya han entrado en la etapa de declinación de su ciclo de vida.

5.3.1. Compuertas TTL

5.3.1.1 El inversor TTL

Veamos en la figura 5-12 el circuito de un inversor TTL. Este circuito es el que corresponde a la familia Normal; las familias más nuevas han mejorado dicho circuito con detalles en los que no entraremos, pero que no afectan a los aspectos esenciales a los que nos hemos de referir.

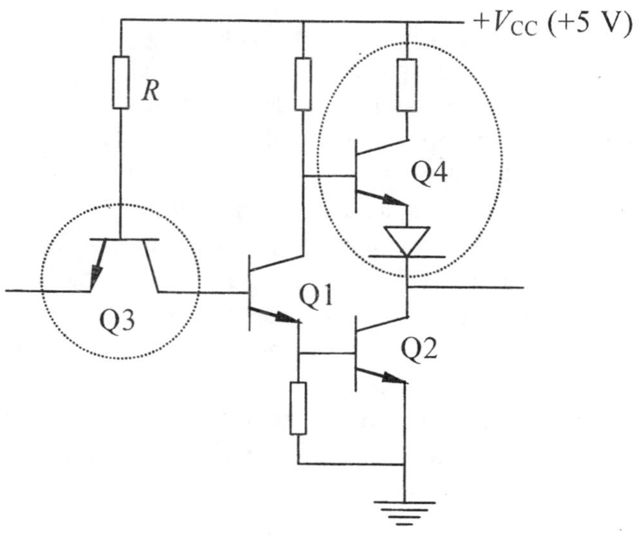

Figura 5-12 - El inversor TTL

En la figura se ha destacado (rodeándolas de una línea punteada) las dos modificaciones que presenta este inversor con relación a su similar DTL:
1) modificación que afecta al circuito de entrada
2) modificación que afecta al circuito de salida
Analicemos esas modificaciones.

Modificación en el circuito de entrada

En el circuito de entrada del inversor DTL (figuras 5-6 y 5-7) hay 2 diodos. En el inversor TTL ambos diodos han sido reemplazados por un único transistor (Q3). Esto es viable porque el diodo D1 de las figuras 5-6 y 5-7 queda reemplazado por la juntura base-emisor del transistor Q3, mientras que el diodo D2 de dicha figura es sustituido por la juntura base-colector del mismo transistor.

Pero un transistor es más que dos diodos sin interacción entre sí. El efecto transistor hace que si una de las junturas de un transistor está polarizada en forma directa y por lo tanto pasa por ella una cierta corriente, una fracción de dicha corriente circula por la otra juntura aún cuando la misma se encuentre polarizada inversamente. Esto produce dos efectos nuevos en la operación del inversor TTL con relación a su similar DTL.

a) Cuando la entrada está a +5 V, la juntura base-colector del transistor Q3 queda polarizada en forma directa (por estar conectada a +5 V a través de la resistencia *R*) y circula por ella una corriente del orden del miliampere, una fracción de la cual, por efecto transistor, circula como corriente inversa de la juntura emisor-base, produciendo una corriente entrante I_{IH} del orden de las decenas de microampere. Esta corriente es aceptable, pero no es tan despreciable como en el caso de DTL en que en esas condiciones circula la bajísima corriente de un diodo polarizado inversamente.
b) Cuando la entrada está a 0 V, la juntura emisor-base del transistor de entrada queda polarizada en forma directa (queda conectada a +5 V a través de la resistencia *R*) y circula por ella una corriente I_{IL} del orden del miliampere, convencionalmente negativa pues es una corriente saliente de la compuerta. Una fracción de esta corriente, por efecto transistor, intenta circular como corriente inversa de la juntura base colector, sin conseguirlo en condiciones estáticas pues dicha corriente no podría circular por la base del transistor Q1 ya que lo haría en el sentido contrario al correspondiente a conducción directa de la juntura base-emisor de ese transistor. Sin embargo, en una transición de la entrada del estado 1 al estado 0, esa corriente circula momentáneamente por la juntura base-emisor del transistor Q1, permitiendo que éste vaya más rápidamente al corte que en el caso de DTL (por producir una descarga rápida de la carga almacenada en la capacidad de difusión de su juntura base-emisor).

Vemos que el primer punto es una desventaja para TTL, aunque leve y aceptable, mientras que el segundo punto constituye una ventaja importante en lo concerniente a la velocidad de operación. Por ello, el circuito de entrada TTL debe considerarse como una mejora con relación a su similar DTL.

Modificación en el circuito de salida

La modificación en el circuito de salida de TTL también tiene como objetivo mejorar la velocidad de operación con respecto a la lograda en DTL, en particular el tiempo de subida. Ya hemos señalado que la salida de las compuertas DTL, aunque rápidas para pasar del estado 1 al estado 0 porque el transistor de salida al saturar descarga rápidamente a la capacidad parásita ligada a la salida y su conexionado, en la transición inversa resultan relativamente lentas pues la carga de 0 V a 5 V se hace a través de una resistencia que, al limitar la corriente de carga de dicha capacidad, limita también la velocidad con que ésta puede modificar su carga almacenada y, por ende, su tensión interelectródica. Este inconveniente se puede subsanar haciendo que en el estado 1 la salida TTL se comporte como una baja resistencia conectada a +5 V, para lo que puede sustituirse la resistencia de carga característica de la carga pasiva de los circuitos DTL por otro transistor (Q4) actuando como conmutador en contrafase con relación al transistor Q2, es decir, que no debe conducir cuando lo hace Q2 y viceversa.

Este tipo de salida con un conmutador en contrafase actuando como carga del otro es denominada *carga activa* o *tipo tótem*, y ya fue analizado en un capítulo anterior. Repitamos la figura con el modelo con dos conmutadores que habíamos visto en ese momento.

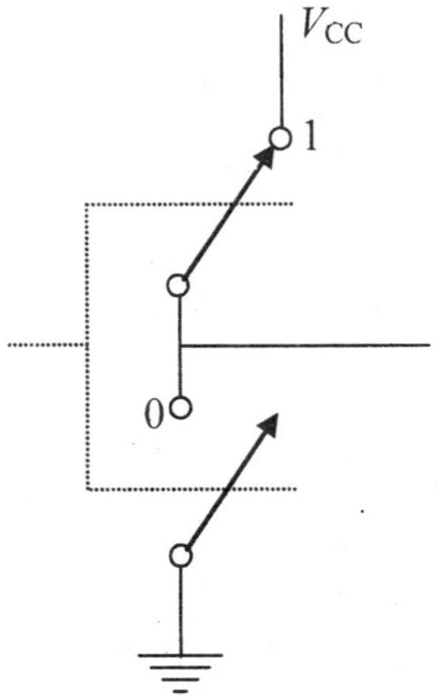

Figura 5-13 - Modelización de una salida de carga activa con 2 conmutadores en contrafase

Veamos como se instrumenta en un inversor TTL el conmutador superior que posee la salida tótem. Este conmutador está realizado con el transistor Q4, cuya base es atacada por la señal presente en el colector del transistor Q1. Consideremos los dos casos que muestra la figura siguiente:

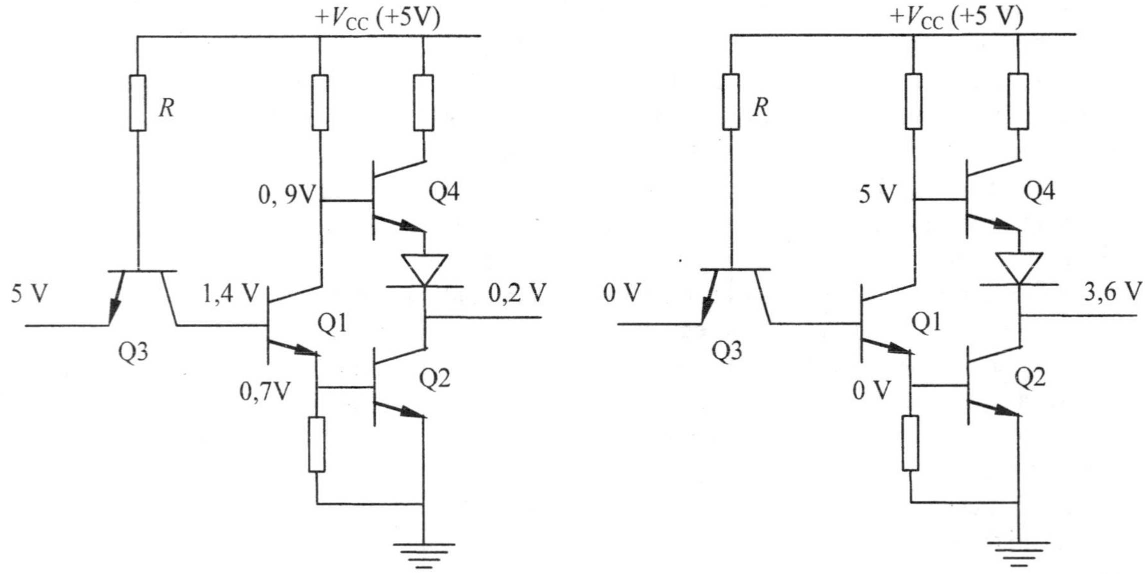

Figura 5-14 – Inversor TTL para dos condiciones de la tensión de entrada

- el primer caso es el que corresponde a la entrada en 1, el transistor Q1 conduce, su corriente de emisor hace conducir al transistor Q2 llevando la tensión de salida a aproximadamente 0,2 V. En esas condiciones la tensión de colector de Q1 (0,7 V más positiva que su emisor) es de aproximadamente 0,9 V. Este valor es insuficiente para polarizar directamente la juntura base-emisor del transistor Q4 y al diodo que ésta tiene en serie. Por lo que el transistor Q4 no conducirá, tal como corresponde cuando la salida está en estado 0. Se notará que los 0,9 V presentes en la base del transistor Q4 alcanzarían para hacerlo conducir si no tuviera el diodo puesto en serie con su emisor. De hecho, la única misión que tiene ese diodo en el circuito es impedir que el transistor Q4 conduzca en esta circunstancia.
- el segundo caso es el que corresponde a la entrada en 0, el transistor Q1 no conduce y tampoco lo hace Q2. Pero en esas condiciones Q1 tiene su tensión de colector en +5 V (si se desprecia la caída de tensión en su resistencia de carga) y eso hace que se polaricen directamente la juntura base-emisor del transistor Q4 y el diodo que éste tiene en serie con su emisor. Dada la caída de tensión en la juntura base-emisor de Q4 estimable en 0,7 V, más otra caída similar en el diodo en serie con su emisor, la tensión de salida resulta 1,4 V inferior a la presente en la base de Q4, es decir, de aproximadamente 3,6 V. Este es el nivel de tensión típico de TTL para una salida en el estado 1.

Si bien en condiciones estáticas ambos transistores-conmutadores de salida actúan en contrafase, en condiciones dinámicas, es decir, durante una transición de la salida del estado 1 al 0 o viceversa, puede ocurrir que momentáneamente ambos transistores conduzcan (esto se denomina *conducción cruzada*). Ante este hecho es deseable colocar alguna limitación a la corriente que podría circular por ellos en esas circunstancias. Ese es el objetivo de la resistencia en serie con el colector del transistor Q4 (del orden de los 100 Ω) que muestra la figura 5-14.

La salida tipo tótem es la normal en TTL, pero algunos dispositivos de estas familias ofrecen otros tipos de salida como el de colector abierto (en las que se suprimen Q4 y su diodo asociado) y el de 3 estados (en el que la falta de una habilitación hace que tanto Q2 como Q4 vayan simultáneamente al corte y la salida al estado de alta impedancia).

5.3.1.2. La compuerta NAND TTL

Para hacer el símil de la compuerta NAND DTL de la figura 5-8 basta modificar el circuito del inversor reemplazando el transistor de entrada con un transistor de emisores múltiples, como lo muestra la figura 5-15.

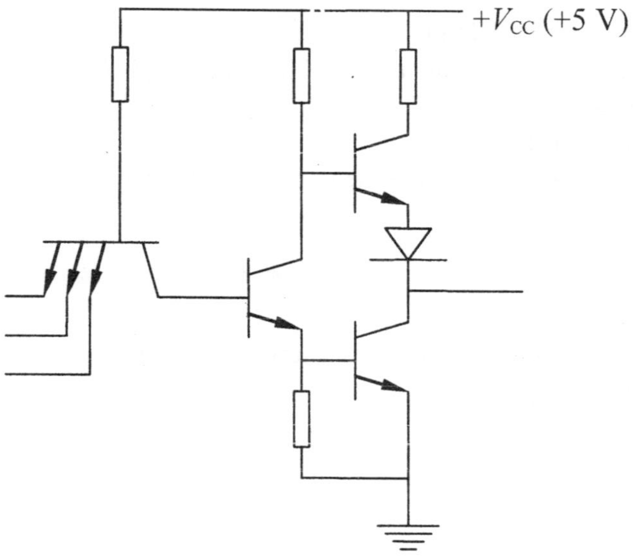

Figura 5-15 - Compuerta NAND TTL

5.3.1.3. Otros dispositivos TTL

En TTL se dispone de compuertas con caracterísiticas especiales de entrada o de salida, como por ejemplo:

- entrada tipo Schmitt

- salida de 3 estados (por ejemplo, en el circuito de la figura 5-12, aunque no se muestra la pertinente modificación del circuito para lograr el tercer estado, la ausencia de la señal de habilitación envía al corte tanto a Q4 como a Q2)
- salida de colector abierto (en el circuito de la figura 5-12, desaparece Q4 y su resistencia y diodo asociados)

El hecho de que las compuertas básicas en TTL sean el inversor y la compuerta NAND no impide que puedan fabricarse y comercializarse otras compuertas ya que, como sabemos, la compuerta NAND es una compuerta universal con la que se puede construir cualquier circuito lógico. Es así que pueden entonces fabricarse en TTL todas las compuertas básicas y derivadas (aunque no la compuerta de transmisión, que no puede realizarse con tecnología TTL).

En las distintas familias de TTL se encuentra asimismo una muy amplia gama de circuitos MSI combinacionales, como por ejemplo codificadores, decodificadores, multiplexores, demultiplexores, comparadores, sumadores, unidades aritméticas y lógicas, etc.

También se dispone en TTL de una variada gama de dispositivos secuenciales tanto SSI como MSI tales como biestables transparentes, multivibradores, flip-flops, contadores y registros, los cuales serán estudiados en los próximos capítulos.

5.3.2. Características de las familias TTL

5.3.2.1. Rango de temperatura

Las distintas familias TTL más arriba citadas pueden operar en el rango de temperaturas comercial (de 0°C a 70°C), pero existen familias similares (las familias 54x) que son funcionalmente equivalentes, y pueden operar en el rango militar de temperaturas (de -55°C a + 115°C).

5.3.2.2. Tensión de alimentación

La tensión de alimentación ($+V_{CC}$) de los distintos dispositivos de las familias TTL es de +5 V, característica que, por lo que sabemos, comparte con la familia DTL. Esta tensión debe ser bastante precisa, pues la tolerancia es de sólo el 10% (y en alguna familia sólo del 5%).

5.3.2.3. Niveles de tensión

Por lo visto, los niveles típicos de tensión de los circuitos TTL son:

- la tensión de umbral de entrada es la misma que en DTL, es decir 1,5 V
- la tensión de salida en el estado 0 es de 0,2 V
- la tensión de salida en el estado 1 de 3,6 V

Estos son los valores típicos; los valores de salida asegurados por los fabricantes para las diferentes familias son:

$V_{OLmáx} = 0{,}4$ V
$V_{OHmín} = 2{,}4$ V

En cuanto a los valores extremos aceptados para las entradas, de manera de asegurar que las mismas no están en la zona de incertidumbre, son:

$V_{ILmáx} = 0{,}8$ V
$V_{IHmín} = 2$ V

5.3.2.4. Consumo

Otra exigencia a la fuente de alimentación (además de la ya mencionada precisión) es que debe suministrar la corriente de reposo (I_{CC}) que consumen los circuitos integrados para su operación. El valor de esta corriente para cada circuito integrado particular se puede obtener en la hoja de datos correspondiente. En general, en las familias TTL prácticamente todo el consumo de la fuente de alimentación proviene de esta corriente, porque el consumo dinámico suele ser despreciable.

Para tener una idea aproximada del consumo de un circuito TTL, se suele utilizar la potencia típica consumida por una compuerta de estas familias lógicas. Llamando P a esta potencia, para una compuerta TTL de las distintas familias, el valor típico de la misma está tabulado en la tabla 5-1.

Parámetro		74N	74S	74LS	74AS	74ALS	74F
$I_{OHmáx}$	mA	-0,4	-1	-0,4	-1	-0,4	-1
$I_{OLmáx}$	mA	16	20	8	20	8	20
$I_{IHmáx}$	mA	0,04	0,05	0,02	0,05	0,02	0,02
$I_{ILmáx}$	mA	-1,6	-2	-0,4	-2	-0,1	-0,6
Abanico de salida	---	10	10	20	10	20	23
P	mW	10	19	2	22	1	5,5
t_P	ns	10	3	10	2	5	3,7
Factor de mérito $P.t_P$	pJ	100	57	20	44	5	20

Tabla 5-1 - Comparación entre las diferentes familias TTL

5.3.2.5. Niveles de corriente

La tabla 5-1 también muestra los diferentes niveles de corriente en entradas y salidas de los circuitos TTL de las diferentes familias, valores que están normalizados, y el valor del abanico de salida calculado a partir de ellos. Se notará que por hacer uso TTL del tipo de conexión que hemos llamado sumidero, la corriente de entrada de las compuertas es negativa en el estado 0 (ya que es saliente) y positiva en el estado 1 (por ser entrante). Lo inverso es válido para las salidas. Se notará también que la corriente de entrada en el estado 0 es, en valor absoluto, considerablemente mayor que la corriente de entrada en estado 1. Esto es lógico por cuanto la primera corresponde a la corriente por una juntura polarizada en forma directa, mientras que la segunda es la de una juntura polarizada inversamente.

Se observará que hay una disparidad considerable en los valores de los niveles de corriente de las distintas familias. Como cabe esperar, las de mayor consumo son también las que manejan corrientes mayores. Por ejemplo, la Familia 74LS que puede normalmente atacar a 20 compuertas de la misma familia, no puede hacerlo con más de 4 compuertas de la familia 74AS porque de lo contrario se superaría su $I_{OLmáx}$.

5.3.2.6. Velocidad de conmutación

Los tiempos de propagación típicos de las distintas familias de la familia TTL son los que muestra la tabla 5-1. Estos valores deben considerarse como indicativos y a los efectos de una comparación entre familias. Los valores más precisos correspondientes a un circuito integrado particular se suministran en la hoja de datos de éste.

Ya hemos mencionado en un capítulo anterior, que existe una solución de compromiso entre consumo y velocidad de operación. Así, para mejorar la velocidad de conmutación, un fabricante de circuitos integrados puede disminuir el valor de las resistencias del circuito, con lo que aumenta la magnitud de las corrientes que circulan y se favorece la carga y descarga más rápida de las capacidades parásitas. Pero este aumento de las corrientes produce asimismo un aumento del consumo. Es decir que, en el diseño de una familia TTL, el fabricante debe tomar una solución de compromiso entre velocidad de conmutación y consumo, ya que una decisión que mejora uno de esos aspectos empeora al otro. Efectivamente, la tabla 5-1 permite comprobar que, en general, las familias más veloces son también las de mayor consumo.

Para poder evaluar en forma conjunta a la velocidad de conmutación y al consumo, se suele considerar como factor de mérito de una familia TTL al producto consumo típico de una compuerta por tiempo de propagación ($P.t_P$), el que deseablemente debe ser pequeño. Por tratarse del producto de una potencia y un tiempo, este factor de mérito es dimensionalmente una energía, y habitualmente se lo expresa en picojoule. El valor calculado para cada una de las distintas familias TTL se halla también tabulado en la Tabla 5-1.

5.4. Familias CMOS

5.4.1. Antecedentes de CMOS – Compuertas NMOS

La familia CMOS no se basa en diodos y transistores bipolares, sino en transistores MOS.

El transistor MOS es un dispositivo que consiste en un "sándwich" de tres capas: un conductor, un aislante y un semiconductor, en el que la circulación de corriente por los terminales que posee el semiconductor en sus dos extremos es controlado por la tensión aplicada al conductor. Dado que en los primeros transistores de este tipo la capa conductora era metálica, y la capa aislante un óxido, recibió el nombre de transistor MOS por la sigla que se formaba con las iniciales de sus capas: Metal-Oxido-Semiconductor.

Los terminales de la capa semiconductora se denominan *surtidor* (o también fuente, y en inglés, source) y *drenador* (o también drenaje, y en inglés drain) respectivamente, y el terminal correspondiente a la capa conductora, aislado de los anteriores, es llamado *gobernador* (o también compuerta, y en inglés gate). El surtidor y el drenador son los electrodos principales, mientras que el gobernador es el electrodo de control pues permite regular, como en seguida veremos, la corriente que circula entre los otros dos.

En el tipo de transistor MOS llamado *de canal inducido*, el más empleado en técnicas digitales, la conducción entre surtidor y drenador es muy baja si es que la tensión aplicada entre el gobernador y el surtidor es nula, pero relativamente alta si se establece entre ellos una tensión superior a un valor de umbral, llamado V_T, lo que induce la aparición de un canal conductor entre el surtidor y el drenador. Existen dos tipos de transistores MOS de canal inducido: los de canal n (también llamados NMOS) y los de canal p (también llamados PMOS). Estos dos tipos de transistores MOS suelen denominarse como *complementarios* entre sí. La figura 5-18 muestra los símbolos que hemos de emplear en esta publicación para representar a estos transistores. Las letras G, S y D son las iniciales de los nombres de los electrodos: gobernador, surtidor y drenador, y también corresponden a las iniciales de su nombre en inglés.

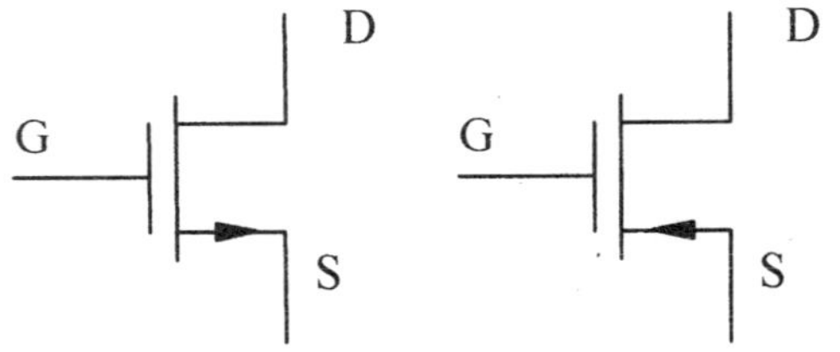

Figura 5-18 - Símbolos de un transistor NMOS (izquierda) y un PMOS (derecha)

Entre los autores no existe una total uniformidad respecto a los símbolos para estos transistores, y si bien los mostrados más arriba son los que usaremos en esta publicación, el lector queda advertido que son también de uso frecuente en la literatura sobre el tema, los de la figura siguiente.

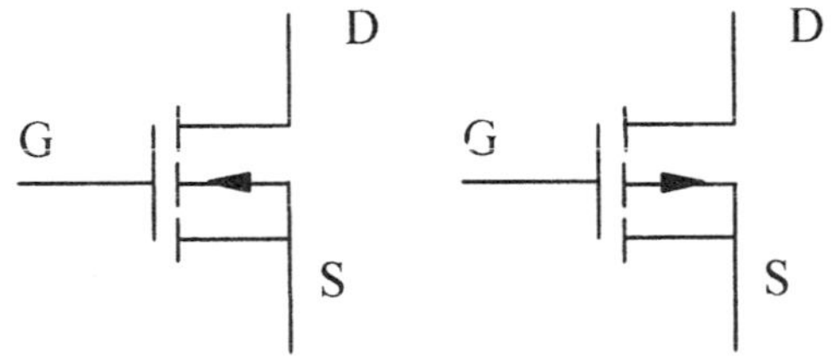

Figura 5-19 - Símbolos alternativos de un transistor NMOS (izquierda) y un PMOS (derecha)

El comportamiento de los transistores NMOS y PMOS es idéntico, excepto que todas las tensiones son de signo opuesto, y todas las corrientes de sentido contrario. Así, en el NMOS el drenador se polariza positivamente respecto del surtidor; en esas condiciones, si el gobernador es más positivo que el surtidor (superando la tensión entre ellos el valor del umbral V_T), hay circulación de corriente entre el drenador y el surtidor. Lo mismo es válido para un PMOS, cambiando la polaridad de las tensiones y el sentido de la corriente.

Ambos transistores MOS, de todos modos, tienen un comportamiento análogo al del transistor bipolar, en el sentido de que un electrodo de control (el gobernador o la base, respectivamente) controla el flujo de corriente que circula entre dos electrodos principales. Pero hay también una gran diferencia: como el gobernador está completamente aislado del semiconductor, los transistores MOS presentan una elevadísima resistencia de entrada por la que no circula sino una extremadamente débil corriente de fuga. Por el contrario, en el caso de un transistor bipolar, la base forma una juntura con el emisor por la que circula una corriente apreciable cuando el transistor está saturado o en su zona activa, ya que en esas condiciones la juntura queda polarizada directamente. Es por ello que, si hemos considerado al transistor bipolar como un conmutador controlado por corriente cuando se lo utiliza de la forma como se lo hace en técnicas digitales (es decir, en las condiciones extremas de no conducción o conducción plena), el transistor MOS puede considerarse en esas aplicaciones como un conmutador controlado por tensión, como se muestra en la figura 5-20, donde se exhibe un interesante circuito de aplicación de un transistor NMOS (que en seguida veremos que es un inversor), y su modelización por medio de un conmutador controlado por tensión.

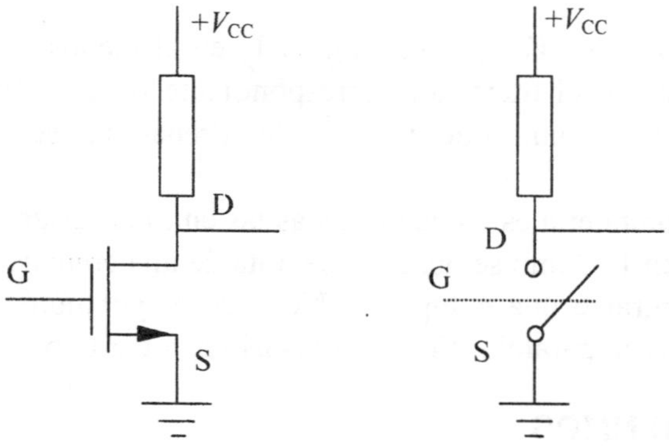

Figura 5-20 - Inversor NMOS con circuito equivalente

5.4.1.1. El inversor NMOS

El circuito de aplicación propuesto en la figura anterior es, en realidad, el circuito de un inversor, como pasamos a demostrar considerando las dos posibilidades existentes en su entrada.

- la presencia de un potencial de 0 V (es decir un estado lógico 0) a la entrada del circuito hace que el transistor se comporte como un conmutador abierto y que, no habiendo caída de tensión en la resistencia de carga, el potencial de salida sea el mismo que el de la tensión de alimentación +V_{CC}, o sea un estado lógico 1.
- la presencia de un potencial +V_{CC} (es decir, un estado lógico 1) a la entrada del circuito hace el transistor se comporte como un conmutador cerrado (ya que en la práctica $V_{CC}>V_T$), y la tensión de salida resulta muy próxima a 0 V, o sea un estado lógico 0.

Vemos que en ambos casos citados el estado lógico a la salida es el opuesto al estado lógico a la entrada, con lo que se demuestra que el circuito es, efectivamente, un inversor.

A partir de este esquema surgen muy simplemente los esquemas de las compuertas NOR y NAND, como pasamos a ver.

5.4.1.2. La compuerta NOR NMOS

El esquema de una compuerta NOR de 2 entradas hecha con transistores NMOS se muestra en la figura 5-21. Se observará que el circuito es equivalente a colocar en paralelo los circuitos surtidor-drenador de los transistores NMOS de 2 inversores. Y ahora podemos analizar el circuito para encontrar que:

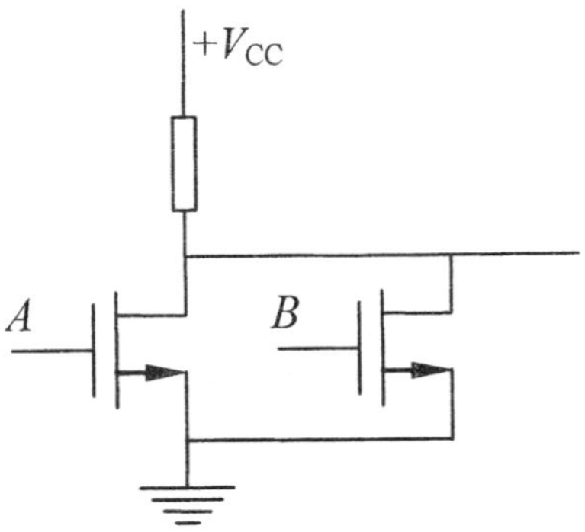

Figura 5-21 - Compuerta NOR con NMOS

- la presencia de un nivel de tensión de 0 V (estado lógico 0) en todas las entradas del circuito hace que no circule corriente por ninguno de los transistores (todos se comportan como un conmutador abierto), y que no habiendo caída de tensión en la resistencia en serie con los drenadores, el potencial del punto de unión de estos últimos sea el mismo que el de la tensión de alimentación $+V_{CC}$, o sea un estado lógico 1.
- la presencia de un potencial de $+V_{CC}$ (estado lógico 1) en al menos una de las entradas del circuito, hace que circule corriente por el transistor correspondiente (que se comporta como un conmutador cerrado), y que el potencial del punto de unión de los drenadores sea muy próxima a 0 V, o sea un estado lógico 0.

Es decir, que la salida de esta compuerta es 1 cuando todas las entradas están en 0, y la salida es 0 cuando al menos una de las entradas está en 1. Como se observa, se trata de una compuerta NOR.

Se notará que puede lograrse una compuerta NOR de mayor número de entradas aumentando el número de transistores colocados en paralelo, siendo necesario agregar uno por cada entrada adicional.

5.4.1.3. La compuerta NAND NMOS

El esquema de una compuerta NAND de 2 entradas hecha con transistores NMOS se muestra en la figura 5-22. Se observará que el circuito es equivalente a colocar en serie los circuitos surtidor-drenador de los transistores NMOS de 2 inversores. Y ahora podemos analizar el circuito para encontrar que:

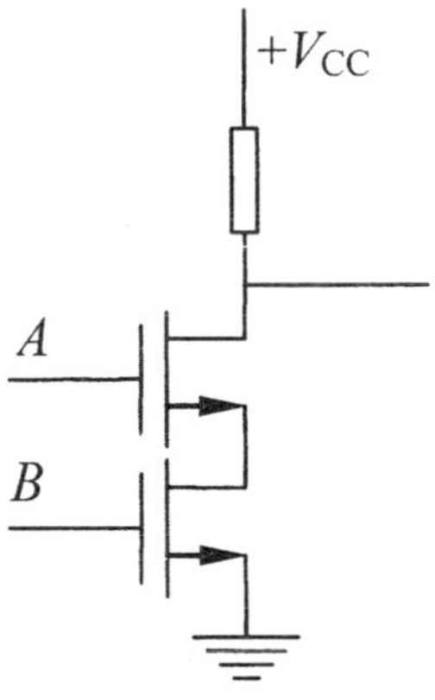

Figura 5-22 - Compuerta NAND con NMOS

- la presencia de un potencial de 0 V (nivel lógico 0) en al menos una de las entradas del circuito hace que no circule corriente por el transistor correspondiente (el que se comporta como un conmutador abierto), que por consiguiente tampoco circule corriente por el otro transistor en serie con él y que, no habiendo caída de tensión en la resistencia de carga, el potencial del punto de unión entre dicha resistencia y el último de los drenadores sea el mismo que el de la tensión de alimentación $+V_{CC}$, o sea un nivel lógico 1.
- la presencia de un potencial $+V_{CC}$ (nivel lógico 1) en todas las entradas del circuito hace que todos los transistores se comporten como conmutadores cerrados, y que la tensión de salida sea prácticamente de 0 V, o sea un nivel lógico 0.

Es decir, que el estado lógico de salida de esta compuerta es 1 cuando alguna de las entradas está en el estado 0, y que el estado de salida es 0 cuando todas las entradas están en el estado 1. Como se observa, se trata efectivamente de una compuerta NAND.

Se notará que puede lograrse una compuerta NAND de mayor número de entradas aumentando el número de transistores colocados en serie, siendo necesario agregar uno por cada entrada adicional.

5.4.2. Compuertas CMOS

5.4.2.1. Circuitos básicos CMOS

Los circuitos recién vistos para el inversor, la compuerta NOR y la compuerta NAND se basan en transistores NMOS, y su salida, de acuerdo a lo visto en DTL, es del tipo que hemos definido como de carga pasiva. Pero pueden emplearse también configuraciones con carga activa, en que la carga deja de ser resistiva y pasa a ser otro transistor. Así, la familia CMOS utiliza para sus integrados una salida con carga activa tipo tótem donde la carga del transistor NMOS es un conmutador como él, pero que trabaja en contrafase, es decir, está cerrado cuando aquél está abierto y viceversa. La forma de lograr este conmutador a contrafase es conectando como carga un PMOS que recibe la misma señal de excitación que el NMOS pero que, siendo complementario de éste, opera a la inversa. Es por este uso de transistores MOS complementarios que esta familia se denomina CMOS.

Así, el circuito de un inversor en la familia CMOS tiene el esquema que ilustra la figura 5-23.

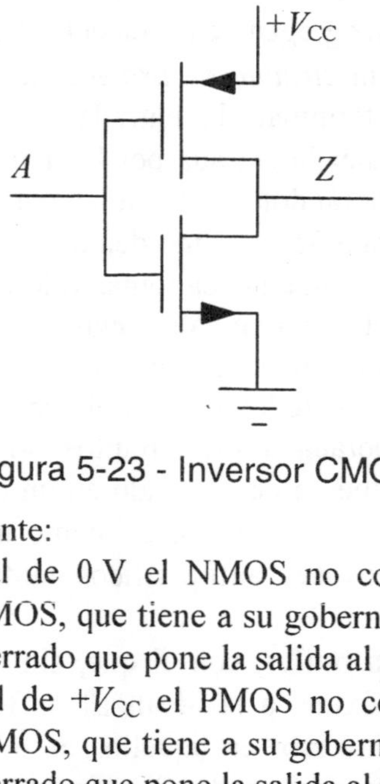

Figura 5-23 - Inversor CMOS

La operación de este circuito es la siguiente:

- cuando la entrada está al potencial de 0 V el NMOS no conduce por carecer de tensión entre su gobernador y su surtidor; pero el PMOS, que tiene a su gobernador negativo con respecto a su surtidor, se comporta como un conmutador cerrado que pone la salida al potencial +V_{CC}.
- cuando la entrada está al potencial de +V_{CC} el PMOS no conduce por carecer de tensión entre su gobernador y su surtidor, pero el NMOS, que tiene a su gobernador positivo con respecto a su surtidor, se comporta como un conmutador cerrado que pone la salida al potencial de 0 V.

Confirmamos, entonces, que este circuito opera como un inversor.

A su vez, la figura 5-24 muestra los circuitos correspondientes a una compuerta NOR CMOS, y a una compuerta NAND CMOS, que se derivan de sus similares vistos en el apartado anterior con transistores NMOS y carga pasiva, pero en los que se cambió a ésta por una carga activa realizada con PMOS. Quizás llame la atención al lector encontrar que la NOR, que tiene sus NMOS en paralelo, tenga sus PMOS en serie. Comprenderá el porqué de esta conexión, analizando que el conjunto de PMOS de una compuerta NOR debe conducir cuando *todos* los NMOS hallan dejado de hacerlo (es decir, cuando todos tengan su entrada en 0 V), y no cuando *alguno* lo haya hecho. De manera similar se explica la conexión en paralelo de los PMOS de la compuerta NAND.

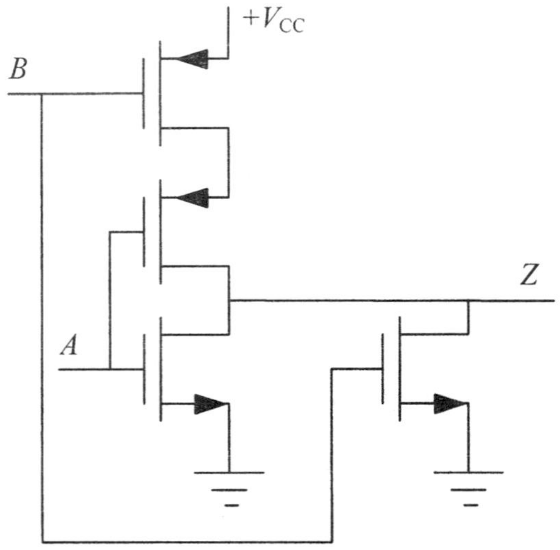

compuerta NOR de 2 entradas

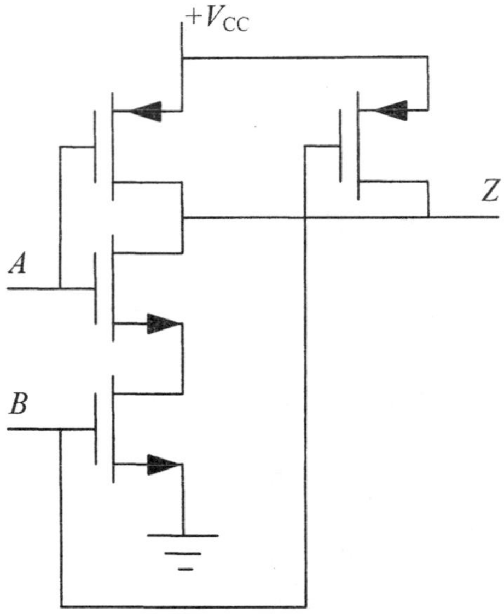

compuerta NAND de 2 entradas

Figura 5-24 - Compuertas NOR y NAND CMOS de 2 entradas

Los circuitos reales de las compuertas CMOS suelen tener dos diferencias con relación a los circuitos vistos en las figuras anteriores. Una de ellas es un agregado en cada entrada, y la otra un agregado a la salida.

- El agregado a la entrada consiste en un *circuito de protección* que reduce la probabilidad de que una eventual carga electrostática en un terminal de entrada produzca una tensión excesiva sobre el gobernador de los MOS que podría dañar la entrada por la aparición de una chispa a través de la capa aislante de óxido, perforándola y deteriorándola irreparablemente. En muchos casos estos protectores se basan en diodos, como muestra la figura 5-35, que impiden que la tensión de los gobernadores de entrada pueda subir más allá de la tensión $+V_{CC}$ o que pueda tomar valores negativos, porque en tal caso pasan a conducción y confinan la tensión de entrada a un valor seguro. Las resistencias en serie con las entradas sólo tienen como función limitar las corrientes que podrían atravesar y dañar a los diodos en caso de una sobretensión considerable a la entrada. De todos modos, el problema de la eventual carga electrostática es importante y la protección incorporada a los circuitos no siempre es efectiva, por lo que son aconsejables las medidas preventivas que ya hemos dado en un capítulo anterior referidas a la puesta a tierra del operario que debe manipularlo y soldarlo, así como también la de su mesa de trabajo y su equipo de soldadura, y al uso de envases anti-estáticos tanto para el dispositivo como para los subconjuntos que lo incorporan.
- El agregado a la salida consiste en un buffer, con el que, sin afectar la función lógica, se logra una característica de transferencia muy próxima a la ideal. El buffer puede ser un doble inversor (como muestra la figura 5-25) o un simple inversor en aquellos casos en que la inversión es deseable; por ejemplo, cuando se desea realizar una compuerta OR. Sin embargo, se fabrican inversores que no incorporan estos buffers (los llamados inversores "unbuffered"), cuya utilidad es la siguiente: las compuertas con salidas provistas de buffer no admiten que las entradas pasen lentamente por la zona de incertidumbre, ya que esto puede ocasionar un funcionamiento inestable. Por el contrario, los inversores unbuffered no tienen esta limitación (como tampoco lo hacen los que poseen entradas tipo Schmitt pero a costa de introducir histéresis, la que no es admisible en muchos casos). Estos inversores se identifican porque en su código incluyen una letra U (como es el caso, por ejemplo, del séxtuple inversor 74HCU04).

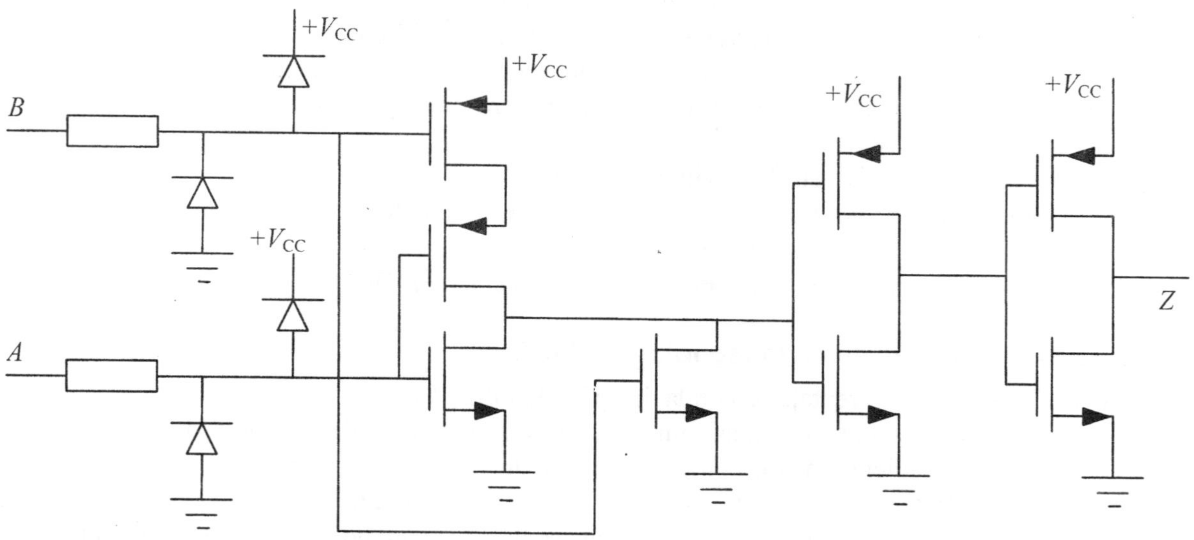

Figura 5-25 - Compuerta NOR CMOS de 2 entradas con protección a diodos y salida con buffer

5.4.2.2. La compuerta de transmisión

Además de las compuertas fundamentales (AND, OR e Inversión) y derivadas (NAND, NOR, etc.), la tecnología CMOS también permite realizar *compuertas de transmisión*, que como se mencionara en un capítulo anterior, se comportan como un relé electrónico sin partes móviles. Por ejemplo, las cuádruples compuertas de transmisión 4066 y 74HC4066, cuyo circuito interno (desprovisto de algunos detalles que complican el circuito pero mejoran su desempeño) es el que muestra la figura 5-26.

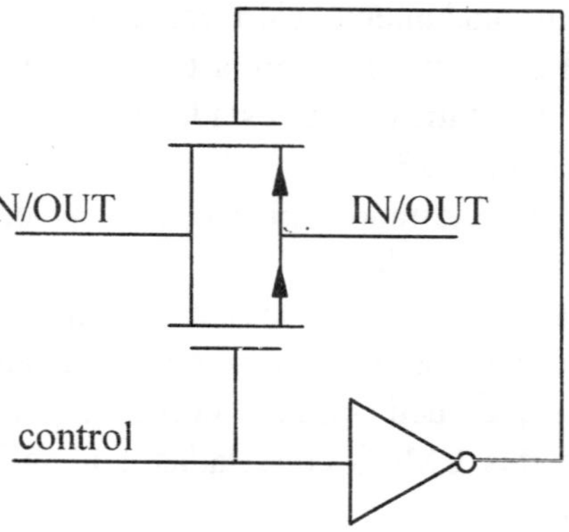

Figura 5-26 - Compuerta de transmisión CMOS

Cuando la señal de control está en estado 0, ambos MOS se comportan como conmutadores abiertos, y no existe continuidad entre los terminales marcados IN/OUT. Por el contrario, cuando la señal de control está en estado 1, ambos MOS se comportan como conmutadores cerrados, y se establece continuidad entre los terminales marcados IN/OUT. Dado que cada uno de los MOS permite la circulación de corriente en un sentido, el conjunto permite la circulación en cualquiera de los sentidos, y la entrada y la salida del circuito pueden tomarse indistintamente en cualquiera de los terminales IN/OUT, lo que justifica su denominación de *conmutador bilateral*. La señal aplicada al terminal elegido como entrada no tiene necesariamente que ser una señal digital, sino que puede ser cualquier tensión comprendida entre 0 V y +V_{CC}. Justamente esa es la aplicación básica de este circuito, el de conmutar señales analógicas, lo que justifica su denominación alternativa de *llave analógica*.

5.4.2.3. Otros dispositivos CMOS

Las distintas familias CMOS ofrecen una gama muy amplia de dispositivos tanto SSI como MSI.
Algunos de estos dispositivos tienen características especiales de entrada o de salida como:

- entradas tipo Schmitt, de aplicaciones y características ya conocidas.
- entradas que soportan tensiones mayores que las que toleran las entradas comunes (que, en general, no soportan más de algunas décimas de volt por sobre la tensión de alimentación) que facilitan la interconexión con otros dispositivos digitales que generan tensiones que, aplicadas a la entrada de otras compuertas CMOS podrían ser destructivas.
- salidas de 3 estados (semejantes a sus homónimas en TTL)
- salidas de drenador abierto (en las que sólo están presentes los NMOS; por ejemplo la cuádruple compuerta NAND de 2 entradas tipo 74HC03)
- salidas sin buffer, ya comentadas (por ejemplo, el séxtuple inversor 74HCU04 ya citado)

5.4.2.4. Ventajas y desventajas de la tecnología CMOS

Las familias CMOS tienen varias ventajas con relación a las familias TTL.

1) Los circuitos CMOS se prestan mucho más a una integración en gran escala que los TTL. No sólo porque las compuertas CMOS requieren menos componentes que una TTL sino también porque constantemente se está reduciendo el tamaño que ocupa un circuito CMOS en un circuito integrado. Sorprendentemente, cada reducción de tamaño va acompañada de otras ventajas como un menor consumo, una mayor velocidad y una operación a menor tensión de alimentación.
2) Los gobernadores que forman los terminales de entrada de los circuitos CMOS se encuentran aislados del material semiconductor que forma el circuito surtidor-drenador, por lo que las entradas presentan una altísima impedancia, que puede asimilarse a un capacitor de algunos picofarad (capacidad de entrada C_I que algunos fabricantes denominan C_{IN}) y cuyo valor está típicamente entre 2 pF y 10 pF. La corriente que toma una entrada es inferior al microampere y resulta despreciable para todos los fines prácticos. Curiosamente esta baja corriente de entrada no es debida a corriente que fluya por el gobernador, que es varios órdenes de magnitud inferior a ese valor, sino a fugas propias del circuito de protección que, como dijéramos, tiene cada entrada.
3) Las familias CMOS tienen un extremadamente bajo consumo estático, del orden del microwatt por compuerta. La razón por la que el consumo de energía tomado de la fuente de alimentación cuando la salida de un dispositivo CMOS está estática en el estado 0 o en el estado 1 resulte tan bajo se puede justificar en base al inversor de la figura 5-23.
   - cuando la salida está estática en el estado lógico 0, no hay corriente circulando por la fuente de alimentación porque el PMOS está cortado.
   - cuando la salida está estática en el estado lógico 1, aunque el PMOS se comporta como un conmutador cerrado, tampoco circula prácticamente corriente por la fuente de alimentación ya que la no conducción del NMOS evita que pueda circular corriente por el PMOS, ni tampoco lo permitirían eventuales entradas de compuertas CMOS conectadas a la salida de este circuito en virtud de su altísima impedancia de entrada.

Recordemos que distinto al consumo estático es el *consumo dinámico*, es decir, aquel que se produce cuando una salida conmuta entre uno y otro estado. Ya hemos visto en un capítulo anterior que la potencia P_D consumida dinámicamente por *cada salida* (y que se adiciona al consumo estático) está dada por la fórmula:

$$P_D = fQV_{CC} = f(C_L + C_{PD})V_{CC}^2$$

Donde:

f es la frecuencia de conmutación en dicha salida

C_L es la capacidad parásita externa a la salida del dispositivo y que incluye la del conexionado y la de la carga que estuviera conectada en dicha salida (por ejemplo, otras compuertas CMOS).

C_{PD} es la capacidad de disipación de potencia, que toma en cuenta la capacidad propia de la salida y otros efectos dinámicos que producen disipación en el interior de la compuerta. Uno de estos efectos es que si bien en condiciones estáticas no hay prácticamente consumo de corriente por la alimentación $+V_{CC}$, porque uno u otro de los transistores MOS está cortado, durante la transición de una salida del 0 al 1 o viceversa, en algún momento ambos transistores conducen (bien que levemente) en forma simultánea (lo que ya hemos denominado *conducción cruzada* cuando analizamos TTL), y eso crea un consumo de energía en cada conmutación y un consumo consiguiente de potencia proporcional a la frecuencia de conmutación.

Entre las desventajas de CMOS respecto a TTL podemos mencionar:

1) Los circuitos CMOS son proclives a ser dañados por descargas electrostáticas sufridas por un manejo inapropiado, aún a pesar de las protecciones que incluya en su entrada.
2) Los circuitos CMOS tienen menos capacidad de manejar corrientes relativamente importantes a la salida que los TTL. Ello ha conducido a una tecnología híbrida Bipolar-CMOS que busca combinar las ventajas de ambas tecnologías, que ya habíamos citado, y sobre la que muy pronto ampliaremos.

5.4.3. Características de las familias CMOS

5.4.3.1. Tensión de alimentación – distintas familias

A diferencia de TTL, en que todas las familias se alimentan con +5 V, las familias CMOS ofrecen más opciones para la tensión de alimentación. Podemos realizar una división de las familias tomando esta tensión de alimentación como criterio de clasificación. Tendríamos:

1) Las familias que admiten una tensión de alimentación superior a +5 V
2) Las familias que operan con una tensión de alimentación de +5 V
3) Las familias que operan con una tensión de alimentación menor de +5 V

Operación con tensiones de alimentación superiores a los +5 V

La familia más tradicional del tipo CMOS es la denominada familia 4000B (nótese que esta familia tiene su propio sistema de numeración y no sigue la nomenclatura del tipo 74x). Esta familia puede operar con tensiones de alimentación entre los +3 V y los +15 V. Los dispositivos de esta familia son mucho más lentos que los de las otras familias CMOS, y su salida sólo puede manejar corrientes débiles, por lo que sólo son usados cuando se puede sacar provecho de usarlos con una tensión de alimentación relativamente alta, por ejemplo +12 V o +15 V, para tener una gran separación entre los niveles 0 y 1 con el fin de mejorar el margen de inmunidad contra el ruido.

Operación con una tensión de alimentación de +5 V

La familia denominada 74HC (HC por High speed CMOS) es más moderna que la familia 4000B y tiene superior velocidad de conmutación, mayor manejo de corriente a su salida, identifica a sus integrados utilizando la misma numeración que se usa en la familia TTL para identificar al integrado funcionalmente equivalente, y emplea la misma distribución de terminales que este último, por lo que existe un cierto grado de intercambiabilidad entre los circuitos de esta familia y los de la familia TTL de la misma numeración.

Pero la intercambiabilidad no es perfecta, especialmente por la siguiente consideración: la salida TTL normal (tipo tótem) tiene un nivel de tensión en el estado alto que resulta inferior al nivel mínimo requerido por una entrada CMOS de tipo común en esas condiciones (ver más adelante la información acerca de los niveles de entrada en CMOS). Esta intercambiabilidad es mejorada en el caso de una familia similar a la 74HC, pero que presenta una variante: esta familia ha sido diseñada para que los niveles de tensión en su entrada sean exactamente los mismos que en TTL. Se trata de la familia 74HCT, donde la T final es por ser sus entradas compatibles con TTL.

Pero aún siendo superiores en desempeño a la antigua familia 4000B, las familias 74HC y 74HCT son exponentes de lo que hoy consideramos familias de *bajo desempeño* por comparación con familias de aparición posterior y mejores características.

Así, encontramos en la banda que podríamos definir de *desempeño medio* a la familias 74AC (AC por Advanced CMOS) y 74ACT (esta última, con sus entradas compatibles con TTL). En esta gama media también se ubican las familias 74AHC (Advanced High speed CMOS) y 74VHC (Very High speed CMOS) con sus variantes con entradas compatibles con los niveles de tensión TTL denominadas 74AHCT y 74VHCT.

Las familias con entradas compatibles con TTL deben trabajan con una tensión de alimentación igual a la de TTL (+5 V) por razones de compatibilidad, pero las otras familias mencionadas pueden operar con tensiones de alimentación en el rango de, por ejemplo, de +2 V a +6 V, aunque la tensión de alimentación normalmente empleada con ellas es de +5 V.

Existe también una familia 74FCT (Fast CMOS Technology), de *alto desempeño*, cuyos dispositivos son más rápidos y de mayor manejo de corriente que los de las otras familias mencionadas, lo que los hace particularmente aptos para excitar múltiples de conexión (los que generalmente imponen exigencias de corriente significativas y de gran velocidad de conmutación a los dispositivos que los excitan). Es ésta su principal aplicación, por lo que no se dispone en esta familia de una amplia variedad de dispositivos de propósito general, sino sólo de aquellos que están orientados a la aplicación mencionada. Por esta razón, y para conservar acotada la extensión de este capítulo, no nos referiremos a ella con más detalle, invitando al lector interesado a informarse con la documentación de los fabricantes (Texas Instruments, Pericom e IDT) donde encontrará, además de similitudes con las familias que aquí se detallan, también las diferencias específicas.

Operación con tensiones de alimentación menores que +5 V

Ya hemos mencionado que el continuo avance en los procesos de producción de dispositivos CMOS ha hecho que estos dispositivos vieran gradualmente reducido su tamaño, aumentando así la escala de integración posible con los mismos, y trayendo otras ventajas como ser mayor velocidad, menor consumo, y menor tensión de alimentación. Todo ello ha favorecido una tendencia a usar progresivamente tensiones de alimentación menores. Así, han surgido como nuevos estándares el uso de tensiones de alimentación menores que +5 V tales como 3,3 V (o 3 V), 2,5 V y 1,8 V (o 1,5 V). Y nuevas familias lógicas especialmente diseñadas para trabajar con estas tensiones de alimentación.

Así, si nuevamente clasificamos las familias en gamas de bajo, medio y alto desempeño, podemos encontrar lo siguiente:

- Familias de bajo desempeño: 74LVX y 74LV
- Familias de desempeño medio: 74LCX y 74LVC
- Familias de alto desempeño: 74VCX y 74ALVC

Todas las familias citadas son de aplicaciones generales, y si se citan dos tipos en cada una de las gamas de desempeño es porque existen alianzas entre los fabricantes para producir una u otra familia. Así Fairchild, Toshiba y On fabrican y promueven a las familias citadas en primer término, y Texas Instruments, Philips, Hitachi e IDT lo hacen con las citadas en segunda instancia.

5.4.3.2. Rango de temperatura

Los dispositivos de la familia CMOS tienen un amplio rango de temperatura de utilización. Así, por ejemplo, mientras la familia 4000B puede operar entre -40°C y +85°C, las familias 74HC y 74AC tienen un rango aún más amplio: -55°C a +125°C.

5.4.3.3. Consumo

Los valores de la corriente de alimentación en reposo Icc para un dispositivo CMOS y de la capacidad de disipación de potencia C_{PD} de cada una de sus salidas es un dato personalizado de cada dispositivo y debe buscarse en su hoja de datos correspondiente.

A los efectos de efectuar comparaciones entre familias, la tabla 5-2 siguiente muestra el valor de la corriente de reposo I_{CC} y la capacidad de disipación de potencia C_{PD} para distintas familias CMOS citando los valores correspondientes al integrado que, dentro de cada familia, es una cuádruple compuerta NAND de 2 entradas cada una.

La tabla contiene además otros valores, a los que haremos referencia próximamente.

	4011B	4011B	74HC00 74HCT00	74AC00 74ACT00	74LVX00	74LCX00	74VCX00
V_{CC}	15 V	5 V	5 V	5 V	3,3 V	3,3 V	3,3 V
I_{CC} (máx)	30 µA	7,5 µA	20 µA	20 µA	20µA	10µA	20 µA
C_{PD}	14 pF	14 pF	20 pF	30 pF	19 pF	25pF	20 pF
$I_{Omáx}$	-1 mA +2,4 mA	-120 µA +360 µA	±4 mA	±24 mA	±4 mA	±24mA	±24 mA
t_P típ a 25°C	35 ns	120 ns	8 ns	5 ns	6,6 ns	5,2ns	2,8 ns
dV_I/dt mín	no espec.	no espec.	10 V/µS	125 V/µs	10 V/µs	100V/µs	100 V/µs

Tabla 5-2 Diversos parámetros de interés en las diferentes familias CMOS

Un problema que presentan los dispositivos CMOS en su consumo estático, es que su corriente de alimentación en reposo se ve incrementada si la tensión de entrada está algo apartada de los valores ideales de 0 V para el estado 0 y $+V_{CC}$ para el estado 1 y, aún manteniéndose dentro de los niveles de tensión recomendados para el 0 o para el 1, toma un valor relativamente próximo a la zona de incertidumbre. Este incremento se debe a que en esas condiciones hay una cierta conducción cruzada entre los transistores NMOS y PMOS, y puede llegar a ser incluso mucho mayor que la propia I_{CC}. Los fabricantes lo presentan en las hojas de datos como ΔI_{CC}.

5.4.3.4. Niveles de tensión - Márgenes de inmunidad contra el ruido

La tabla 5-3 muestra los niveles de tensión de las distintas familias CMOS.

En el caso particular de los niveles de tensión de salida, se han tabulado los valores correspondientes cuando los niveles de corriente de salida son muy bajos (por ejemplo, cuando la única carga son otras compuertas CMOS). En esos casos, los niveles de tensión de salida correspondientes a los estados 0 y 1 son muy próximos a los potenciales de 0 V y $+V_{CC}$ respectivamente, no difiriendo más de 50 mV, 100 mV ó 200 mV (según la familia) de esos valores. Pero cuando los niveles de corriente de salida no son tan bajos (por ejemplo, cuando la carga incluye componentes TTL), los niveles de tensión de salida se apartan algo más de los valores ideales de 0 V y $+V_{CC}$.

Parámetro	Unidad	4000B		74HC y 74AC	74HCT y 74ACT	Familias con bajo V_{CC}
V_{CC}	V	5	15	5	5	3,3
$V_{OHmín}$	V	4,95	14,95	4,9	4,9	3,1
$V_{OLmáx}$	V	0,05	0,05	0,1	0,1	0,2
$V_{IHmín}$	V	3,5	11	3,5	2	2
$V_{ILmáx}$	V	1,5	4	1,5	0,8	0,8

Tabla 5-3 - Comparación de los niveles de tensión de las familias CMOS

Es interesante destacar que la salida de un dispositivo CMOS alimentado con 3,3 V no es directamente compatible con una entrada CMOS alimentada con +5 V porque el nivel de tensión que entrega en el estado 1 (3,1 V) es insuficiente para el dispositivo CMOS siguiente, que requiere un mínimo de 3,5 V. Pero, por el contrario, es perfectamente compatible con TTL que en esas condiciones sólo requiere, como sabemos, 2 V.

En cuanto a los niveles de tensión en las entradas, podemos distinguir tres casos:

- Para las familias 4000B, 74HC y 74AC, las tensiones $V_{ILmáx}$ y $V_{IHmín}$ son del orden del 30% y del 70% de V_{CC} respectivamente. Esto hace que se logren márgenes de inmunidad contra el ruido del orden del 30% de la tensión V_{CC}, es decir valores muy próximos a los de una compuerta ideal. En particular, la familia

4000B permite lograr valores absolutos elevados de los márgenes de inmunidad contra el ruido cuando es alimentada con tensiones de alimentación relativamente altas, como por ejemplo +15 V.

- Para las familias 74HCT y 74ACT, los niveles de tensión de entrada son, por criterio de diseño, idénticos a los de TTL.
- Para las familias que operan a 3,3 V, también los niveles de tensión de entrada son, por criterio de diseño, idénticos a los de TTL.

Cabe destacar acá que varias de las familias que operan con una tensión de 3,3 V están diseñadas para soportar hasta 5 V en sus entradas. Esto es así para permitir que en un mismo circuito en que coexistan varias fuentes de alimentación de diferente valor, se pueda aplicar la salida de un dispositivo alimentado con +5 V a un dispositivo alimentado con 3,3 V pero con una tolerancia a +5 V en sus entradas. Así, las familias 74LVX, 74LCX, 74LVC y las versiones más recientes de la familia 74LV son tolerantes a +5 V en sus entradas, pero no lo son las familias 74LV en su versión original, 74VCX y 74ALVC.

5.4.3.5. Niveles de corriente - Abanico de salida

Volviendo a la tabla 5-2, ésta muestra también la máxima corriente admisible por la salida de un componente de diversas familias CMOS. Si bien dicha tabla se ha hecho para un integrado específico dentro de cada familia, los valores mencionados de corriente no se limitan al integrado tomado como ejemplo, sino que todos los integrados de una familia comparten ese valor máximo, que está estandarizado para cada familia.

En la tabla se constata que las compuertas CMOS de la familia 4000B tienen una capacidad de manejo de corriente inferior a las compuertas TTL, y de tipo asimétrico; es decir, es mayor la corriente que pueden absorber por su salida en estado 0, que la que pueden entregar en el estado 1. Las familias CMOS más modernas tienen un superior manejo de corriente y éste, además, resulta simétrico.

Está claro que teniendo los dispositivos CMOS una corriente de entrada despreciable, el concepto de abanico de salida válido para TTL no es más aplicable a CMOS, que no reconoce (dentro de los límites prácticos) esta limitación.

5.4.3.6. Velocidad de conmutación

En la tabla 5-2 se comprueba que los tiempos de propagación de la familia 4000B son más lentos que los de TTL, pero no es ese el caso de las familias más modernas con tecnología CMOS.

Los valores tabulados corresponden al caso de una carga a la salida de 50 pF. Una carga capacitiva mayor produce un deterioro de los tiempos de conmutación. Como cada entrada CMOS presenta una capacidad parásita de algunos picofarad (como ya hemos citado en otro apartado), esto hace que si un dispositivo CMOS tiene que soportar una carga relativamente elevada, su tiempo de propagación sea más elevado que el que figura en la tabla.

5.4.3.7. Velocidad de cambio de la tensión de entrada

En la tabla 5-2 se muestran los valores mínimos de la velocidad de cambio (crecimiento o decrecimiento) de la tensión de entrada que evitan que el pasaje de la misma por la zona de incertidumbre ocasione un funcionamiento irregular momentáneo del dispositivo como sería, por ejemplo, provocar una oscilación.

Si una cierta señal de entrada presenta variaciones que no cumplen con esta velocidad mínima, sólo se puede conectarla a un dispositivo con entrada tipo Schmitt o a un inversor del tipo unbuffered.

5.4.4. Compatibilidad entre las familias CMOS

Se da con frecuencia la necesidad de incluir, en un mismo equipo electrónico, dispositivos pertenecientes a distintas familias lógicas. Ello puede deberse, por ejemplo, a seleccionar para distintas partes del equipo la familia más apropiada para el requerimiento particular de esa porción, o al hecho de tener que usar una familia distinta por no disponerse el integrado con la función particular que se requiere en la familia que se usa en el resto del equipo. Cuando se combinan en un circuito dispositivos de distintas familias CMOS, pero alimentados con la misma tensión V_{CC}, ello no trae problema alguno porque las familias CMOS, en estas condiciones, son compatibles entre sí. El problema surge cuando se deben combinar familias que operan con distinta tensión de alimentación porque en esos casos pueden aparecer estos problemas:

- Si la salida de un integrado es aplicada a otro integrado pero con una alimentación mayor que el primero, puede que la tensión de salida del primero en el estado 1 no sea de un nivel de tensión suficientemente elevado como para que la entrada del segundo dispositivo lo interprete correctamente como un 1.
- Si la salida de un integrado es aplicada a otro integrado pero con una alimentación menor que el primero, puede que la tensión de salida del primero en el estado 1 sea de un nivel de tensión tan elevado que produzca un daño permanente en la entrada del segundo dispositivo.

Analicemos entonces estos casos:

1) Compatibilidad entre un dispositivo de la familia 4000B alimentada con una tensión mayor que 5 V y un dispositivo de una familia CMOS alimentada con +5 V
2) Compatibilidad entre un dispositivo una familia CMOS alimentada con una tensión de 5 V y un dispositivo de una familia CMOS alimentada con +3,3 V.

5.4.4.1. Compatibilidad entre un dispositivo de la familia 4000B alimentada con una tensión mayor que 5 V y un dispositivo de una familia CMOS alimentada con +5 V

Debemos considerar dos casos:

a) El dispositivo de la familia 4000B ataca al de la familia alimentada con +5 V
b) El dispositivo de la familia alimentada con +5 V ataca al de la familia 4000B

Caso a

Si bien la generalidad de los dispositivos de las familias alimentadas con +5 V no soportan en sus entradas más de algunas décimas de volt por encima de su tensión de alimentación, el integrado 74HC4050 que se alimenta con +5V, es un séxtuple buffer, cada uno de los cuales soporta sin dañarse hasta 15 V en su entrada, de manera que puede usarse como adaptador entre ambas familias, intercalado entre ambas. Alternativamente puede también usarse el 74HC4049, sólo que en este caso se trata de un séxtuple inversor.

Caso b

Existen buffers TTL con salida de colector abierto que, aunque alimentados con +5 V, pueden tener salidas de mayor tensión. Es el caso del ya mencionado 7407 que tolera que la resistencia de carga a colocar en forma externa sea conectada a una alimentación de hasta 30 V, con lo que pueden servir de convertidores de nivel intermediarios entre ambas familias CMOS.

5.4.4.2. Compatibilidad entre un dispositivo de una familia CMOS alimentada con una tensión de 5 V y un dispositivo de una familia CMOS alimentada con +3,3 V.

Debemos considerar dos casos:

a) El dispositivo de la familia alimentada con +5 V ataca al de la familia alimentada con +3,3 V
b) El dispositivo de la familia alimentada con +3,3 V ataca al de la familia alimentada con +5 V

Caso a

De pertenecer el dispositivo alimentado con +3,3 V a una familia tolerante a +5 V en sus entradas, la interconexión no tiene problemas. De no ser tolerante a +5 V la familia empleada, existe la posibilidad de usar un buffer 74HC4050 alimentado con +3,3 V como intermediario.

Caso b

Los niveles de salida de las familias alimentadas con +3,3 V son compatibles con los niveles de tensión TTL, y por lo tanto con los dispositivos CMOS alimentados con +5 V que tienen entradas compatibles con TTL como los pertenecientes a las familias 74HCΓ y 74ACT.

5.4.5. Compatibilidad con TTL

La interconexión de circuitos CMOS alimentados con tensiones diferentes a +5 V con TTL tiene los similares problemas y métodos de solución que los que hemos visto en los apartados anteriores, por lo que no reiteraremos lo allí dicho. Sin embargo, vale aclarar que una salida TTL resulta directamente compatible con entradas de dispositivos CMOS alimentados con +3,3 V aún cuando dichas entradas no sean tolerantes a +5 V, porque las mismas suelen tolerar hasta +3,6 V, y la tensión en el estado 1 de una salida TTL no supera, en la práctica, este valor.

En relación a la compatibilidad entre TTL y circuitos CMOS alimentados con +5 V, se presentan nuevamente dos casos:

a) Si el dispositivo CMOS es el que debe atacar al TTL, hay una compatibilidad directa, aunque es preciso prestar atención al número de cargas TTL que se le aplican al dispositivo CMOS, cuidando que no se exceda la máxima corriente que éste puede tolerar en su salida.
b) Si es el dispositivo TTL el que debe atacar a CMOS, la salida en el estado 1 de TTL en insuficientemente elevada como para que un dispositivo CMOS "normal" pueda interpretarla como 1. Pero eso se soluciona fácilmente empleado una familia CMOS que tenga entradas compatibles con TTL como 74HCT y 74ACT.

5.5. Familias con tecnología Bipolar-CMOS

Existen familias que combinan circuitos de salida tipo TTL, para lograr la gran capacidad de manejo de corriente que se consigue con transistores bipolares, mientras que el resto del circuito es CMOS, para aprovechar sus ventajas de altísima impedancia de entrada y muy reducido consumo estático. Estas familias no suelen emplearse en aplicaciones generales, sino en el manejo de múltiples de conexión, en competencia con la familia CMOS FCT, ya mencionada. Entre estas familias podemos mencionar a 74BCT (Bipolar CMOS Technology), 74ABT (Advanced Bipolar-CMOS Technology), 74LVT (Low Voltage TTL) y 74ALVT (Advanced Low Voltage TTL). Dado lo específico de su aplicación, no ampliaremos aquí su tratamiento, limitándonos a su presentación.

5.6. Familias ECL

Estas familias derivan de una configuración circuital en la que los transistores bipolares tienen los emisores acoplados (su denominación proviene de la sigla de su nombre completo en inglés: Emitter Coupled Logic). Las dos familias más tradicionales aún en pleno uso son las llamadas familias 10000 (o también 10K) y la 10H. Ejemplos prototípicos de estas familias lo constituyen las cuádruples compuertas NOR de dos entradas modelos 10102 y 10H102 respectivamente.

Ambas familias recién citadas se alimentan tradicionalmente con tensiones negativas (-5,2 V). Al no ser sus niveles de tensión compatibles con los de las familias CMOS y TTL más populares, en caso de tener que compartir un circuito con ellas requieren el uso de interfaces adaptadoras como son los integrados 10124 y 10125.

Sin perjuicio de esto, el amplio uso de tensiones de alimentación positivas tanto con TTL como en CMOS ha hecho que a estas familias ECL modernamente también se las alimente con tensión positiva (+5 V), lo que ha dado lugar a la denominación de "modo PECL" (ECL con alimentación Positiva) cuando se las emplea de esta manera.

Son las más veloces de las familias lógicas, por lo que son empleadas cuando se requiere una óptima velocidad de conmutación, y tras este objetivo se está dispuesto a sacrificar otros aspectos como consumo, costo, dificultad de interconexión con las familias TTL y CMOS, etc. Por ejemplo, las familias 10K y 10H tienen un tiempo de propagación de 2 ns y 1 ns, respectivamente, con un consumo de 25 mW por compuerta (que el lector puede comparar con los valores que la tabla 5-1 muestra para las diferentes familias TTL).

Por su reducido campo de aplicación, nos limitaremos a esta breve presentación de sus características más generales, dejando que el lector intelectualmente inquieto, o con un requerimiento de la más alta velocidad obtenible, profundice por sí mismo el tema con la documentación que puede obtener de otros libros, o de los fabricantes.

5.7. Tecnología de las memorias PROM

En esta sección nos referiremos a las tecnologías usadas en los dispositivos PROM (PROM a fusibles, UVE PROM, OTP PROM, EEPROM y FLASH EPROM). Sin embargo, las tecnologías que describiremos son las mismas que se emplean en otros Dispositivos Lógicos Programables, por lo que el lector no tendrá dificultades para extrapolar lo que acá se diga para los otros casos.

Recordemos que la PROM es una *memoria programable únicamente de lectura*, derivando su sigla de las iniciales de la denominación inglesa Programmable Read Only Memory. Es no volátil y consiste, básicamente, en un decodificador de n entradas y 2^n salidas, y un conjunto de m compuertas OR que genera las m funciones de salida, si a través de sus conexiones con las salidas del decodificador, que son conexiones programables, se conectan a los minitérminos que correspondan a cada función a implementar. Las conexiones programables no deseadas son eliminadas por la aplicación al dispositivo de una secuencia de señales externas apropiadas especificadas por sus respectivos fabricantes, tras lo cual la PROM deja de ser genérica, tal cual sale de la línea de fabricación, y es transformada por el usuario quien la vuelve específica para satisfacer sus necesidades. Algunas tecnologías permiten el borrado de la información almacenada, y su reescritura.

Para esta presentación usaremos de ejemplo la PROM de la figura siguiente cuyo tamaño es lo suficientemente pequeño como para mantener acotada la complejidad del dibujo (en realidad, es de un tamaño insignificante, ya que corresponde a una PROM se sólo 4 palabras cuando estos dispositivos se construyen hoy en día con capacidades de millones de palabras), y sin embargo para presentar los aspectos tecnológicos que nos interesan.

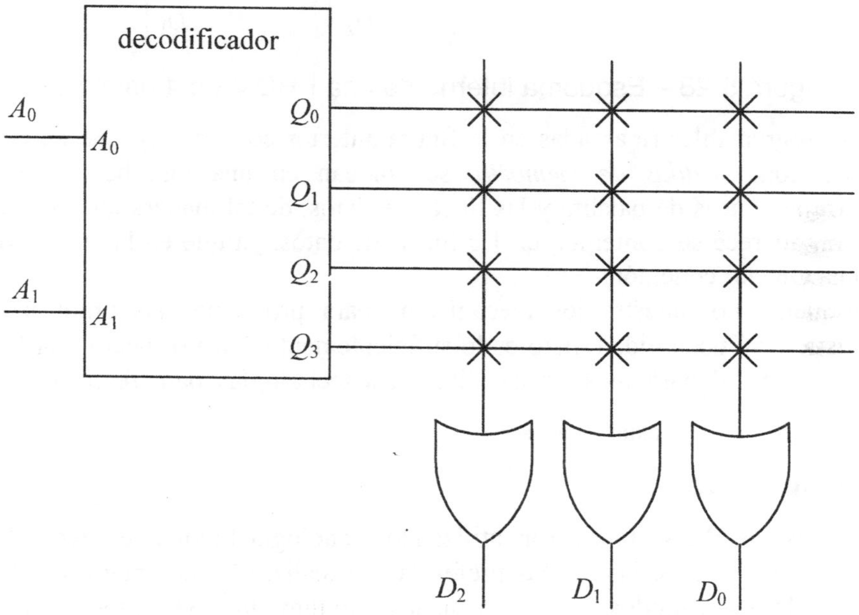

Figura 5-27 – Esquema simbólico de una PROM de 4 palabras de 3 bit

La figura exhibe en forma simbólica las conexiones programables entre las líneas de palabra (las líneas horizontales que salen del decodificador) y las líneas de datos, y la función OR que se establece en la conexión. Una forma algo más realista de esquematizar el interior de la PROM se muestra en la próxima figura.

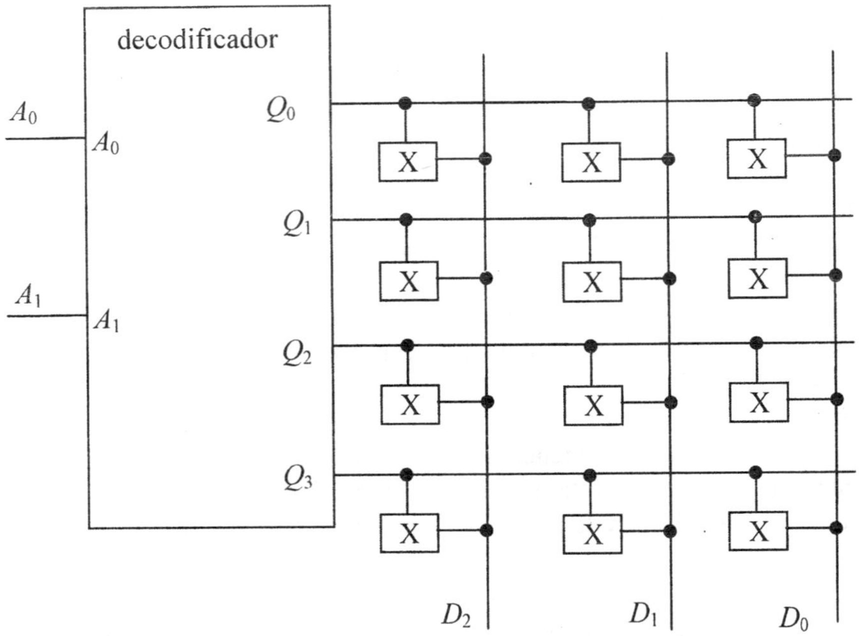

Figura 5-28 – Esquema interno de una PROM de 4 palabras de 3 bit

Las conexiones programables (marcadas en la figura anterior con una X), que en este contexto suelen ser mejor conocidas como *celdas de memoria*, se colocan en una distribución matricial: una en cada intersección entre las líneas de palabra y las líneas de datos, de tal manera que cuando se activa una de las líneas de palabra, aparece su contenido en las líneas de datos, ya que en las líneas de datos se produce el equivalente a una OR por conexión.

Este esquema no muestra los mecanismos para programar las uniones programables, o para borrarlas, si existiera su posibilidad, pero es lo suficientemente claro respecto a la forma de lectura, por lo que nos basaremos en él para mostrar las diferentes tecnologías para realizar la mencionada celda de memoria.

5.7.1. PROM bipolares

Originariamente las PROM se fabricaron utilizando tecnología bipolar, es decir, la basada en diodos y transistores de juntura. Una de las formas preferidas de realizar las compuertas OR que muestra la figura 5-27 es utilizando lógica a diodos, la que da lugar a circuitos muy sencillos, como pasamos a ver. En la figura que sigue recordamos cómo es una compuerta OR a diodos de 4 entradas, pero a la que se le han agregados sendos fusibles en cada una de las entradas para darle a la compuerta la posibilidad de ser programada tal como requiere su uso en la PROM.

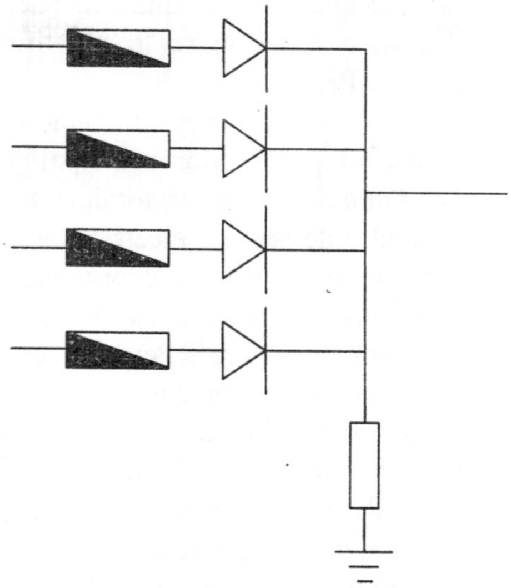

Figura 5-29 – Compuerta OR programable, a diodos y fusiblest

Esta compuerta OR se presta muy bien para realizar su función en forma distribuida. Así, resulta para la PROM que estamos considerando como ejemplo, el circuito de la figura siguiente, donde cada celda de memoria queda ahora formada por un diodo con su fusible.

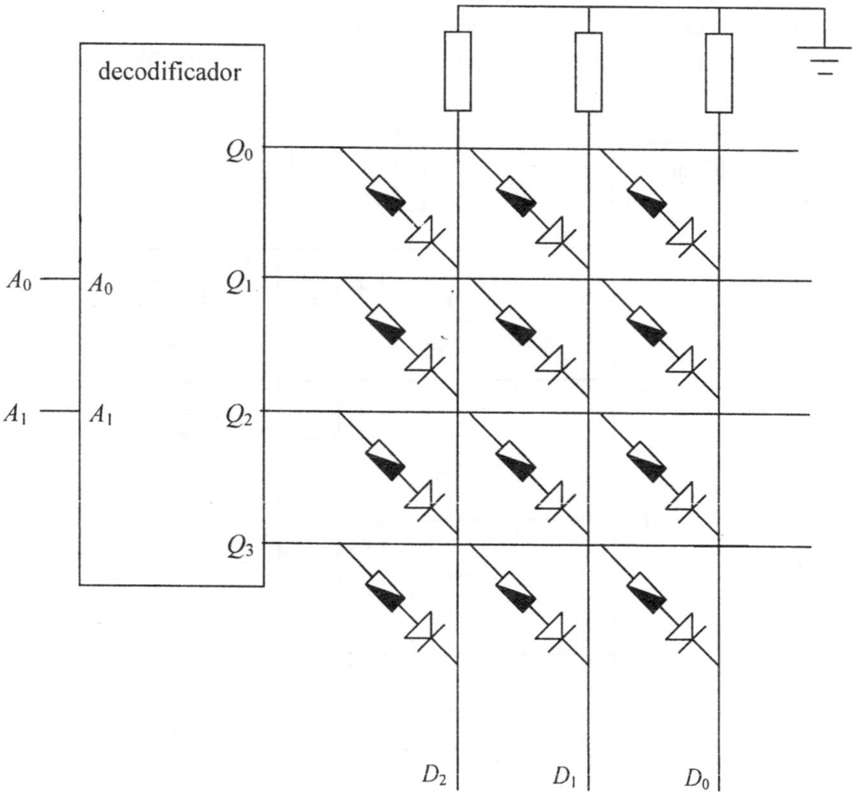

Figura 5-30 – Esquema interno de una PROM de 4 palabras de 3 bit

Nuevamente, limitándonos al proceso de lectura, la activación de una línea de palabra hace que la palabra correspondiente aparezca en las líneas de datos (fusible intacto, salida en 1; fusible quemado, salida en 0)

5.7.2. UV EPROM

Las UV EPROM, de tecnología MOS, son dispositivos PROM borrables mediante radiación ultravioleta. Es decir, se diferencian de las PROM, no sólo en que estas últimas están basadas en transistores bipolares, sino fundamentalmente en que las conexiones programables que utiliza no son fusibles cuya programación es irreversible, sino un mecanismo que permite que su programación pueda ser borrada, permitiendo que el dispositivo pueda ser reprogramado. La sigla con que se lo identifica UV EPROM se origina en su denominación en inglés: Ultra Violet Erasable PROM.

Los dispositivos UV EPROM y su mecanismo de programación se basan en un transistor MOS con un gobernador adicional, interpuesto entre el gobernador principal y el semiconductor. Este segundo gobernador es denominado *gobernador flotante* por estar totalmente aislado, pero puede ser cargado eléctricamente con cargas negativas por medio de señales eléctricas a través de un fenómeno denominado inyección de electrones calientes (calientes en el sentido de energéticos). En ausencia de toda carga en el gobernador flotante, el transistor MOS funciona de la manera habitual; en particular, conduciendo cuando se aplica una tensión positiva en su gobernador de control. Pero, en caso de estar cargado el gobernador flotante con una carga negativa, ésta anula la acción controlante del gobernador principal, e impide toda conducción por el transistor MOS. Estas dos condiciones extremas constituyen la diferencia entre los estados 0 y 1. La carga negativa puede permanecer prácticamente en forma indefinida en el gobernador flotante por el hecho de estar el mismo totalmente aislado, pero puede serle retirada por la incidencia de radiación ultravioleta de una intensidad y longitud de onda apropiada y una duración del orden de los 20 minutos. Se notará que el proceso de borrado tiene un carácter global, ya que sometiendo al dispositivo a la radiación ultravioleta de la forma descripta, se borra todo su contenido. Y que para tal borrado, el dispositivo debe retirarse de donde esté instalado (quizás un zócalo) y trasladarlo al equipo de borrado.

El aspecto físico de las EPROM es similar al de otros circuitos integrados, pero se distinguen por poseer en la parte superior una ventana de cuarzo por donde se hace ingresar la luz ultravioleta cuando se desea borrarlos. El material empleado en esta ventana se justifica, porque normalmente una ventana de plástico o vidrio, aunque más económica, resultaría opaca para la radiación ultravioleta.

La figura que sigue ilustra sobre el esquema interno de una UV EPROM y el mecanismo de lectura.

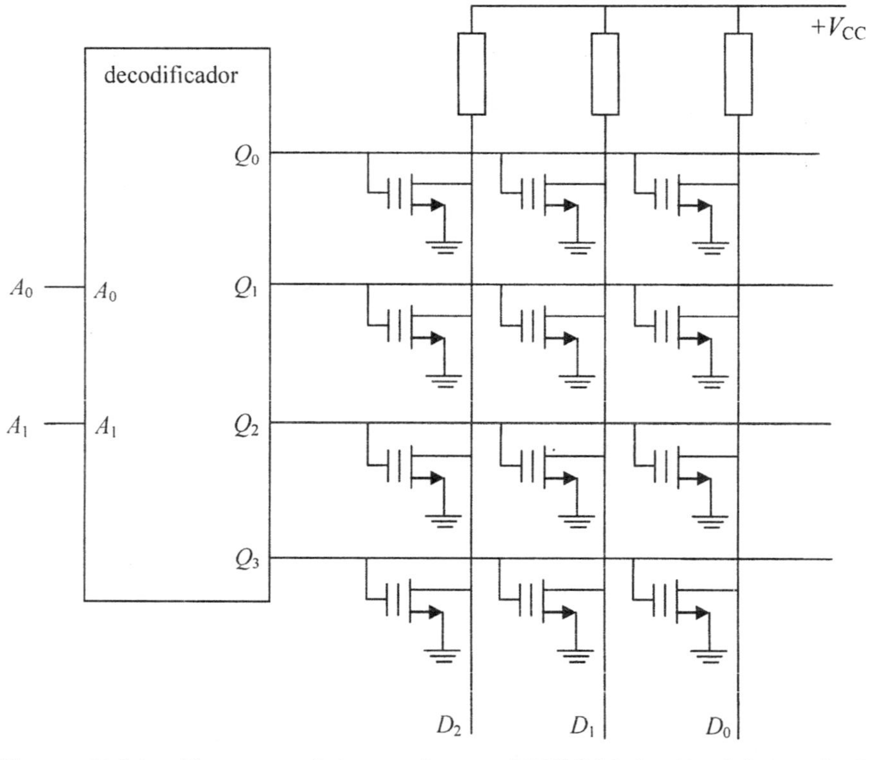

Figura 5-31 – Esquema interno de una EPROM de 4 palabras de 3 bit

Nuevamente, limitándonos al proceso de lectura (la figura no muestra el mecanismo de programación), la activación de una línea de palabra hará que la palabra correspondiente aparezca en las líneas de datos (gobernador flotante cargado negativamente, salida en 1; descargado, salida en 0). Nótese que los transistores NMOS de una misma columna están configurados formando una compuerta NOR.

5.7.3. OTP EPROM

El encapsulado que requieren las EPROM debido a la ventana de cuarzo encarece el producto, por lo que los dispositivos UV EPROM son innecesariamente caros si no se desea la capacidad de reprogramarlos. Esta capacidad es práctica en las etapas de diseño de un circuito, en la que su facilidad para ser reprogramada permite fácilmente producir cambios de diseño, necesarios frente a un cambio de especificación o un error encontrado. Pero una vez en producción con el diseño fijado, la capacidad de reprogramación encarece innecesariamente el producto. Puede abaratarse sensiblemente el precio de las EPROM si se prescinde de la mencionada ventana de cuarzo, lo que implica que el borrado no podrá realizarse y la programación sólo se podrá efectuar en una única oportunidad. Las EPROM con esta característica se denominan OTP EPROM (OTP por One Time Programming, es decir, programación en una única vez). Que no tienen más diferencia tecnológica con las UV EPROM que el carecer de ventana.

5.7.4. EEPROM

Existe una variante de las EPROM en la que la operación de borrado no requiere someter el dispositivo a una radiación ultravioleta, sino que se efectúa por medio de señales eléctricas apropiadas en sus terminales. Estos dispositivos se denominan EEPROM, sigla cuyas dos primeras letras provienen de las iniciales de Electrically Erasable, es decir, eléctricamente borrable, en inglés. El fenómeno del cual se valen estos dispositivos para descargar al gobernador flotante se denomina *tunelización de Fowler-Nordheim*, y no entraremos en detalles acerca del mismo. El mecanismo de borrado permite hacerlo selectivamente con cualquiera de las palabras almacenadas en la EEPROM, lo que permite modificar una palabra de su contenido sin afectar a ninguna otra. Las EEPROM, al poder ser alteradas eléctricamente, tienen la posibilidad de ser reprogramadas sin ser sacadas del circuito en el que están conectadas.

Sin embargo, el mecanismo para lograr el borrado selectivo resulta voluminoso y, por ende, costoso. Dado que las EEPROM son de mayor costo que las EPROM, su utilización se restringe a aquellos casos en que se puede sacar provecho de la característica mencionada y el tamaño requerido es pequeño. Por ejemplo, para almacenar la configuración de un sistema, las preferencias de un usuario, o algunos valores que se desean conservar en una memoria no volátil.

5.7.5. FLASH EPROM

Las memorias Flash (al menos las llamadas tipo NOR que describiremos ahora, aunque luego haremos mención a otro tipo) son memorias similares a las EEPROM que acabamos de describir, excepto que el sistema de borrado, si bien sigue siendo eléctrico, no es por palabra sino por sectores. De hecho, en las primeras FLASH el borrado eléctrico era global, pero ahora es por bloques de celdas. Un tamaño de bloque típico es de 64 Kibibytes. Este borrado por sectores simplifica notablemente la construcción, reduce drásticamente los costos, y transforma a las memorias FLASH en un dispositivo de uso muy difundido y de gran capacidad.

Un microprocesador que tenga asociada una memoria FLASH NOR podrá ejecutar un programa que esté almacenado en esa memoria, característica que en este tipo de memoria se identifica con la sigla XIP por la designación inglesa eXecute In Place. Se dirá que esta característica la tienen todas las memorias PROM que hemos visto hasta ahora, pero si acá se resalta es porque otros tipos de memoria FLASH, que en seguida comentaremos, no tienen esta característica.

Dos variantes que se apartan de lo hasta acá expuesto merecen ser mencionadas.

a) la carga del gobernador flotante con electrones puede tener no sólo 2 estados (cargado y descargado) sino incluso otros dos niveles intermedios que podrían reconocerse por la magnitud de la corriente que circule por el transistor MOS cuando se active el gobernador de control. En caso de haber 4 niveles reconocibles de corriente, cada celda es capaz de almacenar 2 bits de información, y no sólo 1, con lo que una memoria FLASH NOR duplica su capacidad si se hace uso de esta tecnología denominada *celda multinivel* (MLC o multi level cell) de la memoria FLASH NOR

b) de disponerse la transistores MOS en serie en vez de en paralelo (es decir, conectándolos como lo están en una compuerta NAND) se obtiene la memoria denomina FLASH NAND. Esta construcción (que vuelve ya inválida la figura 5-31 logra una memoria de gran capacidad, pero cuyo acceso es secuencial, no apta para XIP. Por el contrario, es muy adaptada para comportarse como un disco rígido de relativa baja capacidad para almacenar archivos, y están teniendo amplia aceptación en dispositivos tales como pen drives, tarjetas de memoria removibles para máquinas fotográficas y otros productos, etc.

Problemas

5-1) El siguiente circuito corresponde al de un dispositivo denominado AND-OR-INVERT ($Z=\overline{A.B+C.D}$) hecho con CMOS. Se pide:

a) analizar su funcionamiento y comprobar que opera como un circuito AOI
b) modificar el circuito de manera de transformarlo en otro que podría denominarse OR-AND-INVERT ($Z=\overline{(A+B)(C+D)}$)

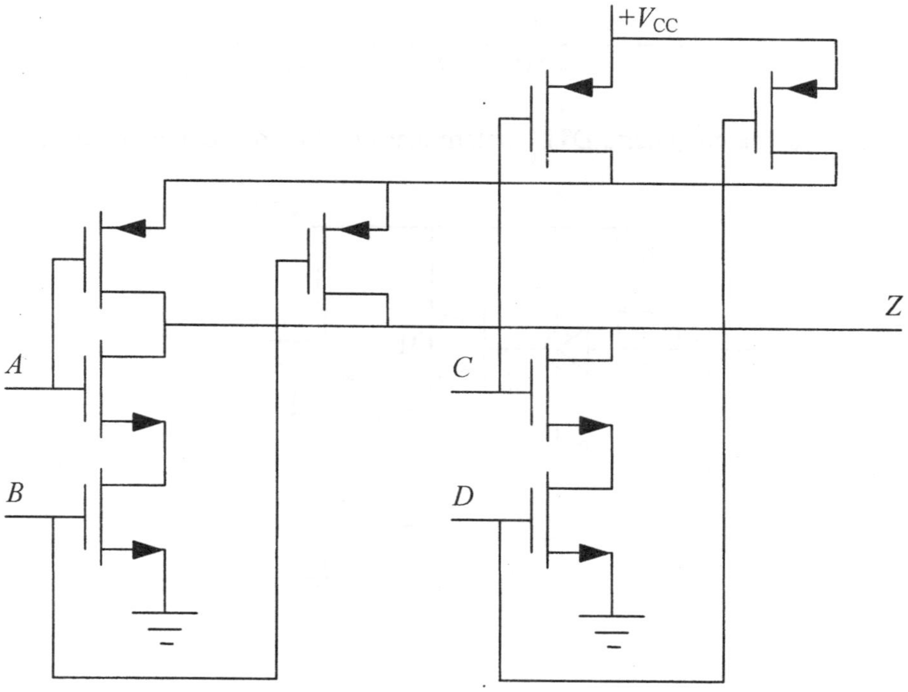

5-2) Casi ningún integrado de la familia 74HC admiten que en sus entradas se apliquen señales que varían lentamente, imponiendo un límite superior a los tiempos de subida y de bajada en sus entradas, para que las entradas no estén durante un tiempo prolongado en la llamada zona de incertidumbre.

a) Averiguar, por ejemplo, cuales son esos límites a los tiempos mínimos de subida y bajada a la entrada de un integrado 74HC04.
b) Sin embargo, un único integrado (además de aquellos con característica Schmitt) por ser del tipo "unbuffered" resulta más permisivo en ese sentido: el 74HCU04. Averiguar cuales son los máximos tiempos de subida y bajada tolerados por las entradas de este integrado.

5-3) Un fabricante de circuitos integrados digitales produce una familia de dispositivos CMOS del tipo "unbuffered", de la que tomando como ejemplo el circuito inversor, tiene una característica de transferencia tensión de salida vs. tensión de entrada como muestra la figura. Está analizando la posibilidad de producir una familia similar con la salida tipo buffered, para lo que, por ejemplo, el inversor debería incluir otras dos etapas inversoras adicionales en cascada con la que ya tiene. Se pide encontrar la característica de transferencia del inversor tipo buffered, y comparar ambas características de transferencia con la de una compuerta ideal.

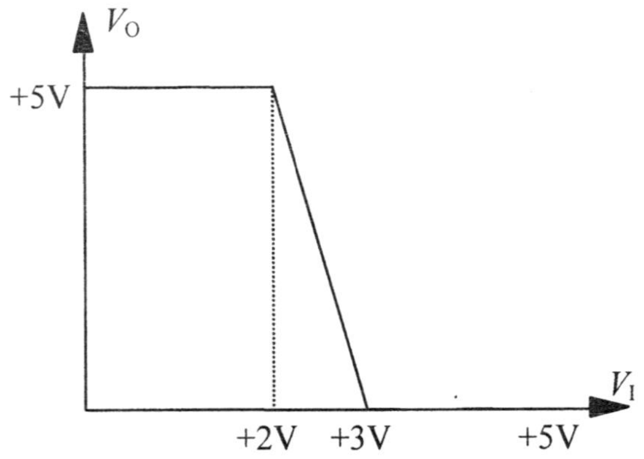

5-4) El siguiente circuito es una compuerta DTL. Determinar qué tipo de compuerta es confeccionando su tabla de verdad.

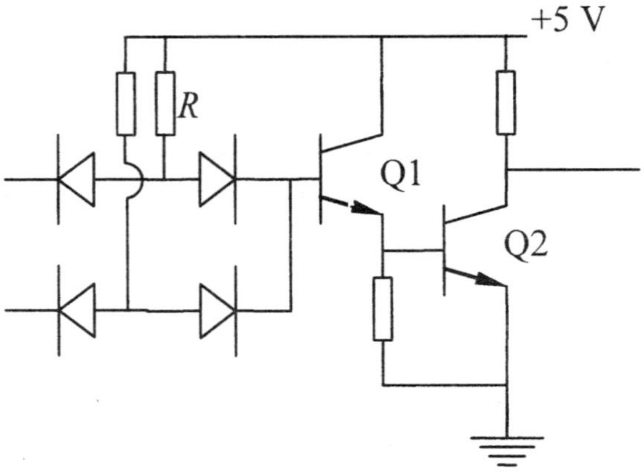

CAPÍTULO 6

BIESTABLES, CIRCUITOS SECUENCIALES EN MODO FUNDAMENTAL Y MULTIVIBRADORES

6.1. Introducción

Ya hemos definido que *un circuito secuencial* es un circuito lógico cuyas salidas son función, no sólo de las entradas que tiene en ese momento, como es el caso de un circuito combinacional, sino también de la "historia previa" de esas entradas. Es un circuito lógico que tiene, entonces, memoria de esa historia previa. Dicha historia está almacenada en ciertas *variables de estado* internas al circuito, denominándose *estado interno* del circuito al conjunto de dichas variables de estado. Es decir, que el comportamiento de un circuito secuencial responde no sólo a las señales de entrada sino también a su estado interno. Dos son las formas clásicas con que se logra este tipo de comportamiento.

- los *circuitos secuenciales de modo fundamental,* en los que la memoria se obtiene mediante una retroalimentación de algunas salidas hacia las entradas, y en los que los cambios de estado interno se producen inmediatamente tras un cambio en alguna de las entradas.
- los *circuitos secuenciales sincrónicos* en los que la memoria se obtiene merced a la utilización de unos dispositivos denominados *flip-flops*, y en los que los cambios de estado interno se producen en sincronismo con una señal generalmente periódica que marca el compás, llamada *reloj*.

Presentaremos en este capítulo los circuitos secuenciales de modo fundamental y ciertos circuitos secuenciales básicos como son los llamados biestables y multivibradores, dejando para el siguiente capítulo el estudio de los circuitos secuenciales sincrónicos. Comenzaremos nuestro estudio con el análisis de los circuitos conocidos como *biestables* que, como luego veremos, son casos particulares de los circuitos secuenciales de modo fundamental.

6.2. El biestable SR

6.2.1. Conceptos básicos

Un circuito secuencial básico es el llamado *biestable SR* (biestable es una traducción no literal de la palabra inglesa *latch*; la razón de la denominación de biestable se da más adelante). Veamos su génesis a partir del circuito de la figura 6-1, del que se dan unas formas de onda típicas:

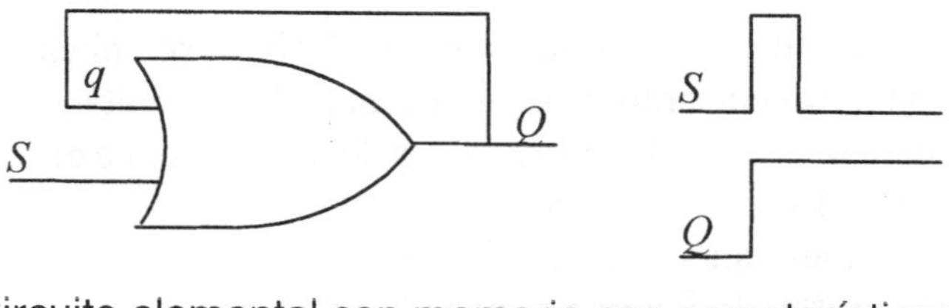

Figura 6-1 - Circuito elemental con memoria con características biestables

Este es el circuito de memoria más elemental concebible: una compuerta OR de dos entradas con su salida Q conectada a una de sus entradas, mientras que la otra entrada es llamada S o set (por "poner" en inglés), denominación que enseguida justificaremos. La mencionada conexión entre una salida y una entrada se denomina *retroalimentación.*

La figura muestra también una nomenclatura habitual: a la señal de salida, al retroalimentarse a la entrada, si bien se le mantiene el nombre, se lo pasa a letras minúsculas, razón por la cual a la entrada que recibe esta realimentación se la ha denominado como q. Esto permite que el circuito anterior pueda ser representado por la ecuación:

$$Q = S + q$$

Si suponemos que inicialmente la entrada *S* está en 0 y también lo está la salida *Q*, el circuito perdura en ese estado mientras no haya un cambio en *S*. Si *S* pasa a ser 1, esto pone a la salida *Q* en 1, tomando también este valor la entrada *q* a la que esta salida está conectada. Por consiguiente, aún cuando vuelva *S* a 0, la salida permanecerá en estado 1 por estarlo así la entrada retroalimentada. El circuito es capaz, entonces, de memorizar si es que en el pasado alguna vez fue 1 la entrada *S*.

Nótese que en este circuito, cuando *S* está en 0, la salida pueda estar en dos estados estables diferentes, 1 ó 0, dependiendo de si estuvo alguna vez *S* en 1 o no, respectivamente. Esta biestabilidad de la salida es la que da el nombre de biestables a los circuitos que de él se derivan, como los que pasamos a ver a continuación.

Un circuito de memoria como el descripto tiene el inconveniente de que la única forma que hay para hacerle "olvidar" su pasado es retirarle la tensión de alimentación, por ejemplo apagando el equipo. Esto no sólo es impráctico sino que tampoco es selectivo, ya que borra la memoria de todos los circuitos similares que hubiera en el equipo. Una forma más práctica de lograr que "olvide" es bloqueando su salida por medio de un circuito apropiado. Esto puede lograrse, como muestra la figura 6-2, mediante una compuerta AND gobernada por medio de una señal *R* o reset (por "reponer", en inglés, y que en castellano puede también traducirse como *borrar* o *despejar*). Así, si *R* está en 0 la salida de la compuerta OR está habilitada y el circuito se comporta de la manera ya dicha, mientras que si *R* está en 1 la salida *Q* pasa a ser 0, al igual que la señal retroalimentada, perdiéndose la memorización del 1 anteriormente aparecido en *S*, aún cuando la señal *R* vuelva a 0. La figura 6-2 muestra también formas de onda típicas.

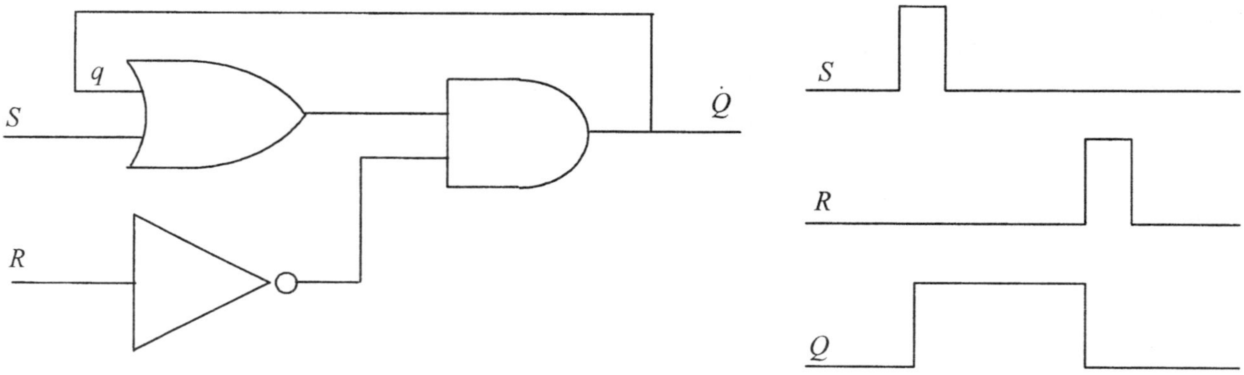

Figura 6-2 - Circuito elemental de memoria modificado (biestable SR con reset prioritario)

La ecuación a que responde dicho circuito, según surge de la propia figura, es

$$Q = (S + q)\overline{R}$$

En la práctica, las señales *S* y *R* suelen ser excluyentes, es decir, si se aplica una de ellas no tiene sentido aplicar simultáneamente la otra. Sin embargo, si se aplicaran ambas simultáneamente, la ecuación anterior y el análisis del circuito muestran que la salida *Q* iría a 0, es decir, se impone el reset, por lo que este biestable a veces es denominado *biestable SR con reset prioritario.*

Podemos resumir el comportamiento de un biestable SR con reset prioritario diciendo que:

- la aparición de la entrada *S* (estando *R* ausente) pone la salida en 1
- la aparición de la entrada *R* (estando *S* ausente) pone la salida en 0
- la ausencia de ambas entradas deja al circuito memorizando el valor que tenía en el momento en que se retiró la última de las entradas que estuvo en 1.
- la presencia de ambas entradas simultáneamente pone la salida en 0

Este resumen se acostumbra a presentar en la siguiente tabla de verdad, denominada *tabla característica* del biestable SR con reset prioritario.

S	*R*	*Q*
0	0	No Cambia
0	1	0
1	0	1
1	1	0

Este biestable a menudo es realizado, en ambientes industriales, mediante lógica de contactos y relés como pasamos a ver a continuación. En ese ámbito, sin embargo, no suele ser denominado biestable SR sino sistema de arranque y parada. El circuito correspondiente es el que muestra la figura siguiente.

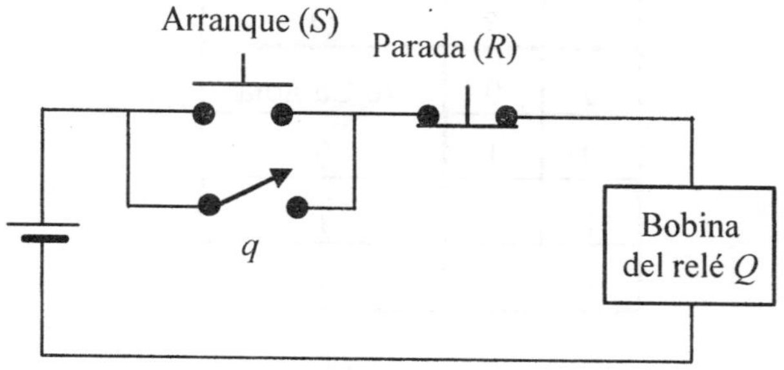

Figura 6-3 – Circuito de arranque y parada

Los pulsadores *S* y *R* (*S* normalmente abierto y *R* normalmente cerrado) reciben, como muestra la figura, los nombres alternativos de arranque y parada (start y stop en la nomenclatura inglesa). La razón para esto se explica a continuación. En general, aunque la figura no lo muestra, el relé usado en este circuito (identificado como *Q* en la figura) tiene otros contactos encargados de conmutar la alimentación eléctrica a un motor o a otro equipo eléctrico. De tal manera que esos contactos se cierran cuando el relé tiene su bobina energizada, haciendo que el motor esté en marcha, mientras que si el relé no está energizado, los contactos al estar abiertos tienen el motor parado. La presión del botón de arranque (*S*) acciona el relé (el que queda retenido en ese estado aún cuando el botón de arranque sea liberado, por la acción del llamado contacto de retención del relé identificado como *q*) y el motor pasa a funcionar. La presión posterior sobre el botón de parada (*R*) desenergiza al relé y detiene al motor.

A partir del circuito con memoria de la figura 6-1 hemos logrado incorporarle la entrada *R* que permite su borrado a través de bloquear la salida cuando la misma está presente, y llegar al circuito de la figura 6-2. Pero una forma alternativa de lograr este propósito de forzar el "olvido" es usando la entrada *R* para bloquear, no la salida, sino la trayectoria de retroalimentación. El circuito que implementa esta idea alternativa es el siguiente.

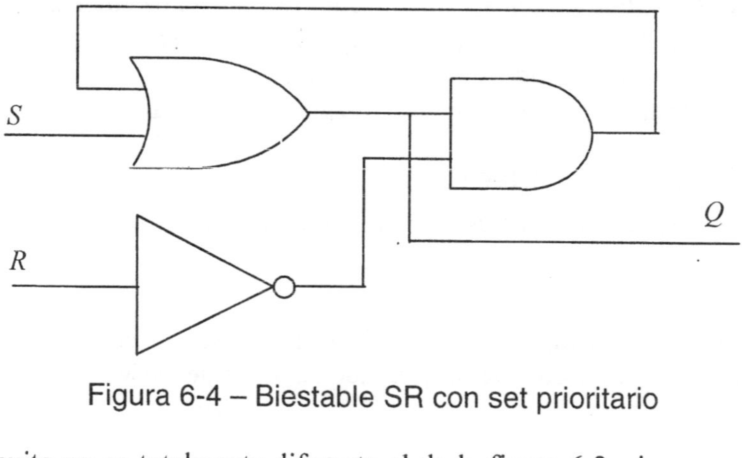

Figura 6-4 – Biestable SR con set prioritario

Se notará que este circuito no es totalmente diferente al de la figura 6-2, sino que es similar pero toma la salida *Q* de la salida de la compuerta OR en vez de tomarlo, como en el caso de la figura 6-2, de la salida de la compuerta AND. Este cambio introduce ciertas modificaciones, tanto a la ecuación correspondiente como al comportamiento del circuito, que veremos a contonuación.

La ecuación correspondiente a la figura 6-4 y que surge directamente de la misma, es la siguiente:

$$Q = S + \overline{R}q$$

Si bien este circuito se comporta muy similarmente al de la figura 6-2, se diferencia de él cuando ambas entradas S y R están en 1, caso en que, según se obtiene reemplazando en la ecuación anterior, la salida va a 1. Se recordará que, en la práctica, las señales S y R suelen ser excluyentes; sin embargo, si se aplicaran ambas simultáneamente a este circuito, como la salida va a 1, es decir, que se impone el set, este biestable a veces es denominado *biestable SR con set prioritario*, y tiene la siguiente tabla característica.

S	R	Q
0	0	No Cambia
0	1	0
1	0	1
1	1	1

También este circuito es realizable con contactos y relés para hacer un circuito de arranque y parada, pero normalmente no es empleado porque resultaría de arranque prioritario, y consideraciones de seguridad aconsejan que en estos sistemas sea prioritaria la orden de parada.

En general, los diseñadores de circuitos que incorporan biestables SR tratan de evitar que las entradas S y R sean simultáneamente 1. Si se respeta esta condición, los circuitos de las figuras 6-2 y 6-4 tienen idéntico comportamiento y la tabla característica, al tomar en cuenta la limitación que se autoimponen los diseñadores, queda común a ambos y de la siguiente manera.

S	R	Q
0	0	No Cambia
0	1	0
1	0	1
1	1	prohibido

6.2.2. El biestable SR realizado con compuertas universales

Los circuitos de las figuras 6-2 y 6-4 pueden ser modificados de manera de emplear compuertas universales, es decir, compuertas NOR o NAND. Los dos circuitos que vamos a ver son las formas más habituales de realizar un biestable SR, ya que requiriendo su implementación de tan sólo dos compuertas iguales (como veremos), no es ofrecido el biestable SR como circuito integrado comercial.

6.2.2.1. El biestable SR con compuertas NOR

Partamos de la ecuación correspondiente al biestable SR con reset prioritario que, habíamos visto, era:

$$Q = (S + q)\overline{R}$$

La expresión anterior puede ser manipulada algebraicamente hasta llegar a la fórmula siguinte, cuya igualdad con la anterior el lector podrá comprobar plicando las leyes de De Morgan

$$Q = \overline{\overline{(S + q)} + R}$$

Esta expresión, tiene dos sumas negadas, puede implementarse por medio de dos compuertas NOR. Procediendo de la manera conocida pero dándole al circuito un aspecto simétrico, se llega al circuito siguiente.

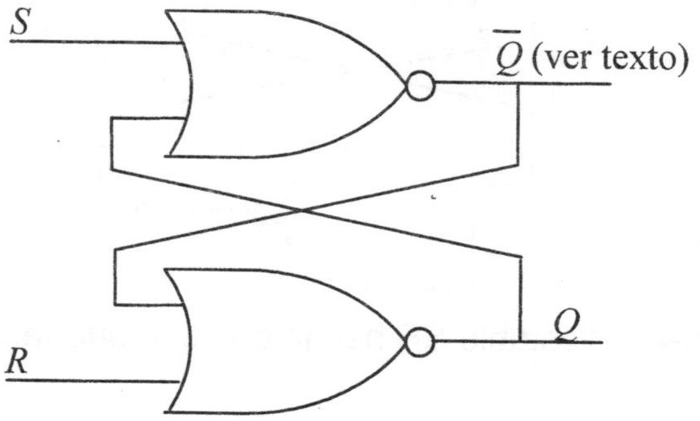

Figura 6-5 - Biestable SR hecho con compuertas NOR y con sus dos salidas

Si bien este biestable es de reset prioritario, en lo que sigue supondremos el cumplimiento de la autorrestricción de considerar prohibida la posibilidad de que *S* y *R* sean simultáneamente iguales a 1.

La realización simétrica del biestable que muestra la figura anterior, tiene una característica interesante. Se observa que, dada la simetría, es posible usar dos salidas del circuito, tomando cada una de ellas a la salida de una de las compuertas NOR. Una de las salidas es la salida normal *Q*, mientras que la función de la otra puede demostrarse que es la negación de *Q* (aunque esto es sólo cierto si cumple la prohibición de aplicar *S* y *R* ambas en 1 al mismo tiempo). Demostraremos esta propiedad razonando por el absurdo:

- Las dos salidas no pueden ser simultáneamente 1, porque en ese caso ambas NOR tendrían una de sus entradas en 1 (la conectada a la salida de la otra NOR), y sus salidas deberían ser 0, en contradicción con la suposición de que ambas eran 1. Este caso es, entonces, imposible.
- Las dos salidas no pueden ser simultáneamente 0, porque en ese caso ambas NOR tendrían que tener alguna entrada en 1; y como no lo serían las entradas que están conectadas a la salida de la otra NOR que estamos postulando que serían 0, ello exigiría que tanto *S* como *R* fuesen 1, y como esta condición ha sido excluida, este caso es, entonces, prohibido.
- Como consecuencia, si las salidas no pueden ser ambas 1 ni ambas 0, deben ser una 0 y la otra 1, y ser entonces una la inversa de la otra.

6.2.2.2. El biestable SR con compuertas NAND

Partamos de la ecuación correspondiente al biestable SR con set prioritario, que era:

$$Q = S + \overline{R}q$$

O, transformándola algebraicamente:

$$Q = \overline{\overline{S}.\overline{\overline{R}q}}$$

Como esta ecuación contiene dos productos negados, el circuito respectivo puede realizarse mediante 2 compuertas NAND. El nuevo circuito resultante para el biestable SR es otro circuito simétrico con dos salidas, las que nuevamente son una la negación de la otra mientras se asegure que las entradas *S* y *R* no pueden ser 1 simultáneamente. El circuito es el de la figura 6-6. Nótese que las entradas pasan a ser *S* negada y *R* negada, por lo que no es infrecuente que este circuito deba ser complementado con dos inversores.

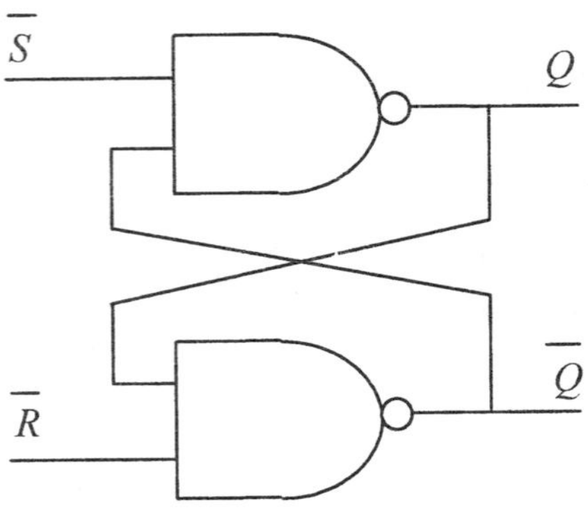

Figura 6-6 - Biestable SR hecho con compuertas NAND

6.2.3. Aplicaciones del biestable SR

Habiendo visto este biestable ya con suficiente detalle y con varias variantes, nos queda agregar algunos conceptos acerca de sus aplicaciones.

Una aplicación que es quizás la más importante es en los circuitos de arranque y parada, ya sea en el modo de realización con contactos y relés que ya hemos visto, como en multitud de aplicaciones similares en circuitos electrónicos.

Otro ejemplo de aplicación es para generar una señal cuya duración esté fijada por la separación entre otras dos señales dadas. La simple aplicación de la primer señal en aparecer en la entrada S, y la aplicación de la segunda en la entrada R, produce en la salida Q la señal deseada.

Otra aplicación es retener la información de cuál de dos señales de entrada fue la última que estuvo presente. Un ejemplo de aplicación típico e importante es en la eliminación de rebotes asociados a la conmutación de un contacto mecánico. Consideremos el caso de una llave inversora que puede tomar dos posiciones, pero que enfrenta dos problemas:

- mientras el contacto móvil se desplaza de una posición a la otra, queda sin establecer contacto eléctrico con nada, y el estado de la llave es indefinido. Sería deseable que, mientras se desplaza el contacto, un dispositivo memorizara cuál es la última posición fija que el mismo tuvo.
- cuando el contacto móvil alcanza una nueva posición, es frecuente que tenga un rebote (el contacto móvil y el fijo son elementos elásticos que chocan al establecerse contacto) y quede nuevamente en el aire, para retomar nuevamente el contacto con su nueva posición y quedar finalmente fijo en ella, quizás tras una serie de rebotes. Sería deseable que mientras rebota el contacto, un dispositivo memorizara cuál es la última posición fija que el mismo tocó.

Es evidente que un biestable SR puede cumplir las dos funciones que se mencionan más arriba como deseables, pudiéndose usar para ello el circuito de la figura 6-7.

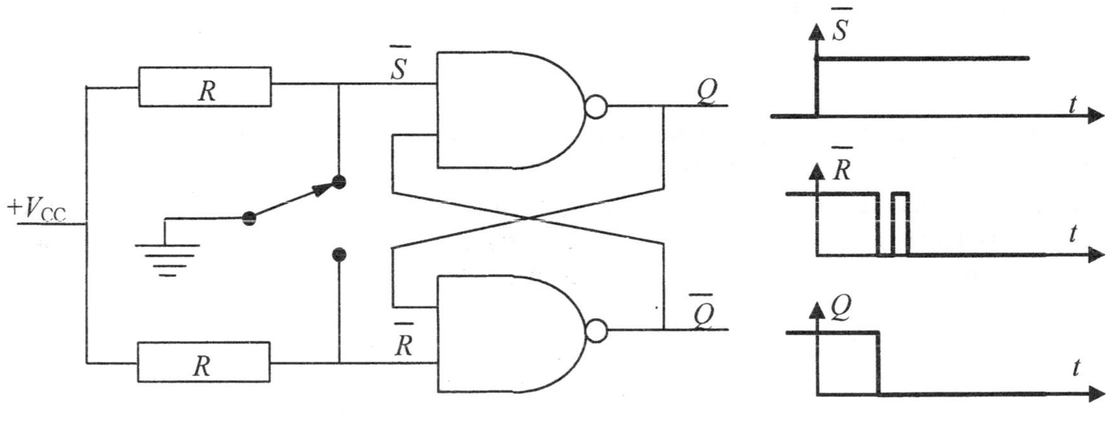

Figura 6-7 - Circuito anti-rebote hecho con un biestable SR

- A partir del estado inicial que muestra la figura, en el que Q=1, supondremos que la llave baja dejando de hacer contacto con el terminal $\overline{S}$. Esto deja de poner un 0 en ese terminal, pero no afecta en absoluto a la salida del biestable.
- Algunos milisegundos después, el contacto móvil golpea el terminal $\overline{R}$, poniéndolo a tierra y haciendo que Q pase a 0.
- Durante algunos milisegundos es posible que haya rebotes, observables en la señal $\overline{R}$, pero que no afectan a la salida Q.

6.3. El biestable D

6.3.1. Conceptos básicos

Existe otro biestable de amplio uso en técnicas digitales que debemos conocer, que es el *biestable D*, también llamado *biestable transparente*. El nombre de biestable D proviene de una entrada que posee y que es llamada universalmente de esa manera, mientras que la denominación de transparente sólo puede aclararse después de entender su funcionamiento.

Una de las formas de realización de este biestable (porque más adelante veremos otras) parte del empleo de un biestable SR al que se le han hecho los agregados que muestra la figura siguiente, donde el biestable SR se muestra sólo esquemáticamente.

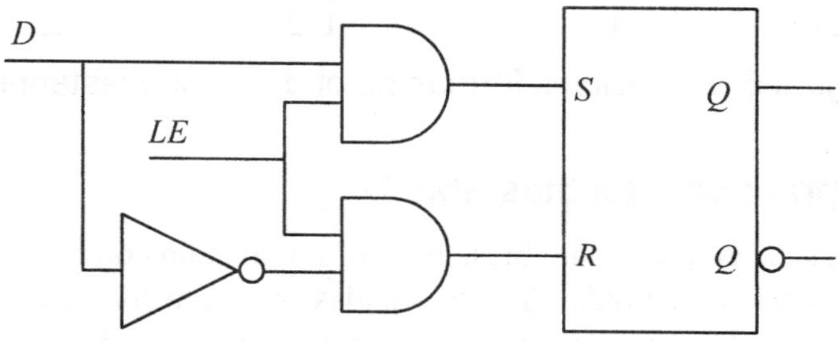

Figura 6-8 – Biestable D realizado a partir de un biestable SR

- Uno de los agregados es un conjunto de dos compuertas AND cuya misión es permitir la aplicación al biestable de señal a sus entradas S y R sólo cuando está presente cierta señal de habilitación que se aplica a dichas compuertas, mientras que aísla esas entradas del biestable cuando la misma está ausente y congela la salida del biestable en el valor que tenía en forma previa a la retirada de la habilitación. Esta señal de habilitación suele simbolizarse con la sigla *LE* por su denominación inglesa "Latch Enable", y las compuertas que aíslan las entradas del biestable SR cuando dicha habilitación no está presente se denominan *compuertas de aislación*.
- El otro agregado es un inversor que permite que el circuito tenga, además de la habilitación, una sola entrada de señal (la denominada *D*). Se notará que estando el circuito habilitado, la entrada D se aplica a la entrada S del biestable SR, mientras que la entrada R recibe a la negación de D.

Se notará que en ningún caso las entradas S y R del biestable SR estarán ambas en 1 (si está presente la habilitación, una será la negación de la otra; y si la habilitación está ausente tanto S como R resultan 0). Por lo que resulta totalmente irrelevante el tipo de biestable SR (de set prioritario o reset prioritario) a emplear.

El funcionamiento del circuito es el siguiente:

- ➢ Mientras está la habilitación del biestable en 1, el estado de D se aplica a S y el de D negado a R, con lo que si D=1, toma este valor la salida del biestable por tener S=1 y R=0, mientras que si D=0, también toma ese valor la salida del biestable por tener R=1 y S=0. Resumiendo, mientras el biestable está habilitado la salida Q toma el mismo valor de la entrada, es decir, funciona en forma transparente ya que todo cambio en D se refleja inmediatamente a la salida (es por esta operación que este biestable también recibe el nombre de transparente).
- ➢ Por el contrario, cuando la habilitación está en 0, las entradas S y R se hallan aisladas y no producen efecto sobre la salida del biestable, la que queda congelada en el último valor que tenía previo a la retirada de la habilitación.

La tabla característica de este biestable es la que sigue, pudiendo el lector comprobar que se corresponde con el funcionamiento descripto.

LE	*D*	*Q*
0	0	no cambia
0	1	no cambia
1	0	0
1	1	1

La figura 6-9 ejemplifica el funcionamiento de este biestable, mostrando su respuesta ante ciertas señales de entrada.

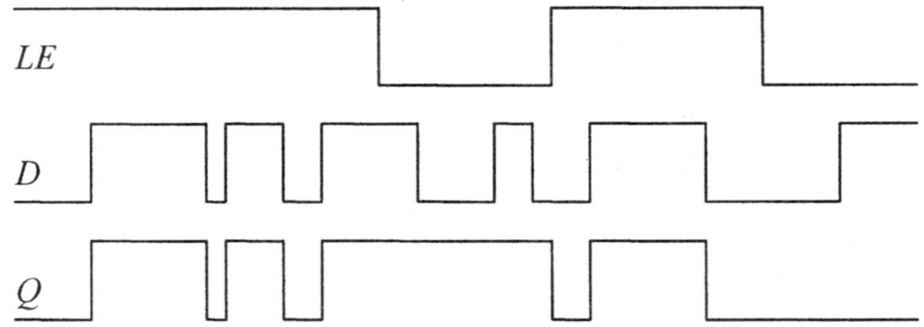

Figura 6-9 - Posibles formas de onda en un biestable D

6.3.2. Realizaciones prácticas del biestable D

El circuito de la figura 6-8, si se emplea como biestable SR al realizado con compuertas NAND (figura 6-6), como al mismo deben ingresar las entradas *S* y *R* negadas, requiere que las compuertas de aislación se transformen en compuertas NAND, con lo que queda el siguiente circuito (figura 6-10).

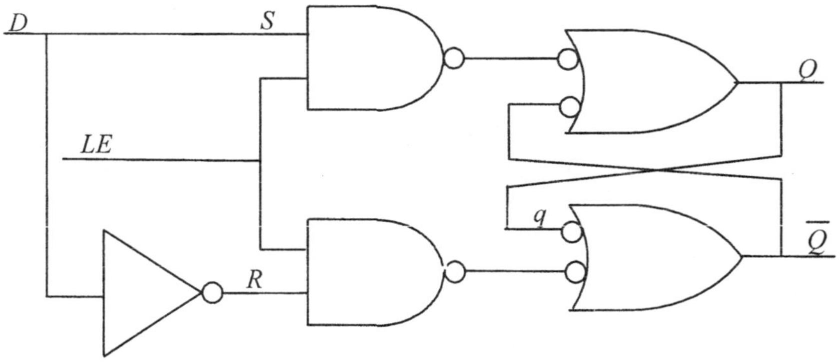

Figura 6-10 - Biestable D hecho sobre la base de compuertas NAND (y un inversor)

El circuito de la figura anterior es una de las formas posibles de implementar un biestable D utilizando compuertas fabricadas con cualquier tecnología (CMOS, TTL, etc.). Si bien existen otras posibilidades, no las exploraremos; excepto el caso de otras dos formas que exigen que la tecnología constructiva sea la CMOS u otra de altísima impedancia de entrada. Estas formas alternativas utilizan el hecho de que una compuerta con esas características puede quedar por un breve intervalo con su entrada desconectada, sin que se afecte su salida, gracias a la carga almacenada en su capacidad de entrada que, descargándose sólo lentamente a través de la altísima impedancia de entrada de la compuerta, puede prácticamente retener su estado 0 ó 1 por un cierto lapso, por ejemplo, varios microsegundos.

En una de esas formas, que muestra la figura 6-11 a su izquierda, una llave inversora (en realidad, dos compuertas de transmisión operando a contra fase) y un buffer hacen que, cuando está presente la señal de habilitación, la llave se encuentra en su posición inferior y la entrada *D* es pasada transparentemente a la salida. Pero al retirarse la habilitación y pasar la llave a su posición superior, el lazo de retroalimentación consigue retener la salida en el estado que le fijara la señal *D*, volviéndola insensible a nuevos cambios en dicha señal mientras esté la habilitación ausente. En el breve intervalo en que conmuta la llave inversora de una posición a otra, quien mantiene el valor de la entrada y retiene así a la salida es la capacidad de entrada cargada.

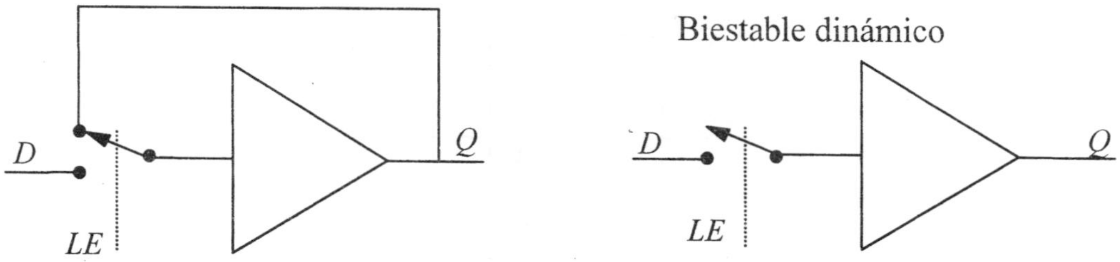

Figura 6-11 - Biestables D hechos sobre la base de compuertas de transmisión y un buffer. El de la derecha es un biestable dinámico

En otra forma de realización, la de la figura 6-11 derecha, el lazo de retroalimentación se hace innecesario si se asegura que la ausencia de la habilitación nunca puede durar tanto tiempo como para que la capacidad de entrada pueda perder una parte substancial de su carga. Esto ocurre, por ejemplo, en circuitos en los que la habilitación se aplica y retira con cierta periodicidad. Por esta razón, a esta forma de realización se la denomina *biestable dinámico*, ya que su correcto funcionamiento depende de que se aplique la señal de habilitación en forma repetitiva y con una frecuencia no menor a un valor crítico. Es interesante destacar que este biestable dinámico es la base de las memorias dinámicas empleadas en las computadoras personales que incluyen, habitualmente, millones de ellos.

6.3.3. Biestables D integrados

Ejemplos de biestables transparentes integrados es el óctuple biestable 74x373 con salidas de tres estados y señales de entrada *LE* y *OE* comunes a los 8 biestables. También se dispone comercialmente de biestables direccionables, los que se citan en un próximo apartado.

6.3.4. Aplicaciones del biestable D

Las aplicaciones típicas de los biestables son:

- formando parte de registros
- formando parte de multiplexores con retención

Veamos esas aplicaciones con algún detalle, aunque el tema de registros será visto de una manera más amplia en un capítulo posterior

6.3.4.1. Uso en registros

La aplicación típica (y frecuente) del biestable D se da cuando una cierta señal (que en el circuito estará conectada a la entrada *D* del biestable) lleva una información que por momentos es válida, y en otros momentos no. En el modo normal de uso, mientras la señal es válida, el biestable es habilitado y coloca en forma transparente dicha señal a la salida. Pero unos instantes antes de que la señal se vuelva inválida (o inconfiable) el biestable es deshabilitado, con lo que queda su salida reteniendo el último valor válido de la señal. Sólo cuando la señal vuelve a ser válida, se habilita nuevamente el biestable y retoma la acción transparente.

Esta aplicación general suele presentarse en la práctica en dos casos extremos:

1) Cuando la señal de entrada sólo es válida fugazmente, y el biestable es habilitado sólo en ese momento, reteniendo a partir de entonces en su salida la información válida que ha *capturado*, pero que ya no está disponible en su entrada.
2) Cuando la señal de entrada es generalmente válida, pero se vuelve inválida o inconfiable por algunos momentos, durante los cuales la habilitación del biestable es retirada, para que él retenga así la última información válida disponible.

En estas aplicaciones es frecuente que la señal a capturar o retener esté formada por varios bits, y por lo tanto el biestable no opere aisladamente sino que haya un conjunto de ellos (un biestable por cada bit a capturar o retener) que tienen en común la señal de *LE* para operar todos ellos en forma simultánea. A un conjunto de biestables así conectados se lo denomina *registro*.

Así, la figura que sigue muestra lo que sería un registro de 4 bits hecho con biestables D.

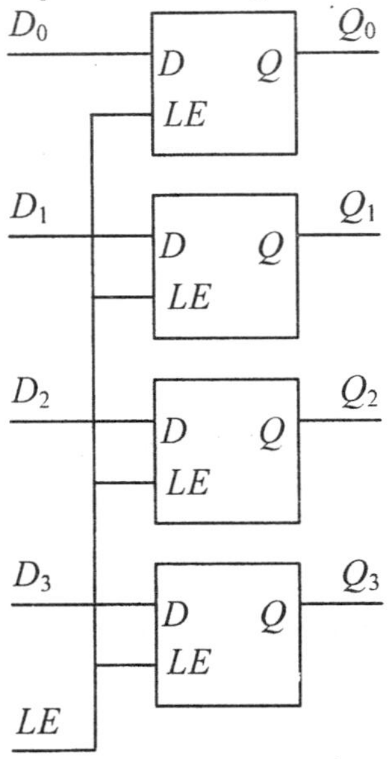

Figura 6-12 – Registro de 4 bits realizado con 4 biestables D

Un ejemplo de uso de un registro como el indicado, para la captura de una señal fugaz, lo constituye el puerto paralelo de una computadora, en el que el procesador coloca momentáneamente una información, para pasar a ocuparse del resto del programa a ejecutar, y la información suministrada tiene que quedar almacenada en el registro hasta que pueda ser tomada por el periférico allí conectado (por ejemplo, una impresora), según su propia disponibilidad de tiempo y velocidad.

Otro ejemplo de uso de un registro como el indicado, en este caso para la retención de la última señal válida recibida a la espera de que esté disponible un nuevo valor de la misma, lo constituye la figura siguiente, que emplea un registro de 2 bits.

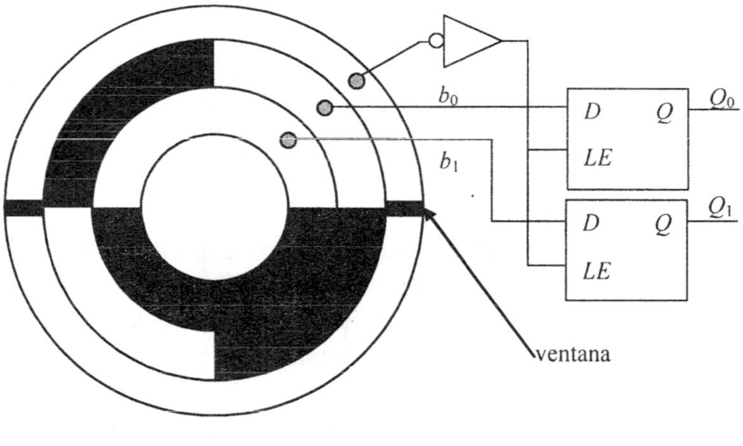

Figura 6-13 – Uso de un registro asociado a un disco codificador de ángulo que no emplea un código cíclico – el ancho de la ventana se ha exagerado para mayor claridad

Habíamos visto en el capítulo 1 que era recomendable emplear el código Gray en los discos codificadores de ángulo, para evitar indicaciones erróneas de los palpadores en ciertas zonas de frontera, que ocurrirían de emplearse otra codificación que no fuera un código cíclico. Pero la figura anterior muestra que los distintos cuadrantes pueden codificarse siguiendo la secuencia binaria, si se agrega una pista adicional que sólo está marcada en las proximidades de las fronteras que no son de cambio único (las llamadas “ventanas”). Normalmente el palpador externo mantiene transparentes a los biestables D, pero cuando detecta que ha entrado en una ventana, donde la lectura de los palpadores es inconfiable, pasa a modo retención, y el registro mantiene el último valor válido leído por los palpadores hasta que, saliendo de la ventana, vuelva a tenerse información confiable y los biestables retomen su modo transparente.

6.3.4.2. Uso en multiplexores con retención

Atendiendo a su función distribuidora de señales, un demultiplexor por momentos distribuye la señal de entrada hacia una de las salidas, y en otros momentos a otras. Eso hace que el dato que recibe una de sus salidas sea fugaz, durando sólo el tiempo que el demultiplexor está dedicado a ella. El uso de sendos biestables transparentes en cada salida permitiría que las mismas retuviesen la información enviada a esa salida mientras el demultiplexor está operando con alguna de las otras salidas. Un demultiplexor con estas facilidades de retención no sería ya hecho con simples compuertas AND, como se viera en el capítulo 4, sino como muestra la figura siguiente, en su parte izquierda.

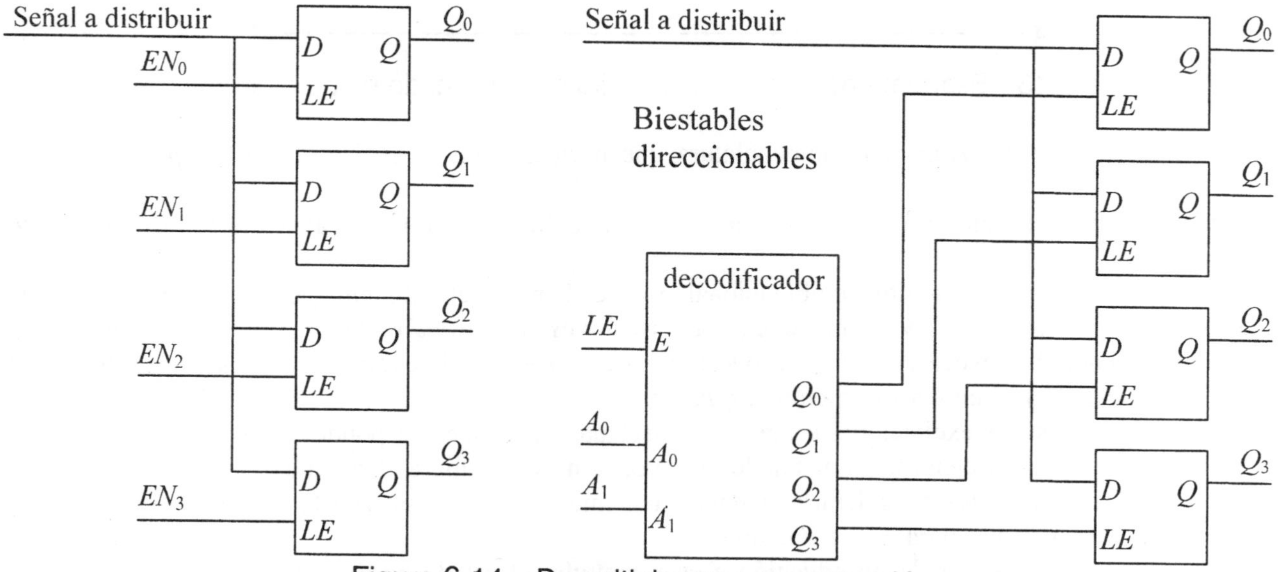

Figura 6-14 – Demultiplexores con retención

De tratarse de un demultiplexor concentrado de varias vías, sabemos que resulta conveniente el uso de un decodificador para que las señales de selección estén codificadas y sean, por lo tanto, menos numerosas. En ese caso el circuito demultiplexor queda como muestra la figura anterior en su parte derecha. En dicho circuito, aunque la entrada de datos está aplicada en la entrada *D* de cada uno de los biestables D que componen el registro, sólo aquél que está seleccionado por el decodificador recibe la habilitación necesaria para copiar el estado en que dicha entrada de datos se encuentra. Esta configuración circuital que aúna biestables D y un decodificador que provee las habilitaciones individuales se ha dado en llamar *biestables direccionables* y se dispone comercialmente en forma de circuito integrado. Ejemplo es el 74x259, que incluye dos conjuntos como el de la figura anterior provistos, además, con una entrada que permite llevar los biestables a un estado inicial de todos en 0.

6.4. Circuitos secuenciales de modo fundamental

6.4.1. Conceptos básicos

Los biestables SR y D no son más que casos particulares de los circuitos secuenciales de modo fundamental, los que ya fueron descriptos como aquellos en los que la memoria se obtiene mediante una retroalimentación de algunas salidas hacia las entradas, y en los que los cambios de las salidas se producen inmediatamente tras un cambio en alguna de las entradas. Un esquema general de un circuito secuencial de modo fundamental se muestra en la figura siguiente.

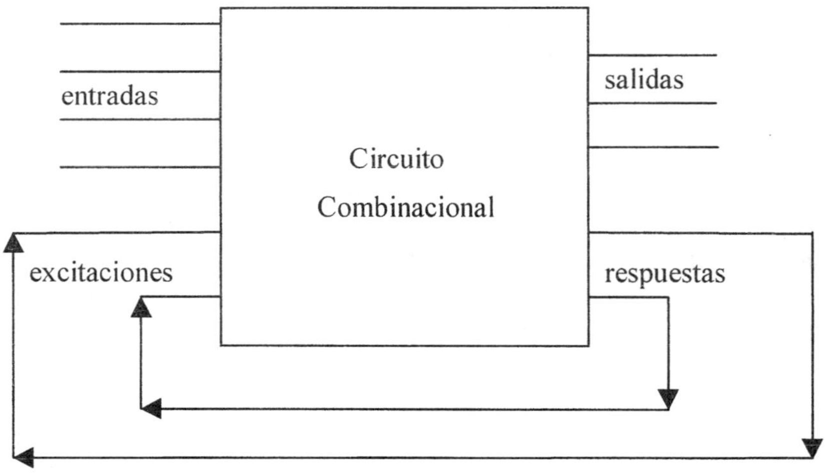

Figura 6-15 - Esquema general de un circuito secuencial de modo fundamental

A partir de dicha figura, veamos la nomenclatura que normalmente se utiliza con este tipo de circuito secuencial.

- Aquellas salidas del circuito combinacional que se retroalimentan a las entradas reciben el nombre de *respuestas*.
- Aquellas entradas del circuito combinacional que reciben la retroalimentación de las respuestas se denominan *excitaciones,* y constituyen las *variables de estado* del circuito. Habiendo una correspondencia biunívoca entre una respuesta y su correspondiente excitación, es habitual referirse al conjunto de ambas como *par excitación-respuesta.*
- Dado que respuestas y excitaciones están interconectadas entre sí, corresponde que estas señales reciban el mismo nombre: por ejemplo, la misma letra. Pero, como ya se dijera, dado que conviene al efectuar el análisis de estos circuitos considerarlas independientemente, se suele utilizar letras mayúsculas para las respuestas y minúsculas para las excitaciones.
- De acuerdo a lo dicho en la introducción a este capítulo, el estado particular en que se encuentra el conjunto de las excitaciones se denomina *estado interno* del circuito.
- El estado particular en que se encuentra el total de las entradas del circuito combinacional, es decir, las entradas del circuito secuencial y las excitaciones, se denomina *estado* del circuito.
- Las ecuaciones que dan las expresiones de las salidas en función del estado del circuito, se denominan *ecuaciones de salida.* Estas ecuaciones lógicamente dependen del circuito combinacional que forma el corazón del circuito secuencial.
- Las ecuaciones que dan las expresiones de las respuestas en función del estado del circuito, se denominan *ecuaciones de excitación.* Estas ecuaciones también dependen del circuito combinacional que forma el corazón del circuito secuencial.

Como ya hemos dicho, un circuito secuencial de modo fundamental cambia su estado interno cuando se produce un cambio en alguna de las entradas. Por ello siempre su análisis se realiza con la suposición de que no cambiarán simultáneamente dos o más de sus entradas, ni lo harán con tan poca separación temporal como para que los transitorios a que dé lugar el cambio de una entrada no hayan cesado antes de la aparición del siguiente cambio.

Los estados de un circuito secuencial de modo fundamental no son necesariamente todos estables, sino que algunos de ellos pueden ser inestables como lo muestra el siguiente razonamiento:

Sea un circuito secuencial de modo fundamental al que se le ha cortado, al sólo efecto del análisis y como artificio para obtener ciertas conclusiones, la unión entre respuestas y excitaciones. Sea que en esas condiciones se aplican ciertos valores a las excitaciones y observamos el valor que toman las respuestas por comparación con los valores de las excitaciones respectivas:

- si son exactamente iguales, de volver a unir entre sí excitaciones y respuestas, el circuito no cambiaría de estado: se estaría en presencia de un *estado estable.*
- si no son exactamente iguales, bastando para ello que difiera al menos una excitación de su correspondiente respuesta, de volver a unir entre sí excitaciones y respuestas el circuito no podría

permanecer en el estado considerado pues las excitaciones deberían cambiar, tomando el valor que tienen las respuestas: se estaría en presencia de un *estado inestable*.

Resumiendo, un estado es estable si para el mismo se cumple que todos las respuestas son iguales a las correspondientes excitaciones, e inestable en caso contrario.

Normalmente los circuitos secuenciales de modo fundamental se encuentran en un estado estable, y un cambio en alguna de las entradas produce un cambio de estado. En un primer momento no se produce ningún cambio en el estado interno, debido a que los retardos inherentes al circuito combinacional no permiten que las respuestas, y por ende las excitaciones, cambien instantáneamente. Transcurrido este retardo, el cambio de la entrada puede producir o no un cambio en las respuestas. Si no hay tal cambio, el nuevo estado es un estado estable ya que subsiste la igualdad entre respuestas y excitaciones. Pero si hay un cambio en las respuestas, se está en presencia de un estado inestable, y las nuevas respuestas fuerzan a las excitaciones a tomar su valor, es decir, se produce un cambio del estado interno. Si el nuevo estado es estable, la evolución del circuito termina allí. Pero si resulta nuevamente inestable, volverá a producirse un cambio en las respuestas, seguirán nuevamente las excitaciones copiando los nuevos valores de éstas, y el proceso se repite hasta alcanzar un estado estable. En este nuevo estado estable, el circuito vuelve a estar en condiciones de recibir otro cambio en sus entradas.

En principio, también existe la posibilidad de que un circuito secuencial de modo fundamental arrancado de su estado estable por el cambio de una entrada pase a un estado inestable, el cual evolucionando de la manera descripta no logre en ningún momento alcanzar un estado estable sino que termine pasando sucesiva y cíclicamente por un cierto número de estados inestables. Este proceso, denominado *oscilación*, como normalmente no es deseado, no se presenta habitualmente en estos circuitos ya que no son diseñados para tener esta característica.

Un aspecto importante a considerar de la figura anterior es la posibilidad de que la lógica combinacional que allí se exhibe como corazón del circuito secuencial no esté libre de riesgos. Si las salidas son sólo aplicadas a otros circuitos combinacionales es posible que no se requiera que las mismas estén libres de riesgos. Pero como las respuestas son retroalimentadas al circuito, incluso una señal transitoria será interpretada como un cambio de estado y podrá producir un cambio de comportamiento. Por lo que resulta imprescindibles que la implementación de las ecuaciones de excitación esté totalmente libres de riesgos.

Los circuitos secuenciales de modo fundamental pueden estudiarse desde dos objetivos distintos:

- el *análisis* de los mismos, es decir, partir del circuito para descubrir su comportamiento, o para verificarlo si éste es conocido.
- la *síntesis* de los mismos, es decir, partir del comportamiento deseado y obtener (diseñar) el circuito que satisface ese comportamiento.

Estos temas son cubiertos a continuación.

6.4.2. Análisis de circuitos secuenciales de modo fundamental

El método de análisis de los circuitos secuenciales de modo fundamental involucra la realización de varios pasos que enunciaremos, a la par que ejemplificaremos su realización sobre un circuito que tomaremos como caso a analizar. Sea el circuito de la figura siguiente, que no es sino nuestro conocido biestable SR con reset prioritario hecho con compuertas NOR de la figura 6-5. Pero, para no perder generalidad, no introduciremos la restricción de que no pueden ser simultáneamente S y R de valor 1. Por lo tanto sólo utilizaremos la salida Q del circuito (no consideraremos la salida que antes hemos llamado Q negada, pues ahora esta denominación ya no es más válida pues las salidas de ambas NOR pueden ser 0, lo que ocurre cuando son 1 tanto S como R).

1) Hallar las ecuaciones de salida y de excitación

Las ecuaciones de salida y excitación se deducen a partir del circuito, de la simple inspección del mismo. Recordemos que estas ecuaciones son las expresiones que dan las salidas (ecuaciones de salida) y las respuestas (ecuaciones de excitación) en función del estado del circuito, es decir en función de sus entradas y las excitaciones.

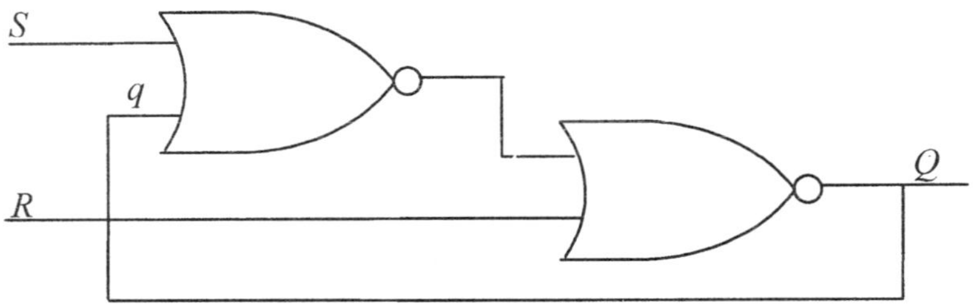

Figura 6-16 - Biestable SR con reset prioritario redibujado para su análisis

Dado que hay un único par de señales excitación-respuesta (q y Q), hay sólo una ecuación de excitación, a saber:

$$Q = \overline{\overline{(S+q)} + R} = (S+q)\overline{R}$$

Como la señal de salida es la misma señal que la respuesta, la ecuación de salida coincide con la de excitación.

2) Representar en sendos mapas de Karnaugh las ecuaciones de excitación y verificar que estén libres de riesgos.

Las ecuaciones de excitación obtenidas en el punto 1 (es decir, las respuestas en función de las entradas propiamente dichas y las excitaciones) suelen representarse en un mapa de Karnaugh colocando las variables independientes de la manera que sigue: las entradas del circuito encabezando columnas, y las excitaciones encabezando filas. Esta práctica es muy recomendable porque simplifica el análisis. Así, con esta distribución todo cambio en alguna entrada equivale a un cambio de columna sin variar, al menos en un primer momento, de fila. A su vez, de ser el nuevo estado inestable, los cambios que se producirán en las excitaciones producirán cambios de fila sin variar de columna (que sólo puede cambiar ante un cambio en alguna entrada).

El mapa de la ecuación de excitación queda, dibujando los dos grupos de ceros que corresponden a dicha ecuación, de la siguiente forma, confirmando que la ecuación de excitación es libre de riesgos:

q \ SR	00	01	11	10
0	0	0	0	1
1	1	0	0	1

Q

3) Hallar la matriz de excitación

La matriz de excitación no es sino la condensación en único mapa de Karnaugh de los mapas de todas las respuestas. Cada casillero contendrá así los valores correspondientes a las distintas respuestas en forma conjunta.

En nuestro ejemplo, no habiendo sino una sola respuesta, este paso puede darse por cumplido en el paso anterior. Reproducimos entonces el mapa visto en dicho paso, sin ser ya necesario conservar explícitamente el agrupamiento realizado.

q \ SR	00	01	11	10
0	0	0	0	1
1	1	0	0	1

Q

4) Hallar la matriz de transición y verificar que no existan carreras críticas

Se observará que como cada casillero de la matriz de excitación corresponde a una combinación particular de las entradas y de las excitaciones, puede considerarse que también corresponde a un estado del circuito, de acuerdo a la definición dada para éste. Y si ahora se analiza el contenido de cada casillero en la mencionada matriz de excitación, puede determinarse cuáles de esos estados son estables y cuáles son inestables. De acuerdo a lo visto, un casillero corresponde a un estado estable cuando su contenido en la matriz de excitación (es decir, las respuestas) es igual al valor de las excitaciones que encabezan la fila en que dicho estado se encuentra. En caso de desigualdad, se trata de un estado inestable.

En este paso se debe analizar los diferentes casilleros de la matriz de excitación, identificar cuáles de ellos corresponden a estados estables y cuáles no, y generar con dicha información la *matriz de transición*. Esta no es sino una matriz similar a la de excitación en la que los casilleros que corresponden a estados estables se identifican con un círculo en su interior, y los inestables con un punto. Además, dado que los estados inestables no pueden perdurar en esas condiciones sino que las excitaciones deben tomar el valor que tienen las respuestas, se marcan en la misma con una flecha el estado al cual pasa cada estado inestable. Ese estado estará en su misma columna (ya que sólo un cambio de una de las entradas propiamente dichas origina un cambio de columna), y en la fila que corresponde a las excitaciones de igual valor que las respuestas en el estado inestable considerado.

En nuestro ejemplo, la matriz de transición queda:

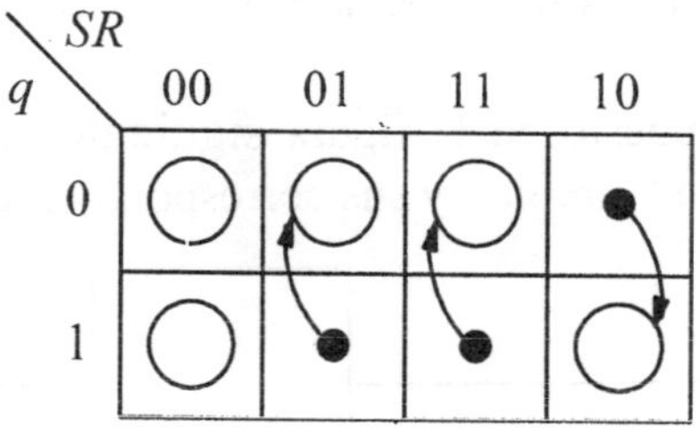

Se observará que la misma se ha preparado de acuerdo a lo dicho más arriba. Así, los tres primeros estados de la primera fila son estables por cuanto dicha fila corresponde a una excitación q=0, y la matriz de excitación muestra que para estos estados también vale 0 la respuesta Q. Por el contrario, el último estado es inestable pues para él la respuesta es 1. Este estado inestable hace que el circuito se desplace hacia otro estado, ubicado en su misma columna (ya que es el que corresponde por el estado de las entradas) y en la fila correspondiente a una excitación igual a la respuesta que corresponde a ese estado inestable, es decir, la segunda fila donde la excitación vale 1 (ya que la excitación, por estar conectada con su correspondiente respuesta, debe ser igual a dicha respuesta). Por similar razonamiento se explica la segunda fila de la matriz de transición.

El cumplimiento de este paso de análisis exige verificar que no existan carreras críticas, pero aún no hemos definido a éstas. Aprovechando que nuestro ejemplo carece de ellas, postergaremos el análisis de las carreras críticas para un próximo apartado. Baste decir acá que una carrera crítica es una característica que puede tener un estado inestable que le permite evolucionar hacia dos o más posibles estados estables diferentes, y que esta situación es siempre inaceptable, por lo que un diseño que posea esta característica debe ser rechazado. Sin embargo, esta característica indeseable no puede producirse en un circuito con un solo par de señales excitación-respuesta, como es este ejemplo.

5) Hallar la matriz de flujo

La *matriz de flujo* es similar a la matriz de transición, con la diferencia de que en ella los casilleros que corresponden a estados estables se identifican con un círculo numerado en su interior (cada estado estable con un número diferente ya que ese número se utiliza para identificarlo), mientras que en cada estado inestable se coloca el número del estado estable hacia el cual evoluciona.

En nuestro ejemplo, queda:

q \ SR	00	01	11	10
0	①	②	③	5
1	④	2	3	⑤

6) Determinar el estado que toman las distintas salidas en los diferentes estados estables

Se debe representar en sendos mapas de Karnaugh las ecuaciones de salida. Estas ecuaciones fueron obtenidas en el paso 1. Como no importa el valor que toman las salidas en los estados inestables y en los transitorios que ellos originan, se puede determinar, a partir de estos mapas y de la matriz de flujo, el valor que toman las salidas en cada uno de los estados estables.

En nuestro ejemplo, de la comparación del mapa de Karnaugh de Q y de la matriz de flujo se concluye que Q vale 1 para los estados estables 4 y 5, y vale 0 para los estados estables 1, 2 y 3.

7) Suponer una cierta secuencia de entradas al circuito y, de ser necesario, un estado inicial, y analizar la evolución del estado y las salidas del circuito.

Este análisis consiste en estudiar a partir del estado inicial del circuito y ante cada cambio de una de las entradas;

1) cuál es el nuevo estado estable que tomará el circuito
2) cuál es el nuevo valor que toman las salidas.

Este análisis se hace a partir de los valores de las salidas y de la matriz de flujo determinados en los dos puntos anteriores.

En nuestro ejemplo hemos supuesto en la figura siguiente ciertas formas de onda para S y R, y hallado los estados sucesivos que toma el circuito, y sus correspondientes salidas.

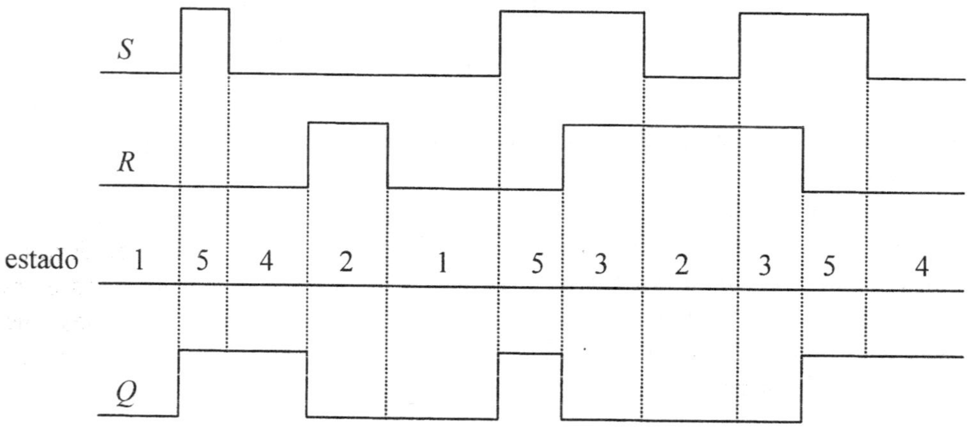

Figura 6-17 - Posibles formas de onda en el circuito de la figura anterior

Veamos el procedimiento que nos permitió completar la figura anterior a partir de las formas de onda de entrada postuladas. Como para el instante inicial, en que hemos supuesto que tanto S como R son 0, existen dos estados estables posibles para el circuito, lo hemos supuesto inicialmente en el estado 1 (¿quiere el lector hacer el análisis bajo la suposición de estado inicial 4?). Para el estado 1 la salida está en 0. Este estado termina cuando la entrada S pasa de 0 a 1, llegándose por desplazamiento horizontal al estado inestable 5, y por desplazamiento vertical al estado estable 5, en el que la salida vale 1. Este estado perdura hasta que S pasa nuevamente a 0, donde el consiguiente desplazamiento horizontal deja al circuito en el estado estable 4. En la figura que sigue se muestra la evolución mencionada sobre una copia de la matriz de flujo, donde se ha hecho inclusive el análisis de un cambio más de las entradas, cuya corrección el lector podrá verificar. Las transiciones horizontales corresponden a los cambios de las entradas, mientras que las verticiales a reacomodamiento debido a los estados inestables en los que el circuito momentáneamente se encuentra.

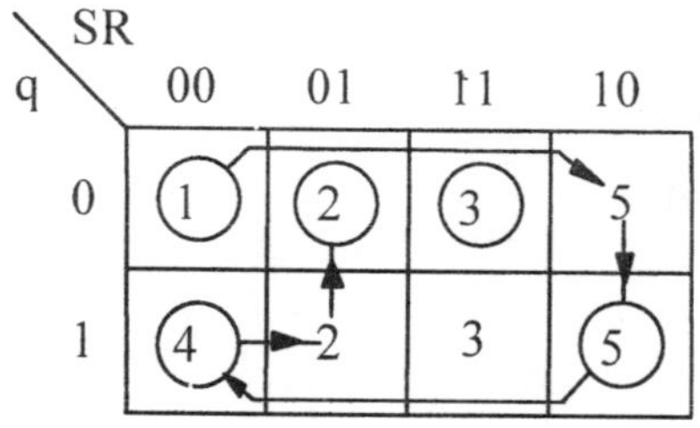

Prosiguiendo con el análisis de la forma descripta hasta completar la evolución total prevista para las entradas, se obtienen los estados sucesivos y salida que indican la figura 6-17.

8) Describir el comportamiento del circuito, o verificar el comportamiento esperado, si es que éste era conocido.

En nuestro ejemplo se verifica que en este circuito la salida pasa a 1 cuando se presenta la señal S (si es que está ausente R que es prioritaria) y retorna a 0 cuando se presenta R (aunque esté aún S), de acuerdo a lo esperado.

6.4.2.1. Carreras críticas

Para comprender lo que son las carreras críticas y porqué deben ser evitadas, tema que habíamos dejado pendiente en el ejemplo anterior, nos valdremos de un nuevo ejemplo. Se tratará de un circuito mal diseñado, pues tendrá una carrera crítica, el que corregiremos para evitarla. Este circuito es algo más complejo que el ejemplo anterior, porque tiene dos pares de señales excitación respuesta (y no sólo uno) y la salida no será ya idéntica a una de las respuestas.

El circuito que analizaremos es el de la figura siguiente, diseñado para tener el siguiente comportamiento: tiene dos entradas A y B y una salida Z que pasa a 1 cuando A pasa de 0 a 1 mientras es B=0, y queda en ese estado hasta que sea B=1, momento en que Z retoma el estado 0.

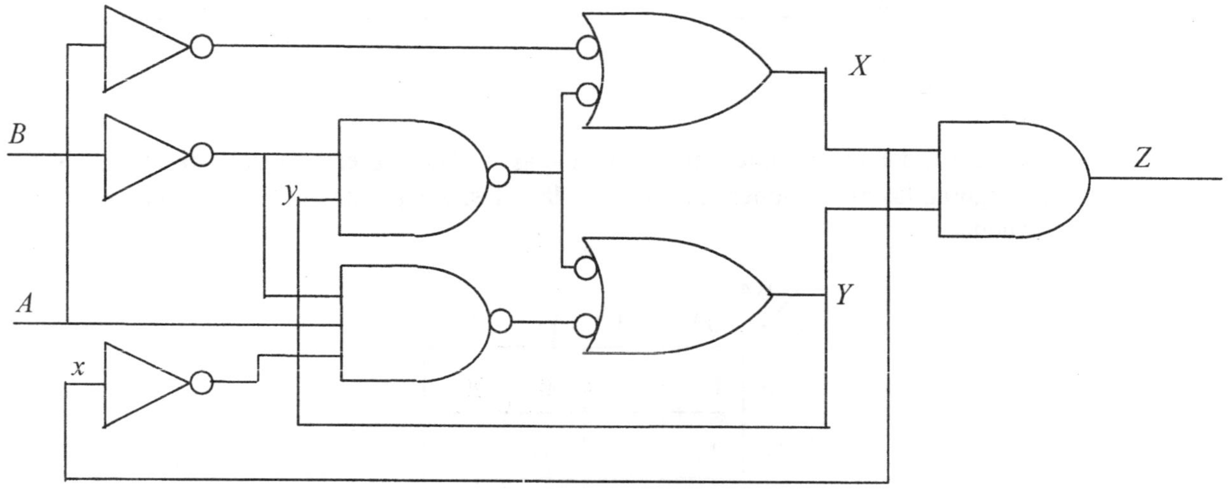

Figura 6-18 - Circuito secuencial usado como ejemplo para analizar

Realizaremos el análisis siguiendo los pasos conocidos que, como resumen, acá recordamos:

1) Hallar las ecuaciones de salida y de excitación.
2) Representar en sendos mapas de Karnaugh las ecuaciones de excitación y verificar que estén libres de riesgo.

3) Hallar la matriz de excitación
4) Hallar la matriz de transición y verificar que no existan carreras críticas
5) Hallar la matriz de flujo
6) Determinar el estado que toman las distintas salidas en los diferentes estados estables
7) Suponer una cierta secuencia de entradas al circuito y, de ser necesario, un estado inicial, y analizar la evolución del estado y las salidas del circuito
8) Describir el comportamiento del circuito o verificar el comportamiento esperado, si es que éste era conocido

Procedamos, entonces, en consecuencia.

1) Ecuaciones de excitación y salida

$$X = A + \overline{B}y$$
$$Y = \overline{B}y + \overline{B}A\overline{x}$$
$$Z = xy$$

Una novedad de este ejemplo, por comparación con los anteriores, es que no tiene un único par excitación-respuesta, sino dos. Además, la señal de salida no coincide con una de las respuestas. Al escribir estas ecuaciones se debe recordar que las variables independientes son las entradas y las excitaciones. Así, es correcto escribir *Z* como el producto *xy*, y no *XY*, aunque el circuito parece sugerir esta última forma.

2) Mapa de las respuestas - verificación de que carecen de riesgos

Los mapas de Karnaugh de cada una de las respuestas, que se dan en la figura siguiente, demuestran que ellas están libres de riesgos.

xy \ *BA*	00	01	11	10
00		1	1	
01	1	1	1	
11	1	1	1	
10		1	1	

X

xy \ *BA*	00	01	11	10
00		1		
01	1	1		
11	1	1		
10				

Y

3) Matriz de excitación

Esta matriz surge de consolidar en un único mapa los mapas de las diferentes respuestas tomadas en el *mismo orden* con que figuran las excitaciones encabezando las filas, y explicitando todos los ceros y unos. En nuestro ejemplo queda:

xy \ BA	00	01	11	10
00	00	11	10	00
01	11	11	10	00
11	11	11	10	00
10	00	10	10	00

XY

El requerimiento de colocar en los casilleros los valores de las distintas respuestas en el mismo orden con que se han encabezado las filas de la matriz con las excitaciones se debe a que como la búsqueda de los estados estables que se hace en el siguiente paso implica la determinación de aquellos casilleros para los que resultan idénticas las excitaciones y las respuestas, esta tarea se ve facilitada si se usa para ambas el mismo ordenamiento. Por ello, dado que en la matriz anterior las filas estaban encabezadas por *xy* en ese orden, las respuestas se han volcado en la matriz con el orden *XY*.

4) Matriz de transición - posibles carreras críticas

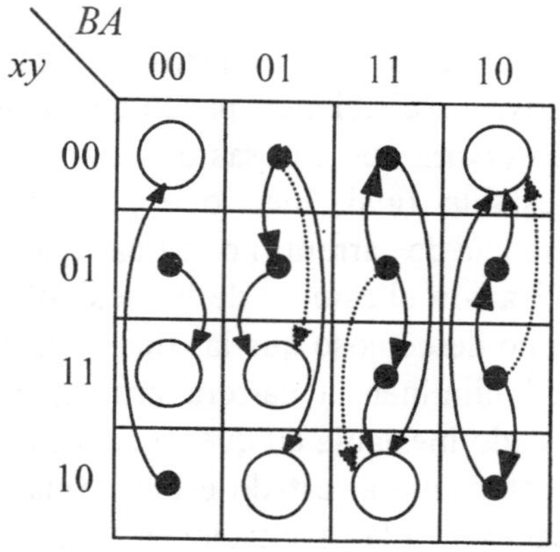

En nuestro ejemplo, y siguiendo la metodología ya vista, se debe realizar la matriz de transición identificando los estados estables y los inestables, y mostrando la evolución de los inestables. En estos, como no coinciden las respuestas contenidas en ese casillero de la matriz de excitación con las excitaciones que encabezan su fila, deben cambiar las excitaciones adoptando como nuevo valor aquél que tienen las respectivas respuestas, y se produce un desplazamiento vertical hacia la fila correspondiente a este nuevo valor de las excitaciones. Allí se estabiliza el circuito si es que en ese lugar se halla un estado estable, mientras que si se encuentra un estado inestable vuelve a sufrir un desplazamiento vertical. En la figura se apreciará que algunos estados inestables evolucionan hasta llegar a un estado estable luego de pasar por algún estado inestable intermedio.

Este análisis no ofrece mayor problema cuando sólo existe un par excitación-respuesta, como en los ejemplos vistos hasta ahora, pero cuando hay más de un par excitación-respuesta puede presentarse una complicación denominada carrera, por lo que nuevamente ejemplificaremos el procedimiento para realizar la matriz de transición efectuando el análisis del primer renglón de la misma, y dejando al lector el verificar la corrección de los otros.

En la matriz de excitación se observa que en el primer renglón de la matriz, que corresponde a las excitaciones 00, hay dos casilleros cuyas respuestas son iguales a ese valor. Esos casilleros, por lo tanto, se corresponden con estados estables del circuito. El casillero de la tercer columna, por el contrario, contiene el valor 10, por lo que se trata de un estado inestable que evoluciona hacia el estado ubicado en su misma columna y en la fila para la que las excitaciones valen 10, es decir, la última de la matriz. Se notará que el cambio de 00 a 10 de las excitaciones implica que sólo la excitación *x* debe cambiar, quedando invariante la otra excitación (*y*) en 0.

Pero al analizar el casillero de la segunda columna, cuyo contenido es 11, se observa que el cambio que deben sufrir las excitaciones es de 00 a 11, es decir que ambas deben cambiar. Ahora bien, hay un problema que aparece cuando dos o más excitaciones deban cambiar simultáneamente, y se origina en los diferentes atrasos que puede tener el circuito combinacional para generar las señales de respuesta, que puede hacer que una de ellas sea más rápida que la otra y haga que su excitación cambie más rápidamente que la asociada a la otra respuesta más lenta. Es decir, cuando dos o más excitaciones deben cambiar simultáneamente, se establece una especie de "carrera" entre ellas, la que en la práctica nunca termina empatada sino que una de las excitaciones la gana cambiando su estado antes que la(s) otra(s). Así, dependiendo del resultado de la carrera que se plantea en el estado inestable que estamos considerando puede hacer que el nuevo valor de las excitaciones sea 10, 01 ó 11 según la carera haya sido ganada por *x*, por *y* o resultado empatada, respectivamente. Es por ello que de ese estado no sale una flecha sino tres, correspondiendo cada una de estas flechas a un resultado distinto de la carrera, y de las cuales la punteada corresponde al caso improbable de un empate.

La carrera en sí misma no conduce a un comportamiento anómalo, sino sólo cuando el estado estable al cual llega el circuito tras una carrera depende de quien haya ganado la misma, ya que en ese caso el comportamiento del circuito es impredecible. Se denomina *carrera crítica* a una carrera de cuyo resultado depende el estado futuro del circuito, y lógicamente un circuito secuencial de modo fundamental bien diseñado no debe tener este tipo de carreras. Se notará que la carrera del estado que estamos considerando es crítica, pues el circuito deriva en dos estados estables diferentes según el resultado de la misma, y resulta inaceptable.

En el total de la matriz de excitación existen otros dos estados inestables en los que ambas respuestas no coinciden con sus respectivas excitaciones, por lo que ambas excitaciones deben cambiar y se establece entre ellas una carrera. Se observará que en esas dos carreras, cualquiera sea el resultado de las mismas, se llega al mismo estado estable final, bien que pasando por diferentes estados inestables intermedios, por lo que estamos en presencia de carreras no críticas que no deben preocuparnos.

Excede el alcance de esta publicación el estudio de la metodología general que permite efectuar un diseño sin carreras críticas, o corregir uno defectuoso que las tiene. Pero nuestro ejemplo, por fortuna, es un caso particular en el que es tan fácil eliminar la carrera crítica, que lo haremos a título ilustrativo. Efectivamente, si hacemos que en el estado inestable en que se encuentra la carrera crítica (correspondiente al estado interno 00) "apunte", no directamente al estado estable final deseado (correspondiente al estado interno 11) que le demanda un doble cambio en las excitaciones para llegar a él y provoca la aparición de la carrera, sino al estado inestable correspondiente al estado interno 01 al que puede pasar con un cambio único de la excitación x; como éste deriva sin carrera al estado estable deseado a través de un cambio en la excitación y, habremos logrado el comportamiento buscado libre de carrera crítica. Lógicamente que esto implica un cambio en la matriz de excitación, y esto a su vez lleva a una modificación en las ecuaciones de excitación, en la matriz de transición y en el circuito. Veamos estas modificaciones necesarias para luego continuar con el análisis del circuito modificado.

Con la modificación propuesta queda la matriz de excitación como sigue:

xy \ *BA*	00	01	11	10
00	00	01	10	00
01	11	11	10	00
11	11	11	10	00
10	00	10	10	00

XY

El cambio en la matriz de excitación implica un cambio en las ecuaciones de excitación. Se notará que no ha habido un cambio en los valores de Y, por lo que sólo debe cambiar la expresión de X. Haciendo para la misma el correspondiente mapa de Karnaugh para encontrar su expresión más simple libre de riesgos, se llega a:

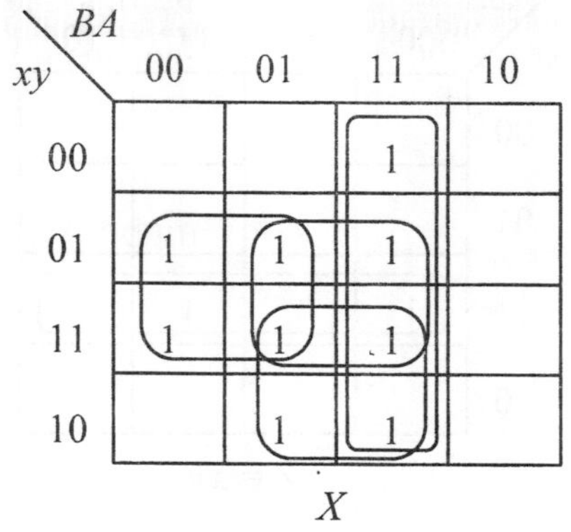

con lo que la nueva ecuación de excitación resulta.

$$X = \overline{B}y + BA + Ax + Ay$$

Donde el último de los sumandos es necesario para liberar la función de riesgos. Esta nueva expresión para X obliga a un cambio en el circuito, que no ofrece dificultades para que sea realizado por el lector si está interesado en practicar su habilidad para diseñar circuitos combinacionales.

Por su parte, la matriz de transición queda de la siguiente manera:

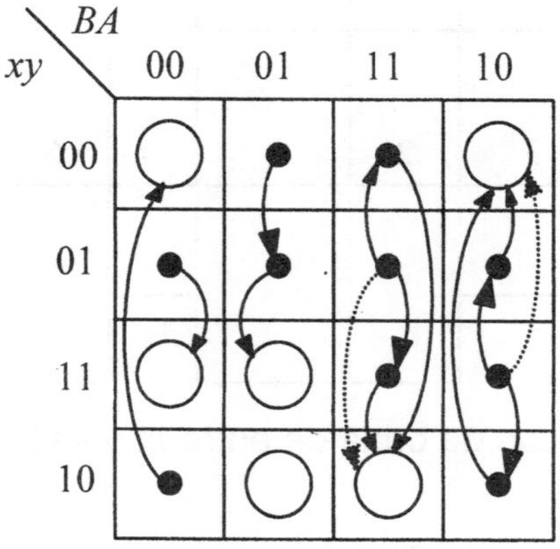

5) Matriz de flujo

xy \ BA	00	01	11	10
00	(1)	4	6	(2)
01	3	4	6	2
11	(3)	(4)	6	2
10	1	(5)	(6)	2

6) Valores de la salida

Del mapa de la salida Z (realizado a partir de la ecuación de salida $Z=xy$) que se da más abajo, se observa, por comparación con la matriz de flujo, que la salida vale 1 para los estados estables 3 y 4, y vale 0 para los estados estables 1, 2, 5 y 6.

xy \ BA	00	01	11	10
00				
01				
11	1	1	1	1
10				

$Z = xy$

7) Análisis del comportamiento

Para las posibles formas de onda de entrada de la figura siguiente que se han postulado, se ha determinado en la misma el comportamiento del circuito, es decir, los estados sucesivos por los que atraviesa el mismo, y su salida correspondiente.

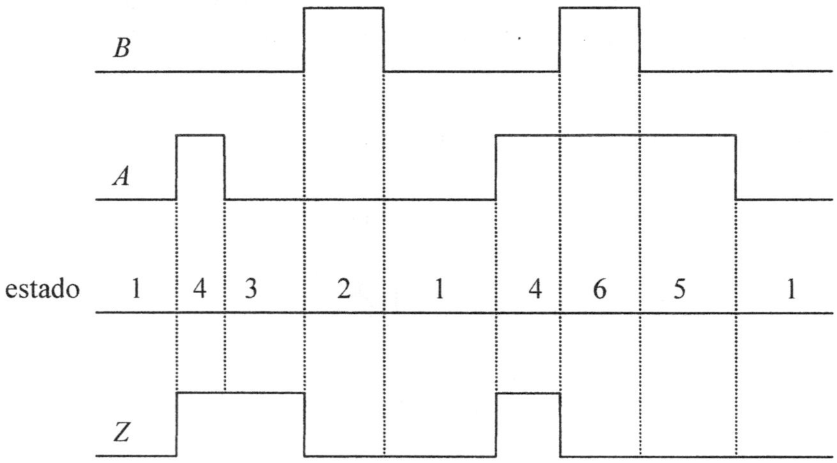

Figura 6-19 Posibles formas de onda de entrada y salida del circuito analizado

8) Descripción o verificación del comportamiento

De acuerdo a las formas de onda de la figura anterior, el circuito modificado se comporta de acuerdo a lo esperado.

6.4.3. Síntesis de circuitos secuenciales de modo fundamental

El diseño de los circuitos secuenciales de modo fundamental se ve dificultado por la presencia de riesgos, carreras críticas, y un tipo de riesgo adicional, llamado *riesgo esencial*, que ocurre cuando el cambio de una de las entradas del circuito secuencial influye sobre una respuesta en forma más tardía que la influencia que sobre dicha respuesta ejerce *otra* señal de respuesta que ha cambiado rápidamente por efecto del mencionado cambio a la entrada. Este tipo de riesgo, fruto de una conexión larga o un inversor o una compuerta muy lentos, no puede corregirse con el agregado de compuertas adicionales, por lo que en el diseño debe cuidarse que los retardos en las diferentes ramas no conduzcan a la situación descripta.

Estas dificultades hacen que muchos diseñadores traten de evitar el diseño de circuitos secuenciales de modo fundamental, a menos que se trate de un circuito diseñado sobre la base de biestables, de comportamiento bien conocido y confiable. De otra manera, el enfoque más común es discretizar el tiempo, de manera de solo tomar en cuenta momentos de éste después de haberse superado los transitorios causantes de riesgos y carreras. Eso transforma los circuitos secuenciales que emplean esta técnica en circuitos secuenciales sincrónicos, que veremos en el capítulo posterior, donde la frecuencia de una señal llamada reloj hace que los únicos tiempos significativos sean los sincronizados con este reloj. Lógicamente que, de adoptar esta alternativa, se debe elegir apropiadamente la frecuencia del reloj. Se trata, en general, de usar la menor frecuencia posible que satisfaga tres requisitos:

1) su período debe ser menor que el máximo tiempo que pueda haber de demora entre la aparición de una señal y el momento en que la misma es tomada en consideración (este tiempo de espera de denomina *tiempo de latencia*)
2) su período debe ser menor que la menor duración posible de alguna de las entradas para evitar que la misma pueda pasar inadvertida.
3) su período debe ser menor que la menor separación entre la aparición de dos señales de entrada que se quiere reconocer como eventos no simultáneos.

6.5. Multivibradores astable y monoestable

Existen otros circuitos básicos con características secuenciales, además de los estudiados biestables y los mencionados flip-flops, que resultan de gran interés. Son los que se conocen con el nombre genérico de *multivibradores*, denominación algo impropia pero impuesta por el uso. Son ellos los *multivibradores astable* y *monoestable*. En un principio solía considerarse que también integraban el grupo de los multivibradores los biestables, pero modernamente ya no son incluidos en esa categoría. Los dos tipos de multivibradores se describen a continuación.

6.5.1. El multivibrador astable

A menudo los circuitos secuenciales requieren de una señal de entrada en la que los ceros y los unos se alternen periódicamente. Estas señales periódicas son llamadas *ondas rectangulares* u *ondas cuadradas*, este último término reservado al caso en que el tiempo en que la señal está en el estado 0 es el mismo que está en el estado 1.

Dos parámetros importantes para caracterizar una onda rectangular o cuadrada son su frecuencia y su ciclo de trabajo.

La frecuencia de una onda repetitiva es un concepto que no se cree necesario explicar acá, por ser suficientemente conocido por el lector, aunque puede resultar oportuno recordar que es la inversa del período. Es decir, que si llamamos f a la frecuencia y T al período, vale la expresión:

$$f = \frac{1}{T}$$

Por el contrario, el *ciclo de trabajo* merece una explicación. A lo largo de un período de onda rectangular, no necesariamente la misma estará en 1 el mismo tiempo que estará en 0. Más arriba ya habíamos mencionado que cuando ambos eran iguales llamábamos onda cuadrada a la que tuviera esta característica, pero no era el caso de las onda rectangulares. Se acostumbra a definir como ciclo de trabajo de una onda rectangular a la fracción del tiempo en que dicha onda está en el valor 1. Esto es, matemáticamente hablando (y llamando δ al ciclo de trabajo y T_1 al tiempo de cada ciclo en que la onda rectangular está en 1)

$$\delta = \frac{T_1}{T} = fT_1$$

Existen varias formas de obtener una onda rectangular de una cierta frecuencia.

1) Cuadrando una señal senoidal de la misma frecuencia. Así, por ejemplo, una onda rectangular de la frecuencia de la red puede obtenerse a partir de la conformación efectuada por un circuito con entrada Schmitt de una señal alterna de baja amplitud obtenida a partir de la red. También puede usarse la señal proporcionada por un oscilador senoidal.
2) Dividiendo la frecuencia de otra onda rectangular, cuya frecuencia que sea un múltiplo de la deseada. Los divisores de frecuencia los estudiaremos en el último capítulo
3) Multiplicando la frecuencia de otra onda rectangular, cuya frecuencia sea un submúltiplo de la deseada dada, cuya frecuencia sea un submúltiplo de la frecuencia deseada. Esto requiere el empleo de los llamados *lazos de enganche de fase* (en inglés, PLL o Phase Lock Loop), circuitos estos con características tanto analógicas como digitales, cuya función y aplicaciones excede el alcance de esta publicación.
4) Generándola mediante un multivibrador astable. Ampliaremos este punto a continuación.

El *multivibrador astable* (es decir, no-estable), es así denominado porque, aunque su salida puede estar tanto en 0 como en 1, ninguna de estas dos condiciones es estable y las mismas se van alternando sucesivamente con una frecuencia que está dada por ciertos parámetros circuitales. Este comportamiento es espontáneo y no requiere de señal de entrada alguna. Un ejemplo cotidiano de un dispositivo que realiza una función similar es el destellador de los automóviles que hace que la luz de giro (o la baliza) sea intermitente.

Los fabricantes de circuitos integrados suelen proporcionar información acerca de cómo lograr un multivibrador astable mediante circuitos prácticos diversos basados en algunas compuertas simples. En ellos, existen circuitos muy simples que utilizan tan sólo un inversor con entrada Schmitt o dos inversores comunes. En algunos de estos circuitos la frecuencia queda determinada por los valores particulares de alguna(s) resistencia(s) y capacitor(es) externos a las compuertas pero conectados a ellas formando parte del circuito astable. Otros circuitos que buscan una gran estabilidad de la frecuencia hacen que ésta dependa de la frecuencia de resonancia de un cristal de cuarzo, sumamente estable como se comprueba por la excelente estabilidad de los relojes de pulsera que los utilizan con ese fin. Estos circuitos prácticos pueden ser consultados en la información de aplicaciones que suelen suministrar los fabricantes de circuitos integrados.

Hay también varios circuitos integrados disponibles comercialmente que han sido diseñados específicamente para operar como multivibrador astable. Uno de uso muy difundido es el denominado temporizador (timer, en inglés) 555. Es de hacer notar que este dispositivo 555 no pertenece a ninguna familia lógica en particular, aunque resulta compatible tanto con TTL como con CMOS. Lo estudiaremos en un apartado posterior.

También puede mencionarse el caso de los *osciladores controlados por tensión* (en inglés Voltage Controlled Oscillators o VCO), que son astables cuya frecuencia es regulable por la aplicación de una tensión apropiada en un terminal de control. Más allá de las aplicaciones generales de los mismos, una utilización de particular importancia es en los ya citados *lazos de enganche de fase.*

6.5.2. El multivibrador monoestable

En circuitos secuenciales suele necesitarse disponer de un pulso de duración prefijada. El multivibrador monoestable cumple la función de generar un pulso de duración preestablecida a partir de una señal de excitación.

Básicamente se trata de un circuito cuya salida está normalmente en el estado 0, estado estable del que puede ser arrancado por el cambio de estado de su entrada, es decir un flanco de la misma que puede ser el ascendente o el descendente. Esta acción, que llamamos *disparo*, envía la salida del monoestable al estado 1. Sin embargo, este estado es inestable y el circuito retorna a su estado estable en forma espontánea luego de un cierto tiempo llamado *duración* del monoestable, el que depende de ciertos parámetros circuitales del mismo (generalmente una resistencia y un capacitor) pero no de la duración de su señal de disparo. El único estado estable que posee justifica su denominación.

La figura siguiente muestra el símbolo correspondiente a un monoestable disparado por flanco positivo, y posibles forma de onda de entrada y de salida. En dicha figura se ha llamado T a la duración del monoestable. La entrada de disparo tiene dentro del símbolo del monoestable un triángulo que se denomina *indicador dinámico* que significa que esa entrada no importa si está estática en 0 o en 1, porque sólo interesa el momento en que pasa de 0 a 1, es decir, cuando presenta un flanco ascendente. Si se tratase del flanco descendente el que produjese el disparo, en la entrada correspondiente, además del indicador dinámico colocado por dentro del rectángulo, se debería colocar por fuera del mismo, pero adosado a él, el pequeño círculo indicador de negación.

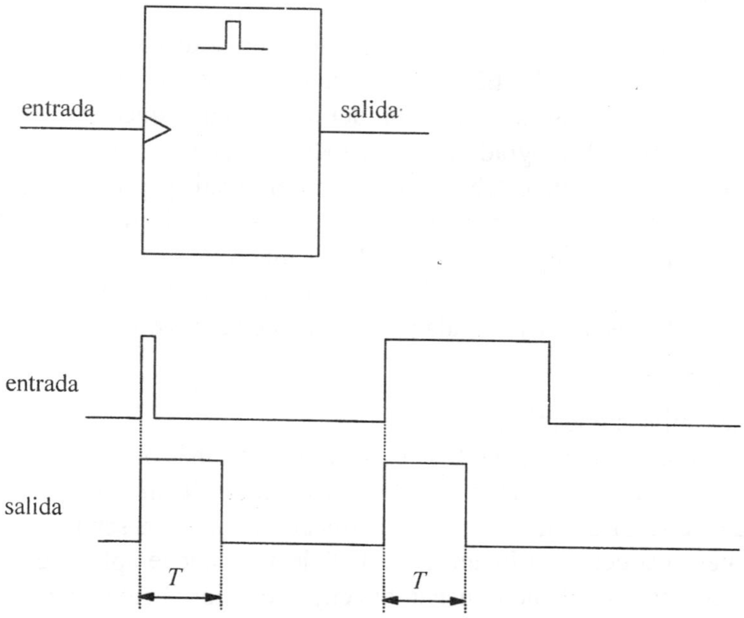

Figura 6-20 - Símbolo y posibles formas de onda en un multivibrador monoestable

Monoestables redisparables y no redisparables

Con la definición vista para el monoestable, se abren dos posibilidades de funcionamiento dependiendo del comportamiento que tenga el circuito cuando reciba una señal de disparo en momentos en que está en su estado inestable:

- puede ignorar completamente el disparo recibido en esas condiciones. Se dice entonces que el monoestable es *no redisparable*.
- puede renovar su estado inestable haciendo que la duración T se contabilice a partir del último disparo recibido. Se dice entonces que el monoestable es *redisparable*.

La figura siguiente muestra las formas de onda de salida de ambos tipos de monoestables para el caso de señales de entrada que presentan flancos de disparo en momentos en el que el dispositivo se encuentra ya disparado. Se notará que al monoestable redisparable puede llegar a mantenérselo permanentemente en el estado inestable si se le aplica a la entrada un tren de pulsos cuya separación entre pulsos no sea superior a la duración del monoestable. Por esta razón, al monoestable redisparable también se lo conoce como *paralizable*.

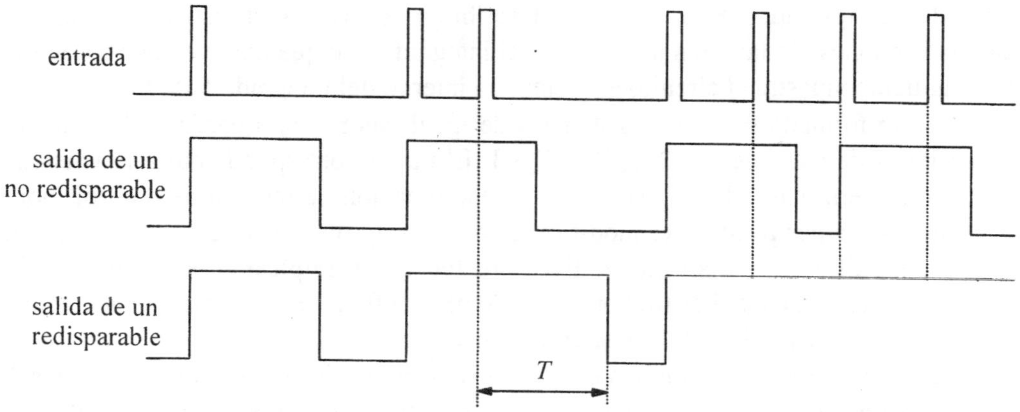

Figura 6-21 - Posibles formas de onda en un monoestable redisparable y en otro no redisparable

Monoestables integrados

Existen comercialmente monoestables integrados, tanto del tipo redisparable como los que no lo son. Ejemplos de ello son los integrados 74x221 (doble monoestable no redisparable) y 74x123 (doble monoestable redisparable). En ambos casos la duración del monoestable queda fijada por los valores de una resistencia y un capacitor externos al integrado que se deben conectar al mismo en los terminales que éste tiene a tal efecto. La duración del monoestable resulta proporcional al producto de la resistencia por la capacidad; este producto es denominado constante de tiempo, ya que el producto de una resistencia y una capacidad es, dimensionalmente, un tiempo (ohm × farad = segundo).

El ya mencionado temporizador 555, sobre el que ampliaremos próximamente, puede trabajar también como monoestable, además de su ya citada posibilidad de ser usado como astable.

Aplicaciones del monoestable

El monoestable tiene varias aplicaciones típicas:

1) para generar un pulso de duración prefijada. Esta es su aplicación más obvia.
2) para generar un retardo. Su retorno al estado estable se hace luego de un tiempo T tras su disparo.
3) como divisor de frecuencia. Si se desea dividir la frecuencia de una señal rectangular de frecuencia conocida f por un número pequeño N (digamos, de 1 dígito), se puede aplicar esa señal rectangular a la entrada de disparo de un monoestable no redisparable cuya duración T cumpla con la condición:

$$\frac{N}{f} > T > \frac{N-1}{f}$$

La salida del monoestable tendrá la frecuencia deseada, porque se disparará cada N ciclos de la señal de entrada.

4) como secuenciador. Cuando se deban habilitar consecutivamente varias operaciones de un proceso secuencial, una cadena sucesiva de multivibradores, cada uno de ellos disparado por su antecesor, puede generar las habilitaciones respectivas Por ejemplo, en una máquina expendedora de café, y a partir de la inserción de la moneda, podría establecerse la siguiente seuencia de actividades: 1 segundo para posicionar el vaso; a continuación, 2 segundos para agregar el café soluble; luego 15 segundos para verter el agua; y finalmente 2 segundos para añadir el azúcar.

6.5.3. El temporizador 555

El 555 es un popular circuito integrado temporizador diseñado especialmente para operar como multivibrador astable o monoestable. Este dispositivo es producido por varios fabricantes de circuitos integrados, que lo suministran en distintas versiones que difieren entre sí en aspectos tales como consumo estático, capacidad de corriente a la salida, rango de la tensión de alimentación, frecuencia máxima de operación, forma de encapsulado, etc. Pero acá describiremos las características esenciales, que son comunes a todas las versiones. Es también muy común el integrado 556 que incluye dos 555 en su interior.

La figura siguiente muestra el circuito esquemático interno del integrado 555. En él encontramos:

- un *divisor de tensión* formado por tres resistencias de igual valor que, a partir de la alimentación V_{CC}, obtiene dos tensiones de uso interno: $2V_{CC}/3$ y $V_{CC}/3$. El punto correspondiente a la tensión de $2V_{CC}/3$ está disponible como terminal del integrado con la denominación de tensión de control, por lo que, en principio, estas dos tensiones pueden ser modificadas por una apropiada conexión externa. Sin embargo, lo más usual es no modificar externamente el divisor de tensión, y emplear el terminal accesible desde el exterior sólo para colocar un capacitor (del orden de 10 nF a 100 nF) contra tierra a los efectos de reducir la posible señal parásita que pudiera inducirse en el divisor.
- dos *comparadores de tensión*. Estos son dos dispositivos híbridos, de entradas analógicas y salida lógica. Estos comparadores restan de la tensión que tienen en su entrada marcada con un símbolo +, el valor de la tensión presente en su entrada marcada -. Cada uno de ellos, si el resultado al restar sus entradas es positivo (es decir, la entrada + tiene una tensión mayor que la entrada -), lo señala con un 1 en su salida lógica. Por el contrario, la salida toma el estado 0 en caso de que el resultado de la resta sea negativo, es decir, que la entrada + tenga una tensión inferior a la de la entrada -. Se observará que ambos comparadores tienen una de sus entradas tomadas directamente del divisor de tensión, mientras que la

otra entrada está disponible como un terminal del integrado. Esas dos entradas externas son denominadas disparo y umbral, por las razones que luego se explicarán.

- un biestable SR, cuyas entradas *S* y *R* provienen de las salidas de los comparadores mencionados más arriba. Se notará de la figura que el biestable es puesto en 1 por uno de los comparadores cuando el nivel de tensión presente en la entrada de disparo es inferior a $V_{CC}/3$, y repuesto a 0 por el otro comparador cuando el nivel de tensión presente en la entrada de umbral supera a $2V_{CC}/3$. Una entrada adicional de reset permite poner a 0 el biestable con una señal externa (activa en bajo) aplicada a dicha entrada. Sin embargo, esta posibilidad no es muy usada, y comúnmente esta entrada se usa unida eléctricamente a V_{CC} de manera de no interferir con la operación normal del circuito.
- un buffer de salida que tiene por misión reproducir a la salida del integrado el estado lógico presente a la salida *Q* del biestable SR, pero con una capacidad de circulación de corriente que le permite que la salida del 555 pueda llegar a manejar cargas moderadas.
- un inversor de colector abierto tiene su salida en 0 cuando el biestable se encuentra en su estado 0 y abierta en caso contrario. De esta forma, el inversor actúa como un conmutador conectado entre tierra y el terminal de salido denominada *descarga*, el que está cerrado cuando el biestable está en 0 y abierto en caso contrario.

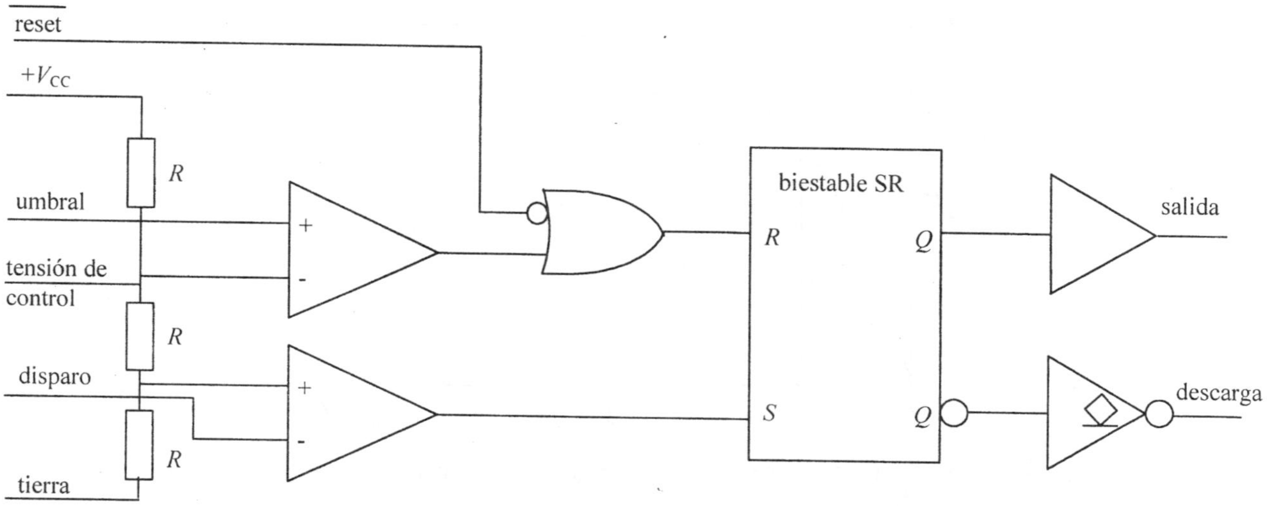

Figura 6-22 - Circuito interno del temporizador 555

6.5.3.1. Análisis de la carga y descarga de un capacitor a través de una resistencia

Para poder comprender la operación del 555, conviene tener presente la forma en que un capacitor se carga (o descarga) a través de una resistencia en serie con él. Para ello, analizaremos el circuito de la figura siguiente y el transitorio que se produce tras el cierre de la llave que en él se muestra. Supondremos que dicho cierre se produce en el momento en que el tiempo t=0, y que en ese momento inicial el capacitor se encontraba descargado.

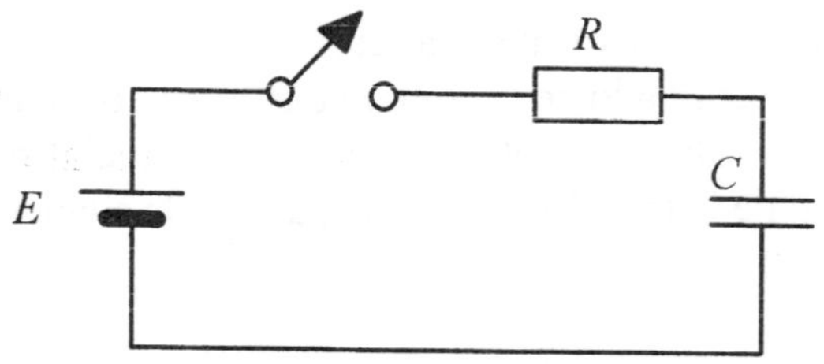

Figura 6-23- Circuito para el análisis del transitorio de carga de un capacitor

Tras el cierre de la llave, en un primer momento la tensión sobre el capacitor sigue siendo nula, pues el capacitor no puede modificar su carga en forma instantánea, pero en esas condiciones toda la tensión *E* cae sobre la resistencia *R*, lo que produce la circulación de una corriente *E/R* que aumenta la carga sobre el capacitor, cuya tensión, por consiguiente, sube. Esto hace que la tensión sobre la resistencia vaya bajando, al igual que la corriente que circula por el circuito, por lo que la carga del capacitor, aunque continúa, pasa a incrementarse de manera progresivamente más lenta. A medida que la tensión sobre el capacitor se va acercando la tensión *E*, la corriente que lo carga va acercándose a la nulidad, por lo que el transitorio termina con la tensión sobre el capacitor tendiendo asintóticamente al valor *E*, es decir, al valor que le corresponde en régimen permanente.

El análisis del circuito realizado con herramientas matemáticas apropiadas (su planteo y resolución como una ecuación diferencial) conduce a que la expresión matemática de la tensión sobre el capacitor está dada por la expresión siguiente:

$$V_C = E(1 - e^{-t/RC})$$

El producto *RC* es, dimensionalmente, un tiempo (ya que ohm×farad=segundo). Dicho producto que, como muestra la expresión anterior, gobierna el transitorio, se denomina *constante de tiempo del circuito*. La expresión anterior está graficada en la figura que sigue.

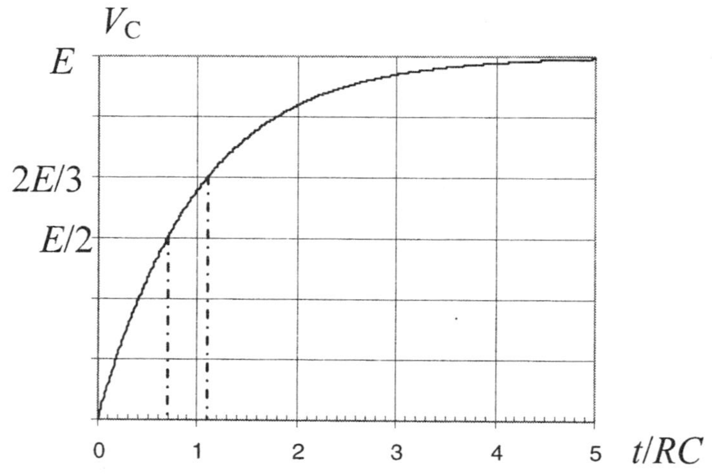

Figura 6-24 - Transitorio de carga exponencial de un capacitor hasta la tensión *E*

Dos momentos del transitorio que estamos estudiando son relevantes para la comprensión de la operación del 555:

- el momento en que la exponencial pasa por el 50% de su excursión total *E*. Reemplazando en la expresión anterior V_C por $E/2$ y despejando el tiempo $t=T_{1/2}$, se llega a la expresión:

  $T_{1/2}=RC.\ln 2 \approx 0{,}69RC$

- el momento en que la exponencial pasa por los 2/3 de su excursión total *E*. Reemplazando en la expresión anterior V_C por $2E/3$ y despejando el tiempo $t=T_{2/3}$, se llega a la expresión:

  $T_{2/3}=RC.\ln 3 \approx 1{,}1RC$

El lector podrá comprobar estos valores de la misma gráfica.

Un caso más general que el estudiado se presenta cuando se considera que en el instante inicial el capacitor se encuentra cargado, habiendo sobre él hay una tensión inicial de valor $V_C(0)$. En ese caso, el cálculo teórico da, para la expresión de la tensión sobre el capacitor, la siguiente:

$$V_C = V_C(0) + (E - V_C(0))(1 - e^{-t/RC})$$

Esta expresión es tanto válida cuando la tensión $V_C(0)$ es inferior a *E* (y el capacitor sufre un proceso de carga) como cuando $V_C(0)$ es superior a *E* (y el capacitor sufre un proceso de descarga). Los mismos se ejemplifican en la figura siguiente. En una de las curvas se muestra la carga hasta un valor final *E* a partir de un valor inicial $E/3$, y en la otra una descarga hasta tensión nula a partir de un valor inicial $2E/3$.

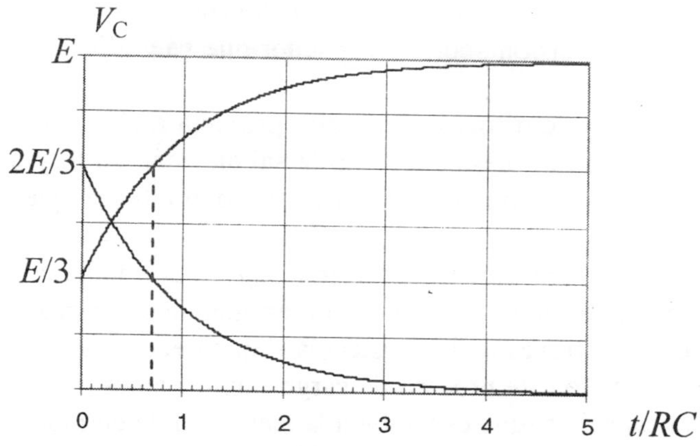

Figura 6-25 - Transitorio de carga (a partir de una carga inicial) y de descarga de un capacitor

Se observará también en estos casos que el tiempo que demanda a la exponencial alcanzar el 50% de la excursión total es de 0,69 veces la constante de tiempo del circuito.

6.5.3.2. El temporizador 555 como monoestable

El circuito que muestra la figura siguiente corresponde al de un multivibrador monoestable realizado sobre la base de un 555. Por simplicidad en el dibujo, no se muestran en el mismo las conexiones correspondientes a la alimentación del integrado, ni las entradas de control y reset del mismo, las que deben suponerse, como se dijera más arriba, conectadas respectivamente a tierra a través de un capacitor de 10 nF a 100 nF y a V_{CC}. En dicho circuito merece destacarse la unión externa al dispositivo de los terminales umbral y descarga, y la presencia de un circuito RC conectado a ese punto de unión. Se notará que la tensión sobre el capacitor es, al mismo tiempo, la tensión sobre la entrada umbral.

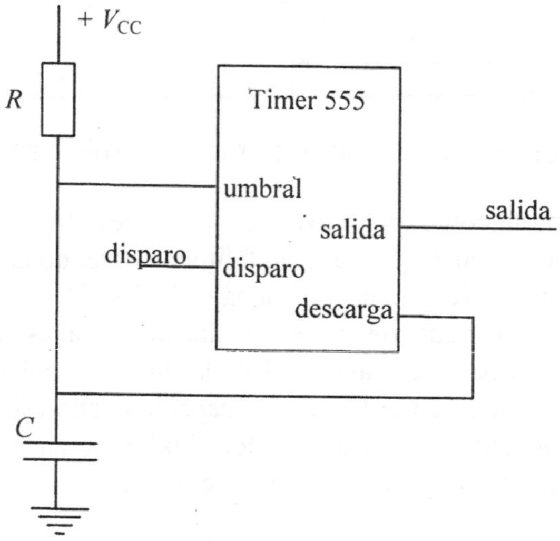

Figura 6-26 - El temporizador 555 como multivibrador monoestable

Recordemos dos puntos que habíamos presentado en un apartado anterior, y que son importantes para el análisis del circuito:

- cuando la tensión en la entrada de disparo es menor que $V_{CC}/3$, a través del comparador de tensión interno correspondiente se coloca al biestable en el estado 1. Eso hace que la salida sea también 1 y que el terminal de descarga se encuentre abierto.
- cuando la tensión en la entrada de umbral es mayor que $2V_{CC}/3$, a través del comparador de tensión interno correspondiente se coloca al biestable en el estado 0. Eso hace que la salida sea también 0 y que el terminal de descarga se encuentre cerrado, equivaliendo a un cortocircuito contra tierra.

Veamos entonces el funcionamiento del circuito, el que se podrá seguir con las formas de onda que muestra la figura que sigue, donde V_C es la tensión sobre el capacitor que se grafica acompañada de la tensión de salida del temporizador.

1) En situación de reposo, la tensión de disparo suele estar próxima a V_{CC} (¡al menos, debe ser superior a $V_{CC}/3$!). En esas condiciones, tanto el biestable como la salida están en 0, y el terminal de descarga se encuentra cerrado, comportándose como un cortocircuito contra tierra que mantiene al capacitor C totalmente descargado.
2) Si la tensión de disparo se hace brevemente inferior a $V_{CC}/3$, el comparador respectivo hace que el biestable y la salida del circuito pasen a 1, con lo que el terminal de descarga se abre, lo que permite que el capacitor C se vaya cargando a través de la resistencia R que tiene en serie, tendiendo la tensión sobre el mismo a un valor final V_{CC}. Pero este proceso de carga finaliza antes que esto ocurra, pues al superar ligeramente la tensión en el capacitor (que es también la tensión en la entrada umbral) al valor $2V_{CC}/3$, el comparador de tensión respectivo hace que el biestable sea repuesto a 0 (al igual que la salida del circuito) y el terminal de descarga nuevamente se cierre, descargándose el capacitor y retornándose a la situación inicial.

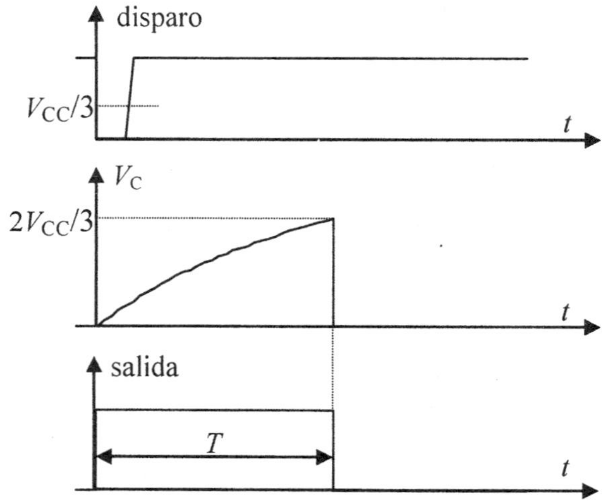

Figura 6-27 - Formas de onda en un multivibrador monoestable hecho con un temporizador 555

Se notará que el circuito se comporta como un multivibrador monoestable: se encuentra en una situación de reposo, con su salida en 0 y en la que puede perdurar indefinidamente, de la que es arrancado por una señal de disparo (el descenso de la tensión de disparo por debajo de $V_{CC}/3$) que envía la salida a 1 durante un tiempo característico del circuito, tras el cual retorna espontáneamente al estado inicial.

Para completar este análisis basta calcular cual es la duración del monoestable. Para ello se debe observar que esa duración es el tiempo que le lleva a un capacitor, que estaba originariamente descargado pero que va cargándose exponencialmente hacia el valor final V_{CC}, en alcanzar el valor $2V_{CC}/3$. Como sabemos, ese tiempo es de 1,1 veces la constante de tiempo, es decir:

$T=1{,}1RC$

Como se ve, la duración del monoestable está fijada por los componentes R y C externos al mismo, por lo que utilizando valores apropiados de estos componentes (cuidando de no exceder los límites extremos para la resistencia R que indican los fabricantes para la versión particular del 555 que se esté empleando) se pueden lograr monoestables de cualquier duración deseada dentro de un amplio rango.

6.5.3.3. El temporizador 555 como astable

El circuito de la figura siguiente corresponde al de un multivibrador astable realizado sobre la base de un 555. Nuevamente, por simplicidad en el dibujo, no se muestran en el mismo las conexiones correspondientes a la alimentación del integrado, ni las entradas de control y reset del mismo, las que deben suponerse, como se dijera más arriba, conectadas respectivamente a tierra a través de un capacitor de 10 nF a 100 nF y a V_{CC}. Se observará en el circuito que la tensión sobre el capacitor es también la tensión en las entradas de disparo y umbral, y que la carga del capacitor se hace ahora a través de dos resistencias (R_A y R_B). Sin embargo, cuando la salida de descarga se pone a tierra, la descarga del capacitor no es instantánea, como en el caso del monoestable, sino que se hace a través de R_B.

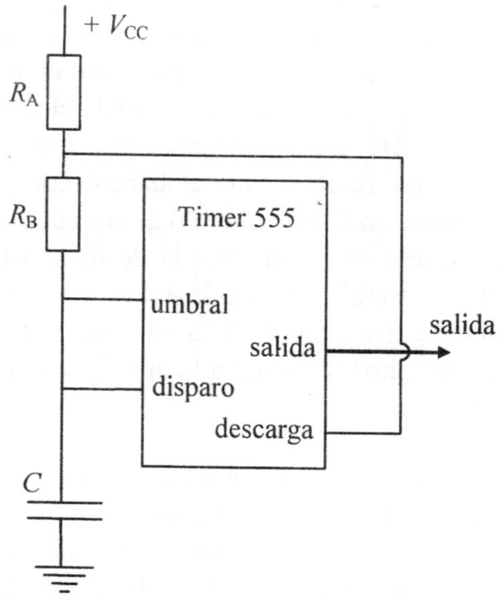

Figura 6-28 - El temporizador 555 como multivibrador astable

Recordemos nuevamente dos puntos que habíamos presentado en un apartado anterior, y que son importantes para el análisis del circuito:

- cuando la tensión en la entrada de disparo es menor que $V_{CC}/3$, a través del comparador de tensión interno correspondiente se coloca al biestable en el estado 1. Eso hace que la salida sea también 1 y que el terminal de descarga se encuentre abierto.
- cuando la tensión en la entrada de umbral es mayor que $2V_{CC}/3$, a través del comparador de tensión interno correspondiente se coloca al biestable en el estado 0. Eso hace que la salida sea también 0 y que el terminal de descarga se encuentre cerrado, equivaliendo a un cortocircuito contra tierra.

Veamos entonces el funcionamiento del circuito, el que se podrá seguir con las formas de onda que muestra la figura siguiente, donde V_C es la tensión sobre el capacitor que se grafica acompañada de la tensión de salida del temporizador.

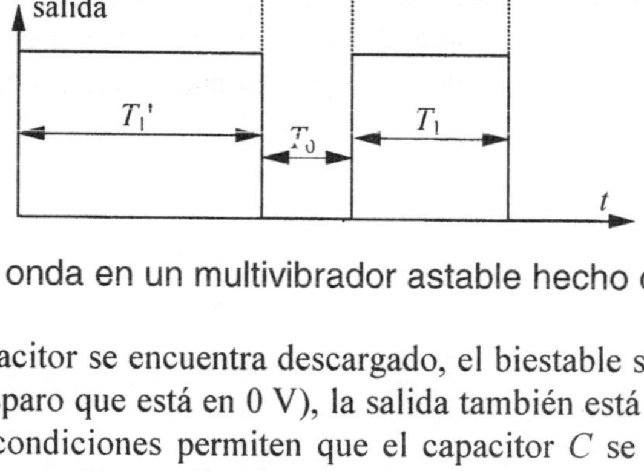

Figura 6-29 - Formas de onda en un multivibrador astable hecho con un temporizador 555

1) al encender el equipo, el capacitor se encuentra descargado, el biestable se encuentra en el estado 1 (por la acción de la entrada de disparo que está en 0 V), la salida también está en 1, y el terminal de descarga se encuentra abierto. Estas condiciones permiten que el capacitor C se vaya cargando a través de las resistencias R_A y R_B que tiene en serie, tendiendo la tensión V_C sobre el mismo a un valor final V_{CC}.

2) Este proceso de carga finaliza antes de que la tensión sobre el capacitor llegue al valor V_{CC}, pues al superar ligeramente la tensión sobre el capacitor (que es también la tensión en la entrada de umbral) al valor $2V_{CC}/3$, el comparador respectivo hace que el biestable sea repuesto a 0, al igual que la salida del circuito, y el terminal de descarga se cierre, comportándose como un corto circuito contra tierra.
3) Al cerrarse el terminal de descarga, como se mencionara en el punto anterior, el capacitor se va descargando a través de la resistencia R_B y dicho terminal, desde el valor de su tensión en el momento en que se produjo el mencionado cierre ($2V_{CC}/3$, como hemos visto) tendiendo a su descarga completa. El proceso de descarga del capacitor no finaliza, sin embargo, con su descarga completa, porque al descargarse el 50% de la carga presente en el capacitor en el momento de inicio de la descarga, la tensión sobre el mismo (que es también la tensión en la entrada de disparo) resulta ya ligeramente inferior a $V_{CC}/3$, lo que ocasiona que pasen el biestable y la salida nuevamente a 1 y el terminal de descarga pase a comportarse como un circuito abierto. De acuerdo a lo ya visto, este tiempo de descarga del capacitor durante el cual la tensión sobre el capacitor se redujo a la mitad, (y la salida se mantuvo en 0), vale:

   $T_0=0{,}69CR_B$

4) Al abrirse el terminal de descarga, como se mencionara en el punto anterior, el capacitor se va cargando a través de las resistencias R_B y R_A desde el valor de su tensión en el momento en que se produjo dicha apertura ($V_{CC}/3$, como hemos visto) tendiendo a cargarse hasta la tensión V_{CC}. El proceso de carga del capacitor finaliza, sin embargo, antes de alcanzar esa tensión, pues al superar ligeramente la misma el valor $2V_{CC}/3$, en forma similar a lo descripto en el punto 2, el biestable y la salida pasan nuevamente a 0, y se cierra el terminal de descarga. En estas condiciones, se repite la situación inicial del paso 3. La duración de este paso es el tiempo que le lleva a un capacitor que está a la tensión $V_{CC}/3$ y tiende exponencialmente a la tensión V_{CC}, en alcanzar el valor $2V_{CC}/3$, es decir, el 50 % de la excursión prevista. De acuerdo a lo ya visto, este tiempo (durante el cual la salida se mantuvo en 1), vale:

   $T_1=0{,}69C(R_B+R_A)$

Así los pasos 3 y 4 se repiten cíclicamente, dando lugar a una onda rectangular a la salida. El período de la onda rectangular resulta

$T=T_1+T_0=0{,}69C(2R_B+R_A)$

Y por consiguiente, la frecuencia vale:

$$f=\frac{1}{T}=\frac{1}{0{,}69C(2R_B+R_A)}$$

Y el ciclo de trabajo resulta:

$$\delta=\frac{T_1}{T}=\frac{0{,}69C(R_B+R_A)}{0{,}69C(2R_B+R_A)}=\frac{R_B+R_A}{2R_B+R_A}$$

El que se apreciará que es siempre mayor que 0,5.

Como comentario final puede mencionarse que el primer semiciclo de la onda rectangular (T_1', que corresponde al paso 2) es algo más extenso que el resto (¿quiere el lector calcular su duración?). Pero desde el momento que el mismo no vuelve a repetirse, debe considerárselo como un aceptable transitorio de arranque.

Problemas

Para la realización de algunos de los problemas siguientes es necesario o conveniente disponer de las hojas de datos de los siguientes integrados:
74x373
74x221
555

6-1) Demostrar que en el caso de un biestable SR realizado con compuertas NAND, si bien la salida Q es la que corresponde a un biestable con set prioritario, la salida negada es la que corresponde a uno de reset prioritario.

6-2) Todos los dispositivos TTL y CMOS toleran, cuando una de sus salidas está en el estado alto, un cortocircuito *momentáneo* entre esa salida y tierra sin ser dañados. Tampoco se dañan si una de sus salidas que está, de acuerdo a sus entradas, en el estado bajo, es cortocircuitada contra tierra incluso en forma *permanente*. Con esta aclaración, un circuito anti-rebote más simple que el visto en el texto (que requiere dos compuertas NAND) es el de la figura siguiente. Explicar su funcionamiento.

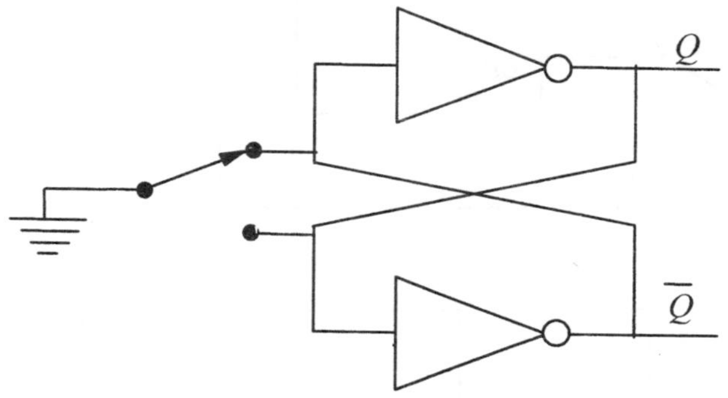

6-3) Un tanque de agua tiene una cañería por su parte inferior desde donde se consume el agua, y una bomba accionada a motor para reponer el agua consumida. Para evitar que el tanque se vacíe o desborde, se ha fijado para el agua un nivel mínimo (nivel B) y uno máximo (nivel A), y la siguiente estrategia de control: cuando el nivel de agua se coloque por debajo del mínimo se encenderá el motor de la bomba, el cual se apagará cuando el nivel alcance el máximo. Para ello se han dispuesto sendos flotadores en los niveles A y B provistos cada uno de ellos de un contacto que cuando el agua está por debajo de ese nivel se encuentra cerrado, mientras que cuando el agua alcanza o supera el correspondiente nivel, se abre. Se pide:

a) dar el circuito de control del motor cuando el mismo se realiza mediante un relé provisto, además de los contactos principales para el accionamiento del motor, de un contacto auxiliar que podría servir de retención.
b) ídem, cuando el relé es del tipo de estado sólido (electrónico, sin partes móviles ni contactos auxiliares) que se acciona con un 1 en su entrada.

Nota: los símbolos normalizados para un flotador asociado a un conmutador son los siguientes, siendo el primero el correspondiente a un contacto normalmente abierto y el otro al normalmente cerrado. Al subir el nivel, la llave se acciona de abajo hacia arriba.

6-4) Para una instalación industrial se requiere un sistema de 3 alarmas para la supervisión de sendas señales de entrada, que son puestas en 1 por la aparición de una situación anormal de una variable de planta a la que está asociada esa señal. Cada una de estas 3 alarmas debe disponer de un indicador luminoso (que se activa con un 1 en su entrada) que permita conocer su estado (apagado es normal, encendido es en alarma). Se desea que tras producirse la alarma luminosa, la misma quede activada aún cuando haya desaparecido la causa que la originó, para que la misma no pase inadvertida al operador del sistema. Es dicho operador quien, por medio de un pulsador manual (común a las tres alarmas), puede reponer la alarma a condición normal.

a) diseñe un circuito que satisfaga esta función.
b) la experiencia con el circuito diseñado en el punto anterior ha mostrado que muchas veces una situación de alarma produce una alteración en la operación de la instalación que desencadena una serie de acontecimiento que hace que varias alarmas se disparen, unas tras otras, y no sea posible identificar el evento iniciador. Modifique el circuito de manera que sólo quede registrada la primer alarma en producirse, que al aparecer debería bloquear a las otras.

6-5) Dado el siguiente circuito:

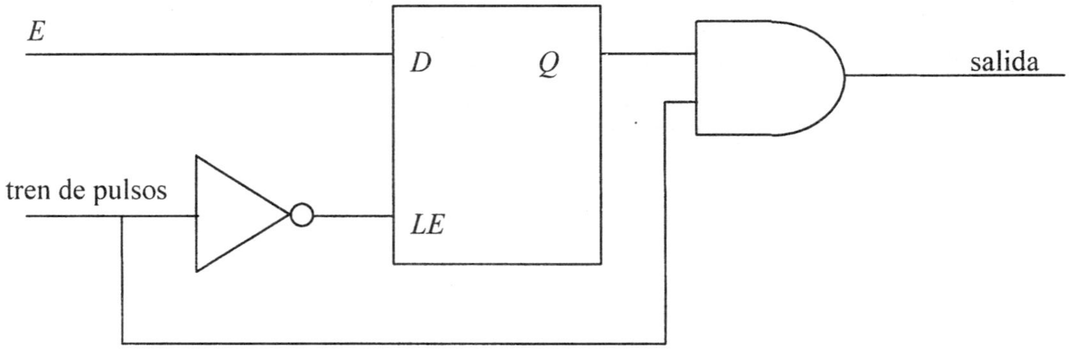

Y las siguientes señales:

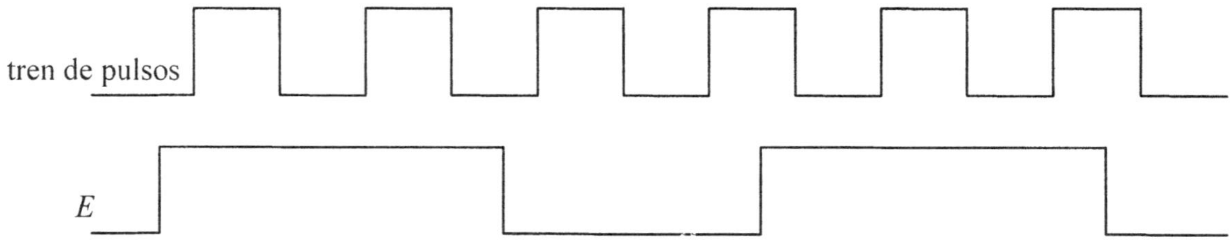

Se pide:

a) Construir un gráfico con la forma de onda en la salida.
b) El funcionamiento del circuito es que la señal E es una habilitación que deja pasar o no los pulsos del tren de pulsos a la salida. Sin embargo, la habilitación presenta una característica particular con relación a posibles pulsos "partidos" a la salida. Explicar.

6-6) Un popular integrado conteniendo varios biestables transparentes en su interior es el 74x373. Se pide consultar su hoja de datos y determinar:

- número de biestables que contiene
- número de patas del integrado
- disponibilidad de las salidas normal e invertida (o sólo la normal) de cada biestable
- disponibilidad de salidas de tres estados
- carácter común o independiente de la habilitación de los biestables

6-7) Analizar el circuito secuencial de modo fundamental de 2 entradas A y B, dos pares de señales excitación-respuesta x-X e y-Y, y una salida Z, cuyas ecuaciones de excitación y salida se dan. Se pide:

a) determinar si existen riesgos y, en caso afirmativo, indicar cómo eliminarlos.
b) hallar las matrices de excitación, transición y flujo, y el mapa de Karnaugh de la salida.
c) resaltar en la matriz de transición aquellos estados en los que se producen carreras y, en particular, remarcar aquellas que son críticas.

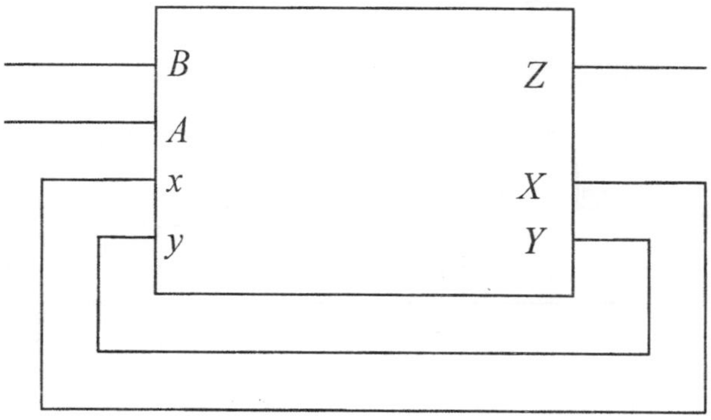

$$X = B + Ay + xy$$
$$Y = \overline{B}y + \overline{B}.\overline{A}x + Axy + B\overline{A}.\overline{x}$$
$$Z = Ax$$

6-8) El circuito secuencial de modo fundamental de 2 entradas A y B, dos pares de señales excitación-respuesta x-X y y-Y, y una salida Z, cuyas ecuaciones de salida y excitación se dan, se ha diseñado para cumplir con la siguiente función:

Recibir una señal periódica A y una señal de control B tal que a la salida Z del circuito aparezca "entero" el primer pulso que se presente en A luego de que B pase de 0 a 1.

Se pide analizar el circuito, y comprobar que se comporta de acuerdo a esta función, verificando que esté libre de riesgos y carreras críticas, y considerando la secuencia de entradas que se da.

$$X = B\overline{A}.\overline{y} + Bx\overline{y} + Ax$$
$$Y = Ax + By$$
$$Z = Ax$$

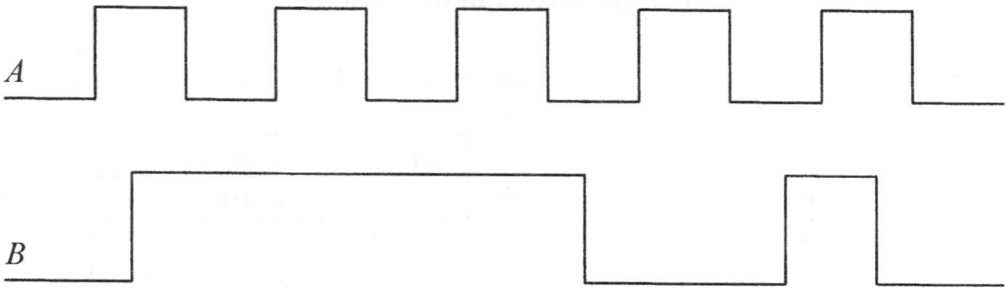

6-9) Un circuito secuencial de modo fundamental de 2 entradas C y D, dos pares de señales excitación-respuesta y-Y y q-Q (actuando también esta última respuesta como la salida del circuito) cuyas ecuaciones de salida y excitación se dan más abajo, se ha diseñado para cumplir con la siguiente función:

Recibir una señal periódica C y una señal D tal que, en los instantes precisos en que C pasa de 0 a 1, en la salida Q del circuito aparezca el mismo valor que tiene la entrada D en ese momento. La salida Q mantendrá ese valor hasta el próximo momento en que C vuelva a pasar de 0 a 1, en forma independiente de los valores que tome D en ese intervalo de espera.

$$Q = Cy + qy + \overline{C}q$$
$$Y = Cy + Dy + D\overline{C}$$

Se pide comprobar que se comporta de acuerdo a esta función, verificando que esté libre de riesgos y carreras críticas, y considerando una secuencia de entradas que haga evolucionar al circuito por todos sus estados estables.

Nota: este dispositivo es de gran utilidad y uso, y se denomina *flip-flop tipo D disparado por flanco positivo*. Se consigue comercialmente aunque el circuito es algo diferente (más económico en compuertas pero más complicado de analizar) que el hallado en el punto a.

6-10) El de la figura es un biestable SR denominado "de prioridad simétrica". Se pide efectuar su análisis, encontrar la forma de onda del terminal Q frente a las señales de entrada que se dan (suponer que en el instante inicial Q=1), y justificar la denominación de "de prioridad simétrica".

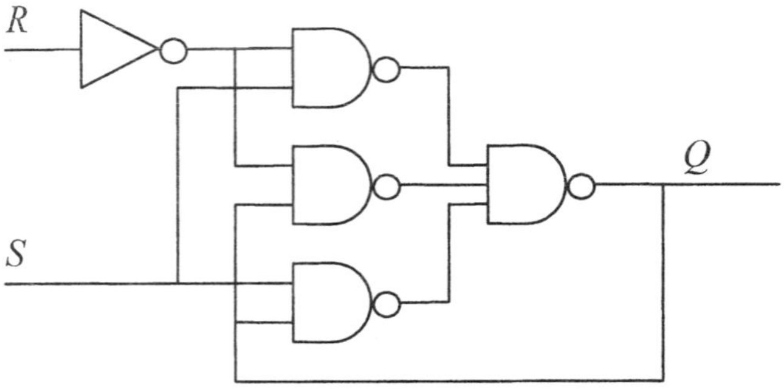

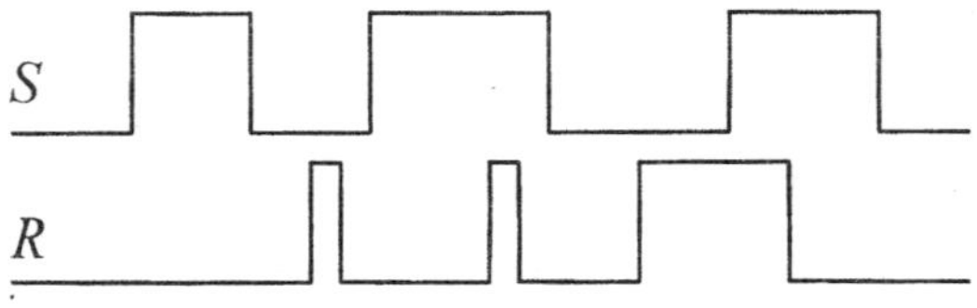

6-11) Se desea diseñar un circuito secuencial con fines didácticos que sea un muestrario de ciertas anomalías. El circuito deseado tendrá 2 entradas y 2 pares excitación-respuesta. Se ha trazado la siguiente matriz de transición incompleta en la que se han colocado algunos estados estables. Se pide completar dicha matriz agregándole estados inestables, de manera que, sin importar el orden:

a) en una de las columnas haya una oscilación
b) en una de las columnas haya una carrera no crítica
c) en una de las columnas haya una carrera crítica
d) en una de las columnas no haya carrera ni oscilación.

BA / *xy*	00	01	11	10
00	00		00	
10	01		01	01
11		11		
10			10	10

6-12) Se pide diseñar usando como base el integrado 74x221, más la lógica adicional que pudiera requerirse, un circuito que, 50 μs después de que se presente a la entrada un flanco positivo, genere un pulso de 20 μs de duración.

6-13) El que sigue es el circuito de un multivibrador astable realizado sobre la base de un inversor con entrada Schmitt, cuya salida sirve como salida del astable. Explicar su funcionamiento en forma cualitativa, dibujando las formas de onda a la entrada y salida del inversor. (Sugerencia: partir del estado inicial en que el capacitor está descargado, y ver como evoluciona su carga, y la salida del inversor, con el tiempo).

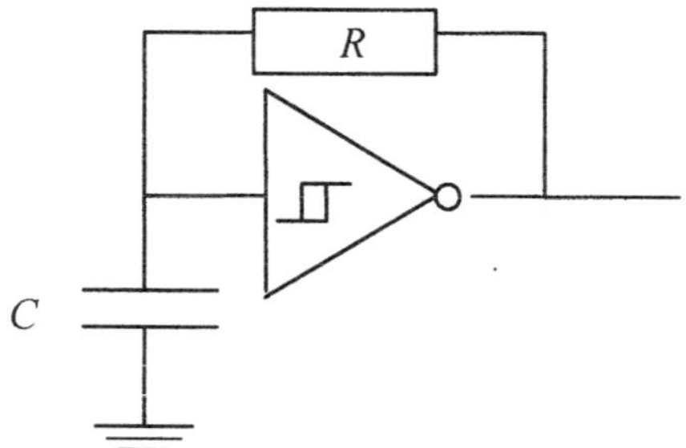

6-14) Diseñar un multivibrador monoestable que tenga una duración de 1 ms, empleando un temporizador 555. La resistencia a emplear deberá estar dentro del rango de 1 kΩ hasta 22 kΩ.

6-15) Diseñar un multivibrador astable que tenga una frecuencia de 1 kHz y un ciclo de trabajo del 70%, empleando un temporizador 555. Las resistencias a emplear deberán estar dentro del rango de 1 kΩ hasta 22 kΩ.

6-16) Un temporizador 555 es usado en el circuito de la siguiente figura, donde se han omitido por estar implícitas la entrada para la tensión de alimentación V_{CC}, la de tierra, la de reset (que debe unirse a V_{CC}) y la de control (que lleva el acostumbrado capacitor contra tierra). Se pide:

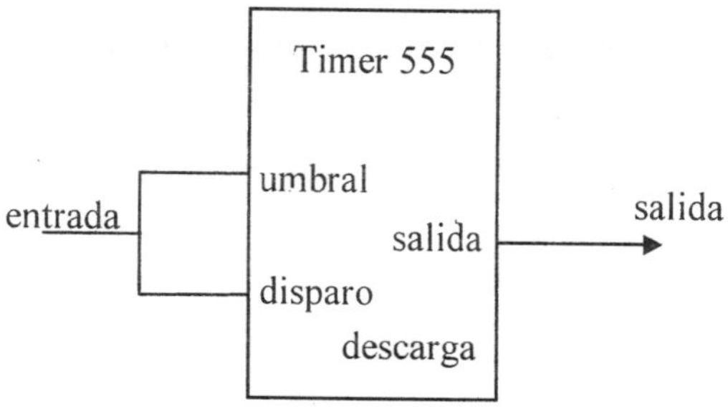

a) demostrar que el circuito se comporta como un inversor con entrada Schmitt
b) determinar cuales son los valores de ambas tensiones de umbral
c) idear en base a este circuito, apropiadamente complementado, una forma alternativa de realizar un multivibrador astable, pero con capacidad de generar una onda con un ciclo de trabajo prácticamente del 50%.

6-17) Un diseñador hace uso del circuito astable del 555 de la figura 6-28, pero colocando en paralelo con la resistencia R_B un diodo ideal (el ánodo al terminal de descarga, el cátodo al terminal de umbral) afirmando que, de esa manera, puede lograr un ciclo de trabajo del 50% o aún menor. Justifique esa afirmación.

6-18) Analizar el circuito secuencial de modo fundamental de 2 entradas S y R, y dos pares de señales excitación-respuesta x-X y q-Q, esta última también salida del circuito, cuyas ecuaciones de excitación se dan. Se pide:

a) determinar si existen riesgos y, en caso afirmativo, indicar cómo eliminarlos.
b) hallar los diagramas de excitación, transición y flujo y determinar si existen o no carreras críticas
c) Analizar cómo es el comportamiento del circuito ante las formas de onda que se dan, indicando la salida Q y el estado que toma el circuito en cada momento, suponiendo que en el momento inicial la salida Q era 0. Demostrar que el circuito se comporta como un biestable SR con una característica peculiar: la entrada S no es sensible a nivel sino al flanco ascendente, es decir, es de tipo dinámico.

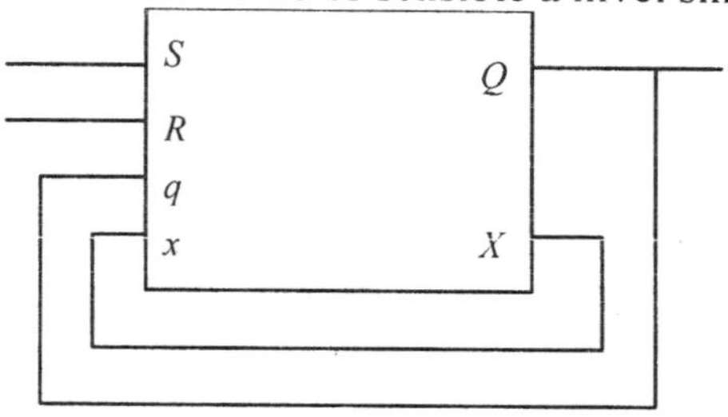

$$X = \overline{S}.\overline{q} + \overline{R}x\overline{q}$$
$$Q = \overline{R}q + S\overline{R}x$$

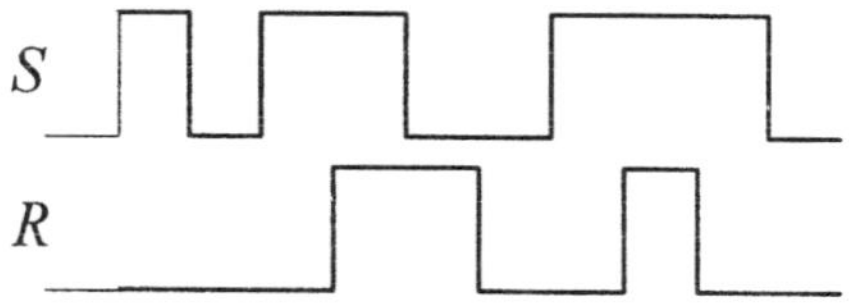

6-19) Analizar el circuito secuencial de modo fundamental de una entrada T, y dos pares de señales excitación-respuesta x-X y q-Q, esta última también salida del circuito, cuyas ecuaciones de excitación se dan. Se pide:

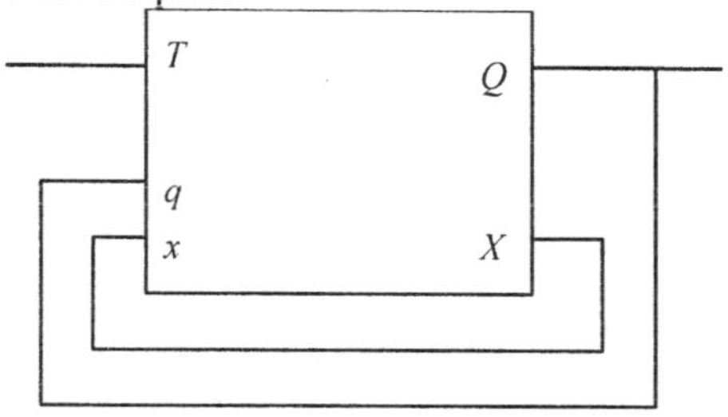

$$X = q\overline{T} + xT + qx$$
$$Q = q\overline{T} + \overline{x}T + q\overline{x}$$

a) determinar si existen riesgos y, en caso afirmativo, indicar cómo eliminarlos.

b) hallar los diagramas de excitación, transición y flujo y determinar si existen o no carreras críticas
c) postular un cronograma para la entrada *T*, encontrar la correspondiente evolución de la salida *Q*, y describir el funcionamiento del circuito.

6-20) Se pide diseñar, empleando un monoestable, un circuito que divida por 5 la frecuencia de una señal de 100 kHz.

CAPÍTULO 7

CIRCUITOS SECUENCIALES SINCRÓNICOS

7.1. Introducción

Se ha mencionado en el capítulo anterior que los circuitos secuenciales sincrónicos se caracterizan por la utilización de unos dispositivos denominados flip-flops, que operan en forma sincronizada con una señal de disparo, generalmente periódica, denominada reloj.

El propósito de este capítulo es estudiar primeramente a los distintos tipos de flip-flops, y luego a los circuitos secuenciales que los utilizan, cubriendo tanto el análisis como la síntesis (es decir, el diseño) de dichos circuitos.

7.2. Flip-flops

Los flip-flops (también llamados *básculas,* flip-flop no tiene significado alguno ni en castellano ni en inglés y el origen de esta denominación es onomatopéyico) son, en sí mismos, circuitos secuenciales de modo fundamental, pero constituyen los bloques básicos que utilizan los circuitos secuenciales sincrónicos. Guardan cierta analogía con los biestables, pero se diferencian fundamentalmente de estos en que tienen una entrada llamada *reloj*, que aunque tiene alguna similitud con la señal de habilitación que poseen los biestables, se caracteriza por un comportamiento bien diferente a esta última. Así, los cambios que las entradas del flip-flop inducen en la salida están mediatizados por cuanto deben esperar para hacerse efectivos que lo ordene un flanco en la señal de reloj que provoca (también se dice, *dispara*) ese cambio, que sólo debe producirse en sincronismo con dicho flanco, al que llamaremos *flanco activo* del reloj. Es decir, mientras en un biestable su operación depende del nivel de tensión estático de su habilitación (si está en 0 o en 1), en un flip-flop carece de importancia el nivel de tensión del reloj, pero en cambio resultan trascendentes las transiciones del mismo (es decir, es sensible al comportamiento dinámico del reloj).

En un circuito secuencial sincrónico, los distintos flip-flops que lo integran reciben todos la misma señal de reloj, por lo que sus disparos se producen todos al unísono, es decir, en forma sincrónica.

Cuatro son los tipos de flip-flops que resultan de interés:

- el flip-flop D
- el flip-flop JK
- el flip-flop T
- el flip-flop SR

Cada uno de ellos puede concebirse, como veremos, en dos formas distintas, según sea la forma de efectuar su disparo:

- flip-flop amo-esclavo
- flip-flop disparado por flanco

Estudiaremos a continuación estos dispositivos.

7.2.1. El flip-flop D amo-esclavo

7.2.1.1. El flip-flop amo-esclavo y su comportamiento

Dado que estamos buscando un dispositivo cuyos cambios sólo se produzcan en sincronismo con un flanco en el estado de una señal de reloj, aunque en primera aproximación parecería que es posible utilizar para este propósito un biestable transparente, usando su entrada de habilitación como reloj, pronto se ve que ello no es posible, al menos sin algún tipo de refinamiento. Pues mientras está presente la habilitación, las entradas producen efecto sobre la salida, y puede haber cambios en esta última no sincronizados con un cambio del reloj, sino con un cambio de alguna entrada, que no es lo buscado.

Tratando de perfeccionar esta idea, podemos concebir usar un biestable como flip-flop, si se hace que el circuito no pueda cambiar su salida mientras la habilitación esté en 1. Claro está que no puede impedirse que el biestable cambie su salida mientras está habilitado, pero puede incorporársele algún circuito de memorización de su salida anterior, que la mantenga hasta que se retire la habilitación. Lógicamente que de esta memorización puede ocuparse otro biestable transparente, por lo que puede lograrse el funcionamiento deseado mediante dos biestables apropiadamente conectados y habilitados, siendo el segundo el encargado de proporcionar la salida del conjunto.

Cuando el primero de estos biestables esté habilitado y sea sensible al estado las entradas, el segundo mantendrá el valor que tenía el primero antes de su habilitación. Una vez retirada la habilitación del primero, el segundo copiará a la salida el nuevo estado de éste. Se observa que el segundo no hace sino seguir con atraso los cambios del primero, por lo que se denomina *biestable esclavo*. Por contraste, al primer biestable se lo denomina *amo* o *maestro*, y al conjunto de estos dos biestables se lo llama *flip-flop amo-esclavo*.

Obsérvese que:

- mientras el biestable amo esté habilitado, lo que puede implicar que su salida cambie si así lo hace la entrada D, el biestable esclavo debe estar reteniendo
- mientras el biestable amo está reteniendo, el biestable esclavo debe operar en forma transparente.

La figura 7-1 muestra el circuito correspondiente a esta descripción, con la habilitación del amo invertida respecto a aquella del amo, que actúa como reloj. Dado que la salida cambia al retirarse la señal de reloj, lo que hemos definido más arriba como flanco activo (aquél que provoca el cambio en la salida) , es el descendente. Sin embargo, el flip-flop amo-esclavo no opera internamente sólo en el flanco activo del reloj, como acabamos de describir, sino que refleja el resultado de su operación integral en ese flanco.

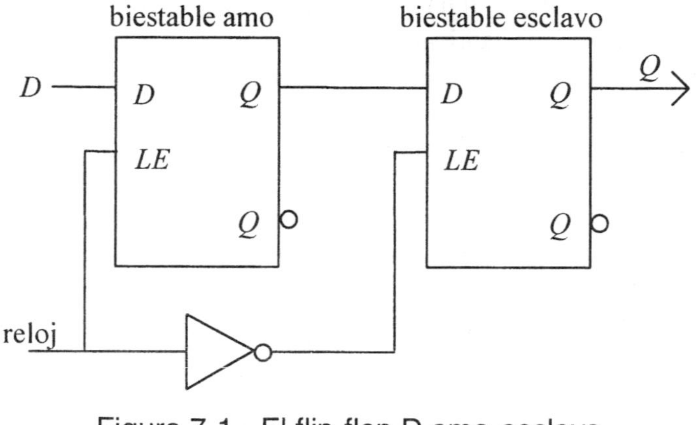

Figura 7-1 - El flip-flop D amo-esclavo

Puede hacerse una descripción algebraica del funcionamiento de este flip-flop. Si llamamos D y Q a los valores de la entrada y la salida del flip-flop en el momento actual, y Q^* al estado futuro del flip-flop, podemos determinar cuál es el estado que tendrá la salida tras el arribo de un pulso de reloj. En realidad, la entrada D será primero copiada en el amo, para luego ser transferida al esclavo, con lo que el estado futuro del flip-flop, tras el pulso del reloj, será igual a la entrada D e independiente del estado de la salida previa al reloj. Así podemos escribir:

$Q^*=D$

Ecuación que denominaremos *ecuación característica* del flip-flop D. Podemos anticipar que los otros flip-flops que estudiaremos tienen una ecuación característica diferente y algo más compleja que la del flip-flop D que estamos ahora analizando.

La ecuación característica de un flip-flop suele ser tabulada en lo que se llama *tabla característica* del flip-flop, sólo que para el flip-flop D la ecuación característica es tan simple que la tabla será omitida por obvia.

Otra característica del flip-flop D de gran interés es que si se quiere que tras el pulso de reloj la salida tome un estado determinado (0 ó 1) bastará con colocar en dicho estado en la entrada *D* en forma previa al pulso de reloj.

La aplicación de una señal en la entrada *D* de un flip-flop no ocasiona, en lo inmediato, ningún cambio a la salida del mismo. Esta entrada no produce un efecto instantáneo sino que sólo prepara al flip-flop para el cambio que se hace efectivo en el flanco activo del reloj. Por eso, a una entrada como la *D* se la denomina *entrada preparatoria*. Sin embargo, no es infrecuente que un flip-flop, además de su(s) entrada(s) preparatoria(s) – el flip-flop D tiene una sola entrada preparatoria pero el JK que veremos luego tiene dos - incorpore entradas que fuercen inmediatamente al flip-flop a un estado determinado. Estas entradas llamadas *de fuerza* suelen ser utilizadas para colocar al flip-flop en algún estado inicial. Así, los flip-flops frecuentemente tienen una entrada de fuerza Clear (o Limpiar, también llamada Reset, generalmente simbolizada *CL*) que cuando se activa envía inmediatamente al flip-flop al estado 0 y, menos frecuentemente, una de Preset (también llamada Set, generalmente simbolizada *PS*) que lo envía al estado 1.

La figura 7-3 muestra el símbolo que corresponde a un flip-flop D amo-esclavo. El símbolo ¬ asociado a cada salida simboliza el hecho de que en un flip-flop amo-esclavo la salida cambia con el retorno de la señal de reloj al estado bajo. Se ha supuesto que el flip-flop posee ambas entradas de fuerza y, como es frecuente en los flip-flops comerciales, que dichas entradas sean del tipo "activas en bajo". Así se ha señalado en el símbolo del flip-flop haciendo que dichas entradas estén precedidas por los pequeños círculos indicadores de inversión. La entrada de reloj (clock, en inglés) está identificada como *CK*.

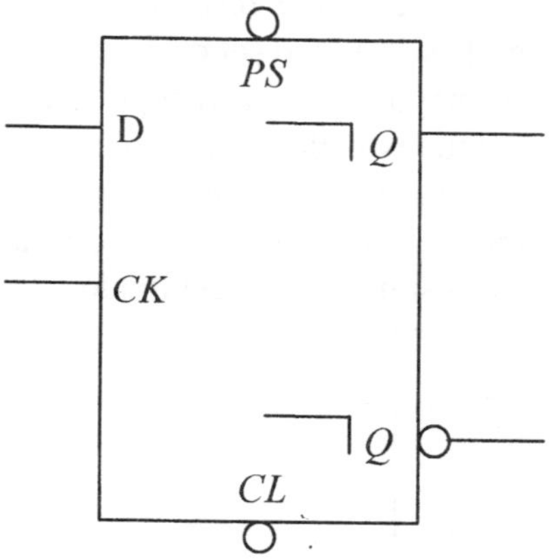

Figura 7-2 - Símbolo de un flip-flop D amo-esclavo

Resulta ilustrativo aplicar lo visto al análisis de posibles formas de onda en un flip-flop D amo-esclavo. En la figura que sigue se muestra un ejemplo en el que, arbitrariamente, se ha considerado que el estado inicial del flip-flop era el 0, y cuyo análisis se deja a cargo del lector.

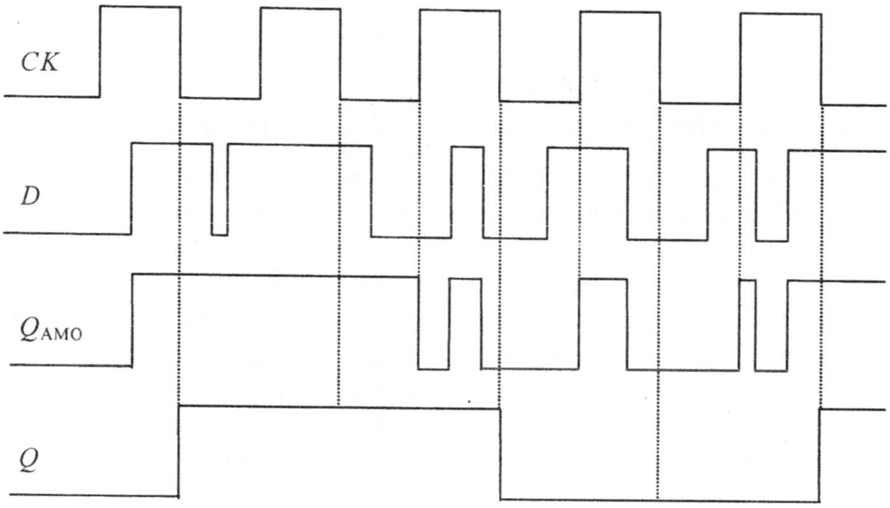

Figura 7-3 - Posibles formas de onda en un flip-flop D amo-esclavo

7.2.1.2. Uso de las entradas de fuerza

En general, en aquellos circuitos en los que se ha previsto un estado inicial, éste se logra a través de una señal de puesta en condiciones iniciales que se aplica a la entrada de fuerza de los distintos flip-flops que corresponda en cada caso (Clear para ponerlo en 0 y Preset para ponerlo en 1), la que puede ser:

- generada por un circuito auxiliar automáticamente tras el encendido (*inicialización tras el encendido*)
- generada por la acción manual sobre un pulsador previsto para tal efecto (*inicialización manual*)
- generada por una unidad de mando separada (*inicialización remota*)

Cualquiera sea la forma utilizada, dado que en un equipo electrónico complejo puede haber más de un circuito secuencial sincrónico, esta señal de puesta en condiciones iniciales suele ser aplicada simultáneamente a todos ellos (*inicialización maestra* o *inicialización general*).

Muy comúnmente esta inicialización inicial suele ser una puesta a 0, por lo que se suelen emplear términos como reset tras el encendido (power-on reset), reset maestro, reset manual, etc.

En la figura siguiente, en el dibujo de la izquierda, se muestra una manera típica de realizar la inicialización tras el encendido, y en forma manual, en forma combinada. En particular, la figura muestra un reset que busca que un flip-flop particular arranque en 0. Su funcionamiento es como sigue: al encender el equipo, el capacitor C está descargado, su tensión nula es equivalente a un 0 lógico que, aplicado a la entrada CL del flip-flop, hace que el mismo arranque en el estado 0. El condensador va progresivamente cargándose (según una ley exponencial gobernada por la constante de tiempo RC) a través de la resistencia R y tendiendo asintóticamente a la tensión V_{CC}. Pero al alcanzar su tensión cierto valor, pasa a ser reconocida por la entrada CL como un 1, cesando la acción del reset, con lo que el flip-flop queda en condiciones iniciales listo para operar. La duración de la señal de reset es del orden de la constante de tiempo dada por el producto RC, y lógicamente debe ser mayor que el tiempo que demanda el encendido del equipo. Usualmente basta una duración igual a algunos ciclos de la línea de red de corriente alterna. En cuanto al reset manual, la figura muestra que, en paralelo con el capacitor, se encuentra un pulsador normalmente abierto. Si se cierran sus contactos momentáneamente por presión manual, el condensador se descarga, lo que provoca el reset deseado por un proceso similar al ya detallado.

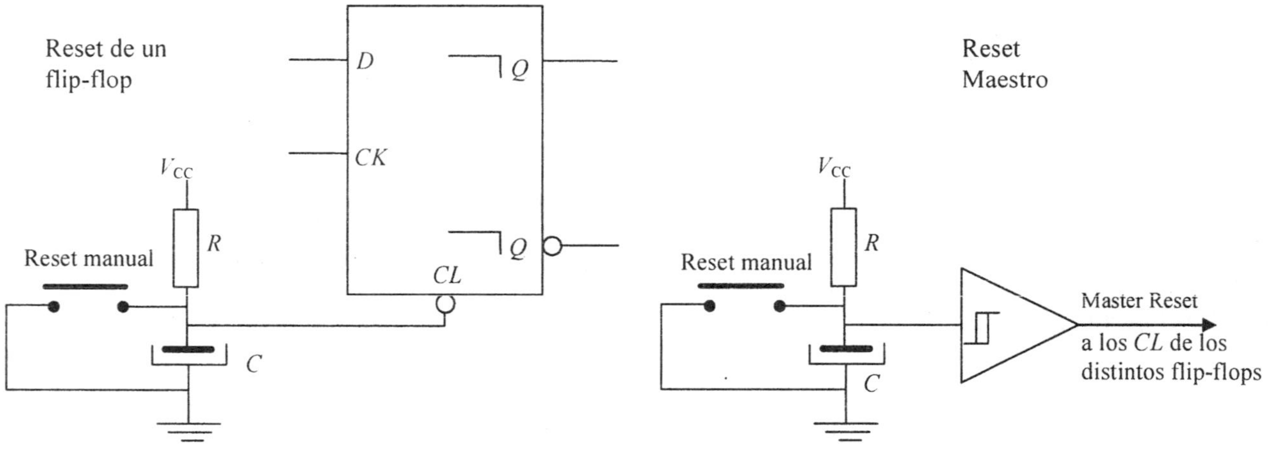

Figura 7-4 – Reset tras el encendido, reset manual y reset maestro

Si bien el circuito recién explicado para la puesta a 0 de un flip-flop podría ser utilizado para la inicialización de varios de ellos que compartan el mismo circuito RC, esto trae el inconveniente de que diferentes flip-flops, por tolerancias de fabricación, considerarían que la tensión sobre el capacitor, en su subida, ya ha alcanzado el nivel correspondiente al estado 1 en diferentes momentos y la duración del reset no sería la misma para todos ellos. Cuando eso se considera un inconveniente, el circuito que muestra la figura a la derecha lo elimina, pues la duración del reset maestro es igual para todos los flip-flops, dado que sólo depende del tiempo que demande al condensador alcanzar la tensión de umbral V_{T+} del buffer Schmitt.

La figura anterior supone que el flip-flop empleado, o bien no tiene entrada de Preset, o la misma está a un nivel conveniente de manera que no intervenga en la inicialización.

7.2.2. El flip-flop D disparado por flanco

Puede concebirse un flip-flop en el que, a diferencia del amo-esclavo, se tomen en cuenta las entradas y se afecte correspondientemente la salida del flip-flop en el mismo flanco del reloj. Un flip-flop como el mencionado se denomina *disparado por flanco*. Los flip-flops disparados por flanco pueden concebirse disparados por flanco positivo o por flanco negativo, según sean disparados por el flanco ascendente o descendente del reloj, respectivamente. En realidad, un flip-flop D disparado por flanco negativo tiene un comportamiento similar al de un flip-flop D amo-esclavo, porque los dos cambian su salida, acorde al valor de la entrada D, en el momento del flanco descendente del reloj, que es el flanco activo en ambos casos. Tanto es así, que las formas de onda de la figura 7-3 correspondientes a un flip-flop amo-esclavo, son también válidas para el caso de un flip-flop disparado por flanco negativo (exceptuado el hecho de que, en éste, no existe Q_{AMO}). Sin embargo, su construcción interna es muy diferente, el disparado por flanco negativo no contiene dos biestables en su interior sino que es un circuito secuencial de modo fundamental con dos entradas (*D* y *CK*) y dos pares de señales excitación-respuesta *x*-*X* y *q*-*Q* (coincidiendo *Q* con la salida del flip-flop) que satisface las siguientes ecuaciones.

$$Q = x.\overline{CK} + q.x + q.CK$$

$$X = x.\overline{CK} + D.x + D.CK$$

Se deja al lector inquieto la tarea de demostrar, analizando el circuito así definido de la manera conocida, que se comporta como un flip-flop D disparado por flanco negativo.

La simbología utilizada para representar a los flip-flops con disparo por flanco emplea el llamado *indicador dinámico*, asociado a la entrada de reloj, para señalar que esa señal se activa por flanco. Cuando además del indicador dinámico se asocia a la entrada de reloj un círculo indicador de inversión, esto señala que el flanco activo es el descendente. Este es el caso que corresponde a la figura 7-5.

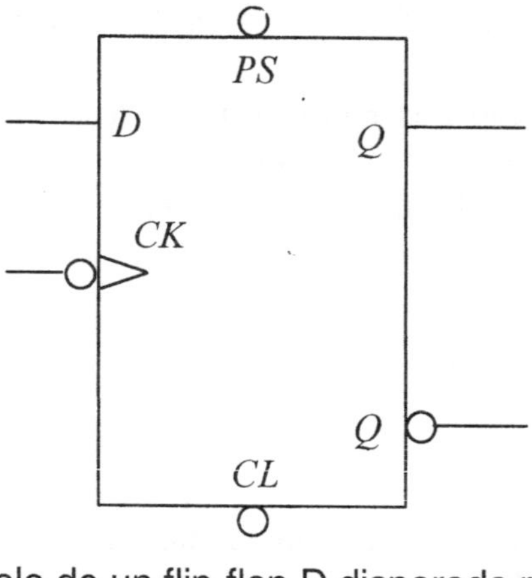

Figura 7-5 - Símbolo de un flip-flop D disparado por flanco negativo

Dado que los flip-flops tipo D amo esclavo y los disparados por flanco negativo tienen distinto símbolo, a pesar de que tienen idéntico comportamiento y que pueden ser utilizados indistintamente en los circuitos, en los circuitos de aplicación que veremos utilizaremos siempre el símbolo del flip-flop disparado por flanco, en el entendimiento de que ello no significa que excluimos la utilización de flip-flops amo-esclavo sino que, por el contrario, si en un circuito se emplea un flip-flop disparado por flanco negativo, puede ser reemplazado por un flip-flop amo-esclavo sin cambios de comportamiento.

7.2.3. Flip-flop D comerciales

Los flip-flops D se consiguen comercialmente como integrantes de las distintas familias de circuitos integrados SSI. Un ejemplo lo constituye el doble flip-flop D disparado por flanco positivo 74x74, con entradas de Preset y Clear, ambas activas en bajo.

7.2.4. Restricciones temporales y comportamiento temporal de los flip-flops

Un flip-flop D requiere, para su buen funcionamiento, que la entrada *D* no cambie en un entorno alrededor del flanco activo del reloj. Así, *D* no debe cambiar durante un cierto tiempo previo t_S a la aparición de dicho flanco (tiempo llamado de set up o de *establecimiento*) ni durante un cierto tiempo t_H posterior a la aparición del mismo (tiempo llamado de hold, de *mantenimiento* o de *retención*). Esas restricciones se muestran en la figura 7-6, donde la zona de líneas oblicuas indica posibilidad de cambio, mientras que la zona de líneas horizontales indica la posibilidad de estar en cualquier valor pero sin cambiar.

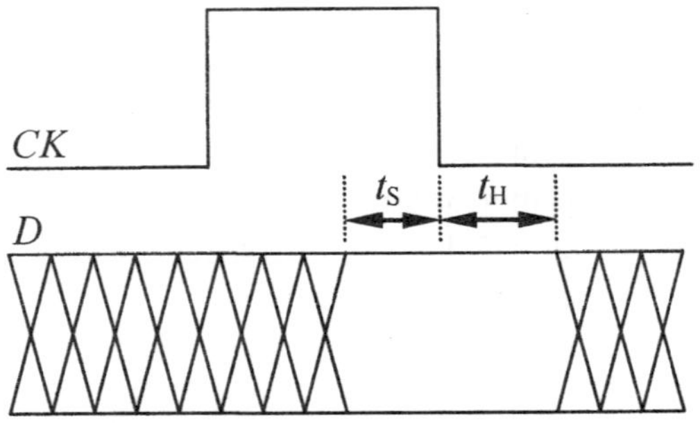

Figura 7-6 - Restricciones a los cambios de *D* en un flip-flop

Otras características temporales importantes de los flip-flops a tener en cuenta en su uso, están originadas en retardos internos que introducen limitaciones temporales que son detalladas en las hojas de datos que suministran los fabricantes. Dichas limitaciones, además de la ya mencionada restricción al cambio de la entrada *D* en el entorno del flanco activo del reloj, son:

- La frecuencia de los pulsos de reloj no debe ser superior a la frecuencia máxima que admite el flip-flop para esos pulsos.
- Las señales de Clear y Preset, para ser efectivas, deben tener una duración superior a un cierto valor mínimo.
- El cambio a la salida de un flip-flop tras recibir éste un disparo, no es instantáneo, sino que atrasa respecto del reloj un cierto lapso denominado *tiempo de propagación del flip-flop*. Dicho tiempo suele figurar en las hojas de datos con las siglas t_{PLH} y t_{PHL}: la primera representa el atraso cuando la salida pasa de 0 a 1, y la segunda corresponde al caso de pasar de 1 a 0, ya que aún siendo ambos tiempos similares, no suelen ser exactamente iguales.

Volveremos sobre estas limitaciones temporales al estudiar el análisis y síntesis de los circuitos secuenciales sincrónicos.

7.2.5. El flip-flop JK

Si se modifica un flip-flop D agregándole algunas compuertas adicionales de la forma que muestra la figura 7-7, se obtiene un nuevo tipo de flip-flop cuyas entradas preparatorias son, ahora, *J* y *K*. La figura también muestra el símbolo que emplearemos para este flip-flop, al que denominaremos tipo JK. Hemos supuesto que el flanco activo es el negativo, pero no por ello el circuito pierde generalidad, pues basta retirar el indicador de negación en la señal de reloj para pasar al caso opuesto.

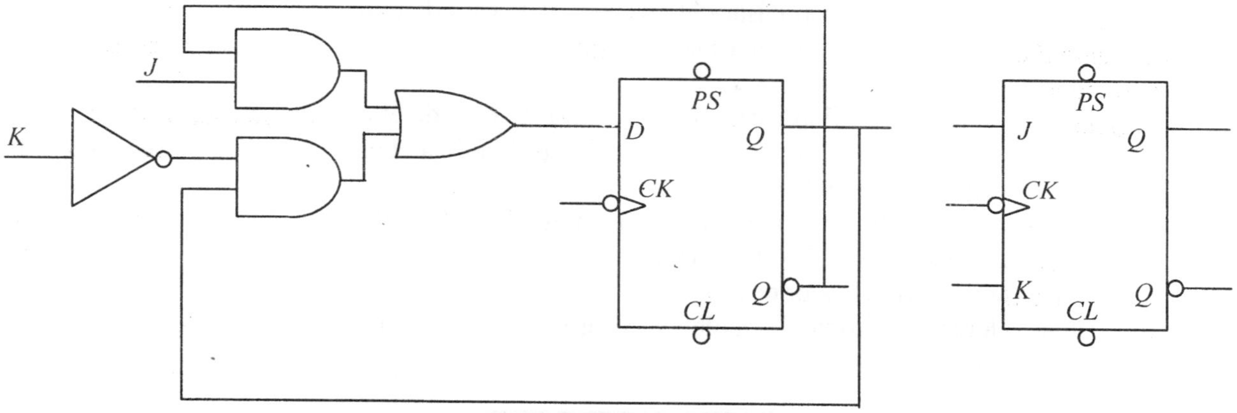

Figura 7-7 - Circuito y símbolo de un flip-flop JK

Si se reemplaza en la ecuación característica del flip-flop D la expresión que da D en función de J, K y Q de acuerdo con el esquema de la figura anterior, se obtiene:

$$Q^* = D = J\overline{Q} + \overline{K}Q$$

El primer y tercer miembro de esta última expresión forman la ecuación característica del flip-flop JK. Tabulando esta ecuación se llega a las tablas características completa y reducida (cuya técnica de realización ya viéramos en un capítulo anterior), que se dan más abajo.

J	K	Q	Q^*
0	0	0	0
0	0	1	1
0	1	0	0
0	1	1	0
1	0	0	1
1	0	1	1
1	1	0	1
1	1	1	0

J	K	Q^*
0	0	Q
0	1	0
1	0	1
1	1	$\overline{Q}$

Como se ha dicho, la tabla característica del flip-flop permite deducir el estado futuro del flip-flop conociendo sus entradas y su estado actual. Esta información es muy útil cuando se desea analizar el comportamiento de un circuito ya proyectado. Pero cuando se desea diseñar un circuito, resulta más útil presentar la información de manera de mostrar cuáles son las entradas que deben aplicarse al flip-flop cuando está en un cierto estado, y se desea que tome un estado futuro determinado. La tabla característica contiene toda la información para ello, pero es cómodo deducir de ella una tabla conocida como *tabla de excitación*, en la que se intercambian ciertas entradas y salidas. Esta tabla tiene 4 renglones ya que el control sobre la salida que se necesita es:

1) mantenerla en 0
2) hacerla cambiar de 0 a 1
3) hacerla cambiar de 1 a 0
4) mantenerla en 1

La tabla de excitación se puede completar observando la tabla característica completa y notando en ella que:

1) Dos renglones permiten al flip-flop mantenerse en su estado 0. Uno de ellos exige que tanto J como K sean 0, y el otro que J sea 0 y K sea 1. Condensando la información de ambos se nota que es necesario que J sea 0 pero no importa el valor de K

2) Dos renglones permiten al flip-flop pasar del estado 0 al 1. Uno de ellos exige que sea J=1 y K=0, y el otro que tanto J como K sean 1. Condensando la información de ambos se nota que es necesario que J sea 1 pero no importa el valor de K.
3) Dos renglones permiten al flip-flop pasar del estado 1 al 0. Uno de ellos exige que sea J=0 y K=1, y el otro que tanto J como K sean 1. Condensando la información de ambos se nota que es necesario que K sea 1 pero no importa el valor de J.
4) Dos renglones permiten al flip-flop mantenerse en su estado 1. Uno de ellos exige que tanto J como K sean 0, y el otro que J sea 1 y K sea 0. Condensando la información de ambos se nota que es necesario que K sea 0 pero no importa el valor de J.

Presentando estos valores en forma de tabla, y recordando que X, una redundancia, implica 0 ó 1 indistintamente, se llega a:

Q	Q*	J	K
0	0	0	X
0	1	1	X
1	0	X	1
1	1	X	0

Resulta ilustrativo aplicar lo visto al análisis de posibles formas de onda en un flip-flop JK. En la figura que sigue se muestra un ejemplo correspondiente a un flip-flop JK disparado por flanco negativo. En él, arbitrariamente, se ha considerado que el estado inicial del flip-flop era el 0. Se deja a cargo del lector su análisis, y a considerar cómo se vería afectada la forma de onda de salida de postular otro estadio inicial para el flip-flop y/o en caso de que se tratase de un flip-flop disparado por flanco positivo.

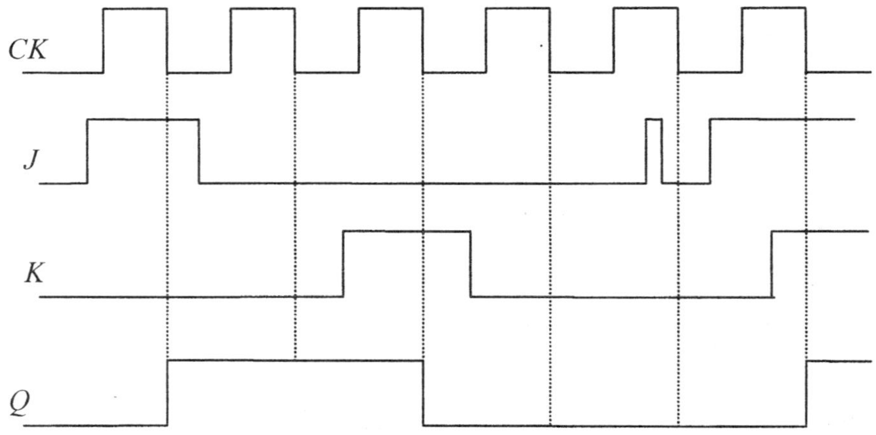

Los flip-flops JK se consiguen comercialmente como integrantes de las distintas familias de circuitos integrados SSI. Un ejemplo lo constituye el doble flip-flop JK 74x107, con entrada de Clear activa en bajo. Resulta interesante señalar que mientras el 74LS107 es del tipo disparado por flanco negativo, el 74HC107 es del tipo amo-esclavo.

Es de destacar que, si se dispone de un flip-flop JK, puede implementarse a partir de él un flip-flop D con el circuito de la figura siguiente. Reemplace el lector en la ecuación característica del flip-flop JK la variable J por D y K por D negada (según se deduce del circuito que sigue) y comprobará que la ecuación resultante es la característica del flip-flop D. Esto justifica que esté disponible comercialmente el flip-flop JK 74x109 cuya entrada K está negada internamente para facilitar esta conversión.

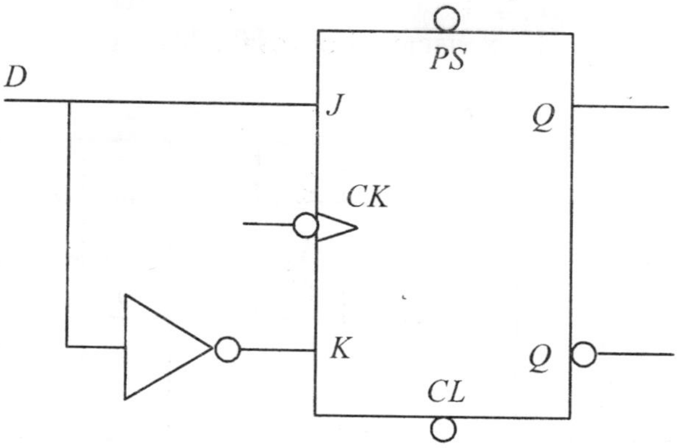

Figura 7-8 - Flip-flop D a partir de un flip-flop JK

7.2.6. El flip-flop T

Si a un flip-flop JK se le unen ambas entradas, con el fin de tener una única entrada preparatoria, y se denomina *T* a esta nueva entrada, se obtiene el llamado flip-flop T. El circuito resultante y el símbolo utilizado para este nuevo tipo de flip-flop se dan en la figura 7-9.

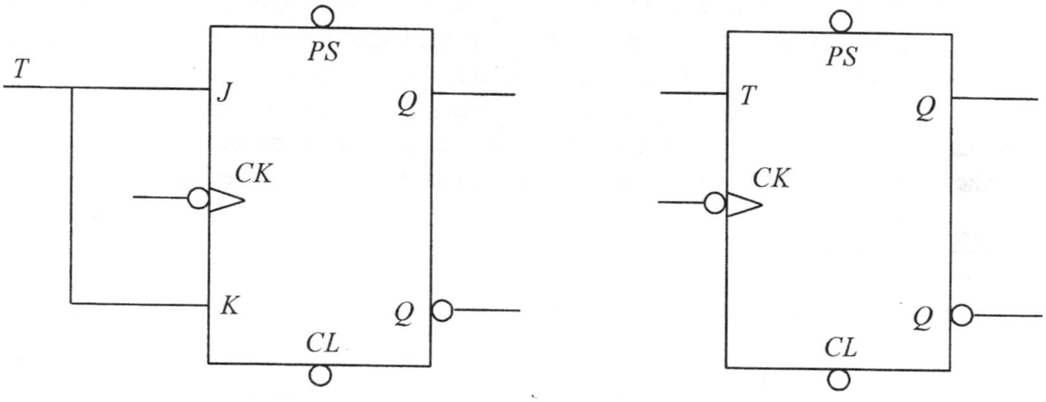

Figura 7-9 - Circuito y símbolo de un flip-flop T

Si en la ecuación característica del flip-flop JK reemplazamos tanto a *J* como a *K* por *T*, obtenemos la ecuación característica del flip-flop T.

$$Q^* = J\overline{Q} + \overline{K}Q = T\overline{Q} + \overline{T}Q = T \oplus Q$$

De donde surge una segunda forma de crear un flip-flop T, esta vez a partir de un flip-flop D.

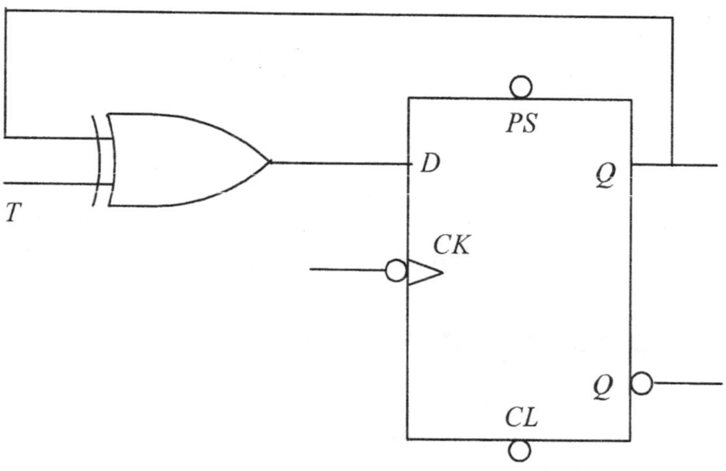

Figura 7-10 - Circuito de un flip-flop T a partir de un D

Por tabulación de la ecuación característica se obtienen las tablas características completa y reducida, y por el procedimiento ya conocido, la tabla de excitación. Los resultados son, respectivamente, las tres tablas que siguen.

T	*Q*	*Q**
0	0	0
0	1	1
1	0	1
1	1	0

T	*Q**
0	Q
1	$\overline{Q}$

Q	*Q**	*T*
0	0	0
0	1	1
1	0	1
1	1	0

El comportamiento del flip-flop T es muy fácil de describir con palabras:

- su tabla característica muestra que en el próximo pulso de reloj mantendrá su estado si es que T=0, y que si T=1 tomará el estado inverso de su estado actual
- su tabla de excitación indica que se debe colocar T=1 si se desea que tras el próximo pulso de reloj el flip-flop cambie de estado, mientras que debe aplicarse T=0 si se desea que conserve su estado actual.

Al contrario de los flip-flops D y JK que son de propósitos generales, el flip-flop T tiene un uso limitado a ciertas aplicaciones especiales donde resulta particularmente indicado. Esto es el caso de los contadores y de los circuitos divisores de frecuencia que se verán en un próximo capítulo. Pero como un anticipo que muestra el empleo de un flip-flop T como divisor de frecuencia, notemos que si T=1 el flip-flop debe cambiar de estado ante cada pulso de reloj, por lo que tras dos pulsos de reloj retoma su estado inicial. Esto hace que si el reloj es una onda cuadrada de cierta frecuencia, la salida del flip-flop T sea otra onda cuadrada de exactamente frecuencia mitad, como muestra la figura 7-11, para el caso de un flip-flop T disparado por flanco negativo.

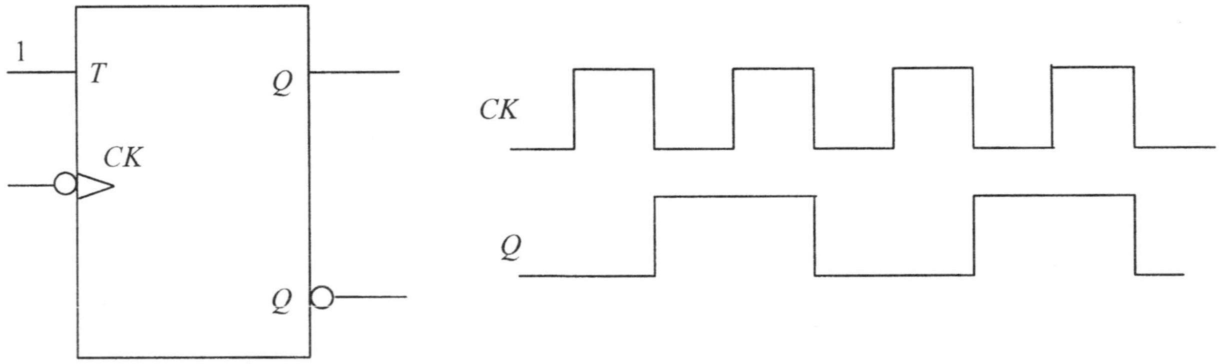

Figura 7-11 - El flip-flop T como divisor de frecuencia por 2

Los flip-flops T no se consiguen comercialmente como circuitos integrados porque pueden implementarse fácilmente uniendo las entradas preparatorias de un flip-flop JK.

7.2.7. El flip-flop SR

El flip-flop SR tiene hoy sólo un interés histórico. Tiene un comportamiento similar al de un flip-flop JK (S resulta análoga a J y R a K) con el inconveniente de que S y R no pueden ser ambas iguales a 1, limitación que las entradas del JK no poseen. Por ello hoy se lo considera totalmente reemplazado por el JK.

7.3. Circuitos secuenciales sincrónicos

Los circuitos secuenciales sincrónicos son circuitos secuenciales en los que la memorización de la historia pasada del circuito se efectúa en un conjunto de flip-flops, todos ellos disparados por el mismo reloj. Al conjunto de los estados de estos flip-flops se lo denomina *estado interno* del circuito, y al estado de cada uno de los flip-flops, *variable de estado*. El estado interno se actualiza, de acuerdo a lo dicho, en sincronismo con la señal de reloj. En lo que sigue nos referiremos a los estados internos simplemente como *estados*.

El esquema de un circuito secuencial sincrónico genérico es el de la figura 7-12. Un circuito combinacional genera, a partir de las entradas y del estado interno del circuito, las salidas del mismo y las señales que se aplican a las entradas preparatorias de los flip-flops y que determinan el estado interno que se tomará tras el próximo pulso de reloj (al que llamaremos *estado próximo*). Así, podemos definir tres conjuntos de ecuaciones que dan, en función de las entradas del circuito y de las variables de estado:

- las *ecuaciones de salida*, que dan las salidas del circuito.
- las *ecuaciones de excitación*, que dan las entradas preparatorias de los diferentes flip-flops.
- las *ecuaciones de aplicación*, que dan el estado próximo de cada flip-flop, y por lo tanto el estado próximo del circuito, y que resultan de reemplazar, en la ecuación característica de cada flip-flop, las entradas preparatorias por su valor dado por las ecuaciones de excitación.

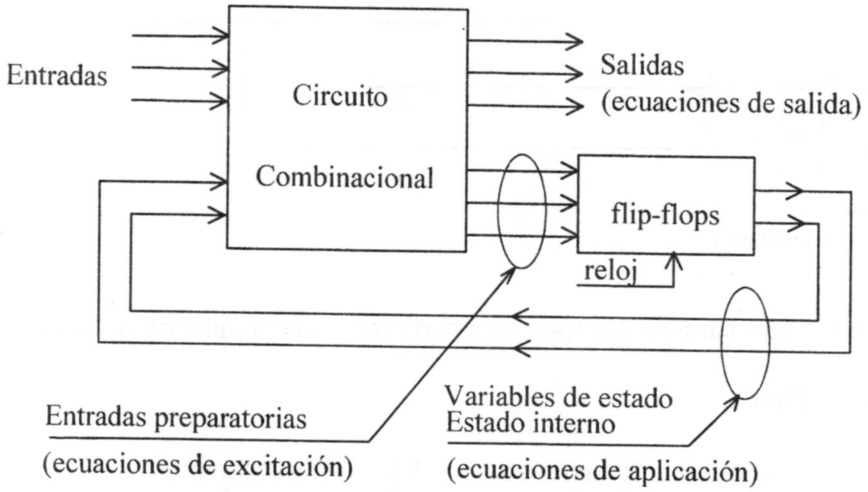

Figura 7-12 - Esquema general de un circuito secuencial sincrónico

Si bien el esquema de la figura 7-12 responde al caso general de un circuito secuencial sincrónico en que las salidas son función tanto del estado interno como de las entradas, en algunos casos se da que ciertas salidas son sólo función del estado interno, e independientes de las entradas en ese momento. Este tipo de salida se conoce como *salida tipo Moore*, mientras que, por oposición, la que responde al caso general por depender también de las entradas en ese momento se denomina *salida tipo Mealy*.

Presentados así los circuitos secuenciales sincrónicos, son dos temas referidos a ellos con los que cerraremos este capítulo:

- el análisis, es decir, la obtención de la descripción del funcionamiento de un circuito dado, o la verificación del mismo si resultara conocido.
- la síntesis, es decir, el diseño de un circuito que cumpla con un funcionamiento deseado.

7.3.1. Análisis de circuitos secuenciales sincrónicos

El análisis de los circuitos secuenciales sincrónicos consiste en describir el comportamiento de un circuito dado (o verificar su comportamiento si es que éste es conocido). Restringiremos el análisis en el presente apartado a aquellos casos en que las entradas del circuito secuencial están también sincronizadas con el reloj, dejando para un apartado posterior el estudio de los casos en que hay entradas no sincrónicas.

El proceso de análisis demanda la realización de varios pasos, los que se enuncian acompañados de un ejemplo para ilustrar su aplicación.

El ejemplo que utilizaremos es el siguiente: el circuito de la figura 7-13 está diseñado para recibir por su única entrada Y una secuencia de bits sincronizada con el flanco ascendente del reloj, y señalar en su única salida Z cuando se han recibido tres unos consecutivos a la entrada. Para ello, Z debe estar en 1 cuando la entrada Y está en 1, y también lo ha estado en los dos períodos anteriores del reloj.

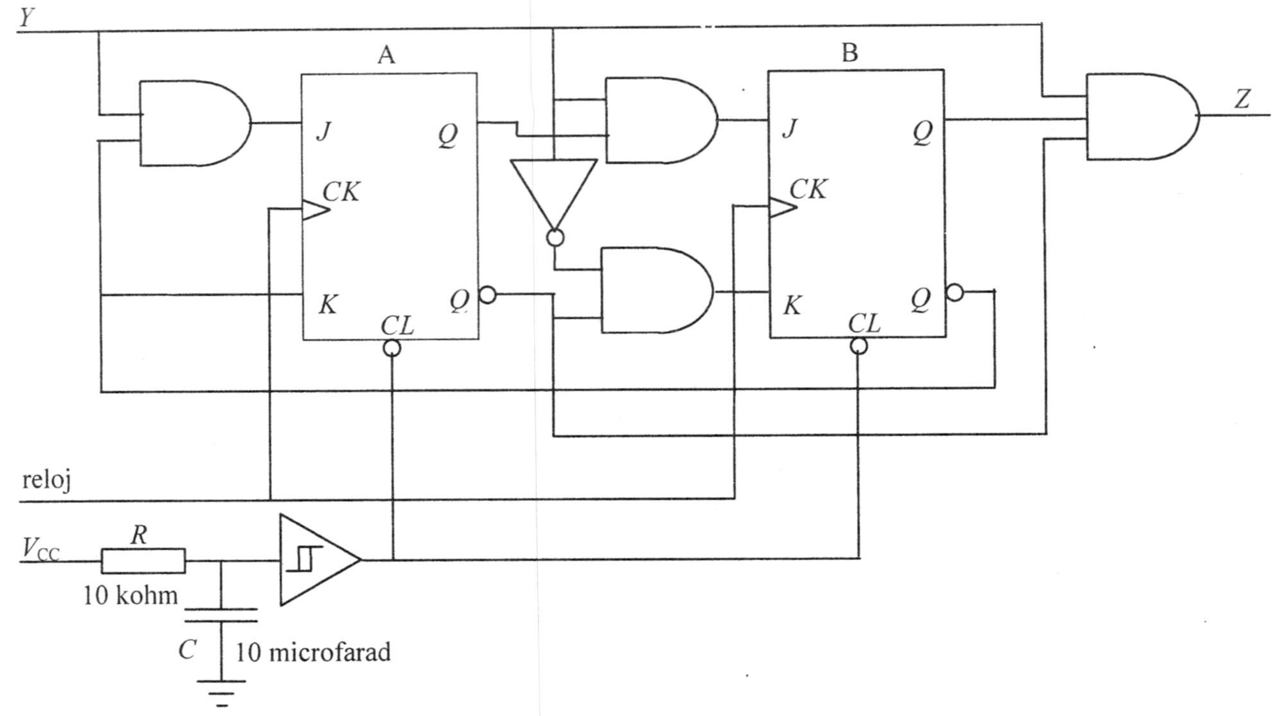

Figura 7-13 - Circuito secuencial sincrónico a ser analizado en el texto

Procedimiento de análisis

1) A partir del circuito, obtener las ecuaciones de salida y de excitación.

Las correspondientes ecuaciones de salida y de excitación son:

$$Z = YQ_B\overline{Q_A}$$
$$J_A = Y\overline{Q_B}$$
$$K_A = \overline{Q_B}$$
$$J_B = YQ_A$$
$$K_B = \overline{Y}.\overline{Q_A}$$

2) Combinando las ecuaciones de excitación con la ecuación característica de cada flip-flop, obtener las ecuaciones de aplicación.

Recordemos que la ecuación característica del flip-flop JK es:

$$Q^* = J\overline{Q} + \overline{K}Q$$

Por lo que, en nuestro ejemplo tendremos, al efectuar el reemplazo indicado:

$$Q_A^* = J_A\overline{Q_A} + \overline{K_A}Q_A = Y\overline{Q_B}.\overline{Q_A} + Q_BQ_A$$
$$Q_B^* = J_B\overline{Q_B} + \overline{K_B}Q_B = Y\overline{Q_B}Q_A + (Y + Q_A)Q_B = Y\overline{Q_B}Q_A + YQ_B + Q_BQ_A$$

3) Tabular las ecuaciones de aplicación y de salida en función de las entradas y del estado actual de los flip-flops, para obtener la llamada *tabla de estados*.

La costumbre hace que esta tabla se confeccione a doble entrada, donde a cada fila se le hace corresponder un estado actual, y a cada conjunto de columnas una combinación de las entradas.

En nuestro ejemplo, la tabla de estados resulta:

		Y=0			Y=1		
Q_B	Q_A	Q_B^*	Q_A^*	Z	Q_B^*	Q_A^*	Z
0	0	0	0	0	0	1	0
0	1	0	0	0	1	0	0
1	0	0	0	0	1	0	1
1	1	1	1	0	1	1	0

4) Partiendo de la tabla de estados, realizar el llamado *diagrama de estados.*

Este diagrama de estados exhibe la misma información que la tabla pero de forma gráfica y, por lo tanto, más sinóptica. En este diagrama cada estado está representado por un círculo en cuyo interior se coloca el estado de los flip-flops. El estado futuro de cada estado se exhibe mediante una flecha que los comunica, sobre la que se indica cuál es la condición de las entradas que producirá esa transición en el próximo pulso de reloj, y cuál es el estado *actual* de las salidas (en general, estos dos conjuntos de valores se suelen escribir separados por una barra).

En nuestro ejemplo, el diagrama queda como muestra la figura siguiente. Siguiendo la práctica usual, cuando una transición no depende del valor de una entrada, esta última se señala con una X para denotar que es irrelevante. El orden elegido para anotar los estados de los flip-flops es Q_BQ_A.

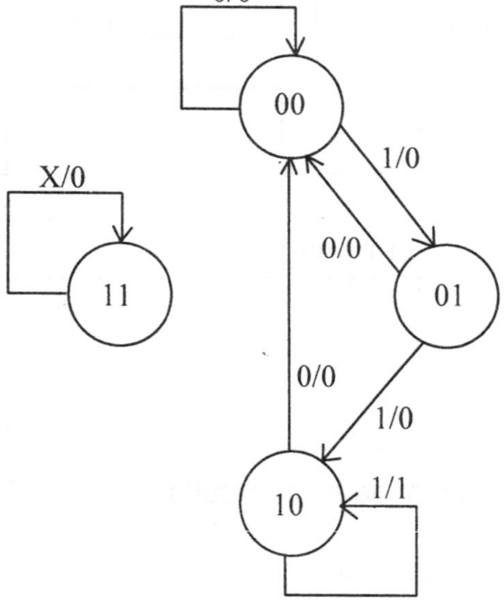

5) Determinar si existe algún estado que pueda ser considerado como "inicial", y la forma como esta condición inicial se logra en el circuito analizado.

En nuestro ejemplo, se nota la existencia de una inicialización automática tras el encendido que lleva a todos los flip-flops al estado 0. El circuito auxiliar utilizado para esto es uno típico, ya explicado en un apartado anterior, en el que se ha adoptado una constante de tiempo de 100 ms (10 kΩ × 10 μF), entendiendo que el transitorio de encendido de la tensión de alimentación V_{CC} no superará este valor.

6) A partir de una cierta secuencia de entradas postulada y un determinado estado inicial, haciendo uso del diagrama de estados prever la evolución del circuito en cuanto a los estados que toma sucesivamente y el valor que toman sus salidas.

Así, para cada estado que va tomando el circuito a partir del estado inicial, puede determinarse del diagrama de estados, en función de las entradas:

- el valor de las salidas *en ese momento*
- el estado *futuro* del circuito (el que tendrá tras el siguiente flanco activo del reloj)

De esta forma, paso a paso, es posible obtener la sucesión de los estados por los que pasa el circuito, y las salidas correspondientes.

En nuestro ejemplo, con la forma de onda de entrada que se postula en la figura 7-14, a partir del estado inicial 00 durante el cual la entrada *Y* es 0, corresponde, de acuerdo al diagrama de estados, que la salida *Z* esté en 0 y que el estado siguiente sea nuevamente el 00. Ya en este estado, con la entrada en 1, la salida sigue siendo 0 y el estado siguiente es el 01 (siempre de acuerdo al diagrama de estados). Repitiendo el razonamiento hasta analizar en forma completa el efecto de la señal de entrada, se obtiene la evolución que muestra la misma figura.

Un aspecto que conviene resaltar para evitar que sea origen de confusión, es que la figura 7-14 muestra, respetando el enunciado del ejemplo, que la entrada *Y* está sincronizada con el reloj. Esto significa que la señal *Y* está producida por otro circuito sincrónico externo, y que los cambios de *Y* están originados en los cambios de los flip-flops que integran a ese circuito, ocasionados a su vez por el pulso del reloj y, como consecuencia de esto, que atrasan ligeramente con respecto a éste. Este atraso, por pequeño, no se exhibe en la figura 7-14 donde ambos aparecen simultáneos, lo que puede llevar al lector a dudar, dado que en ocasiones la aparición del flanco activo del reloj es (aparentemente) simultánea con un cambio de la entrada *Y*, si el estado de esa entrada que "ve" el reloj es el anterior al cambio de *Y* o el posterior. Por lo ya dicho, el reloj ve el estado anterior, ya que él mismo, con una cierta demora, es el causante del cambio al nuevo valor. Esta demora, de todos modos, no es normalmente nociva sino que contribuye a respetar la restricción de no modificar las entradas preparatorias de los flip-flops durante su tiempo de mantenimiento.

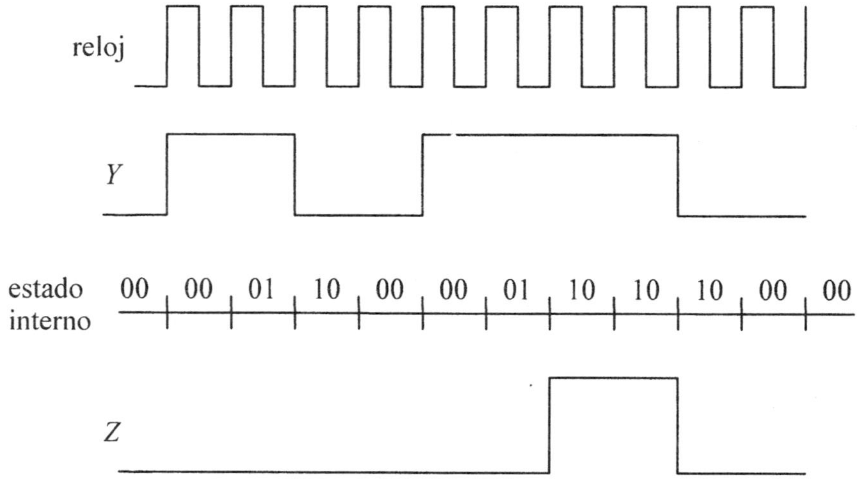

Figura 7-14 - Formas de onda en el circuito secuencial de la figura 7-13

7) A partir del resultado del punto anterior, describir el comportamiento del circuito o comprobar el mismo si éste fuese conocido.

En nuestro ejemplo, el circuito se comporta de acuerdo a lo especificado más arriba, ya que la salida exhibe un 1 cuando la entrada está en 1 y también lo ha estado en los dos períodos anteriores de reloj.

7.3.2. Análisis de las limitaciones temporales

El análisis realizado en el apartado anterior partió tácitamente de suponer un flip-flop ideal, pero en un caso real de análisis, se debe complementar el mismo estudiando si el circuito bajo análisis actuará también satisfactoriamente si se toman en cuenta algunas limitaciones temporales de los flip-flops reales. Así se debe verificar que:

- la frecuencia del reloj no sea superior al valor máximo que para ella admite el flip-flop utilizado.
- no se viole la restricción de no modificar las entradas preparatorias durante el tiempo de establecimiento de cada flip-flop
- no se viole la restricción de no modificar las entradas preparatorias durante el tiempo de mantenimiento de cada flip-flop

La necesidad de la primera de las verificaciones no requiere mayor explicación o justificación, pero las otras dos merecen algunos comentarios de aclaración y ampliación, que haremos usando nuevamente como ejemplo el circuito analizado en el apartado anterior, es decir, el de la figura 7-13.

En dicha figura notemos, por ejemplo, la relación existente entre la salida del flip-flop A y la entrada J del flip-flop B. Un pulso de reloj que produzca un cambio en la entrada J del segundo flip-flop como consecuencia de un cambio en la salida del primer flip-flop, produce dicho cambio a la entrada luego de una doble demora: la debida al tiempo de propagación del primer flip-flop y la originada en el tiempo de propagación de la compuerta AND que media entre ellos. Este cambio de entrada deberá producirse, con relación al *siguiente* pulso de reloj, con una anticipación que no sea menor que el tiempo de establecimiento del segundo flip-flop, pues de lo contrario se violaría la restricción de no modificar las entradas preparatorias durante el tiempo de mantenimiento de ese flip-flop. Esto equivale a exigir que la separación entre dos pulsos consecutivos de reloj no sea menor, aún en las condiciones más desfavorables, que la suma de:

- el tiempo de propagación del flip-flop A
- el tiempo de propagación de la compuerta AND
- el tiempo de establecimiento del flip-flop B.

Como esta condición debe cumplirse para todas las entradas preparatorias de los diferentes flip-flops, el caso más desfavorable es aquél en que se toma el valor máximo del tiempo de propagación del flip-flop empleado ($t_{\text{PFFmáx}}$), y el peor (mayor) tiempo de propagación de los distintos circuitos combinacionales que proveen las entradas preparatorias de los diferentes flip-flops ($t_{\text{PCCmáx}}$). Es decir, que el período del reloj debe ser, como mínimo:

$$T_{\text{mín}} = t_{\text{PFFmáx}} + t_{\text{PCCmáx}} + t_{\text{S}}$$

Se notará que esta condición de período mínimo del reloj equivale a imponer un límite máximo a la frecuencia de operación del circuito, el que puede ser inferior al límite propio de cada flip-flop individualmente considerado. Por ejemplo, un flip-flop de 25 MHz de frecuencia máxima, con 25 ns de tiempo de propagación máximo y 12 ns de tiempo de establecimiento, sólo podría admitir un reloj de hasta 20 MHz (es decir, de 50 ns de período) si el máximo tiempo de propagación de los distintos circuitos combinacionales que proveen las entradas preparatorias de los diferentes flip-flops fuera de 13 ns.

A su vez, la condición de no cambiar las entradas de un flip-flop durante el tiempo de mantenimiento del mismo implica que la suma del tiempo de propagación mínimo del flip-flop empleado y del mejor tiempo de propagación de los diferentes circuitos combinacionales que proveen las entradas preparatorias de los distintos flip-flops debe ser superior al tiempo de mantenimiento del flip-flop. En nuestro ejemplo el mejor tiempo de propagación de los circuitos combinacionales es cero, pues la entrada K del flip-flop A se toma directamente de la salida negada del flip-flop B, por lo que resulta, simplemente, que el tiempo de propagación mínimo del flip-flop empleado debe ser mayor que su tiempo de mantenimiento.

$$t_{\text{PFFmin}} > t_{\text{H}}$$

Los flip-flops comerciales satisfacen esta condición, por lo que la mencionada restricción temporal no constituye normalmente un problema, a menos que se presente el inconveniente de *desalineamiento del reloj* (en inglés, clock skew), que se pasa a comentar.

El desalineamiento del reloj consiste en la falta de simultaneidad de los relojes aplicados a los distintos flip-flops que componen un circuito secuencial sincrónico debido, por ejemplo, a problemas de armado en que diferentes recorridos físicos de la señal de reloj introducen distinto retardo, o a la presencia de una compuerta intercalada en uno de los caminos del reloj (por ejemplo, para evitar limitaciones de abanico de salida del generador de reloj). Es buena práctica evitar conexiones largas de la señal de reloj, y si es necesario introducir alguna compuerta en uno de sus caminos (lo que, en la medida de lo posible, debe ser evitado), se debe intercalar una compuerta similar en los otros a fin de balancear los retardos.

7.3.3. Síntesis de circuitos secuenciales sincrónicos

La síntesis de circuitos secuenciales sincrónicos es la tarea inversa al análisis. Consiste en obtener, es decir diseñar, un circuito que satisfaga determinadas especificaciones dadas. El procedimiento requiere la realización de varios pasos, cuya ejecución se mostrará a través de un ejemplo.

El ejemplo que usaremos es el siguiente: se desea diseñar un circuito que reciba por su única entrada *Y*, en forma secuencial y sincronizada con el flanco descendente del reloj, los bits de peso 1, 2, 4 y 8 (en ese orden) de un dígito decimal codificado en BCD natural. Luego de recibir los bits de un dígito se pasa inmediatamente a recibir los correspondientes a otro. Este circuito poseerá una única salida *Z* que, en momentos de recibir el bit de peso 8 de cada dígito, indique con un 1 cuando la combinación recibida no corresponda a una de las combinaciones válidas del código BCD natural, señalando así un error.

Procedimiento de diseño

1) A partir de la descripción del funcionamiento, trazar el diagrama de estados llamando a los distintos estados, provisoriamente, con una letra.

No existen reglas mecánicas para efectuar esta tarea, la que debe realizarse basándose en el sentido común y la experiencia previa. Algunas recomendaciones prácticas son:

- si el funcionamiento prevé un estado inicial, comenzar a trazar el diagrama de estados a partir de él.
- analizar los estados sucesivos por los que pasa el circuito, y las salidas correspondientes, cubriendo todas las posibilidades de las entradas y creando, en la medida de lo necesario, nuevos estados. Tratar de no crear nuevos estados que sean equivalentes a otros ya colocados. *Estados equivalentes* son aquellos estados que tienen idéntico comportamiento, es decir que tienen, para las mismas entradas, exactamente las mismas salidas y los mismos estados futuros. Por lo tanto, un estado equivalente a otro puede ser sustituido por este último, con la ventaja de reducir así el número total de estados. Sin embargo, no preocuparse si por un análisis algo superficial se hubiera creado un nuevo estado sin advertir que existía uno equivalente. Los estados equivalentes pueden ser reconocidos en un paso posterior del diseño.

Un diagrama de estados que satisface la especificación del ejemplo es el siguiente.

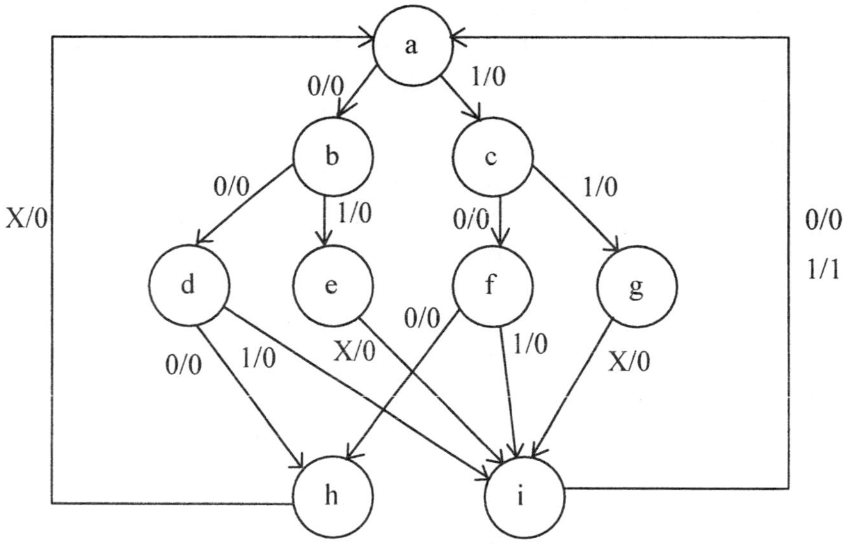

Este diagrama se ha ideado de la siguiente forma: a partir del estado inicial en que se va a recibir el primer bit de un dígito (estado denominado a en la figura), se abren dos estados futuros posibles dependiendo de que el bit recibido sea un 0 o un 1. Estos dos estados, cuando se analizan las dos posibilidades del bit siguiente, producen cuatro posibilidades, lo que da origen a cuatro nuevos estados. Proseguir este análisis para el tercer bit produciría 8 nuevos estados, pero un razonamiento simple nos indica que existen estados equivalentes. Efectivamente, existen básicamente dos posibilidades tras el arribo del tercer bit:

- Los bits recibidos han sido (citando primero al más significativo, es decir, el último en aparecer) 000 ó 001. En cualquiera de estos dos casos el estado que pueda tomar el cuarto bit es irrelevante. Sea lo que fuere, la combinación recibida sería una palabra válida del código BCD natural (0000, 0001, 1000 ó 1001), la salida en ese momento sería 0, y el estado siguiente sería nuevamente el estado inicial pues en él debe comenzar a recibirse el nuevo dígito. Vemos que las dos posibilidades mencionadas anteriormente resultan equivalentes, pues tienen la misma salida y el mismo estado futuro, por lo que pueden ser representadas por un único estado (el h).

- Los bits recibidos han sido (nuevamente citando primero al más significativo) 001, 010, 011, 100, 101, 110 ó 111. En cualquiera de estos casos, si el cuarto bit fuese un 0 la combinación recibida sería una palabra válida del código BCD Natural y la salida sería en ese momento 0, mientras que si fuese un 1 se trataría de una combinación inválida y la salida en ese momento sería 1. En ambos casos, el estado siguiente sería el inicial. Vemos que las seis posibilidades mencionadas anteriormente resultan equivalentes, pues tienen para las mismas entradas, la misma salida y el mismo estado futuro, por lo que pueden ser representadas por un único estado (el i).

Es por ello que tras el tercer bit sólo se ha puesto dos nuevos estados, en vez de 8. Sin embargo, de no habernos percatado de la presencia de estados equivalentes, la misma sería reconocida en un paso posterior de la síntesis, como veremos más adelante donde reconoceremos que existen otros estados equivalentes que no hemos advertido en este paso.

Finalmente, el arribo del cuarto bit retrotrae el circuito a su estado inicial, con emisión de un 1 en el caso de que se haya detectado una combinación inválida.

2) A partir del diagrama de estados, trazar la tabla de estados y analizarla para localizar estados equivalentes.

Ya hemos dicho en el punto anterior que estados equivalentes son aquellos que tienen, para las mismas entradas, exactamente los mismos estados futuros y las mismas salidas. De haber estados equivalentes, los mismos deben ser reemplazarlos por un único estado y se debe rehacer la tabla de estados para reflejar estos cambios. Esto puede requerir varios pasos sucesivos hasta eliminar los estados equivalentes más obvios.

Esta reducción del número de estados tiene como objetivo obtener un circuito lo más simple posible, y la minimización del número de estados asegura utilizar el mínimo número de flip-flops. Sin embargo la reducción del número de estados no asegura que también se ha de reducir la cantidad de compuertas que requerirá el diseño, y en no pocas ocasiones ocurre lo contrario. Por lo tanto, si bien es razonable y aconsejable efectuar la mencionada reducción, deberá tenerse en cuenta que la misma no asegura que se obtendrá el circuito de menor costo.

El método más simple para detectar estados equivalentes es el llamado *por inspección*. Este método consiste en detectar si hay renglones idénticos en la tabla de estados, ya que de ser así corresponden a estados que tienen, para las mismas entradas, las mismas salidas y los mismos estados futuros y son, por lo tanto, equivalentes. Sin embargo, este método no permite detectar todas las equivalencias existentes, sino sólo las más evidentes, por lo que suele ser complementado con la posterior aplicación de otro método denominado *de la tabla de implicancias*, que detecta todas las equivalencias existentes. De todos modos, este método siempre es precedido por la aplicación del método por inspección, así que comenzaremos utilizando este último.

En nuestro ejemplo, la confección de la tabla de estados, tal como se muestra más abajo, muestra la total equivalencia de los estados e y g, y los estados d y f ya que, como se observa, *sus respectivos renglones de la tabla de estado son idénticos*. Por lo tanto, puede realizarse una nueva tabla de estados donde sólo figure un estado de cada conjunto de estados equivalentes, eliminando el renglón correspondiente a los suprimidos, y reemplazando toda mención a estos en otros renglones por su equivalente. Así, eliminando los renglones correspondientes a los estados g y f y reemplazando en los otros renglones toda mención a ellos por e y d respectivamente, se llega a una nueva tabla. En ésta se advierte, recién ahora, que son equivalentes los estados b y c. Una tercera tabla no muestra ya estados equivalentes detectables por inspección. De existir aún estados equivalentes podrían ser detectados por el método de la tabla de implicancias. Como, de todos modos, la aplicación de este método demostraría que en este ejemplo no quedan ya estados equivalentes, seguiremos adelante sin aplicarlo, pero lo presentaremos en el siguiente apartado.

	Estado futuro, salida	
Estado	Y=0	Y=1
a	b,0	c,0
b	d,0	e,0
c	f,0	g,0
d	h,0	i,0
e	i,0	i,0
f	h,0	i,0
g	i,0	i,0
h	a,0	a,0
i	a,0	a,1

	Estado futuro, salida	
Estado	Y=0	Y=1
a	b,0	c,0
b	d,0	e,0
c	d,0	e,0
d	h,0	i,0
e	i,0	i,0
h	a,0	a,0
i	a,0	a,1

	Estado futuro, salida	
Estado	Y=0	Y=1
a	b,0	b,0
b	d,0	e,0
d	h,0	i,0
e	i,0	i,0
h	a,0	a,0
i	a,0	a,1

Se puede proceder ahora a rehacer el diagrama de estados, en el que ahora sólo existen seis estados, de acuerdo a la última tabla de estados realizada. El resultado se muestra en la siguiente figura.

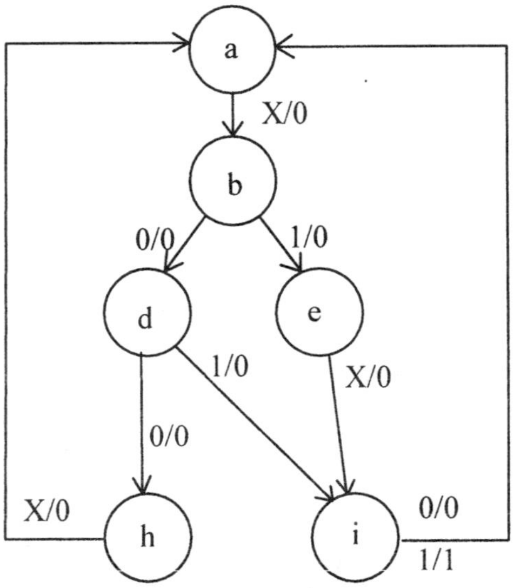

3) Determinar el tipo y número de flip-flops

El número de flip-flops debe ser mayor o igual al logaritmo en base 2 del número de estados finalmente resultante.

En nuestro ejemplo, se emplearán 3 flip-flops, ya que se necesitan 6 estados. En principio, los flip-flops pueden ser de cualquiera de los tipos que hemos visto (D, JK, o T) pero acá adoptaremos flip-flops tipo JK, a los que denominaremos A, B y C.

4) Efectuar la asignación de estados

Esta asignación consiste en hacer corresponder, a cada estado, con una combinación dada del estado de los diferentes flip-flops. Existen numerosas maneras de efectuar esta asignación, todas las cuales conducen a un circuito final que satisface las especificaciones, aunque algunas de ellas pueden conducir a circuitos más simples que otras. No existen métodos para efectuar esta asignación que aseguren un circuito final de máxima simplicidad, excepto el de probar todas las posibilidades. Esto no suele ser empleado pues resulta muy laborioso por el gran número de posibilidades diferentes.

Así, en nuestro ejemplo, a pesar de su sencillez, puede demostrarse que hay 20160 posibilidades de asignación diferentes. Aún cuando algunas de estas asignaciones no son *esencialmente* diferentes pues conducen a circuitos de complejidad similar porque simplemente puede pasarse de unas a otras por simple permutación entre las variables o el cambio de una variable por su inversa, el cálculo arroja 420 asignaciones esencialmente diferentes, estimadas suficientes para desalentar ese procedimiento de probar todas las posibilidades, que prácticamente sólo puede llevarse a cabo si el número de flip-flops es de 2 (resultando sólo 3 asignaciones esencialmente diferentes).

En ausencia de métodos sistemáticos para efectuar la asignación, la práctica del diseño ha llevado a desarrollar un conjunto de criterios que suelen conducir a buenos resultados, como los que se citan a continuación.

1) Si existe un estado que pueda ser considerado inicial, es deseable que se corresponda con el estado en 0 de todos los flip-flops, por la comodidad con que puede forzarse ese estado inicial.
2) Un criterio denominado *de mínima dependencia* sugiere asignar estados *adyacentes* o, al menos, *próximos* (es decir, que sus asignaciones sólo difieran en una única variable de estado o, si no es eso posible, en tan pocas como sea posible) a:
   - los estados que provienen de transiciones originadas en un mismo estado (como es el caso en nuestro ejemplo de d y e, y de h e i).
   - los estados que, sin ser equivalentes, se aproximan a ello. Por ejemplo por tener, para las mismas entradas, casi los mismos estados futuros y/o casi las mismas salidas (como h e i).

En nuestro ejemplo, una asignación posible que respeta estos criterios (no la única y quizás tampoco la que conduzca al resultado más simple) es la que se tabula a continuación. Se notará que se han usado las variables de estado Q_B y Q_A para codificar el número del paso en que se encuentra cada estado. En la misma tabla se listan también los dos posibles estados de los flip-flops (del total de 8) que son supernumerarios (ya que sólo se requieren 6 estados) y que por lo tanto no fueron asignados a estado alguno del diagrama de estados:

Estado	Q_C	Q_B	Q_A
a	0	0	0
b	0	0	1
d	0	1	0
e	1	1	0
h	0	1	1
i	1	1	1
no asignado	1	0	0
no asignado	1	0	1

5) Rehacer la tabla de estados, designando ahora a estos con la asignación realizada en el punto anterior.

Se deberá cuidar que la tabla incluya los estados supernumerarios de los flip-flops, es decir, aquellos que están en exceso con relación a los estados estrictamente necesarios para la resolución del problema. Determinar en dicha tabla si se desea que esos estados supernumerarios tengan alguna salida o algún estado futuro particular, o si se dejan estos no especificados para aprovechar que las redundancias que así de producen simplifican el circuito resultante. La última de las variantes es la que, lógicamente, da origen a circuitos más sencillos, mientras que la primera protege contra la posibilidad de que por alguna perturbación o mal funcionamiento pueda el circuito en algún momento pasar a un estado supernumerario y quedar retenido en él o en algún otro estado indeseable.

En el ejemplo, la tabla de estados resultante es la que se da a continuación. Se ha considerado que no es necesario forzar un comportamiento particular en el caso de los dos estados supernumerarios, por lo que en su caso las columnas correspondientes a su estado futuro y a su salida actual han sido rellenadas con X, para denotar que es irrelevante.

			Y=0				Y=1			
Q_C	Q_B	Q_A	Q_C^*	Q_B^*	Q_A^*	Z	Q_C^*	Q_B^*	Q_A^*	Z
0	0	0	0	0	1	0	0	0	1	0
0	0	1	0	1	0	0	1	1	0	0
0	1	0	0	1	1	0	1	1	1	0
0	1	1	0	0	0	0	0	0	0	0
1	0	0	X	X	X	X	X	X	X	X
1	0	1	X	X	X	X	X	X	X	X
1	1	0	1	1	1	0	1	1	1	0
1	1	1	0	0	0	0	0	0	0	1

6) Encontrar las expresiones más simples de cada una de las entradas preparatorias.

De haberse tratado de flip-flops tipo D, correspondería trazar aquí el mapa de Karnaugh de cada uno de los Q^*, encontrar la expresión más simple de cada uno de ellos (en función de la(s) entrada(s) y del estado interno), y utilizar esa misma expresión simplificada para definir la entrada D de los respectivos flip-flops.

Sin embargo, tratándose de flip-flops tipo JK o T, el procedimiento es algo más laborioso pues se requiere, previamente a la obtención de las expresiones más simples de las entradas preparatorias, agregar las mismas a la tabla anterior, algo innecesario en el caso de los flip-flops D ya que el D preparatorio de cada flip-flop coincide exactamente con el estado futuro del mismo, que ya se encuentra tabulado. En esos casos se hace necesario proceder según los dos pasos siguientes:

a) Completar la tabla de estados con columnas adicionales para cada una de las excitaciones de los flip-flops, las que se llenarán haciendo uso de la tabla de excitación correspondiente a cada uno de estos. Dichas tablas de excitación fueron ya vistas para los mencionados flip-flops, pero acá se recuerdan en la forma de una tabla única:

		Flip-flop JK		Flip-flop T
Q	Q^*	J	K	T
0	0	0	X	0
0	1	1	X	1
1	0	X	1	1
1	1	X	0	0

Para nuestro ejemplo, se debe completar la tabla con 12 nuevas columnas, con los valores correspondientes de J_A, K_A, J_B, K_B, J_C y K_C para los dos valores posibles de la entrada Y. Así, queda:

			Y=0				Y=1				Y=0						Y=1					
Q_C	Q_B	Q_A	Q_C^*	Q_B^*	Q_A^*	Z	Q_C^*	Q_B^*	Q_A^*	Z	J_C	K_C	J_B	K_B	J_A	K_A	J_C	K_C	J_B	K_B	J_A	K_A
0	0	0	0	0	1	0	0	0	1	0	0	X	0	X	1	X	0	X	0	X	1	X
0	0	1	0	1	0	0	1	1	0	0	0	X	1	X	X	1	1	X	1	X	X	1
0	1	0	0	1	1	0	1	1	1	0	0	X	X	0	1	X	1	X	X	0	1	X
0	1	1	0	0	0	0	0	0	0	0	0	X	X	1	X	1	0	X	X	1	X	1
1	0	0	X	X	X	X	X	X	X	X	X	X	X	X	X	X	X	X	X	X	X	X
1	0	1	X	X	X	X	X	X	X	X	X	X	X	X	X	X	X	X	X	X	X	X
1	1	0	1	1	1	0	1	1	1	0	X	0	X	0	1	X	X	0	X	0	1	X
1	1	1	0	0	0	0	0	0	0	1	X	1	X	1	X	1	X	1	X	1	X	1

b) Representar en sendos mapas de Karnaugh a las entradas preparatorias, y obtener de cada mapa la expresión más simple de la variable correspondiente.

En nuestro ejemplo, resultan bastante obvias las funciones que dan algunas de las variables. Así, se tiene, por simple inspección de la tabla (aunque idéntico resultado puede obtenerse a través del uso de mapa de Karnaugh):

$J_A=1$
$K_A=1$
$J_B=Q_A$
$K_B=Q_A$
$K_C=Q_A$

En cambio, la expresión mínima de J_C requiere del uso del mapa de Karnaugh:

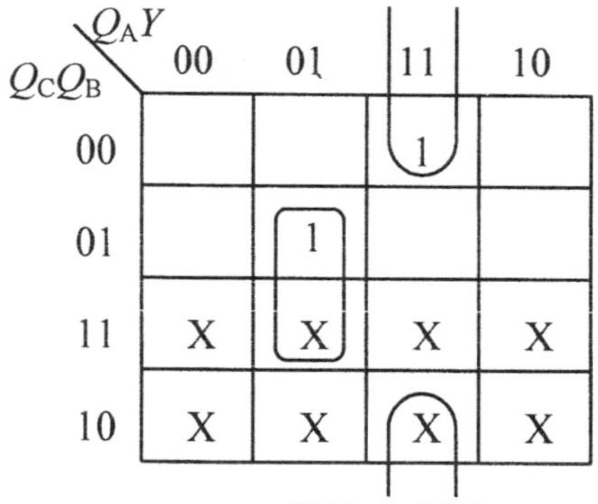

$$J_C = Q_B\overline{Q_A}Y + \overline{Q_B}Q_A Y$$

7) Representar en sendos mapas de Karnaugh a las salidas, y encontrar la expresión más simple de cada una de ellas.

En nuestro caso, la única salida Z resulta:

Q_CQ_B \ Q_AY	00	01	11	10
00				
01				
11			1	
10	X	X	X	X

$$Z=Q_CQ_AY$$

8) Dibujar el circuito resultante, incluyendo una señal de inicialización apropiada si resulta necesaria.

En nuestro ejemplo, resulta indicado arrancar el funcionamiento tras el encendido en el estado a, o sea el 000. Por lo que debe colocarse el circuito auxiliar correspondiente. El circuito final es el que muestra la figura 7-15.

9) Adoptar los componentes reales del circuito.

El diseño, hasta aquí, se realizó con flip-flops y compuertas ideales. Corresponde entonces seleccionar componentes disponibles comercialmente, para lo que se debe elegir primeramente una familia lógica adecuada de acuerdo a las características buscadas de diseño (consumo, velocidad de operación, etc.). La realización de este paso de diseño se deja a la laboriosidad del lector.

10) Determinar la frecuencia máxima de operación del circuito para comprobar que puede operar a la frecuencia deseada.

Para ello se debe analizar el comportamiento temporal del circuito con sus componentes reales fijados en el punto anterior.

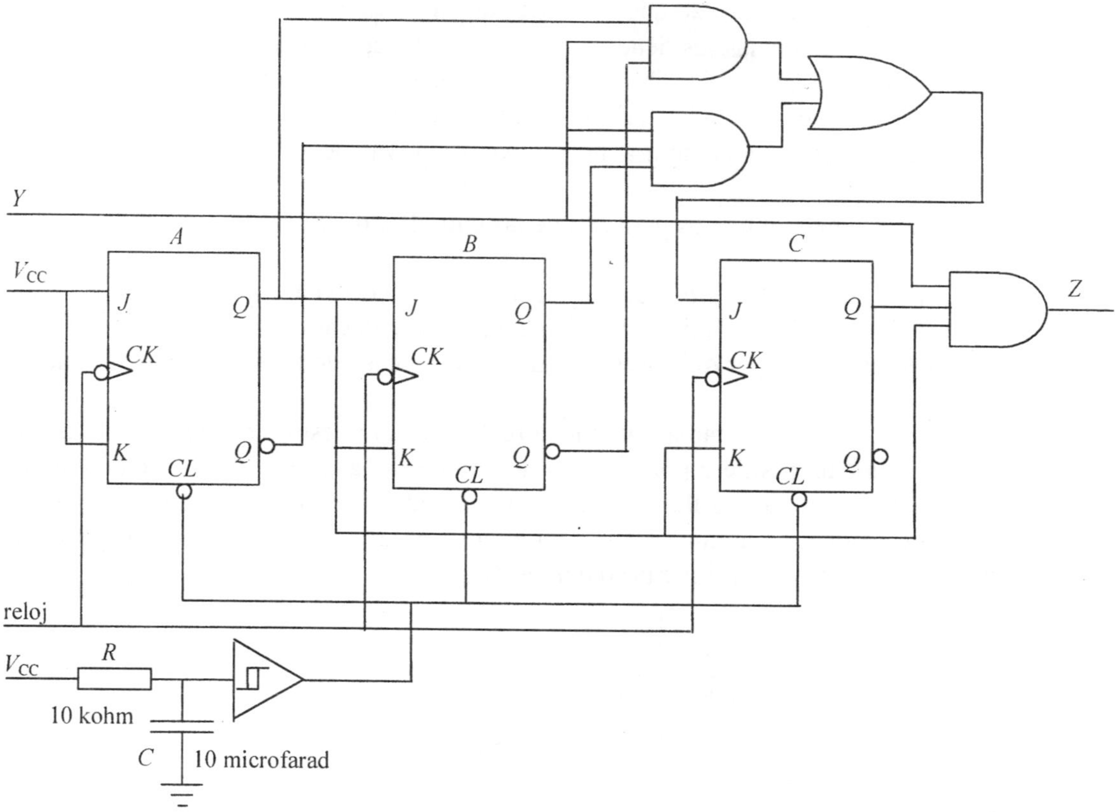

Figura 7-15 - Circuito final del circuito secuencial diseñado en el texto

7.3.4. El método de la tabla de implicancias

Hemos dicho que el método por inspección puede dejar sin detectar ciertas equivalencias, por lo que tras su aplicación, si se desea asegurar la inexistencia de estados equivalentes aún presentes y no detectados por este método, debe recurrirse a complementarlo aplicando el método de la tabla de implicancias.

Vamos a explicar el método de la tabla de implicancias, utilizando como ejemplo la tabla de estado que el método de inspección dio por mínima en el ejemplo de síntesis que hemos considerado. Comprobaremos que en este caso no existen nuevos estados equivalentes. Luego de aplicar el método, resumiremos el procedimiento general a seguir. Retomemos entonces la tabla de estados mínima de nuestro ejemplo, que acá repetimos por conveniencia:

	Estado futuro, salida	
Estado	Y=0	Y=1
a	b, 0	b, 0
b	d, 0	e, 0
d	h, 0	i, 0
e	i, 0	i, 0
h	a, 0	a, 0
i	a, 0	a, 1

Analizaremos los estados de a pares; esto es, confrontando todos con todos, con el fin de detectar si existe o no la posibilidad de que sean equivalentes. Ilustraremos este procedimiento con tres ejemplos:

- El estado a y el estado b tienen, para las mismas entradas, exactamente las mismas salidas. Se puede conjeturar que a y b son equivalentes (a≡b), lo que implicaría que deben serlo también sus respectivos estados futuros. Es decir, la conjetura de que sea cierto que a≡b, implica que sea cierto también que b≡d y b≡e. A estas últimas equivalencias las denominaremos *implicancias*, y al par de estados que figura en cada una de ellas, *par implicado*. Escribiremos los pares de estado como (b, d) y (b, e) aunque suprimiremos los paréntesis cuando no haya riesgo de ambigüedad.

- De acuerdo a lo recién indicado, la conjetura de que exista equivalencia del par (d, e) tiene, como único par implicado, (h, i).
- El estado a y el estado i tienen, al menos para una de las entradas, distintas salidas. Se puede afirmar que no son equivalentes.

Se puede preparar una tabla, llamada *tabla de implicancias*, donde exista un casillero por cada par de estados posible y, luego de un análisis similar al recién explicado, colocar dentro de cada casillero una X si los estados resultan no equivalentes por diferir en sus salidas y, en caso de tener las mismas salidas, escribir los pares implicados.

La figura que sigue muestra la tabla que puede realizarse en nuestro caso siguiendo esta consigna. Nótese que hay efectivamente un casillero por cada par de estados de la tabla (n estados dan lugar a n(n-1)/2 pares de estados y a igual número de casilleros), y que una cómoda forma de presentación es la disposición parecida a un triángulo escalonado que muestra la figura, cuya base y altura son ambas de n-1 estados. La preparación de esta tabla constituye el primer paso del método.

b	b, d b, e				
d	b, h b, i	d, h e, i			
e	b, i	d, i e ,i	h, i		
h	a, b	a, d a, e	a, h a, i	a, i	
i	X	X	X	X	X
	a	b	d	e	h

Es posible que en un casillero de esta tabla se mencione como par implicado por otro par de estados a uno que, en el casillero que le corresponde, tiene una X por no ser estados equivalentes los que forman el par. Entonces, si para una equivalencia conjeturada nos encontramos que alguno de los pares implicados no son equivalentes, la conjetura es falsa y deben considerarse al par de estados correspondientes como no equivalentes. Así, por ejemplo, la no equivalencia del par (a, i) fuerza a considerar no equivalentes a (h, d) y (h, e) que tienen a ese par como implicado. Analizando los efectos de todas las X, se llega a la siguiente nueva tabla, con la que se concluye el paso 2.

b	b, d b, e				
d	X	X			
e	X	X	X		
h	a, b	a, d a, e	X	X	
i	X	X	X	X	X
	a	b	d	e	h

En esta tabla han aparecido siete X nuevas, es decir, se han comprobado no compatibles otros 7 pares de estados. Debe verificarse entonces si algunos de estos pares no equivalentes eran pares implicados de algún otro par de estados, porque entonces estos últimos también pasan a ser no equivalentes. Por ejemplo la no equivalencia del par (a, d) vuelve no equivalentes al par (b, h). Un análisis similar demuestra también que no son equivalentes a y b.

Dibujada la tabla de implicancias con dos nuevas X (paso 3), es fácil comprobar que, desaparecida la hipótesis de equivalencia del par (a, b), resulta no equivalente el par (h, a). La nueva tabla (paso 4) ya muestra que no quedan estados equivalentes, como queríamos demostrar.

b	X				
d	X	X			
e	X	X	X		
h	a, b	X	X	X	
i	X	X	X	X	X
	a	b	d	e	h

b	X				
d	X	X			
e	X	X	X		
h	X	X	X	X	
i	X	X	X	X	X
	a	b	d	e	h

En otros casos, al ejecutar este procedimiento se llega a un momento en el que se encuentra de que no pueden establecerse nuevas X, lo que es indicación de que el proceso ha concluido, y aquellos pares de estado que no han sido marcados con X deben considerarse equivalentes.

Por ejemplo, supongamos que en un determinado caso se llega, en cierto paso, a una tabla de implicancias como la que sigue:

b	a, b c, e				
c	X	X			
d	X	X	X		
e	X	X	c, e c, f	X	
f	X	X	a, b	X	a, b
	a	b	c	d	e

En este caso son equivalentes los pares (a, b), (c, e), (c, f) y (e, f). O sea que valen las siguientes equivalencias: a≡b y c≡e≡f

Resumamos entonces los pasos necesarios para utilizar este método:

1) Construir una tabla de implicancias que contenga un casillero para cada par de estados. Colocar rótulos de manera de que quede claramente identificado a qué par de estados corresponde cada casillero. En el interior de cada uno de estos casilleros se le debe ingresar un contenido. Para ello, observar en la tabla de estados los renglones respectivos de cada uno de los dos estados correspondientes al casillero, y comparar en dichos renglones las salidas y los estados futuros para las diferentes condiciones de las entradas. Y entonces:

- Si las salidas son distintas para alguna condición de las entradas, escribir en el casillero una X
- Si las salidas son iguales, escribir en el casillero los pares implicados que, según la tabla de estados, si fueran equivalentes, harían que los estados que estamos comparando también lo fueran.

2) Repasar cada uno de los casilleros de la tabla de implicancias que no contengan una X, observando e identificando los pares implicados que allí figuran. Buscar en la misma tabla de implicancias el casillero correspondiente a esos pares implicados para ver su contenido. Si es una X, colocar también una X en el casillero donde ese par figura como par implicado. En caso contrario, ignorar.

3) Si en el paso 2 fue colocada alguna X, repetir el paso. De lo contrario, dar por terminado el proceso y considerar estados equivalentes a los pares de estado cuyo casillero en la tabla de implicancias no tengan una X.

7.3.5. El caso de entradas asincrónicas

Hasta ahora hemos considerado sólo la posibilidad de que un circuito secuencial sincrónico tenga entradas sincronizadas con el reloj, pero con cierta frecuencia estos circuitos tienen alguna(s) entrada(s) de carácter asincrónico, es decir, no sincronizada(s) con el mismo.

Una entrada de este tipo trae algunas dificultades a la operación del circuito, básicamente debido a que ella puede llegar a cambiar en momentos en que los flip-flops no admitan, para buen funcionamiento, cambios en sus entradas preparatorias, es decir, durante el tiempo de establecimiento y/o de mantenimiento de los flip-flops. Como esto puede hacer que la respuesta de los mismos frente al pulso de disparo no sea predecible, se debe establecer en el diseño del circuito secuencial que, de haber un estado que tenga dos estados futuros diferentes según el valor particular que tome una entrada asincrónica, dichos estados deben tener asignaciones adyacentes, es decir, sólo deben diferir en una única variable de estado. De esta manera, sólo un flip-flop del circuito se vería afectado por la aparición de esa entrada asincrónica, y si la misma se presenta en las proximidades del disparo es tan válido que el flip-flop tome el estado 0 o el estado 1, pues cualquiera sea el estado resultante será el correspondiente al valor de la entrada inmediatamente anterior al disparo o al inmediatamente posterior al mismo, y ambos son igualmente valederos.

Sin embargo, este procedimiento no es utilizable en muchos casos, en los cuales no puede evitarse que las entradas preparatorias de más de un flip-flop dependan de dicha entrada. En esos casos la solución consiste en sincronizar la entrada asincrónica, esto es, conectarla a la entrada preparatoria de un flip-flop D de manera de obtener a la salida del mismo una señal equivalente a la de entrada pero sincronizada con el reloj. Es esta señal sincronizada la que se aplica como entrada al circuito secuencial sincrónico. Esto implica que, en este caso, el cambio de una señal asincrónica sólo se toma en consideración a partir del intervalo de reloj posterior al de su aparición, retardo que se conoce como *tiempo de latencia.*

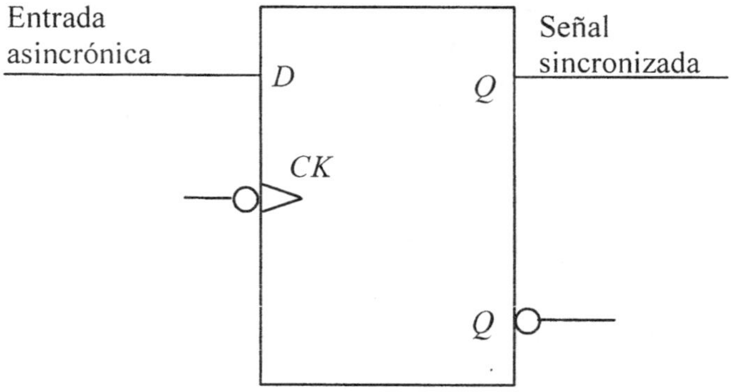

Figura 7-16 - Circuito sincronizador

Queda aún un problema importante (e inevitable) causado por las entradas asincrónicas, denominado *metaestabilidad.* El cambio de una entrada preparatoria en un entorno estrecho del flanco activo del reloj puede producir que el flip-flop no se decida inmediatamente por uno u otro estado, sino que vaya a un estado intermedio entre el 0 y el 1, en el cual perdura un cierto tiempo cuya duración no puede predecirse. Para aclarar este problema, antes de profundizarlo, presentaremos una analogía con un sistema conocido por el lector.

La física nos enseña que si hay dos hondonadas separadas por una loma, como muestra la figura siguiente, una bola puede estar en tres posibles estados de equilibrio: en una de las hondonadas, en la otra, o en el tope de la loma. Pero entre estos estados de equilibrio existe una importante diferencia; si la bola se encuentra en equilibrio en la hondonada y es desplazada ligeramente de esa posición de equilibrio, la acción de la gravedad la retornaría a él. Se trata de una situación de *equilibrio estable.* Por el contrario, si la bola estuviese en el tope de la loma, si fuera apartada de esa posición de equilibrio, caería por la pendiente. Se trata de una situación de *equilibrio inestable.* La condición de equilibrio estable puede durar indefinidamente, pero la de equilibrio inestable tiene una duración incierta, porque en algún momento no predecible una perturbación apartará a la bola de ese equilibrio y la hará desbarrancar.

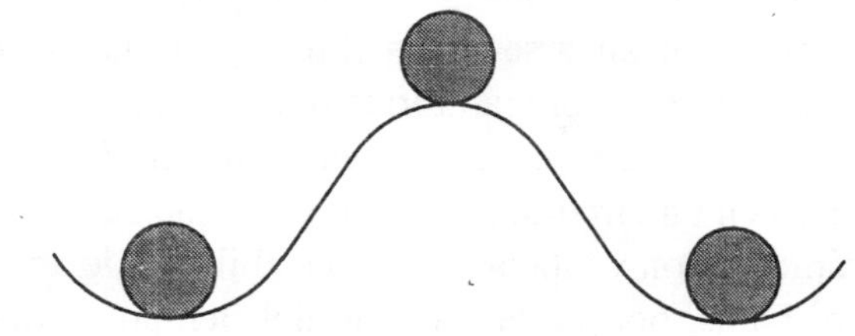

Figura 7-17 – Equilibrio estable e inestable

En el caso de los biestables y flip-flops ocurre algo totalmente análogo. Para entenderlo nos vamos a basar en un biestable SR hecho con compuertas NOR por su sencillez, y consideraremos el caso en que tanto S como R son 0, para hacer el circuito más sencillo aún, ya que en esas condiciones queda reducido a dos inversores acoplados como muestra la figura siguiente.

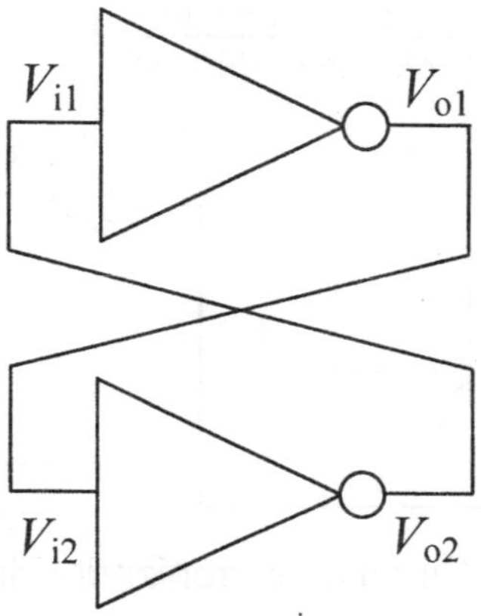

Figura 7-18 – Biestable con dos inversores

En la figura anterior se han rotulado las tensiones de entrada y de salida de cada inversor, y en la figura que sigue se grafican sus curvas de transferencia, es decir, su tensión de salida versus su tensión de entrada. Aunque en un caso con los ejes permutados porque $V_{o1}=V_{i2}$ y viceversa.

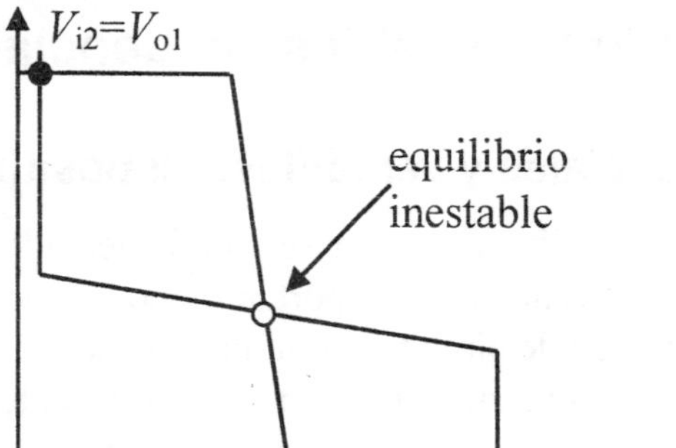

Figura 7-19 – Equilibrio en un biestable

El conjunto de los dos inversores sólo está en equilibrio en los puntos donde las características de transferencia se encuentran. La figura anterior muestra tres puntos de intersección, que definen 3 puntos de equilibrio. Dos de ellos son los estados de equilibrio estable que tiene el biestable y el tercero, en el centro de la figura, es un caso de equilibrio inestable. Si por alguna circunstancia el biestable toma ese *estado intermedio* entre el 0 y el 1, permanece en él durante un tiempo cuya duración no es predecible, hasta que una perturbación lo hace apartarse de él y pasar a alguno de los dos estados estables.

Similarmente, en un flip-flop, la metaestabilidad produce un nivel intermedio entre el 0 y el 1, cuya duración no puede preverse (aunque puede estudiarse estadísticamente). Esta duración puede considerarse una extensión indeterminada del tiempo de propagación del flip-flop.

El estado metaestable puede alcanzarse en un flip-flop si una entrada asincrónica cambia violando las restricciones de no alterar las entradas preparatorias durante un tiempo t_S antes o t_H después del flanco activo del reloj (intervalo conocido como *ventana de metaestabilidad*). Esta circunstancia no puede evitarse cuando hay entradas asincrónicas en un circuito sincrónico, aunque su probabilidad puede reducirse:

a) utilizando flip-flops más rápidos, con ventana de metaestabilidad de ancho menor

b) usando frecuencias de reloj bajas, porque la fracción del tiempo en que un flip-flop se encuentra en la ventana de metaestabilidad, es el producto de la frecuencia del reloj por el ancho de la ventana de metaestabilidad ($t_S + t_H$).

Otra de las acciones mitigadoras que puede tomarse es usar un sincronizador de 2 o más etapas, como el de la siguiente figura, que tiene 2.

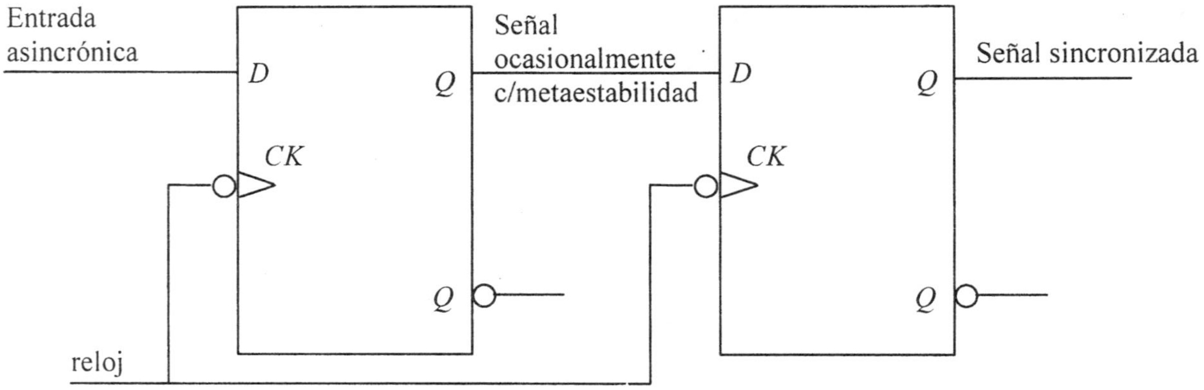

Figura 7-20 - Circuito sincronizador de 2 etapas

Los efectos positivo y negativo de este sincronizador de 2 etapas son, respectivamente:

- Reduce el riesgo de metaestabilidad, limitándolo a aquellos estados metaestables que duren más de un período de reloj
- Aumenta el tiempo de latencia de la efectividad de la entrada asincrónica en un período del reloj

7.4. Dispositivos Lógicos Programables secuenciales

7.4.1. Dispositivos PAL secuenciales y versátiles; dispositivos GAL

Los circuitos secuenciales sincrónicos también pueden ser implementados mediante dispositivos lógicos programables de tipo secuencial, con las ventajas que aportan dichos dispositivos y que fueron comentadas al estudiar su empleo en la implementación de circuitos combinacionales.

Los dispositivos PAL ya fueron introducidos en un capítulo anterior, pero en ese momento nos habíamos limitado a presentar a los dispositivos PAL puramente combinacionales. Pero también se dispone comercialmente de dispositivos PAL en los que algunas de sus salidas son secuenciales y cuyas celdas de salida incorporan, no sólo la consabida compuerta OR, sino un flip-flop tipo D de tal suerte que la compuerta OR no provee ya esa salida sino la entrada preparatoria *D* de dicho flip-flop, cuya salida *Q* es la verdadera salida del dispositivo PAL.

Los dispositivos PAL secuenciales contienen todos los elementos para implementar un circuito secuencial sincrónico como el genéricamente representado en la figura 7-12, al menos si resulta suficiente el número de sus entradas, productos, salidas, y flip-flops.

Por ejemplo, el dispositivo PAL16R4 tiene una estructura como la que indica la figura 7-21. Nótese que de sus 8 salidas (la figura sólo detalla 4 de ellas) 4 son puramente combinacionales y las otras 4 son secuenciales, que también se denominan tipo *registro*. La letra R en la designación del dispositivo indica justamente que posee algunas salidas tipo registro (más precisamente 4 salidas de este tipo, como aclara la denominación de este dispositivo en su cifra final).

El lector comprobará que este dispositivo contiene todo lo necesario para implementar un circuito secuencial sincrónico de pequeña y mediana complejidad:

- Cuyo número de entradas no exceda de 8
- Cuyo número de salidas no exceda de 4
- Cuyo número de flip-flops no exceda de 4
- Cuyas ecuaciones de salida no requieran más de 7 productos
- Cuyas ecuaciones de excitación no requieran más de 8 productos.

Así, por ejemplo, servirá para realizar el circuito de la figura 7-15 (rediseñado para que los flip-flops sean tipo D), excepción hecha de que carece de facilidades para prefijar un estado inicial por medio de alguna entrada asincrónica.

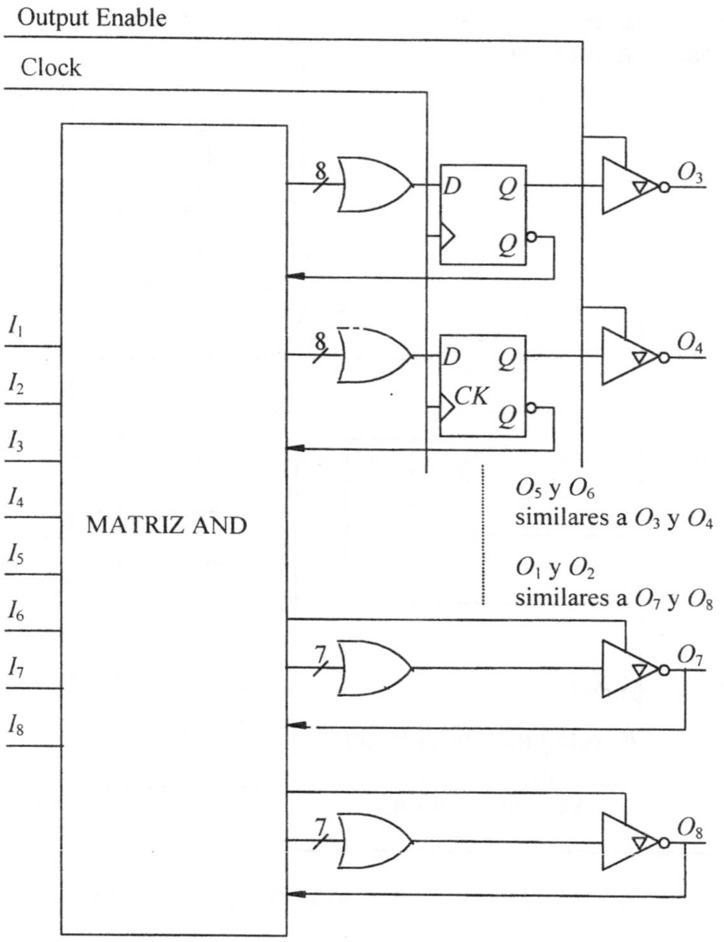

Figura 7-21 - Esquema del dispositivo PAL16R4

Existen otros dispositivos PAL con salida tipo registro que sí incorporan facilidades para prefijar el estado inicial de sus flip-flops, pero omitiremos acá su mención para pasar a analizar a los dispositivos PAL más refinados aún, del tipo denominado *versátil,* que constituyen una superación de las variantes hasta acá mencionadas, y que se identifican mediante una letra V en su código identificatorio en vez de las ya mencionadas H, L y R.

Estos dispositivos versátiles se caracterizan por tener sus celdas de salida con fusibles propios, de manera de que las celdas puedan configurarse individualmente, mediante una programación apropiada, en una celda combinacional de salida activa en bajo, o bien en una combinacional activa en alto, o bien en una de tipo registro, y en este caso, pudiendo incluso elegir nuevamente entre salida registro activa en bajo o en alto. Estas celdas programables suelen denominarse Macroceldas Lógicas de Salida (Output Logic Macro Cell, abreviado como OLMC).

La figura siguiente ilustra una posible macrocelda: a la izquierda se observan sus conexiones con la matriz AND asociada, a la derecha se encuentra su salida, mientras que las señales *AR* (reset asincrónico) *SP* (set sincrónico, pone todos los flip-flops en 1 en sincronismo con el reloj) y *CK* (reloj) son comunes a todas las macroceldas. El reloj ingresa directamente desde una entrada del dispositivo, mientras que las señales *AR* y *SP* son suministradas por sendos productos particulares de la matriz AND. Se notará cómo los dos fusibles y el multiplexor internos a la celda permiten configurarla de las cuatro formas mencionadas. El lector podrá comprobar, por ejemplo, que si se elimina el fusible asociado a la entrada *A* de selección del multiplexor (S_0), dejando el otro intacto (eso se suele especificar como S_1=0 y S_0=1), queda seleccionada la entrada I_1 del multiplexor, y la salida resulta del tipo de registro y activa en alto. En la figura se aprecia, además, el empleo de uno de los productos de la matriz AND asignado a esta macrocelda para habilitar el buffer de salida, con el propósito ya conocido de poder reconfigurar esa salida de modo que se transforme en una entrada. Más abajo, una tabla muestra la configuración que resulta de las 4 posibilidades que presentan los fusibles S_1 y S_0.

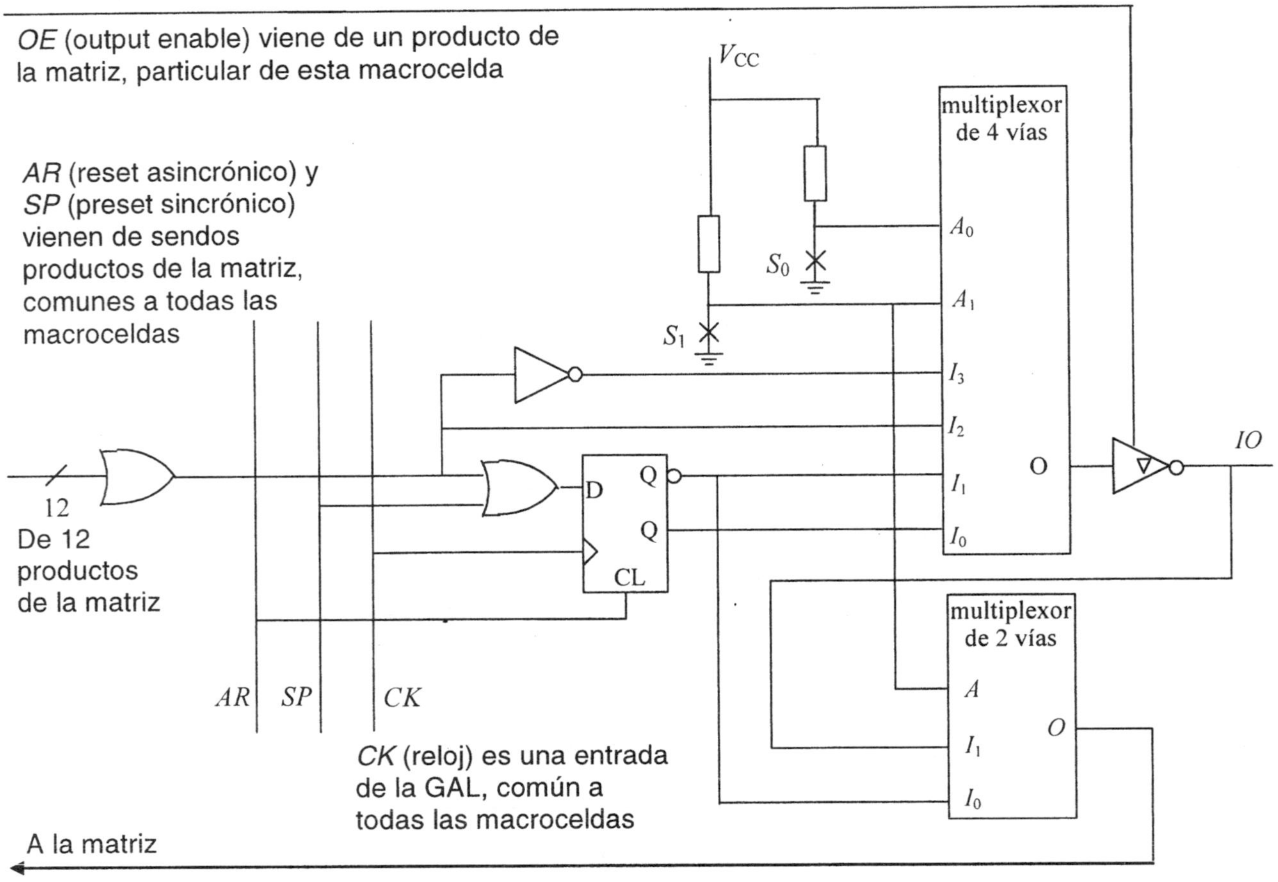

Figura 7-22 - Posible macrocelda de salida programable

Tabla de configuración de la salida de la macrocelda de la figura anterior		
S_1	S_0	Configuración de salida
0	0	Registro, activo en bajo
0	1	Registro, activo en alto
1	0	Combinacional, activo en bajo
1	1	Combinacional, activo en alto

Los dispositivos versátiles fueron introducidos por la empresa Lattice Semiconductor, la que como la denominación PAL era una marca registrada de otra empresa, denominó a estos dispositivos GAL (por Generic Array Logic), nombre que registró como su propia marca. Los dispositivos GAL16V8, GAL18V8, GAL20V10 y GAL22V10 son estándares de la industria, y son producidos por varios fabricantes con denominaciones similares. El primero y el último de ellos merecen un comentario adicional.

La macrocelda de la figura anterior es casi idéntica a la macrocelda de la GAL22V10 (probablemente el más popular de los dispositivos GAL, de 24 terminales), y sólo difiere de ella en que el número de productos que ingresan en la OR de la macrocelda de la figura anterior es 12, mientras que en la GAL22V10, para mayor flexibilidad, este número es variable y comprendido entre 8 y 16 según la macrocelda.

Los dispositivos GAL16V8 tienen 20 terminales, y una distribución de ellos y una macrocelda que les permite emular a ciertos dispositivos PAL populares, como lo fueron la PAL16L8 citada en un capítulo anterior, y la PAL16R4 mencionada más arriba.

Los otros dispositivos GAL mencionados tienen macroceldas que, aunque son similares a las de la figura anterior, guardan con la misma algunas diferencias.

La tecnología de estos dispositivos GAL es la CMOS borrable. Esto significa que llamados "fusibles" no son tales, sino que son uniones reprogramables. Ya hemos explicado esto en un capítulo anterior, al referirnos a la tecnología de las memorias PROM.

7.4.2. Otros dispositivos programables de mayor complejidad

Los dispositivos PAL y GAL se suelen denominar SPLD por PLD Simples. Porque existen otros dispositivos programables de mayor complejidad que ellos. No entraremos en su estudio, el que escapa al alcance de esta publicación, y nos limitaremos a citar dos casos de particular interés:

- los dispositivos CPLD (o dispositivos lógicos programables complejos) cuya estructura interna está emparentada con la de los GAL, pero con una mayor escala de integración, lo que hace que posean muchas más macroceldas, una refinada estructura de comunicación entre ellas, y muchos más terminales de entrada y de salida.
- los dispositivos FPGA (o arreglos lógicos programables en campo – Field Programmable Gate Array) con una estructura distinta basada en celdas lógicas y una red de intercomunicación, los que pueden incluir el equivalente a más de 100000 compuertas.

A diferencia de los dispositivos PAL y GAL, los CPLD y las FPGA son diseños propietarios de sus respectivos fabricantes, de manera que para obtener información sobre ellos se debe recurrir a los mismos. A continuación se resumen en una tabla las direcciones de Internet de algunos de los fabricantes de estos dispositivos, citados por orden alfabético.

Fabricante	URL
Actel	www.actel.com
Altera	www.altera.com
Atmel	www.atmel.com
Lattice Semiconductor	www.latticesemi.com
QuickLogic	www.quicklogic.com/
Xilinx	www.xilinx.com

Un aspecto interesante que tienen estos dispositivos complejos es que su propia complejidad vuelve necesario disponer de medios refinados para su prueba, incluso incorporados en esos dispositivos en sus circuitos internos. El IEEE ha estandarizado (norma IEEE 1149.1), con este propósito, una Arquitectura para la exploración periférica (Boundary-Scan Architecture) y un puerto de acceso serie para la misma. El sistema que allí se describe es frecuentemente denominado JTAG, porque fue originariamente propuesto por un grupo denominado Joint Test Action Group.

El interés del puerto de acceso que esta norma define es doble, porque además de ser útil para probar el PLD, el mismo puede ser utilizado para acceder a su interior con el fin de programarlo. Esto permite que fácilmente se pueda programar uno de estos dispositivos sin retirarlo del circuito al que está conectado. Esta facilidad se denomina Programación en el sistema (In System Programming o ISP, o In System Configuration) y ha sido estandarizado por el IEEE el uso de la Arquitectura para la exploración periférica para esta aplicación (norma IEEE 1532)

Problemas

Nota: para la realización de algunos de estos problemas es necesario contar con las hojas de datos de los integrados 74LS109, 74LS76A y GAL22V10.

7-1) Dar la forma de onda de salida, cuando es atacado por las señales que más abajo se dan, de un flip-flop JK disparado por flanco negativo. Repetir para el caso de que se trate de uno disparado por flanco positivo.

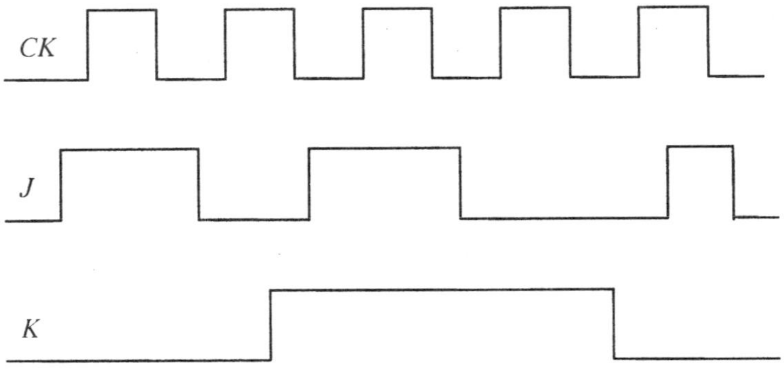

7-2) Se pide diseñar a nivel de bloques un generador de onda cuadrada de 1 kHz cuyos semiperíodos sean exactamente iguales (Sugerencia: si se generase una onda de 2 kHz, aunque no tenga sus semiperíodos iguales...).

7-3) Un fabricante de circuitos integrados desea comercializar un nuevo tipo de flip-flop que piensa llamar MN, por tener dos entradas preparatorias que llamaría *M* y *N*, con las siguientes características:

- cuando ambas entradas preparatorias están en 0, el próximo pulso de disparo lleva al flip-flop al estado 0.
- cuando ambas entradas preparatorias están en 1, el próximo pulso de disparo lleva al flip-flop al estado 1.
- cuando M=1 pero N=0, el próximo pulso de reloj hace que el flip-flop cambie de estado
- cuando M=0 pero N=1, el próximo pulso de reloj no afecta al estado del flip-flop.

Se pide:

a) hallar la tabla característica del flip-flop
b) hallar la ecuación característica del flip-flop
c) hallar la tabla de excitación del flip-flop
d) hallar la forma de obtener un flip-flop D a partir de un flip-flop MN
e) hallar la forma de obtener un flip-flop MN a partir de un flip-flop JK al que se le agreguen las compuertas exteriores que sean necesarias.
f) comparar este flip-flop con el 74LS109

7-4) Un diseñador de circuitos lógicos requiere para uno de sus diseños una especie de biestable SR pero algo particular: la señal *S* debe actuar dinámicamente, poniendo la salida en 1 cuando presenta un flanco positivo, mientras que de estar presente en cualquier momento la señal *R*, que actúa por nivel, lo repone en 0. Indicar cómo usar un flip-flop D con entrada de Clear para lograr este particular tipo de biestable SR.

7-5) El circuito secuencial sincrónico de la figura recibe por su entrada *Y* en forma sincrónica y sucesiva los bits 01101101. Suponiendo que inicialmente todos los flip-flops se encontraban en 1, y previa obtención del diagrama de estados del circuito, hallar las formas de onda de la salida *Z* y de la salida *Q* de cada uno de los flip-flops.

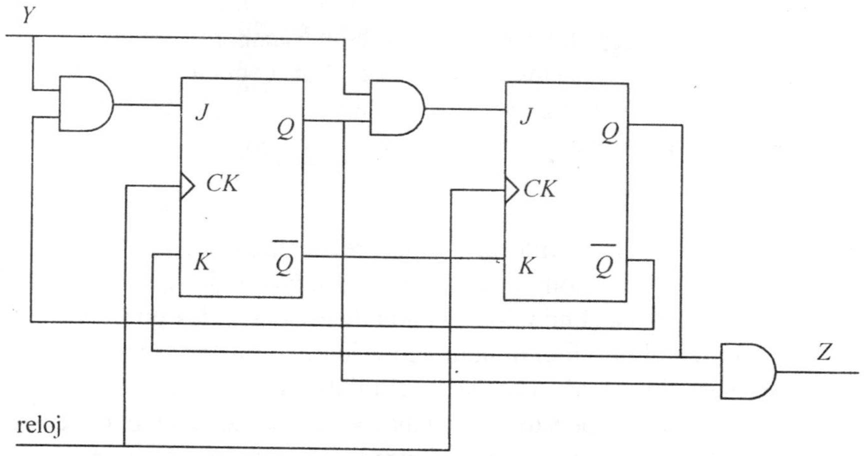

7-6) Un circuito recibe por una línea *Y* sincrónicamente con los flancos descendentes del reloj, y en forma sucesiva, bits provenientes de una unidad remota. Se desea que el circuito genere un 1 en su única salida *Z* cuando detecte que en ese período de reloj haya un 1 en la entrada, y que en los tres intervalos de reloj anteriores las entradas hayan sido 101. Es decir que, por ejemplo, si las entradas sucesivas fueran las que se indica a continuación en orden cronológico, la salida sería 1 en aquellos momentos en que la entrada aparece subrayada: $00101\underline{1}1101010101\underline{1}01\underline{1}11101\underline{1}01\underline{1}$. Se pide diseñar el circuito empleando para ello un integrado 74LS76A (la A final señala que se trata de un versión mejorada de la versión original 74LS76) que proveerá los flip-flops necesarios, al que se agregarán las compuertas adicionales que pudieran requerirse como lógica combinacional. El circuito deberá incluir lo necesario para un arranque correcto tras el encendido.

7-7) Por una línea se recibe sincrónicamente con los flancos ascendentes del reloj, y en forma sucesiva, los bits de peso 8, 4, 2 y 1 (en ese orden) de un número hexadecimal. Luego de recibidos los 4 bits, se pasa sin interrupción a recibir los bits del número siguiente. Se pide

a) diseñar utilizando flip-flops D un circuito que, al recibir el último bit de cada número, entregue un 1 a su salida si es que el número recibido es mayor que 9. Si correspondiera que tras el encendido el circuito arranque en un estado determinado, proveer los medios para ello.
b) adaptar el diseño realizado en el punto anterior de manera de utilizar una GAL22V10. Documentar el diseño de la siguiente forma:
   - Confeccionando una tabla que indique, para cada una de las señales de entrada y salida de la GAL (con el nombre dado por el fabricante en la hoja de datos), a qué variable del problema se hace corresponder (con el nombre que se le hubiera dado en el punto a).
   - Confeccionando la lista de los fusibles que se deberán dejar intactos, siguiendo para ello la forma de numeración de los fusibles que da el fabricante en la hoja de datos.

7-8) En un circuito secuencial sincrónico se han utilizado flip-flops JK disparados por flanco con las siguientes características:

- tiempo de establecimiento 10 ns
- tiempo de mantenimiento 5 ns
- tiempo de propagación (entre el flanco activo del reloj y el cambio a la salida) 20 ns
- frecuencia máxima de operación: 30 MHz

Se ha evaluado que los circuitos combinacionales que proveen las entradas preparatorias de los flip-flops a partir de las distintas entradas del circuito y del estado de los distintos flip-flops tienen tiempos de propagación que van desde 0 a 15 ns. Se pide calcular la frecuencia máxima del reloj a la que puede operar dicho circuito, justificando la respuesta.

7-9) Uno de los flip-flops de cierto circuito secuencial sincrónico recibe la señal de reloj con un cierto atraso respecto a los otros flip-flops del circuito, por problemas de armado. Todos los flip-flops son idénticos; del tipo D disparados por flanco. El flip-flop en cuestión tiene su entrada *D* conectada directamente a la salida de uno de los otros flip-flops. Calcular cual es el valor máximo que puede tomar el mencionado atraso sin que llegue a afectar al funcionamiento del circuito, expresándolo como una fórmula a partir de otros parámetros temporales de los flip-flops usados, que se supondrán conocidos. Justificar la respuesta. Si la conexión de la entrada *D* no hubiese sido directa a la salida de otro flip-flop, sino que hubiese una cierta lógica combinacional intermediaria, indicar si el atraso de esta lógica actuaría a favor o en contra con relación a este problema.

7-10) Querido amigo. He adquirido un castillo el que es frecuentado por dos sonidos de ultratumba: un lamento y una risa. La presencia de estos sonidos obedece a extrañas reglas que yo puedo alterar tocando el órgano o quemando incienso. Así, en cada minuto cada uno de estos sonidos puede estar presente o ausente, y lo que cada uno de ellos hará en el próximo minuto depende de lo que pase en el minuto presente. Así, el lamento conservará el mismo estado actual, salvo si en el minuto presente la risa está ausente y yo toco el órgano, en cuyo caso toma el estado opuesto. En cuanto a la risa, si quemo incienso tomará el estado presente del lamento, pero en caso contrario tomará el estado opuesto. Al momento de escribirte esta carta estoy escuchando ambos sonidos. Te agradeceré me indiques cómo proceder para librarme definitivamente de ellos. (Problema traducido y adaptado de un original de autor desconocido)

7-11) Para el siguiente circuito secuencial sincrónico se pide:

a) analizarlo, obteniendo el correspondiente diagrama de estados. En particular, se notará que evoluciona sin tener otra entrada que el reloj. Un circuito secuencial con esta característica se denomina *autónomo*.
b) verificar que entrega a su salida un pulso de duración igual al período del reloj, cada 3 pulsos de éste.

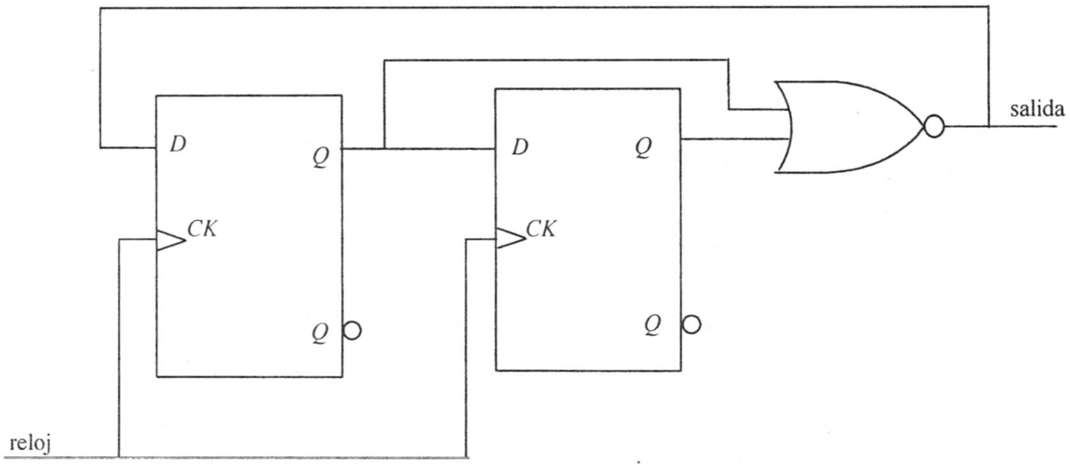

7-12) El siguiente circuito secuencial sincrónico tiene un 1 en su única salida cuando en los últimos tres períodos de reloj (excluyendo el presente) se haya presentado una secuencia particular de bits a la entrada. Analizar el comportamiento del circuito y determinar cual es la secuencia que detecta.

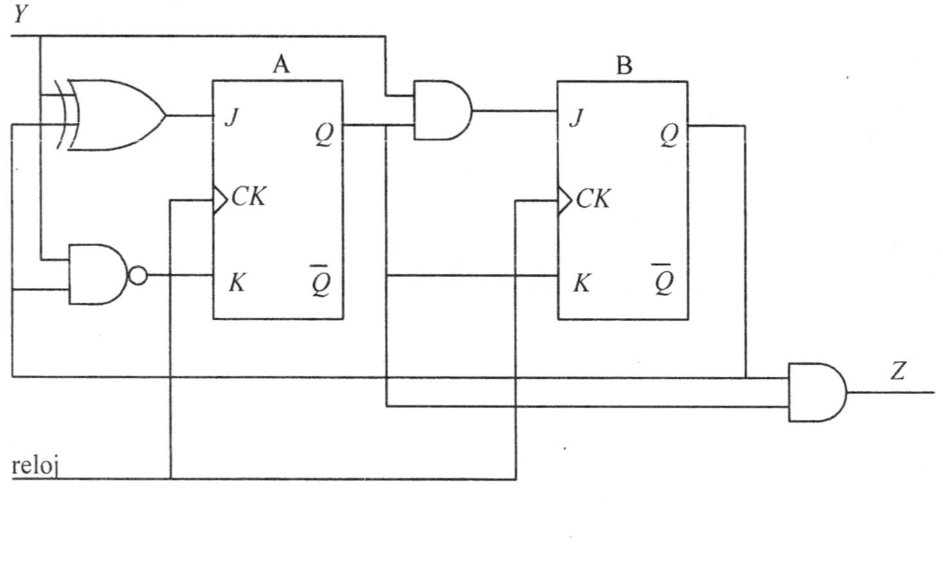

CAPÍTULO 8

CONTADORES Y REGISTROS

8.1. Introducción a los contadores

En este capítulo estudiaremos dos tipos de circuitos secuenciales de amplio uso en los sistemas digitales: los contadores y los registros. Dejando para las últimas secciones el análisis de los registros, comenzaremos nuestro estudio con los contadores.

Un contador es un circuito secuencial que cambia de estado cada vez que recibe un pulso por su entrada que lo dispara, de tal manera que una sucesión de dichos pulsos lo hace pasar por un cierto número de estados a partir de uno denominado *estado inicial*, hasta uno llamado *estado final* o *estado terminal*. Un circuito así se denomina contador porque puede determinarse la cantidad de pulsos de entrada que ha recibido con sólo ver en qué estado de la secuencia se encuentra. Su uso más frecuente es en el conteo de eventos, o de pulsos de reloj, y como divisor de frecuencia. Pero dedicaremos una sección más adelante para ver sus aplicaciones.

Algunos contadores detienen su conteo una vez alcanzado su estado terminal (contadores llamados de *cuentas prefijadas*) pero es mucho más frecuente el caso de que cuenten libremente, es decir, que estando en el estado final, de recibirse un nuevo pulso de entrada, pasen al estado inicial y repitan cíclicamente la secuencia de conteo con los sucesivos pulsos de entrada. En estos casos, como la secuencia es cíclica, la mera observación del estado del contador no permite reconocer si se ha hecho una vuelta completa, y menos aún saber cuantas vueltas se produjeron. Por eso, si el número de estados que posee la secuencia es M, el número de pulsos de entrada recibidos se conoce en módulo M, es decir, únicamente se conoce el resto de su división entera por M. Por esta razón, al número de estados de la secuencia se lo denomina *módulo* del contador.

Un contador puede también ser considerado un *divisor de frecuencia de módulo M*, ya que si recibe por su entrada de conteo una señal periódica de una frecuencia dada, el contador realizará un ciclo completo de su evolución cada M ciclos de la señal de entrada. Si se obtiene una señal que indique cada vez que el contador realiza uno de estos ciclos completos, esta señal tendrá una frecuencia M veces menor que la señal de entrada.

Los contadores se realizan sobre la base de un cierto número de flip-flops debidamente interconectados. El número de flip-flops utilizado limita el valor que puede llegar a tomar el módulo de un contador, ya que como con n flip-flops sólo se puede lograr 2^n estados, no pueden lograrse con ellos un contador de módulo mayor que esa cifra. El conjunto de salidas de los flip-flops que integran un contador, que dan el estado del contador y, por ende, registran el número de pulsos contados, constituyen la salida del mismo.

Los contadores suelen clasificarse, desde el punto de vista de su estructura interna, en sincrónicos y asincrónicos.

- los *contadores sincrónicos* son aquellos en que todos los flip-flops que lo componen son disparados sincrónicamente por los pulsos de entrada
- los *contadores asincrónicos* son aquellos en que no todos sus flip-flops son disparados sincrónicamente por los pulsos de entrada, sino que alguno(s) de ellos recibe(n) su disparo por otro mecanismo, por ejemplo de la salida de otro flip-flop del contador.

Al ver más adelante en detalle cada uno de estos tipos de contadores se apreciará mejor la diferencia estructural entre ellos.

También suelen clasificarse los contadores, desde el punto de vista de la secuencia de estados por la que atraviesa, en contadores ascendentes, descendentes y bidireccionales.

- *Contadores ascendentes (o aditivos, o progresivos)* son aquellos en los que los sucesivos pulsos de entrada los hacen evolucionar desde un estado inicial que corresponde a cuenta nula hasta un estado terminal que corresponde a cuenta máxima, es decir, los que cuentan "hacia arriba".
- *Contadores descendentes (o sustractivos, o regresivos)* son aquellos en los que los sucesivos pulsos de entrada los hacen evolucionar desde un estado inicial que corresponde a cuenta máxima hasta un estado terminal que corresponde a cuenta nula, es decir, los que cuentan "hacia abajo".
- *Contadores bidireccionales* son aquellos que pueden operar tanto en forma ascendente como descendente.

Los contadores que revisten mayor interés son los contadores binarios, que cuentan de acuerdo al sistema binario de numeración y tienen un módulo que es una potencia exacta de 2 (por ejemplo 16), y los contadores decimales cuyo módulo es una potencia de 10. En esta publicación veremos estos dos casos, los que cubren la casi totalidad de los contadores disponibles comercialmente como circuitos integrados, pero también veremos cómo lograr, a partir de ellos, contadores de otro módulo, los que son ocasionalmente necesarios.

8.2. Contadores binarios asincrónicos

8.2.1. Conceptos básicos

Un contador asincrónico que cuente en sistema de numeración binario puede muy fácilmente ser realizado utilizando flip-flops tipo T disparados por flanco negativo como se muestra en la figura 8-1. En ella hemos numerado los flip-flops para poder distinguirlos, y se notará que la salida de cada flip-flop es utilizada para disparar al siguiente, y sólo el primero de los flip-flops recibe como disparo los pulsos a contar. Esta característica es la que le da su denominación de asincrónico, ya que lo distingue de los contadores sincrónicos en los que, como ya mencionamos y luego veremos, todos los flip-flops son disparados por los pulsos a contar.

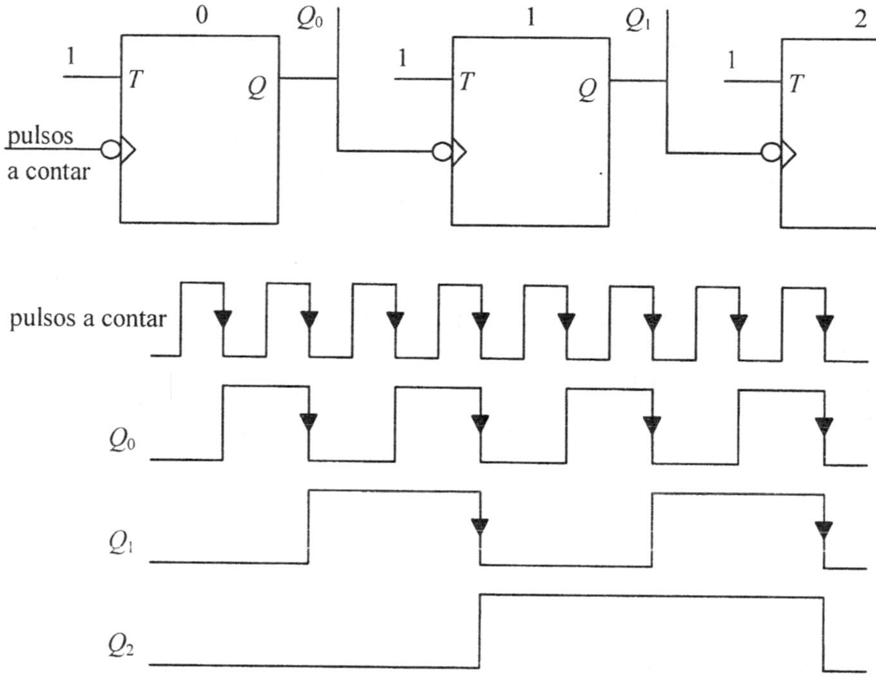

Figura 8-1 - Esquema y formas de onda en un contador binario asincrónico módulo 8

Para entender su funcionamiento, notemos que cada flip-flop en la figura tiene su entrada T conectada al nivel lógico 1, por lo que, de acuerdo a la tabla característica de este flip-flop, cambiará de estado cada vez que reciba un pulso de disparo, es decir, un flanco negativo.

Con esta descripción es fácil realizar un diagrama temporal con los estados sucesivos que van tomando los flip-flops a medida que van apareciendo los pulsos de entrada. Este diagrama se realizó en la figura anterior donde se ha supuesto como estado inicial de los flip-flops aquél en que todos los flip-flops están en 0, y en la que, para mayor claridad, a cada una de las señales se le ha destacado con una flecha el flanco negativo que actúa como disparador del flip-flop siguiente. Si ahora se tabulan los estados que toma progresivamente el circuito tras los sucesivos pulsos de entrada, y que muestra la figura 8-1, se obtiene la tabla siguiente:

N	Q_2	Q_1	Q_0
0	0	0	0
1	0	0	1
2	0	1	0
3	0	1	1
4	1	0	0
5	1	0	1
6	1	1	0
7	1	1	1
8	0	0	0

En dicha tabla se puede destacar:

- los estados que toma progresivamente el contador van dando, justamente, el número de pulsos de entrada recibidos (que simbolizaremos como N) expresado en binario. Para ello debe considerarse que el estado del primer flip-flop suministra el bit menos significativo (Q_0) y los flip-flops siguientes suministran ordenadamente los bits de mayor peso.
- al cabo de 8 pulsos de entrada, el circuito retorna a su estado inicial

Esto explica porqué el mencionado circuito se denomina contador binario módulo 8. Pero, generalizando, un esquema similar que utilice en vez de 3 flip-flops un número n de estos, puede demostrarse que es un contador binario de módulo 2^n. Un contador así tendría la facilidad de contar siguiendo el sistema binario de numeración, comenzando desde la cuenta nula (es decir, 0), hasta la cuenta máxima 2^n-1, tras lo cual el siguiente pulso a contar lo repone en la cuenta nula y nuevos pulsos de conteo le hacen repetir el ciclo.

Si se observa la señal de salida de cada flip-flop se notará que cada uno de ellos presenta una onda cuadrada de frecuencia mitad de aquella que lo dispara. En particular, el último flip-flop ofrece a su salida una onda cuadrada de frecuencia 2^n veces menor que la frecuencia de los pulsos de entrada. Esta característica hace que, de acuerdo a lo mencionado en el apartado anterior, el contador también pueda ser visualizado como un divisor de frecuencia por un factor igual a su módulo.

El lector podrá demostrar, como ejercicio, que un circuito similar al de la figura 8-1, pero en el que los flip-flops sean disparados por la salida negada del flip-flop anterior, produce un contador descendente. Sin embargo, estos contadores no suelen ser muy utilizados. De todas formas, puede lograrse el equivalente a un contador binario descendente si se invierten todas las salidas de un contador binario ascendente

De mayor utilidad que los contadores regresivos son los contadores bidireccionales, es decir los capaces de contar en cualquier sentido; pero los contadores asincrónicos no se prestan para realizarlos. Por ejemplo, la idea de colocar un multiplexor asociado a la entrada de reloj de cada uno de los flip-flops de manera de seleccionar, de acuerdo al sentido elegido, su conexión a la salida normal o la negada del flip-flop anterior, fracasa pues una conmutación del sentido puede producir un cambio en el estado del contador aún cuando no haya habido ningún pulso de entrada. Esto se produce cuando un cambio de sentido hace que la entrada de reloj de un flip-flop pase de 1 a 0, disparando al mismo por ser éste sensitivo a los flancos descendentes de su reloj. Por ello, los contadores bidireccionales siempre son del tipo sincrónico, por lo que volveremos sobre ellos cuando veamos ese tipo de contadores.

Un contador binario comercial deberá también incluir facilidades para hacer una puesta a cero general, habitualmente para fijar al contador en ese estado en condiciones iniciales. Esto hace que incorporen, como muestra la figura 8-2 que corresponde a un contador binario módulo 16, una entrada especial conocida como *reset maestro* (simbolizada en la figura como *MR* por su denominación inglesa Master Reset).

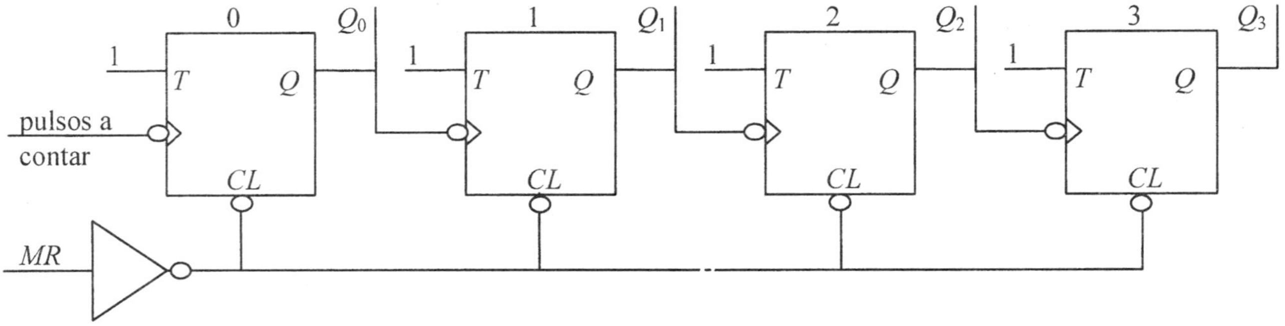

Figura 8-2 - Contador binario ascendente módulo 16 con entrada de reset maestro

8.2.2. Contadores binarios asincrónicos integrados

Algunos de los contadores binarios asincrónicos que se disponen comercialmente ya integrados son:

- el 74x93, de módulo 16 (es decir, un contador de cuatro etapas muy semejante al de la figura 8-2)
- el 74x393, con dos contadores módulo 16 en su interior
- el 74x4020, de 14 etapas, es decir, de módulo 2^{14}, o sea 16384.

8.2.3. Expansión de contadores asincrónicos

Un contador asincrónico como el de la figura 8-2 permite fácilmente ser expandido, pues basta conectar la salida del último flip-flop a la entrada de otro contador similar, como ilustra la figura 8-3 que muestra la conexión, que llamamos *en cascada*, de 3 contadores. En ella se han identificado los terminales de salida del contador resultante así como los de los 3 contadores que lo componen, estos últimos dentro de los respectivos bloques. Una conexión de contadores como la que exhibe la mencionada figura suele denominarse *cadena de conteo*.

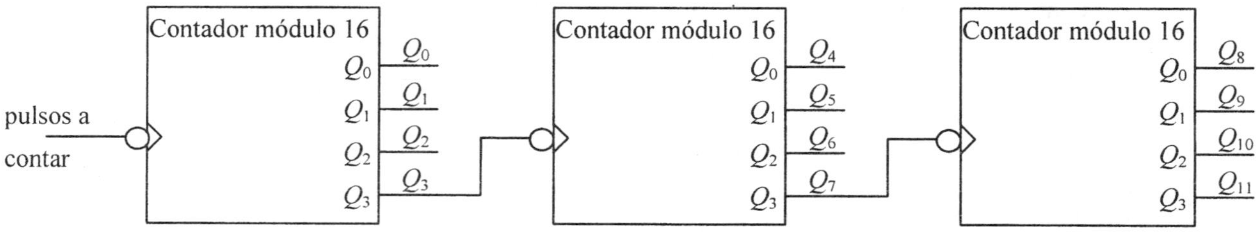

Figura 8-3 - Conexión en cascada de 3 contadores binarios módulo 16

Una cadena de conteo se comporta como un contador cuyo módulo es el producto de los módulos de cada uno de los contadores que intervienen en la cadena. Efectivamente, dado que un contador puede también visualizarse como un circuito que divide la frecuencia de los pulsos de entrada por su módulo, varios de ellos en cascada, como dividen la frecuencia de los pulsos de entrada por el producto de los respectivos módulos, forman un contador cuyo módulo es, justamente, dicho producto.

Se notará que el hecho de que en un contador binario asincrónico cada flip-flop sea el disparador del siguiente hace que los distintos flip-flops no sean disparados en total simultaneidad, sino que cada uno tiene su disparo atrasado con respecto al del flip-flop anterior en un lapso igual al tiempo que este flip-flop tarda en responder a su propio disparo, lapso llamado *tiempo de propagación* del disparo del flip-flop. El retraso en el disparo de cada flip-flop con relación al momento de aparición de un pulso a la entrada del contador es tanto mayor cuanto más etapas intermedias existen entre ambos. Por ejemplo, el último flip-flop de la cadena tendrá un disparo que estará atrasado respecto al pulso de entrada en (n-1) tiempos de propagación, y su salida estará disponible en forma estable sólo después de n tiempos de propagación. Este tiempo que tarda el contador en estabilizar su salida tras un pulso de entrada se denomina *tiempo de establecimiento* del contador, y se notará que crece linealmente con el número de flip-flops que lo integran.

Este tiempo especifica un período en que el estado de los distintos flip-flops, por estar cambiando, no reflejan con exactitud el número de pulsos contados, y es el que debe transcurrir luego de la llegada de un pulso de disparo para poder tener una indicación confiable del número de cuentas.

Como vemos, este tiempo de establecimiento está ligado a la lectura confiable del estado del contador, y no a su máxima frecuencia de conteo. Esta frecuencia máxima, si todos los flip-flops que forman el contador son idénticos, resulta igual a la frecuencia máxima de operación característica del flip-flop utilizado. Se notará que es el primer flip-flop el que recibe los pulsos de disparo de mayor frecuencia, ya que los flip-flops sucesivos reciben pulsos de frecuencia mitad con relación al flip-flop que lo precede en la cadena.

8.2.4. Contadores, decodificadores y biestables

Con cierta frecuencia, los circuitos que incorporan contadores de cualquier tipo, es decir no sólo los asincrónicos binarios que hemos visto hasta ahora, necesitan asociar a los mismos con un decodificador y/o con un conjunto de biestables.

8.2.4.1. Contadores y decodificadores

En no pocas aplicaciones es deseable tener varias salidas de un contador, cada una de ellas asociada a un particular estado del contador, y esto puede lograrse conectando al mismo con un decodificador de la forma que muestra la figura 8-4 para el caso de un contador módulo 16. En cada instante, la única salida del decodificador que estará en estado 1 será la que corresponda al estado del contador en ese momento.

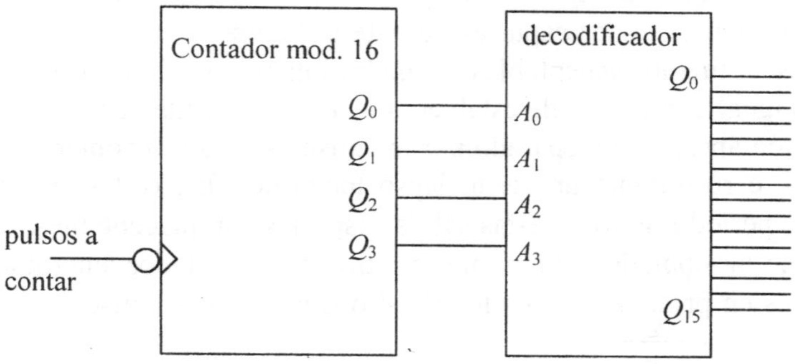

Figura 8-4 - Conexión entre un contador módulo 16 y un decodificador de 4 líneas a 16

Vale, sin embargo, la siguiente observación: ya se ha dicho que durante el tiempo de establecimiento del contador la lectura del mismo no resulta confiable. Esto significa que tampoco resultan confiables las salidas del decodificador durante el tiempo mencionado, que pueden tomar valores erróneos. En la figura 8-5 se ejemplifica esta problemática con un muy simple caso de un contador módulo 4 en el que, al pasar del estado 1 al 2, debido al atraso en el disparo del segundo flip-flop, se observa que momentáneamente están ambos flip-flops en 0, lo que el decodificador muestra falsamente como un retorno al estado inicial. En la figura se observa que hay otro momento en que también resulta falso el estado momentáneo de los flip-flops: entre el pasaje del estado 3 al estado 0 se pasa transitoriamente por una situación en que, estando ya el primer flip-flop en 0 mientras que el segundo está aún en 1, el contador parece estar en el estado 2.

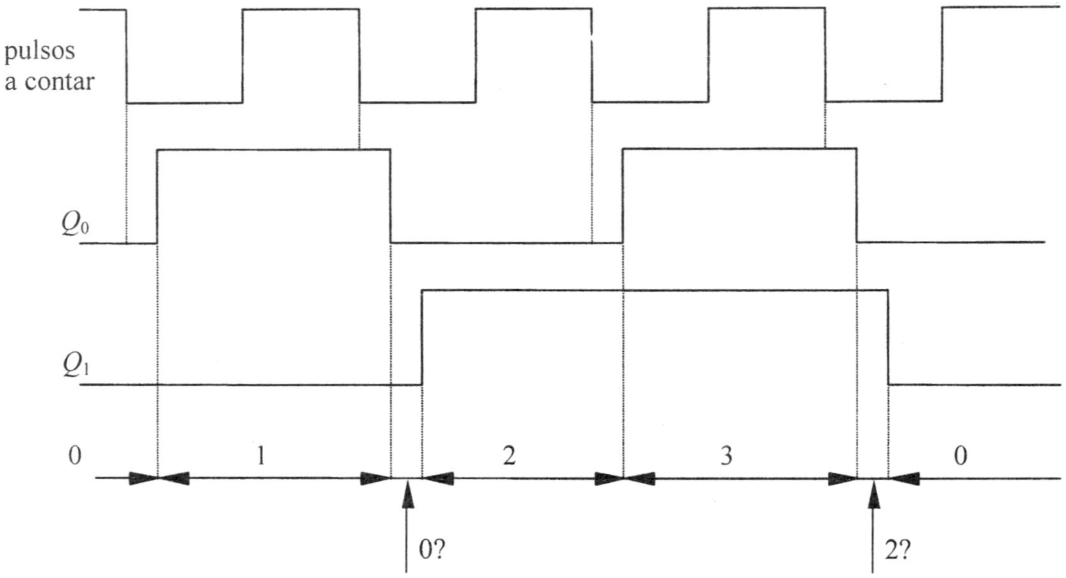

Figura 8-5 - Estados espurios en un contador binario asincrónico módulo 4

Es por este comportamiento anómalo que se debe tener presente que un decodificador asociado a un contador asincrónico puede tener salidas espurias durante el tiempo de establecimiento del contador. Si en determinada aplicación éstas fueran inaceptables, se podrá inhabilitar al decodificador luego de cada pulso de entrada por un tiempo igual o mayor al de establecimiento. La habilitación podría tomarse de la salida de un monoestable de duración apropiada disparado por los mismos pulsos a contar, o de los propios pulsos de entrada que, al quedar en cero durante un cierto lapso luego del flanco descendente, pueden bloquear al decodificador durante ese período. Pero, si estas salidas espurias son inaceptables, es preferible descartar el uso para esa aplicación de un contador asincrónico y utilizar un contador sincrónico que no presenta este problema ya que, al menos en principio, todos los flip-flops cambian al unísono por estar todos disparados por los pulsos a contar.

Además de la ya mencionada aplicación del decodificador asociado a un contador para identificar el estado en que éste se encuentra, el conjunto de ambos también se utiliza para realizar los llamados *generadores de fases múltiples*, sobre los que volveremos en una sección posterior, en la que veremos las aplicaciones de los contadores.

8.2.4.2. Contadores y biestables

Otro dispositivo que está frecuentemente asociado a contadores, es el biestable. Más precisamente, sendos biestables D ligados a cada una de las salidas del contador y con una habilitación común (formando lo que en el capítulo anterior hemos llamado *registro*), como muestra la figura 8-6, que ilustra el caso de un contador módulo 16.

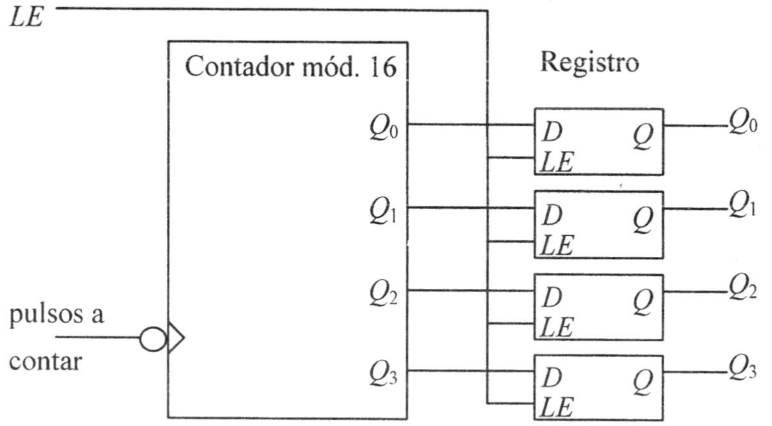

Figura 8-6 - Conexión entre un contador módulo 16 y un cuádruple biestable D

Esta conexión se utiliza cuando, por ejemplo, el contador realiza en forma sucesiva una serie de conteos, y se desea disponer del resultado final de cada conteo terminado hasta que esté disponible un nuevo valor. Entonces, el estado de cada uno de los flip-flops que componen el contador al final de cada conteo es almacenado en los biestables D, que lo conservan desde ese momento hasta que el contador, tras iniciar un nuevo conteo, lo finaliza. En esta aplicación los biestables deben ser habilitados, por consiguiente, en el intervalo entre conteos.

Otra aplicación factible es la de mantener el estado de un contador asincrónico previo al arribo de un pulso de entrada, con el fin de que el circuito no entregue una salida inconfiable durante el tiempo de establecimiento del contador. En esta aplicación, la habilitación de los biestables se retiraría al recibirse un pulso de entrada, y se restauraría un tiempo después en momentos en que el contador estuviese ya restablecido. Esta aplicación no es muy utilizada debido a que, como ya mencionamos, cuando la lectura inconfiable de un contador asincrónico constituye un problema, generalmente los diseñadores optan por utilizar un contador sincrónico.

8.2.5. Contadores asincrónicos de módulo arbitrario y módulo programable

A veces es necesario disponer de un contador que cuente en binario pero que tenga un módulo distinto a 2^n. Por ejemplo un contador binario módulo 10. En general, veremos cómo un contador binario módulo 2^n puede convertirse en un contador de módulo cualquiera, pero menor que el módulo original. Llamaremos a estos *contadores de módulo arbitrario*.

El mecanismo para lograr este propósito se basa en aprovechar la entrada de reset maestro, que poseen todos los contadores asincrónicos comerciales, para hacer que el contador vuelva a cero cuando, tras haber alcanzado la cuenta terminal deseada, aparezca un nuevo pulso de entrada. En realidad el mecanismo es una variante de lo recién dicho, porque deja que el contador avance la cuenta más allá del estado terminal buscado, reconoce el nuevo estado como no deseado, y efectúa una inmediata reposición al estado 0. Así, por ejemplo, un contador módulo 10 hecho de la forma descripta y que debe contar del 0 al 9, permitirá que el décimo pulso lo envíe al estado 10 y, reconociéndolo, efectuará una puesta a 0 que haga que ese décimo pulso tenga como resultado final poner a 0 el contador. En términos más generales, un contador binario módulo M, que debe contar desde 0 hasta M-1, permitirá que el contador sobrepase este estado y alcance el estado M pero, reconocida esta situación, forzará al mismo al estado 0 en forma inmediata. Se notará que este proceso hace que el tiempo de establecimiento del contador módulo M resulte más lento que el del contador binario utilizado en su realización.

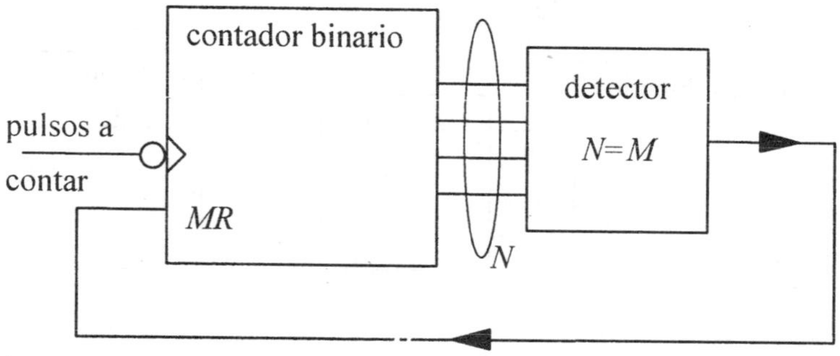

Figura 8-7 - Contador módulo *M* sobre la base de un contador binario

La figura 8-7 muestra en forma genérica cómo puede lograrse un contador módulo M arbitrario (aunque siempre menor que 2^n). El bloque que en la figura se señala como detector de que el número de cuentas que registra el contador (N) es igual al módulo buscado (M), no es más que una compuerta AND que verifica que los diferentes bits que componen el número N tienen el valor que corresponda.

Para el caso particular de un contador módulo 10 que opere en código BCD natural se necesita reconocer que están en 1 los flip-flops segundo y cuarto (recordar que el decimal 10, en binario se escribe 1010) y que están en 0 los otros dos. Sin embargo, se observará que si los flip-flops que deben estar en 1 lo están, los otros están forzosamente en estado 0, porque no puede estar ninguno de ellos también en 1 pues ello significaría que el contador almacena un número mayor que 10, lo cual es imposible pues el estado 10 fuerza al contador al estado 0 e impide todo conteo más allá de él. Este resultado es general, por lo que puede concluirse que el detector de igualdad entre N y M sólo debe determinar con una compuerta AND si los flip-flops que deban estar en 1 para iniciar la acción de reset, así lo están. Así se ha procedido con el circuito de la figura 8-8.

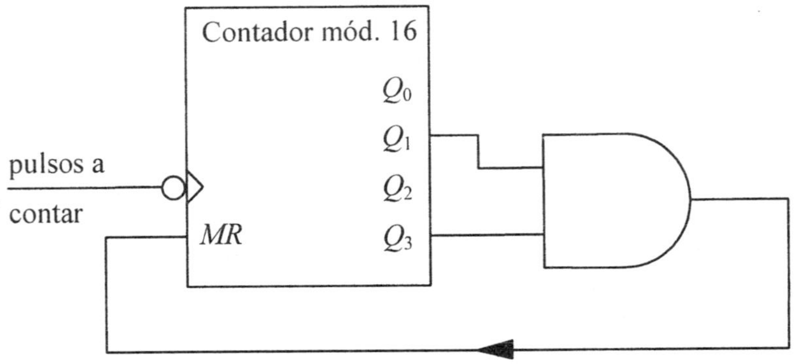

Figura 8-8 - Contador decimal en código BCD natural basado en un contador binario módulo 16

Los circuitos de las figuras 8-7 y 8-8 pueden fallar en operar de la forma descripta si los flip-flops del contador no tienen características similares, como puede ocurrir especialmente si el contador no es un único circuito integrado sino una conexión en cascada de varios de ellos. En esas condiciones, puede ocurrir que uno de los flip-flops sea más rápido en pasar a 0 por la acción de la señal de reset que los otros; al hacerlo dejaría el contador de exhibir la cuenta N (aunque tampoco estaría en 0 porque los otros flip-flops aún no habrían reaccionado ante el reset), el bloque detector dejaría de indicar que $N=M$ y retiraría la señal de reset, lo que dejaría a los otros flip-flops en su estado original y sin haber logrado el propósito de ponerlos todos en 0. Es decir, la puesta a 0 del flip-flop más rápido hace retirar la señal de reset de los flip-flops más lentos, e impide la puesta a 0 de estos. Para evitar este funcionamiento anómalo se debe asegurar que la señal de reset tenga una duración que sea, por lo menos, la necesaria para poner a 0 al flip-flop más lento del contador. Ayuda a este propósito el natural tiempo de propagación del circuito detector, por lo que el circuito tolera una pequeña falta de uniformidad entre los flip-flops, y normalmente se considera que un contador de un único circuito integrado satisface las exigencias de uniformidad. Por el contrario, en un contador de varias etapas en que no puede confiarse en una homogeneidad adecuada, deben modificarse los circuitos de las figuras 8-7 y 8-8 para dotar a la señal de reset de una duración apropiada.

En la figura 8-9 se muestran dos formas habituales de lograr ese propósito, una que agrega un monoestable, y la otra que agrega un biestable SR.

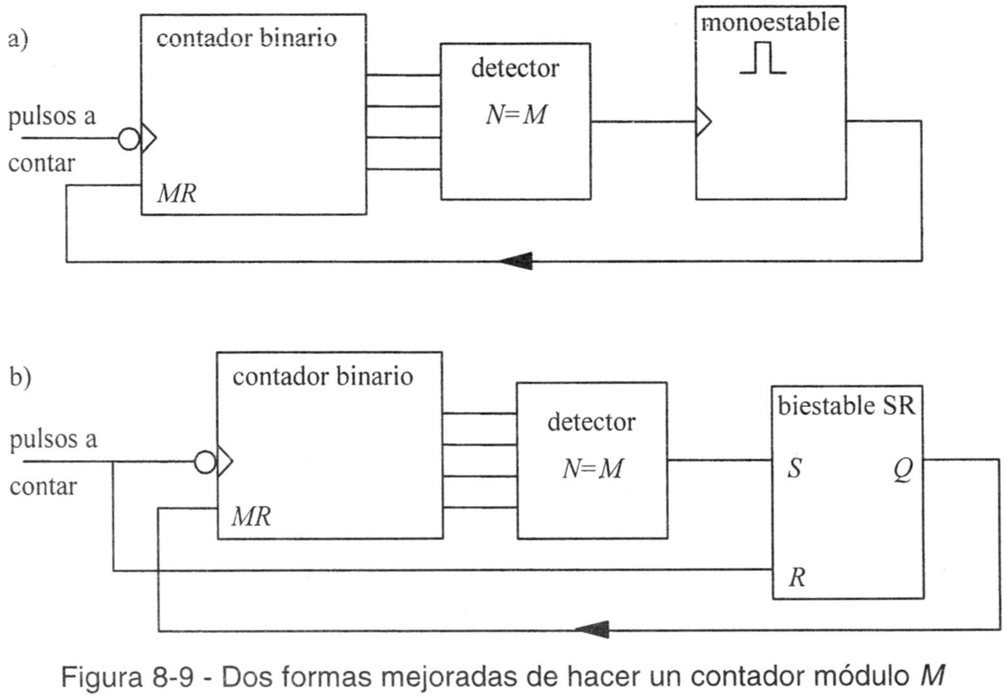

Figura 8-9 - Dos formas mejoradas de hacer un contador módulo M

En el primer circuito (figura 8-9a) el monoestable es el encargado de generar una señal de reset cuya duración debe ser mayor que el tiempo que demanda la puesta a 0 del flip-flop más lento, pero menor que la separación entre dos pulsos a contar, pues de lo contrario el siguiente pulso podría encontrar al contador con el reset aplicado, y dicho pulso no sería contado.

Una forma automática de asegurar que la duración del pulso de reset sea menor que la separación entre dos pulsos de reloj, consiste en reemplazar el monoestable por un biestable SR (figura 8-9b), que pase al estado 1 por obra del bloque detector y sea repuesto al estado 0 por el retorno del pulso de entrada al estado 1, dejando al contador en condiciones de recibir el próximo flanco descendente del pulso de entrada.

Con una pequeña variante, los circuitos de las figuras 8-7 y 8-9 pueden transformarse en *contadores de módulo programable*, es decir, que pueden recibir señales binarias que le especifiquen el módulo M que debe tener. Para ello basta que el detector sea reemplazado por un comparador de igual con las señales binarias de programación que suministran el valor de M, como muestra la figura 8-10 en la que se ha supuesto, por simplicidad, que puede confiarse en la homogeneidad de los tiempos de respuesta de los distintos flip-flops.

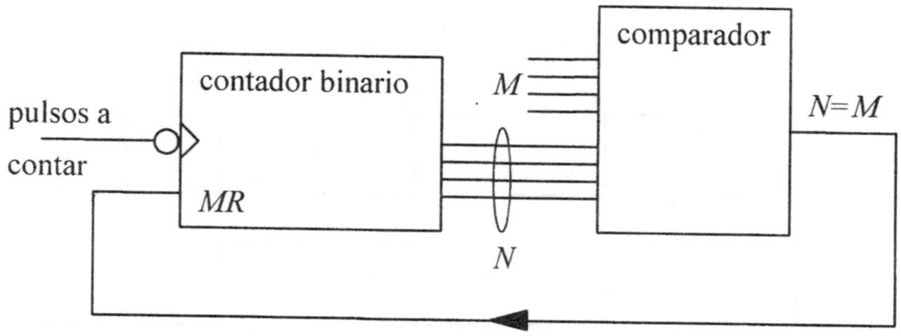

Figura 8-10 - Contador módulo programable

8.3. Contadores asincrónicos decimales

8.3.1. Contadores biquinario y BCD natural

Los contadores asincrónicos comerciales también se consiguen con módulo 10, para contar en decimal utilizando el código BCD natural. En esos casos el circuito ya no es tan simple como en el caso de un contador binario. Los circuitos se basan en un contador quinario, es decir, de módulo 5, que se da en la figura siguiente y que pasamos a analizar.

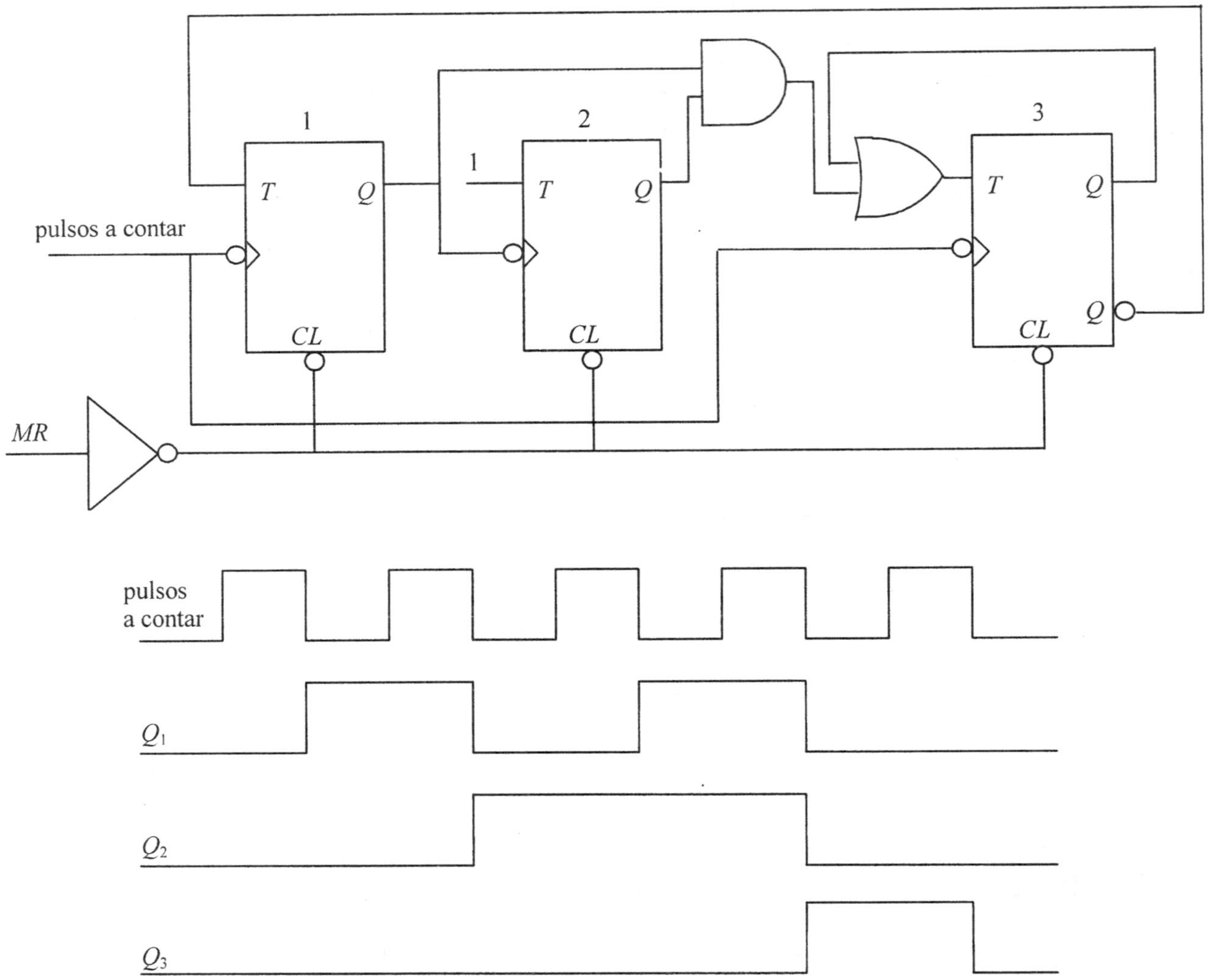

Figura 8-11 - Contador quinario

1) Inicialmente todos los flip-flops están en 0. Nótese que mientras se mantenga el 0 del flip-flop 3, hay aplicado un 1 en la entrada del flip-flop 1 el que conforma un contador de dos etapas con el flip-flop 2.
2) Al llegar los primeros tres pulsos a contar, el mencionado contador de 2 etapas evoluciona pasando por los estados 1, 2 y 3. Mientras tanto, el flip-flop 3 no es afectado porque tiene su entrada *T* en 0; sólo después de llegar el tercer pulso, se notará que queda aplicada a la entrada *T* del flip-flop 3 un 1, lo que lo prepara para un cambio de estado al llegar el siguiente pulso.
3) Al llegar el cuarto pulso, es contado por el contador de dos etapas que pasa a cero, y cambia también al flip-flop 3 que pasa a 1. Nótese que en esas condiciones el flip-flop 3 pone un 0 en la entrada *T* del flip-flop 1, que de esta manera no reaccionará ante el siguiente pulso a contar que reciba, mientras que el mismo flip-flop 3 se asegura un 1 en su entrada *T*, con lo que se prepara para cambiar de estado en el próximo pulso a contar.
4) Al llegar el quinto pulso, es ignorado por el contador de dos etapas, pero es utilizado por el flip-flop 3 para cambiar, es decir, para pasar al estado 0.

Como vemos, se trata efectivamente de un contador módulo 5 que posee la siguiente tabla de estados.

N	Q_3	Q_2	Q_1
0	0	0	0
1	0	0	1
2	0	1	0
3	0	1	1
4	1	0	0

Este contador módulo 5 puede asociarse en cascada con un flip-flop T adicional (operando como contador binario de módulo 2) para lograr un contador módulo 10. Pero esto puede hacerse de dos maneras distintas, según muestra la figura siguiente:

a) haciendo que en la conexión en cascada el contador binario preceda al quinario. En este caso el contador quinario se verá disparado cada vez que la salida (que llamaremos Q_0) del contador binario pase de 1 a 0, y Q_0 es el bit menos significativo del contador por 10.

b) haciendo que en la conexión en cascada el contador quinario preceda al binario. En este caso el contador binario se verá disparado cada vez que la salida Q_3 del contador binario pase de 1 a 0, y Q_0 es el bit más significativo del contador por 10.

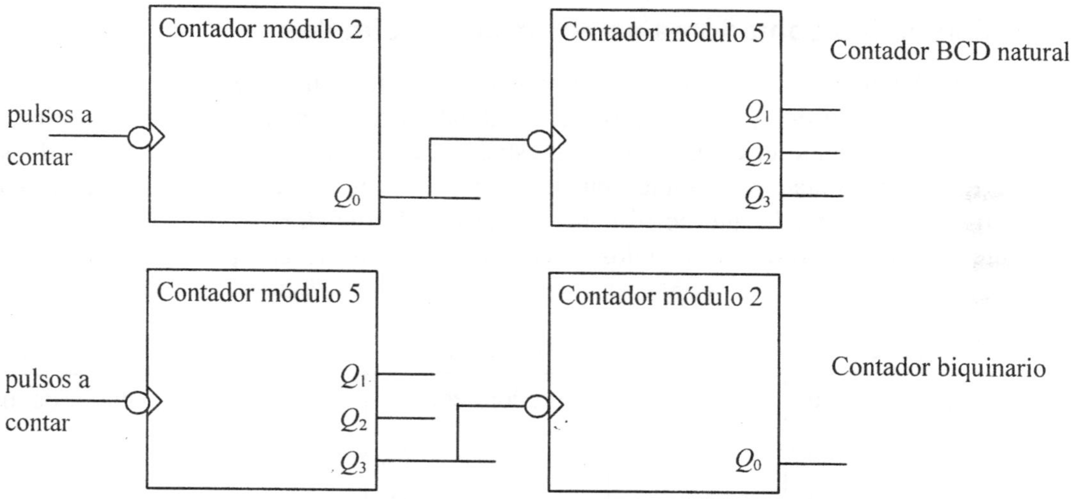

Figura 8-12 – Contadores decimales

En la figura anterior no se muestran las conexiones de Reset Maestro que son comunes a ambos contadores, para no complicar innecesariamente los circuitos con detalles. En ambos casos se obtienen contadores módulo 10, pero que operan es distinto código, como muestran las tablas siguientes. La primera tabla corresponde al caso a y se observará que cuenta en el código BCD natural. La segunda tabla corresponde al caso b y cuenta en un código, que hasta ahora no habíamos presentado, denominado *código biquinario*, con pesos 5421. Pero el caso b no es generalmente usado como contador sino como divisor de frecuencia, ya que cuando los pulsos a contar son un tren de pulsos de frecuencia constante, la salida Q_0 del contador es una onda cuadrada de frecuencia 10 veces menor que la de entrada y simétrica, es decir, que la salida está en el estado 1 durante 5 pulsos sucesivos de entrada, y hace otro tanto en el estado 0, por lo que el circuito puede usarse como un *divisor simétrico* de frecuencia por 10. En realidad, el contador BCD natural también puede usarse como divisor de frecuencia por 10, tomando la salida del último de los flip-flops de contador módulo 5, pero se observará de la tabla respectiva que la forma de onda resultante no resultaría simétrica, ya que se mantendría en el estado 0 durante 8 pulsos de entrada, y en el estado 1 durante sólo 2 pulsos de entrada.

N	Q_3	Q_2	Q_1	Q_0
0	0	0	0	0
1	0	0	0	1
2	0	0	1	0
3	0	0	1	1
4	0	1	0	0
5	0	1	0	1
6	0	1	1	0
7	0	1	1	1
8	1	0	0	0
9	1	0	0	1

N	Q_0	Q_3	Q_2	Q_1
0	0	0	0	0
1	0	0	0	1
2	0	0	1	0
3	0	0	1	1
4	0	1	0	0
5	1	0	0	0
6	1	0	0	1
7	1	0	1	0
8	1	0	1	1
9	1	1	0	0

Como contadores decimales asincrónicos integrados se pueden mencionar el 74x90 (un contador por 10 que tiene los contadores binario y quinario no conectados entre sí, de manera de permitir las dos formas de conexión que hemos visto más arriba) y el 74x390 (que contiene en su interior a dos contadores similares al 74x90).

8.3.2. Expansión de los contadores asincrónicos decimales

El contador módulo 10, tanto en su versión BCD natural como en biquinario, tiene la deseable característica de que la salida del último flip-flop (Q_3 en el caso del BCD natural y Q_0 en el caso del biquinario) ofrece un único flanco descendente cuando el contador pasa al estado 0; este flanco puede usarse para disparar otro contador, por lo que estos contadores también pueden conectarse en cascada con otros de la manera que esquematiza la figura siguiente, la que corresponde al caso del contador BCD natural. Nuevamente, el módulo resultante es el producto de los módulos de cada contador individual, por lo que el contador de la figura tiene módulo 1000.

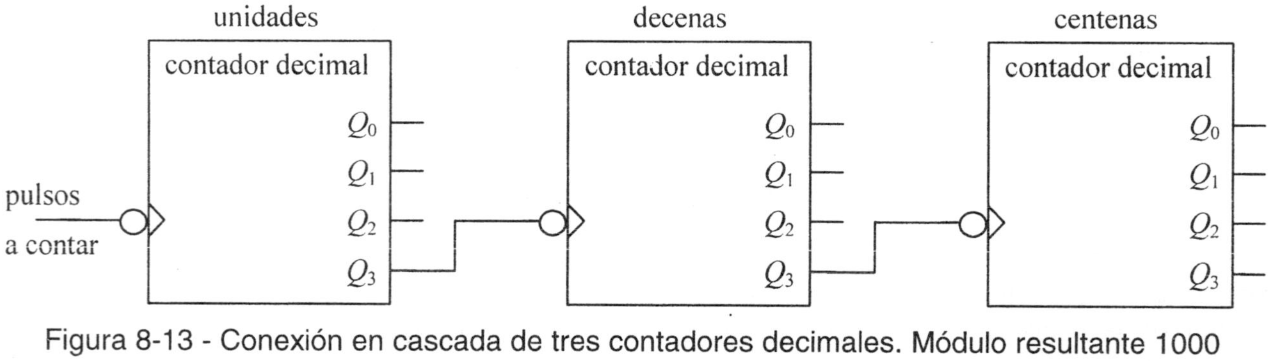

Figura 8-13 - Conexión en cascada de tres contadores decimales. Módulo resultante 1000

En forma análoga al caso de sus similares binarios, los contadores decimales pueden utilizarse para construir contadores que, operando en código BCD natural, tengan módulo distinto a 10^n. Para ello se utilizan esquemas similares a los de las figuras 8-7, 8-9 y 8-10.

8.3.3. Contadores decimales multidígito y exhibidores dinámicos

Además de los contadores decimales integrados ya mencionados, también se dispone comercialmente de contadores decimales que incorporan en su interior varias etapas contadoras decimales en cascada, biestables transparentes y todos los circuitos necesarios para conectarse a un exhibidor de 7 segmentos de tantos dígitos como etapas tiene el contador. Esos contadores suelen emplear lo que se denomina *exhibición dinámica*, una técnica de exhibición multiplexada que se describe a continuación.

Si un contador de varios dígitos tuviese la salida de 7 segmentos que corresponde a cada uno de sus dígitos, tendría que tener una cantidad de terminales importante. Si, por el contrario, tiene una única salida de 7 segmentos común para todos los dígitos exhibidos, y va sacando por ellas la indicación de los segmentos que deben activarse pero de un dígito por vez, si esto se realiza a una velocidad de repetición suficiente, la persistencia del ojo hace que la indicación no aparezca titilante sino permanente. La experiencia de las películas cinematográficas, con sus 48 centelleos por segundo (son 24 fotos por segundo, cada una de ellas destellada 2 veces), muestra que una repetición a un ritmo de 50 veces por segundo o más, hace que ojo no perciba que la iluminación parpadea. Naturalmente que al sacar la información de los 7 segmentos que corresponden a un dígito en particular es menester acompañar esta información con otras señales que indiquen al exhibidor a qué dígito están destinadas. Por ejemplo, un contador de 4 dígitos (ver figura 8-14) podrá tener 11 terminales asociados al manejo del exhibidor en forma dinámica: 7 para los segmentos y 4 para indicar a cuál de los 4 dígitos corresponde la información de 7 segmentos que se está suministrando en cada momento. Los circuitos integrados contadores que tienen facilidades para esta exhibición dinámica, por ejemplo el 74C926, suelen incluir internamente todos los circuitos necesarios para ello con la excepción, quizás, de un condensador para fijar la frecuencia del oscilador interno que regula el tiempo que dura la presentación de cada dígito (por ejemplo, 4 ms para un exhibidor de 4 dígitos en el que se quiere una frecuencia de repetición de no menos de 60 Hz). ¿Puede el lector realizar un diagrama en bloques del interior de un contador con estas características?

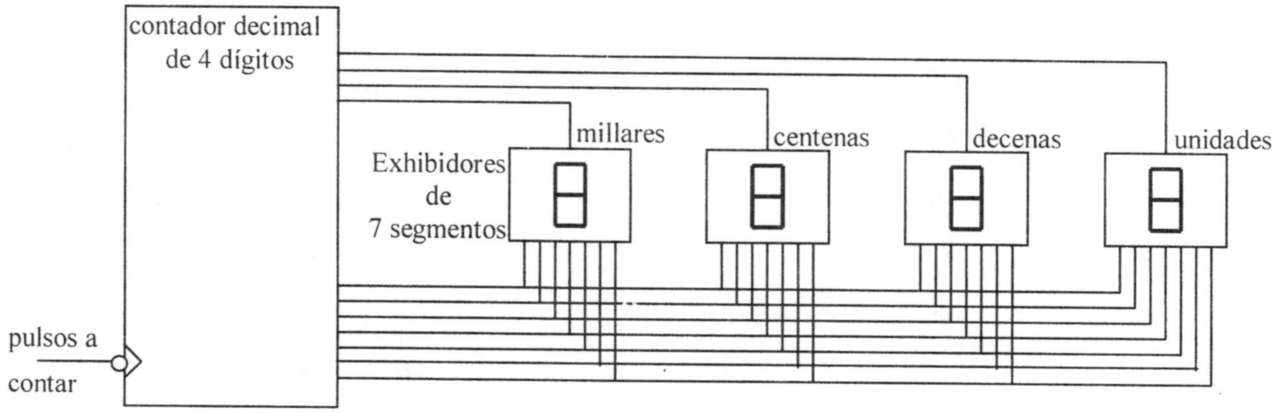

Figura 8-14 -Contador decimal de 4 dígitos con exhibición dinámica

8.4. Contadores sincrónicos

Los contadores sincrónicos son circuitos secuenciales sincrónicos que operan como contadores de los pulsos que se aplican en la entrada de reloj de todos y cada uno de los flip-flops que los componen, por lo que dichos pulsos a contar suelen llamarse simplemente *pulsos de reloj*. Es por este disparo simultáneo de todos los flip-flops que componen este tipo de contador, que los contadores que operan según este principio reciben el nombre de *contadores sincrónicos*.

Este disparo simultáneo hace que, en un cambio de estado del contador, todos los flip-flops que deben cambiar lo hacen prácticamente al unísono, lo que elimina la propagación del disparo causante del elevado tiempo de establecimiento de los contadores asincrónicos, tiempo que queda reducido al simple tiempo de propagación del disparo de un único flip-flop. Esto también elimina, por supuesto, la aparición de respuestas espurias en las salidas de un decodificador asociado al contador, tales como las que se producen en el caso de los contadores asincrónicos.

El precio que debe pagarse por estas ventajas de los contadores sincrónicos, es que su circuito interno resulta siempre algo más complejo que el de un contador asincrónico de igual módulo. Por ejemplo, hemos visto que un contador binario asincrónico no requiere, además de los flip-flops, de ninguna compuerta adicional. Como enseguida veremos, no ocurre lo mismo con un contador binario sincrónico.

Para el diseño de un contador sincrónico se debe partir del diagrama de estados deseado para el contador, y aplicar a partir de él los conocidos pasos de diseño de los circuitos secuenciales sincrónicos. Así pueden diseñarse contadores sincrónicos que operen en cualquier módulo y en cualquier código deseado. Pero dado que los casos más interesantes en la práctica son los contadores binarios y los contadores decimales (los que se disponen comercialmente como circuitos integrados en las diversas familias lógicas), en los próximos apartados estudiaremos esos dos casos particulares, aunque también veremos cómo lograr, a partir de ellos, contadores de módulo arbitrario y programable.

8.5. Contadores binarios sincrónicos

8.5.1. Contadores binarios sincrónicos ascendentes

Consideremos el caso de un contador binario ascendente de módulo 16. La secuencia de estados cíclica que muestra la figura siguiente corresponde a un contador como el mencionado, el que necesita para su constitución 4 flip-flops.

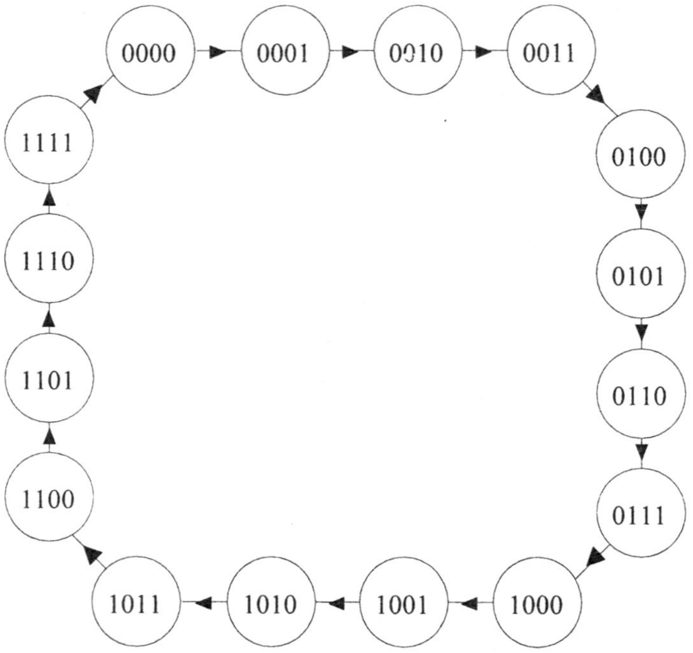

Figura 8-15 – Diagrama de estados de un contador binario sincrónico módulo 16

Como dijimos, un contador que satisfaga este diagrama de estados puede diseñarse utilizando los métodos conocidos para el diseño de circuitos secuenciales sincrónicos, pero el caso del diseño de un contador binario es tan simple que permite ser abordado en forma intuitiva, y así lo haremos en el presente apartado.

A partir del diagrama de estados puede prepararse una tabla de los estados sucesivos que debe tomar el contador, obteniéndose la tabla siguiente, donde N representa el número de pulsos de reloj recibidos.

N	Q_3	Q_2	Q_1	Q_0
0	0	0	0	0
1	0	0	0	1
2	0	0	1	0
3	0	0	1	1
4	0	1	0	0
5	0	1	0	1
6	0	1	1	0
7	0	1	1	1
8	1	0	0	0
9	1	0	0	1
10	1	0	1	0
11	1	0	1	1
12	1	1	0	0
13	1	1	0	1
14	1	1	1	0
15	1	1	1	1

Luego del estado terminal 15, el siguiente pulso de reloj retrotrae al contador al estado inicial 0. Si se utilizan flip-flops tipo T, se puede deducir cuál es la señal que debe ser aplicada en la entrada preparatoria de cada uno de ellos, recordando que el flip-flop T cambia de estado en el siguiente pulso de reloj cuando en el momento presente tiene un 1 aplicado en la entrada *T*, permaneciendo invariable si es que tiene un 0. Consultando entonces la tabla de estados sucesivos, podemos concluir entonces que:

- El flip-flop Q_0 debe cambiar de estado cada vez que se presente el pulso de reloj. Por lo tanto, se debe aplicar un 1 en su entrada *T* en forma permanente.
- El flip-flop Q_1 sólo debe cambiar de estado en el siguiente pulso de reloj, cuando en el momento presente el flip-flop Q_0 esté en 1.
- El flip-flop Q_2 sólo debe cambiar de estado en el siguiente pulso de reloj, cuando en el momento presente los flip-flops Q_0 y Q_1 estén en 1.
- El flip-flop Q_3 sólo debe cambiar de estado en el siguiente pulso de reloj, cuando en el momento presente los flip-flops Q_0, Q_1 y Q_2 estén en 1.

Extrapolando para un caso genérico, un contador sincrónico binario ascendente módulo 2^n hecho sobre la base de *n* flip-flops tipo T, debe tener un 1 en la entrada *T* de cada flip-flop cuando todos los flip-flops que lo preceden en la cadena tienen su salida en 1 o, dicho de otra manera, cuando el flip-flop que lo precede en la cadena tiene tanto su salida *Q* como su entrada *T* en 1. Como caso particular, el primero de los flip-flops deberá tener siempre su entrada *T* en 1.

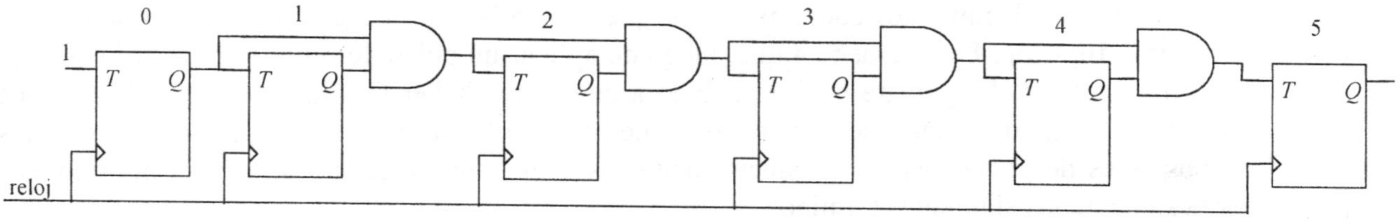

Figura 8-16 - Contador binario sincrónico módulo 64

La figura 8-16 muestra el circuito de un contador binario módulo 64 construido sobre la base de las conclusiones del párrafo anterior. Se notará cómo la generación de las señales a aplicar en las entradas *T* de los diferentes flip-flops se hace en él a través de una propagación de las señales similares que tienen los flip-flops que lo preceden en la cadena.

Un contador binario apto para ser integrado debe satisfacer esta forma de operación, pero también incorporar características de diseño modular que permita su expansión a través de una interconexión en cascada entre varios de ellos. De acuerdo a esto, un contador binario módulo 16, apto para ser integrado, podría tener la configuración circuital de la figura 8-17, que extrae los 4 flip-flops centrales de la figura 8-16.

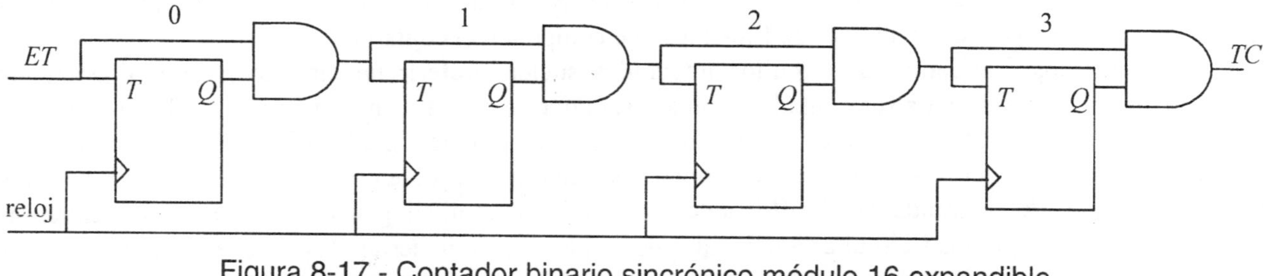

Figura 8-17 - Contador binario sincrónico módulo 16 expandible

Este circuito es apto para ser integrado, pues posee la entrada y la salida auxiliar que necesita para ser conectado en cascada con otros para lograr módulos mayores. Ellas son:

- la entrada que hemos designado *ET* y que llamaremos *habilitación de conteo por propagación* (en inglés Trickle Count Enable). Esta entrada es la que permite hacer llegar al contador la información de si todos los flip-flops de todos los contadores que lo preceden en la cadena están en 1, en cuyo caso está habilitado para contar el siguiente pulso de reloj.
- la salida auxiliar *TC* que llamaremos *cuenta terminal*. Esta salida es la encargada de propagar la habilitación que hubiera en la entrada *ET* del contador al contador que le sigue en la cadena, pero sólo

en caso de que sus propios flip-flops estén también todos en 1. Es decir, que sólo valdrá 1 cuando el contador esté habilitado para contar y se encuentre en su estado terminal.

Por lo tanto, estos contadores pueden ponerse en cascada de la forma que muestra la figura 8-18, para obtener un contador binario sincrónico cuyo módulo es el producto de los módulos de cada contador individual conectado en la cadena. En dicha figura, si cada uno de los contadores individuales fuese de módulo 16, el contador resultante sería de módulo 16^4=65536.

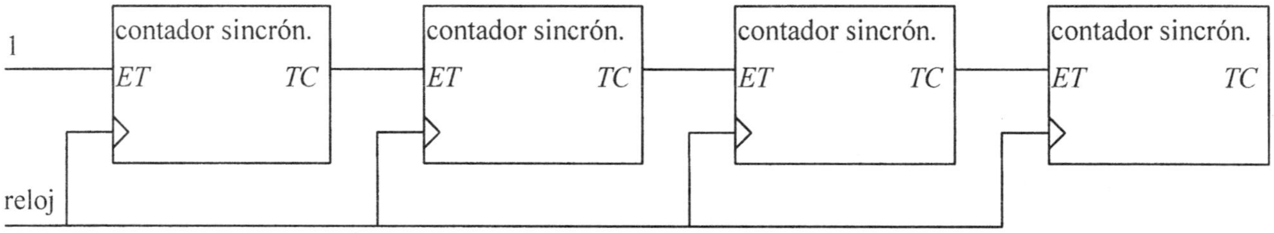

Figura 8-18 - Conexión en cascada de contadores sincrónicos

En los contadores sincrónicos, considerando por el momento cada etapa en forma individual, existe un límite máximo para la frecuencia del reloj que admiten (es decir, la máxima frecuencia de conteo que pueden manejar). Esta limitación es debida tanto a las limitaciones propias de los flip-flops empleados (tiempo de propagación, tiempo de establecimiento) como al tiempo que demanda la propagación de la habilitación de conteo hasta el último flip-flop. Esto se debe a que, luego de aplicar un pulso de reloj, es necesario esperar un cierto tiempo para aplicar el siguiente no sólo debido a que deben haber finalizado los transitorios que originara el disparo del contador, sino que es necesario que se estabilicen las entradas preparatorias de los distintos flip-flops antes de poder dispararlos nuevamente. Es decir, que el tiempo de espera mínimo está compuesto por la suma de los siguientes términos:

1) el tiempo de propagación de cada flip-flop, que media entre que el mismo es disparado por el reloj hasta que se produce efectivamente el cambio correspondiente a su salida
2) el tiempo de propagación a través de la lógica combinacional que genera las señales a aplicar en las entradas *T*
3) el tiempo de establecimiento de la entrada *T* de cada flip-flop, que fija el tiempo en que dicha entrada debe estar ya establecida con anterioridad al arribo del siguiente pulso de disparo para un funcionamiento sin falla.

Los tiempos 1 y 3 son característicos del flip-flop empleado, pero el tiempo 2 depende del atraso en la lógica combinacional que es tanto más elevado cuanto mayor sea el número de niveles en que se implementa la misma. Así, el retraso de esta lógica combinacional en el circuito de la figura 8-17 no es el mismo para todos los flip-flops, siendo el caso más desfavorable el del último flip-flop, ya que su lógica asociada está particularmente atrasada pues está concebida en 3 niveles. Se notará que esta limitación temporal es tanto más severa cuanto mayor sea el numero de flip-flops que componen el contador.

Por ello, los fabricantes de circuitos integrados suelen preferir un circuito interno ligeramente distinto al de la figura 8-17 para sus contadores binarios, el que se muestra en la figura 8-19. Se observará en este circuito que, a los efectos de reducir el tiempo de propagación de la lógica combinacional, se ha evitado la generación de señales en varios niveles, y se genera la señal para cada entrada *T* y la salida *TC* en forma independiente de la de la entrada del flip-flop anterior y en un único nivel, ganando en velocidad a expensas de una muy leve complejidad circuital adicional, pues ahora las compuertas AND necesarias no son más todas de 2 entradas sino que algunas deben tener mayor número de entradas. Pero, fuera de la mayor velocidad de conmutación obtenible, la operación de los circuitos de las figuras 8-17 y 8-19 resulta idéntica, y la conexión en cascada que muestra la figura 8-18 es también válida para el caso de los contadores como el de la figura 8-19.

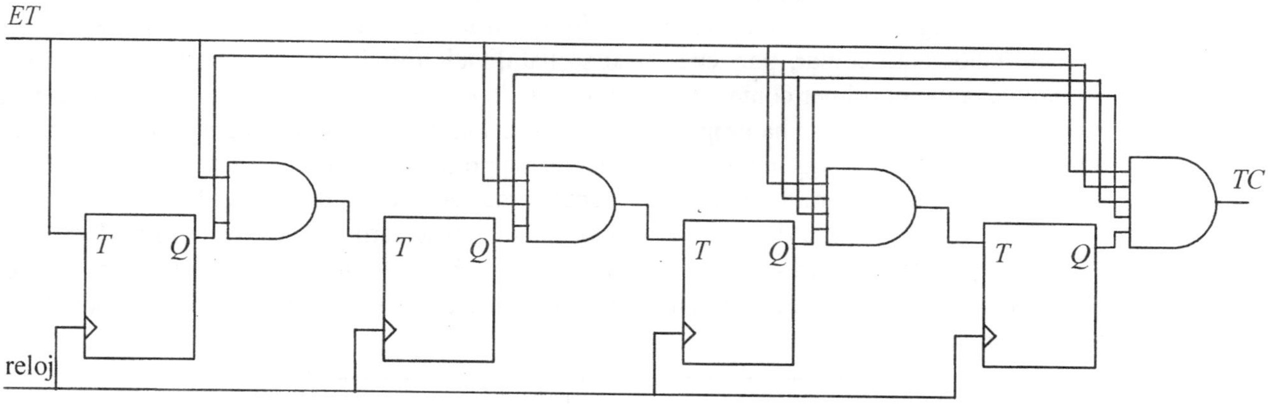

Figura 8-19 - Contador binario sincrónico módulo 16 expandible

La limitación en la velocidad de conteo recién explicada vale para un contador considerado en forma individual. Cuando varios de estos contadores se conectan en cascada como muestra la figura 8-18, la frecuencia máxima de conteo resulta inferior a la máxima frecuencia de conteo de cada contador individual, pues es necesario que entre dos pulsos de reloj sucesivos haya habido tiempo para que la cuenta terminal, que actúa como habilitación de conteo, se propague hasta el último de los contadores de la cadena, tiempo que es mayor cuanto más numeroso sea el número de contadores que la componen.

El caso más desfavorable para la propagación de la cuenta terminal se presenta cuando todos los flip-flops de los contadores están en 1, excepto el primero de los flip-flops del primer contador que está en 0. Al arribar un pulso de reloj este flip-flop pasa al estado 1, el contador del que forma parte pasa al estado terminal, y se emite la señal cuenta terminal que atraviesa progresivamente a los otros contadores de la cadena que estaban individualmente en su estado terminal, pero no lo indicaban así en su salida correspondiente pues le faltaba la habilitación que les señalase que lo propio ocurría con los contadores que le precedían en la cadena. Es evidente que mientras se produce esta propagación de la cuenta terminal, no es posible dar un nuevo pulso de reloj, y ello limita la máxima frecuencia que puede aplicarse al mismo.

Pero se ha ideado una forma de corregir la situación planteada haciendo que cada etapa contadora tenga una segunda señal de habilitación de conteo *EP*, llamada *habilitación de conteo en paralelo* (en inglés, Parallel Count Enable), tal que tanto ésta como *ET* deban estar en 1 para el que contador cuente, pero que la propagación de la habilitación del conteo sólo dependa de la presencia de *ET*. El circuito resultante es el que muestra la figura 8-20.

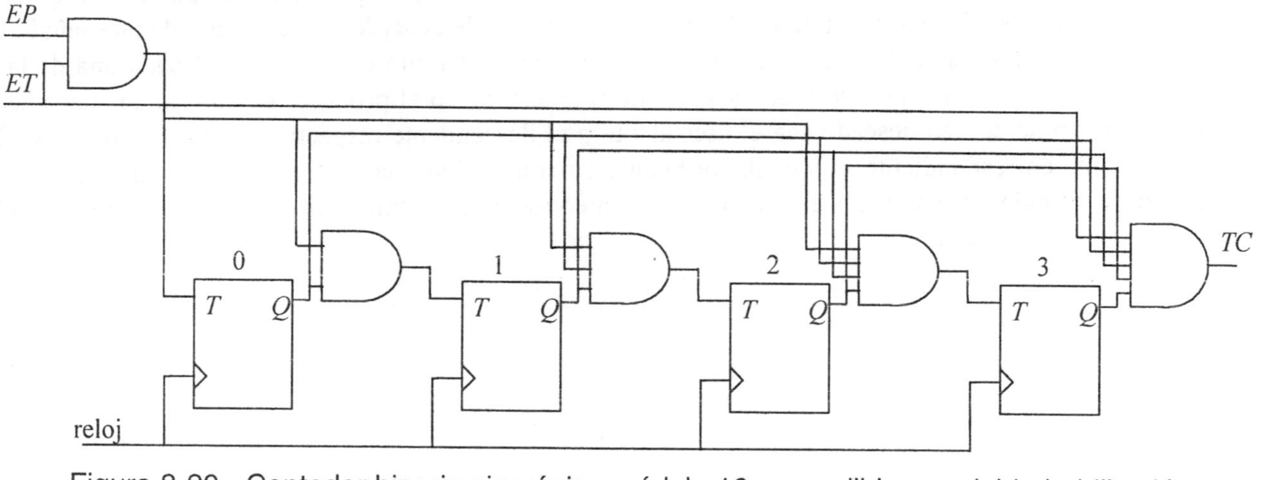

Figura 8-20 - Contador binario sincrónico módulo 16 expandible con doble habilitación

Se hace, entonces, la conexión en cascada como muestra la figura 8-21, que utiliza la técnica denominada de *anticipación de la cuenta terminal*. Para comprender la mejora lograda, consideremos el momento del conteo en que el primer contador pasa a 0, el segundo pasa a su estado terminal, mientras que los otros quedan en el estado terminal en el que ya se encontraban. En ese momento comienza a efectuarse la propagación de la cuenta terminal sin esperar a que el primer contador alcance su propio estado terminal, ya que la habilitación *ET* del segundo contador está en 1. Sin embargo, esta propagación no implica que los contadores estén habilitados para contar, por tener en 0 su habilitación de conteo en paralelo (excepto el primero de ellos). Sólo cuando el primer contador llega a su estado terminal, aplica la habilitación de contar en paralelo a todos los otros que, si ya se ha propagado la habilitación *ET*, actuarán en consecuencia. Nótese que la habilitación de conteo por propagación no requiere haberse propagado entre uno y otro pulso del reloj como en el caso del circuito de la figura 8-18, sino que puede tardar en hacerlo durante el lapso que lleva al reloj hacer que el primer contador pase de su estado inicial a su estado terminal, es decir *M* períodos del reloj, si *M* es el módulo de la primera etapa contadora. En la práctica, esto normalmente logra que el contador multietapa así construido tenga una frecuencia máxima de conteo idéntica a la de sus contadores individualmente considerados.

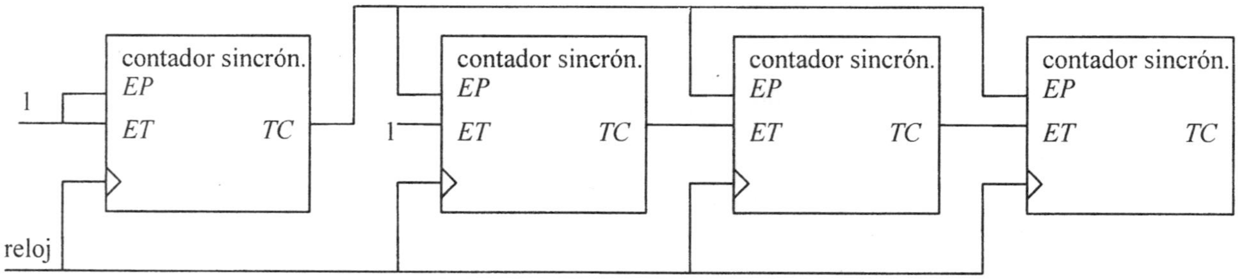

Figura 8-21 - Conexión en cascada de contadores sincrónicos con anticipación de la cuenta terminal

8.5.2. Contadores binarios sincrónicos bidireccionales

Tal como hemos visto cómo generar un contador binario sincrónico ascendente a partir de la tabla con sus estados sucesivos, podríamos hacer lo propio con un contador descendente. Llegaríamos al resultado de que la entrada preparatoria de cada flip-flop *T* debería estar en 1 cuando todos los flip-flops anteriores están en 0. Como caso particular, el primer flip-flop debería tener su entrada *T* en 1. La salida de cuenta terminal, por corresponder el estado terminal de un contador descendente a aquél en que la cuenta es nula, se emitirá cuando, estando habilitado el contador por su entrada *ET*, todos sus flip-flops estén en 0.

No suelen comercializarse contadores binarios descendentes integrados por cuanto estos pueden muy fácilmente simularse utilizando un contador ascendente e invirtiendo las salidas de todos los flip-flops. Sí resultan de interés comercial los contados binarios bidireccionales, es decir aquellos con aptitud tanto para contar en forma ascendente como descendente. Esta aptitud se logra, por ejemplo, por medio de un multiplexor de 2 vías asociado a la entrada *T* de cada flip-flop que, de acuerdo con el estado de una señal de modo que determina si el conteo debe ser en cada momento en un sentido u otro, aplica a cada una de las entradas *T* el producto de la salida de todos los flip-flops anteriores, o el producto de sus salidas negadas, según que el modo de conteo deseado sea el ascendente o el descendente respectivamente. La figura 8-22 muestra el circuito correspondiente a un contador binario sincrónico bidireccional módulo 16. En él la señal *UP* (por arriba, en inglés) cuando está en 1 habilita el conteo ascendente, mientras que hace lo propio con el descendente cuando está en 0.

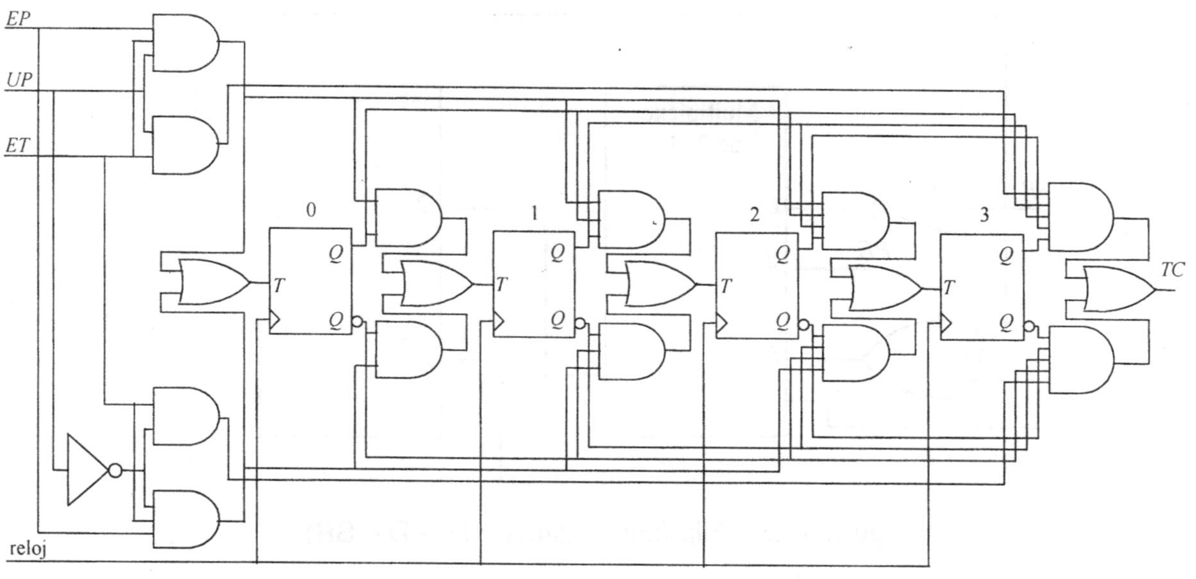

Figura 8-22 - Contador binario sincrónico módulo 16 bidireccional

8.5.3. Contadores sincrónicos con puesta a cero y carga en paralelo

Los contadores sincrónicos comerciales incluyen facilidades para colocarlos en 0, por ejemplo, mediante una entrada de reset maestro. Se notará que esta entrada puede ser también denominada como *reset asincrónico*, en el sentido que opera forzando al contador ir al estado 0 en forma no sincronizada con el reloj. Pero en muchas aplicaciones se desea que todo el funcionamiento del contador sea sincrónico, inclusive su puesta a 0. En esos casos es preferible que la orden de reset no se aplique a las entradas de fuerza de cada flip-flop y comanden su inmediato cambio de estado, sino que por medio de señales apropiadas aplicadas en la entrada preparatoria de cada flip-flop se logre que, como respuesta al próximo pulso de reloj, pasen todos ellos al estado 0. De tratarse, por ejemplo, de flip-flops tipo D, para realizar esta función bastaría con llevar todas las entradas *D* a 0. Así se suele encontrar asociadas a los contadores sincrónicos entradas denominadas de *reset sincrónico.* Por ejemplo, el integrado 74x161 es un contador binario sincrónico módulo 16 de reset asincrónico, mientras que el contador 74x163 es muy similar a él, excepto que tiene reset sincrónico.

Hay otras aplicaciones en las cuales se desea que el estado inicial no sea el de todos los flip-flops en 0, y para estas aplicaciones los contadores integrados mencionados en el último párrafo incorporar facilidades para que los flip-flops puedan ser cargados con cualquier valor deseado. A esas facilidades se las denomina *carga en paralelo sincrónica.* La denominación *en paralelo*, ya explicada en un capítulo anterior, proviene de que cuando se transfiere información, la palabra paralelo significa "en simultaneidad", es decir, todos los bits a la vez. En ese contexto, lo contrario de paralelo es "en serie", que significa que los diferentes bits son transferidos uno a la vez, en forma secuencial. La denominación *sincrónica* proviene de que, aunque puede concebirse que la carga de un valor cualquiera se haga actuando sobre las entradas de fuerza de cada uno de los flip-flops (lo que se denominaría *carga en paralelo asincrónica*"), en los contadores sincrónicos es preferible que la operación de carga esté también sincronizada con el reloj.

Si bien el flip-flop tipo T es el que más simplemente permite implementar un contador, es el flip-flop tipo D el que de forma más sencilla instrumenta la carga en paralelo, ya que con el arribo del reloj simplemente copia lo que hay en su entrada *D*, la que en ese momento debería contener el dato a cargar en él.

Es por ello que los diseñadores de contadores sincrónicos con carga en paralelo sincrónica suelen emplear un flip-flop que puede trabajar ya sea como T o como D, según se apliquen señales que habiliten uno u otro modo de operación. Este flip-flop se muestra en la figura siguiente, y a continuación se procederá a su análisis para los tres modos de operación del mismo.

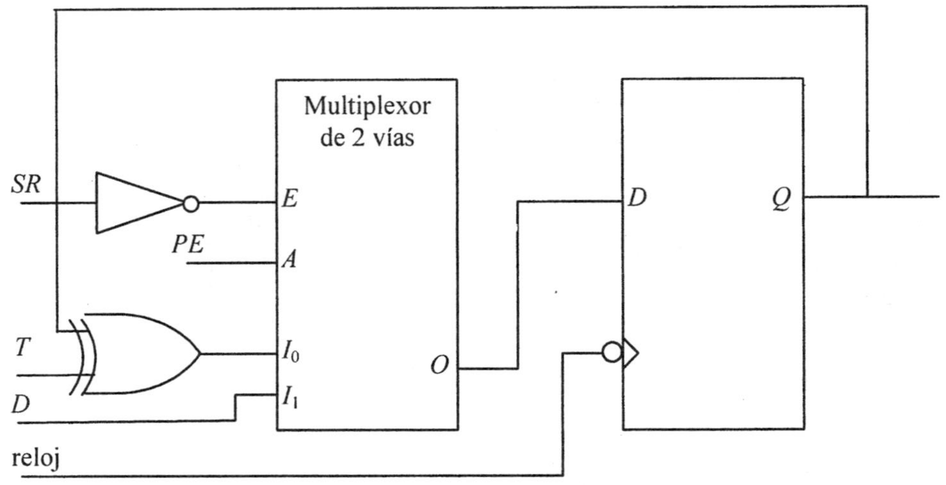

Figura 8-23 – Flip-flop multimodo (T – D – SR)

1) Este flip-flop incorpora también la facilidad de reset sincrónico, comandada por la señal *SR* en la figura. Se notará que de presentarse un 1 en *SR*, el multiplexor no estará habilitado, su salida *O* estará en 0, y en el siguiente pulso de reloj el flip-flop D irá a 0. Se trata, efectivamente, de un reset sincrónico.
2) La orden de carga en paralelo sincrónica está allí denominada *PE* (por parallel enable), y se aplica a la entrada *A* de dirección (es decir, selección) del multiplexor. Se notará que cuando la misma está en 1, el multiplexor habilita su entrada I_1 y dicha entrada pasa a ser la entrada *D* del flip-flop; en esa entrada se deberá colocar el dato a ingresar al mismo en el próximo pulso de reloj.
3) Cuando la orden *PE* está en 0, el multiplexor habilita su entrada I_0, y el lector comprobará que la presencia en dicha entrada de una compuerta XOR transforma el flip-flop D en T, como se viera en un capítulo anterior. Dicha entrada *T* es la que se empleará para armar el contador según los circuitos ya conocidos.

Es decir, este flip-flop tiene tres modos de operación:

- cuando está la señal *SR*, ésta actúa como reset sincrónico paralelo (es decir, la puesta a cero de todos los flip-flops tiene efecto en el siguiente pulso de reloj).
- cuando está la señal *PE* (pero no *SR* que tiene precedencia) se está en modo carga en paralelo sincrónica (que por supuesto se realiza recién en el siguiente pulso de reloj).
- cuando no están ni *SR* ni *PE* actúa la entrada *T* y el circuito está en modo contador sincrónico según la conexión que exista en dicha entrada.

Así, un contador binario sincrónico módulo 16 con reset y carga en paralelo sincrónica (como el citado 74x163) tiene una estructura interna como muestra la figura siguiente, donde se notará que las señales *PE* y *SR* son comunes a todos los flip-flops, de manera que todos cumplan simultáneamente con estas órdenes, pero las entradas *D* son particulares de cada flip-flop, de manera de permitir cargar en paralelo cualquier combinación de ceros y unos que ingresa del exterior a través de esos terminales.

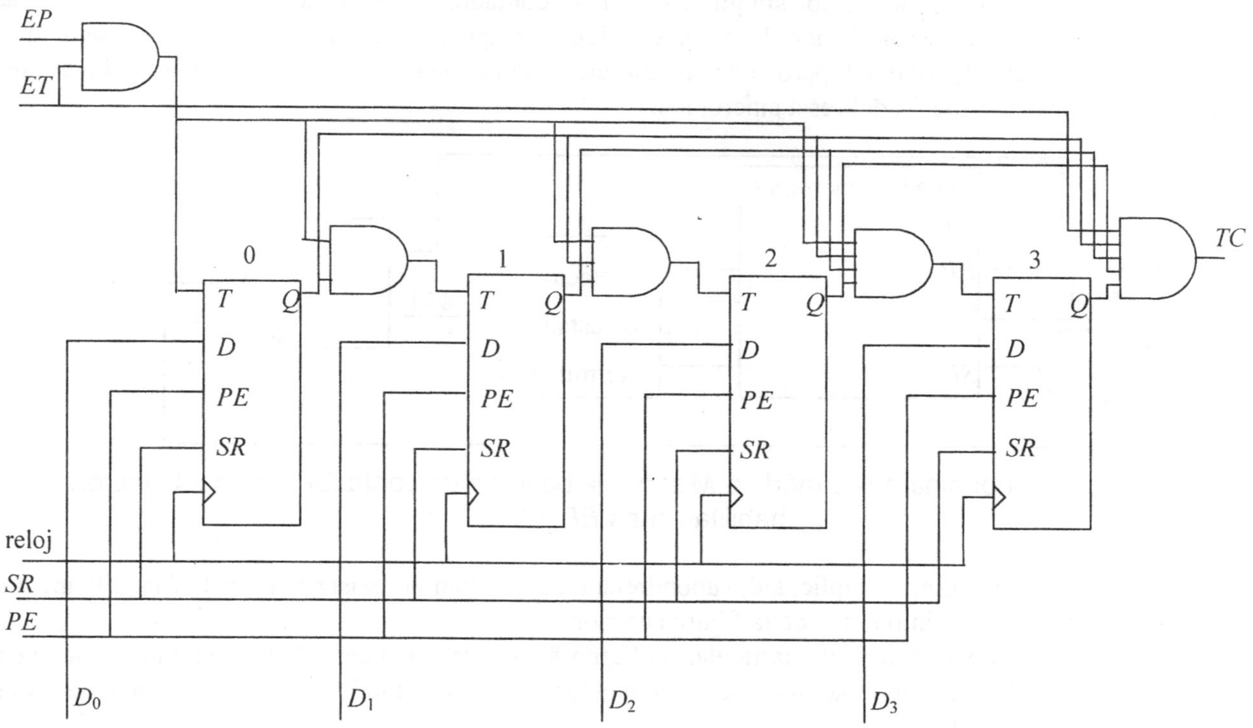

Figura 8-24 - Contador binario sincrónico módulo 16
con carga en paralelo sincrónica y reset sincrónico

8.5.4. Contadores sincrónicos módulo arbitrario y módulo programable

En forma similar a la vista en el caso de los contadores asincrónicos, también en el caso de los contadores sincrónicos pueden utilizarse sus entradas de reset y de carga en paralelo para conseguir módulos distintos al de una potencia de 2. Para esta aplicación se prefiere el uso de contadores con reset sincrónico y/o carga en paralelo sincrónica, para no alterar la operación sincrónica del conteo.

Así, la figura 8-25 muestra en forma genérica cómo lograr un contador de módulo arbitrario *M* a partir de un contador binario de módulo mayor que el deseado y entrada de reset sincrónico. A diferencia de lo visto en el caso de los contadores asincrónicos provistos de reset maestro, no se trata acá de reconocer que el contador ha *sobrepasado* el estado terminal deseado y comandar su inmediata puesta a 0, sino reconocer que ese estado terminal se ha *alcanzado*, y hacer que en el próximo pulso de reloj en que el contador esté habilitado para contar se produzca su puesta a 0. Otra diferencia reside en que, como el contador queda en su cuenta terminal buscada no menos de un período de reloj, es innecesario prologar la duración de esa señal por medio de monoestables o biestables, como cuando se trata de un reset maestro. Lógicamente, el nuevo contador debe emitir, cuando alcance el estado terminal deseado, una salida *TC* que habilite a eventuales etapas contadoras que lo sigan en una cadena, tal como muestra la figura 8-25. El lector podrá comparar el circuito de dicha figura con los de la figura 8-7, y reconocer diferencias y semejanzas.

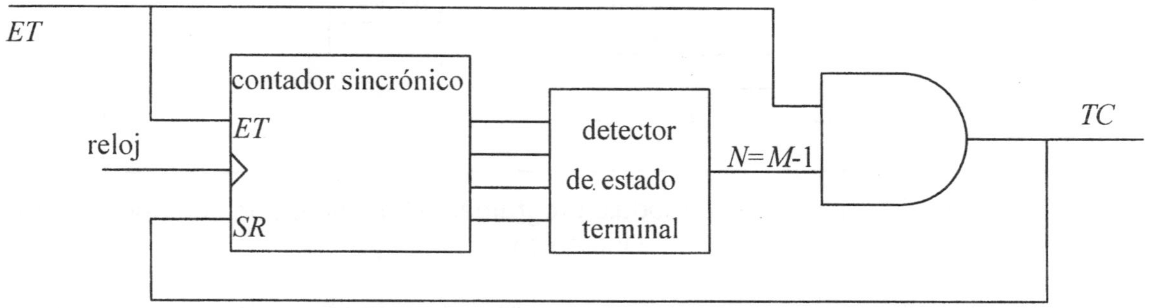

Figura 8-25 - Contador sincrónico módulo *M* sobre la base de un contador con reset sincrónico

En la figura anterior se ha supuesto, por simplicidad, que el contador utilizado no posee entrada *EP*. Si la tuviera, el circuito debería ser modificado de la manera siguiente, que el lector comprenderá si recuerda que *EP* no participa de la cuenta terminal, pero si de la habilitación del conteo, y eso incluye el pasaje del estado terminal al cero por la aplicación del reset sincrónico.

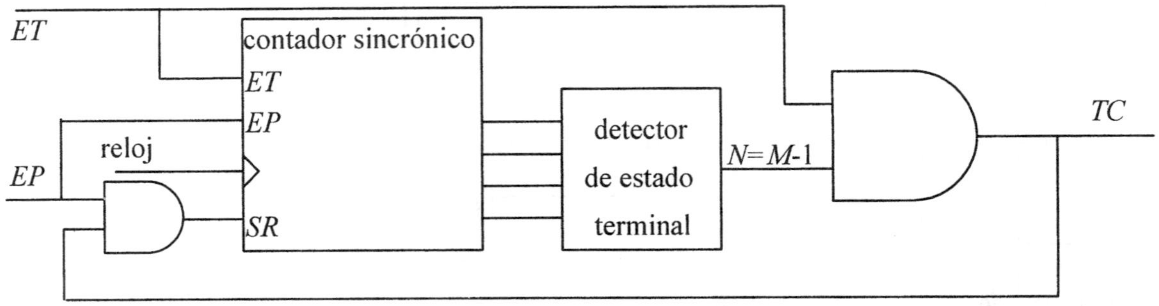

Figura 8-26 - Contador sincrónico módulo *M* sobre la base de un contador con reset sincrónico y habilitaciones *EP* y *ET*

En los ejemplos que siguen, por simplicidad, supondremos que, o bien no existe la entrada *EP*, o la misma es conectada de una manera similar a la de la figura anterior.

Aplicando lo visto a un ejemplo particular, la figura 8-27 muestra el caso de un contador decimal en código BCD natural hecho sobre la base de un contador sincrónico módulo 16 con entrada de reset sincrónico (comparar con el de la figura 8-8).

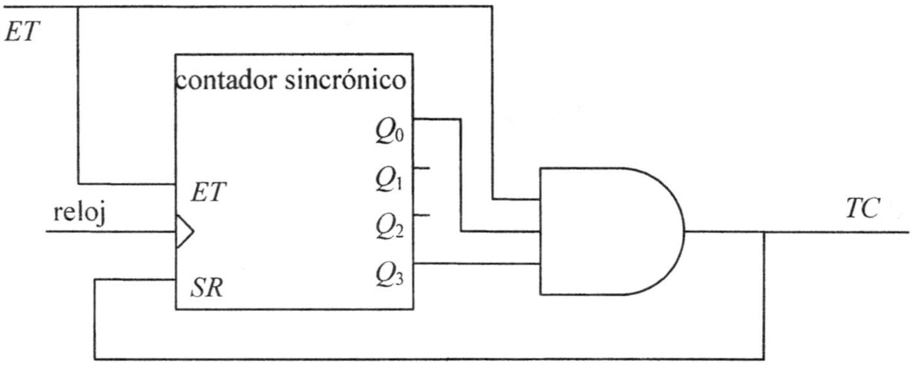

Figura 8-27 - Contador sincrónico BCD natural basado en un contador binario con reset sincrónico

Generalizando lo antedicho, el circuito de la figura 8-28, en la que el detector de estado terminal de la figura 8-26 se ha reemplazado por un comparador, corresponde a un contador de módulo programable *M*, que el lector podrá comparar con el visto en la figura 8-10.

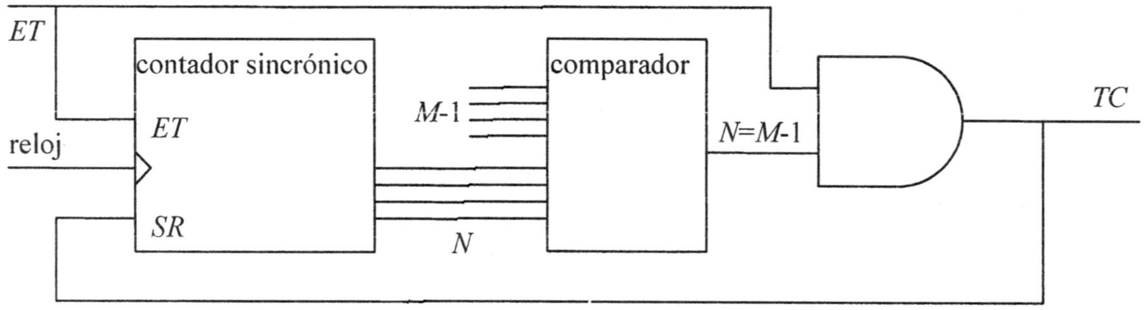

Figura 8-28 - Contador sincrónico de módulo programable basado en un contador con reset sincrónico

Cuando para fijar un cierto módulo o código se emplea, en vez del reset sincrónico, la carga en paralelo sincrónica, también se debe considerar que ella resulta efectiva en el pulso de reloj que sigue a su aplicación, con lo que el lector comprobará que el circuito de la figura 8-29 corresponde a un contador módulo 10 que cuenta en BCD Exceso 3, en el que alcanzada la cuenta terminal deseada se prepara el pasaje al estado inicial correspondiente a dicho código en el siguiente pulso de reloj en que el contador esté habilitado para contar.

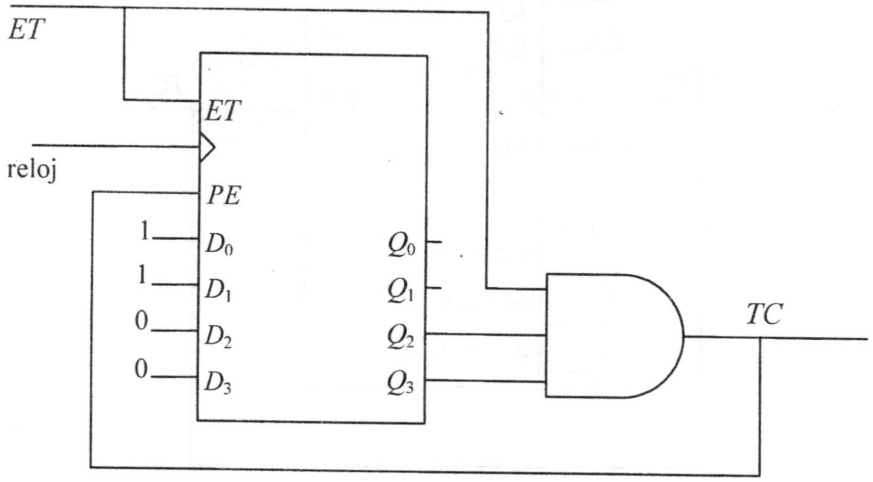

Figura 8-29 - Contador en código BCD Exceso 3 basado en un contador con carga en paralelo sincrónica

Otro ejemplo de uso de la carga en paralelo sincrónica sería el caso de desear un contador módulo 10 que opere según el código Aiken, caso en el que no se debe colocar un valor inicial sino producir, en un momento de la secuencia del contador, un salto. Tratándose del código Aiken, éste cuenta en binario normalmente excepto que del estado 0100 se pasa al 1011. El circuito correspondiente es el que se da en la figura 8-30, encargándose al lector su justificación.

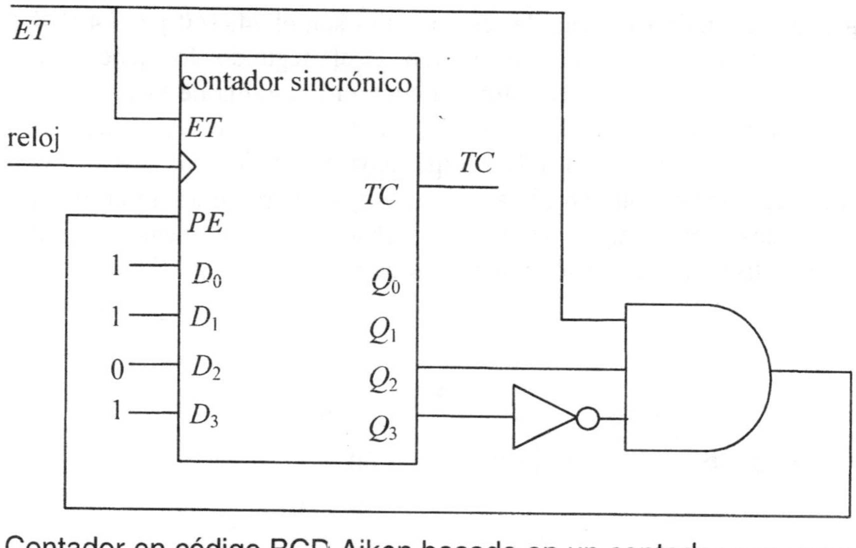

Figura 8-30 - Contador en código BCD Aiken basado en un contador con carga en paralelo sincrónica

Otra forma de realizar un contador de módulo programable, esta vez sin necesitar un comparador pero requiriendo un contador bidireccional con carga en paralelo sincrónica, se muestra en la figura 8-31. Dicho circuito, utilizando el contador como descendente, hace que al llegar el contador a su estado terminal (es decir, cuenta nula) prepare la carga en paralelo de la cuenta inicial, es decir, M-1 si se trata de un contador módulo M. Naturalmente que el contador resultante es de tipo regresivo.

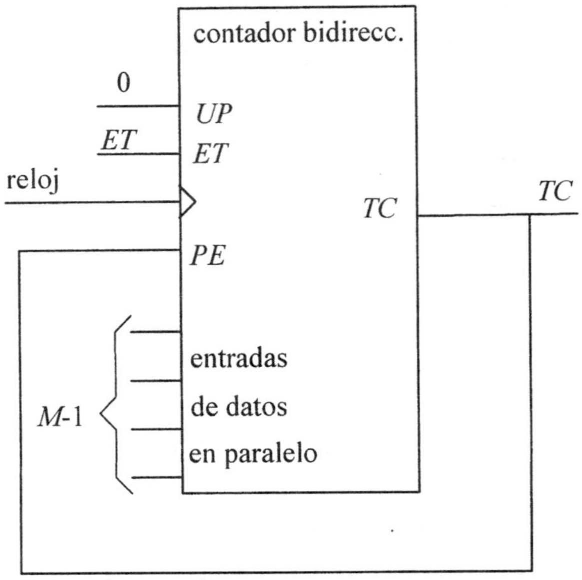

Figura 8-31 - Contador sincrónico regresivo módulo programable basado en un contador bidireccional

8.6. Contadores sincrónicos decimales

Hasta aquí nos hemos referido a los contadores sincrónicos binarios, pero también se dispone comercialmente de contadores sincrónicos decimales que cuentan en BCD natural, requeridos en no pocas aplicaciones.

Por ejemplo, dos contadores decimales comerciales son el 74x160 y el 74x162 (muy similares entre sí, excepto que el primero tiene reset asincrónico y el segundo lo tiene sincrónico) que cuentan sincrónicamente siguiendo el código BCD natural, tienen el diagrama de estados que muestra la siguiente figura. Se destaca en él que, además de los 10 estados que forman la secuencia de conteo, no puede evitarse que, por estar el circuito construido con 4 flip-flops, haya 6 estados en exceso. Los diseñadores de este circuito optaron por asegurar que, aún en el caso de que aparecieran durante la operación de este contador alguno de estos 6 estados, por ejemplo por una perturbación que arrancara al contador de la secuencia correcta, se retorna a la misma en no más de dos pulsos de reloj.

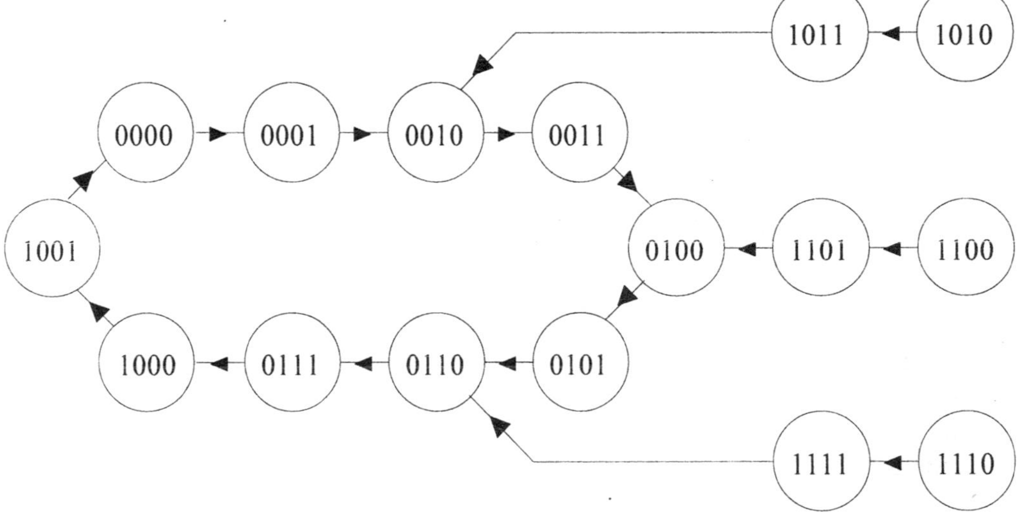

Figura 8-32 – Diagrama de estado de los contadores decimales sincrónicos 74x160 y 74x162

El diseño de un contador con este diagrama de estados se puede realizar, como sabemos, utilizando los procedimientos habituales para el diseño de los circuitos secuenciales sincrónicos. Considerando la utilización de flip-flops T, este procedimiento muestra que las pertinentes ecuaciones de excitación resultan:

$$T_3 = Q_3Q_0 + Q_2Q_1Q_0$$
$$T_2 = \overline{Q_3}Q_1Q_0$$
$$T_1 = \overline{Q_3}Q_0$$
$$T_0 = 1$$

Sin embargo, para dotar al contador de las características de modularidad que permita la conexión de varios de ellos en cascada, es necesario modificar las ecuaciones anteriores tomando en consideración a las entradas auxiliares *EP* y *ET*, y generar también la salida *TC*. Con esto en consideración, las ecuaciones de entrada y de salida quedan

$$T_3 = (Q_3Q_0 + Q_2Q_1Q_0)EP.ET$$
$$T_2 = (\overline{Q_3}Q_1Q_0)EP.ET$$
$$T_1 = (\overline{Q_3}Q_0)EP.ET$$
$$T_0 = EP.ET$$
$$TC = Q_3\overline{Q_2}.\overline{Q_1}Q_0ET$$

Dejamos al lector interesado la tarea de dibujar el circuito que satisface estas ecuaciones, y le proponemos también modificar este diseño agregándole las facilidades de reset, ya sea sincrónico o asincrónico, y carga en paralelo sincrónica (los ya mencionados 74x160 y 74x162 tienen esa facilidad de carga en paralelo).

8.7. Aplicaciones de los contadores

La aplicaciones más obvias de los contadores son:

- o para *contar elementos o eventos*, como podrían ser el conteo de botellas en una fábrica de vino o el número de pasos en la ejecución de un proceso.
- o como *divisor de frecuencia*

Pero existen muchas otras aplicaciones, de las cuales acá hemos de citar varios ejemplos (los que no agotan de manera alguna las posibilidades de uso de estos dispositivos).

- Para *medir tiempo*. En este tipo de aplicación, el contador recibe por su entrada de conteo una señal periódica de frecuencia muy conocida (por ejemplo 1 pulso por segundo) y al contar estos pulsos está contabilizando el tiempo que transcurre.
- Para *medir frecuencia*. En este tipo de aplicación, el contador recibe por su entrada de conteo un tren de pulsos de frecuencia desconocida, pero que se quiere medir. Si el contador se pone en operación durante un tiempo prefijado (por ejemplo 10 segundos), la cantidad de pulsos contados será proporcional a la frecuencia del tren de pulsos. Este es el esquema que utilizan los frecuencímetros digitales.
- Para *generar una secuencia cíclica de señales*
- Para *convertir una información paralelo en serie*.

Estas dos últimas aplicaciones merecen una ampliación, la que se da en los próximos apartados

8.7.1. Generación de una secuencia cíclica de señales

Se presenta muy a menudo en la práctica el tener que diseñar el circuito de control para procesos secuenciales que demandan varios pasos que luego se repiten cíclicamente. Por ejemplo, el circuito de control deseado debería emitir en cada paso las señales de habilitación o comando para aquellas actividades que deben realizarse en ese momento. Esto se puede realizar mediante un contador cuyo módulo sea igual a la cantidad de pasos que hay en un ciclo, y que reciba por su entrada de pulsos a contar un tren de pulsos cuyo período sea igual al tiempo que se desea que tenga cada paso. Esta aplicación demanda que la salida del contador pase por una red combinacional que genere las oportunas habilitaciones según el programa de actividades que se halla establecido. En la figura que sigue se propone un circuito para realizar cíclicamente, en 16 pasos, la generación de 9 señales de habilitación.

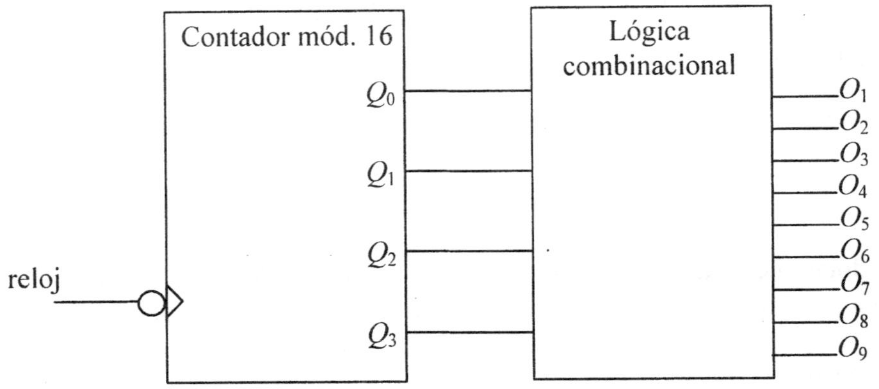

Figura 8-33 – Posible generador de una secuencia cíclica de 9 señales

El esquema de la figura anterior puede ser modificado para ampliar su funcionalidad. Por ejemplo:

- La lógica combinacional podría tener otras entradas que permitiesen que sus salidas puedan ser, no sólo función del paso, sino también de otros condicionantes externos. Inclusive la lógica combinación podría, en función de esas señales externas, modificar el módulo del contador para adecuarlo a cada situación. Por ejemplo, tratándose de una máquina expendedora de café, que los pasos a realizar (colocación del vaso, ingreso de café, agua, leche o azúcar), dependa si se ha seleccionado café cortado o negro, amargo o azucarado, etc.
- El proceso podría no requerir ser realizado en forma cíclica sino ser ejecutado una vez por demanda, en cuyo caso se requeriría una señal externa de inicio, y sería función de la lógica combinacional detener el contador tras el último paso.
- Señales externas podrían colocar al contador en distintas condiciones iniciales haciendo que se ejecuten programas distintos según el valor cargado.

Otra modificación posible al esquema de la figura anterior, pero esta vez hacia una mayor sencillez, se da cuando las distintas señales de salida no se superponen, lo que permite reemplazar la lógica combinacional por un decodificador. En estos casos se tienen varias salidas de las que en cada momento sólo una de ellas está en estado 1, pero las distintas salidas van tomando ese valor en forma rotativa y acompasada. A un generador cíclico de señales de esta característica se denomina *generador de fases múltiples*. Se notará que un generador de M fases puede fácilmente realizarse mediante un contador módulo M, conectado a un decodificador apropiado, y recibiendo como pulsos a contar una señal periódica de período igual a la duración deseada para cada una de las fases de salida. Así, el circuito de la figura siguiente muestra un generador de 4 fases. Cada una de ellas tendría 1 ms de duración y se repetiría 250 veces por segundo, si se aplica a la entrada un reloj de 1 kHz.

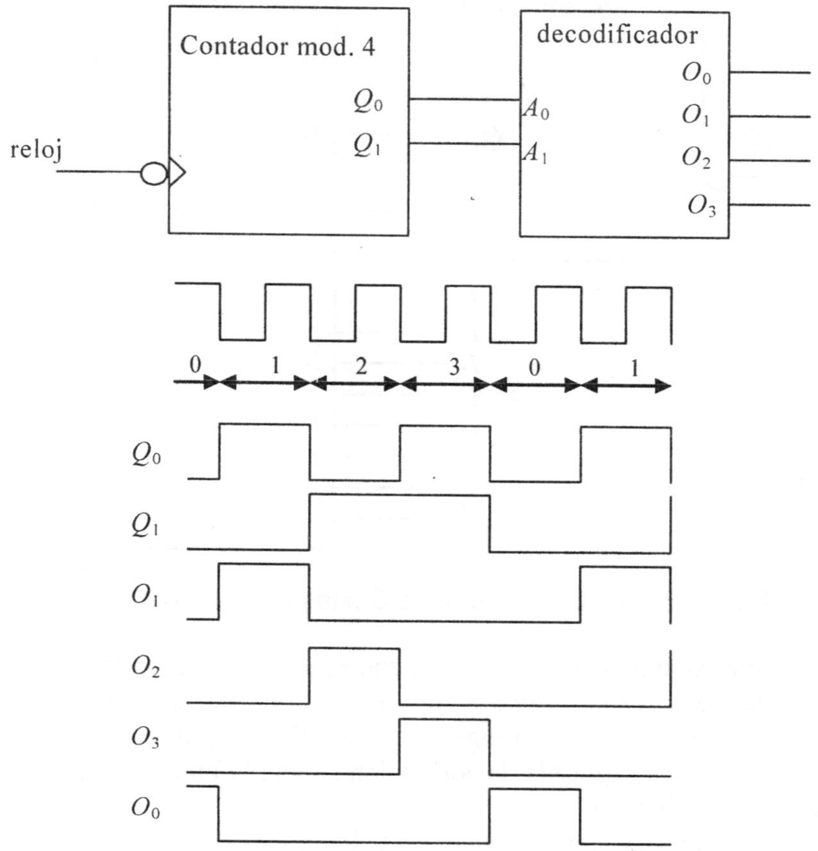

Figura 8-34 – Generador de 4 fases múltiples

8.7.2. Conversión paralelo a serie

Ya hemos comentado en un capítulo anterior que se denomina información paralelo a aquella cuyos bits están todos disponibles en forma simultánea en sendas líneas eléctricas, mientras que información serie es aquella cuyos bits están disponibles en forma secuencial en una única línea eléctrica. La coexistencia de información en diferentes formas obliga, en ocasiones, a realizar conversiones entre ellas, es decir, transformar una información paralelo en una serie o viceversa.

Veamos en la figura siguiente un circuito que emplea un contador y un multiplexor para lograr la primera de esas conversiones, es decir, la conversión paralelo en serie. En este caso, de una información de 8 bits.

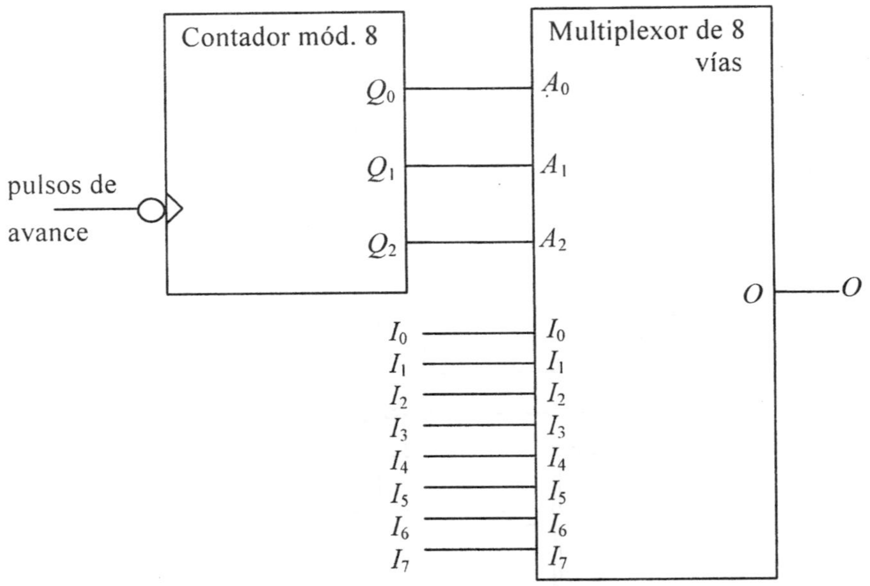

Figura 8-35 – Convertidor de 8 bits en paralelo a serie

El funcionamiento es simple: al evolucionar el contador va generando las sucesivas direcciones que requiere el multiplexor para colocar en su salida, y en forma secuencial, los bits presentes en su entrada.

Un esquema similar, pero usando, en lugar de un multiplexor, un biestable direccionable, permite realizar la función inversa a la acá explicada, la conversión de una información serie en paralelo. Se deja a cargo del lector analizar esa posibilidad.

Las conversiones paralelo en serie y serie en paralelo también pueden realizarse empleando registros de desplazamiento. Por lo que volveremos sobre esta problemática tras haber estudiado a estos dispositivos, en próximos apartados.

8.8. Introducción a los registros

En los circuitos digitales es frecuente la necesidad de almacenar, en forma temporaria, cierta información. Por ejemplo, puede ocurrir que una unidad de un equipo digital genere una cierta información con destino a otra unidad, en momentos en que la segunda no esté disponible para tomarla. Para liberar a la primera de las unidades para que continúe con su labor habitual, puede colocarse entre ellas un almacenamiento temporario que retenga la información generada hasta que la unidad a la que estaba destinada pueda tomarla. Este tipo de almacenamiento temporario es denominado *registro*.

Para especificar la cantidad de información que puede almacenar un registro se suele indicar ésta en número de bits. Como luego veremos, los registros poseen un biestable D o un flip-flop para almacenar cada uno de esos bits en forma individual, por lo que el número de estos iguala al de aquellos.

Se acostumbra a clasificar a los registros en dos tipos básicos que estudiaremos en apartados siguientes:

- registros de entrada en paralelo y salida en paralelo
- registros de desplazamiento

8.9. Registros de entrada en paralelo y salida en paralelo

8.9.1. Registros tipo latch y tipo sincrónico

La forma más simple de realizar un registro de entrada y salida en paralelo consiste en disponer un conjunto de biestables D habilitados en forma conjunta por una única señal de habilitación, tal como muestra la figura siguiente para el caso de un registro de 4 bits.

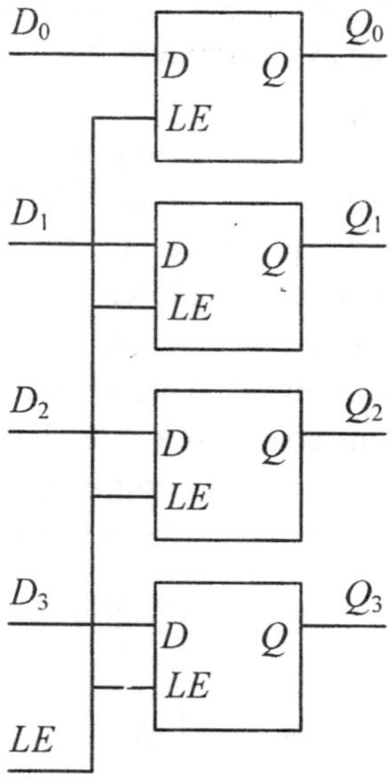

Figura 8-36 - Registro tipo latch de 4 bits

Este tipo de registro que utiliza un biestable D por cada bit que debe almacenar, ya lo hemos presentado en el capítulo anterior y empleado en este mismo capítulo en un apartado anterior (ver figura 8-6). Como hemos de ver otros tipos de registros, es conveniente a partir de acá darle a éste un nombre más específico. Se lo denomina *registro tipo latch* o, simplemente, *latch*. En este último caso, cuidando de no confundir cuando esta palabra se usa para representar a un registro, de cuando se la usa como la denominación inglesa de lo que hemos llamado biestable.

La explicación del funcionamiento de un registro tipo latch es simple: cuando está presente la señal que, al habilitar al latch, ordena su carga en paralelo (*LE*), cada uno de los biestables D recibe una señal de habilitación y se carga con la información contenida en su entrada particular de datos en paralelo, la que aparece a la salida por la acción transparente del biestable; mientras que, cuando *LE* es retirada, la salida en paralelo queda reteniendo el valor cargado aún cuando la entrada de datos en paralelo modifique su estado.

En muchas aplicaciones se desea que la operación de carga del registro esté sincronizada con un reloj, en cuyo caso puede utilizarse un registro construido sobre la base de flip-flops D en lugar de biestables D. Esto da lugar a los llamados *registros sincrónicos*, por ejemplo como el registro de 4 bits que muestra la figura siguiente.

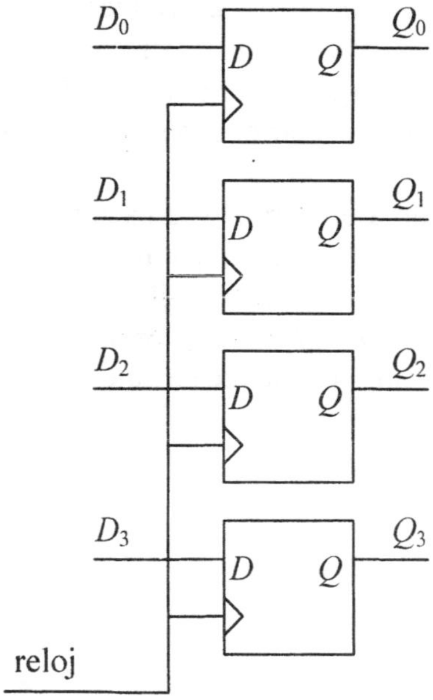

Figura 8-37 - Registro tipo sincrónico de 4 bits

En este registro sincrónico, la llegada del flanco activo del pulso de reloj (en el caso de la figura, el ascendente) a cada uno de los flip-flops que lo componen, hace que estos tomen el valor que tiene en ese momento su entrada particular de datos. Este circuito normalmente actualizará la información contenida en el registro cada vez que se presente el flanco activo del reloj, pero eso puede llegar a ser un inconveniente en aquellos casos en que dicha carga no debe realizarse en todos los pulsos de reloj sino sólo cuando media una habilitación de la carga paralelo, es decir está presente una señal similar a la habilitación *PE* que hemos visto en el caso de la carga paralelo sincrónica de contadores.

Una forma de lograr ese propósito es intercalar entre el reloj del equipo que contiene a este registro y la entrada de reloj propia del registro la compuerta AND que muestra la figura siguiente, que hace que en ausencia de la señal de habilitación *PE*, la entrada de reloj de cada flip-flop está siempre en 0 y por lo tanto es insensible a los flancos del reloj del equipo. Por el contrario, de estar *PE* en 1, la salida de la compuerta AND reproduce la señal del reloj del equipo, y la carga puede realizarse en el flanco ascendente del mismo.

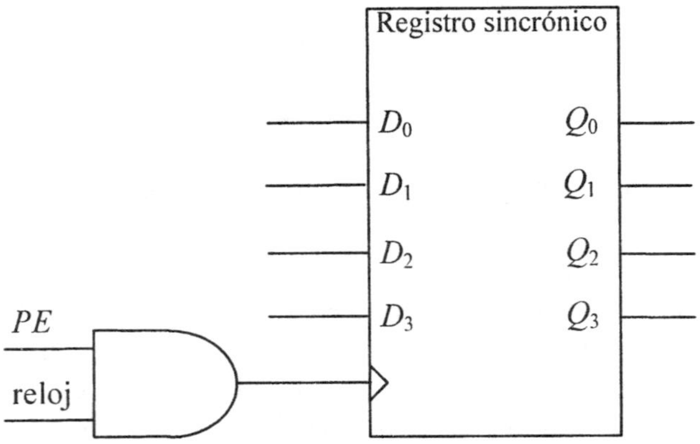

Figura 8-38 - Registro tipo sincrónico con compuerta de habilitación de reloj

Sin embargo, esta forma de operar presenta dos inconvenientes, que son:

- a los efectos de garantizar de que todos los flip-flops que componen un circuito sincrónico cambian prácticamente al unísono, debe asegurarse que los pulsos de reloj llegan a todos en el mismo instante, criterio que deja de satisfacerse si los flip-flops que componen el registro reciben la señal de reloj demorada por la acción no instantánea de una compuerta intercalada en el camino del reloj, como es el caso del circuito de la figura anterior. Este hecho puede obligar a introducir retardos intencionales en los otros circuitos sincrónicos que componen el equipo con el objeto de igualar, al menos aproximadamente, los retrasos con que reciben la señal de reloj los distintos circuitos.
- de la figura se observará que la carga paralelo se produce cuando, estando la señal *PE* en 1, el reloj presente un flanco positivo, es decir pase de 0 a 1; pero también cuando estando el reloj en 1, pase la señal *PE* de 0 a 1. Para asegurarse de que la carga en paralelo se efectúe sólo en sincronismo con el flanco positivo del reloj, es necesario asegurar que la señal *PE* nunca podrá pasar de 0 a 1 en momentos en que el reloj esté en 1.

Estos inconvenientes no existen si la carga en paralelo se hace a través de un multiplexor que en presencia de la señal *PE* ingrese al registro los datos a cargar en paralelo, pero que en ausencia de la misma reingrese al registro el valor que ya tiene en sus salidas. En este último caso, al mantener el valor de salidas, todo ocurre como si la señal de reloj hubiese sido ignorada, pero sin interponer en su camino compuerta alguna. Esta es la solución recomendable. El circuito resultante se muestra en la figura siguiente, nuevamente para el caso de un registro de 4 bits.

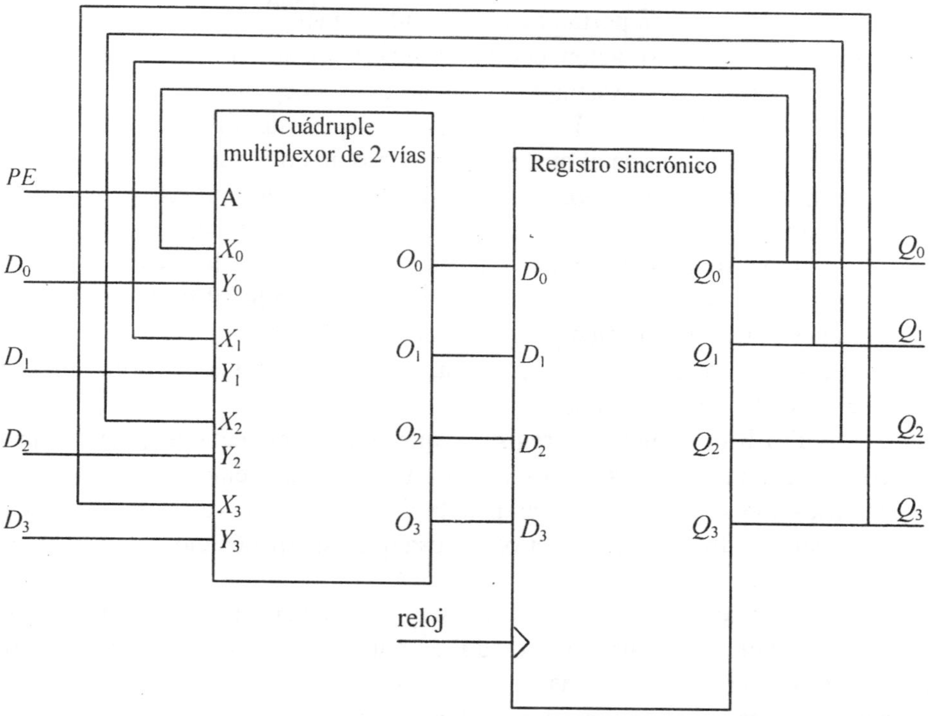

Figura 8-39 - Registro tipo sincrónico de 4 bits con entrada de habilitación de carga paralelo

A título ilustrativo pueden mencionarse algunos registros comerciales como el 74x373, el 74x374 y el 74x377, cuyos circuitos siguen, respectivamente, los delineados por las figuras 8-36, 8-37 y 8-39, salvo que son registros de 8 bits y no de 4 como muestran dichas figuras, y que los registros 74x373 y 74x374 incorporan un buffer con salida de 3 estados en cada una de sus salidas, todos los cuales comparten una única señal de habilitación de salida. Esto se hace para posibilitar la conexión del registro a un múltiple de conexión, tal como se amplía en el siguiente apartado.

8.9.2. Comunicación de registros vía buses

En el diseño de circuitos digitales que incorporan registros de entrada en paralelo y salida en paralelo, se da frecuentemente la necesidad de realizar un traspaso de la información contenida en un registro hacia otro, entendiendo por tal traspaso que el bit contenido en cada uno de los flip-flops del registro que actúa como transmisor, es transferido al flip-flop que ocupa su misma posición en el registro receptor.

La figura siguiente muestra dos circuitos con dos registros tipo latch de n bits cada uno y con posibilidades diferentes de transmisión de la información de un registro al otro ya que el primero usa una conexión directa y el segundo una línea (multifilar) compartida. No se dibuja el juego de señales completo de los registros sino sólo aquellas señales pertinentes para la transferencia.

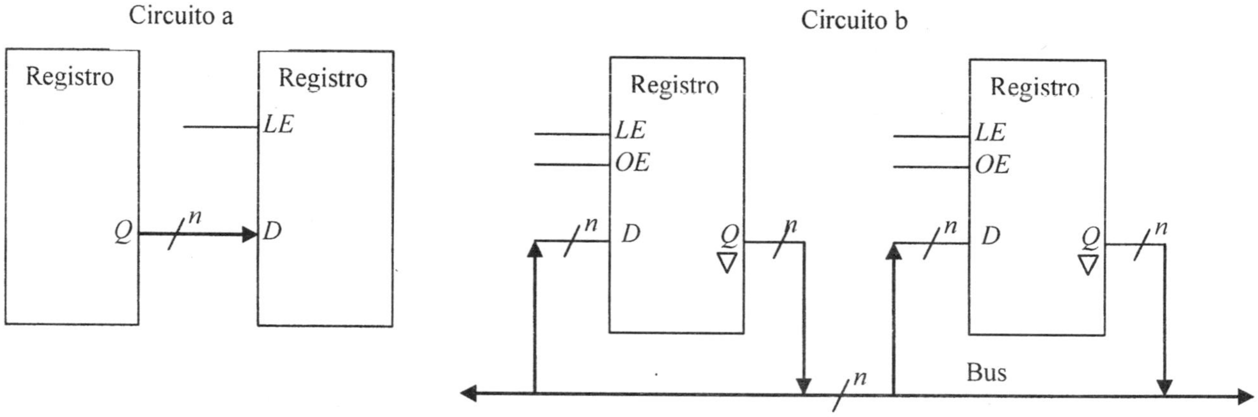

Figura 8-40 – Dos formas de comunicación entre dos registros

Los circuitos de la figura anterior se comportan de la siguiente manera:

a) este circuito permite que la información contenida en el registro de la izquierda (que actúa como transmisor) sea traspasada al de la derecha (que actúa como receptor), lo que se lleva a cabo cuando a este último se le da la orden de cargar en paralelo. Nótese que este circuito permite la transferencia en un sentido (del registro de la izquierda al otro registro), pero no en el sentido contrario.
b) este circuito, que emplea una línea compartida y utiliza técnicas de multiplexación distribuida (para lo que requiere que ambos registros tengan salida de 3 estados), es más flexible porque permite la transferencia en cualquier sentido. Es decir, que cualquiera de los dos registros puede actuar como transmisor, actuando el otro de receptor. La transferencia requiere habilitar la salida del registro que ha de operar como transmisor al mismo tiempo que se da la orden de cargar en paralelo al receptor. Dado que un múltiple de conexión, como el que acá se usa, ha sido denominado *bus* en otro capítulo, este tipo de intercomunicación se denomina vía bus.

Se notará que en el circuito b el número de registros que pueden conectarse de esta manera es también flexible, ya que puede incrementarse con sólo colocar más registros conectados de manera similar a los de la figura. Esta intercomunicación vía bus es muy empleada cuando existen varios registros y se requiere una comunicación de cualquier registro con cualquier otro, cosa que esta disposición circuital permite realizar de una manera simple y económica.

En ambos casos de la figura anterior, las señales que en cada caso comandan la transferencia, se suponen emitidas por un circuito de control apropiado, en muchos casos una unidad centralizada de mando secuencial encargada de generar las secuencias de órdenes y habilitaciones que requieren para su operación las diferentes unidades que integran el equipo que contiene estos registros, razón por la cual dicha unidad de control no se exhibe en la figura anterior.

Si bien los circuitos de la figura anterior, y el de la figura que pronto presentaremos, utilizan registros tipo latch, circuitos parecidos pueden emplearse para el caso de registros tipo sincrónicos. Dejamos a cargo del lector estudiar esos casos y analizar las semejanzas y diferencias de dichos circuitos con relación a los que se presentan en este apartado.

Un caso algo más complejo que la simple transferencia de información, pero también frecuente, es cuando se debe traspasar la información de un registro a otro previa transformación de dicha información. Por ejemplo, sometiéndola a una operación aritmética. La figura siguiente ilustra un ejemplo de este caso: se trata de un circuito con tres registros asociados a dos buses, uno a su salida y otro a su entrada y que han sido designados arbitrariamente como bus A y bus B respectivamente, y un circuito sumador, que permite que la suma de los contenidos de dos cualesquiera de esos tres registros sea cargada en cualquiera de dichos registros.

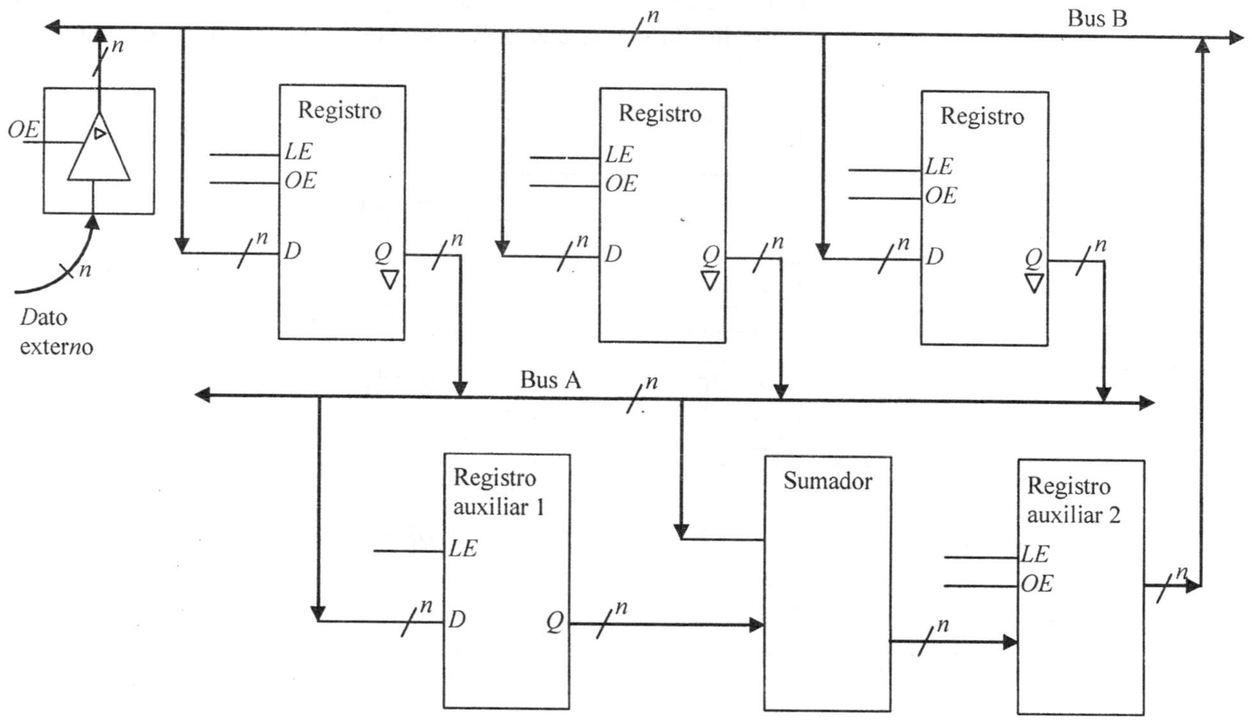

Figura 8-41 - Comunicación entre registros con transformación de los datos

Se notará en la figura que el circuito posee, además de los tres registros principales, dos registros auxiliares (a los que también puede llamarse temporarios). El registro número 1 es necesario para proveer al sumador uno de los sumandos (que previamente habrá recibido de uno de los registros a través del bus A) en momentos en que el otro sumando está siendo colocado sobre el bus A (y, por intermedio de él, al sumador) por el registro correspondiente. El número 2 almacena temporalmente el resultado de la suma. La operación del conjunto para sumar, que requiere la realización de 3 pasos sucesivos, es la siguiente:

1) se habilita la salida del registro que contiene el primer sumando al mismo tiempo que se da la orden de cargar en paralelo al registro auxiliar 1. Con la aplicación de estas señales, el contenido del registro con el primero sumando es colocado en el bus A, y tomado por el registro auxiliar 1 que retiene dicha información.
2) se habilita la salida del registro que contiene el segundo sumando y se da la orden de cargar en paralelo al registro auxiliar 2.
3) Se habilita la salida del registro auxiliar 2 (el resultado de la suma aparece en el Bus B) y la entrada del registro que se ha elegido para almacenar el resultado de la suma, que puede cualquiera de los tres.

La figura muestra que, además de la suma, cualquiera de los registros puede ser cargado a partir de un dato externo colocado en el Bus B a través de los *n* buffers con salida de 3 estados que allí se representan. Si, por ejemplo, el circuito de la figura fuese la unidad de cálculo de una computadora, el dato a ingresar podría ser el proveniente de la memoria central.

El esquema de la figura no permite que el dato almacenado en un registro pase, sin alteraciones, a otro cualquiera. ¿Cómo modificaría el lector el circuito para que esto sea posible?

8.9.3. Bancos de registros

Cuando se requiere disponer de varios registros de entrada y salida en paralelo, suelen utilizarse los llamados *bancos de registros*, donde cada uno de los registros es direccionable, en el sentido de que, apropiadamente seleccionado por ciertas entradas de dirección, nueva información puede serle escrita o su información actual puede ser leída a través de los terminales de entrada y salida (respectivamente) del banco, cuya utilización los registros comparten; bien que uno sólo por vez es el que puede estar realizando una transferencia de datos en alguno de los dos sentidos.

Así, el 74F219 es un banco de 16 registros de 4 bits cada uno. Su estructura interna sigue el esquema de la figura siguiente, aunque esta última, para mantener la simplicidad, corresponde a un banco de menor tamaño: sólo 4 registros de 3 bits cada uno. Otra diferencia introducida para mayor claridad, es que en la figura las señales *EN* y *WE* son activas en alto, mientras que en el 74F219 lo son en bajo, es decir, están invertidas.

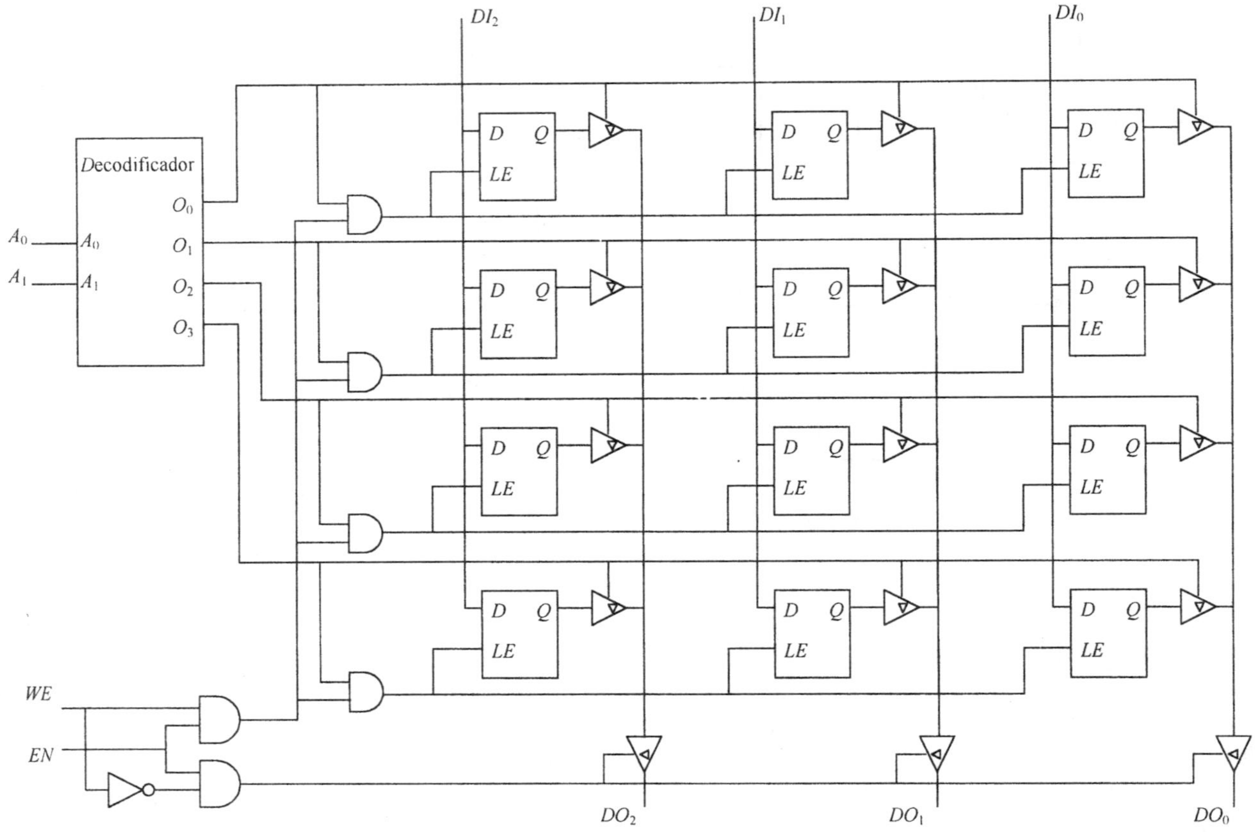

Figura 8-42 - Banco de registros similar al 74F219 pero de sólo 4 registros de 3 bits.

Los 4 registros que componen el banco en la figura anterior están ocupando sendas filas, y se notará que emplean biestables transparentes. Se observará también la presencia de dos señales de habilitación: la señal *EN* habilita la operación del banco pero su efecto está condicionado por la señal *WE* (Write Enable) que es la habilitación para escribir. El funcionamiento del conjunto es como sigue:

- si el banco está habilitado sin estar presente la habilitación para escribir, la operación que se realiza es una lectura. Los datos almacenados en el registro seleccionado por el decodificador son puestos en los múltiples de conexión verticales que hay en sus salidas, y la información contenida en estos es colocada en las líneas de salida *DO* (Data Output), ya que los correspondientes buffers de salida están habilitados.
- si el banco está habilitado y también está presente la habilitación para escribir, la operación que se realiza es una escritura. Los datos colocados en las líneas de entrada *DI* (Data Input) son almacenados en el registro seleccionado por el decodificador, único que queda habilitado a tal efecto aunque las líneas *DI* y la que lleva el producto *WE.EN* son compartidas por todos los registros.
- Las salidas de 3 estados tienen el propósito de permitir que las correspondientes a varios registros similares puedan ponerse en paralelo, para lograr un banco con mayor número de registros.

Los bancos de registros también suelen denominarse Memorias RAM (sobre las que ampliaremos en el próximo apartado). Sin embargo, la práctica usual es denominarlos bancos de regitro en la medida de que sólo contengan unos pocos registros, y reservar el nombre de memoria RAM en caso de haber miles o millones de registros en el banco.

8.9.4. Introducción a las Memorias RAM

Las memorias RAM son llamadas así por ser de acceso aleatorio (Random Access Memory), entendiendo por tal que se puede tener acceso a su contenido en cualquier orden arbitrario, lo que no ocurre con las llamadas memorias de acceso secuencial (como sería el caso, por ejemplo, de las cintas magnéticas o de los registros de desplazamiento con salida serie, que veremos en el próximo apartado) en las que la información almacenada sólo puede ser accedida en forma ordenada y sucesiva. Sin embargo, la sigla RAM no toma en consideración otra característica esencial de estas memorias que las distingue de, por ejemplo, las PROM: es que son memorias que pueden ser tanto leídas como escritas. O, más precisamente, que en su aplicación las operaciones de lectura y escritura son aproximadamente igualmente frecuentes, y que la duración de cada una de estas transferencias es, en ambos casos, aproximadamente la misma o, al menos, del mismo orden. Esto contrasta con las memorias PROM que, si bien según la tecnología que empleen pueden ser borradas y vueltas a escribir, estas operaciones son infrecuentes e insumen un tiempo muchísimo mayor que el de una simple lectura.

Una segunda diferencia entre las memorias RAM y las PROM, es que las celdas de memoria de una RAM son biestables transparentes que, en caso de corte del suministro de energía, pierden toda la información contenida en ellos de manera irrecuperable. Por este hecho decimos que las memorias RAM son *volátiles*, aunque ahora se consiguen algunos modelos provistos de una batería interna que asegura que se mantiene el contenido de la información aún cuando se corte la alimentación principal. En cambio, las celdas de memorias de las PROM son fusibles u otro tipo de uniones programables de carácter permanente, aún ante un corte del suministro de energía eléctrica; es decir, son no volátiles.

Dado que el elemento básico de memoria de las RAM son los biestables D, cabe recordar acá que una de las posibles realizaciones de este tipo de biestable es el llamado biestable dinámico, en el que la celda básica de memoria es un condensador que conserva su carga, con escaso y no relevante deterioro, durante algún tiempo. Pero que con cierta periodicidad requiere que su carga sea reestablecida a pleno para no perder la información contenida en ella a causa del progresivo deterioro acumulado. Surgen así dos tipos de memorias RAM: las llamadas *estáticas* (SRAM por Static RAM) en las que la celda de memoria es un biestable realizado con compuertas, y las *dinámicas* (DRAM por Dynamic RAM) en las que el biestable está basado en la carga de un condensador. Las memorias dinámicas tienen la desventaja de necesitar ser refrescadas periódicamente para no perder la información contenida en ellas. Pero la gran ventaja de que al ser su celda básica de memoria más simple (y por lo tanto más pequeña y económica) permite un mayor grado de integración, lográndose memorias de mayor capacidad y, a igualdad de capacidad, menor costo que en el caso de las estáticas.

Al igual que en el caso de las PROM (y los bancos de registros), la capacidad de una memoria RAM se mide por la cantidad de palabras (o registros) que almacena y por la cantidad de bits que tiene cada palabra. De todos modos, siempre es posible (y usual) combinar memorias RAM integradas en bancos de memoria, de manera de obtener una capacidad mayor que la que permitiría una sola memoria RAM. Por otra parte, la cantidad de palabras de una sola memoria RAM, siguiendo la conocida Ley de Moore, ha crecido exponencialmente a lo largo de décadas. Hace 30 años con un puñado de estas memorias era realizable una memoria con una capacidad total de 1 KiB (1 kibibyte, es decir, 1024 palabras de 8 bits). Hoy es absolutamente común encontrar que la memoria RAM de una computadora personal es de 256 MiB (o más). Esto es equivalente, teniendo en cuenta que 1 mebibyte son 1048576 bytes, a una capacidad de 268435456 palabras de 8 bits.

La figura siguiente muestra el esquema en bloque de una memoria RAM integrada, comercialmente disponible, de 128 KiB. Nótese que, para minimizar el número de conexiones con el exterior, las líneas de datos son bidireccionales. Esto es posible ya que, como las operaciones de lectura y escritura nunca son simultáneas, pueden usarse los mismos terminales para ambas. El dispositivo también dispone de 2 entradas de habilitación (CS_1 y CS_2) para pasar al dispositivo a un modo de bajo consumo cuando no se requiera su operación.

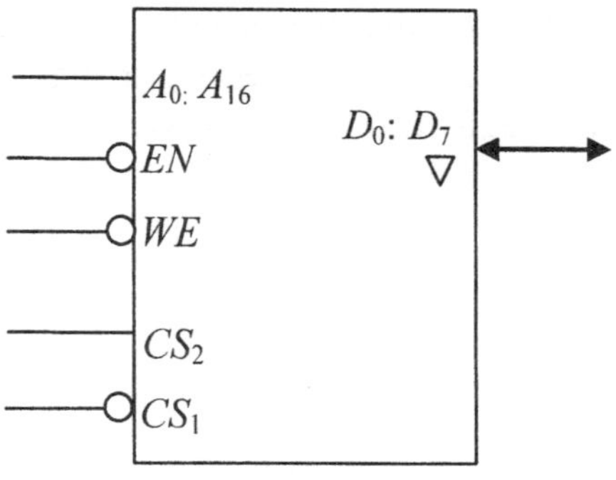

Figura 8-43 – Terminales de una memoria RAM de 128 KiB

No siendo objetivo de esta publicación un estudio detallado de las memorias RAM (el que debería incluir su tipología, esquemas internos, cronogramas de empleo, formas de refresco de las RAM dinámicas, la expansión de su capacidad usando múltiples de conexión y una apropiada decodificación que la lleve a ocupar una zona particular dentro del mapa de direcciones de memoria, etc.) o de su principal aplicación (asociada a microprocesadores), nos limitaremos en este tema a esta presentación introductoria.

8.10. Registros de desplazamiento

8.10.1. Conceptos básicos

Los registros de desplazamiento son dispositivos sincrónicos cuya configuración más simple es la del registro de entrada serie y salida serie que muestra la figura siguiente, y que se caracterizan porque están formados por una cadena de flip-flops conectados en forma tal que los pulsos de reloj, que reciben todos sus flip-flops, hacen que ingrese en forma serie el bit presente en la entrada de datos en serie, el que es cargado en el primer flip-flop del conjunto. A su vez, éste, para no perder su contenido anterior, lo transfiere en ese mismo momento al flip-flop siguiente, el que actúa de similar forma. Así, el ingreso de un bit por comando del reloj ocasiona un desplazamiento de la información contenida en el registro, y produce la expulsión de la información contenida en el último flip-flop, expulsión que, por supuesto, puede ser interpretada como una salida serie de la información contenida en el registro. Es a este corrimiento de la información que estos registros deben su denominación de *registros de desplazamiento* (en inglés, shift registers).

El de la figura constituye un registro de desplazamiento de 4 bits que utiliza para ello 4 flip-flops tipo D, los más indicados para esta aplicación, ya que cada flip-flop debe copiar, cuando llega el pulso de reloj, el estado del flip-flop que lo precede en la cadena. La entrada *D* del primero de sus flip-flops constituye la entrada serie del registro (en la figura denominada *SI* por su nombre en inglés Serial Input), mientras la salida del último flip-flop es la salida serie (*SO*, por Serial Output). Su funcionamiento es como se ha descripto más arriba, y puede ser explicado de la siguiente forma: cada flip-flop D tiene su entrada preparatoria conectada a la salida del flip-flop que tiene inmediatamente a su izquierda, de tal suerte que al llegar un pulso de reloj cada uno de ellos copia el estado que tiene en ese momento el que lo precede. Por su parte, el flip-flop ubicado en la posición extrema izquierda tiene su entrada *D* conectada a la entrada serie del registro, por lo que el pulso de reloj hace que copie el valor de ésta.

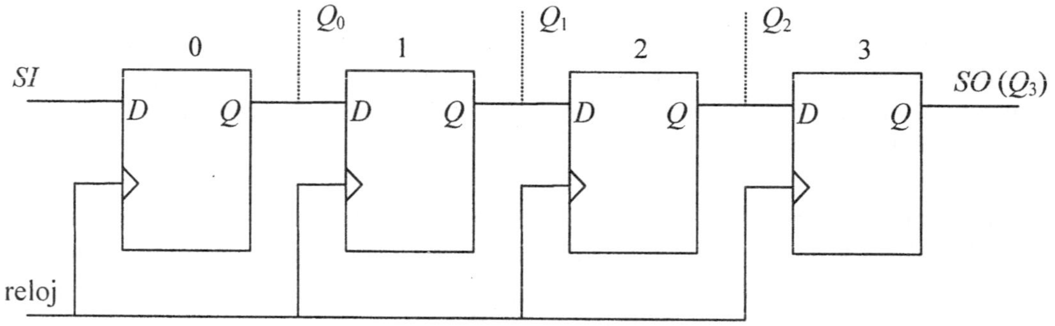

Figura 8-44 - Registro de desplazamiento de 4 bits

Para ejemplificar el comportamiento de este registro, supongamos que en la entrada serie del registro aparecen sucesivamente los datos 1011, mientras que el estado inicial de los flip-flops del registro es 0101. Podemos entonces tabular el estado del registro tras los sucesivos pulsos del reloj, en la forma que sigue, donde *N* es el número de pulsos de reloj recibidos.

N	SI	Q_0	Q_1	Q_2	Q_3
0	1	0	1	0	1
1	0	1	0	1	0
2	1	0	1	0	1
3	1	1	0	1	0
4		1	1	0	1

Se observa cómo cada flip-flop copia, ante cada pulso de reloj, el estado que tenía durante el período de reloj anterior el flip-flop que lo precede, en tanto el primero de los flip-flops copia el estado de la entrada serie. La acción de desplazamiento se presenta en la tabla anterior como una especie de copia "en diagonal".

De acuerdo al funcionamiento descripto, tras el disparo producido por un pulso de reloj, la entrada D de los distintos flip-flops cambia luego del tiempo de propagación del flip-flop que lo precede. Sin embargo, cada flip-flop no toma en cuenta este nuevo valor del flip-flop que lo precede sino el que tenía en el momento mismo del arribo del pulso de reloj, si se cumple que el tiempo de mantenimiento de cada flip-flop (es decir, el tiempo en que la entrada D no debe cambiar tras un pulso de reloj) es menor que el tiempo de propagación del flip-flop, requisito que cumplen todos los flip-flops comerciales.

Si bien este registro posee entrada serie y salida serie, sin otra modificación circuital que el de disponer como terminales del mismo de las salidas de todos los flip-flops (en punteado en la figura 8-44), pasa a tener también salida paralelo, lo que permite utilizarlo, por ejemplo, para efectuar una conversión serie-paralelo.

Como ejemplo de un registro de desplazamiento comercial similar al de la figura 8-44 puede citarse al 74x164, si bien este registro es de 8 bits y no de 4, e incluye una entrada de Reset maestro que el circuito de la figura citada no posee.

Un registro de desplazamiento como el descripto, puede con más precisión definirse como un *registro de desplazamiento hacia la derecha*, porque ese es el sentido en que se desplaza la información. No existen comercialmente registros de desplazamiento hacia la izquierda, simplemente porque esto no implica un cambio circuital sino un simple redibujo del circuito en el que se rote el mismo alrededor de un eje vertical. Pero sí existen los *registros de desplazamiento bidireccionales* que puedan desplazar ya sea hacia la izquierda o hacia la derecha, decisión que puede tomarse dinámicamente. Volveremos sobre este punto en un próximo párrafo de este mismo apartado.

Los registros de desplazamiento pueden tener otros modos de operación sincrónicos, además del simple desplazamiento a derecha. En las próximas tres figuras se muestran distintos registros de desplazamiento bimodo, es decir, de 2 modos de operación cada uno. En todos los casos se trata de registros de 4 bits.

Así, la figura siguiente muestra el caso de un registro con posibilidad de *desplazar* y *retener* (es decir, no cambiar de estado). Esto se logra con un multiplexor de 2 vías (denominado MUX en dicha figura); una de esas vías de entrada está conectada a la salida del flip-flop de la izquierda (para desplazar a la derecha) y la otra al propio flip-flop (para mantener el estado). La señal M de modo, al controlar al multiplexor a través de la entrada de dirección o selección A, , regula el comportamiento del registro ante el siguiente pulso de reloj. En la figura siguiente, un 0 en M habilita al desplazamiento, mientras que un 1 comanda la retención.

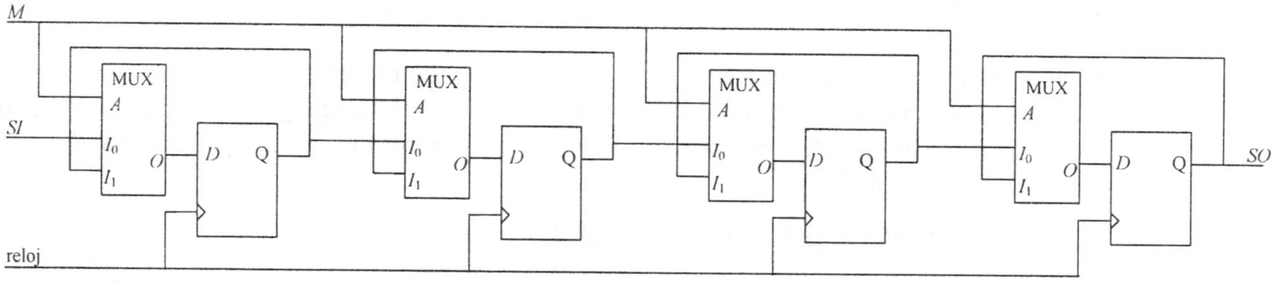

Figura 8-45 - Registro de desplazamiento bimodo: desplazar (M=0) y retener (M=1)

La figura siguiente corresponde al caso de un registro con capacidad de *desplazar bidireccionalmente*, es decir, pudiendo hacerlo hacia la derecha o hacia la izquierda según lo comande la señal de modo (*M*=0 y *M*=1 respectivamente). También acá se necesita un multiplexor de 2 vías, conectada una de ellas a la salida del flip-flop de la izquierda y la otra a la de la derecha. Se notará la existencia de dos entradas serie, una para el desplazamiento hacia la derecha y otra para el de la izquierda (*SIR* y *SIL* en la figura, por Serial Input Right y Serial Input Left), y también dos salidas serie (*SOR* y *SOL*).

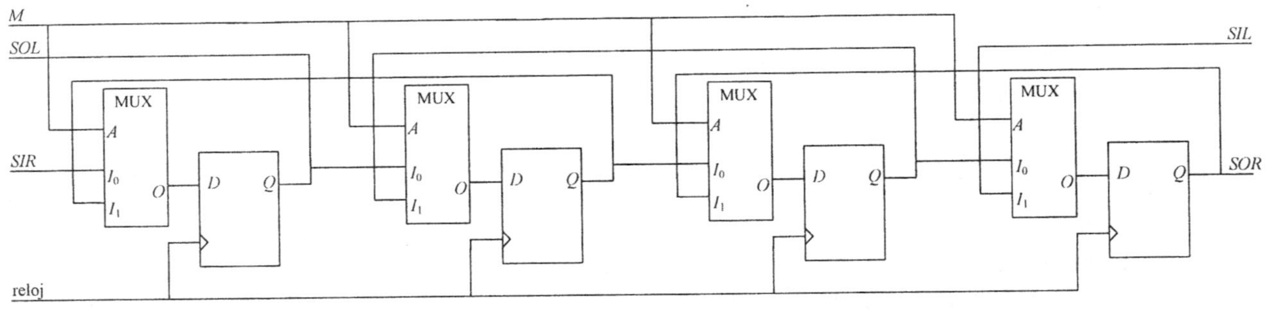

Figura 8-46 - Registro de desplazamiento bidireccional

La figura siguiente muestra un registro que, además de desplazar a la derecha, permite cargar en paralelo. El multiplexor de 2 vías asociado a la entrada de cada flip-flop, selecciona la salida del flip-flop de la izquierda (modo 0) o la entrada de datos en paralelo (modo 1) particular del propio flip-flop, por lo que éste es cargado en paralelo por la acción del reloj cuando la señal de modo elige esta forma de operación. A la señal de modo la hemos llamado en la figura *PE*, ya que éste es el nombre que hemos aceptado para la orden de cargar en paralelo en forma sincrónica para el caso de los contadores. Con una facilidad como ésta, un registro de desplazamiento puede ser utilizado como convertidor paralelo-serie.

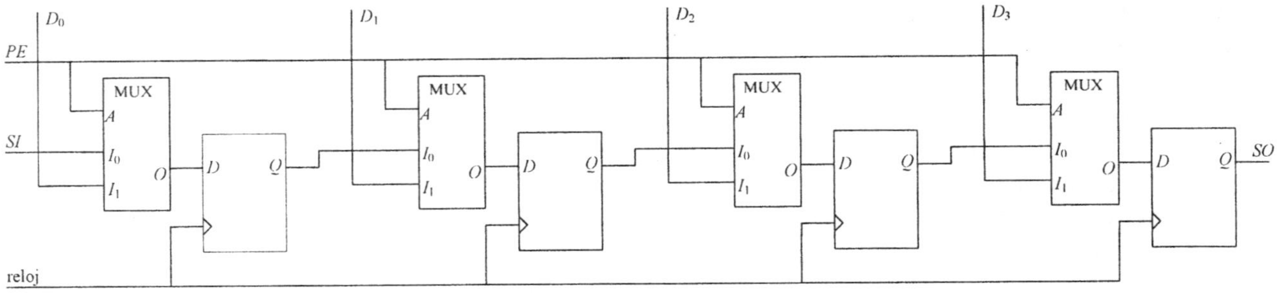

Figura 8-47 - Registro de desplazamiento con carga paralelo sincrónica

Por supuesto que un registro de desplazamiento puede tener más de dos modos de operación sincrónicos. Por ejemplo, podría desplazar hacia la derecha, hacia la izquierda, retener y cargar en paralelo en forma sincrónica. Estos 4 modos requieren que el multiplexor asociado a cada flip-flop deba tener 4 vías. Un popular integrado que tiene estas cuatro posibilidades, el 74x194, lo logra de la manera indicada. Este integrado es un registro de 4 flip-flops que tiene la salida de todos ellos disponibles en sus terminales, por lo que teniendo tanto entrada y salida serie como entrada y salida paralelo, además de desplazamiento bidireccional y posibilidad de retener sin desplazar, recibe el nombre de *registro de desplazamiento universal*.

Algunos registros comerciales disponen de facilidades de control no sincronizadas con el reloj, como por ejemplo un Reset Maestro en el caso del ya citado 74x164 o la posibilidad de efectuar carga de datos en paralelo en forma asincrónica, como posee el 74x165. Estos controles se realizan accionando sobre las entradas de fuerza de cada flip-flop.

8.10.2. Aplicaciones de los registros de desplazamiento

Los registros de desplazamiento tienen múltiples aplicaciones, algunas de las cuales son las siguientes:

1) en la detección y corrección de errores, como implementación electrónica de los códigos de Hamming y de redundancia cíclica
2) en el cifrado (encriptación) de mensajes

3) como retardo digital: se aprecia que, en un registro de desplazamiento de n bits con entrada serie y salida serie, lo que ingresa por la entrada aparece sin cambios a la salida, pero con un atraso de n períodos del reloj, lapso que le insume a la información ingresada desplazarse por el interior del registro.
4) como conversores paralelo-serie y serie-paralelo, aprovechando que algunos registros de desplazamiento poseen entrada o salida paralelo.
5) como parte secuencial de los circuitos secuenciales sincrónicos con memoria de entrada finita.
6) como contadores.
7) como generadores de secuencia seudo aleatoria
8) para la realización de operaciones aritméticas en serie

Las dos primeras aplicaciones requieren de un espacio para ser desarrolladas que las coloca fuera del alcance de esta publicación. Las siguientes dos aplicaciones son lo bastante obvias como para no justificar desarrollarlas. Pero los últimos cuatro puntos merecen una ampliación, por lo que se presentan en detalle en los próximos apartados.

8.10.2.1. Aplicación a los circuitos secuenciales de memoria de entrada finita

Se denominan *circuitos secuenciales sincrónicos con memoria de entrada finita* a aquellos circuitos secuenciales sincrónicos cuyo comportamiento puede predecirse si se conoce el valor actual de sus entradas y los que las mismas tuvieron en los últimos n períodos del reloj (siendo n finito). En esos casos, una forma muy fácil de realizarlos, que saca provecho de esta característica especial, es ingresar las entradas en sendos registros de desplazamiento de n flip-flops con entrada serie y salida paralelo. El circuito secuencial se completaría simplemente agregando una lógica combinacional que genere la(s) salida(s) necesaria(s) en función de los valores actuales y anteriores de las entradas, estos últimos tomados del correspondiente registro. Por ejemplo, la figura muestra un circuito secuencial sincrónico cuya única salida esté en 1 cuando esté en 0 su única entrada, pero habiendo estado en 1 en los tres intervalos de reloj precedentes, el que se ha realizado sobre la base de un registro de desplazamiento con salida paralelo de 3 bits.

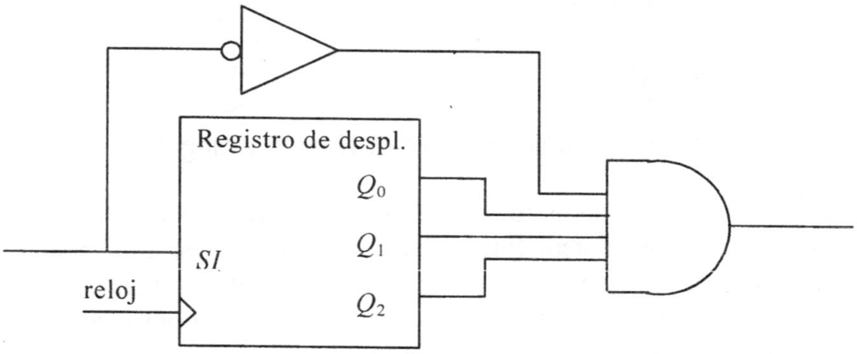

Figura 8-48 – Ejemplo de circuitos secuencial sincrónico de memoria de entrada finita resuelto con un registro de desplazamiento

8.10.2.2. Los registros de desplazamiento como contadores

Existen distintas configuraciones circuitales que transforman a los registros de desplazamiento con salida en paralelo en contadores sincrónicos. Las dos principales son:

- los contadores en anillo que, utilizando un registro de n flip-flops, logran un contador módulo n
- los contadores Johnson que, utilizando un registro de n flip-flops, logran un contador módulo $2n$ ó $2n$-1.

Sabemos que con n flip-flops pueden lograrse contadores módulo 2^n, por lo que se apreciará que los contadores basados en registros de desplazamiento logran, a igualdad de número de flip-flops, un módulo inferior al de los contadores clásicos o, lo que es equivalente, requieren para obtener el mismo módulo un número de flip-flops mayor. Esta desventaja se balancea con la ventaja de que, como luego veremos, o no requieren el uso de decodificador (caso de los contadores en anillo) o requieren uno particularmente sencillo (caso de los contadores Johnson).

Los contadores basados en registros de desplazamiento no cuentan siguiendo la secuencia binaria, pero ello no tiene importancia si sólo se requiere su salida decodificada. Es por ello que su utilización típica suele ser más como generadores de fases múltiples que como contadores propiamente dichos.

8.10.2.2.1. Contadores en anillo

Un contador en anillo es un contador módulo n hecho sobre la base de un registro de desplazamiento de n bits con salida en paralelo, en el que se ha conectado la salida serie con la entrada serie, formando un anillo (de allí el nombre), y en el que todos los flip-flops están en cada momento en 0, excepto uno sólo de ellos que está en 1. Con cada pulso de reloj el único 1 se va desplazando hacia la derecha hasta que, llegando al último flip-flop, en el pulso siguiente pasa al primero, debido a la mencionada conexión circular. La secuencia se repite cíclicamente cada n pulsos de reloj, por lo que el módulo del contador resultante es, como dijéramos, n. La figura siguiente muestra un contador en anillo módulo 4, y los estados que sucesivamente van tomando los flip-flops (en la indicación de los estados en el diagrama correspondiente se citan los estados de los flip-flops Q_0, Q_1, Q_2 y Q_3 en ese orden). Se notará que por tener sólo una de sus salidas en 1, el contador en anillo no requiere el uso de un decodificador asociado. Esto compensa el mayor número de flip-flops que requiere, si este número no es demasiado elevado. Suele ser utilizado para módulos no mayores que 5.

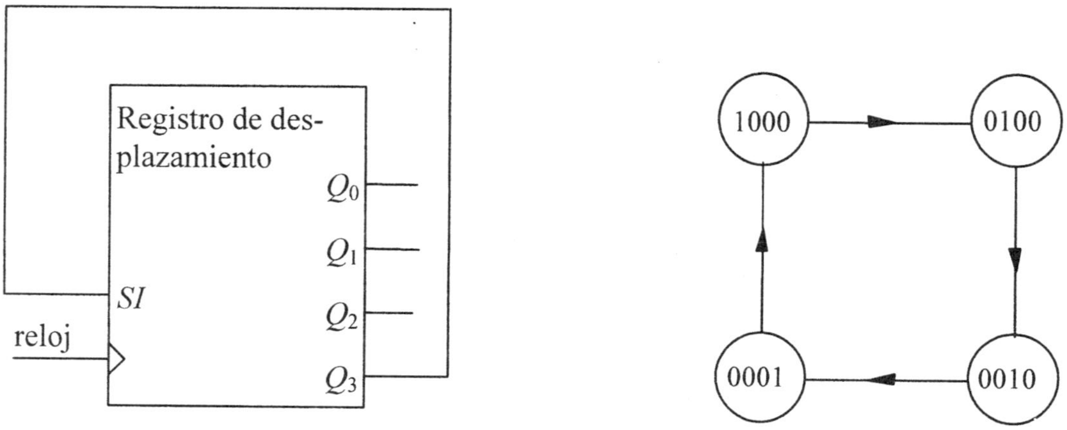

Figura 8-49 - Contador en anillo módulo 4; circuito y diagrama de estado

Pero un contador en anillo módulo n tiene un total de 2^n-n estados no deseados adicionales a los n estados que forman la secuencia normal de conteo. Puede darse el caso de que el contador arranque tras el encendido en un estado no deseado, o que caiga en uno de ellos durante la operación normal por causa de algún ruido o un desperfecto de cualquier naturaleza. Puede también ocurrir que ciertos estados no deseados formen una secuencia cerrada de la que no haya salida, en cuyo caso el contador se eternizaría en esa situación. Es por ello que en estos contadores se suele emplear la técnica conocida como *arranque automático*, que consiste en que, aún cuando el contador puede llegar a tomar alguno de estos estados no deseados, el diseño particular del contador haga que al cabo de algunos pocos pulsos de reloj retorne a la secuencia correcta. Esto quizás pueda parecer insatisfactorio si el circuito es empleado para contar eventos, pero es apropiado para el caso de emplear al contador como generador de fases múltiples, que es una frecuente aplicación.

En el caso de un contador en anillo, el arranque automático debería asegurar que:

- su inclusión no afecte a la secuencia normal del conteo
- si en algún momento el contador llegase a tener más de un flip-flop en 1, se ingresen ceros por la entrada serie hasta conseguir que quede un único 1
- si en algún momento el contador llegase a no tener ningún 1, se ingrese un 1 por la entrada serie

La forma de lograr este propósito es como sigue:

- Cuando el último flip-flop esté en 1, deberá ingresar por la entrada serie un 1, como lo pide la secuencia normal de conteo, a menos que haya algún otro flip-flop en 1, caso en que se aplicará a dicha entrada un 0 para lograr que en el siguiente pulso de reloj se reduzca en uno el número de flip-flops del registro que están en 1.

- Cuando el último flip-flop esté en 0, deberá ingresar por la entrada serie un 0 como lo pide la secuencia normal de conteo, a menos que todos los otros flip-flops estén en 0, caso en que se aplicará a dicha entrada un 1 para lograr que en el siguiente pulso de reloj se introduzca el primer 1.

Es decir, se aplicará a la entrada serie un 1 cuando el último flip-flop esté en 1 y los otros estén en 0, y también cuando el último flip-flop esté en 0 y los otros también lo estén. O, resumiendo ambos casos en uno solo, se aplicará a la entrada serie un 1 cuando, sin importar el estado del último flip-flop, los otros están en 0.

Es decir que en un contador en anillo con arranque automático, cualquiera sea su módulo, la retroalimentación, en lugar de tomarse de la salida del último flip-flop, debe tomarse de una compuerta NOR donde ingresan las salidas de todos los flip-flops excepto el último, como muestra la figura siguiente para un contador en anillo con arranque automático de módulo 4. Las salidas pueden tomarse de los distintos flip-flops (como muestra la figura a) o la salida del último flip-flop puede ser suplantada por la salida de la compuerta NOR (como indica la b). En este último caso es posible utilizar un registro de desplazamiento de menor número de bits, ya que el último flip-flop se vuelve totalmente innecesario.

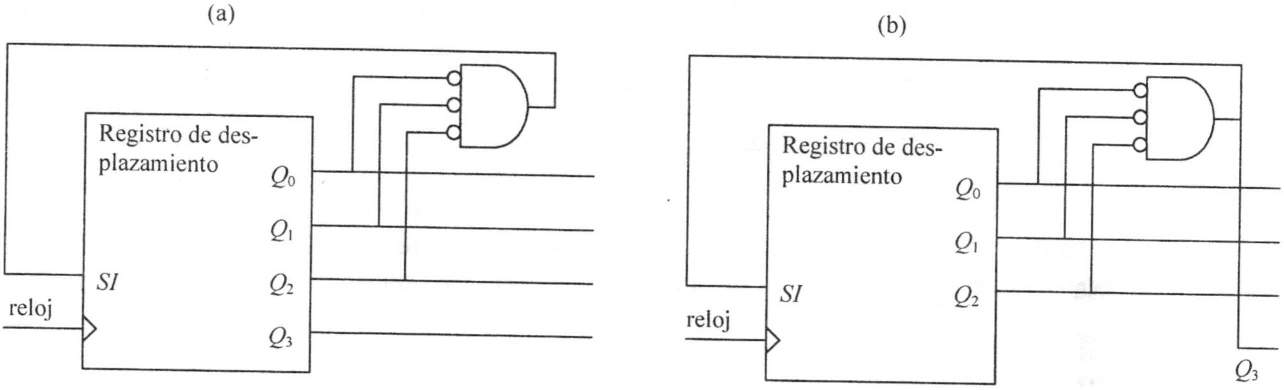

Figura 8-50 - Contadores en anillo módulo 4 con arranque automático

8.10.2.2.2. Contadores Johnson

Un contador Johnson es semejante a un contador en anillo sólo que la retroalimentación sobre la entrada serie no se toma de la salida serie, sino de su negación. Por ello también recibe el nombre de *contador Moebius*, por analogía con la cinta de ese nombre, estudiada en topología, en la que uno de sus extremos se une al otro, previo retorcer la cinta media vuelta, logrando un cuerpo de propiedades muy particulares. Si se analizan los estados que toma el contador tras sucesivos pulsos de reloj, se comprueba que su módulo es $2n$. Así, con 4 flip-flops se obtiene un contador módulo 8, y considerando como estado inicial a aquél en que todos los flip-flops están en cero, se obtienen tras los sucesivos pulsos de reloj los estados del contador que muestra la siguiente tabla. En la misma debe entenderse que tras el arribo del octavo pulso, el contador retorna a su estado inicial.

Estado	Q_0	Q_1	Q_2	Q_3	Decodificación
0	0	0	0	0	$\overline{Q_0}.\overline{Q_3} = \overline{Q_0 + Q_3}$
1	1	0	0	0	$Q_0.\overline{Q_1} = \overline{\overline{Q_0} + Q_1}$
2	1	1	0	0	$Q_1.\overline{Q_2} = \overline{\overline{Q_1} + Q_2}$
3	1	1	1	0	$Q_2.\overline{Q_3} = \overline{\overline{Q_2} + Q_3}$
4	1	1	1	1	$Q_0.Q_3 = \overline{\overline{Q_0} + \overline{Q_3}}$
5	0	1	1	1	$\overline{Q_0}.Q_1 = \overline{Q_0 + \overline{Q_1}}$
6	0	0	1	1	$\overline{Q_1}.Q_2 = \overline{Q_1 + \overline{Q_2}}$
7	0	0	0	1	$\overline{Q_2}.Q_3 = \overline{Q_2 + \overline{Q_3}}$

Dejando para algo más adelante la explicación sobre la columna denominada "Decodificación" en la tabla anterior, un contador como el descripto se muestra en la figura siguiente, junto con su diagrama de estados.

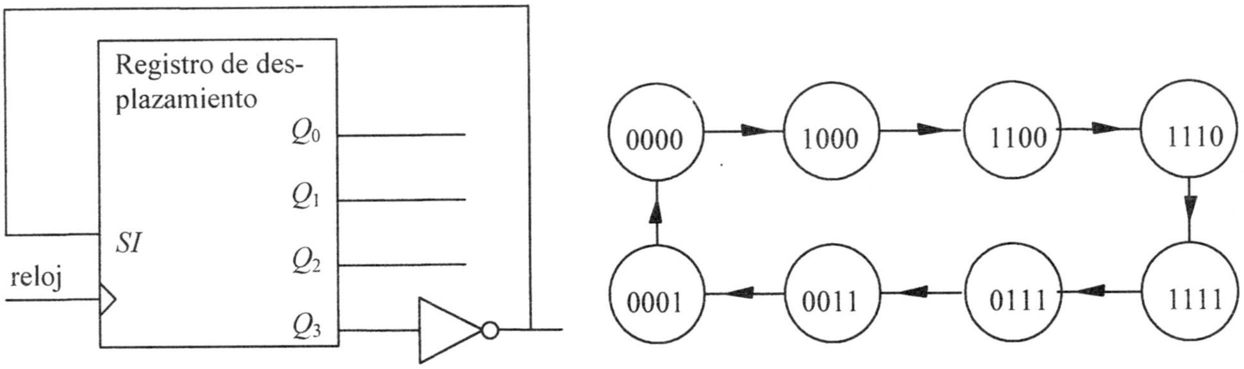

Figura 8-51 - Contador Johnson módulo 8; circuito y diagrama de estados

Este contador también se usa como generador de fases múltiples de hasta unas 10 fases, es decir con hasta 5 flip-flops, ya que sabemos que para tamaños mayores existen alternativas que utilizan menor número de flip-flops. Pero para generar estas fases necesita, a diferencia del contador en anillo, que se le adicione un decodificador. Sin embargo, el decodificador resultante es muy simple, ya que una característica interesante que tiene el contador Johnson es que, sin importar su módulo, cada salida del decodificador puede lograrse mediante una compuerta AND de 2 entradas conectadas apropiadamente a las salidas de los flip-flops. Efectivamente, notemos que en la secuencia de operación del contador Johnson sólo aparecen estados en que:

- todos los flip-flops están en 0
- todos los flip-flops están en 1
- los primeros flip-flops están en 0 pero los últimos están en 1
- los primeros flip-flops están en 1 pero los últimos están en 0

El primer caso puede reconocerse fácilmente pues es el único estado en que tanto el primer flip-flop como el último están en 0. Similarmente, el segundo caso se reconoce porque dichos flip-flops están en 1. Los distintos estados que caen en el tercer caso se reconocen por distinguirse en cuál es el último flip-flop que está en 0 y el primero que está en 1 (por ejemplo, el estado 6 corresponde al caso en que el segundo flip-flop está en 0 pero el tercero en 1). Los distintos estados que caen en el cuarto caso se reconocen por distinguirse en cual es el último flip-flop que está en 1 y el primero que está en 0 (por ejemplo, el estado 2 corresponde al caso en que el segundo flip-flop está en 1 pero el tercero en 0). Así es como en la tabla anterior se ha encolumnado, para cada estado del contador, la lógica correspondiente a la decodificación que, como anticipáramos, es siempre una operación AND entre dos variables.

Arranque automático

Un contador Johnson hecho con n flip-flops (con $n>2$), además de los $2n$ estados de su secuencia de conteo normal, tiene 2^n-2n estados no deseados que, al igual que en el caso de los contadores en anillo, convendrá que, de aparecer en algún momento, deriven tras algunos pocos pulsos de reloj en la secuencia correcta. Es decir, es recomendable dotar al contador Johnson de arranque automático cuando posea más de 2 flip-flops (para n=2, de acuerdo a la fórmula mencionada, no existen estados no deseados por lo que no hay inconvenientes originados en estos).

Existen varios métodos para lograr el arranque automático. El que hemos de presentar sólo hace uso de la entrada serie, y logra llevar al contador a la secuencia correcta a partir de cualquier estado fuera de dicha secuencia, en no más de n-2 pulsos de reloj.

Para ello, el método requiere ingresar un 1 por la entrada serie cuando se dé alguna de estas dos circunstancias:

1) cuando el primer flip-flop (Q_0) está en 1, pero no todos los otros lo están también, o
2) cuando todos los flip-flops estén en 0. O, en vista del punto anterior, cuando, sin importar el estado del primer flip-flop, todos los otros están en 0

Así, para el caso de un contador con 4 flip-flops:

$$SI = Q_0\,\overline{Q_1 Q_2 Q_3} + \overline{Q_1}.\overline{Q_2}.\overline{Q_3}$$

La primera regla asegura que si el primer flip-flop está en 1, los sucesivos pulsos de reloj van llenando de unos el registro, hasta completarlo con todos unos.

La segunda regla asegura que si todos los flip-flops están inicialmente en 0, se entra a la secuencia correcta haciendo que en el primer pulso de reloj se ingrese el primer 1.

Módulo impar

De acuerdo a lo ya visto, un contador Johnson tiene normalmente un módulo par, igual al doble del número de bits del registro que emplea. Pero puede también modificarse para que tenga un módulo impar. Así, puede lograrse con un registro de n flip-flops un contador Johnson de módulo $2n$-1 en lugar de $2n$.

Para comprender la manera de lograrlo partamos de un contador módulo $2n$ y veamos cómo eliminarle un estado para llevar su módulo a $2n$-1. El estado a saltear debe ser tal que pueda pasarse del estado anterior a él a su estado siguiente mediante un desplazamiento, combinado con una señal apropiada aplicada en la entrada serie. Por ejemplo, en el caso de la tabla de estados sucesivos de un contador Johnson módulo 8 que se diera más arriba, se ve que no puede saltearse el estado 1 pues no existe forma de pasar mediante un desplazamiento, del estado 0 al estado 2, ya que no puede lograse el 1 necesario en el segundo flip-flop (Q_1). El análisis, válido cualquiera sea n, demuestra que sólo dos estados pueden ser salteados: aquél en que todos los flip-flops están en cero, y aquél en que todos están en 1. El preferido para ser salteado es el estado todos en 1, y la tabla de estados sucesivos del contador es, en ese caso, la siguiente.

Estado	Q_0	Q_1	Q_2	Q_3	Decodificación
0	0	0	0	0	$\overline{Q_0}.\overline{Q_3}$
1	1	0	0	0	$Q_0.\overline{Q_1}$
2	1	1	0	0	$Q_1.\overline{Q_2}$
3	1	1	1	0	$Q_2.\overline{Q_3}$
4	0	1	1	1	$\overline{Q_0}.Q_1$
5	0	0	1	1	$\overline{Q_1}.Q_2$
6	0	0	0	1	$\overline{Q_2}.Q_3$

La forma de lograr saltear el estado en que todos los flip-flops están en 1 (válida nuevamente cualquiera sea n) es no retroalimentar la salida negada del último flip-flop, sino la salida de una compuerta NOR de dos entradas que reciba por las mismas las salidas de los dos últimos flip-flops. Es decir, retroalimentar un 1, no cuando el último flip-flop esté en 0, sino cuando los dos últimos lo estén. La demostración de la validez de este procedimiento es simple, y se deja a cargo del lector interesado. La figura siguiente muestra el circuito y el diagrama de estados resultante para el caso de un contador módulo 7.

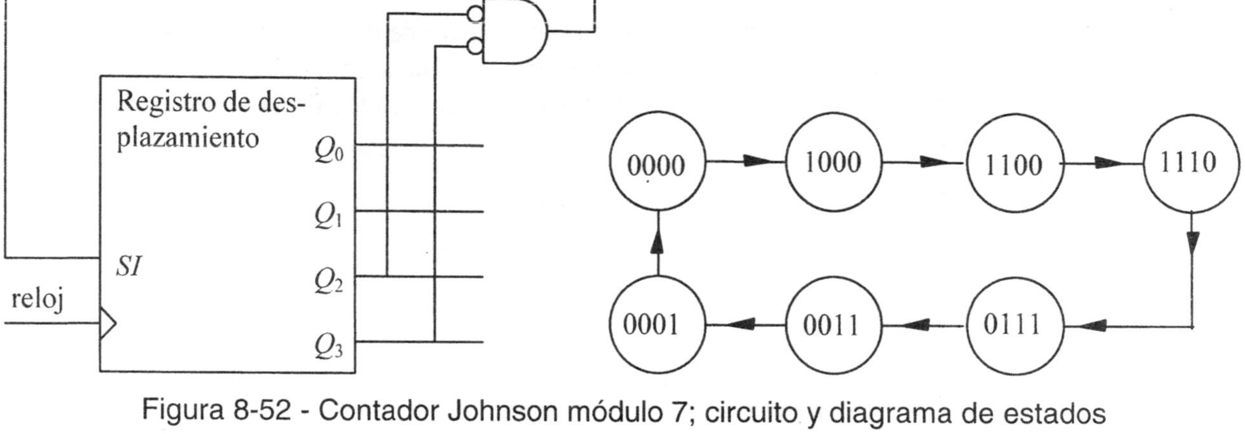

Figura 8-52 - Contador Johnson módulo 7; circuito y diagrama de estados

Afortunadamente, los contadores Johnson de módulo 3, 5 y 7 son de arranque automático. No ocurre lo mismo con contadores Johnson de módulo impar mayores, por lo que en esos casos debe introducirse algún tipo de arranque automático.

8.10.2.3. Los registros de desplazamiento como generadores de secuencia seudo aleatoria

En telecomunicaciones, es habitual utilizar, para verificar el buen estado de los canales digitales serie de comunicaciones, el envío por un extremo del canal de una secuencia de bits predeterminada y la detección de la misma en el otro extremo para evaluar, por comparación entre la secuencia emitida y la recibida, la frecuencia con que dicho canal introduce errores por efecto del ruido. Si bien pueden usarse para este propósito secuencias de unos consecutivos, ceros consecutivos o unos y ceros alternados, la frecuencia de los errores medidos en esos casos no se corresponde con precisión a la que se obtendría en una transmisión real, donde ceros y unos se alternan en forma algo errática. Mejor resultado podría obtenerse con una secuencia aleatoria de ceros y unos, pero al no ser esta secuencia predeterminada no podría el receptor compararla con la recibida para determinar el número de errores. Por ello es que se prefiere utilizar una *secuencia seudo aleatoria*, es decir, una secuencia que aún siendo predeterminada, posee ciertas características que la aproximan a una señal aleatoria.

Los registros de desplazamiento permiten una fácil generación de una secuencia seudo aleatoria. La teoría (que no desarrollaremos aquí) demuestra que para ello basta la utilización de un registro de desplazamiento de n bits, cuya entrada serie sea la suma módulo 2 de algunos de los bits del registro apropiadamente elegidos. La tabla que sigue muestra la suma módulo 2 que debe realizarse para los diferentes valores de n desde 3 hasta 16. Con este procedimiento, a partir de un registro de desplazamiento de n bits puede obtenerse del último de sus flip-flops (en realidad, de cualquiera de ellos) una secuencia seudo aleatoria de período 2^n-1. Se dispone en la literatura sobre el tema de tablas para valores de n que superan el centenar.

n	2^n-1	SI=
3	7	$Q_1 \oplus Q_2$
4	15	$Q_2 \oplus Q_3$
5	31	$Q_2 \oplus Q_4$
6	63	$Q_4 \oplus Q_5$
7	127	$Q_5 \oplus Q_6$
g8	255	$Q_0 \oplus Q_1 \oplus Q_6 \oplus Q_7$
9	511	$Q_4 \oplus Q_8$
10	1023	$Q_6 \oplus Q_9$
11	2047	$Q_8 \oplus Q_{10}$
12	4095	$Q_0 \oplus Q_1 \oplus Q_9 \oplus Q_{11}$
13	8191	$Q_0 \oplus Q_1 \oplus Q_{11} \oplus Q_{12}$
14	16383	$Q_0 \oplus Q_1 \oplus Q_{11} \oplus Q_{13}$
15	32767	$Q_{13} \oplus Q_{14}$
16	65535	$Q_1 \oplus Q_2 \oplus Q_4 \oplus Q_{15}$

Por ejemplo, y según la tabla antedicha, para el caso de usar un registro de desplazamiento de 4 bits, se llega al circuito de la figura siguiente en el que se produce una secuencia seudo aleatoria de período 15 consistente, de acuerdo al diagrama de estados correspondiente que muestra la misma figura, en la repetición de la secuencia 111100010011010...

Afortunadamente, los contadores Johnson de módulo 3, 5 y 7 son de arranque automático. No ocurre lo mismo con contadores Johnson de módulo impar mayores, por lo que en esos casos debe introducirse algún tipo de arranque automático.

8.10.2.3. Los registros de desplazamiento como generadores de secuencia seudo aleatoria

En telecomunicaciones, es habitual utilizar, para verificar el buen estado de los canales digitales serie de comunicaciones, el envío por un extremo del canal de una secuencia de bits predeterminada y la detección de la misma en el otro extremo para evaluar, por comparación entre la secuencia emitida y la recibida, la frecuencia con que dicho canal introduce errores por efecto del ruido. Si bien pueden usarse para este propósito secuencias de unos consecutivos, ceros consecutivos o unos y ceros alternados, la frecuencia de los errores medidos en esos casos no se corresponde con precisión a la que se obtendría en una transmisión real, donde ceros y unos se alternan en forma algo errática. Mejor resultado podría obtenerse con una secuencia aleatoria de ceros y unos, pero al no ser esta secuencia predeterminada no podría el receptor compararla con la recibida para determinar el número de errores. Por ello es que se prefiere utilizar una *secuencia seudo aleatoria*, es decir, una secuencia que aún siendo predeterminada, posee ciertas características que la aproximan a una señal aleatoria.

Los registros de desplazamiento permiten una fácil generación de una secuencia seudo aleatoria. La teoría (que no desarrollaremos aquí) demuestra que para ello basta la utilización de un registro de desplazamiento de n bits, cuya entrada serie sea la suma módulo 2 de algunos de los bits del registro apropiadamente elegidos. La tabla que sigue muestra la suma módulo 2 que debe realizarse para los diferentes valores de n desde 3 hasta 16. Con este procedimiento, a partir de un registro de desplazamiento de n bits puede obtenerse del último de sus flip-flops (en realidad, de cualquiera de ellos) una secuencia seudo aleatoria de período 2^n-1. Se dispone en la literatura sobre el tema de tablas para valores de n que superan el centenar.

n	2^n-1	SI=
3	7	$Q_1 \oplus Q_2$
4	15	$Q_2 \oplus Q_3$
5	31	$Q_2 \oplus Q_4$
6	63	$Q_4 \oplus Q_5$
7	127	$Q_5 \oplus Q_6$
g8	255	$Q_0 \oplus Q_1 \oplus Q_6 \oplus Q_7$
9	511	$Q_4 \oplus Q_8$
10	1023	$Q_6 \oplus Q_9$
11	2047	$Q_8 \oplus Q_{10}$
12	4095	$Q_0 \oplus Q_1 \oplus Q_9 \oplus Q_{11}$
13	8191	$Q_0 \oplus Q_1 \oplus Q_{11} \oplus Q_{12}$
14	16383	$Q_0 \oplus Q_1 \oplus Q_{11} \oplus Q_{13}$
15	32767	$Q_{13} \oplus Q_{14}$
16	65535	$Q_1 \oplus Q_2 \oplus Q_4 \oplus Q_{15}$

Por ejemplo, y según la tabla antedicha, para el caso de usar un registro de desplazamiento de 4 bits, se llega al circuito de la figura siguiente en el que se produce una secuencia seudo aleatoria de período 15 consistente, de acuerdo al diagrama de estados correspondiente que muestra la misma figura, en la repetición de la secuencia 111100010011010...

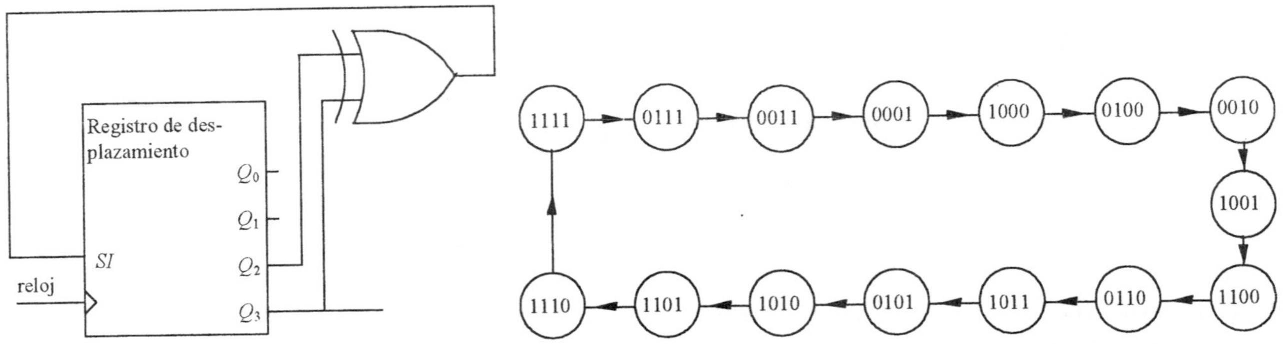

Figura 8-53 - Generador de secuencia seudo aleatoria de período 15
circuito y diagrama de estados

El hecho de que en la secuencia intervengan 2^n-1 estados, demuestra que forman parte de la misma todos los estados que pueden tomar los n flip-flops que componen el registro, menos uno. Es fácil comprobar que el único estado que no pertenece a la secuencia es aquél en que todos los flip-flops están en 0. De caer el generador en algún momento en ese estado no puede abandonarlo, pues en esas condiciones la entrada serie estaría en cero pues también lo estarían todos los bits que intervienen en la suma módulo 2, por lo que los sucesivos pulsos de reloj lo dejarían en ese estado no deseado. Puede evitarse esta situación dotando al generador de arranque automático, modificando el circuito de manera de que en el caso de que todos los flip-flops estén en 0, la entrada serie esté en 1. Así, en el ejemplo de la figura anterior, el circuito debería modificarse de manera que la entrada SI satisfaga la ecuación:

$$SI = (Q_2 \oplus Q_3) + \overline{Q_0}.\overline{Q_1}.\overline{Q_2}.\overline{Q_3} = (Q_2 \oplus Q_3) + \overline{Q_0 + Q_1 + Q_2 + Q_3}$$

Hemos mencionado que estos generadores proporcionan una secuencia seudo aleatoria, pero aún no hemos aludido a los criterios que existen para evaluar el grado de aproximación que tiene dicha secuencia a una secuencia realmente aleatoria. Entre otros criterios, podemos citar:

- una secuencia aleatoria no es repetitiva, mientras que una seudo aleatoria es periódica. Pero tiene un período de 2^n-1, por lo que la aproximación será tanto mejor cuanto mayor sea n.
- en una secuencia aleatoria la probabilidad de ocurrencia de ceros y unos es la misma. En una seudo aleatoria, a lo largo de la secuencia de 2^n-1 valores, el número de unos sólo excede en uno al número de ceros, lo que constituye una diferencia porcentual tanto menor cuanto mayor sea el período o, lo que es equivalente, cuanto más elevado sea n.
- en una secuencia aleatoria puede darse cualquier secuencia de ceros y unos, y todas ellas son igualmente probables. En una seudo aleatoria, puede darse cualquier secuencia de n bits que combine ceros y unos (excepto la de n ceros consecutivos) y todas ellas son igualmente frecuentes. También se nota aquí la conveniencia de trabajar con valores relativamente elevados de n.

Existen otros criterios para evaluar el grado de aproximación aparte de los citados, por ejemplo la función de autocorrelación, pero su consideración escapa al alcance de esta publicación. De todos modos, en todos ellos se nota que la aproximación es tanto mejor cuanto mayor sea el número de bits del registro.

8.10.2.4. Los registros de desplazamiento y las operaciones aritméticas en serie

En otro capítulo hemos comentado que los circuitos iterativos pueden adaptarse para transformarse en recursivos. Esto es, que en vez de necesitarse varios de ellos interconectados para realizar una función en paralelo, se puede usar tan sólo uno para realizar la misma operación pero en serie, es decir, secuencialmente. Para este fin resultan muy útiles los registros de desplazamiento, por la posibilidad que tienen de ingresar o sacar información en serie. Ejemplificaremos esta posibilidad mostrando cómo realizar en forma serie dos operaciones aritméticas entre magnitudes binarias: la suma y la multiplicación.

Suma binaria en serie

Consideremos el caso de un sumador binario de magnitudes 8 bits, cuyo circuito basado en la iteración de un sumador binario de 1 bit completo ya conocemos. Podemos realizar la misma función (ver la figura siguiente) usando dos registros de desplazamiento de 8 bits (llamados A y B en la figura) que vayan entregando al sumador completo los bits sucesivos de cada uno de los sumandos en forma ordenada y comenzando por el menos significativo. El sumador completo los suma bit a bit y le agrega el acarreo que se hubiera producido en el bit anterior. Para ello, el circuito dispone de un flip-flop tipo D que provee la necesaria memorización del acarreo. Como veremos, al cabo de los 8 pulsos de reloj que demandará la suma, el registro B conservará el valor de uno de los sumandos que tenía inicialmente, el registro A contendrá los 8 bits de la suma, y el flip-flop D es eventual acarreo final que la misma hubiera producido.

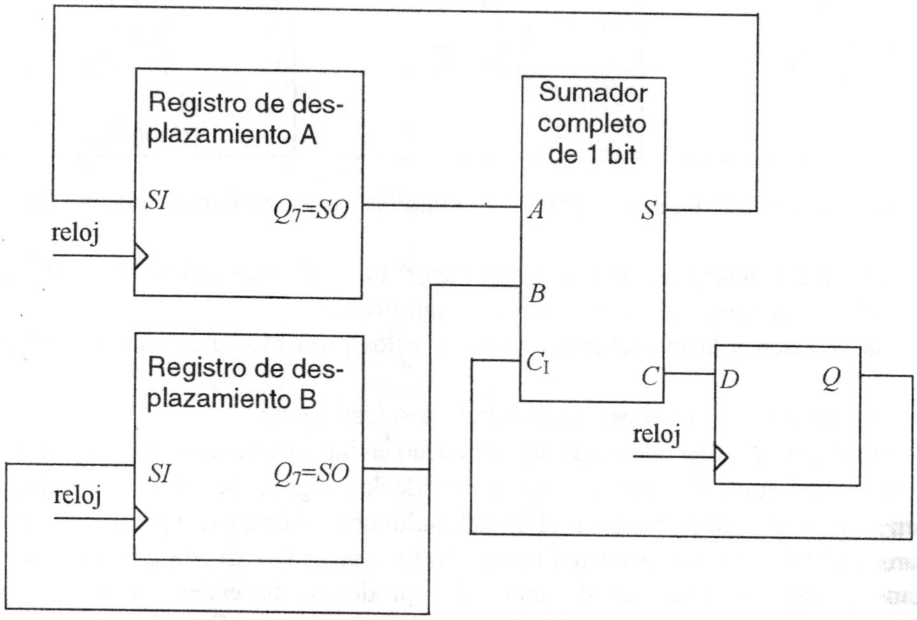

Figura 8-54 - Sumador binario serie de 8 bits

Veamos el funcionamiento en detalle:

1) En el instante inicial el registro A debe contener a uno de los operandos, el registro B al otro, y el flip-flop D debe estar en 0, representando el acarreo inicial.
2) A partir de ese momento, los sucesivos pulsos de reloj desplazan la información en los registros de desplazamiento; a la salida del sumador se recoge tanto el bit suma como el acarreo correspondiente, el que se almacena en el flip-flop para su uso en el período de reloj posterior.
3) En el registro B, a medida que se produce el desplazamiento, las posiciones de la izquierda que va liberando su contenido al desplazarse hacia la derecha son ocupadas por los bits que son desalojados por la salida serie (nótese la conexión en anillo), para conservarlos. Algo similar ocurre en el registro A, pero son los bits de la suma los que se le ingresan por su entrada serie.
4) Completado el proceso, al cabo de 8 pulsos de reloj, el registro A contiene la suma, el registro B ha quedado en su estado inicial, y el flip-flop D contiene el acarreo final.

Con el agregado de un flip-flop D adicional y una compuerta XOR puede hacerse que este sumador sirva también para sumar números enteros en Complemento a 2, incorporando un indicador de desborde proporcionado por el flip-flop agregado. Se deja la tarea de hallar el circuito resultante a cargo del lector, quien seguramente recordará que hay desborde cuando el acarreo penúltimo y el final son diferentes.

Multiplicación binaria

La multiplicación binaria es similar, pero más simple, que la multiplicación decimal a la que estamos acostumbrados. Hagamos unos ejemplos comparativos para comprobar esto.

Multiplicación decimal	Multiplicación binaria	Multiplicación binaria con sumas parciales
328	1010	1010
× 2074	× 1101	× 1101
1312	1010	1010
2296	0000	0000
0	1010	01010
656	1010	1010
680272	10000010	110010
		1010
		10000010

1) La primer columna muestra una clásica operación de multiplicar entre números decimales, que implica los siguientes pasos:
   a) Hallar el producto del multiplicando (el primer factor) por cada uno de los dígitos del multiplicador (el segundo factor), comenzando con el dígito menos significativo
   b) Desplazar una posición a la izquierda cada uno de estos productos parciales con relación al producto anterior
   c) Sumar todos los productos parciales con su debido desplazamiento.
2) La segunda columna muestra una operación similar hecho en binario, la que resulta particularmente simple, porque el producto del multiplicando por cada uno de los dígitos binarios del multiplicador consiste simplemente en replicar el multiplicando, si el bit del multiplicador es un 1, o poner un 0, si ese bit es 0.
3) La tercer columna es básicamente la misma operación binaria de la segunda columna, pero que en vez de realizar la suma luego de disponer de todos los productos parciales, la misma se va haciendo progresivamente a medida que se van calculando dichos productos. Esta forma se presta más que la anterior a ser implementada electrónicamente, y se denomina *método del desplazamiento y suma*. Nótese que cada vez que se realiza una suma parcial, puede darse por confirmado un bit del resultado: el menos significativo de esa suma parcial, que ya no se verá afectado por el resto del procedimiento.

Vale la pena resaltar que cuando se multiplican dos magnitudes binarias de n bits, siendo que cada uno de los factores es menor que 2^n, el producto es siempre menor que 2^{2n}, por lo que bastan $2n$ bits para representarlo.

Ejemplificaremos el uso de este método para hallar el producto P de dos magnitudes binarias de 4 bits (X e Y). Realizaremos esa tarea primero en paralelo, y luego la repetiremos para un multiplicador serie.

Multiplicador paralelo

Como el método requiere reiterativamente hallar el producto entre el multiplicando X y uno de los bits del multiplicador (Y_i), y agregar ese resultado, convenientemente desplazado, a la suma parcial obtenida hasta ese momento, una celda básica para realizar esta tarea es la que muestra la siguiente figura, la que incluye las compuertas AND necesarias para realizar el producto, y el pertinente sumador de 4 bis para adicionarlo a la suma parcial alcanzada hasta ese punto:

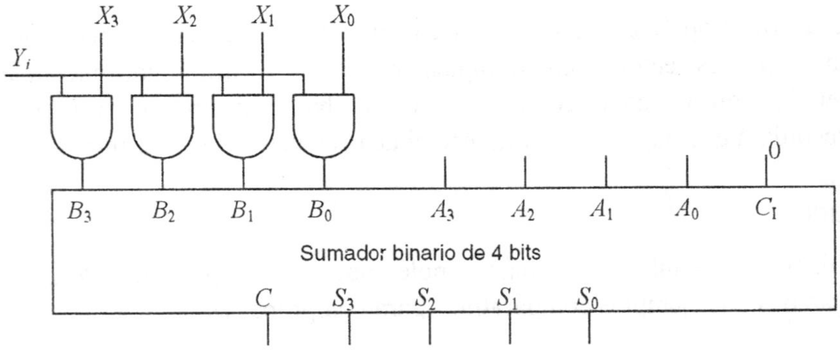

Figura 8-55 – Bloque básico de un multiplicador binario de 4 bits

Dado que el acarreo de entrada estará en este bloque siempre en 0 (no sería así, por ejemplo, si deseáramos tener la posibilidad de expandirlo para hacer productos de mayor cantidad de bits), en los sucesivos dibujos en que usemos este bloque lo omitiremos.

Con el bloque básico así definido, el siguiente constituye un multiplicador paralelo de 4 bits como el que estábamos buscando. Teniendo 4 bits el multiplicador, se han necesitado 4 de estos bloques básicos, los que, de acuerdo al procedimiento ya señalado para realizar la multiplicación, están corridos 1 posición a la izquierda con relación a su antecesor.

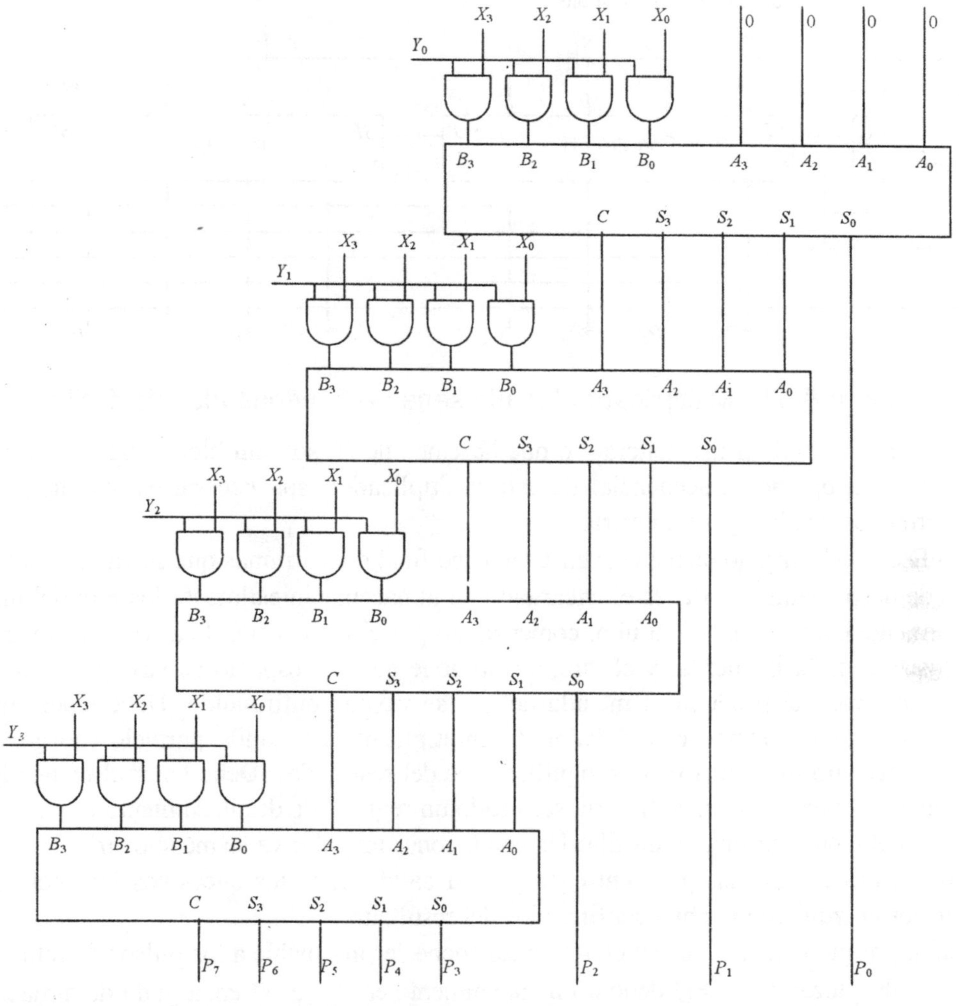

Figura 8-56 - Multiplicador binario paralelo de 2 magnitudes de 4 bits

Quizás el lector opine que el bloque superior no necesita incluir un sumador, y que bastaría con las 4 compuertas AND. Eso es correcto, pero si se desea, como en nuestro caso, transformar esta estructura iterativa en una recursiva para obtener un multiplicador serie, es necesario que los bloques sean idénticos. El caso particular de la primera etapa del circuito recursivo se deberá resolver mediante las adecuadas condiciones iniciales, de forma similar a como se ha hecho en el circuito iterativo de la figura anterior, en el que las entradas innecesarias del primer bloque se han puesto a 0.

Multiplicador serie

Realizaremos ahora un multiplicador en el que los bits de los factores se tienen en paralelo, el resultado debe disponerse en paralelo, pero el producto del multiplicando con cada uno de los bits del multiplicador se va a realizar en serie. La figura de un multiplicador de estas características es la que muestra la figura siguiente.

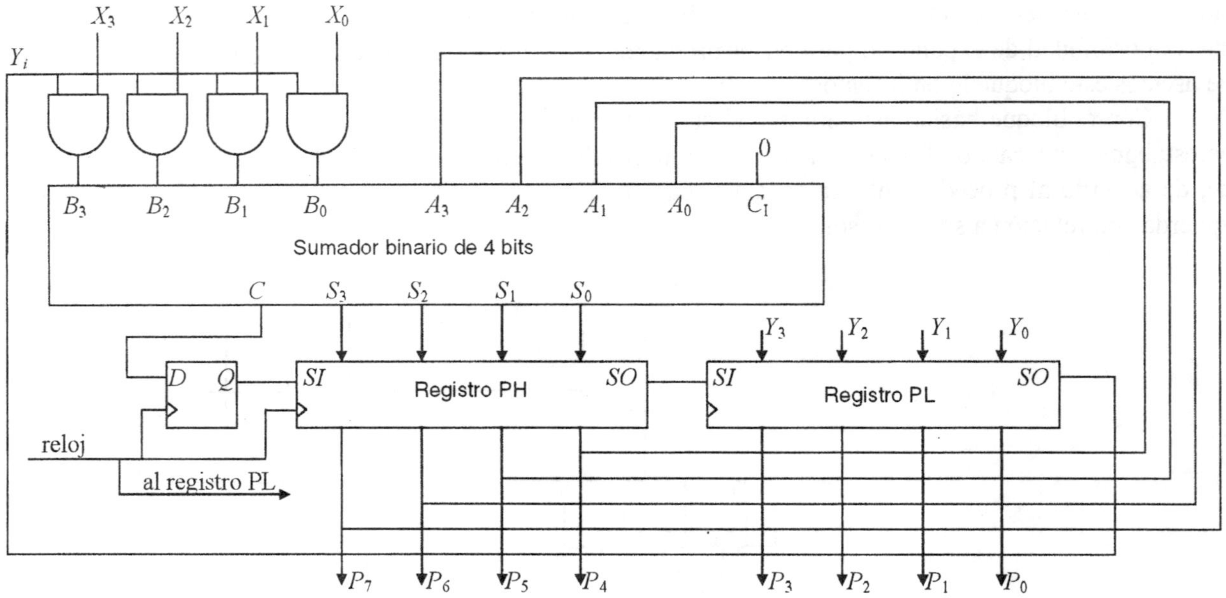

Figura 8-57 - Multiplicador binario serie de 2 magnitudes de 4 bits

En ella se observa que debido al uso reiterativo que haremos de él, sólo un bloque básico es requerido. Pero para lograr la correcta operación secuencial de este multiplicador, son necesarios los siguientes elementos secuenciales sincrónicos que la figura muestra:

- El flip-flop D es el encargado de memorizar el acarreo final de las sumas que se vayan realizando
- El registro de desplazamiento PL es el encargado de almacenar inicialmente los bits del multiplicador, y de posteriormente entregarlos uno a uno, comenzando por el menos significativo. Al proceder así, se van vaciando los bits de la izquierda, y el circuito propone que ese espacio se vaya cubriendo con los bits menos significativos del producto a medida de que se vayan confirmando. Debe tener entrada paralelo (para ser cargado inicialmente con el valor del multiplicador) y salida paralelo (porque al final de la operación almacenará los 4 bits menos significativos del resultado). Debe tener al menos los tres modos de operación sincrónica siguientes: (podría ser usado un registro de desplazamiento universal)
  - Carga paralelo, cuya utilidad para fijar las condiciones iniciales ya se mencionara
  - Desplazamiento a derecha, para entregar por su salida serie los sucesivos bits del multiplicador e ingresar por la izquierda los bits confirmados del resultado.
  - Retención, porque veremos que en ciertos pasos debe ser insensible a los pulsos de reloj.
- El registro de desplazamiento PH debe estar inicialmente en 0 y es el encargado de almacenar los 4 bits de las sumas parciales (el quinto bits de la suma parcial, el acarreo final, ya hemos dicho que se almacena en el flip-flop D). El procedimiento requiere que los productos sucesivos se vayan desplazando a la izquierda con relación a las sumas parciales, pero como las compuertas AND encargadas del producto están fijas, se logra el mismo efecto desplazando las sumas parciales hacia la derecha. Por eso este registro, en ciclos alternados del reloj:
  a) Debe ser cargado con el resultado de la suma parcial.
  b) Debe desplazar su contenido hacia la derecha, ingresando por la izquierda el bit más significativo de la suma contenido en el flip-flop D y pasando al registro PL el bit menos significativo de la suma, expulsado a la derecha, ya que este bit ya está confirmado como parte del resultado final.

  Al terminar la operación, este registro almacenará los 4 bits más significativos del resultado, por lo que debe tener salida paralelo. Debe tener, al menos, tres modos de operación sincrónica
  - Reset sincrónico, para ser colocado en 0 al comienzo del proceso
  - Carga paralelo, para ser cargado con los valores de las sumas parciales
  - Desplazamiento a derecha, para comunicarse con el flip-flop D y el registro Y de la manera ya indicada.

La figura anterior no muestra las señales que requieren los registros PH y PL para alternar entre los tres modos de operación que hemos indicado para cada uno de ellos.

Los modos de operación de los registros y los valores sucesivos que toman sus contenidos y la salida Q del flip-flop D tras los sucesivos pulsos de reloj en la operación producto que estamos tomando de ejemplo (1010×1101) se muestran en la siguiente tabla.

Paso	Modo del registro PH	Modo del registro PL	Resultado tras el siguiente pulso de reloj								
			Q	P_7	P_6	P_5	P_4	P_3	P_2	P_1	P_0
1	reset sincrónico	carga paralelo		0	0	0	0	1	1	0	1
2	carga paralelo	retención	0	1	0	1	0	1	1	0	1
3	desplazamiento	desplazamiento		0	1	0	1	0	1	1	0
4	carga paralelo	retención	0	0	1	0	1	0	1	1	0
5	desplazamiento	desplazamiento		0	0	1	0	1	0	1	1
6	carga paralelo	retención	0	1	1	0	0	1	0	1	1
7	desplazamiento	desplazamiento		0	1	1	0	0	1	0	1
8	carga paralelo	retención	1	0	0	0	0	0	1	0	1
9	desplazamiento	desplazamiento		1	0	0	0	0	0	1	0

La misma se ha confeccionado teniendo en cuenta que:

- En el paso 1 se debe preparar a los registros para que el primer pulso de reloj los coloque en las condiciones iniciales necesarias: el PH en 0 y el PL conteniendo el multiplicador.
- En el paso 2, se debe preparar la carga del registro PH con la suma parcial, sin afectar al registro PL.
- En el paso 3 se debe producir el desplazamiento del registro equivalente de 9 bits formado por el flip-flop D, el registro PH y el registro PL. No importa lo que ingrese en esas condiciones en el flip-flop D, porque ese valor será cambiado en el siguiente pulso de reloj. Por eso en la tabla no se le ha indicado un valor particular, ya que no tiene significación en nuestro problema ni incidencia en el resultado de la operación.
- Los pasos 4, 5, 6, 7, 8 y 9 son 3 repeticiones de los pasos 2 y 3, que concluyen con el resultado final del producto almacenado en los registros PH y PL.

Problemas

Para la realización de estos problemas se requieren las hojas de datos de los integrados 74HC390, 74HC163 y 74LS194. El problema 3, según sea resuelto, puede requerir la consulta de otras hojas de datos.

8-1) Diseñar tres contadores que, basados en un doble contador asincrónico BCD natural 74HC390 provisto de reset maestro, operen en código BCD natural, y que tengan respectivamente los siguientes módulos:
a) 60
b) 24
c) 50

8-2) Diseñar utilizando los contadores usados como base en el problema anterior, y aquellos en ese problema diseñados, la cadena divisora de frecuencia de un reloj digital (horas, minutos, segundos) sobre la base de una frecuencia muy estable y fija de 144 kHz.

8-3) Diseñar un frecuencímetro que mida la frecuencia de los pulsos de entrada al circuito a través de la medición del número de pulsos que arriba en 1 segundo. El diseño partirá de disponer de un oscilador patrón de frecuencia fija de 100 kHz (al que llamaremos *oscilador de base de tiempo*) a partir del cual, por división de frecuencia, no sólo se deberá generar el tiempo de 1 segundo que dura cada medición, sino también fijar la frecuencia a la que se repetirán automáticamente las mediciones (digamos, cada 5 ó 10 segundos). Mientras se está realizando una medición, el circuito deberá mostrar en su exhibidor el último valor de frecuencia medido. La frecuencia máxima a medir es de 999 Hz.

8-4) A partir de un contador binario sincrónico módulo 16 con entrada de reset sincrónico, y con escasa lógica adicional, se pide diseñar un circuito que entregue por su única salida la secuencia 001101... en forma cíclica

8-5) Se desea diseñar un contador BCD Exceso 3 sincrónico de un dígito. Se pide:
a) Efectuar el diseño utilizando flip-flops T.
b) Completar el diseño agregándole las señales de habilitación *ET* y *EP*, y la salida de cuenta terminal *TC*.
c) Modificar el diseño del punto b) adaptándolo para emplear flip-flops tipo D.
d) Completar el diseño del punto c) agregándole los elementos circuitales necesarios para dotarlo de carga en paralelo sincrónica y reset sincrónico.

8-6) Diseñar un contador binario sincrónico módulo 1193 a partir de contadores tipo 74HC163.

8-7) A partir de un contador BCD natural sincrónico módulo 16 se pide diseñar un contador binario módulo 6 que cuente del 1 al 6 con el propósito de simular un dado rodando. El diseño se hará suponiendo que el citado contador tiene entrada de carga en paralelo de tipo sincrónica.

8-8) Un contador bidireccional puede llegar a tener momentáneamente totalizado un número de cuentas negativo, si los pulsos recibidos operando en forma descendente fueron más numerosos que los recibidos operando en forma ascendente. Se pregunta si ese estado de cuenta negativo se presenta en el contador en alguno de los códigos conocidos (signo y magnitud, complemento a 2, etc.) o en algún otro código particular.

8-9) Diseñar, utilizando como base a contadores MSI, un divisor de frecuencia programable de 6 bits, que entregará a la salida pulsos de una frecuencia que será la frecuencia del reloj dividida por un número binario de 6 bits (el que no será nunca 000000), y estará fijado por un conjunto de 6 señales lógicas que entrarán en el circuito a diseñar, provenientes de un circuito exterior.

8-10) Un fabricante desea producir el contador con salida para exhibición dinámica de la figura siguiente (que es la misma que la de la figura 8-14). Suministrarle el diagrama en bloques del integrado propuesto, indicando claramente las conexiones entre bloques, y entre estos y los terminales del circuito.

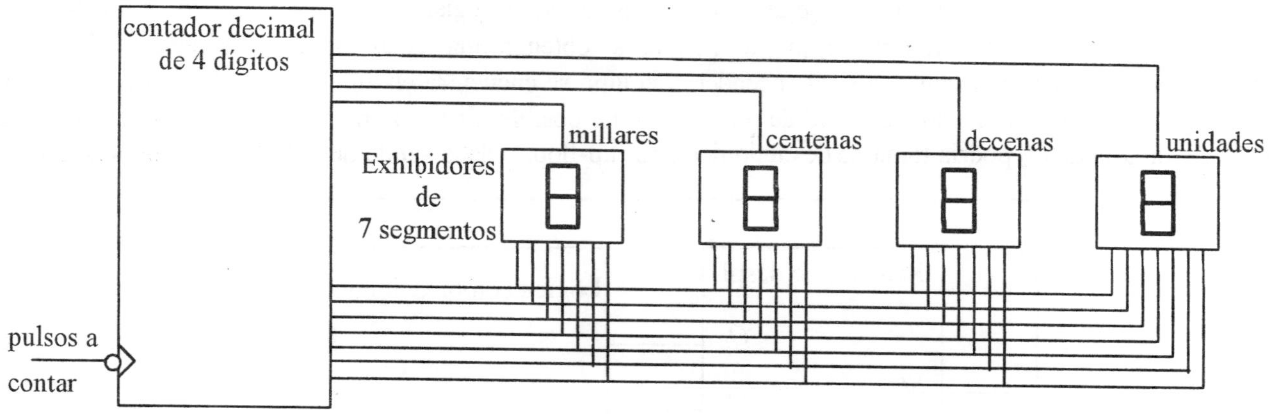

8-11) El circuito que sigue es una versión algo simplificada del contador asincrónico integrado 74x92. A partir del estado en que todos los flip-flops están en 0, hallar los estados sucesivos que toma el contador tras la aparición de los pulsos a contar. Trazar las formas de onda correspondientes y determinar el módulo del contador y, si cuenta en un código pesado, el peso correspondiente a cada flip-flop.

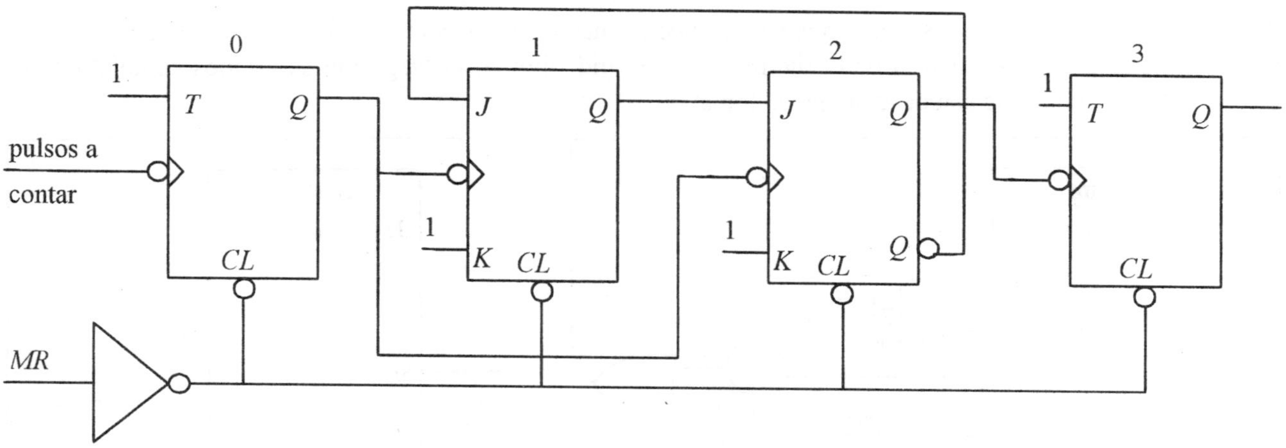

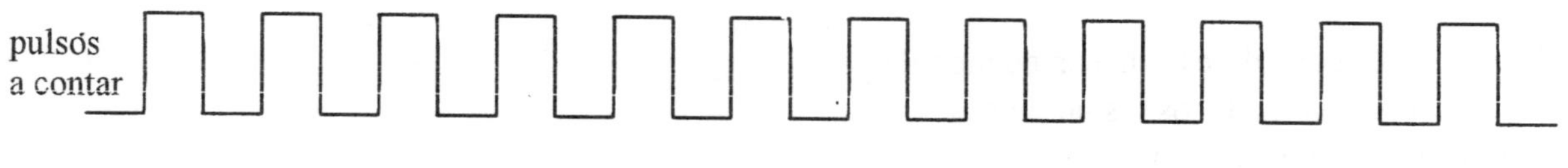

8-12) Modificar el circuito de la figura 8-41 de manera de adaptarlo para el caso de usar registros tipo sincrónico. Justificar que en ese caso, el registro auxiliar 2 puede sustituirse por un conjunto de buffers con salida de 3 estados, sin perder funcionalidad (en particular, que el registro de destino pueda ser cualquiera de los tres).

8-13) Un fabricante desea producir comercialmente un registro de desplazamiento de 4 bits con cuatro modos de operación sincrónicos: desplazar a derecha, desplazar a izquierda, retener y cargar en paralelo. Tendrá además salida paralelo. Se pide:

a) proponer un circuito para ello
b) comparar el circuito propuesto con el circuito interno del 74LS194
c) Indicar cómo pueden conectarse tres de estos registros para formar un registro similar pero de 12 bits.

8-14) En un determinado registro de desplazamiento de 2 bits, debido a retardos inevitables, el segundo flip-flop recibe los pulsos de reloj algo atrasados con relación al momento en que los recibe el primero. Indicar, justificando la respuesta, cual es el atraso máximo que, de ser superado, afectaría al correcto funcionamiento del registro.

8-15) Diseñar la lógica combinacional de un circuito basado en un registro de desplazamiento de 3 bits como el que se esquematiza en la figura, tal que, a la salida se obtenga una repetición de la secuencia: 001101... Efectuar el diseño de modo tal que si al encender el equipo se encuentra en algún estado fuera de secuencia, ingrese a la misma en la menor cantidad de pulsos de reloj posible. Si resultara más conveniente, la salida en lugar de tomarla de Q_2 podría tomarse de cualquier otro flip-flop, o de la salida de la lógica combinacional

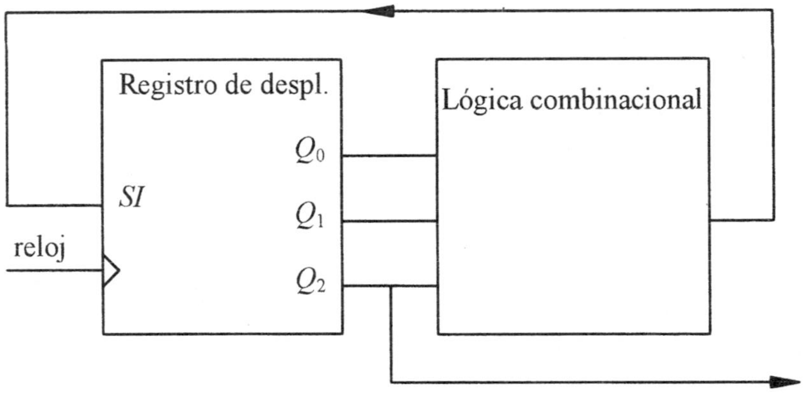

8-16) Los siguientes circuitos corresponden, respectivamente, a un contador Johnson módulo 8 y a otro módulo 7 (este último idéntico al de la figura 8-52). Se pide dibujar el diagrama de estados completo de los contadores y verificar que son de arranque automático.

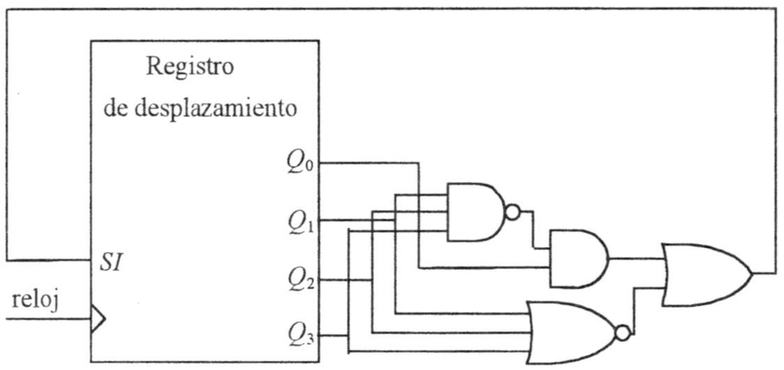

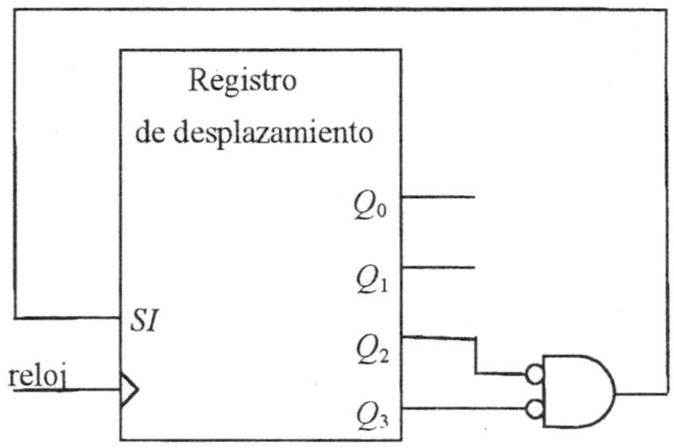

8-17) Indicar si los contadores Johnson de módulo par:

a) son contadores asincrónicos o sincrónicos
b) cuentan en un código cíclico
c) repetir ambos pasos para el caso de módulo impar.

8-18) Usando como base un registro de desplazamiento, diseñar un circuito:

a) que reciba en su entrada *X* y en forma sincrónica con el reloj, una serie de bits, y que entregue en su salida *Z* un 1 si el bit que ingresa en ese período de reloj es un 1, precedido por la secuencia 101 en los tres períodos anteriores del reloj.
b) repetir para el caso de que la salida debe valer 1 cuando, en el anterior período del reloj, la entrada fue un 1, y fue precedida por la secuencia 101 en los tres períodos anteriores del reloj.

8-19) La figura siguiente corresponde a un contador binario asincrónico módulo 16 que tiene un reset maestro (*MR*) y también la posibilidad de ser cargado en paralelo (por comando de la orden *LE*) con un valor inicial prefijado por las entradas *D*. Dicha carga es del tipo asincrónica ya que actúa sobre las entradas de fuerza de los flip-flops. Explicar la operación de las señales *MR* y *LE*.

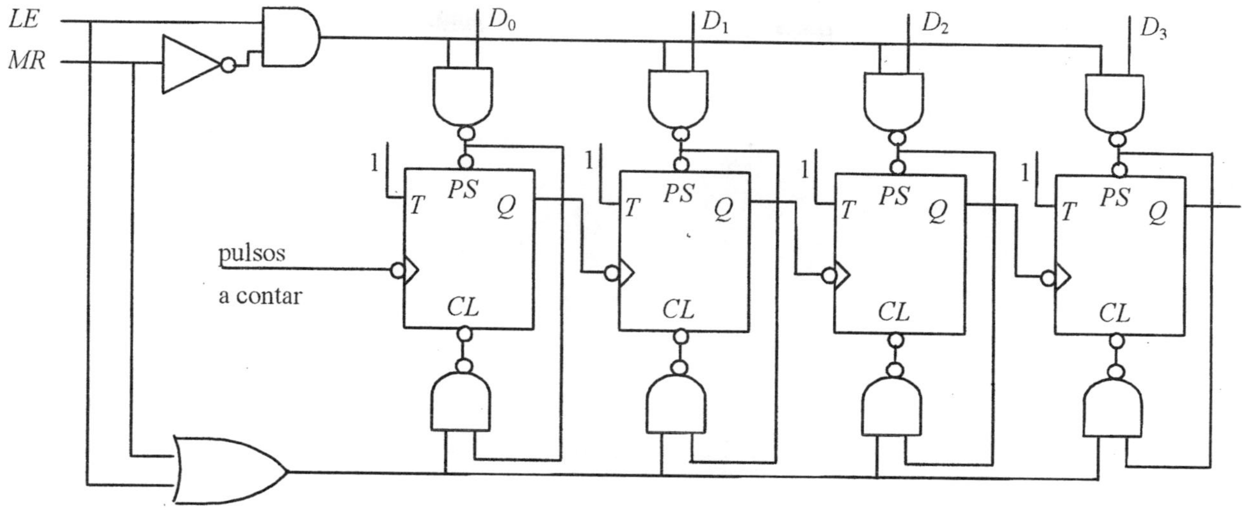

8-20) Se desea construir un circuito que halle en forma serie el complemento a 2 de una magnitud de 8 bits originalmente contenida en un registro de desplazamiento hacia la derecha (donde está el bit menos significativo), tal que, al cabo del cálculo, dicho registro almacene el complemento a 2 deseado. Indicar claramente cuál es la condición inicial que debe tener el circuito que se haya diseñado para su correcta operación, pero no se pide diseñar el circuito externo que la logre fijar.

Nueva Librería dio término
a la presente reimpresión de esta obra
en sus propios talleres gráficos, sitos en Estados Unidos 301.
(1101) Ciudad Autónoma de Buenos Aires, Argentina
Tel.: 54 11 4362 9266
En el mes de octubre de 2018.